פֿרעמדע פֿלאַנצונגען אויף ייִדישן באָדן

ייִדישע מחשבֿות וועגן איבערזעצן

אַרויסגעגעבן פֿון אפֿרת גל־עד און דאַריע וואַכרושאָוואַ

פֿרעמדע פֿלאַנצונגען אויף ייִדישן באָדן

ייִדישע מחשבֿות וועגן איבערזעצן

אַרויסגעגעבן פֿון
אפֿרת גל־עד און דאַריע וואַכרושאָוואַ

מיט דער הילף פֿון
אַסטריד בלעז און מאַריאַן פֿריטש

d|u|p

אינהאַלט

הקדמה

די שפּראַך איז פֿאַרן פּאָעט מער ווי אַ געפֿעס,
אין וועלכן ער מישט זײַן כּישוף־טרונק;
ס׳איז דער עצם טרונק, דער כּישוף אַליין.

שמואל ניגער

ווי שטאַרק איז דער כּישוף פֿון פֿרעמדער פּאָעזיע איבערגעזעצטער אין אַ שפּראַך פֿון אַ קליינער מינדערהייט? „פֿרעמדע פֿלאַנצונגען אויף ייִדישן באָדן“, דער צענטער באַנד פֿון דער סעריע „ייִדיש: אויסגאַבעס און פֿאָרשונג“, שטעלט מיט זיך פֿאָר אַ זאַמלונג קריטיש אַרויסגעגעבענע עסייען וועגן דעם מצבֿ פֿון ייִדישן איבערזעצונג־וועזן, וועגן דעם שפּראַך־ און קולטור־פֿאָרמירנדיקן כּוח פֿון ליטעראַרישע איבערזעצונגען און וועגן דעם איבער־זעצערס אויפֿגאַבע. דער באַנד נעמט אַרײַן 34 שאַרפֿע זעלבסטקריטישע רעפֿלעקסיעס פֿון ייִדישע איבערזעצערס, קריטיקערס, קאָרעקטאָרן, לערערס, איבערזעצונג־פֿאָרשערס און פֿון איין לינגוויסטין, דער עיקר פֿון דער פּוילישער און סאָוועטישער קולטורעלער סבֿי־בֿה צווישן ביידע וועלט־מלחמות. זייערע איבערטראַכטונגען זענען געווען אַ טייל אין אַ ברייטן איבערזעץ־פּראָיעקט וואָס זײַן ציל איז געווען צו באַשטימען דעם אָרט פֿון דער קליינער, נאָך גאָר יונגער ליטעראַטור אינעם קאָנטעקסט פֿון דער וועלט־ליטעראַטור. קאָנ־טראָווערסיאַלע קריטיק, דאָס שטעלן אין פֿראַגע שפּראַכלעכע און ליטעראַרישע קוואַלי־טעטן און טעאָרעטישע אַרײַנקלערן וועגן דער פּראַקטיק פֿון ליטעראַריש איבערזעצן האָבן באַשאַפֿן אַ קאָרעקטיווע רעזאָנאַנץ־סבֿיבֿה פֿאַר די פֿילצאָליקע איבערזעצונגען, געדרוקטע אין פּרעסע און ביכער.

די טעקסטן, וואָס זענען דאָ דאָס ערשטע מאָל צונויפֿגעקליבן געוואָרן, באַלײַכטן די ווייניק באַוווּסטע לאַנדשאַפֿט פֿון דער ייִדישער איבערזעץ־אַרבעט. די דאָזיקע זאַמלונג דערגאַנצט אַזוי אַרום די צושטײַערס פֿון דער הײַנטצײַטיקער פֿאָרשונג וועגן דער גרויסער טעמע „מאַמע־לשון – וועלט־ליטעראַטור: ייִדיש און איבערזעצונג“, וואָס זענען אָפּגעדרוקט געוואָרן אין דעם נײַנטן באַנד פֿון דער סעריע.

די רעפֿלעקסיעס פֿון ייִדישע קולטור־טוערס אין דער איצטיקער אַנטאָלאָגיע באַווײַזן בולט דעם באַטײַט און די השפּעה פֿון דער פּלוראַליסטישער קולטורעלער צוגעהערי־קייט. זייער טאָג־טעגלעכקייט, אַ באַווירקטע פֿון איבערזעץ־פּראָצעסן, האָט געפֿאָדערט מע זאָל כּסדר אָפּוועגן און געשטאַלטיקן דעם קולטורעלן אויסטויש. דער קאָנטאַקט מיט די אַרומיקע מערהייט־קולטורן איז געווען אי אַן אַנטוויקל־סטימול אי אַן אַרויספֿאָדער פֿאַר דער ייִדישער ליטעראַטור וואָס איז אַנטשטאַנען אויף געאָגראַפֿיש ווײַט צעשפּרייטע קולטור־אינדזלען. בײַם איבערזעצן האָט מען געהאַט צו טאָן מיט קינסטלערישע מוס־טערן, ליטעראַרישע פֿאָרמעס און עסטעטישע באַגריפֿן, וואָס מע האָט באַגעגנט אין די גרויסע ליטעראַטורן, און דאָס האָט צוגעגרייט דעם וועג פֿאַר שאַפֿערישער פֿאַראייגענונג.

די דאָזיקע איבערזעץ־ און פֿאַראייגן־פּראָצעסן, וואָס האָבן אי פֿאַרברייטערט די האָרי־זאָנטן, אי געהאָלפֿן שאַפֿן אַ געפֿיל פֿון שותּפֿותדיקער אָנגעהעריקייט, זענען געוואָרן אַ באַוועג־כּוח אין דער אַנטוויקלונג און פֿאַרפֿעסטיקונג פֿון ייִדיש, פֿון דער וועלטלעכער ייִדישער קולטור און איר ליטעראַטור.

ס׳רובֿ אָפּהאַנדלונגען – סײַ פֿון דער פּוילישער, סײַ פֿון דער סאָוועטישער און אַמע־ריקאַנער סבֿיבֿה – טעמאַטיזירן די דאָזיקע סיסטעמישע ראָלע פֿון פּובליציסטישע און בע־לעטריסטישע איבערזעצונגען אין דער שפּראַך־ און קולטור־אַנטוויקלונג (למשל יהואש, מײַזיל, פּרילוצקי, רויכל, סלוצקי). אַלע מחברים און די אייניציקע מחברטע פֿון דער אָ זאַמלונג האָבן געשטרעבט צו איבערזעצונגען פֿון אַ הויכער מדרגה, הן לויט זייער באַ־ציִונג צו דעם מקור־טעקסט הן לויט זייער קוואַליטעט אין דער צילשפּראַך. עס וואַרפֿט זיך אין די אויגן די פֿילקייט פֿון פּאָזיטיווע און ביטולדיקע סינאָנימען צו באַשרײַבן דעם איבערזעצערס אַרבעט, למשל „איבערפֿירן״ (מײַזיל), „איבערשאַפֿן, איבערדיכטן, איבער־געבן״ (נײַדין), „איבעראַנדערשן, פֿאַרטײַטשן, דערציילן מיט אייגענע ווערטער״ (פֿינקעל), „איבערדערציילן״ (סלוצקי). עטלעכע מחברים (למשל ראַפּאָפּאָרט) רעדן וועגן דער האַרב־לעכער לאַגע פֿון ייִדיש, וואָס איר כּלל־שפּראַך האָט זיך נאָך ניט פֿאַרפֿעסטיקט, אַזוי אַז די השפּעה פֿון שפּראַכלעכע טעותן אין איבערזעצונגען איז צוליב דעם באַזונדערש שעד־לעך. קעמפֿנדיק דערמיט שטעלט סלוצקי צונויף אַ רשימה געלונגענע איבערזעצונגען: זאַצן אָדער טיילן זאַצן, וואָס זייער געבוי און ווערטער־סדר קענען דינען פֿאַר אַ מוסטער. געלבמאַן, פּרילוצקי און סלוצקי אַנאַליזירן פֿעלערדיקע פֿראַזעס און זאַצן אין ליטעראַרישע איבערזעצונגען און שטעלן זיי אַנטקעגן לעקסיקאַליש און גראַמאַטיש ריכטיקע, סטיליס־טיש ווערטיקע פֿאָרמולירונגען. די דאָזיקע בײַשפּילן גיבן די הײַנטיקע ייִדיש־ליבהאָבערס אַן אַרײַנבליק אין ייִדישער סטיליסטיק און אידיאָמאַטיק, וואָס אין קיין שום לערנביכל קען מען אַזעלכעס ניט געפֿינען.

דער אָפּקלײַב פֿון דער אָ זאַמלונג באַווײַזט די פֿיל־מיניקייט פֿון צוגאַנגען און פּערספּעק־טיוון אין איבערזעצונג־קריטיק: בײַם אָנהייב שטייט יהואשעס באַריכט וועגן זײַנע כּוונות און אַרבעט־סטראַטעגיעס בײַם איבערזעצן דעם תּנך אויף מאָדערנעם ייִדיש. זײַנע אַרבעט־מעטאָדן אין דעם דאָזיקן רושמדיקן איבערזעץ־פּראָיעקט ווערן אַנאַליזירט אין צוויי ווײַ־טערדיקע אָפּהאַנדלונגען.

די צווייטע גרופּע טעקסטן איז אָפּגעגעבן צו ייִדישע איבערזעצונג־דעבאַטעס אין וואַר־שע. זיבן מחברים קלערן אַרום דאָס ראַנגלעניש מיט דער שפּראַך, אַמפּערן זיך וועגן איבערזעץ־מעטאָדן, קריטיקירן דאָס הפֿקרות אין פֿאַרלאַג־פּראַגראַמען און פֿאָדערן מער סיסטעמאַטישקייט. אַן איבערבליק וועגן די דאָזיקע דעבאַטעס האָט געגעבן נאַטאַליע קרי־ניצקאַ אין דעם נײַנטן באַנד פֿון דער סעריע.

די דריטע גרופּע טעקסטן איז אַן אָפּקלײַב פֿון רעצענזיעס וועגן איבערזעצונגען פֿון פּושקינס ווערק אויף ייִדיש, געשריבענע אין ניו־יאָרק, וואַרשע, ווילנע, קיִעוו און מינסק. די איבערזעצונגען זענען אַרויס אין 1937 אין ראַטן־פֿאַרבאַנד לכּבֿוד פּושקינס הונדערטסטן

יאָרצײַט; געליײַנט האָט מען זיי אויך אין אַנדערע ייִדישע קולטור־סבֿיבֿות מחוץ דער סאָוועטישער גרענעץ.

די פֿערטע און די גרעסטע גרופּע טעקסטן דאָקומענטירט די דעבאַטעס צווישן ייִדיש־סאָוועטישע איבערזעצונג־קריטיקערס און ליטעראַטן. וועגן זיי האָט מען ביז הײַנט צו טאָג גאָר ווייניק געפֿאָרשט, כאָטש זייער לינגוויסטישע און איבערזעצונג־טעאָרעטישע קוואַליטעט בלײַבט איין־און־איינציק אין דער גאַנצער ייִדישער קולטור־סבֿיבֿה פֿון די 1920ער און 1930ער יאָרן. אין זייער אַרבעט האָבן ייִדיש־סאָוועטישע ליטעראַטן אַדאַפּטירט די מעטאָדישע צוגאַנגען פֿון דער איבערזעצונג־טעאָריע וואָס איז דעמאָלט אַנטוויקלט געוואָרן דורך רוסישע און אוקראַיִנישע לינגוויסטן און וואָס איז געווען פֿון די ערשטע איבערזעצונג־טעאָריעס בכלל.

די פֿאָרליגנדיקע טעקסטן ווערן אַרויסגעגעבן אין גערעם פֿון דעם פֿאָרשפּראָיעקט „דער אויפֿבוי פֿון ייִדיש ווי אַ נאַציאָנאַלער שפּראַך בײַ סאָוועטישע ייִדן (1918–1941)“ מיט פֿינאַנציעלער שטיצע פֿון דער דײַטשער פֿאָרשונג־געמיינשאַפֿט (Deutsche Forschungsgemeinschaft). די ערשטע רעזולטאַטן פֿון דעם אָ פֿאָרשפּראָיעקט האָט דאַריע וואַכרושאָוואַ פּרעזענטירט אין דעם אַרטיקל „פֿון איבערזעצונג צום אָריגינאַל. סאָוועטיש ייִדיש ווי אַן אַקט פֿון אַליין־עמאַנציפּאַציע“ אין דעם נײַנטן באַנד פֿון דער סעריע. דער אַרטיקל באַלײַכט פֿאַרשיידענע אַספּעקטן פֿון דער ייִדיש־סאָוועטישער שפּראַך־אַנטוויקלונג.

איר אַרטיקל אין דעם דאָזיקן באַנד נעמט אַרײַן ווײַטערדיקע רעזולטאַטן פֿון דער פֿאָרש־אַרבעט און קאָמענטירט די פֿערטע גרופּע טעקסטן פֿון לינגוויסטישן און קולטור־היסטאָרישן קוקווינקל. עס ווערן דאָ רעקאָנסטרויִרט די קאָמפּאָנענטן פֿונעם ייִדיש־סאָוועטישן איבערזעצונג־סיסטעם, צווישן אַנדערע – אַספּעקטן פֿון אינסטיטוציאָנעלער אָרגאַניזאַציע פֿון דער איבערזעץ־אַרבעט און אויך טעאָרעטישע פּרינציפּן און באַגריפֿן וואָס זענען געווען דער יסוד פֿון דער איבערזעצונג־קריטיק זינט סוף 1920ער יאָרן. איין לייטבאַגריף צווישן זיי איז געווען ,אַדעקוואַטע איבערזעצונג׳: איבערנעמענדיק דעם טערמין פֿון רוסישע און אוקראַיִנישע פֿאַך־דיסקוסיעס, האָבן ייִדיש־סאָוועטישע ליטעראַטן אים אַדאַפּטירט פֿאַר ייִדיש. חוץ דעם באַלײַכט דאַריע וואַכרושאָוואַ פֿאַרבינדונגען צווישן די דעבאַטעס וועגן איבערזעצונג און דיסקוסיעס וועגן ייִדיש־סאָוועטישער שפּראַך־אַנטוויקלונג בכלל. זי שטעלט זיי פֿאָר אין גערעם פֿון די עקסיסטענץ־באַדינגונגען וואָס האָבן משפּיע געווען אויף דעם לעבן פֿון דער ייִדישער נאַציאָנאַלער מינדערהייט אין ראַטן־פֿאַרבאַנד. זי ווײַזט ווי אַזוי די סאָוועטישע נאַצמין־פּאָליטיק האָט באַווירקט דעם פּראָצעס פֿון איבערזעצן אויף ייִדיש. אויפֿן סמך פֿון רעפֿלעקסיעס וועגן איבערזעצונג פֿאָרשט זי אויס, ווי די כּלל־טוערס אין דער דאָזיקער מינדערהייט האָבן געטראַכט וועגן זיך אַליין.

די אַנטאָלאָגיע ענדיקט זיך מיט אַן עסיי פֿון מרדכי ליטווין. מיט זײַן גוואַלדיק ווערק ווי אַן איבערזעצער פֿון פֿראַנצייזישער, רוסישער און דײַטשישער פּאָעזיע האָט ער ממשיך געווען דעם פּראָיעקט פֿון איבערזעצן אויף ייִדיש נאָך 1945. צו זײַנע בײדע בענד איבערזעצונגען פֿון

פֿראַנצייזישער פּאָעזיע (פּאַריז 1968, 1986) האָט ליטווין צוגעגעבן לאַנגע אָפּהאַנדלונגען וועגן דעם באַטײַט פֿון איבערזעצונג און וועגן דער מלאָכה פֿון איבערזעצן פּאָעזיע. אין דעם דאָ איבערגעדרוקטן עסיי באַווײַזט זיך בולט ליטווינס איבערגעגעבנקייט און התחייַבֿות, דווקא נאָכן חורבן, ווי אויך זײַן טיפֿער גלויבן אין דעם ווײַטערלעבן פֿון דער ייִדיש־קולטור.

געשטאַלטיקונג פֿון טעקסט

פֿאַר דער פּובליקאַציע ווערן אַלע טעקסטן דאָס ערשטע מאָל אַרויסגעגעבן לויטן ייִוואָ־אויסלייג. דער סיסטעם פֿון אונדזער שטייגער בתּורת אַרויסגעבערס איז באַריכות באַשריבן געוואָרן אין פֿערטן באַנד פֿון דער סעריע. ביבליאָגראַפֿישע אָנווײַזן און ציטאַטן ווערן אויסגעלייגט לויט דעם מקור־טעקסט, אויב נייטיק לגבי אינהאַלט. אַלע טעקסטן חוץ איינעם זענען פֿריִער געדרוקט געוואָרן בלויז אין פּעריאָדישע אויסגאַבעס און דערשײַנען דאָ דאָס ערשטע מאָל אין בוכפֿאָרעם. דער מקור לויט וועלכן די טעקסטן זענען איבערגעגעבן געוואָרן איז אַלע מאָל אָנגעוויזן אין דער ערשטער הערה.

די הערות פֿון די אַרויסגעבערינס זענען באַצייכנט מיט אַ מילגרוים און אַנטהאַלטן ייִדישע איבערזעצונגען פֿון פֿרעמדשפּראַכיקע שטעלן, דערקלערונגען פֿון ווערטער וואָס מע געפֿינט ניט אין די געוויינטלעכע ווערטערביכער ווי אויך פּרטים וועגן פּערזענלעכקייטן און זייערע ווערק.

פֿרעמדשפּראַכיקע ציטאַטן, וואָס זייער באַטײַט ווערט קלאָר דורך אויסטײַטשונגען אין דעם טעקסט גופֿא, ווערן ניט איבערגעזעצט עקסטרע.

רוסישע ציטאַטן זענען איבערגעגעבן לויטן הײַנטיקן אָרטאָגראַפֿישן סטאַנדאַרד.

דאַנקוואָרט

די עדיציע־אַרבעט איז געשטיצט געוואָרן דורך דער דײַטשער פֿאָרשונג־געמיינשאַפֿט (Deutsche Forschungsgemeinschaft), די בוך־פּראָדוקציע און דער דרוק זענען פֿי־נאַנצירט געוואָרן מיט די מיטלען פֿונעם דעקאַנאַט פֿון דעם פֿילאָסאָפֿישן פֿאַקולטעט אין הײַנריך־הײַנע־אוניווערסיטעט אין דיסלדאָרף, פֿונעם היסטאָרישן סעמינאַר (Historisches Seminar) פֿונעם לודוויג־מאַקסימיליאַנס־אוניווערסיטעט אין מינכן, פֿון דער פֿונדאַציע אויפֿן נאָמען פֿון אַנטאָן בעץ (Anton-Betz-Stiftung). זיי אַלעמען קומט אַ גרויסער דאַנק.

פֿאַר זייער פֿרײַנדלעך אָפּטרעטן די רעכט איבערצודרוקן די טעקסטן באַקומען אונ־דזער דאַנק דבֿורה ירדני־מײַזל (מײַזיל), עמוס ראַפּאָפּאָרט (ראַפּאָפּאָרט). אין געוויסע פֿאַלן ווייסן מיר אַלץ ניט בײַ וועמען עס ליגן די רעכט. די וואָס מיר האָבן ניט געקענט געפֿינען בעטן מיר, זיי זאָלן קאָנטאַקטירן די אַרויסגעבערינס.

מיר באַדאַנקען שמעון נויבערג פֿאַר זאָרגעוודיק דורכקוקן דעם גאַנצן באַנד. פֿאַרן איבערזעצן די הקדמה אויף ענגליש קומט אַ דאַנק לאָרענס אַ. ראָזענוואַלד. קריסטיאַן

לוקשײַטער באַדאַנקען מיר פֿאַרן פֿאַרריכטן די דײַטשע, רחל לעפּקאָוויץ די ענגלישע טעקסטן. יצחק ניבאָרסקי באַדאַנקען מיר פֿאַרן פֿאַרריכטן די ייִדישע איבערזעצונג פֿון דער הקדמה און פֿאַר זײַנע עצות בײַ דער עדיציע־אַרבעט. אַ גרויסער דאַנק קומט האַנס רודאָלף באָסהאַרד, אַקינטשאַנאָ מאַרק וועבער, פֿין וועסטערקאַמפּ, יעקבֿ ליביג, קלאַוּס מילער־זאַלגעט, אַנעלען קראַנעפּוס, נאַטאַליע קריניצקאַ און שירי שאַפּיראַ פֿאַר זייער שטיצע, פֿאַרן קריטיש דורכקוקן דעם טעקסט און פֿאַר זייערע עצות. אַליס מעראָז און אַנע סאָקאָל פֿון De Gruyter | düsseldorf university press פֿאַרדינען אַ דאַנק פֿאַר דער זאָרגעוודיקער השגחה איבערן באַנד.

אפֿרת גל־עד
קעלן, אָקטאָבער 2024

איבערגעזעצט פֿון דאַריע וואַכרושאָוואַ

תּנך־איבערזעצונג – יהואש

יהואש [שלמה בלומגאַרטען]

פֿאַר וואָס איך האָב איבערגעזעצט דעם תּנך

(פֿאָרוואָרט, וואָס דער דיכטער האָט געשריבן צו זייַן איבערזעצונג פֿון תּנך)

דער לייענער האָט אַ רעכט צו דערוואַרטן, און מיר וואָלט זיך אַוודאי געוואָלט אים געבן, אַ באַריכותדיקן, אויספֿירלעכן אַרייַנפֿיר צו מייַן איבערזעצונג. אָבער „די צייַט איז קורץ און די אַרבעט איז גרויס"[1], און די נייטיקע לענגערע הקדמה וועט מוזן וואַרטן ביז אַ פֿרייַערער צייַט. איך וועל בלויז אין קורצע אַלגעמיינע שטריכן אָנדייַטן די מאָטיוון, וואָס האָבן מיך געטריבן צו מייַן אַרבעט, דעם פּלאַן, וואָס איך האָב געהאַט פֿאַר די אויגן, און דעם צוועק, וואָס איך האָב זיך געשטעלט, ווי אויך דעם מעטאָד, וואָס איך האָב געברויכט.

די שאַפֿונג פֿון אַ ייִדישן תּנך איז בייַ מיר געווען דער חלום פֿון אַ לעבן. דאָס איז געווען אַ טאָפּלטע ליבשאַפֿט. פֿון איין זייַט צו דעם שענסטן, מענטשלעכסטן בוך פֿון ייִדישן פֿאָלק און פֿון אַלע פֿעלקער און, פֿון דער אַנדער זייַט, צו אונדזער ייִדישן לשון. וואָרן יעטוועדער לשון, בייַ אַלע זייַנע ענדערונגען און נייַגעשטאַלטונגען, וואָס גייען נאָך אַנאַנד אָן אין אים, מוז האָבן אַ חוט־השדרה, וואָס ריגלט דורך און האַלט אויף דעם גאַנצן אָרגאַניזם, וואָס איז פֿעסטקייט און דויערהאַפֿטיקייט אין מיטן פֿון באַוועגלעכקייט און אַנטוויקלטקייט. אייביקייט אין מיטן פֿון צייַטלעכקייט. אַזאַ חוט־השדרה קאָן בלויז געבן אַ תּנך־סטיל. בלעטער פֿאַלן און בלעטער קומען – און דער שטאַם בלייַבט און האַלט אויף די אייניקייט פֿון דעם בוים. די שפּראַך קריגט צו נאָך אַנאַנד נייַע אוצרות און וואַרפֿט נאָך אַנאַנד אַראָפּ פֿון זיך פֿאַרוועלקטע פֿאָרמען, אָבער איר רוקנביין בלייַבט דער אייגענער, מוז בלייַבן דער אייגענער, אויב זי וויל אָנהאַלטן איר ייִחוס און וויל נישט אָנהייבן איר געשיכטע אַלע פֿרימאָרגן.

איך האָב צו זיך געזאָגט: אַ תּנך אין ייִדיש, אַ תּנך, וואָס זאָל אָנגענומען ווערן ווי אַ קלאַסישער אויטאָריטעטער טעקסט פֿון אַלע קלאַסן, אַלע געזינונגען און אָנשוייונגען, – מוז ראשית־כּל זייַן טרייַ צו דעם אָריגינאַל. נישט פֿעלשן, נישט מאָדיפֿיצירן, נישט פּאַראַפֿראַזירן, נישט אויסטייַטשן מיט כּוונות, וואָס די כּוונות זאָלן נישט זייַן, נאָר איבערגעבן דעם העברעיִשן טעקסט געטרייַ און גענוי, לויט די בעסטע אויסטייַטשונגען פֿון די אַלטע און די נייַע. דער ייִדישער תּנך זאָל נישט צולייגן אָדער מינערן דאָס מינדסטע, אויף ווי ווייַט אַזאַ זאַך איז מעגלעך, ווען מע גיסט איבער פֿון איין שפּראַך אין אַ צווייטער.

אַ תּנך אין ייִדיש, האָב איך געזאָגט, דאַרף נישט אָנהייבן פֿון הייַנט אָדער נעכטן. ער דאַרף אַרייַננעמען אַלע אַלטפֿרענקישע זאַפּטן פֿון די אַלטע ספֿרים. די גאַנצע

1 פֿ״גל פּירקי־אָבֿות 2, 15: הַיּוֹם קָצָר וְהַמְּלָאכָה מְרֻבָּה.

פֿון: **ליטעראַרישע בלעטער** (וואַרשע) 14 (621), דער 3טער אַפּריל 1936, ז״ז 216–217.
די דאָזיקע הקדמה איז (אַ ביסל געקירצט) איבערגעדרוקט געוואָרן אין יהואשעס תּנך־איבערזעצונג, פֿ״גל: **תורה, נביאים וכתובים, עם תרגום, יידיש פון יהואש**. ניו־יאָרק: הוצאת יהואש פאַרלאַג געזעלשאַפט, 1941, ז׳ 1.

אידיאָמאַטישע עשירות פֿון די אַלטע איבערזעצונגען, מוסר־ספֿרים, מעשׂה־ביכער, שפּריכווערטער, ווערטלעך, פֿון פֿאָלקסוויצן אאַז״וו מוז עקספּלואַטירט ווערן פֿאַר דער דאָזיקער אַרבעט, אַזוי אַז אין איינעם מיט מאָדערנער גענויקייט און וואָרטקאַרגשאַפֿט, זאָל דער טעקסט אויך האָבן די גאַנצע קערנדיקייט און היימישקייט און טראַדיציאָנעלקייט פֿון דער צאינה־וראינה־שפּראַך.

אַ תּנך אין ייִדיש דאַרף פֿיקסירן, ווי ווײַט מעגלעך, געוויסע ווערטער און אויסדרוקן, וואָס וועלן אָן אים אונטערגיין – שיינע, זאַפֿטיקע ווערטער, וואָס דער רבי האָט געברויכט אין חדר, און וואָס פֿאַרשווינדן אין איינעם מיטן חדר. דער ייִדישער תּנך־לשון דאַרף אויך זײַן דער שענסטער סינטעז פֿון אַלע דיאַלעקטן פֿון אונדזער מאַמע־לשון. איטלעכער דיאַלעקט דאַרף בײַטראָגן פֿון זײַן אייגנטימלעכן ווערטערשאַץ צו דעם בוי פֿון אַ ייִדישער ביבל.

דער תּנך אַחוץ זײַן וווּנדערלעכן אינהאַלט, איז ריטעם און מוזיק. אָט דער דאָזיקער ריטעם מוז אַרויסגעבראַכט ווערן אין דער פֿאַרייִדישונג, סײַ דאָס איז דער טעמפּ פֿון פּאַטריאַרכאַלער פּשטות און ליכטיקייט, סײַ דאָס איז דער ראַפּסאָדישער שוווּנג פֿון זיג־געזאַנגען, סײַ דאָס איז דער אימפּעטיקער ריטעם פֿון די נבֿיאים, סײַ דער רויִקער חכמה־טאָן פֿון קהלת, אָדער די לירישע זעל־פֿאַרגייעניש פֿון תּהילים, און אַזוי ווײַטער.

דאָס איז געווען, בקיצור, דאָס פּראָגראַם, וואָס איך האָב זיך אָנגעצייכנט. אויב איך האָב בלויז אַ טייל פֿון מײַן באַגער דערפֿילט, וואָלט איך זיך געהאַלטן פֿאַר רײַך באַלוינט. נאָך אַזוי פֿיל יאָרן פֿון נאָכאַנאַנדיקער אַרבעט איבער דער איבערזעצונג, שפּיר איך, אַז ווען איך וואָלט געהאַט מערערע לעבנס און וואָלט זיי אַלע אָפּגעגעבן בלויז אויף דער דאָזיקער אַרבעט, וואָלט עס נישט געווען צו פֿיל, ווײַט נישט צו פֿיל.

די איבערזעצונג איז געמאַכט אין שטרענגער געטרײַשאַפֿט צו דער מסורה. אין אַ באַזונדער בוך, אָדער אין בײַלאַגעס צו די ספֿרים, וועלן געגעבן ווערן די שינויי־נוסחאָות פֿון די אַלטע ווערסיעס, ווי אויך די פֿאָרגעשלאָגענע עמענדאַציעס פֿון די פֿאָרשער, דאָרט וווּ דער טעקסט פֿון דער מסורה איז נישט קלאָר. עס וועלן אויך געגעבן ווערן דערקלערונגען און באַלײַכטונגען צו יענע שטעלן, וואָס פֿאָדערן אַ פּירוש. דערצו וועלן אין פֿיל פּסוקים געבראַכט ווערן אויך אַנדערע אויסטײַטשונגען, ווי די וואָס זענען געברויכט געוואָרן אין דער איבערזעצונג גופֿא. עס וועלן אויך זײַן פֿיל אַנדערע אָנמערקונגען צו דעם טעקסט בכלל.

וועגן דעם געברויך פֿון ,יהוה׳ וועל איך דאָ ציטירן מײַן אָנמערקונג צו בראשית ד, 26:

די שטרענגע געטרײַשאַפֿט צום אָריגינאַל, אָן וועלכער איך האָב זיך אומעטום, ווי ווײַט מעגלעך, געהאַלטן, וואָלט אייגנטלעך געפֿאָדערט צו שטעלן ,יהוה׳ אין אַלע ערטער, וווּ ער איז דאָ אין טעקסט. אָבער צו גלײַך מיט טעקסט־טרײַשאַפֿט האָב איך שטענדיק געהאַלטן אין אויג, עיקר פֿון אַלע עיקרים, די לעבעדיקייט און לעזוודיקייט פֿון דער ייִדישער איבערזעצונג און די אָנהאַלטונג פֿון דער אַרכאַישקייט און זאַפֿטיקייט פֿון דעם הדרת־הלשון. עס וואָלט געקלונגען האַרב און געקינצלט, ווען איך זאָל, למשל, איבערזעצן (בראשית ב, 4

„אין דעם טאָג וואָס יהוה גאָט (אָדער: גאָט יהוה) האָט געמאַכט ערד און הימל“, אַנשטאָט „אין דעם טאָג, וואָס גאָט דער האַר“ אאַז״וו. (אפֿשר דער קומענדיקער דור, ווייַטער אַוועק פֿון דעם טראַדיציאָנעלן אויסטייַטש, וועט מער נישט שפּירן קיין מיסקלאַנג אין דעם וויסנ־שאַפֿטלעך גענויערן איבערזעץ. פֿאַר אונדז וואָלט עס געמיינט מקריבֿ זייַן זאַפֿטיקייט און באַהאַרצטקייט צו פּעדאַנטישער טרייַקייט.) איך האָב אָבער געברויכט ‚יהוה‘ דאָרט, ווּ עס ווערט בפֿירוש באַטאָנט די אידענטיטעט פֿון דעם גאָט פֿון ישׂראל אין אונטערשייד פֿון אַנדערע געטער, ווי שמות ה, 2, און אַנדערע ערטער, אָדער ווּ דער טראָפּ ווערט געשטעלט אויף דער אייגנטימלעכקייט, הייליקייט אָדער גערעכטיקייט פֿון דעם ייִדישן גאָט, צום סוף פֿון אַ דין אָדער געזעץ, ווי ויקרא יח, 5, און פֿיל אַנדערע ערטער. אויך איז באַנוצט געוואָרן דאָרט, ווּ עס פֿאָדערט זיך אַ וואַריאַציע פֿון אלהים, ווי ישעיה ב, 2, און פֿיל אַנדערע ער־טער. דאָס וועט דערקלערן די אין פֿלוג אומאויסגעהאַלטנקייט אין דעם געברויך פֿון ‚יהוה‘ דורכן גאַנצן תּנך.

שמואל פֿייגין

יהואשעס ייִדישע איבערזעצונג פֿון תּנך

חומש בראשית שמות (1926), ויקרא במדבר דברים (1926), נביאים ראשונים יהושע שופטים שמואל א׳ ב׳ (1927), מלכים א׳ ב׳ (1927), נביאים אחרונים ישעיה ירמיה (1919), יחזקאל תרי עשר (1929).
ייִדיש פון יהואש (פֿאַרלאַג תנ״ך), ניו יאָרק.

די זעקס פּראַכטפֿולע בענדער, וועלכע זײַנען ביז איצט דערשינען פֿון יהואשעס איבערזעצונג פֿון תּנך (חומש – נבֿיאים אַחרונים), זײַנען אַ גרויסע באַרײַכ[ער]ונג פֿון דער ייִדישער ליטעראַטור און האָבן אַ גרויסן היסטאָריש־קולטורעלן ווערט. אין אָנהייב מאַכן אַפֿילו די דיקלעכע שוואַרץ געבונדענע בענדער, מיט זייערע גרויסע בוכשטאַבן אַ ביסל אַן אָפּשרעקנדיקן, שבת־טעמפּלדיקן רושם. דאָך גיך געוויינט מען זיך צו זיי צו און מע פֿילט זיך אין זיי גאַנץ היימיש. אָבער ווי ליבלעך דער אינהאַלט איז, פֿילט דאָך דער לעזער גלײַך, אַז ער איז אַרײַן אין אַן אַנדער עפּאָכע, אין וועלכער די שרײַבער פֿלעגן מחבר זײַן ספֿרים, דער לעזער פֿלעגט לערנען פֿון גרויסע, דיקע ספֿרים, ניט לעזן קליינע, דינע ביכלעך. און, ווירקלעך, אַ ספֿר האָט יהואש געשאַפֿן אין דער ייִדישער ליטעראַטור, וועלכער מוז געלערנט און רעספּעקטירט ווערן. דער לעזער באַוווּנדערט דעם שאַפֿנד[יק]ן גײַסט, די ליבע און די אויסערגעוויינטלעכע אַרבעט, וועלכע זײַנען נייטיק געווען אום פֿאַרטיק צו מאַכן אַזאַ ווערק, ווי אויך די גרויסע נויטווענדיקע הוצאָות אום עס אַזוי שיין אַרויס[צו]געבן.

די צוויי עלעמענטאַרע פֿאָדערונגען פֿון יעדן איבערזעצער, נעמלעך, די גרינטלעכע קענט[עניש] פֿון ביידע שפּראַכן, פֿון וועלכער און אין וועלכער ער איבערזעצט, דערפֿילט יהואש אויפֿן בעסטן אופֿן. ער קען גוט העברעיִש, ער ווייס יעדעס וואָרט און איז גוט באַהאַוונט אין גראַמאַטיק, קענענדיק יעדע פֿאָרעם אין איר אַלטער היסטאָרישער באַדײַטונג. נאָר די קאָהאָרטאַטיוו־פֿאָרעם (הזרוז) סײַ אין צוווי[1] און סײַ אין עתיד (שלחה, רבה, השבעה, אַתנה, אלכה, אַגידה, אַשלחה) לאָזט ער מייסטנס אומבאַאַכ[ט]. זעלטן ווען ער ברויכט דאַפֿיר[2] ,לאָמיך׳, ,לאָמיר׳, ,איך וויל׳, ,מיר ווילן׳. ס׳רובֿ באַגניגט ער זיך מיט דער צוקונפֿט־פֿאָרעם ,איך וועל׳, ,מיר וועלן׳. זײַן ייִדיש איז רײַך אין וואָרט און פֿעסט אין פֿאָרעם. יהואש האָט פֿאַרשאַפֿן אַ ווירדיקע ליטעראַרישע שפּראַך, וועלכע פּאַסט פֿאַר ד[ער] איבערזעצונג פֿון דער גרעסטער שאַפֿונג פֿון אונדזער פֿאָלק: דעם תּנך.

פֿון אַ מאָדערנעם איבערזעצער פֿאָדערט מען אַפֿילו מער ווי אַ געטרײַע ווערט[ל]עכע איבערזעצונג, נײַערט אויך אַ צופּאַסונג פֿון דעם איבערזעצטן אינהאַלט צו דער שפּראַך,

1 אימפּעראַטיוו (העברעיִש).

2 פֿאַר דעם (דײַטשמעריש).

פֿון: **די צוקונפֿט** (ניו־יאָרק) 5, מײַ 1930, ז״ז 355–360.

אין וועלכער ער ווערט איבערזעצט, אַזוי, אַז די איבערזעצונג איז די פֿאָרעם, וועלכע דער מחבר וואָלט געברויכט, ווען ער אַליין וואָלט געשריבן אין דער שפּראַך. אַ פֿאַריִידישטער תּנך וואָלט געוויס געהאַט אַ גאַנץ אַנדער פּנים. יהואש איז אָבער געגאַנגען אין וועג פֿון אַלע תּנך־איבערזעצער און צוגעפּאַסט די איבערזעצונג־שפּראַך צום איבערזעצטן אינהאַלט. ער [איבערזעצט] יעדעס וואָרט און יעדן אות. די שפּראַך ווערט דורך דעם אַ ביסל שטײַף, עס פֿעלט אין איר די לעבעדיקייט און דער חן פֿון אָריגינאַל. אויך דער אינהאַלט ווערט דורך דעם אַ ביסל אָנגעצויגן, ווי געקינצלט. דערפֿאַר אָבער קען דער לעזער זען אין אַ ווערט[ל]עכער איבערזעצונג די אָריגינאַלע אויסדרוקן, וועלכע ווערן פֿאַרלאָרן אין אַ פֿרײַער איבערגעבונג. יהואש האָט, מעגלעך, אויך געהאַט אַ באַזונדער כּוונה אין זײַן שטרענג ווערטלעכער איבערזעצונג. אַלע קולטורשפּראַכן זײַנען באַרײַכ[ער]ט געוואָרן דורך ד[ער] איבערזעצונג פֿון תּנך. אַ סך אויסדרוקן, וועלכע זײַנען געווען אומנאַטירלעך אין אָנהייב, זײַנען מיט דער צײַט געוואָרן אַן אָרגאַנישער טייל פֿון דער שפּראַך[,] אידיאָמען. ייִדיש, וועלכע האָט אײַנגעזאַפּט פֿיל פֿון תּנך אין אַלע דורות, זינט ייִדיש איז בײַ ייִדן גערעדט געוואָרן, איז פֿעיִקער ווי אַנדערע שפּראַכן זיך צוצופּאַסן צו די באַזונדערע אייגנטימלעכקייטן פֿון תּנך־פֿראַזן און אײַנלײַבן זײַנע אידיאָמאַטישע אויסדרוקן. יהואש איז נאָכגעגאַנגען די אַלע ייִדישע איבערזעצונגען פֿון תּנך, בכּתבֿ און בעל־פּה, די געדרוקטע אין ספֿרים און געלערנטע אין חדר, אָדער געזאָגטע אין בית־מדרש, און האָט איבערזעצט ווערטלעך דעם העברעיִשן וואָרטשאַץ פֿון תּנך מיט זײַנע אידיאָמען.

ניט שטענדיק איז דאָך די שטרענגע ווערטלעכקייט ריכטיק. דער איבערזעצער פֿאַרהיט, אמת, די אויסערלעכע פֿאָרעם פֿון תּנך, אָבער ער פֿאַרפֿעלט דעם אינערלעכן אויסדרוק. יהואש איבערזעצט ס׳רובֿ דעם אַבסאָלוטן אינפֿיניטיוו (מקור נפרד), וועלכער קומט אין העברעיִש, ווי באַקאַנט, צו מאַכן דעם ווערב עמפּאַטישער דורך איבערחזרן פֿון ווערב אין ייִדיש („שטאַרבן וועט איר ניט שטאַרבן", „מערן וועל איך מערן", „וויסן זאָלסטו וויסן" אד"גל). ווערט דער אויסדרוק ניט פֿאַרשטאַרקט, נאָר שווערער און אומנאַטירלעכער. שאול שאל „פֿונאַנדערגעפֿרעגט" (בראשית מג, ז) איז געוויס ריכטיקער ווי ווען ער וואָלט איבערזעצט ‚פֿרעגן האָט ער געפֿרעגט׳. דבר ידבר „ער קען יאָ רעדן" (שמות ד, יד) אָדער ‚ער וועט יאָ רעדן׳ איז בעסער ווי ‚רעדן וועט ער רעדן׳. אמת, עס וואָלט געווען שווערער אויסצוגעפֿינען אין יעדן פֿאַל אַ באַזונדער וואָרט אום אויסצודריקן די עמפּאַטישקייט, די איבערזעצונג וואָלט אָבער דורך דעם ווערן קלאָרער און שענער.

עס זײַנען פֿאַראַן אַ סך אַנדערע ווערטלעכע פֿאַרטײַטשונגען, וועלכע זײַנען קיין מעלה ניט פֿאַר דער איבערזעצונג. יהואש איבערזעצט, למשל, פּה „מויל", סײַ ווען עס איז געמיינט דער ‚באַפֿעל׳ פֿון פּרעה, סײַ ‚די עפֿענונג׳ פֿון זאַק, אָדער ‚דער אַרײַנגאַנג׳ פֿון הייל. אָבער ווײַל[1] דער לעזער באַגרײַפֿט פֿון דעם העברעיִשן פּה די אַלע פֿאַרשידענע באַדײַטונגען,

[1] ☙ אונטער דער השפּעה פֿון דעם ענגלישן פֿאַרבינדוואָרט while נוצט פֿייגין דאָס ייִדישע ‚ווײַל׳ מיינענדיק אַ פֿאַרגלײַך פֿון די צוויי טעקסטן (‚בעת, אין דער צײַט אַז׳) – אַזאַ באַנוץ פֿון ‚ווײַל׳ אין ייִדיש איז ניט אָנגענומען.

בלײַבט דאָך דאָס ייִדישע מויל ניט מער ווי אַ ,מויל׳ צום עסן אָדער שלינגען און רעדן און דריקט אויס די אַנדערע באַגריפֿן זייער בלאַס. אַזעלכע געקוועטשטע פֿאַרטײַטשונגען זײַנען על־פּני „אויפֿן געזיכט“, בעצם היום הזה „אין דעם דאָזיקן אייגענעם טאָג“, כל צפּור כל כנף „אַלע פֿויגלען פֿון אַלערליי פֿליגלען“ און פֿילע אַנדערע. אַ מאָל איז די איבערזעצונג גאַנץ טונקל: מיד איש אחיו איז איבערזעצט „פֿון דער האַנט פֿון דעם מענטשן זײַן ברודער“ (בראשית ט, ה). אַ מאָל לוינט זיך דאָס באַנוצן מיט אַ ווערטלעכער איבערזעצונג, ווײַל דורך איר ווערט פֿאַרהיט אַ וואָרטשפּיל פֿון אָריגינאַל. ישא ראשך „אויפֿנעמען דײַן קאָפּ“ איז טאַקע ניט גלאַט, אָבער עס קאָרעספּאָנדירט גוט צו דער פֿאָלגנד[יק]ער פֿראַזע ישא ראשך מעליך „אַראָפּנעמען דײַן קאָפּ“ (בראשית מ, יג, יט).

די אומצופֿרידן־שטעלנדיקע ווערטלעכע אויסדרוקן זײַנען אָבער ניט זייער פֿיל. ס׳רובֿ איז די איבערזעצונג טראָץ איר ווערטלעכקייט גלאַט און פֿליסיק. אַ סך מאָל ווערן העברעיִשע אידיאָמאַטישע אויסדרוקן איבערגעגעבן דורך פּאַסיקע ייִדישע, ווי למשל, שמר את הדבר „האָט די זאַך געהאַלטן אין זינען“, אני אנה אני בא „וווּ טו איך מיך אַהין“, חלילה „באַהיט זאָל איך ווערן“ (בראשית, לז, יא; לא, מד, ז).

יהואשעס ייִדיש וועט אפֿשר ניט אַלעמען זײַן צום האַרצן. פֿאַרשידענע לאַנדסלײַט וועלן געפֿינען, אַז יהואש האָט מיט אומרעכט אויסבראַקירט זייערע כּשרע ווערטער און פֿאַרביטן אויף אַנדערע, פֿאַר זיי פֿרעמדע ווערטער. דאָס איז אָבער אין ייִדיש אומפֿאַרמײַדלעך. יעדעס לאַנד האָט איר וואָרטשאַץ, און קיינער קען אַלעמען ניט צופֿרידן שטעלן. מעגלעך, אַז די תּנך־איבערזעצונג וועט העלפֿן אויסקריסטאַליזירן אַן אַלגעמיין אָנערקענ[ט] פֿאָלקס־ייִדיש, ווײַל מער ווי אַלע אַנדערע ביכער איז דער תּנך מסוגל צו ווערן אַ פֿאָלקסבוך. כאָטש די איבערזעצונג איז געמאַכט געוואָרן אין אַמעריקע, זײַנען דאָך אין איר ניטאָ קיין אַנגליציזמען; אויך איז זי פֿרײַ פֿון רוסיציזמען; ווערטער ווי ,פּאַסטוך׳, ,סטאַדע׳ און נאָך אַזעלכע זײַנען עכט ייִדיש געוואָרן.

די קולטורווערטער זײַנען פֿול געשעפּט פֿון העברעיִש און דײַטש. אַ סך זײַנען געבליבן אין העברעיִשער אָריגינאַלער פֿאָרעם, ווי ,תּהום, יבשה, זכר, נקבֿה, חוקים, מינים׳; מאַנכע זײַנען איבערזעצט דורך העברעיִשע עקוויוואַלענטן, ווי רמש ,שרצים׳ (אָבער דער ווערב רומש ,קריכט׳), צבא ,חייל׳, שפטים ,משפּטים׳, אַ ,משפּט׳, חרבה ,יבשה׳. אַ מאָל געברויכט יהואש דעם אָריגינאַלן וואָרט אין אַן איבערזעצונג, צוליב אונטערשיידן צווישן ייִד און גוי (כּהן און פּריסטער), אָדער מענטש און נאַטור (זרע ,זאָמען׳ און ,זריעה׳). אַ מאָל פֿאַרטײַטשט ער ווערטער, וועלכע זײַנען גוט ייִדיש, ווי ,מצות, מיצוות׳. אַ מאָל, פֿאַרקערט, לאָזט ער אומפֿאַרטײַטשט אַ וואָרט וואָס דער לעזער איז גראַדע אינטערעסירט צו וויסן זײַן באַדײַטונג, ווי אברך (בראשית מא, מג). בכלל גיט יהואש אין באַמערקונגען די מעגלעכע באַדײַטונגען פֿון אומפֿאַרטײַטשטע ווערטער, ווי ,בדולח׳. ער [ד]ערקלערט אין באַמערקונגען די באַדײַטונג פֿון די העברעיִשע נעמען, ווען דאָס פֿאָדערט די פֿאַרשטענד[עניש] פֿון טעקסט, ווי ,חוה, נוד, באר לחי, רואי, צוער, ישׂראל, יהודה, יראה, יעקבֿ, שׂטנה, שבעה, בית־אל, יגר, שׂהדותא, גלעד, מצפּה, פּניאל, אלון בכות, בן־אוני,

בנימין, זרח׳. ער גיט אויך די העברעיִשע ווערטער אין באַמערקונגען, וועלכע זײַנען נייטיק צו פֿאַרשטיין דעם טעקסט; ער [ד]ערקלערט וואָרטשפּיל, ווײַזט אָן אויף אַנדערע שטעלן, וועלכע זײַנען הילפֿבאַר צו פֿאַרשטיין דעם אינהאַלט בעסער. בכלל פֿאָדערט זיך אַ היפּשע קענט[עניש] פֿון העברעיִש צו פֿאַרשטיין פּינקטלעך די איבערזעצונג פֿון יהואש. אויך דײַטש האָט געהאָלפֿן דער איבערזעצונג, באַזונדערס אין מאַטעריאַלע קולטורווערטער, ווי די נעמען פֿון שטיינער,ביימער, פֿויגלען, חיות אאַז״וו.

די הילף, וואָס יהואש האָט געקראָגן פֿון העברעיִש און דײַטש, איז גאַנץ נאַטירלעך: זיי זײַנען דאָך טאַטע־מאַמע פֿון ייִדיש בכלל. די שפּראַך פֿון יהואש איז צו באַוווּנדערן: זי איז פֿול און רײַך. אַלע שטיינער, ביימער, עופֿות, חיות, קולטזאַכן און קולטור־באַגריפֿן האָבן זייערע ייִדישע עקוויוואַלענטן. מאַכט ניט אויס פֿון וואַנען זיי זײַנען אַנטליִען געוואָרן. די שפּראַך איז אויך אַן איינהייט אין גראַמאַטישע און סינטאַקטישע פֿאָרמען. אויך די אָרטאָגראַפֿיע איז די זעלבע אין אַלע ביכער. העברעיִשע ווערטער מיט אַ לאַנגן חולם, ווי ,תּהום, קול, דור, סוף, בכור, שׂונאים, יום־טובֿ׳ אאַז״וו פּונקטירט ער אויך מיט אַ קמץ, וואָס איז ניט גאַנץ באַרעכטיקט, כאָטש צופֿעליקערווײַ[ז], דער קמץ איז די אורשפּרינגלעכע תּנועה, ניט דער חולם. די העברעיִשע אָרטאָגראַפֿיע איז גענוג, דער צוגעלייגטער קמץ טוט ניט קיין טובֿה דעם אויסזען פֿון וואָרט.

די איבערזעצונג איז אַ גרויסער אויפֿטו און איז זייער געלונגען. תּנך־איבערזעצונג איז אַ שווערע אויפֿגאַבע. דער תּנך איז אַפֿילו ניט אַ גרויסער ספֿר אין קוואַנטיטעט. ער אַנטהאַלט אָבער שאַפֿונגען פֿון פֿאַרשידענעם אינהאַלט, פֿון פֿאַרשידענע צײַטן [א]ון פֿון אַ סך מחברים, מיט זייערע אייגנטימלעכקייטן אין סטיל און שפּראַך. כאָטש אַפֿילו די אָפּהיטער פֿון די אַלטע שאַפֿונגען האָבן ביסלעכווײַז אָפּגעווישט די דיאַלעקט־פֿאַרשידנהייטן, וועלכע האָבן געוויס אַ מאָל עקסיסטירט אין די פֿאַרשידענע געגנטן, ווי יהודה, ישׂראל, עבֿר־הירדן, און האָבן געמאַכט די שריפֿטן איינהייטלעך אין שפּראַך (יהודיש), זײַנען דאָך געבליבן אויך דיאַלעקטישע רעשטן. דער פֿאַרשידנאַרטיקער אינהאַלט, די קאַרגע קענט[עניש] פֿון דער אַלטער העברעיִשער שפּראַך און אירע ליטעראַרישע פֿאָרמען, די טונקלקייט, אין וועלכע[ר] די היסטאָרישע און סאָציאַלע סיטואַציע איז פֿאַרהילט, די ווײַטקייט און אָפּגעפֿרעמדטקייט פֿון די אַלטע שאַפֿער[ס] און זייער פּסיכאָלאָגישן צושטאַנד, פֿון זייער דענק־און־אויסדרוק־אַרטן – אַל דאָס מאַכט די איבערזעצונג פֿון תּנך זייער שווער. זי פֿאָדערט ניט נאָר אַ געלער[נ]טן שפּראַך־ און טעקסט־קענער, נאָר אויך אַ ליבהאָבער פֿון אָריגינאַל און זײַנע שאַפֿערס, וועלכער קען זיך אײַנלעבן אין אַלטן טעקסט און אַרויסלעזן פֿון אים זײַנע באַהאַלטענע אוצרות. יהואש איז געווען אַזאַ ליבהאָבער פֿון תּנך: ער האָט פֿאַרשטאַנען זײַן גרויסקייט, זײַן אינהאַלט און פֿאָרעם; ער איז אויך געלערנט און פֿלײַסיק אום צו זוכן און געפֿינען דעם אמתן אינהאַלט פֿון אַלטן טעקסט. ער האָט זיך גוט צוגעפּאַסט צו די פֿאַרשידענע שאַפֿונגען פֿון תּנך: [ד]ערציילונגען, היסטאָריע, געזעצן, פּאָעזיע, נבֿואה. אַמבעסטן זײַנען די פֿאָלקס־[ד]ערציילונגען, אָבער אויך די אַנדערע שאַפֿונגען זײַנען גוט איבערזעצט, מיט גרויס ליבע און פּינקטלעכקייט.

שוין די אויסערלעכע אײַנאָרדענונג פֿון דעם טעקסט מאַכט די איבערזעצונג אַנגענעם פֿאַרן מאָדערנעם לעזער. יעדער ספֿר האָט אַ דעטאַלע פֿאַרצייכ[עניש] פֿון אינהאַלט נאָך די פּרקים פֿון ספֿר און די זײַטן אין בוך. די פּרשיות פֿון חומש זײַנען אויך פֿאַרצייכנט נאָך די פּרקים און זײַטן און זייערע נעמען איבערזעצט. די איבערזעצונג איז אײַנגעטיילט אין גאַנץ קליינע חלקים, פֿון עטלעכע פּסוקים, נאָך דעם אינהאַלט נאָך. ל[ע]נגער זײַנען די באַשרײַבונגען און גערעץ־אָפּהאַנדלונגען. גאַנץ אָפֿט מאַכט איין איינציקער פּסוק אויס אַ חלק פֿאַר זיך; אַ מאָל אַפֿילו נאָר אַ חלק פֿון פּסוק. דאָס געברויכן פֿון די מאָדערנע לעזע־צייכן העלפֿט אויך מאַכן דעם טעקסט נענטער צום שׂכל. דער פּונקט אין מיטן פּסוק; די פֿאַרבינדונג פֿון עטלעכע פּסוקים אין איין זאַץ; די אײַנשליסונג פֿון ווערטער אָדער פּסר־קים, וועלכע שטערן דעם צוזאַמענהאַנג – אַל דאָס העלפֿט זייער פֿיל צו באַגרײַפֿן דעם פּשוטן אינהאַלט פֿון טעקסט.

איינע פֿון די באַזונדערע מעלות פֿון דער איבערזעצונג איז די אײַנאָרדענונג פֿון די פּאָעטישע טיילן פֿון תּנך אין פּאָעטישער פֿאָרעם. [דאָס] וואָס די פּאָעטישע טיילן פֿון תּנך זײַנען געווען געשריבן, און דער גרעסטער טייל (אַחוץ תּהילים, משלי, איובֿ) אויך געלעזן, ווי פּראָזע, האָט מיטגעבראַכט דאַצו[1], אַז די אַלטע העברעיִשע פּאָעזיע איז ניט באַהאַנדלט ווי פּאָעזיע, מע האָט פֿאַרלאָרן די פֿאַרשטענד[עניש] פֿאַר איר נאַטירלעכער שיינקייט. מעגלעך, אַז אויב די תּנך־פּאָעזיע וואָלט דערקענט געוואָרן אין מיטל־אַלטער, וואָלטן די העברעיִשע פּאָעטן ניט דאַרפֿן נאָכמאַכן די אַראַבישע פּאָעזיע מיט אירע שווערע מישקלים. זיי וואָלטן באַנוצט און אַנטוויקלט די איינפֿאַכע העברעיִשע פֿערזוועגונג, אָפּגעבן זייער פּאָעטישן כּוח צו באַרײַכערן דעם אינהאַלט, ניט אויסגעבן אים אויף שאַפֿונג פֿון דער אומנאַטירלעכער פֿרעמדער פֿאָרעם. ווען עס וואָלט ניט איבערגעריסן געוואָרן די שאַפֿונגסקייט פֿון דער פּאָעזיע, וואָלט העברעיִש ניט דאַרפֿן זוכן אין יעדער עפּאָכע אַ נײַע פֿאָרעם פֿאַר איר פּאָעזיע. יהואש, ווי אַלע מאָדערנע וויסנשאַפֿטלעכע איבערזעצער, האָט אײַנגעאָרדנט ניט נאָר די נבֿיאישע ספֿרים (ישעיה, ירמיה, יחזקאל און תּרי־עשׂר), נאָר אויך די אַנדערע פּאָעטישע טיילן, וועלכע זײַנען צעשפּרייט אין די פּראָזעבֿיכער (ברכות, אָראַקלען, הספּדים, געזאַנגען) אין פֿערזן. קיין געקינצלטע סטאַנצעס און סטראָפֿן האָט ער ניט געזוכט. די פֿונאַנדערטיילונג איז נאָך דעם אינערלעכן אינהאַלט. פֿאַרשטייט זיך, אַז דער אָריגינעלער ריטעם איז אין דער איבערזעצונג פֿאַרלאָרן געגאַנגען. אָבער דער אינהאַלט אין זײַן פּאָעטישער שיינקייט איז, ווי ווײַט מעגלעך, דיכטעריש איבערזעצט בײַ דעם פּאָעט יהואש.

די, וואָס האָבן געלערנט דעם תּנך אין חדר אין דער טראַדיציאָנעלער וואָרט־נאָך־וואָרט־איבערזעצונג, וועלן פֿילן אַ פֿרעמדקייט, אַ מין גוייִשקייט, אין דער ניט־העברעיִשער וואָרט־אָרדענונג, וועלן אָבער באַוווּנדערן די גאַנץ לאַנגע זאַצן, וועלכע באַשטייען פֿון פֿילע פּסוקים, וועלן גאַפֿן צו ד[ער] פֿאַרקייטלונג פֿון די זאַצן און אונטעראָרדענונג פֿון די נעבנזאַצן, ווונדערנדיק זיך ווּהין איז אַוועקגעקומען דאָס אָן אַן אויפֿהער איבערחזרנדיקע

[1] ☙ דערצו (דײַטשמעריש).

‚און׳. זיי וועלן אָבער גלייַך אייַנזען, אַז דאָס פֿאַרשווונדענע ‚און׳ האָט געהאָלפֿן אויפֿבויען אַ גאַנץ מאָדערנעם ליטעראַרישן אייראָפּעיִשן טעקסט. יהואש איז סעמיטיש, וויפֿל מעגלעך, אין וואָרטשאַץ, אָבער אייראָפּעיִש אין זאַץ; ער נעמט אויף העברעיִשע אידיאָמען. ער היט זיך אָבער פֿון דער אייַנפֿאַכקייט פֿון העברעיִשן זאַצבוי.

אַלע אַלטע איבערזעצונגען פֿון תּנך, ווי די גריכישע, לאַטייַנישע און אַראַמעיִשע, האָבן געגעבן אַ שריפֿטלעכע פֿאָרעם צו דער לאַנג געברויכטער מינדלעכער איבערזעצונג בייַם פֿאָרלעזן אין שול. אויך יהואש האָט באַנוצט, צוזאַמען מיט די שריפֿטלעכע ייִדישע איבערזעצונגען, די טראַדיציאָנעלע פֿאַרטייַטשונג פֿון תּנך אין חדר און אין בית־מדרש. דאָס מאַכט זייַן איבערזעצונג נענטער צום האַרצן פֿון דעם ייִדישן לעזער, ווי די אַנדערע איבערזעצונגען. זי ברענגט אונדז צוריק אונדזערע חדר־יאָרן, ער וועקט אין אונדז אַ זכר פֿון די פֿאַרשטאָרבענע יוגנטטעג. מיר באַגעגענען מיט ליבע די אַלטע, דאַן ניט פֿאַרשטאַנענע ווערטער, ווי ‚לייַטזעליקייט, פּימסנהאָלץ, טראַכט, דיך, לאָגל׳, אַפֿילו דעם מוראדיקן ‚פּיפּערנאָטער׳; אָדער ‚דאָס פֿרוכפּערן, פֿעדערן זיך, ווידמענען׳ אאַז״וו.

דאָס קולטורעלע ייִדיש איז אַ פֿרויענשפּראַך. פֿאַר זיי האָט מען איבערזעצט דעם תּנך אויף ייִדיש. בייַ זיי און פֿאַר זיי זייַנען די תּחינות געשאַפֿן געוואָרן. דאָס ייִדיש האָט דעם ייִדישן קרעכץ און ייִדישע רחמנות אויפֿגענומען ווי זיי זייַנען אויסגעדריקט געוואָרן בייַ דער ייִדישער פֿרוי אין שול און אין הויז, באַזונדערס אין די שבתים און יום־טובֿים. ייִדיש איז דערפֿאַר ווייכלעך, ווייַבעריש. דאָס פֿאָלקסטימלעכע האַרצלעכע ייִדיש איז פֿאַרצערטלט. יהואש האָט ניט אַראָפּגעזעצט דעם שטאַרקן מענערשן העברעיִשן אָריגינאַל צו דעם ווייַבערישן פֿאָלקסטימלעכן ייִדיש. זייַן שפּראַך איז שטאַרק, ניטאָ קיין זכר צו ד[ער] ווייַבערישע[ר], רחמנות־נעבעכדיקע[ר] ווייַבלעכקייט.

יהואש האָט פֿיל געלערנט אין אַלטן חדר, אָבער נאָך מער האָט ער געמוזט צולערנען. אין חדר זייַנען אַלע שטיינער, ביימער, עופֿות, חיות געווען אַ מין שטיין, עוף, בוים, חיה; אַ סך ווערטער זייַנען געבליבן טונקל אין אינהאַלט; דער וואָרטשאַץ איז געווען זייער אָרעם. יהואש האָט פֿאַר אַל די נאַטורזאַכן נעמען געפֿונען, האָט ליכט אין יעד[ן] וואָרט אַרייַנגעבראַכט, האָט דעם וואָרטשאַץ געמאַכט רייַך. דאָס אָפּטע ‚און׳ האָט ער פֿאַרביטן אויף די נייטיקע פֿאַרבינדונגס־ווערטער. ער האָט אויך דערווייַטערט די פֿאַרשטיינערטע מאָנאָטאָניע און פֿאַרבלאַסטע פֿאַרטייַטשונג פֿון די אַנדערע פּאַרטיקלען און האָט זיי פֿאַרשידנאַרטיק איבערזעצט ווי עס פּאַסט צום ענין.

יהואש האָט אַרויסגעלעזן פֿון טעקסט, מיט אַלע זייַנע קנייטשעלעך, וויפֿל מעגלעך, אָבער ער האָט קיין זאַך ניט אַרייַנגעלעזן, ער האָט דערווייַטערט די אַלטע מדרשים, מיט וועלכע די פֿאָלקס־איבערזעצונגען זייַנען פֿול געווען.

יהואש האָט פֿיל געלערנט און אונטערזוכט, און זייַן איבערזעצונג איז ניט נאָר שיין, נאָר אויך וויסנשאַפֿטלעך. פֿאַרשטייט זיך, אַז ער איז ניט אַ ראשון, ער האָט ניט געדאַרפֿט שאַפֿן אַלץ אַליין. פֿאַרקערט, ער האָט אַלץ געפֿונען מן־המוכן[1], אָנגעגרייט צו באַנוצן. דער

[1] [מין האַמוכן] – פֿון גרייטן.

תּנך איז איבערזעצט אין אַלע מאָדערנע שפּראַכן, בײַ גויים און בײַ ייִדן; די מאָדערנע איבער־זעצונגען זײַנען אויך וויסנשאַפֿטלעך. זייער פֿיל האָט ער באַנוצט די ייִדיש־ענגלישע איבער־זעצונג פֿון דער „דזשויִש פּאָבליקיישאָן סאָסײַטי פֿון אַמעריקע“ (1917), וועלכע ער האָט וו[אָ]רשײַנלעך גערעכנט פֿאַר אַ מוסטער־איבערזעצונג און איז איר נאָכגעגאַנגען, ווי די גרויסע איבעראײַנשטימונג[1] צווישן דיביידע איבערזעצונגען באַווײַז[ט] באַשײַמפּערלעך. עס זײַנען אָבער דאָ אויך אַ סך אָפּנייגונגען. ער האָט פֿיל געלערנט פֿון די אַלטע און נײַע העברעיִשע מפֿרשים, האָט אויך באַנוצט די וויסנשאַפֿטלעכע קאָמענטאַרן און ווערטער־ביכער אין אַלע שפּראַכן. יעדער נײַער אָדער ניט זייער באַקאַנטער פֿאַרטײַטש האָט אַן אויטאָריטעט און באַרעכטיקונג. דער אויפֿטו פֿון יהואש איז ניט זײַנע חידושים, נאָר זײַן פֿליסיקייט אויסצוזוכן די בעסטע [ד]ערקלערונגען, ווי אויך זײַן גוטער געשמאַק און געלער־זאַמקייט[2] אָנצונעמען וואָס פּאַסט דעם אינהאַלט און וואָס איז וויסנשאַפֿטלעך ריכטיק. אַ סך שווערע פּסוקים לעזן זיך גאַנץ גלאַט אין זײַן איבערזעצונג, פֿיל פֿון דער באַהאַלטענער שיינקייט פֿון אָריגינאַל ווערט אויפֿגעדעקט דורך דער איבערזעצונג. מעגלעך, אַז אַ גרינט־לעכע אונטערזוכונג וועט פֿעסטשטעלן, אַז יהואש האָט אויך מחדש געווען, אָבער ניט אין זײַנע חידושים איז זײַן אויפֿטו.

פֿאַר די, וואָס זײַנען ניט באַקאַנט מיט דער אַלטער און באַזונדערס נײַער וויסנשאַפֿט־לעכער קאָמענטאַר־ליטעראַטור, שײַנט יהואשעס איבערזעצונג נײַ אין פֿילע הינזיכטן. אַ סך נײַע פֿאַרטײַטשונגען, גאַנץ פֿאַרשידן פֿון די, וואָס דער לעזער געדענקט פֿון זײַן חדר, מאַכן אים דענקען, אַז די גאַנצע איבערזעצונג איז עטוואָס נײַ, וואָס איז נאָך קיין מאָל אויף דער וועלט ניט געווען. ווירקלעך, אַזעלכע טײַטשן ווי וייצר „געפֿורעמט“, להשכיל „אָנ־צוקוקן“, עווני „מײַן שטראָף“, ידון „בלײַבן“, צהר „גיבלדאַך“, הכינו „אָפּגעמאָס־טן“, אך, כי אבל „פֿאַר וואָר“, און הונדערטער מער, וועלכע זײַנען אי נײַ פֿאַר דעם לעזער, אי פּאַסן זייער גוט אין צוזאַמענהאַנג, מאַכן אויף אים דעם רושם, אַז יהואש איז אַ מחדש־עולם; ער ווייס אָבער ניט, אַז אַ טייל פֿון אַזעלכע כּלומרשט נײַע פֿאַרטײַטשונגען זײַנען אַלט, און אַלע זײַנען שוין לאַנג באַקאַנט. אָבער דאָס פֿעלן פֿון חידושים איז ניט קיין חסרון. אַדרבא, אַן איבערזעצער, וואָס זוכט ניט קיין חידושים און האַלט זיך אָן די לאַנג אָנגענומענע פּירושים, איז בעסער ווי דער, וואָס כאַפּט זיך אָן יעדן חידוש, וועלכער ווײַזט זיך אָפּט אַרויס צו זײַן פֿאַלש, אַ מאָל גאַנץ גיך.

אַן איבערזעצ[ער] פֿון תּנך ווי אויך פֿון אַנדערע אַלטע טעקסטן, איז אויך אַ מפֿרש. ער מוז נעמען אַ צד, אָננעמען איין פּירוש און פֿאַרוואַרפֿן אַן אַנדערן, וועלכער איז אַ מאָל גלײַך באַרעכטיקט. אַ טעקסט אין אָריגינאַל קען אַנטהאַלטן מער ווי איין פּירוש, און אַלע זאָלן זײַן אמת, „דברי אלהים חיים“. אַן איבערזעצער איז אַ קבֿרן, ער טייט אַלע אַנדערע פּירושים, ווײַל קיין איבערזעצונג איז פֿולדײַטיק. יהואש האָט פֿאַרוואָרפֿן אַ סך פּירושים, וועלכע האָבן זייער באַרעכטיקונג. למשל, גאָט האָט באַשאַפֿן די פֿרוי פֿון אַ צלע, וועלכע קען זײַן

1 אײַנשטים, זעלביקייט (דײַטשמעריש).

2 געלערנטקייט (דײַטשמעריש).

אַ ריפּ אָדער אַ זײַט. יהואש איבערזעצט פֿון „אַ ריפּ“. גראַדע איז די צווייטע איבערזעצונג די ריכטיקערע. אָדם און חווה זײַנען געווען אַ דו־פּרצופֿין[1], ביידע צוזאַמען, אין אַ צווייזײַטיקן גוף, מיט פֿיר הענט, פֿיר פֿיס, פֿיר אויגן און אויערן. אַזוי איז געווען, נאָך דער אַשורישער איבערליפֿערונג[2], דער לעצטער פֿון די געטער, וועלכער האָט די וועלט באַשאַפֿן. גויִשע געטער ווערן מענטשן בײַ ייִדן. די איינזײַטיקייט פֿון איבערזעצער איז אומפֿאַרמײַדלעך.

די איבערזעצונג פֿון יהואש, ווי יעדע איבערזעצונג, נייטיקט זיך אין אַ פּירוש, קאָמענטאַר, וועלכער וועט ניט נאָר אַרויסברענגען די שיינקייט פֿון אָריגינאַל און זײַן היסטאָריש־עטישן ווערט, נאָר וועט אויך אַנטהאַלטן די אַנדערע מעגלעכע פּירושים, [ד]ערג[אַ]נצנדיק דאַדורך[3] די איבערזעצונג, און ברענגען זי נענטער צום אָריגינאַל. זעלבסט־פֿאַרשטענדלעך, אַז די בעסטע איבערזעצונג מיט דעם אויספּירלעכסטן פּירוש קען קיין מאָל ניט פֿאַרנעמען דעם פּלאַץ פֿון אַזאַ אָריגינאַל ווי דער תּנך. וואָס די איבערזעצונג איז בעסער, [ד]ערוועקט זי מער אינטערעס אין אָריגינאַל, צו וועלן שעפּן פֿון ערשטער מקור.

ווי אַ תּרגום, האָט יהואשעס איבערזעצונג אַ היסטאָריש־קולטורעלן ווערט. די, וואָס קענען ניט דעם אָריגינאַל, וועלן געפֿינען אין דער איבערזעצונג אַ טרײַע, קלאָרע און שיינע איבערגעבונג פֿון אָריגינאַל. אָבער אויך די, וואָס קענען דעם העברעיִשן אָריגינאַל, קענען זי לעזן מיט נוצן, ווײַל אין דער איבערזעצונג וועלן זיי געפֿינען דעם תּמצית פֿון אַ וויסנשאַפֿטלעכן קאָמענטאַר און די אויפֿפֿאַסונג פֿון אַ דיכטער. די איבערזעצונג איז אַן אויסגעצייכנטער הילפֿמיטל צו לערנען דעם תּנך אין מקור, ווײַל יעדעס וואָרט, כּמעט יעדער אות, איז פּינקטלעך איבערזעצט. און אַזוי ווי די איבערזעצונג קען העלפֿן פֿאַרשפּרייטן העברעיִש, קען זי אויך העלפֿן צו לערנען אַ גוטן, ליטעראַרישן ייִדיש; אַ סך ייִדן האָבן פֿון מענדעלסאָנס דײַטשער איבערזעצונג זיך אויסגעלערנט דײַטש.

שווערע פּסוקים האָבן בכלל אַ טבֿע צו בלײַבן שווער אויך אין איבערזעצונג; יהואשעס איבערזעצונג איז ניט קיין אויסנאַם. אויך אַ סך ווערטער, אָדער גאַנצע פּסוקים, קענען אַנדערש דערקלערט ווערן. מאַנכע שײַנען אַפֿילו ניט ריכטיק צו זײַן, אָדער ניט אין גאַנצן באַרעכטיקט. כ׳וועל מיך באַנוגענען מיט עטלעכע מוסטערן פֿון ספֿר „בראשית“. ומחל־ביהן (בראשית ד, ד) איז ניט „פֿון זייערע פֿעטסטע“, נײַערט ‚פֿון זייער פֿעט׳. דאָס וואָרט איז, מעגלעך, אַ דערקלערונג וואָסער חלק פֿון די בכורות האָט הבֿל מקריבֿ געווען – זייער חלבֿ. לטש כל חורש נחשת וברזל (ד, כב) איז איבערזעצט „דעם אויסשלײַפֿער פֿון אַלערליי קופּער און אײַזן־געצײַג“. עס שײַנט בעסער צו לעזן כּלי ‚כּלים׳ אַנשטאָט כל „אַלע“ (דער יוד איז געוואָרן אַ מקף), און איבערזעצן: ‚דעם אויסשלײַפֿער פֿון אַקער־געצײַג פֿון קופּער און אײַזן׳. למך באַרימט זיך פֿאַר זײַנע ווײַבער כי איש הרגתי לפצעי און יהואש איבערזעצט: „וואָרן איך הרגע אַ מאַן פֿאַר מײַן ווונד“ (ד, כג). איז דען דאָס אַ טעם

[1] & אַ געשטאַלט מיט צוויי פּנימער (אַראַמעיִש); וועגן אָדמען ווערט געזאָגט אַז גאָט האָט אים באַשאַפֿן אַ דו־פּרצופֿין, מיט צוויי פּנימער – אַ מענערש און אַ פֿרויִש (ברכות 61א 5).

[2] & מסורה, לעגענדע (דײַטשמעריש).

[3] & דורך דעם (דײַטשמעריש).

ווײַל זײַנע ווײַבער זאָלן אים הערן? ,כּי׳ איז דאָ, ווי יהואש האָט עס פֿיל מאָל ריכטיק איבערזעצט (בראשית יח, כ; כא, ל; לז, לה; שמות ד, כה און פֿיל מער) ,פֿאַר וואָס׳, דאָס איז דער עיקר פֿון זײַן באַרימערײַ, ניט אַ טעם פֿאַר וואָס ער זאָל געהערט ווערן. ינחמנו (ה, כט) איז ניט „וועט אונדז זײַן אַ נחמה“, ווײַל אויב אַזוי, האָט ער געדאַרפֿט הייסן מנחם, ניט נח, ווי די ראשונים האָבן געזען, נײַערט ,ער וועט אונדז פֿאַרשאַפֿן רו׳, ווײַל נח, דער זון פֿון למך, האָט, ווי „תובל קין“, דער זון פֿון למך, געפֿונען דעם אַקער־אײַזן (זע רשי). שדה העמלקי, אדום (יד, ז; לב, ד), איז ניט „פֿעלד“ נײַערט ,לאַנד פֿון עמלק, פֿון אדום׳. לבֿן זאָגט נחשתי (ל, חז) און יהואש איבערזעצט „איך האָב געמערקט“, ריכטיקער איז אָבער ,איך האָב געלערנט פֿון צויבערײַ׳ (נחש). כּי מתה (לה, יח) איז ניט „בעת זי איז געשטאָרבן“, דאַן איז דאָס דאָס זעלבע וואָס ,בצאת נפשה׳, נײַערט (וואָרן זי איז געשטאָרבן) אײַנגעצירקלט. ויצילהו (לז, כא) איז ניט „האָט אים געזוכט צו מציל זײַן“, ראובֿן האָט דאָך ווירקלעך מציל געווען יוספֿן פֿון באַלדיקן טויט דורך דעם וואָס מע האָט אים אַרײַנגעוואָרפֿן אין גרוב. שאולה (מד, כט) איז מער ווי „אין קבֿר“: אין שאול לעבט דער טויטער, אין קבֿר איז ער באַגראָבן. עד כי יבוא שילה (מט, י) „ווי לאַנג מע וועט קומען קיין שילוֹ“ איז אומדערקלערלעך: יהודה איז גראַדע אויפֿגעקומען נאָך דעם ווי שילוֹ איז אונטערגעגאַנגען. אויב דער טעקסט איז ריכטיק, דאַרף מען איבערזעצן ,ביז ער (יהודה) וועט קומען קיין שילוֹ׳, ער וועט דאַן ווערן דער ערשטער פֿון אַלע שבֿטים ,און צו אים וועלן פֿעלקער געהאָרכן׳. די ברכה איז נאָך דעם, פֿון ד[ער] צײַט פֿון די שופֿטים, פֿאַרן אונטערגאַנג פֿון שילוֹ. לו ישטמנו יוסף (נ, ו) זאָגן די ברידער נאָך יעקבֿס טויט. יהואש איבערזעצט „אפֿשר וועט אונדז יוסף טראָגן אַ שׂינאה“. אָבער לו איז ניט „אפֿשר“, נײַערט ,געוויס׳, ווי אין אַכּדיש: ,יוסף וועט אונדז געוויס פֿײַנט האָבן, און וועט אונדז געוויס אומקערן (השב ישיב) אַל דאָס שלעכטס וואָס מיר האָבן אים געטאָן׳. אַזעלכע פּסוקים און ווערטער, וועלכע קענען באַשטריטן ווערן, איז צו געפֿינען אין יעדן ספֿר. עס איז אָבער אוממעגלעך צו דיסקוטירן אָדער אָנצײַגן אַלע שטעלן. קיין עם־הארצות איז אין דער איבערזעצונג ניטאָ, ווײַל יהואש איז געווען אַ תּלמיד־חכם און האָט זײַן אַרבעט זייער ערנסט געטאָן, ווי אַלע איבערזעצער פֿון תּנך.

אַן איבערזעצונג פֿון תּנך קען האָבן איינעם פֿון די צוויי צוועקן: א) פֿעסטשטעלן דעם אָריגינאַלן אורטעקסט, ווי ער איז אַרויס פֿון האַנט פֿון זײַן פֿאַרפֿאַסער, אָדער, ווייניקסטנס, פֿון זײַן לעצטן רעדאַקטאָר, מיט הילף פֿון פֿאַרגלײַכונג צו די כּתבֿי־יד, אַלטע איבערזעצונגען און אַמענדיציאָנען, וועלכע זײַנען פֿאָרגעשלאָגן אין די וויסנשאַפֿטלעכע קריטישע קאָמענטאַרן. אַזאַ איבערזעצונג, למשל, איז די נײַע אַמעריקאַנישע איבערזעצונג פֿון תּנך, אַרויסגעגעבן פֿון פּראָפֿעסאָר י.מ. פּאַוויס סמיט פֿון שיקאַגאָער אוניווערסיטעט (1927). ב) איבערזעצן דעם מסורה־טעקסט, ווי ער איז, ניט אַכטנדיק אויף ד[ער] מעגלעכקייט, אַז ער איז ניט אורטעקסט, אַז ער איז פֿילײַכט פֿאַרגרײַזט געוואָרן דורך ד[ער] ,געלערזאַמקייט׳ פֿון אַלטע לעזער און אַרויסגעבער, אָדער ד[ער] פֿאַרנאַכלעסיקייט פֿון אָפּשרײַבער. יהואש, ווי אויך די ייִדיש־ענגלישע איבערזעצונג, האָבן בכלל געזוכט דעם צווייטן צוועק. די איבערזעצונג איז כּמעט אין גאַנצן טראַדיציאָנעל. ער זעצט איבער יעדעס וואָרט – און

יעדן אות – ווי עס שטייט. ער היט די מסורה־לעזונג. דער טעקסט איז טאַקע אַ מאָל שווער, וואָלט ער צולייגן אָדער אויסשטרייַכן אַ וואָרט, איבערבייַטן דעם סדר פֿון די ווערטער, פֿאַרענדערן די לעזונג, וואָלט דער אינהאַלט ווערן פֿאַרשטענדלעכער. יהואש איבערזעצט דעם שווערן טעקסט, פֿאַרזיסט אים אַ מאָל צו דערווייַטערן שווערקייטן, אָבער לאָזט אים ווי ער שטייט. לאָמיר נעמען עטלעכע פּסוקים אין „בראשית“. נח בענטשט יפֿתן און שילט כּנען. מ׳[ד]ערוואַרט, אַז ער וועט אויך בענטשן שמען. אַנשטאָט דעם געפֿינען מיר: ברוך יהוה אלהי שם (ט, כו) „געלויבט איז יהוה דער גאָט פֿון שם“. ווי קומט יהוה צו זייַן דער גאָט פֿון שם? פֿאַר וואָס איז דער פֿערז ארור כנען אַזוי קורץ? ווו איז חם אַהינגעקו־מען? דער אורטעקסט האָט מעגלעך געהאַט: ארור (חם אבי) כנען... „פֿאַרשאָלטן איז (חם דער פֿאָטער) פֿון כּנען“. עבד עבדים יהיה לאחיו „אַ שטענדיקער קנעכט זאָל ער זייַן ביַי זייַנע ברידער“. ברוך יהיה אהל שם „געבענטשט וועט זייַן דער געצעלט פֿון שם“ (ט, כה, כו). פֿאַר אהל פֿאַרגלייַך אהלי שם אין פֿאָלגנד[יק]ן פּסוק. נאָך דעם ווי אהל איז געוואָרן אלהי איז יהיה „וועט זייַן“ געוואָרן „יהוה“. אהל ‚געצעלט‘, ‚פֿאַמי־ליע‘ איז אין קעגנזייַט צו דער פֿאַמיליע פֿון חם.

אויף נמרודן ווערט געזאָגט הוא החל להיות גבור בארץ (י, ח) „ער איז געווען דער ערשטער מעכטיקער אויף דער ערד“, נעמלעך, נאָכן מבול, ווייַל פֿאַרן מבול זייַנען געווען גיבורים (ו, ד). אָבער פֿון פֿאָלגנד[יק]ן פּסוק ווערט קלאָר, אַז גבור ציד, „אַ מעכטי־קער יעגער“ איז אויך דאָ געמיינט ניט סתּם גיבור. גבור ציד לפני יהוה „אַ מעכטיקער יעגער פֿאַר גאָט“ איז בכלל אומזין. עס שייַנט, אַז לפני איז ניט ‚פֿאַר‘, נאָר ‚ווי‘. פֿאַרגלייַך לפני ‚ווי‘ אין איובֿ (ג, כד; ד, יט), שמואל א׳ (א, טז). (זע אברהם כהנא, „פּרוש מדעי צו איוב“, תרפּ״ח, עמוד יז). אמת יהוה איז ניט געווען קיין יעגער. אָבער ווי קומט מען בכלל דערמאָנען יהוה אין נמרודס גבֿורות? יהוה איז אַרייַנגעשטעלט געוואָרן אַנשטאָט אַן אַלט־באַבילאָנישע[ר] יאַגדגאָטהייט. אַזוי האָט יהוה פֿאַרנומען דעם פּלאַץ פֿון אַ לאָקאַלן אל, וועלכער האָט געוואָלט טייטן משהן אין וועג (שמות ד, כד), ווייַל ער איז אַרייַן אין זייַן גבֿול, ווי דער אל פֿון פּנואל האָט זיך דערפֿאַר געראַנגלט מיט יעקבֿן אַ גאַנצע נאַכט (לב, כה, לא). דערפֿאַר האָט דער אל פֿון באר־שבֿע דערשינען צו יעקבֿן און אים פֿאַרזיכערט זייַן הילף, ווייַל ער איז דער גאָט פֿון יצחקן (כו, כג). אנכי האל אלהי אביך (מו, ג) איז ניט „איך בין גאָט, דער גאָט פֿון דייַן פֿאָטער“, ווי יהואש איבערזעצט, נייַערט ‚איך בין דער אל, נעמלעך, פֿון פּלאַץ, אָבער אויך דער גאָט פֿון דייַן פֿאָטער‘. (זע די אַמעריקאַנישע איבערזעצונג צום פּסוק.)

די פּלישתּים שטאַמען אָפּ פֿון די כּסלוחים נאָך יהואשעס איבערזעצונג, כאָטש מיר ווייסן, אַז די פּלישתּים קומען אַרויס פֿון כּפֿתּור (עמוס ט, ז; ירמיהו מז, ד). דער אורשפּרינג־לעכער סדר פֿון די ווערטער אין פּסוק איז אַוודאי געווען ואת כסלוחים ואת כפתו־רים אשר יצאו משם פלשתים (בראשית י, יד). גראַדע איבערזעצט יהואש אַ מאָל די ווערטער אין פּסוק נאָך זייער לאָגישער אָרדענונג (פֿאַרגלייַך בראשית יב, יז; יד, יב; מ, ה אאַז״וו). אויך רשי [ד]ערלויבט זיך איבערדרייען דעם פּסוק: „לפי פשוטו סרס המקרא“

(בראשית יד, טו אאַז״וו; פֿאַרגלײַך דעם אויסגעצייכנטן בוך אויף רש״י פֿון אליעזר מאיר ליפֿשיץ, „ר׳ שלמה יצחקי״, אַרויסגעגעבן פֿון „תושיה״, 1914, זײַט 183).

יעקבֿ דערקלערט [וו]אָס ער האָט מבֿטל געווען די בכורה פֿון ראובֿנען פֿאַר ‚מעשׂה בלהה׳ און ער ענדיקט אז חללת יצועי עלה (בראשית מט, ד). יהואש צעטיילט דעם פֿערז אויף צוויי טיילן. אז חללת „דענסטמאָל האָסטו עס פֿאַרשוועכט״ יצועי עלה „מײַן בעט ווו ער איז אַרויף״. וואָרשײַנלעכער איז, אַז דער יוד פֿון יצועי באַלאַנגט צו חללת און דער טעקסט איז געווען ‚איך האָב פֿאַרשוועכט דעם וואָס איז אַרויף אויף מײַן בעט׳ ווײַל אַ בכור איז הייליק. (זע די אַמעריקאַנישע איבערזעצונג צום פּסוק.) פֿאַרן פּסוק בראשית מח, ז, שטעלט יהואש דרײַ פּינטעלעך צו אָנדײַטן, אַז די געשיכטע וועגן רחלס טויט און איר באַגראָבונג אין בית־לחם איז ניט אין פּלאַץ און עטוואָס איז אַרויסגעפֿאַלן. די פּינטעלעך זײַנען טאַקע נייטיק, אָבער נאָכן פּסוק. יעקבֿ דערקלערט פֿאַר וואָס ער האָט צוגענומען די בכורה פֿון לאהס בכור ראובֿן און זי געגעבן צו רחלס בכור יוסף, קעגן דעם דין פֿון דער תּורה (דברים כא, טו–יז). ער האָט אים דערציילט די ‚מעשׂה בלהה׳, וועלכע האָט געטראָפֿן גלײַך נאָך דעם טויט פֿון רחלען (בראשית לה, יט–כב). דאָ איז אויסגעלאָזן געוואָרן אי די מעשׂה, אי יעקבֿס אַקט; דאָרטן, נאָר יעקבֿס אַקט. די ווערטער וואָס יעקבֿ האָט געברויכט אָפּ[צו]זאָגן ראובֿנען פֿון בכורה איז אַרײַן אין דעם אָראַקל פֿון יעקבֿן. (מעג־לעך אַז דאָס וואָרט ‚אז׳ איז ניט אורשפּרינגלעך, ווי אויך דאָס וואָרט כי פֿאַר ‚עלית׳; די גאַנצע ‚ברכה׳ צו ראובֿן איז פֿון דרײַ־אַקצענטיקע צײַלן.)

אין דער ברכה צו יוסף זאָגט יעקבֿ:

וימררהו ורבו וישטמוהו בעלי חצים (מט, כג), יהואש איבערזעצט: „און אים געביטערט, און געשאָסן און אים געפֿײַנט האָבן די ‚פֿײַלמענער׳״. די איבערזעצונג איז שווער. מע [ד]ערוואַר[ט] ‚אים געשאָסן׳. דער פּאַראַלעליזם איז צעבראָכן: דרײַ ווערבן און איין סובסטאַנ־טיוו. עס שײַנט אַז דער וואָוו פֿון ורבו איז אַ דיטאָגראַפֿיע פֿון וימררהו. רבו איז צו לעזן מיט אַ פּתח אונטערן ריש און מיינט ‚שיסער׳ (ירמיהו נ, כט; איוב טז, יג). דער וואָוו איז דער אַלטער פּלוראַל. פֿאַרגלײַך אלהו ‚געטער׳ (הדד־אינשריפֿט, שורה ב). דער אורטעקסט איז: ‚און אים געביטערט האָבן די שיסער, און אים געפֿײַנט האָבן די „פֿײַלמענער״׳.

אין דער זעלבער ברכה משם רועה אבן ישראל (מט, כד) „פֿון דאָרט, פֿון דעם פּאַסטוך דעם פֿעלדז פֿון ישׂראל״ איז זייער געקוועטשט. עס איז בעסער צו לעזן משם מיט אַ צירי אונטערן שין ‚פֿון דעם נאָמען׳: ‚פֿון דעם נאָמען פֿון פּאַסטוך פֿון די בני־ישׂראל׳. (זע א. כהנא, „תּנ״ך עם פּירוש מדעי״, בראשית מט, כג, כד.)

איך האָב מיך באַשרענקט נאָר אויף עטלעכע פּסוקים אין בראשית, דאָס זעלבע איז צו געפֿינען אין יעדן ספֿר. זייער זעלטן קאָן מען באַמערקן אַ קליינעם אָפּטריט פֿון דער טראַדיציע, ווי [דאָס] אײַנשליס[ן][1] ווערטער וועלכע זײַנען ניטאָ אין טעקסט: כי מלאו מקדם (ישעיה ב, ו) לעזט ער כי מלאו מקסם קדם „ווײַל זיי זײַנען פֿול מיט [כּישוף פֿון] מיזרח״, אָדער שטעלט פּינטעלעך אָנ[צו]דײַטן אַז עטוואָס איז אַרויסגעפֿאַלן. אַ מאָל

[1] פֿייגין שרײַבט דאָ „אײַנשליסנדיק״, מסתּמא אונטער דער השפּעה פֿון ענגליש.

אָבער, לעזט ער אַנדערש: אחרי רואי (טז, יג) „דעם וואָס זעט מיך“ איז וו[אָ]רשײַנלעך ,את רואי‘, דער חית איז פֿאַרגרײַזט פֿון תוו, רי איז אַ דיטאָגראַפֿיע פֿון רו ; עקב (מט, יט) לעזט ער עקבם , צעלייגנדיק דעם מם פֿון מאשר, און איבערזעצט „זייער טריט“. ער פֿאָלגט [אין] זײַנע איבערענדערונגען דער ייִדיש־ענגלישער איבערזעצונג.

יהואש זוכט צו פֿאַרענטפֿערן שוועריקייטן דורך אַ קנייטש אין דער איבערזעצונג, ווי: ויאהל אברם „און אַבֿרם האָט איבערגעטראָגן זײַן געצעלט“, כאָטש עס וואָלט דאַפּיר בעסער געווען ויעתק אהלו (י״ג, יח). וואָרשײַנלעכער פֿעלן דאָ צוויי ווערטער עד חברון ,ביז חבֿרון‘, פֿאַרגלײַך ויאהל עד סדום (יג, ב). אַבֿרמס פֿאַסטוכער האָבן געווינט אין געצעלטן בײַ חבֿרון, ער אַליין האָט געווינט אין חבֿרון גופֿא.

עס וואָלט בעסער געווען ווען יהואש שרײַבט דעם שם־המפֿורש ווי ער איז אין אָריגינאַל, ניט איבערזעצן אים אַ מאָל [מיט][1] ,גאָט‘, אַ מאָל יהוה. יהוה אלהים ,גאָט דער האַר‘ איז אויך קעגן דער מסורה אדוני אלהים. עברים ,ייִדן‘, איז אויך ניט גלײַך, בעסער לאָזן עבֿרים ווי אין אָריגינאַל.

מעגלעך אַז אַ סך פֿון די איצטיקע, פֿרײַע לעזער פֿון דער ייִדישער איבערזעצונג, וואָלטן בעסער וועלן האָבן אַ רעקאָנסטרויִרטן אורשפּרינגלעכן ווי דעם טראַדיציאָנעלן טעקסט. יהואשעס שטאַנדפּונקט איז דאָך אַ זיכערער. עמענדירונגען זײַנען שווער און נישט שטאַנדהאַלטיק. אַחוץ דעם, דער טראַדיציאָנעלער טעקסט האָט אַ היסטאָרישן, ווײַל[2] דער אורשפּרינגלעכער טעקסט נאָר אַן אַרכעאָלאָגישן ווערט. ניט דער אורטעקסט נאָר דער טראַדיציאָנעלער טעקסט האָט געשאַפֿן און געווירקט אויף דעם ייִדנטום ווי אַחד־העם האָט פֿאָרטרעפֿלעך באַמערקט („על פּרשת דרכים“, חלק ד׳, זײַטן קנ״ו–ז). אַן אָפּטריט פֿון דער מסורה וואָלט געפּסלט די איבערזעצונג פֿאַר דעם פֿרומען ייִדן. פֿילײַכט האָט יהואש געהאָפֿט אַז זײַן איבערזעצונג וועט ווערן אַ תּרגום, וועלכער וועט באַנוצט ווערן צוזאַמען מיט – אָדער אַנשטאָט – דעם אַלטן תּרגום. אַן אויסגאַבע פֿון אָריגינאַל זײַט בײַ זײַט מיט דער איבערזעצונג וואָלט געהאַט אויך אַ פּראַקטישן ווערט.

זעלבסט־פֿאַרשטענדלעך, אַז אין אַ גרויסן ספֿר איז ניט שווער צו אַנטדעקן חסרונות, אמתע אָדער שײַנלעכע. האָפֿנטלעך וועט די איבערזעצונג געפֿינען שטענדיק נײַע באַאַרבעטער און פֿאָרשער. אָבער חסרונות מינערן אויף קיין פֿאַל ניט דעם גרויסן ווערט פֿון בוך. די איבערזעצונג פֿון תּנך איז אַ באַרײַכ[ער]ונג פֿון דער ייִדישער ליטעראַטור, אַ ניצלעכער ספֿר פֿאַר יעדן ייִדן, פֿרײַ און פֿרום, ווי אויך אַ [ד]ערהויבענער מאָנומענט פֿאַר דעם איבערזעצער און דיכטער, יהואש זכרונו לבֿרכה.

1 פֿייגין שרײַבט דאָ „בײַ“, מסתּמא פֿאַרמישנדיק די ייִדישע פּרעפּאָזיציע מיט דער ענגלישער by.

2 זע הערה 1 אויף ז׳ 20.

יהודה ראָזענטאַל

נייַע הערות צו יהואשעס תּנך־איבערזעצונג

מיט איבער צוואַנציק יאָר צוריק האָב איך פֿאַרעפֿנטלעכט אַ שטודיע אין די „ייִוואָ־בלעטער“, ווּ איך האָב אַנאַליזירט עטלעכע קאַפּיטלעך פֿון יהואשעס תּנך־איבערזעצונג.[1] איך האָב אין דער דאָזיקער שטודיע אָנגעוויזן אויף פּראָבלעמען וואָס יהואש האָט זיך אָנגעשטויסן אויף זיי אין זייַן אַרבעט, ווי כּמעט אויף יעדער וואָרט האָט ער געמוזט זיצן שיבֿעה־נקיים בכדי איבערצוגעבן געטרייַ דעם זינען פֿון מקור.

אין דער איצטיקער שטודיע לכּבֿוד יהואשעס הונדערט־יאָריקן געבוירן־טאָג באַשעפֿטיק איך זיך דער עיקר מיט צוויי פּראָבלעמען פֿון זייַן תּנך־איבערזעצונג, דהייַנו: 1. אייפֿעמיזמען אין דער איבערזעצונג. ד"ה, זייַן באַמיִען זיך אויסצומייַדן גראָבע ווּלגאַרע אויסדרוקן, אָדער דאָס באַמיִען זיך צו באַנוצן אַ לשון־נקיה; 2. פּשט און דרש אין דער איבערזעצונג. ווי באַקאַנט ליגט אויף דעם תּנך אַ משׂא פֿון אַ צוויי־טויזנט־יאָריקער טראַדיציע. עס איז שווער הייַנט צו רעקאָנסטרויִרן דעם אורטעקסט פֿון תּנך. אַחוץ דעם מוז מען נעמען אין באַטראַכט אַז מיר קוקן אויפֿן תּנך דורך די ברילן פֿון די מפֿרשים פֿון דער תּקופֿה פֿון בית־שני, די שעפֿערס פֿון דער תּורה־שבעל־פּה, די חכמי־התּלמוד און די מפֿרשים פֿון מיטל־עלטער. די מאָדערנע תּנך־פֿאָרשונג באַמיט זיך מיט דער הילף פֿון דער סעמיטישער פֿילאָלאָגיע, אַרכעאָלאָגיע, דורך דעם פֿאַרגלייַך מיט דער ליטעראַטור פֿון אונדזערע אַמאָליקע שכנים אין נאָענטן מיזרח, צו פֿאַרשטיין דעם תּנך אויפֿן אַלגעמיינעם היסטאָריש־קולטורעלן הינטערגרונט ווי אַ רעליגיעז־קולטורעלן פּראָדוקט פֿון דער צייַט. הן דאָס אַלגעמיינע און הן דאָס ספּעציפֿישע אין דער ייִדישער שאַפֿונג קאָן מען אָן דעם אַלגעמיינעם הינטערגרונט ניט פֿאַרשטיין. מיר וועלן זען ווי ווייַט יהואש האָט זיך באַמיט געטרייַ צו בלייַבן דער טראַדיציע (דעם דרש) און ווי ווייַט ער האָט געמוזט זיך אָפּנייגן פֿון איר און נאָכגיין דעם פּשט.

מיר ציִען אַרייַן צום פֿאַרגלייַך די ווייַטערדיקע איבערזעצונגען:

1 די דייַטשע תּנך־איבערזעצונג פֿון מאַרטין לוטער (אָפּגעקירצט: לוטער).

2 די ענגלישע תּנך־איבערזעצונג פֿון דער אַנגליקאַנישער קירך פֿון יאָר 1611 (אָפּגעקירצט: קינג דזשעימס).

3 די ייִדישע תּנך־איבערזעצונג פֿון יקותיאל בליץ, אַמסטערדאַם, 1676 (אָפּגעקירצט: בליץ).

[1] זע „יהואשעס תּנך־איבערזעצונג. אַן אַנאַליטישע אויספֿאָרשונג“, **ייִוואָ־בלעטער**, באַנד 34, 1950, ז"ז 59–128.

פֿון: **די גאָלדענע קייט** (תּל־אָבֿיבֿ) 72, 1971, ז"ז 107–115.

4 די ייִדישע תּנך־איבערזעצונג באַקאַנט ווי פּירוש עבֿרי־טײַטש[1] געדרוקט אין מקראָות גדולות, אויסג׳ פּיעטריקאָוו, לובלין א״אַ (אָפּגעקירצט: עבֿרי־טײַטש).

5 די דײַטשע איבערזעצונג מיט ייִדישע אותיות פֿון משה מענדעלסאָן און זײַנע תּלמידים די ביאוריסטן (אָפּגעקירצט: ביאור).

6 די ענגלישע איבערזעצונג פֿון דער The Jewish Publication Society of America, פֿילאַדעלפֿיע, 1917. דער הויפּט־רעדאַקטאָר איז געווען דער באַקאַנ־טער תּנך־ און תּרגום־השיבֿעים־פֿאָרשער מאַקס מאַרגאָליס (אָפּגעקירצט: מאַר־גאָליס).

7 Die Schrift zu verdeutschen unternommen von Martin Buber gemeinsam mit Franz Rosenzweig. Schocken Verlag. (אָפּגעקירצט: בובער־ראָזנצווייַג).

8 Die Heilige Schrift, neu ins Deutsche übertragen, herausgegeben von Harry Torczyner, 1935 (אָפּגעקירצט: טאָרטשינער).

9 The Holy Bible, Revised Standard Version, 1952 (אָפּגעקירצט: ר.ס.וו.).

10 The Anchor Bible (אָפּגעקירצט: אַנקאָר).

11 The Five Books of Moses. A new translation of the Holy Scriptures according to the Masoretic text. The Jewish Publication Society of America, 1962 (אָפּגעקירצט: אָרלינסקי).

12 The New English Bible, Oxford University Press, 1970 (אָפּגע־קירצט: נ.ע.ב.).

אײַפֿעמיזמען

שוין די חכמים פֿון תּקופֿת־בית־שני האָבן אײַנגעזען, אַז עס געפֿינען זיך אין תּנך אויס־דרוקן וואָס זענען געוואָרן במשך פֿון דער צײַט ווולגאַר. די חכמים האָבן זיי איבערגעביטן אויף אַנדערע אויסדרוקן וואָס קלינגען ווייניקער ווולגאַר.[2] די חכמים האָבן די ווולגאַ־ריזמען ניט אויסגעמעקט פֿון טעקסט ווײַל זיי האָבן ניט געוואָלט אַז יעדער איינער זאָל זיך נעמען דאָס רעכט אויסצובעסערן, פֿאַרפֿײַנערן און קאָריגירן דעם טעקסט. זיי האָבן אָבער מוסיף געווען אויפֿן ראַנד פֿון טעקסט אַז מע זאָל ניט לייענען דעם געשריבענעם אויסדרוק נאָר אַן אַנדערן (קרי וכתיבֿ). צווישן די מאָדערנע איבערזעצערס פֿון תּנך זענען דאָ פֿאַרשיידענע שיטות, אָפּהענגיק פֿון דער צײַט און פֿון דעם סאָרט לייענערס וואָס די איבערזעצערס האָבן אין זינען, ווי מיר וועלן זען פֿון די ווײַטערדיקע בײַשפּילן.

[1] דער פּירוש עבֿרי־טײַטש איז דורכגעגאַנגען אַ גרויסע צאָל איבעראַרבעטונגען. זע וועגן דעם ערשטן מחבר, דעם אַרטיקל פֿון חיים ליבערמאַן אין **די ייִדישע שפּראַך**, באַנד 26, 1966, 34 א״וו. זע וועגן דעם מחבר פֿון די עבֿרי־טײַטשן פֿון נײַנצנטן י״ה, משה שטאַרקמאַן, „דער גאָון פֿון עבֿרי־טײַטש“, **אידישער קעמפּער**, ראָש־השנה תש״ח (סעפּטעמבער 12, 1947); **דער טאָג**, מאַרץ 1928, 1954.

[2] זע תּוספֿתּא מגילה ג.39: כל המקראות הכתובות לגנאי קורין אותן לשבח... אויסג׳ ליברמן, 363.

בראשית ד, 1: והאדם ידע את חוה אשתו.

יהואש און דער מענטש האָט דערקענט זײַן ווײַב חווה

לוטער Und Adam erkannte sein Weib Eva

קינג דזשעימס And Adam knew Eve his wife

בליץ און אדם ביקענט זיין ווייב חוה

עבֿרי־טײַטש און אדם האט זיך באהעפט מיט זיין ווייב חוה

ביאור אדם האטטע זיינער פרוי חוה ביי געוואהנט

מאַרגאָליס And the man knew Eve his wife

בובער־ראָזנצווײַג Der Mensch erkannte Chawa sein Weib

טאָרטשינער Der Mensch aber erkannte Hawwa sein Weib

ר.ס.וו. Now Adam knew Eve his wife

אַנקאָר The man had experience of his wife

אָרלינסקי Now the man knew his wife Eve

נ.ע.ב. The man lay with his wife Eve

דברים כח, 30: אשה תארשׂ ואיש אחר ישגלנה (ישכּבנה).

יהואש אַ ווײַב וועסטו פֿאַרקנסן און אַן אַנדערער וועט מיט איר זײַן

לוטער aber ein anderer wird bei ihr schlafen

קינג דזשעימס and another man shall lie with her

בליץ איין אנדריר מאן ווער זי בישלאפין

עבֿרי־טײַטש און אן אנדערער מאן וועט מיט איר שלאפן

ביאור און איין אנדערער ווירד זיא בישלאפין

מאַרגאָליס and another man shall lie with her

בובער־ראָזנצווײַג ein andrer Mann wird sie beschlafen

טאָרטשינער und ein andrer Mann wird ihr beiliegen

ר.ס.וו. and another man shall lie with her

אָרלינסקי and another man shall enjoy her

נ.ע.ב. but another shall ravish her[1]

דעם ווערב בוא אל אין שײַכות צו אַ פֿרוי וואָס האָט דעם באַטײַט פֿון סעקסועלער באַציִונג זעצט איבער יהואש תּמיד: קומען צו איר.

בראשית כ״ט, 21: ואבואה אליה; 23: ויבא אליה; ל, 3: בא אליה; 4: ויבא אליה יעקב.

יהואש און איך וועל קומען צו איר; און ער איז געקומען צו איר; קום צו איר; און יעקבֿ איז צו איר געקומען

[1] דער אונטערשייד צווישן אָרלינסקי און נ.ע.ב. גייט צוריק אויף חילוקי־דעות וועגן דעם אורבאַטײַט פֿון וואָרט ,שגל׳.

לוטער dass ich zu ihr gehe; und er ging zu ihr; gehe zu ihr; und Jakob ging zu ihr

קינג דזשעימס that I may go in unto her; and he went in unto her; go in unto her; and Jacob went in unto her

בליץ דז איך בייא איר ליגי; אונ׳ ער לאג בייא איר; ליג דיך צו איר; און יעקב ליגיט זיך צו איר

עבֿרי־טײַטש און איך וועל קומען צו איר; און ער איז געקומען צו איר; קום צו איר; און ער איז געקומען צו איר

ביאור דאס איך איהר ביי וואהנע; אונד יעקב וואהנטע איהר בייא; קאממע צו איהר; אונד יעקב וואהנטע איהר בייא

מאַרגאָליס that may go in unto her; and he went in unto her; go in unto her; and Jacob went in unto her

בובער־ראָזנצווײַג dass ich zu ihr komme; und er kam zu ihr; geh zu ihr ein; und Jaakob ging zu ihr ein

טאָרטשינער dass ich zu ihr eingehe; und er ging ein zu ihr; geh ein zu ihr; und Jaakob ging ein zu ihr

ר.ס.וו. that I may go in to her; and he went in to her; go in to her; and Jacob went in to her

אַנקאָר that I may unite with her; and he cohabited with her; Cohabit with her; and Jacob cohabited with her

אָרלינסקי that I may consort with her; and he cohabited with her; Consort with her; and Jacob cohabited with her

נ.ע.ב. so that we may sleep together; and Jacob slept with her; Lie with her; and Jacob lay with her

דעם ווערב ב ע ל – האָבן סעקסועלע באַציִונגען – זעצט איבער יהואש מיטן אַלטדײַטשן וואָרט באַמאַנען,[1] אַ וואָרט וואָס ווערט אויך באַנוצט פֿון בליצן און פֿון עבֿרי־טײַטש. יהואש און אויך אַנדערע איבערזעצערס זעען אין ווערב אַ דעריוואַט פֿון סובסטאַנטיוו ,בעל׳ – מאַן. אַזוי זעצט איבער יהואש: דבֿרים כא, 13: ואחר כן תבוא אליה ובעלתּה – און דערנאָך זאָלסטו קומען צו איר און זי באַמאַנען; ישעיה סב, 4: וארצך תּבעל – און דײַן לאַנד וועט באַמאַנט ווערן; סב, 5: כי יבעל בחור בתולה – וואָרום ווי אַ בחור באַמאַנט אַ יונגפֿרוי; מלאָכי ב, 11: ובעל בת אל נכר – און האָט באַמאַנט די טאָכטער פֿון אַ פֿרעמדן גאָט.

לוטער darnach gehe zu ihr und nimm sie zur Ehe; und dein Land hat einen lieben Mann; Denn wie ein Mann ein Weib liebhat; und buhlt mit eines fremden Gottes Tochter

קינג דזשעימס that you shalt go in unto her, and be her husband; and

[1] Grimms Deutsches Woerterbuch: Bemannen – Verheiraten

thy Land shall be married; For as a young man marrieth a virgin; and hath married the daughter of a strange god

בליץ דר נאך שלאף ביי איר; און דיין לאנד ווערט באמאנט ווערדן; גלייך אליס איין יונגלינג איין יונגפרויא באמנט; דען ער ליביט און באמניט איין טאכטער איינש פרעמדן גאטש

עבֿרי־טײַטש דערנאך זאלסטו קומען צו איר און זאלסט זי באמנען; און דיין לאנד וועט באמנט ווערן כּלומר באַזעצט ווערן; דען אַזוי ווי איין בחור באמנט איין בתולה; און הט באמנט די טאכטער פון די היידן

ביאור אלזדאן קאנזט דוא צו איר קאממען; איהר בייוואהנען; דיין לאנד איזט פארמעהלט; ווי א יינגלינג דעם מעדכן זיך פארמעהלט; אין דעם ער די טעכטער פרעמדער געטער עהליכט

מאַרגאָליס and after that you mayest go unto her, and be her husband; And thy land shall be espoused; For as a young man espouses a virgin; and hath married the daughter of a strange god

בובער־ראָזנצווײַג hernach kommst zu ihr und ehmeisterst sie; und ehgemeistert wird dein Land; Denn wie der Jüngling die Maid ehemeistert; und hat sich der Tochter eines Fremdgottes bemeistert

טאָרטשינער hernach erst darfst du zu ihr eingehn und sie ehelichen; Dein Land vermählt wird; Wie sich der Bursch die Maid vermählt; und sich vermählt der Tochter fremden Gottes

ר.ס.וו. after that you may go in to her, and be her husband; and your land shall be married; For as a young man marries a virgin; and has married the daughter of a foreign god

אָרלינסקי after that you may come to her and possess her

נ.ע.ב. After that you may have intercourse with her; you shall be her husband; and to him your land is wedded; For, as a young man weds a maiden; by loving and marrying daughters of a foreign god

באַזונדערס אינטערעסאַנט איז יהואשעס איבערזעצונג פֿון משלי ל, 23: תּחת שׂנואה כּי תּבעל – אונטער אַ מיאוסער אַז זי קריגט אַ מאַן.

‚שׂנואה׳ זעצט ער איבער ‚אַ מיאוסע׳, אַזוי זעצט איבער אויך דער ביאור, זיי גייען נאָך דער וווּלגאַטאַ, וואָס זעצט איבער ‚שׂנואה׳ – odiosa, וואָס האָט אויך דעם באַטײַט פֿון ‚אַ מיאוסע׳. אַזוי דערקלערט אויך אבֿן עזרא[1]: תּחת אשה כּאשר היא בעולה כּי תשׂנא את שׂונאיה שמאסוה ולא יכילוה.[2]

[1] ✤ די טראַדיציאָנעלע צושרײַבונג פֿונעם קאָמענטאַר צו אבֿן עזרא איז אַ טעות; דער אמתער מחבר איז משה קמחי (1127–1190).

[2] ✤ אונטער אַ פֿרוי – אַז זי איז אַ באַמאַנטע וואָס האָט פֿײַנט אירע שׂונאים וואָס האָבן זיך פֿאַר איר געמיאוסט און האָבן זי אָפּגעשטויסן.

נאָך פֿרייַער איז די איבערזעצונג פֿון מענדל לעפֿין פֿון פּסוק: אַ שׂנואה אַז דער מאַן גיט איר אַ גוט וואָרט.[1]

לוטער eine Verschmähte wenn sie geehelicht wird

קינג דזשעימס For an odious woman when she is married

בליץ אום איין גפיינדי פרויא אלש זיא במנט ווערט

עבֿרי־טייַטש איבער איין גיפיינטע אשה ווען זי ווערט באמנט כלומר זי נעמט אַ מאַן

ביאור אונטער איינער העסליכען ווען זיא ענדליך פֿארהייראטעט

מאַרגאָליס For an odious woman when she is married

בובער־ראָזנצווייַג unter einer Verhassten wenn sie wird geehelicht

טאָרטשינער Bei der Abscheulichen wenn sie des Gatten wird

ר.ס.וו. an unloved woman when she gets a husband

אַנקאָר an unpopular woman when she gets a husband

נ.ע.ב. a woman unloved when she is married

ישעיה לו, 12: לאכול את חראיהם (קרי: צאתם) ולשתות את שיניהם (קרי: מימי רגלידהם) עמכם.

יהואש צו עסן זייער קויט און צו טרינקען זייער לייַבוואַסער

לוטער dass sie samt euch ihren eigenen Mist fressen und ihren Harn saufen

קינג דזשעימס that they may eat their dung and drink their own piss with you

בליץ דאס זי מיט אייך אירין דרעק עסן אונ׳ אירין פיש טרינקין זעלן

עבֿרי־טייַטש צו עסין זייער אויסגאנג און צו טרינקען זייער השתּנה

ביאור אין געפאהר מיט אייך דען אייגענען אונראטה צו פרעססען אונד איהרען אורין צו זויפען

מאַרגאָליס to eat their own dung and to drink their own water with you

בובער־ראָזנצווייַג um euch gesellt ihren Kot zu essen und ihren Harn zu trinken

טאָרטשינער um mit euch ihren Kot zu essen und ihren Harn zu trinken

ר.ס.וו. who are doomed with you to eat their own dung and to drink their own urine

1 זע ספֿר **משלי שלמה**. טאַרנאָפּאָל, תּקע״ד.

נ.ע.ב. who like you will have to eat their own dung and to drink their own urine

די ציטירטע בײַשפּילן ווײַזן ווי ניזהר יהואש איז געווען זיך צו באַנוצן מיט אַ ריינער שפּראַך (לשון־נקיה), אַ סך מער פֿון דעם פֿרומען יקותיאל בליץ און פֿון דעם מחבר פֿון פּירוש עבֿרי־טײַטש.

פשט און דרש

בראשית ג, 5: והייתם כּאלהים.

יהואש און איר וועט זײַן אַזוי ווי גאָט. די איבערזעצונג איז קעגן דעם טראַדיציאָנעלן באַנעם.[1] אָבער אויך דער פֿרומער בליץ זעצט איבער: ווי גאָט.
דער ביאור גייט נאָך דער טראַדיציע און זעצט איבער: ווי גאָטליכע וועזן.
אַלע אַנדערע איבערזעצערס זעצן איבער: ווי גאָט.

בראשית ו, 2: בני האלהים.

יהואש די זין פֿון גאָט. דאָס איז אויך קעגן דעם טראַדיציאָנעלן באַנעם.[2] בליץ, דער מחבר פֿון עבֿרי־טײַטש און דער ביאור בלײַבן געטרײַ דעם תּרגום־אונקלוס און תּרגום־יונתן וואָס דערקלערן ‚בני אלהים' – מלאָכים אָדער שופֿטים. אַלע מאָדערנע איבערזעצערס זעצן איבער ווערטלעך: קינדער פֿון גאָט.

שמות יג, 16: (= דבֿרים ו, 8; יא, 18) טוטפות. דער אורבאַטײַט פֿון וואָרט ‚טוטפות' איז אומבאַקאַנט. אין דער צײַט פֿון בית־שני האָט ‚טוטפות' געהאַט דעם באַטײַט ‚די צירונג' אָדער ‚אַ באַנד וואָס פֿרויען פֿלעגן טראָגן אויפֿן שטערן'. די חכמים האָבן עס דערקלערט, אַז עס מיינט תּפֿילין. שוין די ברית־חדשה זעצט עס איבער phylacteria וואָס האָט דעם באַטײַט פֿון קמיע, די וווּלגאַטאַ זעצט עס איבער appensum quid ob recordationem ד״ה עס הענגט לזכּרון. זע שמות יג, 9: לזכּרון בין עיניך.

יהואש זעצט איבער ‚טוטפות' ‚שטערנבאַנד' (אַזוי אויך דער ביאור). ער נעמט אָן דעם באַטײַט וואָס ‚טוטפות' האָט געהאַט אין דער צײַט פֿון דער מישנה.[3]

וואָס די תּורה האָט באמת אין זינען געהאַט אין פּסוק „והיה לאות על ידכה ולטוטפות בין עיניך", צי זי האָט אין זינען געהאַט בלויז אַ מעטאַפֿאָר (אַ משל)[4] ווי די קאַראַימער

[1] זע תּרגום־אונקלוס: ותהון כּרברבין; תּרגום־יונתן: כּמלאכין רברבין.

[2] זע מײַן בוך Hiwi Al-Balkhi, 1949, ז' 42, הערה 183.

[3] זע משנה שבת ו. א: במה אשה יוצאה ובמה אינה יוצאה. ולא בטוטפת. די איבערזעצונג פֿון שׂמחה פּיעטרושקע איז: מיט אַ שטערנבראָש. אַזאַ לענגלעכע מעטאַלענע בראָש וואָס די פֿרוי פֿלעגט אַ מאָל טראָגן אויפֿן שטערן פֿון אויער צו אויער. זע אויך דעם אַרטיקל טוטפת אין דער **אנציקלופדיה מקראית** ב' 3, ז' 376.

[4] זע פּירוש כּתר תּורה פֿון אַהרן בן אליהו מניקומדיאו אויף שמות יג, 16. זע אויך מײַן **מחקרים ומקורות**, 144.

האָבן געטענהט, אינטערעסירט אונדז ניט. דער עיקר איז ווי האָט מען עס באַנומען אין שפּעטערדיקע דורות.

שמות יב, 15: אך ביום הראשון תשביתו שׂאור מן בתיכם.

יהואש באַלד בײַם ערשטן טאָג זאָלט איר אָפּטאָן זוירטייג פֿון אײַערע הײַזער. יהואש גייט דאָ נאָך דעם פּשט. די חז״ל האָבן געהאַלטן אַז מע מוז שוין ערבֿ פּסח, אַ טאָג פֿאַרן ערשטן טאָג פּסח, אויסרוימען דעם חמץ.[1] אָבער אויך דער פֿרומער בליץ גייט נאָך דעם פּשט און זעצט איבער: אם ערשטין טאג זאלט איר פר שטערין דאס גיזויארטי ברוט פון אייארי הייזרין. אָבער דער עבֿרי־טײַטש זעצט איבער: נאר דעם ערשטן טאג וואס פאר די זיבן טעג דא איז ערב פּסח. אויך דער ביאור זעצט איבער לויט דער הלכה: יעדאך אם ערזטן טאגע מיסט איהר שאהן דען זויערטייג אויז אייערן הויזערן געראמט האָבען. ד״ה אַז אין ערשטן טאָג פּסח זאָל שוין קיין חמץ אין אײַערע הײַזער ניט בלײַבן. כּמעט אַלע אַנדערע איבערזעצונגען גייען נאָך ווי יהואש דעם פּשט.

בובער־ראָזנצווײַג genau zum ersten Tag sollt ihr die Gäre aus euren Häusern verabschieden. וואָס קאָן באַטײַטן אַז דאָס אויסרוימען דעם חמץ זאָל געשען פֿאַרן ערשטן טאָג פּסח.

שמות כא, 19: אם יקום והתהלך בחוץ על משענתו.

יהואש על משענתו – אויף זײַן שטעקן.

תּרגום־אונקלוס על משענתו – על בורייה ד״ה אויף זײַן אייגענעם געזונט. אָבער דער תּרגום־יונתן זעצט איבער ,על משענתו׳ – על מורניתיה ד״ה אויפֿן אייגענעם שטעקן.[2] די הלכה איז אָבער ווי דער תּרגום־אונקלוס. בליץ גייט נאָך דעם הל־כישן דרש און זעצט איבער: „אויף זײַן זעלבסט ליינונג״ ד״ה אויפֿן אייגענעם כּוח. ענלעך דער עבֿרי־טײַטש: „אויף זײַן אונטער לענונג״. דער ביאור גייט נאָך דעם פּשט און זעצט איבער: „אויף דער קריקע״. אַלע אַנדערע איבערזעצונגען גייען נאָך דעם פּשט.

ויקרא כג, 11, 16: ממחרת השבת.

יהואש גייט דאָ נאָך דער הלכה און זעצט איבער: „אין טאָג נאָכן רוטאָג״, וואָס קאָן אויך באַטײַטן צו מאָרגנס נאָכן ערשטן טאָג פּסח, אַזוי ווי די פּרושים האָבן עס דערקלערט.[3] פֿאַרשטייט זיך אַז אויך בליץ און דער ביאור גייען נאָך דער הלכה.

[1] זע גמרא פּסחים ה, א: תּנא רבי ר׳ ישמעאל הראשון זה י״ד. זע אויך **ילקוט שמעוני** ח״א, רמז ר״א.

[2] זע מכילתא, אויסג׳ האָראָוויץ, 270.

[3] זע מנחות סה, ב: ממחרת השבת ממחרת יו״ט.

אָבער אַזוי אויך בובער־ראָזנצווײַג וואָס זעצן איבער: am Nachmorgen der Feierung. אַנדערע גייען נאָך דעם פּשט.

דבֿרים כה, 5: ובן אין לו.

יהואש און קיין קינד האָט ער ניט. יהואש גייט דאָ נאָך דער הלכה.[1] אויך דער תּרגום־השיבֿעים, די וווּלגאַטאַ, לוטער, קינג דזשעימס, בליץ, עבֿרי־טײַטש, דער ביאור, און מאַרגאָליס גייען נאָך דער הלכה און זעצן איבער ,בן׳ ,אַ קינד׳ אָדער ,קינדער׳. תּרגום־אונקלוס, בובער־ראָזנצווײַג, טאָרטשינער, אָרלינסקי, ר.ס.וו. און נ.ע.ב. זעצן איבער ,בן׳ – ,אַ זון׳.

דבֿרים כה, 9: וירקה בפניו.

די הלכה טײַטשט דעם פּסוק אַז די פֿרוי וואָס נעמט חליצה דאַרף ניט אויסשפּײַען אין פּנים פֿון מאַן וואָס גיט חליצה נאָר שפּײַען פֿאַר אים.[2]

יהואש אָבער זעצט איבער ווערטלעך: און אַ שפּײַ טאָן אין זײַן פּנים.

בליץ, עבֿרי־טײַטש און דער ביאור גייען נאָך דער הלכה און זעצן איבער: פֿאַר אים אויסשפּײַען.

אויך בובער־ראָזנצווײַג זעצן איבער: sie speie vor seinem Antlitz aus

אַלע אַנדערע זעצן איבער ווערטלעך ד״ה ,אין פּנים אַרײַן׳.

ווי מיר האָבן געזען איז יהואש על־פּי רובֿ נאָכגעגאַנגען דעם פּשט קעגן דרש ווי דאָס טוען כּמעט אַלע מאָדערנע איבערזעצערס וואָס ווילן זיך דערגרונטעווען דעם אורבאַטײַט פֿון תּנכישע ווערטער. מע מוז געדענקען אַז וואָס די שפּעטערדיקע דורות, די חכמים פֿון תּקופֿת־בית־שני און די שפּעטערדיקע חכמים האָבן פֿאַרשטאַנען און דערקלערט איז לחוד און דער פּשט איז לחוד.

מיר האָבן אויך געזען, אין עטלעכע פֿאַלן איז יהואש נאָכגעגאַנגען דעם דרש, למשל, אין דער איבערזעצונג פֿון ,ממחרת השבת׳ אָדער אין דער איבערזעצונג פֿון ,ובן אין לו׳, ווײַל אין די דאָזיקע פֿאַלן איז דער דרש ניט אין גאַנצן ד ו ח ה דעם פּשט.

מיר האָבן אויך געזען פֿון דער קליינער צאָל איבערזעצונגען וואָס מיר האָבן אַרײַנגעצויגן צום פֿאַרגלײַך, ווי פֿאַרשיידן מע קאָן פֿאַרטײַטשן אַפֿילו זייער גרינגע ווערטער, ווי למשל, דאָס וואָרט ,שׂנואה׳ אין משלי ל, 23.

די קאָנסערוואַטיווע קריטיקערס פֿון די מאָדערנע תּנך־איבערזעצונגען ווילן ניט אײַנזען אַז דער טעקסט פֿון תּנך ווי אויך תּנכישע באַגריפֿן און געזעצן זענען דורכגעגאַנגען אַ לאַנגע היסטאָרישע אַנטוויקלונג. די דאָזיקע קריטיקערס גייען אַרויס פֿונעם קוקפּונקט

1 זע רשי אויפֿן אָרט.

2 זע ספרי אויף דברים: יכול בפניו ממש ת״ל לעיני הזקנים (אויסג׳ פֿינקלשטיין, 310).

אַז די תּורה־שבעל־פּה איז אַזוי אַלט ווי די תּורה־שבכּתבֿ, דערפֿאַר אָנערקענען זיי ניט דעם פּשט אָן דעם דרש.[1] ניט אַזוי די מאָדערנע איבערזעצערס וואָס שטיצן זיך אויף דער מאָדערנער תּנך־וויסנשאַפֿט, און זענען פֿאַראינטערעסירט בלויז אין פּשט, ווי דאָס האָט אויך געטאָן יהואש. און צום סוף:

שוין דער גרעסטער פּרשן פֿון מיטל־עלטער רש״י האָט געזאָגט צו זײַן אייניקל דעם רשב״ם, אַז ווען ער וואָלט געהאַט צײַט וואָלט ער איבערגעשריבן זײַן פּירוש אויף חומש אויף דאָס נײַ וועדליק די נײַע טײַטשן וואָס קומען אויף יעדן טאָג.[2]

און יהואש האָט געשריבן אין יאָר 1927 צו שמואל־לייב גאָרדאָן (של״ג):

> אַפֿילו ווען איך זאָל לעבן נאָך פֿופֿציק יאָר וואָלט איך נאָך אַלץ געפֿונען וואָס צו פֿאַרריכטן און וואָס צו שלײַפֿן [אין דער איבערזעצונג].[3]

[1] זע די קריטיק פֿון פּראָפֿ׳ שׂמחה ב. האָניג אויף דער איבערזעצונג פֿון אָרלינסקי אין *Tradition* 1963, 172 אאַז״וו.

[2] וגם רבנו שלמה אבי אמי מאיר עיני הגולה, שפּירש תּורה נביאים וכתובים נתן לב לפרש פּשוטו של מקרא ואף אני שמואל בן מאיר זצ״ל נתווכחתּי עמו ולפניו והודה לי שאילו היה לו פנאי היה צריך לעשׂות פּירושים אחרים לפי הפשטות המתחדשים בכל יום. רשב״ם אויף בראשית לז, 2 (אָנהייב דער סדרה וישב).

[3] אבל אם עוד חמשים שנה יהיה התּנך שלי בידי תּמיד אמצא דבר־מה לתקן וללטש (כּתובים, י״ח שבט תּרפ״ז; 21 בינואר 1927).

פּוילן – וואַרשע

לאַזאַר כּהן

איבערזעצונגען אין דער ייִדישער ליטעראַטור

I

איבערזעצונגען איז איינס פֿון די וויכטיקסטע פֿאַקטאָרן אין דער אַנטוויקלונג און אויפֿבליִונג פֿון יעטוועדער ליטעראַטור.

די רײַכסטע און עלטסטע אָריגינעלע ליטעראַטור איז אַלץ נישט אין שטאַנד צו באַפֿרידיקן די מער אַנטוויקלטע און גײַסטיק רײַפֿערע לעזער, דען ווי גרויס און געניאַל די פֿאָרשטייער פֿון דער אייגענער ליטעראַטור זאָלן נישט זײַן, קענען זיי פֿאָרט נישט פֿאַרטרעטן דעם אָרט פֿון פֿרעמדע גרויסע קינסטלער פֿון אַנדערע ליטעראַטורן.

און וויפֿל דער ענגלענדער זאָל נישט פֿאַרגעטערן שעקספּירן, מילטאָנען אָדער בײַראָנען, וועט ער שטענדיק שטרעבן זיך צו באַקענען מיט די דײַטשע פּאָעטן, מיט די פֿראַנצ[יי]זישע ראָמאַניסטן, מיטן נאָרוועגישן איבסענען, מיטן רוסישן טאָלסטאָי אאַז״וו.

דער אינטעליגענטער לעזער דאָרשט אַלץ נאָך נײַע אידעאַלן, קוקט אויס אויף ווײַטערע און ברייטערע האָריזאָנטן און ער שטרעבט דערום זיך צו באַקענען מיט די גײַסטיקע פֿירער פֿון אַלע נאַציעס, מיט די וואָרטקינסטלער פֿון אַלע שפּראַכן.

און פּונקט ווי די נאַציאָנאַלע שאַפֿונגען אין זײַן אייגענער שפּראַך, וויל ער אויך געניסן דאָס שאַפֿן אין פֿרעמדע שפּראַכן און אײַנזאַפּן די געדאַנקען פֿון די פֿרעמדע ליטעראַטורן.

דאָס איז אָבער נאָר מעגלעך פֿאַר ווייניק, מע קען זאָגן, געציילטע מענטשן, וועלכע באַהערשן פֿיל שפּראַכן און האָבן גלײַכצײַטיק אויך גענוג מיטלען, אום זיך צו פֿאַרשאַפֿן די וועלט־ליטעראַטור אין אָריגינאַל.

און דאָ קומען די איבערזעצונגען און ג[י]בן די מעגלעכקייט יעדן איינציקן זיך צו באַקענען מיט דער וועלט־ליטעראַטור.

דען ווען נישט די איבערזעצונגען, וואָלט[ן] אַפֿילו דעם גרעסטן טייל פֿון די אינטעליגענטע לעזער געבליבן פֿרעמד די קונסטווערק אויף פֿרעמדע שפּראַכן.

די איבערזעצונגען ברענגען אַזוי אַרום אַרײַן נײַע שטראָמען פֿון ליכט און שיינהייט, באַרײַכערן די אייגענע ליטעראַטור מיט נײַע קונסטפֿאָרמען און עסטעטישע באַגריפֿן און עפֿענען פֿאַר די לעזער גאַנצע קוואַלן פֿון פֿרישע געדאַנקען און נײַע אידעען.

און ווען דאָס איז דער פֿאַל אין אַ רײַכער ליטעראַטור, וועלכע באַזיצט אַליין אויך גענוג גרויסע קינסטלער, קען מען זיך שוין פֿאָרשטעלן דעם ווערט פֿון איבערזעצונגען פֿאַר אָרעמע ליטעראַטורן.

די קליינע ליטעראַטורן ציִען כּמעט זייער גאַנצ[ע] חיונה פֿון איבערזעצונגען. יעדעס באַדײַטנ[דיק] ווערק, וואָס [ד]ערשײַנט אין וועלכער שפּראַך עס זאָל נישט זײַן, ווערט

פֿון: **אייראפעאישע ליטעראטור** (וואַרשע), העפֿט 32, 1914, ז״ז 10–18.

באַלד איבערזעצט אין דער אייגענער שפּראַך און אַזוי אַרום ווערט די אייגענע ליטעראַטור מיט יעדן טאָג רײַכער און האָט די מעגלעכקייט צו געבן די לעזער פֿון דער אייגענער שפּראַך גענוג אינטערעסאַנטס ווען אויך נישט אָריגינעלס.

און דאָס זעען מיר אין אַלע קליינע ליטעראַטורן.

II

ווען מיר קומט אויס צו רעדן וועגן אַן אָרעמער ליטעראַטור, דערמאָן איך זיך באַלד אָן דער לעטישער ליטעראַטור.

אַ קליין פֿאָלק אין באַלטישן קאַנט; ס״ה אַ מיליאָן נפֿשות. ביז דער לעצטער צײַט געווען גײַסטיקע קנעכט בײַ די דײַטשן, וועלכע זענען געווען די גאַנצע הערשער אין באַלטישן קאַנט. אין גאַנצן אַן ערך פֿון 20 יאָר, ווי בײַ זיי האָט זיך גענומען אַנטוויקלען וועלכע עס איז ליטעראַטור, און דאָך שטייט זי אין געוויסער הינזיכט שוין העכער פֿון אונדזער ליטעראַטור.

אַ ליטעראַטור אָן טראַדיציע און מיט זייער ווייניק אייגענע דיכטער און שריפֿטשטעלער און דאָך [ד]ערשײַנען אין דער לעטישער שפּראַך פֿיל מער ביכער יערלעך, ווי אין דער ייִדישער!

און דאָס איז דערפֿאַר, ווײַל די אָרעמע לעטישע ליטעראַטור שפּײַזט זיך פֿון איבערזעצונגען.

אונדזער ליטעראַטור איז אַפֿילו אין דער הינזיכט פֿון איבערזעצונגען די אומגליקלעכסטע.

אין דער ייִדישער שפּראַך געפֿינען מיר זאָגאַר איבערזעצט טאָלסטאָי, זאָלאַ, האַמסון, איבסען, מעטערלינק, אואײַלד אאַז״וו. נאָר אין פֿאַרגלײַך אַפֿילו מיט דער קלענסטער און אָרעמסטער ליטעראַטור איז די צאָל פֿון די איבערזעצונגען אין ייִדיש אַן אומבאַדײַטנד[יק]ע, אַ נישטיקע.

דאָס רובֿ פֿון די איבערזעצונגען אין ייִדיש זענען ווײַט פֿון גוטע און ערלעכע און גאַנץ אָפֿט זענען זיי פּשוט גראָב, עם־האַרציש און פֿאַלש, אַז עס עקלט אין די הענט אַרײַנצונעמען.

אַנשטאָט איבערזעצונגען טראָגט מען אונדז אונטער ‚באַאַרבעטונגען‘, און פֿון שעקספּירס אַלע ווערק, למשל, מאַכט מען אַ באַנד, אין וועלכן מע ד ע ר צ י י ל ט אין 2–3 בלעטלעך דעם אי נ ה אַ ל ט פֿון יעדער גרויסער דראַמע און אַנשטאָט שעקספּירס געניאַלע קונסטווערק האָבן מיר אַ ל י ב ר ע ט אָ פֿון זײַנע זאַכן.

עס זענען אויך פֿאַראַן אין ייִדיש אמתע איבערזעצונגען, נאָר אויפֿן גרעסטן טייל קען מען זאָגן: ‚לא מעוקצך ולא מדובֿשך‘...

אונדזערע איבערזעצער נעמען נישט בלויז צו פֿון אָריגינאַל זײַן אייגנאַרטיקע פֿאָרעם, זײַן גאַנצע שיינהייט און פּאָעטישע שפּראַך – זיי פֿאַרדרייען גאַנץ אָפֿט פּשוט דעם געדאַנק און די כּוונה פֿון אויטאָר, אַזוי, אַז אַנשטאָט ווערטפֿולע קונסטווערק פֿון דער וועלט־ליטעראַטור, באַקומען מיר שרעקלעך מאָדנע און צעקאַליעטשעטע פֿאַרזעענישן.

און צו אונדזער גרעסטן באַדויערן געהערט דער גרעסטער טייל פֿון די איבערזעצונגען אין ייִדיש צום לעצטן סאָרט.

און פֿיל האָבן מיר דערין צו דאַנקען אונדזער ליבער אַמעריקע.

III

די ערשטע איבערזעצונגען אין ייִדיש שטאַמען פֿון אַמעריקע.

די נײַע וועלט איז געווען די ערשטע, וועלכע האָט גוט פֿאַרשטאַנען, אַז כּדי צו געבן דעם ייִדישן פּובליקום גענוג מאַטעריאַל צו לעזן און זיך צו אַנטוויקלען, מוז מען אָנקומען צו פֿרעמדע ליטעראַטורן.

אָבער פֿאַרשטײן אַ זאַך, הייסט נאָך כּלל נישט – קענען עס דורכפֿירן.

און אונדזערע אַמעריקאַנער ברידער האָבן טאַקע באַוויזן, אַז געבן אין ייִדיש דאָס שענסטע און בעסטע פֿון די פֿרעמדע ליטעראַטורן אין אַ לײַטישער איבערזעצונג זענען זיי נאָך לאַנג נישט אין שטאַנד.

דער הויפּטפֿעלער פֿון די אַמעריקאַנישע איבערזעצונגען אין ייִדיש איז, ווי מיר האָבן שוין אויבן באַמערקט, דאָס, וואָס זיי האָבן אַנשטאָט אַ ווערק צו איבערזעצן גענומען עס ‚באַאַרבעטן׳.

און ווי מע ‚באַאַרבעט׳, אָדער פֿאַרייִדישט אין אַמעריקע אַ ווערק איז אונדז, דוכט זיך, גאַנץ גוט באַוווּסט.

אַז דער אַמעריקאַנער איבערזעצער נעמט אַרײַן אין זײַן האַנט טאָלסטאָיס, זאָלאַס, אָדער אַן אַנדער ווערק, מיינט ער, אַז ער האָט שוין דאָס רעכט צו טאָן דערמיט, וואָס זײַן האַרץ גלוסט.

און נישט בלויז ער מיינט – ער טוט טאַקע וואָס ער וויל און עס פֿאַרשטייט זיך, אַז זײַנע ‚באַאַרבעטונגען׳ זענען מערסטנס שלעכטע פּאַראָדיעס אויפֿן אָריגינאַל און דער ביכערמאַרק ווערט פֿאַרשפּרייט מיט ראָמאַנען און [ד]ערציילונגען פֿון באַרימטע פֿאַרפֿאַסערס, וועלכע זענען אָבער אין דער ‚באַאַרבעטונג׳ לויט דער פֿאָרעם און דער שפּראַך פֿיל ענלעכער צו שונדווערק, ווי צו גוטע[ר] ליטעראַטור.

זיך נעענטער אָפּצושטעלן אויף די דאָזיקע ‚באַאַרבעטונגען׳ גייט נישט אַרײַן אין אונדזער אויפֿגאַבע און עס איז אויך נישט כּדאַי, דען זיי אַלע שטייען נידעריקער פֿון יעדער קריטיק און עס לוינט נישט וועגן זיי קיין איין וואָרט צו פֿאַרלירן.

די לעצטע עטלעכע יאָר האָבן זיך אויף אונדזער ביכערמאַרק גענומען באַווײַזן בעסערע לײַטישערע איבערזעצונגען, מיט וועלכע עס פֿאַרנעמען זיך שוין נישט קיין פֿאַרטאַטשעס.

די נײַע ייִדישע פֿאַרלאַגן אין רוסלאַנד הייבן אויך אָן צו איבערזעצן פֿאַרשידענע באַדײַטנד[יק]ע ווערק פֿון דער וועלט־ליטעראַטור און מיר באַקומען אויך איבערזעצונגען, צו וועלכע מיר מוזן זיך שוין פֿיל ערנסטער באַציִען.

די גוטע איבערזעצונגען פֿאַרלירן זיך אָבער אין ים שלעכטע איבערזעצונגען און ‚באַאַרבעטונגען׳ דען אַמעריקע בלײַבט נאָך אַלץ דער גרעסטער פּראָדריאַדטשיק פֿון איבערזעצטע ביכער אויף ייִדיש.

און ווען מיר רעדן וועגן איבערזעצונגען אין דער ייִדישער ליטעראַטור מוזן מיר ווילנ־דיק, אָדער נישט ווילנדיק זיך נעענטער צוקוקן וואָס און איבער הויפּט ווי מע פֿאַבריצירט אין אַמעריקע איבערזעצונגען אויף ייִדיש.

IV

אין אַמעריקע זענען פֿאַראַן גענוג ביכער־פֿאַבריקן, וווּ מע שטעלט צו אָריגינעלע און איבערזעצטע ליטעראַטור פֿאַרן ייִדישן פּובליקום.

די בעסטע פֿון די עשׂר־מכּות איז אָן אַ ספֿק דער פֿאַרלאַג „אינטערנאַציאָנאַלע ביבליאָטעק".

און אַז מיר וועלן זען, ווי מען איבערזעצט אין דעם דאָזיקן אָנשטענדיקסטן ניו־יאָר־קער פֿאַרלאַג, וועלן מיר שוין זיך קענען פֿאָרשטעלן, וואָס עס טוט זיך אין די איבעריקע פֿאַרלאַגן.

פֿון די איבערזעצטע ווערק, וועלכע זענען [ד]ערשינען אין דער „אינטערנאַציאָנאַלער ביבליאָטעק", וועלן מיר זיך אָפּשטעלן אויף הענריק איבסענס „געשפּענסטער", וועל־כעס איז [ד]ערשינען אין דעם דערמאָנטן פֿאַרלאַג אונטערן נאָמען „די גײַסטער".[1]

די דאָזיקע איבערזעצונג קען אונדז כאַראַקטעריזירן די גאַנצע איבערזעצונגס־טעטי־קייט אין אַמעריקע.

דאָס ערשטע וואָס עס וואַרפֿט זיך אין די אויגן, אַז מיר נעמען בלעטערן „די גײַסטער", איז די שטערבונג פֿון איבערזעצער איבסענען מגייר צו זײַן... צו פֿאַרייִדישן אַ ווערק – דאָס איז, אַ פּנים, שוין אַ מכּת־מדינה אין אַמעריקע.

און ווען דער איבערזעצער איז שוין אַזוי ערלעך און פֿאַרייִדישט נישט די נעמען, די סיטואַציעס, די סבֿיבֿה אַאַז״וו טוט ער עס ווייניקסטנס אין סטיל, אין פֿאָרעם און אין דער שפּראַך.

דער ערשטער כּלל איז בײַם אַמעריקאַנישן איבערזעצער: וואָס מער העברעיִשע ווערטער, און ווו מע דאַרף און ווו מע דאַרף נישט וועט ער אײַך אַרויסווײַזן זײַן בקיאות אין לשון־קודש און אַרויספּאַקן גאַנצע בערג העברעיִשע ווערטער.

אין דער דערמאָנטער איבערזעצונג פֿון איבסענס דראַמע וועט איר אויף יעדע פּאָר שורות באַגעגענען אַזעלכע ווערטער ווי: שׂונאי־ציון, בעוונותינו־הרבים, גאָט ברוך־הוּאס דרכים, בגילופֿין, מהיכא־תּיתי, דיקדוקי־עניות, בעל־יועץ, כּחול־הים, כּרחוק־מיזרח־ממערבֿ, בעל־מתעסק, נישקשהדיקע אַפּותּיקי אַאַז״וו, אַאַז״וו.

און אַזעלכע ווערטער רעדן נישט קיין אַנדערע, ווי פּאַסטאָר מאַנדערס, פֿרוי אַלווינג, רעגינאַ און אָסוואַלד!

נאָר דאָס איז נאָך ווייניק פֿאַרן אַמעריקאַנער איבערזעצער. ער פֿאַרגעסט זיך אין גאַנצן, אַז ער איבערזעצט איבסענען און מיינט, אַז ער האָט דאָ צו טאָן מיט שניפּישאָקער, אָדער

[1] הענריק איבסען, **דיא גייסטער**. איבערזעצט פון י. ענטין. ניו־יאָרק: די אינטערנאציאנאלע ביבליאטהעק 1907. 2טע אויפֿלאַגע: ניו־יאָרק: ליטעראַרישער פֿערלאַג, 1914.

יעהופעצער ,העלדן׳, דען אויסער לשון־קודשדיקע ווערטער געפֿינען מיר דאָרט אָן אַ שיעור פּשוטע ייִדישע מאַרקאויסדריק[ן].

אָט האָט איר אַ קליינע קאָלעקציע:

האָט ער אָפּגעאַרבעט אַן עסק...

דאָס איז טאַקע נישט דײַן עסק, כלעבן...

פֿע, מעגסט זיך שעמען אין דײַן ווײַטן האַלדז אַרײַן...

דו חלשסט גאָר אָפּפּטרן[1] דײַנע יונגע יאָרן צוליב די פּאַסקודנע ממזרים...

זאָל דיר נאָר דײַן קאָפּ נישט קרענקען...

סאַראַ פֿראַסק איך וועל דיר געבן...

על־כּל־פּנים נישט אין אונדזערע מקומות...

לכל־הפּחות אין דער מחשבֿה און אין רצון...

מילא, אַרײַנברענגען וואָס מער העברעיִשע ווערטער און ייִדישע אויסדריק[ן] אַפֿילו דאָרט וווּ זיי שטערן דעם גאַנצן אײַנדרוק, איז נאָך אַלץ נישט אַזאַ גרויס פֿאַרברעכן, ווי פֿאַרדרייען דעם געדאַנק, צוגעבן אַ זאַץ און קאַליע מאַכן דעם גאַנצן אינהאַלט.

און אויך דאָס געפֿינען מיר בײַם אַמעריקאַנער איבערזעצער.

ברענגען פֿיל בײַשפּיל[ן] וואָלט אונדז אַוועקגעפֿירט צו ווײַט. מיר וועלן זיך דערום באַנוגענען מיט אייניקע כאַראַקטעריסטישע ציטאַטן.

די ערשטע סצענע פֿון ערשטן אַקט אין געשפּרעך צווישן פֿרוי אַלווינק און פּאַסטאָר מאַנדערס.

אין אָריגינאַל:

ער האָט נאָך אַ האַרץ פֿאַר זײַן מוטער...

אין איבערזעצונג:

אַזאַ לאַנגע צײַט נישט געווען אין דער היים און דאָך האָט ער נישט פֿאַרגעסן זײַן אַלטע מוטער...

אין אָריגינאַל:

מע דאַרף דאָך נישט יעדן רעכענונג אָפּגעבן, וואָס מע לעזט אָדער דענקט צווישן זײַנע פֿיר ווענט.

אין איבערזעצונג:

דאַרפֿט איר דען איצט קלינגען אין אַלע גלאָקן, אַז אײַער קוק וועגן דעם איז גאָר אַן אַנדערער און קאַליע מאַכן דאָס, וואָס איר האָט אַליין געבויט ? קיינער דאַרף פֿון אײַער פֿאַרענדערונג נישט וויסן...

דעם איבערזעצער איז קנאַפּ צו איבערזעצן, ער סטאַרעט זיך כּסדר צו פֿאַרטײַטשן, אים מאַכן, הייסט עס, צוגענגלעך פֿאַר די ברייטע מאַסן.

נאָר לאָמיר ברענגען נאָך אייניקע פּער[ל] פֿון דער סצענע, ווען אָסוואַלד באַגריסט זיך מיטן פּאַסטאָר.

1 אינעם בוך: אַוועקפּטרן.

אין אָריגינאַל:

ער איז געווען אַזוי לוסטיק און פֿריילעך...

אין איבערזעצונג:

ער איז געווען דאַן עפּעס זייער געהויבן, גאָר בגילופֿין...

אין אָריגינאַל:

דאָס איז דורכויס אַ שטרײַטבאַרע פֿראַגע.

אין איבערזעצונג:

דאָס איז זייער אַ שווערע הלכה, אַזוי גרינג אָפּזאָגן קען מען דאָס נישט...

אין אָריגינאַל:

איר רעדט, אַלזאָ, פֿון די אומגעזעצלעכע באַציִונגען! פֿון די אַזוי אָנגערופֿענע ווילדע עהען[1]?!

אין איבערזעצונג:

דאָס הייסט, אַז דאָס פֿאַרפֿאָלק לעבט זיך גלאַט אַזוי אָן חופּה־וקידושין? ווי די חיות, ווי די ווילדע אין וואַלד (?)...

אין אָריגינאַל:

איך וועל אײַך זאָגן, וואָס זיי זאָלן טאָן. זיי האָבן פֿון אָנפֿאַנג אָן געדאַרפֿט בלײַבן ווײַט איינער פֿון אַנדערן.

אין איבערזעצונג:

לאָמיך אײַך אָקערשט דערציילן (!), וואָס זיי האָבן באַדאַרפֿט טאָן. זיי האָבן זיך באַ־דאַרפֿט אײַנהאַלטן (!!) און נישט נאָכגעבן דעם יצר־הרע פֿון אָנפֿאַנג אָן (!)...

אין אָריגינאַל:

מיט אַזעלכע רייד וועט איר בײַ יונגע פֿאַרליבטע הייסבלוטיקע מענטשן נישט ווײַט קומען...

אין איבערזעצונג:

עט! בײַ אַלטע זקנים וועלן אַזעלכע רייד האָבן אַ ממשות. בײַ יונגע מענטשן מיט וואַרע[ם] בלוט אין די אָדערן (?) און דערצו נאָך פֿאַרליבטע ביז איבער די אויערן (?) וועלן זיי קיין שום האַפּט נישט האָבן...

און מיט אַזעלכע פּערל איז די איבערזעצונג פֿול. אָפּט מאָל איז פּשוט צו שטוינען פֿון דער איבערזעצונג. אַפֿילו אַ קורצן זאַץ נעמט ער און פֿאַרדרייט און איבערזעצט קאַפּויער.

אָט האָט איר צוויי קורצע זאַצן:

אין אָריגינאַל:

און דאָס נאָך אום זונטיק!

אין איבערזעצונג:

אַנדערש האָט אײַך טאַקע נישט געלוינט (?), ווי נאָר אום הייליקן זונטיק...[2]

1 & דײַטש Ehe – פֿאַרפֿאָלקשאַפֿט.

2 & אינעם בוך: אום דעם הייליקן זונטיק.

אין אָריגינאַל:
אַ גליקלעכע רײַזע...
אין איבערזעצונג:
האָט מיר אַ גליקלעכן שליטסוועג...

V

ברענגען נאָך בײַשפּיל[ן] איז איבעריק. די געבראַכטע אילוסטרירן גאַנץ קלאָר און בולט וועלכן ווערט עס האָט אַן איבערזעצונג פֿון אַ קונסטווערק אין בעסטן און אָנשטענדיקסטן ייִדישן פֿאַרלאַג אין אַמעריקע.

פֿון אַמעריקע קענען מיר נישט פֿיל פֿאַרלאַנגען און מיר מוזן אָנווענדן אַלע אונדזערע כּוחות, אַז נישט פֿון דער נײַער וועלט זאָלן מיר ציִען אונדזער גײַסטיק[ע] חיונה. פּונקט ווי מיר קעמפֿן די לעצטע צײַט קעגן דעם מאָנאָפּאָל פֿון אַמעריקע איבער אונדזער טעאַטער־רעפּערטואַר, מוזן מיר פֿיל העפֿטיקער און האַרטער קעמפֿן קעגן דער איבערזעצונגס־ליטעראַטור פֿון יענער זײַט ים און מוזן שאַפֿן בײַ אונדז אין רוסלאַנד אַ רײַכע איבערזעצונגס־ליטעראַטור.

אין רוסלאַנד שטייט אויך די איבערזעצונגס־ליטעראַטור נישט אויף איר אמתער הייך. אויך בײַ אונדז קענען מיר גאַנץ אָפֿט באַגעגענען זייער שלעכטע איבערזעצונגען פֿון פֿאַרטאַטשעס און גראָבע יונגען, וועלכע האָבן קיין ברעקל זין נישט פֿאַר סטיל און גײַסט פֿון דער שפּראַך און באַהערשן נישט אַפֿילו ווי עס געהער צו זײַן די שפּראַך, אין וועלכע[ר] זיי איבערזעצן.

דערצו מוז מען מאַכן אַ סוף און וואָס פֿריִער – איז בעסער.

און דער גרעסטער חובֿ דערפֿון ליגט אויף דער פּרעסע און אויף דער קריטיק.

ש. פאן [יהודה־הירש שאיאק]

ווי מע זעצט ביי אונדז איבער

אין דער יידישער ליטעראטור הערשט א שרעקלעכע הפקרות אויפן געביט פון איבערזעצונגען. די דאזיקע הפקרות האט זיך אנגעהויבן אין אמעריקע, ווו עטלעכע אומפאראנטווארטלעכע יידישע פארלעגער האבן ארויסגעגעבן אין יידיש א גאנצע ריי גרויסע ווערק פון די אנגעזעענסטע אייראפעישע שריפטשטעלער.

סיי די פארלעגער סיי די איבערזעצער אין אמעריקע זיינען צוגעגאנגען צו דער דאזיקער ארבעט ווי פשוטע געשעפטסלייט און דערצו נאך ווי שלעכטע געשעפטסלייט און דאס ,שטיקל ארבעט' איז כסדר געמאכט געווארן ווי די ביליקסטע פאבריקאציעס.

ביי אונדז פירט זיך אזוי: ווער עס קען און קען נישט עפעס א שפראך כאפט זיך צום איבערזעצן און עס געפינען זיך גלייך פארלעגער, וואס גיבן דאס ארויס אן ד[ער] מינדסטע[ר] פאראנטווארטלעכקייט.

איך וויל מיך דא ספעציעל אפשטעלן אויף אייניקע איבערזעצונגען פון דער סקאנדינאווישער ליטעראטור, וואס זיינען די לעצטע יארן געמאכט געווארן אין יידיש.

כדי צו געבן א גענויען באגריף וועגן דעם כאאס, וואס הערשט אין דער יידישער ליטעראטור בנוגע די איבערזעצונגען, וואלט מען אייגנטלעך באדארפט יעדעס איבערגעזעצטע בוך באזונדער אפשאצן. דאס איז אבער איצט נישט מיין אויפגאבע. איך וועל זיך נאר באנוגענען מיט אייניקע כאראקטעריסטישע ביישפילן, כדי צו באווייזן די שרעקלעכע עם־הארצות און געשמאקלאזיקייט פון די איבערזעצער.

די איבערזעצער און פארלעגער האבן כסדר אויסגעקליבן די (לויט זייער באגריף) ,בעסטע' ווערק, בעסער געזאגט, מע האט ביז איצט איבער[גע]זעצט אויף יידיש נאר אזעלכע ביכער פון סקאנדינאווישע דיכטער, וועלכע מע האט באטראכט אלס גאנגבארע סחורה. אין יידיש געפינט זיך נישט ביז היינט צו טאג קיין איין באמת גרויס ווערק פון איבסען ווי „בראנד“, „פער גינט“, קיין איין באדייטנד[יק] ווערק פון סטרינדבערג, ווי זיין פראבלעמאטישער ראמאן „שווארצע פאנען“ אד״גל.

און אויך ביי האמסונען האט מען גענומען די מער באריימטערע און מער אנגעזעענע ווערק נאר פון זיין ערשטן שאפונגס־פעריאד, ווי „הונגער“, „פאן“, „מיסטעריען“ און אנדערע.

דעם גרעסטן אומרעכט קעגן דער סקאנדינאווישער ליטעראטור האט באגאנגען דער פאטענטירטער האמסון־איבערזעצער א. פרומקין.

פון: ביכער־וועלט (ווארשע) 4–5, יולי–אקטאבער 1922, שפ' 354–358.

עס איז קיין סוד נישט, אַז אַ. פֿרומקין האָט קיין מאָל נישט געקענט און קען נאָך הײַנט אויך נישט קיין איינציק וואָרט נאָרוועגיש, דעניש אָדער שוועדיש. פֿרומקין האָט געמאַכט זײַנע איבסען־ און האַמסון־איבערזעצונגען פֿון דײַטש און דאָס אויך לײַכטזיניק און אומפֿאַראַנטוואָרטלעך און דערפֿאַר זײַנען אַלע זײַנע איבער[גע]זעצטע זאַכן אַרויס צעקריפּלט און צעהרגעט.

עס איז גענוג איבערצולייענען פֿרומקינס איבערזעצונג פֿון האַמסונס „מיסטעריען“,[1] כּדי צו זען ווי טאַנדעטמעסיק דאָס ‚שטיקל אַרבעט‘ איז אויסגעפֿירט.

אָפּגעזען דערפֿון, וואָס פֿרומקין האָט זיך אָפּט מאָל [ד]ערלויבט אַרויסצוװאַרפֿן גאַנצע קאַפּיטלעך פֿון האַמסונס ווערק, האָט ער נאָך גאַנץ אָפּט איבערגעדרייט דעם גאַנצן גערדאַנקען־גאַנג פֿון די העלדן און אַזוי אַרום קומען האַמסונס העלדן אין ייִדיש אַרויס גײַסטיקע דעגענעראַטן און נישט עקסצענטריקער אָדער רעזיגנאַציע־פֿיגורן, ווי האַמסון האָט זיי באַשאַפֿן.

„כאַפּט דער טײַוול דעם אמתן צוזאַמענהאַנג פֿון די [ד]ערשײַנונגען, ער קימערט אײַך מער גאָרנישט, איר פֿײַפֿט אים אָן און אַ סוף צו דעם גאַנצן עסק. ניט וו[אָ]ר, איר לאָזט אָפּ אײַערע געפֿילן, שטעלט אָן אײַער האַרף און זינגט הייליקע לידער, אַזוי האַרציק און שיין, אַז עס איז גאָר ניט צום באַשרײַבן“ („מיסטעריען“ זײַט 308).

ס׳איז באמת אַ שאָד, וואָס איך קאָן דאָ נישט איבערגעבן דעם זעלבן זאַץ אין נאָרוועגיש, כּדי צו באַווײַזן ווי קאָמיש־לעכערלעך ער קלינגט אין פֿרומקינס ייִדישער איבערזעצונג. די אויבן ציטירטע שורות האָבן קיין שום שײַכות נישט מיט האַמסונען. די לעצטע עטלעכע ווערטער, אַז „עס איז גאָר נישט צו באַשרײַבן“, זײַנען בכלל נישט האַמסונס, נאָר פֿרומקינס. נישט קענענדיק איבערזעצן ווי שיין און האַרציק די הייליקע לידער וועלן קלינגען אויף דער האַר[ף], האָט אַ. פֿרומקין אַרײַנגעשטעלט אין מויל פֿון דעם אַזוי אייגנאַרטיקן האַמסון־העלד, נאַגעל, די באַנאַלע ווערטער: „עס איז גאָר נישט צום באַשרײַבן“...

אָט איז אַ צווייטער בײַשפּיל, וואָס ווײַזט די עם־הארצות פֿון אונדזערע איבערזעצער:

„וואָס האָט דער ס ט אָ ר ט י נ ג ס־אָ ל אַ נישט געטאָן פֿאַר דער מלוכה! ביסלעכווײַז עפֿענען זיך אויף די אויגן פֿאַר זײַן געטרײַער אַרבעט“ אאַז״וו („מיסטעריען“ זײַט 309).

דאָ בלײַבט דער ייִדישער לעזער שטיין און טראַכט זיך: ווער איז עס דער דאָזיקער ס ט אָ ר ט י נ ג ס־אָ ל אַ?

דער ענטפֿער איז אַ גאַנץ פּשוטער: פֿרומקין האָט נישט געוווּסט, אַז דאָס וואָרט ס ט אָ ר ט י נ ג מיינט אויף נאָרוועגיש ‚פּאַרלאַמענט‘ און ‚סטאָרטינגס־אָלאַ‘ איז אַ פֿאַרקירצטער איראָנישער אויסדרוק אויף אַ פּויער אַ דעפּוטאַט פֿון פּאַרלאַמענט. נישט וויסנדיק דעם פּירוש דערפֿון האָט פֿרומקין איינפֿאַך איבערגעלאָזט דאָס נאָרוועגישע וואָרט.

אין אַזאַ הפֿקרות־גײַסט האָט פֿרומקין איבערגעזעצט די 4–5 ביכער פֿון האַמסונען אויף ייִדיש.

[1] האַמסון, קנוט: **מיסטעריען. ראָמאַן.** לאָנדאָן: ל. פֿרידמאַן, 1911.

דעם זעלבן גורל האָט אויף ייִדיש געהאַט אויך אַ. סטרינדבערג.

אָט ליגן פֿאַר מיר די מערסטע סטרינדבערגס אויסגאַבן אין ייִדיש – לערך 6–7 מאָגערע ביכלעך.

אַ. סטרינדבערג האָט אָנגעשריבן העכער 60 ביכער. קומט עפּעס אַ באַללייזען און כאַפּט אַרויס עטלעכע קליינע ביכלעך, ווי למשל „דער פֿאָטער", „מוטער ליבע", „פֿרייַליין יוליאַ" און נאָך עטלעכע 20–30־זײַטלדיקע ביכלעך און רופֿט עס אָן „סטרינדבערגס ווערק" אויף ייִדיש.

און דערצו נאָך זייַנען די דאָזיקע עטלעכע ביכלעך איבערגעזעצט אין אַזאַ עלנטן דײַטשמערישן ייִדיש, וואָס וואָלט געפּאַסט פֿאַר דער ייִדישער ליטעראַטור אין די צייַטן פֿון שמ"ר...

און נאָך איין כאַראַקטעריסטישער פֿאַל:

מיט אַ קורצע[ר] צײַט צוריק האָב איך אין קאָפּענהאַגען זיך באַקענט מיטן טאַלענט־פֿולן דענישן שריפֿטשטעלער אָגע מאַדעלונג, וועלכער האָט מיר פֿאָרגעשלאָגן, איך זאָל איבערזעצן זײַן באַקאַנטן ראָמאַן פֿון ייִדישן לעבן „זאָלסט ליב האָבן דעם נאָנטסטן". איך האָב מסכּים געווען און גענומען זיך צו דער אַרבעט. אַ ביסל שפּעטער איז מיר צופֿע־ליק געקומען אין האַנט אַ בוך פֿון זעלבן מחבר מיטן נאָמען „אין גרויסן טומל". איך האָב געוווּסט, אַז מאַדעלונג האָט קיין מאָל נישט אָנגעשריבן אַ בוך מיט אַזאַ נאָמען; איבער־לייענענדיק אַ טייל פֿון בוך האָב איך צו מײַן גרויסער איבערראַשונג דערזען, אַז „אין גרויסן טומל" האָט דעם זעלבן אינהאַלט, וואָס „זאָלסט ליב האָבן דעם נאָנטסטן". איך באַטאָן דעם זעלבן אינהאַלט, ווײַל אויסער דעם אינהאַלט האָט דאָס קיין שום שײַכות נישט צו מאַדעלונגס העכסט קינסטלערישן ראָמאַן.

דאָס איבערפֿאַבריצירן מאַדעלונגס „זאָלסט ליב האָבן דעם נאָנטסטן" אין אַ ייִדישער פֿאָרעם איז באמת אַ גאַנץ אייגנאַרטיקער בײַשפּיל אויף דער שרעקלעכער הפֿקרות, וואָס עס הערשט אין דער ייִדישער ליטעראַטור בנוגע איבערזעצונגען.

די ‚איבערזעצערין' יהודית פּ. האָט פּשוט גענומען מאַדעלונגס סוזשעט פֿון „זאָלסט ליב האָבן דעם נאָנטסטן" און אָנגעשריבן אַ גאַנץ אַנדער ‚ווערק', וואָס פֿאַרדינט מיט ‚רעכט' דעם געגעבענעם נאָמען „אין גרויסן טומל"... דאָס איז טאַקע אַזאַ טומל, פֿון וועלכן עס איז שווער אַרויסצוקריכן. אַפֿילו דעם נאָמען פֿונעם מחבר האָט די איבער־זעצערין פֿאַרפֿעלשט דערמיט, וואָס זי האָט אים אַ נאָמען געגעבן ‚אַאַגע' אין דער צײַט, ווען ער הייסט דעם טיפּיש דענישן נאָמען אָגע. דאָס נעמט זיך דערפֿון, וואָס דאָס בוך איז איבערגעניצעוועט געוואָרן פֿון דײַטשן מסתּמא, און אַזוי ווי די דײַטשן שרײַבן בכלל דעם שריפֿטשטעלערס נאָמען אַזוי ווי ער ווערט בוכשטאַבירט, האָט די איבערזעצערין, נישט קענענדיק קיין דעניש, די צוויי Aa אָנגענומען לויטן דײַטשן אַלס צוויי אַאַ. אויף אַזאַ אופֿן האָט שעקספּיר בײַ ייִדן געדאַרפֿט הייסן שאַקעספּיאַרע, און אָסקאַר ווײַלד – אָסקאַר ווילדע, בײַראָן – ביראָן אד"גל.

אין דענישן אָריגינאַל הייבט זיך דער ראָמאַן אָן אַזוי:

„דאָס שטעטל, אין וועלכ[ן] חנה־ליבע איז געבוירן געוואָרן, ליגט בײַם דניעפּער, וואָס שלענגלט זיך צו דרום. דאָס איז איינ[ס] פֿון די קליינע ענגע שטעטלעך, וואָס ליגן מחוץ דעם תּחום, וואָס ווערט אָפּגעטיילט פֿונעם הייליקן רוסלאַנד דורך דעם אַלטן אוקראַיִנישן טײַך.“

אין יהודית פּ.ס ייִדישער איבערזעצונג איז דער ראָמאַן אײַנגעטיילט אין קאַפּיטלעך און הייבט זיך אָן בזה־הלשון:

„אין וואָקזאַל און אַרום אים איז געווען אַ גרויסער טומל. אין אַ שעה אַרום האָט גע־דאַרפֿט אָנקומען און אַוועקגיין אַ צוג. נאָר אין זאַל פֿון דעם ערשטן קלאַס איז געווען ווייניק מענטשן, וועלכע האָבן געגענעצט און זיך געטוליעט צום וואַרעמען אויוון. אין דרויסן איז געווען אַ פֿראָסט פֿון עטלעכע און דרײַסיק גראַד, ווי עס טרעפֿט אין מאָסקווע.“

ווען מאַדעלונגס פֿרוי, וועלכע איז אַ ייִדין און די ווירקלעכע העלדין (חנה־ליבע) פֿון ראָמאַן „זאָלסט ליב האָבן דעם נאָנטסטן“ וואָלט איבערגעלייענט „אין גרויסן טומל“ וואָלט זי זיכער געזאָגט, אַז דאָס איז נישט מאַדעלונגס נאָר יהודית פּ.ס ‚אַ ווערק׳...

קיין סקאַנדינאַוויען קומען צו פֿאָרן שריפֿטשטעלער פֿון רוסלאַנד, יאַפּאַן, קובאַ, האָלאַנד, רומעניע זיך אויסצולערנען די דאָרטיקע שפּראַכן כּדי צו קאָנען איבערזעצן אַ בראַנדעס, אַ הערמאַן באַנג אָדער אַ האַמסון, און די ייִדישע ליטעראַטור איז גאָר הינטערשטעליק.

ווי ווייניק אויפֿמערקזאַמקייט עס ווערט בײַ אונדז אָפּגעגעבן די איבערזעצונגען, וואָס בילדן אַזאַ גרויסן טייל פֿון אונדזער ייִדישער ביכערוועלט.

פֿאַלק האַלפּערין

וועגן איבערזעצונגען

די פֿראַגע וועגן איבערגעזעצטער ליטעראַטור באַקומט איצט אַ באַזונדערס וויכטיקע באַדײַטונג צוליב דער אַנטוויקלונג פֿון דער ייִדישער שולנעץ, וואָס פֿאַרמאָגט עטלעכע מיטל־שולן און אויך אַ גאַנצע ריי אָוונטשולן פֿאַר דערוואַקסענע אַרבעטער. אין די דאָזיקע שולן מוז דורכגעגאַנגען ווערן אַ קורס פֿון דער אַלגעמיינער ליטעראַטור, בשעת אויף ייִדיש איז די אַלגעמיינע ליטעראַטור – די קלאַסיקער פֿון דער וועלט־ליטעראַטור – כּמעט ווי נישט בנימצא.

עס איז דעריבער געקומען די צײַט, ווען מע דאַרף מאַכן אַ חשבון, וואָס האָבן מיר ביז הײַנטיקן טאָג באַקומען אין ייִדיש פֿון דער וועלט־ליטעראַטור, און וואָס אונדז פֿעלט.

איך וויל דאָ נישט געבן אַ גענויע ביבליאָגראַפֿישע איבערזיכט וועגן דער איבערגעזעצטער ליטעראַטור. דאָס איז אַ ספּעציעלע אַרבעט. עס איז אָבער גענוג אויך אַן אייבערפֿלעכלעכער בליק אויף אונדזערע קאַטאַלאָגן, כּדי איבערצוצײַגן זיך, ווי מיר האַלטן מיט דער וועלט־ליטעראַטור אין ייִדיש.

איך האָב פֿון די קאַטאַלאָגן פֿון די גרעסערע בוכהאַנדלונגען אין פּוילן אויסגעשריבן די שרײַפֿטשטעלער, וואָס זייערע ווערק זענען איבערגעזעצט אין ייִדי[ש], און האָב באַקומען פֿאָלגנד[יק]ע רשימה: אַרציבאַשעוו, אָזשעשקאָ, ד׳אַמיטשיס, אואַלעס, אַנדרעיעוו, אואײַלד, ד׳אַנונציאָ, בראָד מאַקס, באַרביס, ביטשער סטאָוו, געטע, גוצקאָוו, גאָגאָל, גאָרקי, דיקענס, דאָסטאָיעווסקי, דאָראָשעוויטש, דזשיאָוואַניאָלי, הײַנע, האַמסון, הוגאָ, הויפּטמאַן, וואָלטער, וואָיניטש, וויספּיאַנסקי, זאָלאַ, זשולאַווסקי, טווען, טאָלסטאָי ל. נ., טאָלסטאָי אַלעקסיי, טאַגאָר, טשעכאָוו, טורגעניעוו, לערמאָנטאָוו, לאָנדאָן, לאָנגפֿעלאָ, מערעזשקאָווסקי, מאָפּאַסאַן, מאַן, מערימע, מאָליער, מעטערלינק, מיראַבאָ, מענדעס, מאַפּו, שענקיעוויטש, סוויפֿט, סטרינדבערג, סאַלטיקאָוו, סערוואַנטעס, סענעקאַ, סיו, פֿראַנס, פּרוס, פּאָ, פּשיבישעווסקי, פֿראַנצאָז, פּושקין, פּרעוואָ, פֿײַערבערג, קאָראָלענקאָ, קאָנאָפּניצקאַ, קעלערמאַן, קופּער, קיפּלינג, שאָו, שניצלער.[1] אַ קאַטאַלאָג פֿון אַן אַמעריקאַנער בוכהאַנדלונג האָט צו־געגעבן פֿאָלגנדיקע נעמען:

[1] & Arcybašev, Orzeszko (Orzeszkowa), De Amicis, Wallace, Andreev, Wilde, D'Annunzio, Max Brod, Barbusse, Beecher Stowe, Goethe, Gutzkow, Gogol', Gor'kij, Dickens, Dostoewskij, Doroševič, Giovagnoli, Heine, Hamsun, Hugo, Hauptmann, Voltaire, Voynich, Wyspiański, Zola, Żuławski, Twain, Lev Tolstoj, Aleksej Tolstoj, Tagore, Čechov, Turgenev, Lermontov, London, Longfellow, Merežkovskij, Maupassant, Mann, Mérimée, Molière, Maeterlinck, Mirabeau, Mendès, Mapu, Sienkiewicz, Swift, Strindberg, Saltykov[-Ščedrin], Cervantes, Seneca, Sue, France, Prus, Poe, Przybyszewski, Franzos, Puškin, Prévost, Feuerberg, Korolenko, Konopnicka, Kellermann, Cooper, Kipling, Shaw, Schnitzler.

פֿון: **ביכער־וועלט** (וואַרשע) 6, נאָוועמבער–דעצעמבער 1923, שפּ׳ 439–443.

אַלטענבערג, איבסען, ביערנסטיערנע, באַלזאַק, באַנג, גאָנטשאַראָוו, דיומאַ, ווערביצ־קאַיאַ, זודערמאַן, זשאָרזש זאַנד, לעסינג, מולטאַטולי, פּרץ סמאָלענסקין, ראָמען ראָלאַן, שעקספּיר.[1]

די דאָזיקע רשימה איז, ווי געזאָגט, נישט קיין פֿולקאָמענע. אָבער דאָך קאָן זי געבן אַ באַגריף וועגן דעם, וואָס מיר האָבן, ריכטיקער, וועגן דעם, וואָס מיר האָבן נישט. מיר זעען שוין, אַז גאַנצע עפּאָכעס און שולן זענען נישט פֿאָרגעשטעלט. די גאַנצע ליטעראַטור ביז שעקספּירן האָט נאָר אַ קליינע זאַמלונג פֿון סענעקאָס בריוו. קיין איינציקער נאָמען פֿאַר דער ריכטונג פֿון פּסעוודאָקלאַסיציזם, אויסער וואָלטער, וואָס איז קנאַפּ כאַראַקטעריס־טיש פֿאַר איר. נישטאָ די שעפֿער פֿון דער סענטימענטאַלער שול אין פֿראַנקרייַך, און אַזוי כסדר. עס פֿעלן גאַנצע געביטן פֿון דער ליטעראַטור. דער מיטאָלאָגישער און העראָישער עפּאָס פֿון אַלע צייַטן און אַלע פֿעלקער (סייַדן, אפֿשר, לאָנגפֿעלאָס „הייַאַוואַטאַ“) איז אין גאַנצן פֿאַרשוויגן. קיין איינציקע זאַמלונג פֿון ליריק (אויסער הייַנע) פֿאַר דער גאַנצער גע־שיכטלעכער צייַט ביז הייַנטיקן טאָג.

רייַכער פֿאַר אַלע איז פֿאָרגעשטעלט די רוסישע ליטעראַטור מיט אירע קלאַסיקער. אָבער ווען מיר ווענדן זיך אָפּ פֿון די נעמען און קערן זיך צו דעם אינהאַלט זעען מיר, אַז דעם אויטאָרס נאָמען נאַרט אונדז גאַנץ אָפֿט אָפּ. אַזוי למשל האָבן מיר פֿון גאָגאָל מער נישט ווי „רעוויזאָר“ און „חתנים“, פֿון לערמאָנטאָוו – „מצירי“ און „דער העלד פֿון אונדזער צייַט“. פֿון טשעכאָוו די דראַמען און אַ ביסל קלייניקייטן. די זעלבע נאַרערייַ קומט אויך פֿאָר מיט נעמען פֿון שריפֿטשטעלער פֿון אַנדערע פֿעלקער. למשל פֿון דיקענס איז אין די קאַטאַלאָגן פֿאַרצייכנט נאָר „דאָמבי און זון“.

וועגן באַזונדערע נעמען פֿון דער וועלט־ליטעראַטור, אָן וועלכע עס איז קיין ליטע־ראַרישע אויסבילדונג נישט מעגלעך, איז דאָך קיין רייד נישט. יעדן איינציקן וואַרפֿט זיך אין די אויגן, וואָס אַזעלכע שריפֿטשטעלער, ווי דאַנטע, שילער און פֿיל אַנדערע זענען גאָר נישט פֿאָרגעשטעלט אין דער ייִדישער ביבליאָטעק, בייַראָן – כּמעט נישט. נאָר פֿיל פֿון די ערשטקלאַסיקע נעמען, וואָס זענען שוין יאָ פֿאָרגעשטעלט אין דעם קאַטאַלאָג, שטעלן מיט זיך פֿאָר ,אַמעריקאַנער פֿאַר־מלחמה־פּראָדוקציע', למשל געטע, הייַנע, טאָלסטאָי, דאָ־סטאָיעווסקי, לעסינג, איבסען, גאָנטשאַראָוו, זאָלאַ. און וואָס אַזוינס שטעלן מיט זיך פֿאָר די דאָזיקע איבערזעצונגען ווייסן מיר אַלע. נאָר חוץ דעם אַלעמען זענען די דאָזיקע ביכער איצט לחלוטין נישט צוטריטלעך צוליב דעם, וואָס זיי זענען אין פֿאַרקויף בייַ אונדז נישטאָ.

אָט דאָס איז לערך אַלץ, וואָס עס האָט פֿאַר זיך דער ייִדישער לייענער, וואָס קאָן שטו־דירן ליטעראַטור אויף ייִדיש. קלאָר, אַז אַפֿילו קיין אָנשטענדיקער דילעטאַנט קאָן מען דערבייַ נישט ווערן. וואָס זשע קומט אויס דער מיטלשול און דער העכערער אָנפֿאַנגשול צו טאָן? ווענדן זיך יעדעס מאָל צו דער ליטעראַטור אויף רוסיש און אויף פּויליש, אָדער אויב

[1] Altenberg, Ibsen, Bjørnstjerne (Bjørnson), Balzac, Bang, Gončarov, Dumas, Verbickaja, Sudermann, George Sand, Lessing, Multatuli (Eduard Douwes Dekker), Peretz Smolenskin, Romain Rolland, Shakespeare.

מעגלעך – צו אַנדערע שפּראַכן. פֿאַרשטייט זיך, אַז דאָס מוז ווירקן אויף דער באַציִונג פֿון דעם תּלמיד צו דער ייִדישער שפּראַך, ווי צו אַן אָרעמער, וואָס קאָן פֿיל נישט געבן, און מוז אומפֿאַרמייַדלעך ברענגען צו גרינגשעצונג פֿון דער שפּראַך.

נאָך ערגער איז די לאַגע אין די אָוונטשולן, ווו פֿרעמדע שפּראַכן קאָנען נישט אַזוי געלערנט ווערן, ווי אין די מיטלשולן. דאָרט בלייַבט איבער צו רעדן וועגן ליטעראַטור, אַנשטאָט לערנען זי. די רעזולטאַטן, וואָס מיר האָבן פֿון די רעדענישן וועגן ליטעראַטור, זעען מיר אַלע טאָג – פֿולשטענדיקע אומוויסנהייט און אַ מיש־מאַש אין קאָפּ. דאָס האָבן אונדז גענוג געלערנט צו קענען די אַזוי גערופֿענע לעקציעס און פֿאָרלעזונגען וועגן ליטע־ראַטור, אויף וועלכע מע וואָלט, אייגנטלעך, די יוגנט געדאַרפֿט פֿאַרבאָטן צו גיין, צוליב זייער נוצלאָזיקייט און, אויב איר ווילט, שעדלעכקייט.

וואָס איז די סיבה, וואָס אַ שפּראַך, וועלכע גיט איבערזעצונגען שוין לפּחות אַ פֿערטל יאָרהונדערט איז אַזוי אָרעם געבליבן?

די סיבה איז די צופֿעליקייט פֿון דער פֿאַרלעגערישער טעטיקייט. אָט ליגט פֿאַר מיר אַן אַנאָנס פֿון אַ נייַעם ייִדישן פֿאַרלאַג פֿון ש. יאַטשקאָווסקי אין וואַרשע. האָבן מיר אין דער אַנאָנס אַזאַ רשימה פֿון איבערזעצונגען (אויסער אָריגינעלע): „דזשיאָוואַני עפּיסקאָפּאָ" פֿון ד'אַנונציאָ, „דאָס האַרץ" פֿון ד'אַמיטשיס, „מעמואַרן פֿון אַ טויטנהויז" – דאָסטאָיעווסקי, „קריג און פֿרידן" טאָלסטאָיס (שוין פֿאַראַן אַן אַמעריקאַנער אויסגאַבע), מאָפּאַסאַנס, קאַ־טול מענדעסעס, פּרעוואָס און טשעכאָווס נאָוועלן. שטייען מיר פֿאַר אַ רעטעניש: וואָס פֿאַר אַן אידעע בינדט צונויף די אָנגערופֿענע נעמען? וואָס פֿאַר אַ בלויז, וואָס פֿאַר אַ טאָג־טעג־לעכע נויטוועדיקע פֿאָדערונג פֿאַרענטפֿערט און פֿילט אויס די דאָזיקע רשימה? קלאָר, אַז קיין אינערלעכער צוזאַמענהאַנג איז דאָ נישטאָ. קיין ריכטונג נישט, קיין שול נישט, קיין עפּאָכע נישט, קיין נייַער שטייגער נישט. דער דאָזיקער פּעקל ביכער וועט אַרייַנפֿאַלן אין דעם אַלמער ספֿרים אַזאַ אינערלעך צעבראָקלטער און צוליב זייַן צופֿעליקייט נוצלאָזער, לפּחות פֿאַר[ן] מאָרגנדיקן טאָג, ווי הונדערטער אַנדערע ביכלעך. דאָס וועלן זייַן נישט מער ווי ביכלעך, און בשום־אופֿן נישט קיין ליטעראַטור.

דאָס זעלבע איז מיט דעם פֿאַרלאַג פֿון ב.אַ. קלעצקין אין ווילנע. וואָס פֿאַר אַ רייַכטום, אויסער פּשוט מאַטעריאַל צום לייענען, גיט אַזאַ רשימה פֿון ביכער, ווי טורגעניעוו, רובאַ־קין, אַלעקסיי טאָלסטאָי, טעטמייער[1] אד"גל. דאָ קאָן מען אַ מאָל אייַנזען אַ שטרעבונג איבער־צוגעבן אויף ייִדיש די רוסישע ליטעראַטור. וואָס זשע טוט דאָ טעטמייער? פֿאַר וואָס זשע איז דאָ נישטאָ גאָגאָל, וועלכן דער ייִדישער לעזער קען גאָר נישט, גאָנטשאַראָוו, פֿאַר וואָס איז טורגעניעוו פֿאָרגעשטעלט מיט איין ווערק? פֿאַר וואָס איז דאָ נישטאָ שטשעדרין־סאַל־טיקאָוו[2]? קלאָר, אַז דאָ איז די צופֿעליקייט אַ טאָפּלטע: צופֿעליק די רוסישע אויטאָרן, צו־פֿעליק די אויטאָרן און זייערע ווערק. מיט איין וואָרט: די צופֿעליקייט וואַרפֿט זיך אויך דאָ אין די אויגן, ווי אין דעם פֿאַרלאַג פֿון ש. יאַטשקאָווסקי.

1 Kazimierz Przerwa-Tetmajer.

2 Saltykov-Ščedrin.

נישט אַלע מאָל קאָנען מיר קומען צו פֿאַרלעגער מיט טענות און תּבֿיעות. די פֿאַרלעגער, וואָס פֿאַר זיי איז די אַרבעט מער נישט ווי געשעפֿט – פֿון יענע קאָנען מיר גאָרנישט פֿאָדערן. פֿאַר זיי איז ווערביצקאַיאַ וויכטיק, פֿאַר זיי איז זשיליאַרס זכרונות[1] אַ מאַטעריאַל. זיי קומען סוף־כּל־סוף נישט מיט קיין קוואַל פֿון אידעיִשקייט צו אונדזערע לעזער. אויב צופֿעליק פֿאַלט דאָך בײַ זיי אַרײַן אַ גוט בוך, אַ ניצלעך ווערק, וואָס באַרײַכערט באמת די ליטעראַטור – דאַנקען מיר אויך נישט זיי, נאָר דעם צופֿאַל. אַנדערש איז אָבער מיט די פֿאַרלאַגן, וואָס זענען נישט קיין ריין סוחרישע אונטערנעמונגען. און אַלס אַזעלכער איז דאָך דער פֿאַרלאַג פֿון יאַטשקאָווסקי; אַלס אַזעלכן קענען מיר קלעצקינס פֿאַרלאַג. צו פֿאַרלאַגן פֿון דעם מין האָבן מיר רעכט צו קומען מיט פֿאָדערונגען.

און די וויכטיקסטע און די גערעכטיקסטע איז: גענוג צופֿעליקייט. לאָזן מיט סענסאַציעס זיך פֿאַרנעמען אַנדערע, איר גיט דאָס, וואָס איז נייטיק.

די ליטעראַטור דאָס איז די וויכטיקסטע פֿעסטונג פֿון אונדזערע קולטורעלע פּאָזיציעס. פֿון איר איז אָפּהענגיק די שול אונדזערע, די אַנטוויקלונג פֿון אונדזערע מאַסן אויסער דער שול, די אייגענע אַכטונג אונדזערע צו אונדזער שפּראַך. מוזן מיר זי כאָוועט, מיט איר זיך ניאַנטשען. מיר מוזן ציילן יעדן טריט אירן. מיר מוזן זי בויען ציגל נאָך ציגל, נישט לאָזן זי אַליין פֿון זיך געבויט ווערן. מיר מוזן אַרומשנײַדן דאָס טרוקענע און צו[ש]טשעפּען דאָס קולטיווירטע, נישט לאָזן זי ווילד וואַקסן. און דעריבער מוז מען פֿאַרלאַנגען סיסטעמאַטישקייט אין דער פֿאַרלעגערישער אַרבעט.

סיסטעמאַטישקייט אין אָריגינעלער ליטעראַטור – נישט, דאָרט איז עס אַ חסרון. דאָרט איז עס אַ צרה, אָבער סיסטעמאַטישקייט אין דער איבערזעצונג־פֿאַרלעגערײַ – דאָס איז אונדז הײַנט נייטיק ווי לופֿט צום אָטעמען. דאָס פֿילט שוין יעדער לעזער פֿון ליטעראַטור, יעדער מענטש, וואָס פֿאַרנעמט זיך בכלל מיט לעבעדיקער טעטיקייט אויף דעם קולטור־געביט.

און וואָס נוגע דעם סיסטעם – ווערט עס שוין פֿון לעבן אַליין דיקטירט: גיט אונדז די קלאַסיקער פֿון דער וועלט־ליטעראַטור.

מיר האָבן נישט עד־היום קיין אָנשטענדיקע געשיכטע, אַלן פֿאַלס קיין אויסשעפּנדיקע געשיכטע פֿון דער ייִדישער ליטעראַטור, ווי זשע קאָן מען דען טרוימען וועגן אַ געשיכטע פֿון דער וועלט־ליטעראַטור? דאָס דאַכט זיך איז אַזוי לאָגיש. און דאָך איז עס נישט אַזוי. אַ געשיכטע פֿון אונדזער ליטעראַטור מוז ערשט אָנגעשריבן ווערן. מיר מוזן זיך דעריבער באַוואָפֿענען מיט געדולד און וואַרטן ביז עס וועט קומען די פּערזאָן מיט די נויטווענדיקע ידיעות, מיט דעם געהעריקן געשמאַק, מיט דעם אַנטשפּרעכנדיקן טאַלענט און וועט די אַרבעט מאַכן. און דערווײַל ווילנדיק נישט ווילנדיק מוזן מיר זיך פֿאַרנעמען מיט קלײַבן מאַטעריאַל – שטרוי און ציגל פֿאַר דעם בנין. אַנדערש איז אָבער די זאַך בנוגע צו דער

[1] ✲ פּיער זשיליאַר, אַ לערער בײַ דעם קייסערס קינדער, האָט אין 1921 פּובליקירט זײַנע זכרונות „ניקאָלאַי II“.

אַלגעמיינער וועלט־ליטעראַטור. אויף דעם געביט זענען פֿאַראַן אין אַנדערע שפּראַכן גע־נוג און גענוג באַפֿרידיקנדיקע און אַפֿילו אויסגעצייכנטע אַרבעטן. די געשיכטע פֿון דער וועלט־ליטעראַטור איז שוין לאַנג אָנגעשריבן. מע דאַרף נאָר אויסקלייַבן פֿון דעם, וואָס איז שוין פֿאַראַנען פֿאַרטיק דאָס בעסטע און דאָס פּאַסיקסטע און איבערזעצן עס אין ייִדיש. דאָס איז אַ פֿראַגע פֿון פֿאַרלעגערייַ, נישט קיין פֿראַגע פֿון שאַפֿן. איבערזעצער פּאַסיקע וואָלט אונדז פֿאַר אַזאַ אַרבעט נישט אויסגעפֿעלט.

און צוזאַמען מיט די קלאַסיקער מוזן אויך געגעבן ווערן די קלאַסישע קריטיקער און היסטאָריקער פֿון דער ליטעראַטור. הייַנטיקס טאָג ווייַזן די קאַטאַלאָגן אויף דעם דאָזיקן געביט איין־און־איינציקן נאָמען – בראַנדעס[1]. און אויך בראַנדעס איז אַרויס אין אַמעריקע, און דאָ האָבן נאָר אייניקע געהאַט די זכיה צו זען אים.

די אידעיִשע פֿאַרלאַגן, מיט דעם פֿאַרלאַג קולטור־ליגע אין דער שפּיץ, דאַרפֿן דאָס נעמען אין אַכט.

[1] ☙ **די הויפּט שטרעמונגען אין דער ליטעראַטור פון נייַנצענטען יאָרהונדערט.** ניו־יאָרק: אידישער פאַרלאַג פאַר ליטעראַטור און וויסענשאַפט 1918, אין 11 בענד.

ישׂראל־יהושע זינגער

קעגן הפֿקרות און עם־הארצות

(וועגן איבערזעצונגען)

מע האָט זייער אַ סך גערעדט וועגן זשעראָמסקיס „פּשעדוויאָשניע“[1] (ערבֿ־פֿרילינג) – טייל האָבן זשעראָמסקין שיִער ניט געלייגט אין חרם דערפֿאַר, וואָס ער האָט דערציילט פֿאַר דער וועלט וועגן די איבערגעפֿולטע פּוילישע טורמעס (אַ סוד פֿאַר גאַנץ בראָד).

אַנדערע האָבן זשעראָמסקין געלויבט ביזן הימל אַרײַן דערפֿאַר, וואָס ער מאַכט פֿון זײַן העלד אַ קאָמוניסט.

ייִדן ווידער האָבן, ווי שטענדיק, באַרירט די ייִדישע זײַט פֿון ווערק: די נאַלעווקעס מיט ד[ער] פֿראַנציסקאַנער זײַנען אָנגערירט געוואָרן.

וועגן סאַמע עיקר פֿון אַ בעלעטריסטיש ווערק – וועגן דער קינסטלערישער זײַט, האָט מען גאָר פֿאַרגעסן צו רעדן.

– ווייס איך וואָס? – דאַרף דען אַ בעלעטריסטיש ווערק, אויסער פּאָליטיק, פֿאַרמאָגן קונסט אויך?

און אפֿשר איז טאַקע נאָר דערפֿאַר, וואָס דער עיקר, די קונסט, איז אין „ערבֿ־פֿרילינג“ אַמווינציקסטנס פֿאַרטראָטן, איז דער דערפֿאָלג אַזוי גרויס! –

פֿאַראַן צײַטן, ווען דעם קינסטלער דריקט עפּעס, עפּעס בריט אים הינטער די פֿליגל, ער קאָן ניט וואַרטן אַזוי לאַנג, ביז ער וועט זײַנע אינערלעכע איבערלעבענישן געבן אין אַ קינסטלערישער פֿאָרעם, און ער שרײַבט ווי עס לאָזט זיך.

דאָס זעלבע איז, זעט אויס, געשען מיט זשעראָמסקין.

אַ גאַנץ לעבן האָט זשעראָמסקי, ווי אַלע איבעריקע טרוימער, געגלייבט, אַז אין אומאָפּהענגיקן פּוילן וועלן זײַן ‚גלעזערנע הײַזלעך‘[2], צום סוף האָט ער דערזען שטיינערנע טורמעס; אַ גאַנץ לעבן געגלייבט, אַז פּוילן איז ‚לוד־לודעם‘[3], אַ פֿאָלק פֿון אַ מיסיע, און

[1] ☙ Stefan Żeromski, *Przedwiośnie* (1924–1925). די ייִדישע איבערזעצונג פֿון יצחק טורקאָוו איז אַרויס אין וואַרשע, פֿאַרלאַג ח. בזשאָזא, 1926.

[2] ☙ דער רמז אויף szklane domy, גלעזערנע הײַזער אין זשעראָמסקיס ראָמאַן – אַ סימבאָל פֿאַר דעם אומאָפּהענגיקן, גערעכטן, פֿאַרמעגלעכן פּוילן. אַזוי הייסט אויך דער ערשטער טייל פֿונעם ראָמאַן.

[3] ☙ פֿון פּויליש lud – פֿאָלק. דער גענויער ציטאַט איז ניט זיכער, אָבער מסתּמא מיינט זינגער דאָ „פֿאָלק ווי פֿאָלק“, ד״ה אַז די שלאַכטע מוז „אַרײַנגיין אין פֿאָלק און ווערן דאָס פֿאָלק“ ווי עס האָט געשריבן זשעראָמסקי אינעם אַרטיקל »Początek świata pracy« [דער אָנהייב פֿון דער אַרבעטוועלט, 1925] – אַן אָנווײַז אויפֿן קאָנפֿליקט צווישן דעם סאָציאַליסטישן אידעאַל פֿון „גלעזערנע הײַזער“ און דער רעאַלפּאָליטיק אין אומאָפּהענגיקן פּוילן.

פֿון: **ליטעראַרישע בלעטער** (וואַרשע) 88, דער 8טער יאַנואַר 1926, ז״ז 26 – 27.

צום סוף האָט געטראָפֿן ווי מיט אַלע גלות־פֿעלקער: די ערשטע אייגענע שווערד האַקט אָפּ דעם קאָפּ פֿון דער ‚מיסיע׳ – האָט עס אים ווײַ געטאָן און ער איז אַרויס מיט אַ געשריי.

זשעראָמסקין דעם מענטש האָט „פּשעדוויאָשניע" אַ סך צוגעגעבן; זשעראָמסקין דעם קינסטלער – אַבסאָלוט ניט.

אַ לאַנגווײַליקע זשורנאַליסטישע שפּראַך, צײַטונגס־פֿאַרגלײַכונגען; ביליקע בילדער, פּאַפּירענע העלדן; צוגעקלערטע סיטואַציעס – דאָס איז „פּשעדוויאָשניע", ווען מע גייט צו פֿון קינסטלערישן שטאַנדפּונקט.

איז ניט אַ מאָל אַ ווייטיקדיקער געשריי פֿון אַ מענטש וויכטיקער ווי אַ קאַלט קינסט־לעריש ווערק? – קאָן זײַן! – דאָס איז אַ פֿראַגע, וואָס לאָזט זיך דיסקוטירן. – אָבער קונסט בלײַבט קונסט.

האָט מען געדאַרפֿט „פּשעדוויאָשניע" איבערזעצן אויף ייִדיש?

פֿון אַ געזעלשאַפֿטלעך־פּאָליטישן שטאַנדפּונקט יאָ. – פֿון ריין קינסטלערישן ניט. ווען מע זעצט בעסער איבער זשעראָמסקיס „פּאָפּיאָלי"[1] וואָלט אַ סך גלײַכער געווען.

נאָר ווער רעכנט זיך דען מיט דעם, וואָס מע דאַרף יאָ צי מע דאַרף ניט? – מע דרוקט, וואָס עס קומט אונטער דער האַנט – איין און דער זעלבער פֿאַרלאַג גיט אַרויס דאָסטאָ־יעווסקין און אַבֿרהם ראָזענפֿעלד.

נאָר האָט מען שוין יאָ אַרויסגעלאָזט זשעראָמסקיס אַ ווערק (פֿאַרלאַג ח. בזשאָזאַ – איבער[גע]זעצט פֿון יצחק טורקאָוו), פֿאַר וואָס איז אים געקומען אַזוי אָפּצוקלאָגן?

באַלד בײַם ערשטן זײַטל הייבט זיך אָן: „דאָ גייט ניט – צו אַלדע רוחות! – וועגן זײַן הערב, ניט וועגן דער שורה פֿאָרגענגער" אאַז"וו.

וואָס הייסט דאָס אַזוינס ‚שורה פֿאָרגענגער׳?

נאָך מיט אַ פּאָר שורות ווײַטער: „צוליב נויטווענדיקייט ווערט דערמאָנט איין זיידע, צוליבן מוז אַ פּאָר ווערטער וועגן איין־איינציקן עלטער־זיידן." – איר האָט שוין אַ מאָל געהערט אַ ייִד זאָל זאָגן ‚צוליבן מוז׳?

ווײַטער מיט עטלעכע שורות אַ ביסל ‚סטיל׳: „מיר וועלן [זיך] ניט אַנטקעגנשטעלן דעם, מיט סעמיטישן גײַסט און געשמאַק דורכגעזאַפּטן, אומווילן פֿון הײַנטצײַטיקע מענטשן צום באַלאַסטן דעם מוח מיט ידיעות" אאַז"וו.

מיט אַ פּאָר שורות ווײַטער: „די מאַמע איז געווען אַ פּשוטע, אַן אייגענע, גרונט־גע־ווײנטלעכע יאַדוויגאַ."

וואָס מיינט מען דאָס ‚גרונט־געוויינטלעכע׳?

דאָס זײַנען ציטאַטן פֿון ערשטן, ניט פֿולן זײַטל. – ווען מע זאָל וועלן איבערגעבן אַלע גרײַזן, גוייִשע זאַצן, מיט וועלכע די איבערזעצונג איז אַזוי רײַך, וואָלט די רעצענזיע גע־דאַרפֿט האָבן שיינע עטלעכע צענדליק זײַטן – און איך גלייב ניט, אַז די לעזער וועלן מיר דאַנקבאַר זײַן דערפֿאַר.

און וואָלט נאָר „ערבֿ־פֿרילינג" געווען אַ בן־יחיד, וואָלט אפֿשר ניט געלוינט צו רעדן וועגן דעם. – אַ ניט־געראָטן ווערק אין אַ ניט־געראָטענער איבערזעצונג.

1 ‏*Popioły* (1904) ‏אַ.

אָבער „ערבֿ־פֿרילינג״ איז ניט מער ווי איין קייטעלע אין דער גרויסער קייט שלעכטע איבערזעצונגען, מיט וועלכע מיר ווערן באַשאָנקען טאָג־טעגלעך דורך כּלערליי גרעסערע און קלענערע פֿאַרלאַגן.

אָט איז אַרויס אין פֿאַרלאַג אָריענט דער ערשטער באַנד פֿון ריימאָנטס עפּאָפּעע „פּויערן״[1]. – (איבער[גע]זעצט: שלמה ראָזענבערג).

דאָס איז שוין זייער אַ וויכטיקע זאַך. ריימאָנטס „פּויערן״ געהערן צו די בעסטע ווערק אין דער פּוילישער ליטעראַטור.

איבערזעצן ריימאָנטס „פּויערן״ איז אַ שווערע אויפֿגאַבע. ייִדן האָבן ניט קיין פּויערים־קלאַס און ממילא פֿאַרמאָגט נאָך ניט די ייִדישע שפּראַך גענוג ווערטער און אויסדרוקן פֿון פּויערישן לעבן. כּדי איבערצוזעצן „פּויערן״ איז נייטיק צו באַקענען זיך מיטן לעבן פֿון די דאָרפֿישע ייִדן, פֿון ייִדישע קאָלאָניסטן. פֿאַראַן הונדערטער ייִדישע ווערטער און אויסדרוקן, פֿון וועלכע מיר, שטאָטישע מענטשן, האָבן קיין אַנונג ניט, און דער פּשוטער ייִדישער דאָרפֿסייִד באַנוצט זיך מיט זיי אין זײַן טאָג־טעגלעכער שפּראַך.

אָבער ווער אינטערעסירט זיך דערמיט?

גענומען טינט און פֿעדער, אַוועקגעזעצט זיך בײַם טיש און איבער[גע]זעצט.

דער בוי פֿון זאַץ איז דאָ גראָד ניט אַזוי שלעכט. נאָר וואָס האָט דער איבערזעצער געטאָן? – כּדי איבערצוגעבן דעם פּויערישן טאָן, די פֿאָלקסשפּראַך, טוט ער איין קלייניקייט: ער באַנוצט גראָבע פּראָווינציאַליזמען, פּוילישע אויסדרוקן און מיינט, אַז דערמיט גיט ער טאָן, מישטיינס געזאָגט.

נעמט באַלד אין אָנהייב – „כ׳האָב מיר נאָר אַליין אויסגעמיאַרקירט״ – פֿרעגט אַ ליטווישן אָדער אַ רוסישן ייִד, וואָס הייסט ‚אויסגעמיאַרקירט׳?

‚מיאַרקאָוואַטש׳ האָט אַ סך באַדייַטונגען, אַ מאָל ‚אויסגערעכנט׳, אַ מאָל ‚אָנשטויסן זיך׳, ווו דער חמור שטייט אײַן.

ווײַטער: ‚אָפּשטשיביען אַ גראָשן׳. – אַ סך פּשוטע ווײַבער פֿון פֿאָלק באַנוצן: ‚אויסקראַצן אַ גראָשן׳, ‚אָפּשפּאָרן׳, אאַז״וו. פֿאַר וואָס עפּעס ‚אָפּשטשיביען׳? – און הונדערטער אַזעלכע ווערטער.

אָט גייען זאַצן:

„וועלכע ס׳איז אַ נאַר און ניט קאַ רירעוודיקע, וועלכע ס׳איז ווײַטער אַ מחלוקהניצע, וועלכע ס׳קריכט דעם מאַן אין די קאָלטענעס אַרײַן, וועלכע ס׳איז אַ לופֿטן־שפּרינגערין און אַן אַרומפֿליִערקע איבער די מוזיקעס און קרעטשמעס.״

דאָס רעדט זיך, נאַטירלעך, וועגן ווײַבער.

דאָס איז ניט איבער[גע]זעצט, נאָר איבערגעזאָגט ווערטלעך. אומגעפֿער מיינט מען דאָס אַזוי: איינע איז אַ נאַר אַ שלימזלניצע, איינע אַ מרשעת, רײַסט אויס דעם מאַן די האָר פֿון קאָפּ; איינע – אַ לויפֿערקע, אַ קאָכלעפֿל, טאַנצט אויף אַלע חתונות.

אַזוי אָדער אַנדערש.

[1] Władysław Reymont, *Chłopi* (1902–1908).

ווי קומט צום בעטלער אין מויל אַרײַן דער צוגעטראַכטער לשון־קודשדיקער ,מח־לוקהניצע׳? – און ווער זאָגט דאָס ,לופּטן־שפּרינגערין׳? – און ווי אַזוי קאָן מען דאָס אַרומ־פּליִען איבער ,מוזיקעס׳?

און אַזוי אויף טריט און שריט.

אַן אמתע הפקרות. שוין יאָרן ווי געלערנטע אַרבעטן ביַים שאַפֿן אַ באָטאַנישע טער־מינאָלאָגיע אין ייִדיש. – און ניט מע טראַכט אויס ווערטער פֿון קאָפּ, נאָר מע זאַמלט ביַים פֿאָלק. דער איבערזעצער האָט זיך ניט געגעבן די מי אָנ[צו]פֿרעגן זיך, פֿאַרשטענדיקן זיך איבער ווערטער פֿון דעם געביט, וואָס קומען אַריַין אין „פּויערן“, נאָר געהאַקט ווערטער, ווי נאָר עס איז אים געקומען אין מויל. – גענומען אַ פּויליש וואָרט, דעם פּוילישן שורש, צוגעגעבן אַ ,די׳ אָדער אַ ,דער׳ פּונקט ווי עס טוען די פֿאַרגרעבטע סיבירער ייִדן, וואָס זאָגן ,אַ סטאָל׳, ,אַ לאַווקאַ׳[1] און מיינען, אַז זיי רעדן ייִדיש.

און ניט נאָר מיט קאָמפּליצירטע ווערטער איז זיך דער איבערזעצער אַזוי באַגאַנגען. ער האָט אָפּט מאָל, ניט וויסנדיק דעם פּירוש־המילות, איבערגעגעבן ווערטער אַזוי ווי זיי גייען און שטייען.

דערפֿאַר האָט ער געטאָן אַזאַ זאַך: ער האָט גענומען פּויערישע אויסדרוקן, וואָס זיַינען כאַראַקטעריסטיש אין פּויליש, און ,געשאַפֿן׳ זיי אין ייִדיש. – אָט באַנוצט ער אויף איין אָרט ,אַ מאָלעלע׳. אין די סלאַווישע שפּראַכן ווערן אַ סך ווערטער פֿאַרקלענערט. אָט קאָן מען זאָגן ,זדראָוויעטשקאָ׳ און מע קאָן ניט זאָגן ,געזונטעלע׳. אַנשטאָט ,אַ מאָל׳ – ,אַ מאָלעלע׳ – אַנשטאָט ,אוודאי׳ – שריַיבט דער איבערזעצער ,אוודאישטשע׳. – אַנשטאָט ,עפּעס׳ – ,עפּעסטשעס׳. אָפּט מאָל באַנוצט ער גאָר ,אַ טאַטש׳ און ענלעכע אַזעלכע ,ייִדי־שע׳ ווערטער.

אויף ,אַ קליין ביסעלע׳ זאָגן ייִדן ,אַ קאַפּעטשקע׳, ,אַ קאַפּ׳, ,אַן עוקץ׳ און נאָך אַ סך אַזעלכע ווערטער. דער איבערזעצער באַנוצט ,אַ דזשעבליע׳.

נאָר גיי רעכן גריַיזן, ווען די גאַנצע איבערזעצונג איז איין גרויסער גריַיז, איין גרויסער סקאַנדאַל.

פּונקט ווי יעדער איינער, וואָס וויל פֿאַרלייגן אַ ווערקשטאַט פֿון שיך, מוז אָנקומען צו שוסטערס אָדער אַליין זיַין אַ שוסטער, אַזוי מוז יעדער, וואָס וויל זיַין אַ פֿאַרלעגער, קאָנען אַליין זיַין אַ רעדאַקטאָר אָדער צונעמען אַ רעדאַקטאָר.

וואָס געהער זיך אָן מיט דער אויסערלעכקייט, מיט דער דרוק אד״גל – זאָל איין גאָט זיך דערבאַרעמען. אין „ערבֿ־פֿרילינג“ פֿעלן ווערטער, אותיות, געשמירט, געפֿלעקט. בלויז ,באַמערקטע׳ דרוקגריַיזן זיַינען פֿאַראַן אַ סך־הכּל עטלעכע הונדערט – און ניט־באַמערק־טע? – שוין זשע איז ניט ווערט צו באַצאָלן סך־הכּל מיט אַ צענדליק גילדן מער און דרוקן אין אַ בעסערער דרוק אָדער מאַכן בעסערע מאַטריצן?

הפקרות און עם־הארצות אויף טריט און שריט.

ווען וועט שוין דער ליטעראַטן־פֿאַראיין אָננעמען זיך פֿאַר דעם כּבֿוד פֿון אונדזער שפּראַך און ליטעראַטור? ווער דען זאָל עס טאָן?

1 ‏א רוסיש стол, лавка – טיש, באַנק.

יהושע ראַפּאָפּאָרט

פֿאַרלאַגן, איבערזעצער, איבערזעצונגען

כ׳בין נישט אויסן צו באַהאַנדלען די דאָזיקע טעמעס אין זייער גאַנצן פֿאַרנעם: כ׳וויל נאָר באַרירן אייניקע אָנגעווייטיקטע פּונקטן.

איבערזעצונגען האָבן געשפּילט און שפּילן אַ גרויסע ראָלע אין אַלע ליטעראַטורן. איבערזעצונגען מאַכן די קונסט פֿון וואָרט אינטערנאַציאָנאַל; זיי ווישן אָפּ גרענעצן, מאַכן איינהייטלעכער דאָס שטרעבן און איבערלעבן פֿון דער מענטשהייט, און זיי ברענגען גלײַכצײַטיק אַרײַן פֿילפֿאַרביקייט אינעם דאָזיקן פֿאַראיינהייטלעכטן שטרעבן. מיט דער הילף פֿון איבערזעצונגען שפּרייט זיך אויס אַ ליטעראַרישע שטרעמונג איבערן גאַנצן שטח פֿון דער ציוויליזירטער מענטשהייט און נעמט דערבײַ אַרײַן אין זיך פֿילפֿאַרביקע ניואַנסן פֿון לענדער, פֿעלקער און פּערזענלעכקייטן. די איבערזעצונג פֿון תּנך אויף גריכיש האָט געשפּילט אַ גרויסע ראָלע אין איר צײַט. די איבערזעצונג פֿון תּנך אויף דײַטש איז אַ וויכטיקע דאַטע אין דער נײַער דײַטשער קולטור. שעקספּירס איבערזעצונג דורך די ברידער שלעגעל האָט געלייגט איר חותם אויף דער גאַנצער דײַטשער ראָמאַנטיק. די בײַשפּילן וואָלטן זיך לאָזן פֿאַרמערן אָן אַ שיעור. קולטורן, וואָס שנײַדן איבער דעם נאָפּל, וואָס פֿאַרבינדט זיי מיט דער גרויסער וועלט, הערן אויף צו זײַן שפּרודלדיק־נאַרהאַפֿטיק פֿאַרן מענטשלעכן גײַסט, אַזוי ווי ס׳דעגענערירט אַ פֿאַמיליע, וואָס נעמט נישט אַרײַן אין זיך קיין פֿרעמדע בלוטן.

אין דער איבערזעצונג־אַרבעט דאַרף מען אונטערשיידן צוויי מדרגות: אַ שעפֿערישע, – ווען עמעץ אַנטפּלעקט פֿאַר זײַן פֿאָלק (דורך דער איבערזעצונג) אַ גײַסטיקן אוצר, וואָס ווירקט מיט אַ נײַער און באַנײַענדיקער קראַפֿט פֿון אַ צוגעקומענעם קולטור־עלעמענט; און אַ קולטור־פֿאַרשפּרייטערישע, וואָלט איך געזאָגט, – וועלכע האַלט בלויז אויף דעם קאָנטאַקט מיט דער פֿרעמדער גײַסטיקער פּראָדוקציע. פֿאַר איבערזעצונגען פֿון דער ערשטער מדרגה זענען נייטיק שעפֿערישע גײַסטער. למשל, שלעגעל, וועלכער האָט אויף זײַנע ראָמאַנטישע זוכענישן אַנטדעקט די אינדישע גײַסטיקע אוצרות און אַרײַנגעבראַכט אין זײַן פֿאָלקסקולטור דעם דאָזיקן נײַעם, פֿרעמדן קולטור־עלעמענט. פֿאַר איבערזעצונגען פֿון דער צווייטער מדרגה זענען נייטיק גוטע קולטור־און־ליטעראַטור־אַרבעטער, מענטשן מיט געוויסע ליטעראַרישע און גײַסטיקע קוואַליפֿיקאַציעס.

ווי איז די לאַגע בײַ אונדז אין דאָזיקן פּרט?

מ׳קלאָגט זיך אָפֿט, פֿאַר וואָס די פֿאַרלאַגן אונדזערע גיבן אָפּ כּמעט זייערע גאַנצע כּוחות דער איבערזעצונגס־ליטעראַטור. דאָס איז אָבער נישט קיין גערעכטע טענה. וואָס

פֿון: **ביכער־וועלט** (וואַרשע) 2, מײַ 1928, ז״ז 32 – 36.

אויסגעשעפּטער אַן אָרגאַניזם איז, אַלץ מער נייטיקט ער זיך אין שפּייַז פֿון דרויסן. אויב קלאָגן, איז אויף דער איבערזעצונג־אַרבעט גופֿא.

קיין שעפֿערישע איבערזעצער האָבן מיר כּמעט נישט. בייַ אַנדערע פֿעלקער זענען די גרויסע דיכטער אויך אָפֿט גרויסע איבערזעצער; סטעפֿאַן צווייַג, למשל, האָט געשענקט דער דייַטשער ליטעראַטור דעם שעפֿערישסטן דיכטער פֿון דער נייַער צייַט – עמיל ווערהאַרן. בייַ אונדז איז דאָס אַ גרויסע זעלטנהייט. און מיר נייטיקן זיך דאָך מער ווי אַנדערע אין שעפֿערישער באַפֿרוכטונג. אונדזער לאַנג נישט פֿאַרזייט פֿעלד נייטיקט זיך אין אַן אויסנאַם־אַקער. מיר נייטיקן זיך אין מענטשן, וואָס זאָלן אונדז שענקען די טרעגער פֿון מאָדערנעם גייַסט, פֿון נייַעם וועלט־און־לעבנס־געפֿיל. מיר האָבן נישט כּמעט קיין איין איבערזעצונג פֿון אָט דעם מין. קיין איין איבערזעצונג האָבן מיר נישט, וואָס זאָל זייַן אַ קינד פֿון הייליקער באַגייַסטערונג מיט אַ נייַער אידעע, מיט אַ נייַ וואָרט.

בנוגע דער צווייטער איבערזעצונגס־מדרגה – דער קולטור־פֿאַרשפּרייטערישער – איז די לאַגע אַ גאַנץ אַנדערע. דאָ איז שוין יאָ עפּעס געטאָן געוואָרן אויף אייַנצושטעלן אַ שטיקל קאָנטאַקט מיט דער אייראָפּעיִשער ליטעראַטור. אויך איבערזעצער פֿעלן נישט. בייַ דער קליינער פֿאָדערונג אויף איבערזעצונגען איז דער אָנבאָט פֿון איבערזעצער־הענט (צום באַדויערן, אָפֿט נישט מער ווי הענט... אויף קאַליע מאַכן!) זייער אַ גרויסער. אָבער די אַרבעט ווערט על־פּי רובֿ געפֿירט אויף אַזאַ אופֿן, אַז בעסער וואָלט זי נישט געטאָן געוואָרן: אַ ליידיק פֿעלד איז לייַכטער צו צעאַקערן, ווי אַ פֿאַרזייטס מיט קראָפּעווע.

ווען מ׳וואַרפֿט אַ בליק אויף אונדזער פֿאַרלאַג־וועזן, ווערט קלאָר זייַן עיקרדיקער חסרון: עס פֿעלט בייַ אונדז דער אויסגעשפּראָכענער טיפּ פֿון אַ ק ו ל ט ו ר ־ פֿ אַ ר ל אַ ג . קולטור – איז צילבאַוווסטקייט, ריכטונג. נאָר צילבאַוווסטקייט און ריכטונג דערצי‌ִען. ס׳איז אָבער גענוג אויבן אויף צו באַקענען זיך מיט די קאַטאַלאָגן פֿון אונדזערע פֿאַרלעגער, כּדי אייַנצוזען, אַז וואָס וואָס, – צילבאַוווסטקייט און ריכטונג זוכט דאָ נישט.

ס׳איז קיין זכר נישטאָ בייַ אונדזערע פֿאַרלאַגן פֿון וויסנשאַפֿטלעכער איבערזעצונג־ליטעראַטור. קיינער קלערט גאָר נישט וועגן דער דאָזיקער וויכטיקער און נייטיקער אַרבעט פֿאַר דער אַרבעטער־יוגנט, פֿאַר די ברייטערע שיכטן, וואָס דאָס וואָלט געקענט זייַן פֿאַר זיי דער איינציקער וויסנקוואַל. אַרויסגעגעבן ווערן נאָר בעלעטריסטישע ביכער און דאָס אויך אַזוי כּאַאָטיש: טאָלסטאָיס ריזנווערק „מלחמה און שלום" און גלייַך דערנעבן „פּאַן וואָלאָדיאָווסקי"[1]; סעלמאַ לאַגערלעפֿס וווּנדערבוך „יעסטאַ בערלינג" צוזאַמען מיט אומבאַדייַטנדיקע ביכער פֿון אומבאַדייַטנדיקע שרייַבער. די פֿאַרלאַגן האָבן נישט קיין שום אַרבעט־פּראָגראַם; אַלץ איז צופֿעליק. אין דער צייַט וואָס אַ סך פֿון גאָרקיס וווּנדערבאַרע ביכער וואַרטן נאָך אויף אַרויסגעגעבן צו ווערן איז דאָך נישט באַגרייַפֿלעך, פֿאַר וואָס מ׳גיט דווקא אַרויס איינס פֿון די שוואַכסטע ביכער זייַנע („אַן איבעריקער מענטש")? די זעלבע קשיא איז בנוגע סענקעוויטשעס ריטער־ראָמאַנען, בעת מיצקעוויטשעס „דזשאַדי"[2], בעת

[1] Henryk Sienkiewicz, *Pan Wołodyjowski* (1888).

[2] Adam Mickiewicz, *Dziady*.

סלאָוואַצקיס, וויספּיאַנסקיס און קראַשעווסקיס בעסערע ווערק זענען נאָך נישט איבער־געזעצט. דאָס אַלץ איז דאָך נאָר אַ רעזולטאַט פֿון פֿלאַנלאָזיקייט. און דאָס זענען דאָך נאָר אַ פּאָר בײַשפּילן צום אילוסטרירן.

בײַ אַזאַ אַרבעט פֿון אונדזערע פֿאַרלאַגן איז קיין וווּנדער נישט, וואָס דער הויפּט־אינ־סטרומענט, מיט וועלכן זיי אַרבעטן, דער איבערזעצער (מיר רעדן דאָ נאָר וועגן דער איבערזעצונג־טעטיקייט פֿון די פֿאַרלאַגן) – שטייט אויף דער זעלבער מדרגה, ווי די פֿאַרלאַגן. אַ קולטור־פֿאַרלאַג, וואָס אַרבעט צוועקמאָסיק, וואָלט אויך זײַן איבערזעצער אויסגעקליבן צוועקמאָסיק. איצט אָבער, ווען די גאַנצע אַרבעט איז אַ צופֿעליקע, איז אויך דער איבערזעצער אַ צופֿעליקער. די פֿאַרלאַגן האָבן אַרויסגעלאָזן פֿון זייערע הענט די איני־ציאַטיוו: זיי זענען געוואָרן אָפּענע קראָמען, וועלכע וואַרטן אויפֿן אָנבאָט נישט פֿון באַ־שטימטע סחורות, נאָר פֿון סחורה סתם. די טענדענץ איז נישט אַרויסצוגעבן דאָס און דאָס, נאָר אַ באַשטימטע צאָל בויגנס. בײַם אָננעמען אַ בוך דעצידירט אָפֿט מאָל, אַפֿילו בײַ די בעסערע פֿאַרלאַגן (שוין אָפּגערעדט בײַ די ערגערע), נישט דער ווערט פֿון בוך, נאָר דער צופֿאַל פֿון דער אַרבעט־קאָניונקטור. דאָ שפּילט אויך אַ גרויסע ראָלע, צי דער איבער־זעצער לייגט פֿאָר ערשט איבערצוזעצן אַ בוך, אָדער שוין אַן איבערגעזעצטן בוך, צי דער מחבר לייגט פֿאָר אַ מאַנוסקריפּט, אָדער מאַטריצן. אַוודאי זענען נישט אַלע פֿאַרלאַגן גלײַך: שלעכטס האָט אויך מדרגות. פֿאַראַן פֿאַרלאַגן, וואָס קויפֿן מאַנוסקריפּטן, אָדער פֿאַרטיקע מאַטריצן אויפֿן וואָג, אַזוי צו זאָגן. אַ גראָבער מאַנוסקריפּט פֿאַר ביליק איז די געווינטשטסטע סחורה. נישט נאָר זיי אינטערעסירט נישט די פֿראַגע, צי די איבער־זעצונג איז גוט, נאָר אַדרבא, זיי ווייסן אויף זיכער, אַז די איבערזעצונג טויג נישט, אָבער זיי האַנדלען לויטן פּרינציפּ פֿון אַ געוויסן מין סוחרים: און אַז דער בריוו צו די קונדן איז פֿול מיט גרײַזן, קען מען דען נישט כאַפּן קיין פּדיונדל? וואָס אַרט זיי, אַז די איבערזעצונג איז אומריין? קיינער וועט קיין סקאַנדאַל נישט מאַכן. די צוויי גרעסטע ביכער־לאַגערס אונ־דזערע (קולטור־ליגע און קלעצקין) פֿאַרשפּרייטן שלעכטע איבערזעצונגען צו גלײַך מיט די בעסערע.

עס שטעקט דאָ אַ ריין קאָמערציעלער גרונט. אַ פֿאַרלעגער (ווי גאָלדפֿאַרב, למשל) וואָס קויפֿט איבערזעצונגען פֿאַר שפּאָט ביליק (אָפֿט צו 15 – 20 גילדן אַ בויגן), וואָס פֿאַר־לאָזט זיך אָפֿט מאָל מיט קאָרעקטור אויפֿן זעצער אין בילגאָרײַ, – אַזאַ פֿאַרלעגער קאָן אַראָפּגעבן אַ סך אַ גרעסערן ראַבאַט דעם ביכער־לאַגער, וואָס קומט אין קאָנטאַקט מיטן ברייטן ביכערמאַרק; און פֿון געשעפֿטלעכן שטאַנדפּונקט האָבן די ביכער־לאַגערס רעכט, ווען זיי ‚שטופּן' אַזעלכע ביכער אפֿשר נאָך מער פֿאַר אַנדערע. מ'לייגט זיי צו צו באַשטע־לונגען אַנשטאָט אַנדערע ביכער, מ'רעדט אײַן דעם פּראָווינציעלן קונה, ער זאָל דאָס נע־מען אַנשטאָט ביכער פֿון פֿאַרלאַגן, מיט וועלכע מ'איז ברוגז.

ווי געזאָגט, זענען נישט אַלע פֿאַרלאַגן גלײַך, אָבער נישטאָ קיין איינער כּמעט, וואָס זאָל נישט האָבן צוגעלייגט זײַן האַנט צום סקאַנדאַל פֿון שלעכטע איבערזעצונגען. די גרעסטע ווערק, פֿון דאָסטאָיעווסקי, למשל, ווערן איבערגעזעצט פֿון מענטשן, וועלכע קענען נישט

קיין רוסיש, און די פֿאַרלעגער ווייסן דאָס אָפּט מאָל! אומצייליקע איבערזעצונגען ווערן געמאַכט פֿון מענטשן, וועלכע קענען קיין איין ייִדישן זאַץ נישט אויפֿבויען, וועלכע האָבן נישט די מינדסטע ליטעראַרישע אויסבילדונג.

אין אַלע ליטעראַטורן זענען דאָ שלעכטע איבערזעצונגען, אָבער צווישן זייערע שלעכ־טע און אונדזערע איז נאָך אַן אונטערשייד. ווי שלעכט אַן איבערזעצונג זאָל נישט זײַן, שטייט זי דאָך שפּראַכלעך אויף אַ געוויסער מדרגה, און די קוריאָזן, וואָס טרעפֿן זיך, זענען פֿאַראיינצלט, אויב נישט אין בוך, איז אין יעדן קאַפּיטל. אָבער בײַ אונדז זענען נישט קיין זעלטענע געסט איבערזעצונגען, וואָס זאָגן עדות, אַז דער איבערזעצער קען נישט קיין ייִדיש און קען זיך אויך נישט פֿונאַנדערקלײַבן אין דער שפּראַך, פֿון וועלכער ער [זעצט איבער]. כ׳בין אין דאָזיקן אַרטיקל נישט אויסן צו רעצענזירן באַזונדערע ווערק און כ׳בין נישט אויסן אָנצוגרײַפֿן איינצלנע איבערזעצער, כ׳וועל זיך דעריבער באַגנוגענען מיט אַ פּאָר בײַשפּילן, נישט אָנרופֿנדיק נישט דעם נאָמען פֿון מחבר און נישט דעם נאָמען פֿון בוך.

„זאָל מאַן דעם, דען מאַן ליבט, זײַנע שוועכן פֿערהילען“ (דײַטש). „זאָל מען דעם, וואָס מען האָט ליב, זײַנע שוואַכקייטן פֿאַרהיילן“ (ייִדיש). פֿײַן?!

„ווירדעסט דו ניכט דו זײַן, איך ווירדע שווײַגען, איך קענטע דיך יאַ טראָצדעם ליבען, אַבער איך ווירדע עס ניכט וואַגען דיר אַלעס צו געשטעהען“ (דײַטש). איצט ייִדיש: „ווען דו וועסט נישט זײַן דו, וועל איך שווײַגן: איך וועל דיך, חוץ דײַנע חסרונות, ליב האָבן. און – איך וועל דיר סײַ ווי פֿון דעם, וואָס איך וויל דיר זאָגן, גאָר נישט זאָגן.“ שווער איבער־צוציילן, וויפֿל גרײַזן עס זענען דאָ אין דאָזיקן זאַץ, ווער רעדט וועגן זײַן גראַציעזקייט... די דאָזיקע צוויי זאַצן זענען ציטאַטן פֿון אַ בוך, וועלכן כ׳האָב אַ מאָל רעצענזירט, און וואָס איז דורך און דורך אַזוי איבערגעזעצט,[1] – אַפֿילו פֿון די דאָזיקע צוויי זאַצן קען מען שוין זען, אַז דאָ האַנדלט זיך נישט וועגן אַ גרײַז, נאָר פּשוט, דער איבערזעצער קען קיין וואָרט דײַטש נישט (און קיין ייִדיש אויך נישט). אָבער דאָס שענסטע איז דאָס, אַז נאָך אַלעם האָט דער זעלבער איבערזעצער אין זעלבן פֿאַרלאַג אַרויסגעגעבן אַ צווייטע איבערזעצונג, נאָך אַן ערגערע פֿאַר דער ערשטער (דער צווייטער מחבר שרײַבט אַ שווערערן דײַטש פֿאַרן ערשטן). און אַזעלכע בײַשפּילן פֿעלן נישט.

שלעכטע איבערזעצונגען זענען פֿאַר אונדזער ליטעראַטור מער צרה ווי פֿאַר אַנדע־רע ליטעראַטורן נאָך צוליב אַן אַנדער סיבה. אין אַנדערע ליטעראַטורן קומט פֿאָר דער ליטעראַרישער שטאָפֿוועקסל שנעל און נאָרמאַל, און אַ שלעכטע איבערזעצונג ווערט זייער גיך אַרויסגעשטויסן דורך אַנדערע, בעסערע. אַדרבא, וואָס ערגער און שעדלעכער זי איז, אַלץ גיכער פֿאַרשווינדט זי. אָבער בײַ אונדז איז דער קולטור־שטאָפֿוועקסל נישט אַזאַ שנעלער, און אַ שלעכטע איבערזעצונג בלײַבט שטעקן מיט אירע גיפֿטיקע שטאָפֿן אין

1 בערנהאַרד קעלערמאַן, **אידיאָט**. ייִדיש פֿון מ. דזאַלאָווסקי (דזשיאַלאָווסקי). וואַרשע: פאַרלאַג ש. גאָלדפאַרב 1925. ראַפּאָפּאָרטס רעצענזיע איז אַרויס אין **ליטעראַרישע בלעטער** (וואַרשע) 115, דעם 16טן יולי 1926, ז׳ 473.

אונדזער אָרגאַניזם – אָן שום האָפֿענונג שנעל פּטור צו ווערן פֿון איר. און מיר זעען טאַקע, אַז גאָר שלעכטע איבערזעצונגען ווערן אַרויסגעגעבן נישט פֿאַרריכט, מיט די זעלבע גרײַזן אַ צווייטן מאָל (אַ שאָד ד[י] מאַטריצן).

מ׳באַציט זיך בײַ אונדז אַזוי מילד צו שלעכטע איבערזעצונגען! אַ שטרענג וואָרט ווערט פֿאַררעכנט אויפֿן חשבון פֿון שלעכטסקייט, און דאָס פֿאַרשווײַגן – אויפֿן חשבון פֿון גוטס־קייט.

אָבער ווער עס האָט אַן ערנסטע באַציִונג צו דער ייִדישער ליטעראַטור, טאָר רויִק נישט צוזען די ווירטשאַפֿט פֿון אונדזערע פֿאַרלאַגן און די אַרבעט פֿון אונדזערע איבערזעצער.

דער אָפּזאַצמאַרק פֿון ייִדישן בוך איז זייער באַגרענעצט. אונדזערע רײַכע קלאַסן באַ־גייען זיך אָן ייִדישע ביכער. אונדזער אינטעליגענץ איז אויך אַ געשווווירענער קויפֿער פֿון פֿרעמדשפּראַכיקע ביכער. פֿאַרן ייִדישן בוך בלײַבט אַ קליין הײַפֿל אָפּנעמער פֿון צווישן דער ייִדישער אַרבעטערשאַפֿט און אַרבעטנדיקער אינטעליגענץ. קויפֿן אַ בוך איז פֿאַרן ייִדיש־לייענער אָפֿט אַן אומדערגרייכבאַרער אידעאַל. דאָס ייִדישע בוך ווערט געלייענט, אָבער נישט געקויפֿט. איין בוך אין דער ביבליאָטעק גייט דורך אַלע הענט פֿון ייִדישן שטעטל. בײַ אַזאַ קליינער אויפֿנאַם־פֿעיִקייט פֿון ייִדישן ביכערמאַרק דאַרף מען אַ בוך דורכזיפּן מיט זיבן זיפּן, איידער מ׳גיט עס אַרויס. דאָס אײַליקע אַרויסוואַרפֿן אויפֿן ביכער־מאַרק צוואַנציק נישט וויכטיקע ביכער – פֿאַרשטאָפּט דעם שמאָלן דורכגאַנג צום ייִדישן לייענער פֿאַרן איין און צוואַנציקסטן גוטן. און אויף דעם דאַרף אויפֿמערקזאַם געמאַכט ווערן דער לייענער. מ׳דאַרף אים געבן רשימות פֿון ביכער, וועלכע ער זאָל קויפֿן פֿריִער פֿאַר אַלע. עס דאַרף זיך געפֿינען, אָדער עס דאַרף געשאַפֿן ווערן אַן אינסטיטוציע, וועלכע זאָל צושטעלן די ביבליאָטעקן – די דאָזיקע הויפּט־אָפּנעמער פֿון ייִדישן בוך – רשימות ביכער, וועלכע זיי מוזן קויפֿן, און רשימות פֿון ביכער, וועלכע זיי מעגן און מוזן לאָזן ליגן אויף די פּאָליצעס פֿון די פֿאַרלאַגן.

דאָס וועט צווינגען די פֿאַרלאַגן צו נעמען די איניציאַטיוו פֿון אַרויסגעבן ביכער אין זייערע הענט און אַרבעטן לויט אַ שטרענגן פּלאַן; אָננעמען פֿאָרשלאַגן פֿון איבערזע־צער נישט צופֿעליק, נאָר רעכענענדיק זיך מיט די הויפּטליניעס פֿון דער פֿאַרלאַג־אַרבעט. און די דאָזיקע אַרבעט דאַרף געפֿירט ווערן אונטערן לאָזונג: נישט סתּם שלינגען ביכער פֿון דער גרויסער וועלט־ליטעראַטור, נאָר נעמען דאָס שענסטע און דאָס בעסטע, דאָס ווערטפֿולסטע.

כּדי דורכצופֿירן די דאָזיקע אויפֿגאַבע, מוזן מיר האָבן פֿאַראַנטוואָרטלעכע איבער־זעצער. די ייִדישע שפּראַך איז נאָך נישט אויסגעאַרבעט, קיין ווערטערביכער זענען נישטאָ, אַלץ איז אָפּהענגיק פֿון איבערזעצערס גוטן געשמאַק, פֿון זײַנע ליטעראַרישע פֿעיִקייטן, געוויסנהאַפֿטיקייט. צוויי זאַכן, לכל־הפּחות, מוז מען פֿאָדערן פֿון אים: 1. גענוי איבער־געבן דעם אָריגינאַל, אָבער נישט אויפֿן חשבון פֿון דער שפּראַכקלאָרקייט (וואָס דאָס איז אַ גרויסע מכּה אין אונדזערע איבערזעצונגען); 2. די שפּראַך פֿון דער איבערזעצונג זאָל זײַן קלאָר און שיין, אָבער נישט אויפֿן חשבון פֿון דער אָריגינאַל־גענויקייט.

די באַרירטע פֿראַגן זענען נאָר אַ טייל פֿון די ווונדן, מיט וועלכע ס׳איז געשלאָגן אונדזער איבערזעצונג־ליטעראַטור און דער פֿאַרלאַג־וועזן בכלל. אויך די, וועלכע כ׳האָב באַרירט, וואָלטן געקענט (און געדאַרפֿט) אילוסטרירט ווערן מיט מער פֿאַקטן, אָבער דאָס וואָלט שוין געפֿאָדערט אַ גאַנץ אַנדערן צוגאַנג צום ענין. איך רעכן אָבער, אַז די פּאָר אַלגעמיינע באַמערקונגען וועלן נאָך געבן געלעגנהייט זיך אומצוקערן צו די פּרטים פֿונעם דאָזיקן ענין.

יהושע ראַפּאָפּאָרט

אַ. פּ. טשעכאָוו

אויסגעוויילטע שריפֿטן, I און II באַנד. ייִדיש – מ. נײַדין. מיט אַ פֿאָרוואָרט פֿון איבערזעצער. פֿאַרלאַג „קולטור־ליגע“, וואַרשע, 238 און 240 זײַטן.

דעם הײַנטיקן לעזער קאָן זיך דוכטן, אַז דער טשעכאָווישער ,גאָרטן', אין וועלכן ער האָט געזונגען זײַנע אומעטיקע מעלאָדיעס, איז שוין פֿון לאַנג ,אויסגעהאַקט', די גרויסע רוסישע רעוואָלוציע האָט אים אויסגעריסן מיט די וואָרצלען. און ס'קאָן זיך דוכטן, אַז טשעכאָוו, דער דאָזיקער וווּנדערבאַרער זינגער פֿון דער רוסישער גרויקייט, וואָס בײַ קיינעם פֿון די רוסישע שרײַבער שפּירט זיך נישט אַזוי די שטיקנדיקע לופֿט פֿון רוסישן קליין־בירגער־לעכן לעבן, אַז דער קלוגער און גוטער טשעכאָוו איז שוין ווײַט פֿון אונדז אַוועקגעטראָגן מיט דער פֿאַרפֿלאָסענער לעבנס־כוואַליע...

אָבער ס'איז גענוג צו עפֿענען טשעכאָווס אַ באַנד נאָוועלן, כּדי זיך איבערצײַגן אין אונדזער טעות. אמת, דער גאַנצער פּאָן פֿון רוסישן לעבן האָט זיך געענדערט, די מענטשן האָבן זיך אויסגעטרייסלט, אַפֿילו די אײַנגעוואָרצלטע חסרונות האָבן אָנגענומען אַן אַנ־דער קאָליר, אָבער – צי דען האָט זיך טאַקע דער מענטש אַזוי שטאַרק געענדערט? צי דען געפֿינען מיר נישט בײַ די רוסישע שרײַבער פֿון נאָך דער רעוואָלוציע העלדן, וואָס זענען דירעקטע יורשים פֿון טשעכאָווס?

וויפֿל אייביק־מענטשלעכס האָט דער דאָזיקער דיכטער פֿאַרקערפּערט מיט אויסער־געוויינטלעכער קונסט אין זײַן שטילן, רויִקן שאַפֿן, וואָס האָט תּמיד אויסגעקליבן פֿאַר זיך דאָס נישט־שרײַיִקע, דאָס ווינקלדיקע, אין אַ זײַט ליגנדיקע? און צו לעצט, איז דען טשעכאָווס פּראָטעסט קעגן דער גרויקייט, זומפּיקייט און טעמפּקייט פֿון קליין־בירגער־לעכן לעבן – טאַקע אַזוי שטאַרק געבונדן מיט די אויסערלעכע פֿאָרמען פֿון געאָגראַפֿישן רוסלאַנד אין אַ באַשטימטער עפּאָכע?

לאָמיר נעמען די דערציילונג „גנבֿים“ (2טער באַנד). אַ פֿעלדשער אַ שיכּור פֿאַלט אַרײַן אין אַ גנבֿים־נעסט, מ'באַגנבֿעט אים, ער גייט אַרויס פֿון דאָרט אַ רויִנירטער (מ'וועט אים זיכער אָפּזאָגן פֿון דער שטעלע) – און פּלוצלינג וועקט זיך אין שיכּורס האַרץ אַן עקל־געפֿיל צו „זײַן גרוי אײַנטאָניק לעבן, זײַן שיכּרות, זײַן אונטערטעניקייט“. „ווער האָט עס אויסגע־טראַכט – זאָגט ער – ווער האָט עס געזאָגט, אַז אויפֿשטיין דאַרף מען אין דער פֿרי, מיטאָג עסן אין מיטן טאָג, לייגן זיך אין אָוונט“ אאַז"וו? און עס ווילט זיך אים ווערן אַ גנבֿ און אַ גזלן...

אַוודאי איז דעם שיכּורס פּראָטעסט קעגן דער לעבנס־גרויקייט אַ נאַיִווער, אַן אַנטי־סאָציאַלער. אָבער דאָס איז נאָר נוגע דער פֿאָרעם פֿון פּראָטעסט, – דער פּראָטעסט גופֿא איז אַ טיף מענטשלעכער, אַ באַפֿרײַענד[יק]ער. אין דער צײַט פֿון דער רוסישער רעוואָלוציע

פֿון: **ביכער־וועלט** (וואַרשע) 3, יוני 1928, ז"ז 53 – 55.

האָט דער דאָזיקער מענטש געפֿונען אַן אַנדער אויסדרוק פֿאַר זײַן פּראָטעסט קעגן דער טעמפּקייט און גרויקייט פֿון זײַן קליין־בירגערלעך לעבן.

און „וואָלאָדיאַ“? איז דען די סבֿיבֿה אויך אונדז נישט באַקאַנט? איז דען די דאָזיקע דערציילונג נישט קיין געשיכטע פֿון דער ריינער יוגנט, וואָס בענקט נאָך אַ ריין לעבן, וואָס איז ערגעץ דאָ, אָבער „וועגן דעם האָט וואָלאָדיען קיין מאָל נישט דערציילט נישט די מורטער, נישט די אַלע, וואָס האָבן אים אַרומגערינגלט“. די דאָזיקע דערציילונג איז אַ פּראָטעסט קעגן דעם פּוסטן, שמוציקן בירגערלעכן לעבן, וואָס ציט אַראָפּ די יוגנט צו זיך, אָדער שטויסט זי צום אונטערגאַנג, אויף וויפֿל די יוגנט געפֿינט נישט אַליין קיין אויסוועג צו אַ ריינערן, זינפֿולערן לעבן.

אָט איז די דערציילונג „אַן אַטאַק“. אַ סטודענט, איינער פֿון די ‚קאָמישע‘, האָט באַנוצט זיך נישט מיט דער ציוויליזירטער באַקוועמלעכקייט, וואָס הייסט פּראָסטיטוציע, לאָזט זיך איבערעדן פֿון זײַנע חבֿרים און גייט מיט זיי אין שאַנדהײַזער. זײַן ריינע נאַטור קען אָבער נישט אויסהאַלטן, און די פֿראַגע וועגן קאַמף מיט פּראָסטיטוציע ברענט אים ווי אַ ווונד. זײַנע חבֿרים פֿירן אים צו אַ נערוון־דאָקטער, וועלכער איז אַגבֿ באַשריבן מיט אַזאַ סאַרקאַזם, וואָס דערמאָנט די באַרימטע סצענע מיטן דאָקטער אין „מלחמה און שלום“. און אָט זאָגט דער קראַנקער צום דאָקטער און צו זײַנע חבֿרים און צו אַלע בכּבֿודיקע בירגער פֿון אַלע ערדטיילן: „אַז איך בין געווען אויף צוויי פֿאַקולטעטן – זעט מען דערין אַ העלדנטאַט; דערפֿאַר, וואָס איך האָב אָנגעשריבן אַ ווערק, וואָס מע וועט אין דרײַ יאָר אַרום אַוועקוואַרפֿן און פֿאַרגעסן, הייבט מען מיך ביזן זיבעטן הימל; נאָר דערפֿאַר, וואָס וועגן געפֿאַלענע פֿרויען קאָן איך נישט רעדן אַזוי גלײַכגילטיק, ווי וועגן די דאָזיקע שטולן, היילט מען מיך, רופֿט מען מיך משוגענער, באַדויערט מען מיך.“

מיט איין וואָרט, די צוויי בענדער טשעכאָוו איז ווערט געווען איבערצוזעצן. ווי אַלע ווערק פֿון גרויסע קינסטלער, האָבן זיי נישט נאָר אַ היסטאָרישן און קינסטלערישן ווערט, נאָר אויך אַ דערציִערישן.

באַזונדערס גוט איז דער ערשטער באַנד. כּמעט אין גאַנצן באַשטייט ער פֿון ערשטקלאַסיקע זאַכן. „דער שוואַרצער מאָנאַך“ איז אַ ווונדערבאַרע מוזיקאַלישע פּאָעמע. ס׳איז אַ פּאָעמע וועגן דער מענטשלעכער אילוזיע, וועגן איר באַגליקנדיקער קראַפֿט, וואָס דער גרויסער באַזינגער פֿון מענטשלעכן עלנט און גרויקייט האָט אויסגעטרוימט. דאַכט זיך, אַז דאָס איז איינס פֿון די מוזיקאַלישסטע, פֿולקאָמענסטע ווערק אין דער רוסישער ליטעראַטור.

די „דערציילונג פֿון אַן אומבאַוווּסטן מענטשן“ איז אייגנטלעך אַ ראָמאַן, און אַ טראַגישער ראָמאַן. (די טראַגיק איז דאָ אַזוי שטיל, געדעמפּט, ווי נאָר אַ טשעכאָוו האָט דאָס געקאָנט מאַכן.) אמת, מיר זענען נישט געוווינט צו ראָמאַנען פֿון הונדערט זײַטלעך, אָבער דערפֿאַר דאַרף מען זיך טאַקע לערנען בײַ טשעכאָוון.

צום צווייטן באַנד קען מען [שוין] האָבן אַ ביסל טענות. די דערציילונג „אויף אַ זומערווינונג“ איז די איינציקע, וואָס רעפּרעזענטירט טשעכאָוון דעם לײַכטן הומאָריסט. די דער־

ציילונג אַליין איז טאַקע אַ גוטע, אָבער זי שטערט דעם אַלגעמיינעם ערנסטן כאַראַקטער פֿון די צוויי בענדער. אויך די דערציילונג „דועל“ וואָלט געקענט, נישט געקוקט אויף אירע קינסטלערישע מעלות, פֿאַרביטן ווערן אויף אַנדערע, מער טשעכאָווישע דערציילונגען, ווי „דער סטעפּ“ למשל.

די איבערזעצונג איז אַ גוטע. און דערפֿאַר לוינט זיך אָפּצושטעלן אויף אַ פּאָר קלייניקייטן. ווען אין רוסישן שטייט ‚קאַקאָי טי סקאָט‘, טאָר מען נישט איבערזעצן ‚סאַראַ בהמה דו ביסט‘, ווײַל זײַן אַ בהמה הייסט אין ייִדיש זײַן אַ נאַר און דאָ אין רוסישן איז געמיינט דער ייִדישער ‚חזיר‘, – ‚סאַראַ חזיר דו ביסט‘. ‚ראַדי באָגאַ‘ קען מען נישט איבערזעצן מיט ‚למען השם‘, נאָר ‚ווי גאָט איז אײַך ליב‘, אָדער ענלעכס. דער רוסישער ‚פּוסט‘ קען נישט איבערגעזעצט ווערן מיט ‚זאָל‘ אַליין, ס׳מוז קומען ‚זאָל זײַן‘ אָדער אַנדערש. און חוץ דעם – ווי קומען אַזעלכע ווערטער ווי ‚טאַפּערקייט‘ צו נײַדינען, וועלכער געהער, לויט זײַנע לעצטע אַרבעטן, צו אונדזערע בעסערע איבערזעצער?

און אַז מ׳האַלט שוין בײַ קליינע טענות, לאָמיר שטעלן נאָך איינע: פֿאַר וואָס הייסט עס אין ערשטן באַנד „אויסגעוויילטע שריפֿטן“ און אין צווייטן באַנד „אויסדערוויילטע (?) ווערק“?

נחמן מײַזיל

די איבערזעצונגען פֿון פֿרעמדע שפּראַכן אויף ייִדיש

איינס פֿון די וויכטיקסטע און אָנגעווייטיקטסטע איצט פּראָבלעמען אין דער ייִדישער ליטעראַטור – איז דאָס פּראָבלעם פֿון איבערזעצונגען פֿון פֿרעמדע שפּראַכן אויף ייִדיש.

עס איז נישט נאָר אַ פּראָבלעם פֿאַר דעם אַרויסגעבער, פֿאַר דעם איבערזעצער און רעצענזענט, נאָר מער פֿון אַלץ און דער עיקר איז עס אַ פּראָבלעם פֿאַר דעם ברייטן ייִדישן לעזער־עולם.

ווען מיר נעמען אַ פֿולן קאַטאַלאָג פֿון ייִדישע ביכער, טרעפֿן מיר דאָרט ייִדישע איבערזעצונגען כּמעט פֿון די וויכטיקסטע ווערק פֿון דער וועלט־ליטעראַטור, – פֿון דער פֿריִערדיקער קלאַסישער און אויך איצטיקער, מאָדערנער. און מיר זענען שטאַרק צופֿרידן און מיר זאָגן זיך: מיר זענען אמתע גבֿירים, מיר האָבן שוין אַ שטיק וועלט־ליטעראַטור אין ייִדיש. נעמען מיר אָבער אין האַנט די ביכער גופֿא, באַקענען מיר זיך נענטער מיט איין ווערק און מיט אַ צווייטן פֿון די וועלט־קלאַסיקער אין ייִדיש, זעען מיר, אַז אונדזער שׂימחה איז געווען אַן אומזיסטיקע, אַז מיר זענען אין דעם זין גאָר נישט אַזוי רייַך ווי אונדז האָט זיך נאָר וואָס געדוכט. מיר איבערצייַגן זיך, אַז פֿיל־פֿיל ווערק זענען נישט איבערגעזעצט אין ייִדיש, נאָר ליידער, איבערגעפֿירט, צעקאַליעטשעט. עס זענען נישט געלונגענע ,פֿאַרקירצונגען׳, ,באַאַרבעטונגען׳, שלעכטע פֿאַרזעעניש, פֿאַרקריפּלונגען פֿון יענע גרויסע געניאַלע ווערק. דער איבערזעצער (ריכטיקער – דער ,איבערפֿירער׳!) איז אפֿשר אַ גרויסער ,בעל־לשון׳, אַן אמתער ,שפּראַכקענער׳, נאָר איין קלייניקייט פֿעלט אים: צוויי שפּראַכן קאָן ער נישט – די שפּראַך, פֿון וועלכער ער זעצט איבער, און די שפּראַך, אויף וועלכער ער זעצט איבער. ווער רעדט שוין וועגן דעם, ער זאָל האָבן אַ באַזונדער נאָענטקייט צו דעם שרייַבער, און ער זאָל זיך קאָנען איינלעבן מיט דעם סטיל, כאַראַקטער, מאַניר און וועלטפֿאַרנעם פֿונעם קינסטלער, צו וועלכן ער באַדאַרף ווערן אַ שותּף, ווען ער גייט אים איבערשאַפֿן אין ייִדיש.

און מער ווי אַלע מאָל איז דאָס פּראָבלעם איצט זייער וויכטיק און ערנסט.

די ייִדישע ליטעראַטור איז שוין זינט יאָרן אַרויסגעוואַקסן פֿון די אייגענע, ענגע פֿיר איילן. זי נעמט אַריַין אין זיך און מוז אַרייַננעמען ווערק און ווערטן פֿון אַנדערע שפּראַכן, ווייַל דער ייִדישער לעזער, ווי יעדער אַנדערער לעזער, גאַרט צו וויסן די אידעען, פּראָבלעמען, לעבן און געראַנגל פֿון אַנדערע וועלטן, אויסער דער ייִדישער. דער שטענדיקער צופֿלוס פֿון פֿרעמדע ווערק אין ייִדישער איבערזעצונג איז אַזאַ נאַטירלעכער און באַרעכטיקטער בייַ אונדז, ווי ער איז נאַטירלעך און באַרעכטיקט אויך אין אַנדערע ליטעראַטורן.

פֿון: **הײַנט** (וואַרשע) 164, דער 13טער יולי 1928, ז׳ 7. דערגאַנצט לויט: דאָס פּראָבלעם פֿון איבערזעצונגען. אין: נחמן מייזיל, **אויף אונזער קולטור־פראָנט (פּראָבלעמען פֿון ליטעראַטור און קולטור־שאַפֿן)**. וואַרשע: ליטעראַרישע בלעטער 1936, ז״ז 64 – 70.

דער הײַנטצײַטיקער מענטש איז שוין בכלל נישט אַזוי פֿאַרשלאָסן אין אײגענע צעלטן, ווי דער אַמאָליקער מענטש. די מאָדערנע באַוועגונגס־מיטלען, די פּרעסע, קינאָ, ראַדיאָ האָבן בכלל שטאַרק דערנענטערט די מענטשן פֿון פֿאַרשידענע פֿעלקער און לענדער, שפּראַכן און געגנטן, און עס ציִען זיך איצט פֿעדעם פֿון איין ליטעראַטור צו דער צווייטער, פֿונעם שאַפֿן פֿון איין פֿאָלק צום אַנדערן. אין ענגלאַנד און אין דײַטשלאַנד, למשל, איז איצט זייער גרויס דער אינטערעס צו דער רוסישער ליטעראַטור, צו דער עלטערער און ייִנגערער, אַנאַטאָל פֿראַנס און ראָמען ראָלאַן זענען אין רוסלאַנד און אין פּוילן נישט ווייניקער, אויב נישט מער, באַליבט ווי אין פֿראַנקרײַך. דער נאָרוועגער קנוט האַמסון ווערט מער גע־לייענט אין דײַטשלאַנד און רוסלאַנד, ווי אין זײַן היים. דזשעק לאָנדאָן, סינקלער לויִס איז אין אײראָפּע מער באַוווסט און געאַכ[ט] ווי אין אַמעריקע און אַזוי ווײַטער און ווײַטער.

אויך דער ייִדישער לעזער לייענט מיט נײַגער און ליבע די ווערק פֿון מאַקסים גאָרקי, ראָמען ראָלאַן, אַנאַטאָל פֿראַנס, קנוט האַמסון, אַנרי באַרביס, אײפּטאָן סינקלער און אַנדע־רע. דער הײַנטצײַטיקער ייִדישער לעזער איז אַ וועלטלעכער מענטש און עס אינטערעסירן אים וועלטלעכע, אַלגעמיין־מענטשלעכע פּראָגן און פּראָבלעמען, און ער נעמט דעריבער אויף מיט אַ באַזונדער פֿאַראינטערעסירטקייט די ייִדישע איבערזעצונגען פֿון די ווערק אין דער וועלט־ליטעראַטור, וואָס ער קאָן נישט לייענען אין אָריגינאַל.

דאָס גײַסטיקע געטאָ, דער גײַסטיקער תּחום איז פֿיל פֿריִער אָפּגעשאַפֿן געוואָרן, אײדער דער מאַטעריעלער, דער פֿיזישער. מעג דער ייִד אַפֿילו לעבן אין זײַן אָפּגעשטאַנע־נעם קליינשטעטל, אין זײַן ייִדישלעכער סבֿיבֿה, בײַ פּאַטריאַרכאַלע עלטערן און באַדינגונ־גען, – דאָך קאָן ער זיך גײַסטיק באַהעפֿטן מיט פֿרעמדוועלטיקע גײַסטער, און קאָנען זיי, וויסן זיי און פֿאַרשטיין זיי. די אַמאָליקע צוימען פֿון פֿאַרפֿרעמדטקייט און איזאָלירטקייט פֿון די ייִדישע מאַסן פֿון דער אַרומיקער קולטורוועלט זענען שוין פֿון לאַנג צעבראָכן און אָפּגעשאַפֿט, און עס קומט פֿאָר אַ שטאַרקע און רעגלמעסיקע בלוט־צירקולאַציע פֿון זיי צו אונדז.

מיר געפֿינען איצט אין די פֿרעמדשפּראַכיקע ווערק אַן אויסדרוק, אַ פֿאַרקערפּערונג אויך פֿון אונדזערע אײגענע איבערלעבענישן, פֿרייד און טרויער, באַגײַסטערונג און פֿאַר־צווייפֿלונג. און אָט די ווערק – געשריבן גאָר פֿון רוסן, דײַטשן, פֿראַנצויזן, ענגלענדער – זע־נען אונדז, די ייִדישע לייענער, באַזונדערס נאָענט און אינטים, ווײַל עס זענען אויך שטיקער פֿון אונדזער אײגענעם לעבן, פֿון אונדזער אײגענער ווירקלעכקייט.

מיר האָבן נאָך צוריק מיט אַ יאָר צוואַנציק – פֿינף און צוואַנציק געהאַט אַ גלענצנדן בײַשפּיל: מיר האָבן דאַן איבערגעלעבט אין רוסלאַנד אַ שווערע, האָפֿענונגסלאָזע צײַט. אָט די שווערע צײַט האָט אַזוי מײַסטעריש פֿאַרקערפּערט אין זײַנע טאַלענטפֿולע ווערק דער רוסישער שריפֿטשטעלער אַ. פּ. טשעכאָוו, און אָט די טשעכאָוו־ווערק זענען דעריבער דעם ייִדישן לעזער אַזוי נאָענט, אַזוי טײַער און אַזוי אינטים געווען. און דאָס זעלבע איז געווען מיט אַנדרעיעוום, גאָרקיס, קופּרינס, אַרציבאַשעווס ווערק,[1] אין וועלכע עס איז געגעבן

[1] Andreev, Gor'kij, Kuprin, Arcybašev ‎ײַ.

געוואָרן אויך דאָס ייִדישע לעבן, ייִדישע איבערלעבענישן, הגם קיין ייִדישע טיפּן, ייִדישע געשטאַלטן זענען אין אָט די עכט רוסישע ווערק ספּעציעל נישט אַרויסגעפֿירט געוואָרן. און זענען דען די פֿאַרשידענע מלחמה־ און נאָך־מלחמה־ווערק, וועלכע זענען געשאַפֿן געוואָרן אין אייראָפּע און אין אַמעריקע פֿון אַנרי באַרביס, סינקלער לויִס, גאָלסוואָרטי, ראָמען ראָלאַן, טאָמאַס מאַן און אַנדערע נישט געווען אין פֿיל פֿאַלן אויך דער אויסדרוק פֿון אונדזערע ווייען און צאַפּלענישן? דער מלחמה־שרעק, דער קריג־אומזין, די נאָך־מלחמה־פֿאַרווילדטקייט, וועלכע ווערן געשילדערט אין די ווערק פֿון די בעסטע מאָדערנסטע וועלטשרײַבער, זענען אין גלײַכער מאָס אינטערעסאַנט פֿאַר דעם ייִדישן מענטש, ווי פֿאַר דעם דײַטש, פֿראַנצויז, איטאַליענער, ענגלענדער און פּאָליאַק.

די איבערזעצונגען פֿון פֿרעמדע ליטעראַטורן ווערן דעריבער שטאַרק געלייענט דורך דעם ייִדישן לייענער. די פֿאַרשידענע באַריכטן פֿון די אַרבעטער־ און פֿאָלקס־ביבליאָטעקן באַשטעטיקן, אַז די איבערגעזעצטע ווערק ווערן שטאַרק געפֿאָדערט דורך די ייִדישע לעזער, אָפֿט מאָל אין אַ פֿיל גרעסערער מאָס, ווי די אָריגינעלע ייִדישע ווערק.

דאָס באַווײַזט, אַז די פֿראַגע פֿון איבערזעצן פֿרעמדע פּלאַנצונגען אויף אונדזער אייגענעם ייִדישן ליטעראַרישן באָדן איז איצט אַן אויסערסט ערנסטע. שוין צײַט דעריבער, מיר זאָלן אַרויסשטעלן ערנסטע פֿאָדערונגען און זאָלן זיך באַציִען מיט מער אויפֿמערקזאַמקייט צו דעם, וואָס עס טוט זיך אין דער ייִדישער ליטעראַטור אין אָט דעם געביט.

ליידער הערשט [דאָ] בײַ אונדז אַ פֿולשטענדיקע הפֿקרות. די איבערזעצונגס־אַרבעט ווערט בײַ אונדז געמאַכט אָן שום פּלאַן, אָן קיין סיסטעם, אָן קיין שום קאָנטראָל, און דאָס רובֿ דורך מענטשן, וואָס זענען צו דעם כּלל נישט באַרופֿן.

מען איז אַלץ געוווינט בײַ אונדז צו פֿרייען זיך מיט יעדער נײַער איבערזעצונג און טײַטלען מיט די פֿינגער: אָט זעט, אויך דאָס ווערק האָבן מיר שוין אין ייִדיש. אָבער אַזאַ מין פֿרייד מיט יעדן נײַ צוגעקומענעם ייִדישן בוך און ביכל מוז שוין איצט באַקעמפֿט ווערן. גענוג שוין מיט אַזעלכע קבצנישע סענטימענטן. מיר זענען שוין דאַנקען גאָט איבערגעוואַקסן יענעם פּעריאָד פֿון „גאָרנישט האָבן", אַז דאָס דערשײַנען אַליין פֿון אַ ייִדישן בוך זאָל אָנפֿילן אונדזער האַרץ מיט פֿרייד און באַפֿרידיקונג. מיר פֿאַרמאָגן שוין אַ שיינע פּאָר טויזנט ביכער, און קאָנען זיך שוין פֿאַרגינען צו זײַן מער איבערקלײַבעריש, און אַרויסשטעלן גרעסערע פֿאָדערונגען צו דעם איבערזעצער. נישט מיט פֿאַרמאַכטע אויגן און אָפֿענע אָרעמס באַדאַרפֿן מיר אויפֿנעמען יעדעס ווערק, וואָס ווערט אונדז געבראַכט, נאָר מיר מוזן פֿאַרלאַנגען פֿון יעדן איבערזעצער, וואָס נעמט זיך צו דער איידעלער און שווערער מלאָכה פֿון איבערזעצן, ער זאָל האָבן וויסן, שפּראַך־קענטעניש, וואָס פֿאָדערט זיך בײַם אַריבערטראָגן פֿרעמדע ווערק אין ייִדיש. און מיר מוזן טרײַבן יעדן פֿאַרטאַטש־איבערזעצער, וואָס האָט זיך אָנגעזעצט אויף דער ייִדישער ליטעראַטור און פֿאַרנעמט זיך מיט שלעכטער איבערזעצונגס־אַרבעט.

אַן איבערזעצער אַ טויגעניכטס איז פֿיל ערגער און שעדלעכער ווי אַן אָריגינאַל־שרײַבער אַ טויגעניכטס. מיט אַ טאַלענטלאָזן שרײַבער קעמפֿט דער לעזער אַליין, ער איז

צו אים און צו זײַנע ווערק גלײַכגילטיק, ער וויל אים נישט קאָנען און באַמערקט אים אַפֿילו נישט. די טאַלענטלאָזיקייט און די נישטיקייט פֿון אַזאַ מין גראַפֿאָמאַן לאָזט זיך גלײַך פֿילן. אַנדערש איז מיט דעם טאַלענטלאָזן, נישטיקן איבערזעצער – ער איז געפֿערלעכער און שעדלעכער, ווײַל ער באַהאַלט זיך הינטער די ברייטע און פֿעסטע פּלייצעס פֿון דעם גרויסן שרײַבער, מיט וועלכן ער ווערט אַ ‚פֿאַן־בראַט'[1]. פֿאַר דעם איבערזעצער גייט, נעבעך, דער שרײַבער, – אָפֿט מאָל גאָר פֿון די געניאַלסטע וועלטקינסטלער – און מאַכט אים רעקלאַמע. דער נאָמען פֿון דעם באַרימטן שרײַבער לאָקט צו זיך דעם לעזער, עס ווילט זיך לייענען דאָס ווערק, וואָס מ'האָט שוין וועגן דעם פֿיל געהערט, אָבער דאָ אין מיטן האָט זיך אַרײַנגעדרייט אַ פֿאַרמיטלער (דער שלעכטער איבערזעצער), וואָס איז נישט דערוואַקסן צום קינסטלער און צו זײַן ווערק און איז גאָר נישט אין שטאַנד מיט זײַן צעקאַליעטשעטער שפּראַך איבערצוגעבן די שפּע, די רײַכקייט, דעם סטיל, די אַלע פֿײַנע און צאַרטע ניואַנסן, וואָס דאָס ווערק אין אָריגינאַל פֿאַרמאָגט.

אין די רײַכע ליטעראַטורן פֿאַרגינט מען זיך צו האָבן פֿון אַ גוט קלאַסיש ווערק עטלע־כע איבערזעצונגען. און דער בעסערער לעזער ווייסט שוין צו זוכן די בעסערע איבערזע־צונג בײַם בעסערן אַרויסגעבער. אָבער בײַ אונדזער אָרעמקייט און באַגרענעצטקייט פֿונעם ביכער־קויפֿער פֿאַרהאַקט אַ שלעכטע איבערזעצונג דעם וועג פֿאַר אַ בעסערער איבערזע־צונג פֿון דעם זעלבן ווערק. אַזוי אַרום טוט דער שלעכטער איבערזעצער אַ ברישע טובֿה דעם פֿרעמדן שרײַבער און דעם ייִדישן לייענער. ער פּטרט אַוועק אַ קלאַסיש ווערק און טייט עס אָפּ פֿאַר דעם ייִדישן לעזער אויף אַ לאַנגער צײַט. ווײַל ווי באַלד עס איז שוין דאָ אַן איבערזעצונג פֿון אַ ווערק (מעג זײַן די סאַמע נישט־גראָטענע), וועט שוין אַ ייִדישער פֿאַרלעגער נישט גיין אַרויסגעבן דאָס דאָזיקע ווערק אַ צווייט מאָל. –

מע קאָן זיך גענוג אָנדערציילן קוריאָזן פֿון איבערזעצער, מיט וואָס פֿאַר אַ ‚געוויסנ־קייט' און ‚פֿאַרשטענדעניש' זיי טוען די אַרבעט. גענוג צו דערציילן, אַז בײַ אונדז אין וואַר־שע, למשל, אין האַרץ פֿון פּוילן, האָט מען איבערגעזעצט קלאַסישע פּוילישע ווערק נישט פֿון פּויליש, נאָר פֿון אַ רוסישער איבערזעצונג. פֿאַרשטייט זיך, אַז די איבערזעצונג פֿון אַן איבערזעצונג איז געווען ווײַט־ווײַט נישט קיין גוטע. עס איז באַקאַנט, אַז אַ ריי ווערק פֿון רוסאָ, וואָלטער, אַנאַטאָל פֿראַנס, מאָפּאַסאַן מאַכט מען דאָ נישט פֿון דעם פֿראַנצ[יי]זישן אָריגינאַל, נאָר פֿון רוסיש אָדער פּויליש אָדער דײַטש. איצט זעצט מען שוין איבער רוסישע ווערק פֿון פּויליש. און אַזוי ווײַטער. איך בין בטוח, אַז אין אַמעריקע זעצט מען איבער ענג־לישע ווערק אין ייִדיש פֿון רוסיש אָדער דײַטש, און רוסישע ווערק זעצט מען איבער פֿון ענגליש.

דערצו זענען פֿאַראַן אין פּוילן און אין אַמעריקע זייער פֿיל אויסגאַבן פֿון פֿרעמדע שפּראַכן, וואָס זענען געמאַכט געוואָרן ספּעציעל פֿאַר אַ טאָגצײַטונג. אַזאַ מין אַרבעט פֿלעגט אַ מאָל געמאַכט ווערן אויף איין פֿוס, זייער אײַליק. אָפֿט מאָל האָט מען די צו האַרבע ערטער, די לענגערע נאַטור־באַשרײַבונגען און שווערערע שמועסן שטאַרק געשטראָכן. און שפּעטער

[1] פֿאַניבראַט

איז געקומען אַ פֿאַרלעגער און געקירצטע, געמלאָכהטע שטיקל־אַרבעט אַרויסגעגעבן. די ירושה פֿון די שלעכטע צייַטונגס־פֿאַרקירצונגען פֿון באַרימטע ווערק איז בייַ אונדז זייער אַ רייַכע. און ביז אויף הייַנטיקן טאָג ווערט אָט די ירושה בייַ אונדז אויסגענוצט.

בייַ אונדז איז איצט צוגעקומען נאָך אַ פּלאָג: אַזוי ווי דער איבערזעצער קאָן זיך נישט דערוואַרטן, אַז דער פֿאַרלעגער זאָל קומען צו אים און באַשטעלן בייַ אים אַן איבערזעצונג, פֿאַרלויפֿט ער אים דעם וועג, זעצט איבער אַ בוך ווי ער קאָן, אָן קיין שום אויג פֿון אַ רעדאַק־טאָר און זעצט עס אַליין אויס און קומט דערנאָך מיט פֿאַרטיקע מאַטריצן צום אַרויסגעבער, ער זאָל עס אַרויסגעבן. דער פֿאַרלעגער קאָן נישט בייַשטיין דעם נסיון און דרוקט אָפּ די איבערזעצונג, הגם ער וואָלט לכתּחילה בשום־אופֿן נישט באַשטעלט בייַ אָט דעם איבער־זעצער קיין בוך. אָט דער מין איבערזעצונגען איז דאָ אין פֿוילן שטאַרק פֿאַרשפּרייט.

דער סך־הכּל איז: דער כאַאָס אין די איבערזעצונגען פֿון אַנדערע שפּראַכן אויף ייִדיש איז זייער גרויס, און די מגפֿה האַלט ערשט אין צעוואַקסן זיך.

שוין געוויס די העכסטע צייַט, אַז דער ליטעראַטן־פֿאַראיין אָדער דער פּע״ן־קלוב זאָלן אַ טראַכט טאָן וועגן אָט דער קרענק און זען אָננעמען ראַדיקאַלע מיטלען אָפּצושטעלן די מגפֿה פֿון שלעכטע איבערזעצונגען.

מע דאַרף פֿון די אַלע פֿאַראַנענע איבערזעצונגען מאַכן אַ שטרענגן אָפּקלייַב, – זען וועל־כע עס זענען גוט און וועלכע עס טויגן נישט. מע דאַרף אַרויסגעבן אַ קאַטאַלאָג פֿון די גוטע איבערזעצונגען, וועלכע מע מעג אַרייַנברענגען אין די ביבליאָטעקן. מע דאַרף פֿון צייַט צו צייַט פֿאַרעפֿנטלעכן ,שוואַרצע רשימות׳ פֿון די שלעכטע איבערזעצונגען. עס וואָלט אויך געווען אַ פּלאַן צו באַשטימען יערלעכע קאָנקורסן מיט פּרעמיעס פֿאַר די בעסטע איבערזעצונגען.

אויך די צייַטונגען, וואָס גיבן אָפּ אָרט פֿאַר ליטעראַטור, דאַרפֿן שענקען ספּעציעלע אויפֿמערקזאַמקייט און אָרט דער איבערזעצונגס־ליטעראַטור: די שלעכטע איבערזעצונגען און איבערזעצער שטעמפּלען און באַקעמפֿן, און די גוטע – לויבן און שטאַרקן.

וואָס מער אויפֿמערקזאַמקייט די איבערזעצונגען פֿון פֿרעמדע שפּראַכן אויף ייִדיש!

מרדכי נײַדין

דאָס פּראָבלעם פֿון אונדזער איבערזעצונגס־וועזן

דער ח׳ י. ראַפּאָפּאָרט האָט זיך אין זײַן אַרטיקל אין צווייטן נומער „ביכער־וועלט“ אויספֿירלעך אָפּגעשטעלט אויף דער פֿראַגע פֿון איבערזעצונגען אין דער ייִדישער ליטעראַטור. ער האָט דאָרטן אָנגעוויזן אויף דעם גוואַלדיקן פּראָצענט שלעכטע, פֿאַרקריפּלטע איבערזעצונגען, וואָס ווערן דורך די פֿאַרלאַגן געליפֿערט פֿאַרן ייִדישן מאַסן־לעזער. ער האָט זיך אויך אָפּגעשטעלט אויף די סיבות, וועלכע זענען דערצו גורם.

ס׳איז נישט נייטיק צו ברענגען נײַע בײַשפּילן, וואָס זאָלן נאָך בולטער כאַראַקטעריזירן די משונהדיקע כאַאָטישקייט, פּלאַנלאָזיקייט און – אומפֿעיִקייט, וואָס הערשן אין דער טעטיקייט פֿון די פֿאַרלאַגן אויפֿן געביט פֿון אַרויסגעבן איבערזעצונגען. יעדער איינער, וואָס האָט נאָר געהאַט די מינדסטע מגע־ומשׂא מיט אונדזערע פֿאַרלאַגן, וואָלט געקאָנט וועגן דעם דערציילן צענדליקער פֿאַקטן און קוריאָזן.

דער עיקר איז דאָך אָבער, – נישט בלויז פֿעסטצושטעלן דאָס שלעכטס, נאָר צו געפֿינען אַ רפֿואה פֿאַר דער מכּה! אוי[ך] דע[ר] דאָזיק[ער] פּרט, וועלכן ח׳ ראַפּאָפּאָרט האָט אין סוף פֿון זײַן אַרטיקל (ליידער זייער אַגבֿ־אורחאדיק) באַרירט, דאַרף, לויט מײַן מיינונג, באַזונדער אונטערגעשטראָכן און אַרומגערעדט ווערן.

דער דאָזיקער פּונקט מוז קודם־כּל פֿאַראינטערעסירן אונדזער ערנסטערן איבערזעצער, וועמען דער דערמאָנטער אַרטיקל איז אַממייסטן נוגע.

דער מחבר פֿון אַרטיקל אין „ביכער־וועלט“ האַלט, אַז „ס׳דאַרף זיך געפֿינען אָדער ס׳דאַרף געשאַפֿן ווערן אַן אינסטיטוציע, וועלכע זאָל צושטעלן די ביבליאָטעקן – די הויפּט־אָפּנעמער פֿון ייִדישן בוך – רשימות פֿון ביכער, וועלכע זיי מוזן קויפֿן, און רשימות פֿון ביכער, וועלכע זיי מעגן און מוזן לאָזן ליגן אויף די פּאָליצעס פֿון די פֿאַרלאַגן“.

אַזאַ מיטל וועט, לויט ח׳ ראַפּאָפּאָרטס מיינונג, „צווינגען די פֿאַרלאַגן צו אַרבעטן לויט אַ שטרענגן פּלאַן“; זיי וועלן מער נישט אָננעמען קיין פֿאָרשלאַגן צופֿעליק, נאָר זיך רעכענען מיט די הויפּטליניעס פֿון דער פֿאַרלאַג־אַרבעט, און זיי וועלן אויך איבערגעבן די איבערזעצונגס־אַרבעט אין פֿאַראַנטוואָרטלעכע הענט, פֿון פֿעיִקע און געוויסנהאַפֿטע איבערזעצער.

שטעלט זיך קודם־כּל די פֿראַגע: וואָס פֿאַר אַן אינסטיטוציע וואָלט געקאָנט נעמען אויף זיך די דאָזיקע אויפֿגאַבע? דער ענטפֿער אויף דער דאָזיקער פֿראַגע איז ווײַט נישט אַזאַ לײַכטער, ווי דאָס שטעלט זיך פֿאָר ח׳ ראַפּאָפּאָרט.

אָבער דאָס איז נישט די איינציקע שוועריקייט.

ח׳ ראַפּאָפּאָרט לייגט פֿאָר, אַז די ביבליאָטעקן זאָלן צוגעשטעלט ווערן רשימות פֿון גוטע און שלעכטע ביכער. אָבער, איך מיין, אַז אַזאַ מין אָנוואַרפֿן פֿון אויבן (דורך אַ רשימה)

פֿון: **נײַע פֿאָלקסצײַטונג** (וואַרשע) 169, דער 20סטער יולי 1928, ז׳ 9.

די מיינונג וועגן גוטע און שלעכטע ביכער, אָן אַ שום אויפֿקלערונג און באַגרינדונג, וועט זיכער נישט פֿירן צום געווינטשטן ציל. דאָס אָנווייַזן די ביבליאָטעקן ווי בכלל די לייענער דעם חילוק צווישן ווערטפֿולע און ווערטלאָזע ביכער מוז גיין אויפֿן וועג פֿון פּלאַנמעסי־קער און סיסטעמאַטישער אויפֿקלערונג. אָן אַ שיעור קאָן אין דעם פּרט אויפֿגעטאָן ווערן דורך ערלעכער, פֿאַראַנטוואָרטלעכער קריטיק. אָבער וועגן אונדזער קריטיק, ספּעציעל וועגן רעצענזיעס פֿון ביכער, הגם דאָס געהער נישט צו דער אייגנטלעכער טעמע פֿון דעם אַרטיקל, – זאָל מיר דערלויבט זייַן צו מאַכן דאָ אייניקע באַמערקונגען.

קודם־כּל זאָל דאָ נאָך אַ מאָל דערמאָנט ווערן, אַז איך האָב אין זינען אויסשליסלעך איבערזעצונגען און, במילא איז דאָ אויך די רייד וועגן קריטיק פֿון איבערגעזעצטע ביכער.

ס׳דערשייַנען לעצטנס אין וואַרשע עטלעכע ליטעראַרישע זשורנאַלן, און אויך צוויי טעגלעכע צייַטונגען גיבן יעדן פֿרייַטיק אַ ליטעראַרישע בייַלאַגע, ווו ס׳ווערן גענוג אָפֿט געדרוקט רעצענזיעס פֿון ביכער. אָבער צום גרעסטן טייל ווערן די רעצענזיעס געשריבן כּלאַחר־יד און אייבערפֿלעכלעך.

און אַפֿילו אין די זעלטענע ערנסטערע רעצענזיעס קאָן מען אָנטרעפֿן אָפֿט אַ נישט גענוג אָביעקטיוון און סאָלידן צוגאַנג צום ענין.

פֿאַרן ערנסטן, פֿאַראַנטוואָרטלעכן רעצענזענט מוז שטענדיק קלאָר זייַן דער הויפּט־ציל פֿון דער קריטיק: – פֿון איין זייַט ריכטיק און אָביעקטיוו אָריענטירן דעם לעזער בנוגע דער קוואַליטעט פֿון דעם באַהאַנדלטן ווערק. און פֿון דער צווייטער זייַט, – אָנווייַזנדיק די דעפֿעקטן און חסרונות, – באַלערנען דעם מחבר אָדער איבערזעצער, אַז ער זאָל אין זייַנע ווייַטערדיקע אַרבעטן די אָנגעוויזענע חסרונות אויסמייַדן.

דער רעצענזענט פֿון איבערזעצונגען מוז אָבער געדענקען נאָך איין וויכטיקן עיקר: אַז דאָס איבערגעזעצטע בוך טאָר נישט בייַם רעצענזירן באַהאַנדלט ווערן ווי אַ זעלבסטשטענ־דיקע שאַפֿונג, נאָר תּמיד אין צוזאַמענהאַנג און אין פֿאַרגלייַך מיטן אָריגינעלן ווערק פֿון וועלכן ס׳איז איבערגעזעצט געוואָרן.

ווייַל זייער אָפֿט באַגעגענען מיר (און נישט נאָר בייַ אונדז!) זייער גלאַטיקע, פֿליסיקע, אַזוי גערופֿענע – ,קאָרעקטע׳ איבערזעצונגען פֿון קינסטלערישע ווערק, וועלכע האָבן אָבער מיטן אָריגינאַל בלויז די איינציקע שייַכות, וואָס דער סיפּור־המעשׂה אין די ביידע פֿאַרשידנשפּראַכיקע ביכער איז דער זעלבער. דערפֿאַר אָבער פֿעלן אין די דערמאָנטע אי־בערזעצונגען – טייל מאָל גאַנצע צענדליקער זייַטלעך (ווי צב״ש אין דער פּוילישער איבער־זעצונג פֿון טאָלסטאָיס „מלחמה און שלום״, אין דער ייִדישער איבערזעצונג פֿון וויקטאָר הוגאָס „לע מיזעראַבל״, אָדער ווי כּמעט אין אַלע אַמעריקאַנער ייִדישע איבערזעצונגען; – ס׳פֿעלט לגמרי די שפּראַך, דער סטיל פֿון מחבר, זייַן אַרט שילדערן און דערציילן, זייַנע בילדער, פֿאַרגלייַכונגען און סתּם ,שווערע׳ זאַצן, – בקיצור – דאָס גאַנצע אָריגינעלע און אייגנאַרטיקע, וואָס טיילט אָפּ איין קינסטלער פֿון דעם אַנדערן, וואָס אַנטפּלעקט דעם קינסטלערס נשמה, זייַן פּערזענלעכקייט.

אויב מע וויל אַלזאָ געבן אַ געוויסנהאַפֿטע אָפּשאַצונג פֿון אַן איבערזעצונג, מוז מען, זעלבסט־פֿאַרשטענדלעך, נעמען אויף זיך די טירחה צו פֿאַרגלײַכן זי מיטן אָריגינאַל.

כּדי צו אילוסטרירן דאָס געזאָגטע, וואָלט איך געקאָנט ברענגען נישט ווייניק בײַשפּילן. אָבער מיר גייט דאָ נישט אין דערמאָנען נעמען, אָדער ווען עס איז אָנגרײַפֿן. איך וועל מיר בלויז דערלויבן צו דערמאָנען איינעם פֿון די באַזונדערס כאַראַקטעריסטישע בײַשפּילן פֿון דעם מין. איך מיין דאָ די צוויי זייער פֿאַרשידנאַרטיקע רעצענזיעס איבער איליאַ ערענבורגס „רײַסער" אין דער ייִדישער איבערזעצונג פֿון א. פּרידקין.

איך גלייב, אַז ס׳איז גענוג צו פֿאַרגלײַכן מ. ראַוויטשעס רעצענזיע אין „פֿאָלקסצײַטונג" מיט ח. ש. קאַזשדאַנס רעצענזיע אין 3טן נומער „ביכער־וועלט", כּדי בולט צו זען, צו וואָסערע סתּירותדיקע אויספֿירן ס׳קאָנען קומען צוויי רעצענזענטן, בלויז דערפֿאַר, וואָס דער ערשטער, מלך ראַוויטש, האָט זיך מיטן אָריגינאַל נישט באַנוצט און ח. ש. קאַזשדאַן האָט זיך נישט פֿאַרלאָזט אויף זײַן אינטויִציע נאָר כּסדר נאָכגעקוקט אין אָריגינאַל.

אַן אויטאָריטאַטיווע אינסטיטוציע, וואָס איר אויפֿגאַבע און קאָמפּעטענץ וואָלט געווען די השגחה איבערן איבערזעצונגס־ווען, וואָלט אָן ספֿק אויך געקאָנט האָבן אַ באַדײַטנדיקע השפּעה אין דער ריכטונג פֿון אויפֿהייבן דעם ניוואָ פֿון אונדזער קריטיק.

די דערמאָנטע אינסטיטוציע וואָלט באַדאַרפֿט אויף יעדער נישט־ערנסטער רעצענזיע געהעריק רעאַגירן, ווײַל דער קאַמף קעגן דער אומפֿאַראַנטוואָרטלעכער קריטיק איז איינע פֿון די הויפּט־פּאָזיציעס אינעם קאַמף מיט די שלעכטע און אומפֿאַראַנטוואָרטלעכע איבערזעצונגען.

די פּראַגע וועגן אַרײַנברענגען אָרדענונג אין אונדזער איבערזעצונגס־ווען איז שוין לאַנג רײַף, אָבער לעצטנס איז זי געוואָרן נאָך אַקטועלער און אײַליקער אין צוזאַמענהאַנג מיט דעם אינטערעס צו איר מצד דעם פּע"ן־קלוב.

יעדער איבערזעצער, וואָס מיינט ערנסט מיט זײַן אַרבעט, מוז זיך וועגן דעם שוין פֿאַרטראַכטן און נעמען שטעלונג.

דער ערשטער און וויכטיקסטער לאָזונג מוז ווערן: אָרגאַניזאַציע!

מרדכי נייַדין

ווידער אַ מאָל וועגן איבערזעצער און איבערזעצונגען

די פֿאַרשידענע אַרטיקלען אין אונדזער פּרעסע, וואָס האָבן די לעצטע צײַט באַהאַנדלט די פֿראַגע פֿון איבערזעצן און איבערזעצונגען זענען בנוגע איין פּונקט געקומען צו אַן אייגנשטימיקן אויספֿיר: דער איצטיקער צושטאַנד אין אונדזער איבערזעצונגס־וועזן טאָר בשום־אופֿן נישט געדולדעט ווערן! אָבער, צום באַדויערן, הערט זיך נאָך אַלץ נישט, אַז ס'זאָל טאַקע געטאָן ווערן עפּעס ממשותדיקס אין דער דאָזיקער ריכטונג, אַז די אַרויסגעזאָגטע ווונטשן זאָלן טאַקע פֿאַרוואַנדלט ווערן אין מעשׂים.

אין מײַן אַרטיקל („פֿאָלקסצײַטונג" נ' 169) בין איך בעיקר אויסן געווען „נישט בלויז פֿעסטצושטעלן דאָס שלעכטס, נאָר צו געפֿינען אַ רפֿואה פֿאַר דער מכּה". דער אויספֿיר פֿון דעם דערמאָנטן אַרטיקל איז: מ'זאָל שאַפֿן אַ געהעריקע אינסטיטוציע, וואָס איר אויפֿגאַבע זאָל זײַן – די השגחה איבער אונדזער איבערזעצונגס־וועזן.

אין „ביכער־וועלט" האָט י. ראַפּאָפּאָרט אַרויסגערוקט דעם פֿאָרשלאַג פֿון אַזאַ אינסטיטוציע, אָבער ער האָט, לײדער, נישט אָנגעוויזן, וואָס פֿאַר אַן אינסטיטוציע וואָלט געקאָנט אויף זיך נעמען אָט די אויפֿגאַבע.

נ. מײַזיל האָט אין זײַן זאַכלעכן אַרטיקל אין „הײַנט" אויפֿגעפֿאָדערט דעם ליטעראַטן־פֿאַראיין אָדער דעם פּע"ן־קלוב, אַז זיי זאָלן נעמען דעם ענין איבערזעצונגען אין זייערע הענט אַרײַן.

די דאָזיקע אינסטיטוציעס זענען ווירקלעך באַרופֿן צו פֿאַרנעמען זיך מיטן דאָזיקן ענין. אָבער כּדי זיי זאָלן מסוגל זײַן אויסצופֿירן ווי געהעריק די אָנגעוויזענע פֿאַראַנטוואָרטלעכע אויפֿגאַבע, איז נייטיק, אַז בײַם ליטעראַטן־פֿאַראיין זאָל פֿריִער געשאַפֿן ווערן אַן איבערזעצער־סעקציע. כּל־זמן אָבער אַזאַ סעקציע איז נישטאָ, פֿאַרמאָגן אויך די דערמאָנטע אינסטיטוציעס נישט די נייטיקע קאָמפּעטענץ.

די איניציאַטיוו צו שאַפֿן די נייטיקע באַרופֿענע אינסטיטוציע דאַרפֿן דעריבער נעמען אויף זיך די איבערזעצער גופֿא. זיי מוזן קודם־כּל אָרגאַניזירן אַ קאָלעקטיוו, אין וועלכן ס'זאָלן אַרײַנגיין די פֿעיִקסטע און פֿאַראַנטוואָרטלעכסטע אַרבעטער אויפֿן איבערזעצונגס־געביט און וואָס די דאָזיקע אַרבעט איז באמת זייער פּראָפֿעסיע. דעם דאָזיקן קאָלעקטיוו דאַרף דער ליטעראַטן־פֿאַראיין אָננעמען און אָנערקענען אַלס איבערזעצער־סעקציע בײַם פֿאַראיין.

און אָט אויף אַזאַ אופֿן קאָן געפֿירט ווערן אַ ראַציאָנעלער און צוועקמעסיקער קאַמף מיט די שלעכטע איבערזעצונגען, וואָס פֿאַרפֿלייצן אָן אויפֿהער אונדזער ביכערמאַרק.

ס'איז זעלבסט־פֿאַרשטענדלעך נישט נייטיק דאָ זיך אָפּצושטעלן אויף די קאָנקרעטע

פֿון: **ליטעראַרישע בלעטער** (וואַרשע) 39, דער 28סטער סעפּטעמבער 1928, ז' 773.

מיטלען, וועלכע דאַרפֿן אָנגעווענדט ווערן, כּדי צו דערגרייכן גוטע רעזולטאַטן. דאָס גע־הער צו די דירעקטע אויפֿגאַבן פֿון דער איבערזעצער־סעקציע; זי דאַרף טאַקע געפֿינען די ראַציאָנעלסטע מיטלען און פֿירן אַ סיסטעמאַטישע אַרבעט אין דער דאָזיקער ריכטונג.

כּדי עס זאָל זיך אַ רוק טאָן פֿאָרויס, מוזן מיר, איבערזעצער, אַרויסווײַזן די נייטיקע אַקטיוויטעט. מיר מוזן קודם־כּל שאַפֿן אונדזער אייגענעם קאָלעקטיוו, פֿון וועלכן ס׳קאָן ווירקלעך אויסוואַקסן די נייטיקע באַרופֿענע אינסטיטוציע, וואָס זאָל מיט איר אויטאָרי־טעט האָבן די השפּעה סײַ אויף די פֿאַרלאַגן, סײַ אויף די איבערזעצער, און וואָס וואָלט באמת געקענט אַרויסהייבן אונדזער איבערזעצונגס־ליטעראַטור פֿון דעם איצטיקן קלאָ־געדיקן, אומקולטורעלן מצבֿ.

מרדכי נײַדין

וועגן איבערזעצונגען

איבערזעצונגען פֿון אַנדערשפּראַכיקע קינסטלערישע ווערק ווערן [אַן] אַלץ מער באַדײַטנדיקער פֿאַקטאָר אין אונדזער ליטעראַטור. דער צופֿלוס פֿון וויכטיקע פֿרעמדע שאַפֿונגען איז, נאַטירלעך, אַ ברכה פֿאַרן לעבעדיקן ליטעראַטור־אָרגאַניזם, וועלכער ווערט דורך זיי באַרײַכערט און באַפֿרוכפּערט מיט נײַע שאַפֿונגס־מעגלעכקייטן.

אָבער – דאָס אַלץ איז גערעדט, ווען לפּחות דער רובֿ פֿון די איבערזעצונגען וואָלט געקאָנט קוואַליפֿיצירט ווערן אַלס דורכשניטלעך גוטע, אַז זיי וואָלטן, על־כּל־פּנים, נישט געווען – קיין אַנטיקולטורעלע. ליידער איז בײַ אונדז די לאַגע אין דעם פּרט זייער אַ טרויעריקע. דער קריטישער ייִדיש־לייענער האָט זעלטן די מעגלעכקייט דורכצולייענען אַ ייִדישע איבערזעצונג מיט באַפֿרידיקונג. בלויז גאָר געציילטע פֿון אונדזערע איבערזעצונגען זענען מסוגל צו פֿאַרשאַפֿן אַן עסטעטישן קינסטלערישן גענוס.

אָט די לאַגע, וועלכע ווערט פֿעסטגעשטעלט דורך יעדן איינעם, וואָס באַקאָנט זיך נאָר אַ ביסל נענטער מיט אונדזער איבערזעצונגס־ליטעראַטור, לייגט אַרויף אויף דער קליינער גרופּע ערנסטע און פֿעיִקע איבערזעצערס נאָך אַ גרעסערע אַחריות.

און טאַקע צו די דאָזיקע געציילטע יחידים, וועלכע פֿילן די אַחריות פֿון זייער אויפֿגאַבע און באַמיִען זיך אויסצופֿירן זי לויט זייערע כּוחות און קענטענישן, אָט צו זייער אויפֿמערקזאַמקייט זענען געווענדט די דאָזיקע נאָטיצן.

איבערזעצן אַ בעלעטריסטיש *קינסטלעריש* ווערק הייסט נישט – איבערדערציילן מיט אַ גלאַטיק לשון דעם אינהאַלט פֿון דעם אַנדערשפּראַכיקן ווערק. דאָס הייסט: איבערגעבן דאָס ווערק – אויף וויפֿל ס׳איז מעגלעך – אין יענער פֿאָרעם, דורך יענע שפּראַכמיטלען, אויסדרוקן און ווערטער, אין וועלכע דער מחבר האָט עס געשאַפֿן. די אידעאַלע מדרגה פֿון איבערזעצן אַ קונסטווערק דאַרף זײַן: *איבערשאַפֿן*, איבערדיכטן עס אין דער אַנדערער שפּראַך. און איבערדיכטן, דאָס איז קודם־כּל – איבערגעבן דעם טעמפּ, דעם ריטעם, דעם *סטיל* פֿונעם דיכטער.

און זאָל מיר דערלויבט זײַן צו דעפֿינירן דאָ נישט־וויסנשאַפֿטלעך דעם באַגריף ‚סטיל‘. *סטיל* איז, לויט מײַן מיינונג, די מימיק, די אינטאָנאַציע און אַפֿילו די עצם שטימע פֿונעם דיכטער. לויטן דיכטערס סטיל שאַפֿן מיר זיך אַ פֿאָרשטעלונג וועגן אויסדרוק פֿון זײַן פּנים, וועגן זײַן שמייכל, וועגן זײַן שטימע און אינטאָנאַציע.

צי וואָלט מעגלעך געווען, אַז אויף אונדז זאָל מאַכן אַן אײַנדרוק אַ דערציילונג, וואָס וואָלט אונדז דערציילט געוואָרן אָן שום מימיק, אָן שום אינטאָנאַציע? צי וואָלט מעגלעך געווען, אַז עמעצער זאָל אונדז איבערדערציילן, אין אַ פֿײַנער, ליטעראַרישער שפּראַך

פֿון: **ביכער־וועלט** (וואַרשע) 1, יאַנואַר 1929, ז״ז 65 – 67.

אַפֿילו, איינע פֿון פּרצעס „פֿאָלקסטימלעכע געשיכטעס“ – און מיר זאָלן האָבן אַן ענלעכן גענוס, ווי ס׳פֿאַרשאַפֿט אונדז די דאָזיקע ,געשיכטע׳ אין דער פּרצישער פֿאָרעם און סטיל?

ניין, דאָס איז נישט מעגלעך!

און דעריבער, – דעריבער דאַרף יעדער פֿאַראַנטוואָרטלעכער איבערזעצער שטרעבן נישט צום געבן אין דער איבערזעצונג בלויז דעם סיפּור־המעשׂה אין זײַן אייגענער (דעם איבערזעצערס) פּליסיקער ליטעראַרישער שפּראַך, נאָר ער דאַרף זיך באַמיִען ווי ווײַט מעג־לעך איבערצוגעבן די שפּראַך און דעם סטיל פֿונעם אָריגינאַל, און דורך דעם וועט ער נענטער צוקומען צו זײַן אמתער אויפֿגאַבע.

– איבערשאַפֿן, נישט בלויז איבערזעצן!

דורך וואָסערן אַרבעטס־מעטאָד קאָנען מיר גיכער רעאַליזירן די אָנגעוויזענע אויפֿ־גאַבע?

צי דאַרפֿן מיר שטרעבן (אויף וויפֿל, נאַטירלעך, דאָס איז נישט אין סתּירה צום ייִדישן זאַצבוי) איבערצוגעבן די זאַצן אין דעם זעלבן אופֿן און אַפֿילו די ווערטער אין זעלביקן סדר, ווי זיי זענען אין אָריגינאַל, אָדער מיר דאַרפֿן גאָר אַפֿילו נישט פּרוּוון, צי דאָס איז מעגלעך, און לחלוטין נישט שטרעבן דערצו?

אין דער רעצענזיע וועגן מ. גאָרקיס „זכרונות“[1] שרײַבט י. ראַפּאָפּאָרט:

„... דאָ טרעפֿן זיך פֿעלערן, וועלכע שטאַמען פֿון נײַדינס אַרבעטס־מעטאָד: אומבאַ־דינגט איבערגעבן די ווערטער אין זעלבן סדר, ווי זיי שטייען אין רוסיש. למשל: ,אויב ל. נ. [טאָלסטאָי] האָט געוואָלט געפֿעלן ווערן, פֿלעגט ער דאָס דערגרייכן לײַכטער פֿון אַ פֿרוי, אַ קלוגער און אַ שיינער.׳ הײַנט פֿרעגט זיך ווער איז אַ שיינער און אַ קלוגער: טאָלסטאָי צי די פֿרוי? אין רוסיש איז עס קלאָר, אין ייִדיש האָט מען אָבער געדאַרפֿט איבעררוקן די ווערטער ,פֿון אַ קלוגער און שיינער פֿרוי׳. אויך דער ווערטער־צוקלײַב וואָלט טייל מאָל געמעגט זײַן אַ בעסערער. למשל: ,בעזגראַניטשנאָ ראַזנאָאָבראַזען׳ איז אַ ביסל נישט גאָר רעכט איבער־צוזעצן ,אָן אַ גרענעץ פֿאַרשידנאַרטיק׳, ס׳איז פּאַסיקער ,אומענדלעך פֿאַרשידנאַרטיק׳.“

איך האָב געברענגט די גאַנצע ציטאַטע, ווײַל איך האַלט, אַז די דאָזיקע באַמערקונג פֿון ח׳ ראַפּאָפּאָרט האָט אַן אַלגעמיינע און, אַזוי צו זאָגן, פּרינציפּיעלע באַדײַטונג און זי וועט מיר דאָ העלפֿן קלאָרער מאַכן דעם עצם און תּמצית פֿון די צוויי פֿאַרשידענע ריכטונגען, וועלכע האָבן זיך בולט אָנגעצייכנט אין די אַרבעטן פֿון אונדזערע בעסערע איבערזעצערס.

אַוודאי ווייס איך, אַז דער אָנגענומענער שאַבלאָן פֿון אַ ייִדישלעכן זאַץ איז טאַקע אַזוי, ווי ס׳רעקאָמענדירט ח׳ ראַפּאָפּאָרט. אָבער איך האָב באַוווסטזיניק טאַקע נישט אַזוי גע־שטעלט די ווערטער, ווײַל איך האָב געהאַט די איבערצײַגונג, אַז ווען גאָרקי האָט דער־ציילט (אַז ווען טאָלסטאָי האָט געוואָלט געפֿעלן ווערן, האָט ער עס דערגרייכט לײַכטער פֿון אַ קלוגער און שיינער פֿרוי), האָט ער, גאָרקי, צום ערשט אַ טראַכט געטאָן וועגן סתּם אַ פֿרוי און ערשט נאָך דעם צוגעגעבן: אַפֿילו פֿון אַ שיינער און קלוגער.

1 ביכער־וועלט נ׳ 6.

אַגבֿ, מיין איך, אַז קיין שום ייִדישן לעזער וועט נישט אײַנפֿאַלן קיין ספֿק בנוגע דעם, ווער ס׳וועדט דאָ געמיינט אַלס קלוגער און שיינער: טאָלסטאָי צי די פֿרוי.

פונקט אַזוי איז אויך בנוגע דעם אָנוויַיז וועגן נישט געלונגענעם ווערטער־צוקלײַב. איך גלייב, אַז אויך גאָרקי האָט געקאָנט באַנוצן דאָס וואָרט ,בעסקאָניעטשנאָ׳, ווען ער וואָלט דאָ געוואָלט זאָגן ,אומענדלעך׳. אויב אים איז אָבער בעסער געפֿעלן דער מער אייגנאַרטי־קער אויסדרוק ,בעזגראַניטשנאָ׳, איז עס אויך דעם איבערזעצער מחייבֿ צו געבן אויף דעם אָרט נישט דווקא קיין שאַבלאָנעם אויסדרוק.

מיטן דאָזיקן מעטאָד, – צו רעכענען זיך אין דער העכסטער מאָס מיטן מחברס אויס־דרוקן, מיטן עמפֿינדלעכן אײַנהערן זיך אין דעם קינסטלערס ,קאַפּריזן׳, – גלייב איך, קאָן דערגרייכט ווערן אין אַן איבערזעצונג די פֿאָרעם און דער סטיל פֿון אָריגינאַל.

די אויבן דערמאָנטע צוויי ריכטונגען אין אונדזער איבערזעצונגס־ליטעראַטור קאָנען אַלזאָ פֿאָרמולירט ווערן אויף אַזאַ אופֿן: איינע פֿון זיי באַטראַכט פֿאַר איר הויפּט־אויפֿגאַ־בע – צו געבן אין דער איבערזעצונג אַ ריינע, שאַבלאָניש־ליטעראַרישע שפּראַך, אַ קורצן ייִדישלעכן זאַצבוי אד״גל – און דערגרייכט אויף אַזאַ אופֿן אַ גלאַטיקע און פֿרײַע ייִדישע איבערזעצונג; די צווייטע ריכטונג, וועלכע האַלט זיך אין איר אַרבעט זייער טרײַ און נאָענט צום אָריגינאַל, שרעקט זיך נישט אָפּ פֿאַר אַרײַנפֿירן אַ נישט פּאָפּולער־ייִדישלעכע שפּראַכ־פֿאָרעם, אַן אייגנאַרטיקן, נײַעם, נישט־שאַבלאָנהאַפֿטן אויסדרוק וכדומה, – אָפּהענגיק פֿון דער שפּראַך און סטיל פֿונעם אָריגינעלן ווערק, פֿון וועלכן די איבערזעצונג ווערט געמאַכט.

אונדזערע ערנסטע שפּראַכקענער דאַרפֿן זיך אַרויסזאָגן וועגן ביידע איבערזעצונג[ס]־ריכטונגען.

מרדכי נײַדין

וועלכע פֿאָדערונגען דאַרף מען שטעלן דעם ייִדישן איבערזעצער?

אין מײַן נאָטיץ „וועגן איבערזעצונגען“ („ביכער־וועלט“ נ׳ 1) האָב איך געפּרוּווט קלאָר מאַכן דעם עצם און תּמצית פֿון די צוויי פֿאַרשידענע ריכטונגען, וועלכע האָבן זיך בולט אויסגעצייכנט אין די אַרבעטן פֿון אונדזערע בעסערע איבערזעצערס. אין צוזאַמענהאַנג דערמיט האָב איך אויך באַרירט די פֿראַגע וועגן פֿאַרשידענע אַרבעטס־מעטאָדן, וואָס ווערן אָנגעווענדט דורך די דערמאָנטע איבערזעצערס, וויסנדיק פֿון מײַן אייגענער איבערזעצרישער פּראַקטיק, סאַראַ באַדײַטנדיקע ראָלע ס׳שפּילט דאָ דער ריכטיקער אויסוואַל פֿון אַרבעטס־מעטאָד. צום סוף האָב איך געשטעלט די פֿראַגע: וועלכער פֿון די צוויי איבערזעצונגס־ריכטונגען דאַרף אָנערקענט ווערן דאָס ערשטע אָרט?

איז איצט געקומען י. ראָטענבערג („ביכער־וועלט“ נ׳ 4) און דערקלערט:

„אונדזער איבערזעצונגס־ליטעראַטור איז נאָך לעת־עתּה אין וויקעלעך, מיר האַלטן נאָך בײַם סאַמע אָנהייב אָדער גאָר פֿאַרן אָנהייב. ס׳איז דעריבער נישט שייך צו רעדן וועגן נײַע אַרבעטס־מעטאָדן און ריכטונגען. ס׳איז נאָך נישטאָ בײַ אונדז קיין שום באַשטימטער איבערזעצונגס־נוסח. עס הערשט אַ פֿולשטענדיקע אַנאַרכיע אויפֿן געביט פֿון עלעמענטאַרער שפּראַך־קענטעניש, מע האָט קיין אַנונג נישט וועגן די פּשוטסטע שפּראַך־כּללים. אונדזער איבערזעצונגס־ליטעראַטור דאַרף גאָר נישט מטריח זײַן קיין ערנסטע שפּראַכקענער, זי איז לעת־עתּה אַ דאַנקבאַר מאַטעריאַל פֿאַר שפּראַך־איבונגען אין פֿאָלקסשול“... און ווײַטער: „צי קאָן מען בײַ אַזאַ מצבֿ זיך דערלויבן אויף אַזעלכע עקספּערימענטן ווי איבערגעבן די מימיק, אינטאָנאַציע און אַפֿילו די שטימע פֿון דיכטער און צוליב דעם אַרײַנפֿירן אַ נישט פּאָפּולער־ייִדישלעכע שפּראַכפֿאָרעם, ווי ס׳וויל מ. נײַדין?“

י. ראָטענבערג האַלט, אַז ס׳איז נאָך פֿאַר אונדז פֿריצײַטיק צו רעדן וועגן נ ײַ ע מעטאָדן און ריכטונגען. אָבער טאַקע דערין באַשטייט זײַן ערשטער טעות, וואָס ער מיינט, אַז איך האָב גערעדט וועגן נ ײַ ע, בעת איך האָב בלויז פֿעסטגעשטעלט און פֿאָרמולירט די שוין פֿאַראַנענע ריכטונגען און אַרבעטס־מעטאָדן.

דער צווייטער טעות פֿון י. ראָטענבערג באַשטייט דערין, וואָס ער האַלט, אַז אונדזער גאַנצע איבערזעצונגס־ליטעראַטור „איז לעת־עתּה אַ דאַנקבאַר מאַטעריאַל פֿאַר שפּראַך־איבונגען אין פֿאָלקסשול“. – צי מיינט דען ווירקלעך י. ראָטענבערג, אַז אויך אין די אַרבעטן פֿון אַזעלכע איבערזעצער, ווי ה. ד. נאָמבערג, בעל־מחשבֿות, יהואש, ניסתּר, ז. קאַלמאַנאָוויטש, ז. רייזען, נחום שטיף, מאַקס ווײַנרײַך, ח. ש. קאַזדאַן, יוסף לעשטשינסקי, מ. פֿלאַקסער, מ. פֿאָרלערער, י. ראַפּאָפּאָרט, פֿאַלק האַלפּערין, אַהרן מאַרק, ש. ראָזענבערג, ש. שיינבערג, י. אײַבעשיץ, ח. בראַקאַזש און אַנדערע, „הערשט אַ פֿולשטענדיקע אַנאַרכיע

פֿון: ביכֿער־וועלט (וואַרשע) 5, מײַ 1929, ז״ז 49–51.

אויפֿן געביט פֿון עלעמענטאַרער שפּראַך־קענטעניש״, אַז די דאָזיקע איבערזעצערס האָבן טאַקע ווירקלעך „קיין אַנונג נישט וועגן די פּשוטסטע שפּראַך־כּללים״?!

מסתּמא מיינט עס י. ראָטענבערג נישט. נאָר אויב אַזוי, דאַן האַלטן מיר דאָך שוין נישט „גאָר פֿאַרן אָנהייב״! דאַן פֿאַרמאָגן מיר דאָך שוין אויך (ווי ביַי ליַיטן!) מוסטער־איבערזעצערס אין די פֿרזאָנען פֿון די באַקאַנטע דיכטער, סטיליסטן און שפּראַכקענער. היינט פֿאַר וואָס זשע האָט י. ראָטענבערג אַזאַ תּרעומות אויף מיר, ווען איך שטעל אַרויס צו אונדזערע ערנסטע און פֿעיִקע איבערזעצערס די פֿאָדערונג:

– איבערשאַפֿן, נישט בלויז איבערזעצן!

פֿאַר י. ראָטענבערג איז דאָס וואָרט איבערשאַפֿן „הויך און נעפּלדיק״, אָבער פֿאַר מיר איז עס אַ פּשוט וואָרט מיט אַ קאָנקרעטן אינהאַלט, וועלכן איך האָב גענוג קלאָר פֿאַרטיַיטשט.

דער דריטער טעות פֿון י. ראָטענבערג איז, ווען ער מיינט, אַז „דווקא אַ קינסטלער־איבערזעצער וועט אונדז נישט מזכּה זיַין מיט ,נישט פּאָפּולער־ייִדישלעכער שפּראַכפֿאָרעם׳״. איך מוז מודה זיַין, אַז איך בין אַ גרויסער אַפּיקורס אין דער ,קונסט׳ פֿון אַזאַ קינסטלער, וואָס פֿאַרמאָגט נישט זיַין אייגנאַרטיקע, אָריגינעלע שפּראַכפֿאָרעם, נאָר באַנוצט זיך בלויז מיטן פּאָפּולערן שאַבלאָן...

און אָט זענען די באמת באַשיידענע פֿאָדערונגען פֿון י. ראָטענבערג צו די איבערזעצערס: „זאָל זיך דער איבערזעצער באַמִיִען איבערצוגעבן דאָס פֿרעמדשפּראַכיקע ווערק אין אַ פֿליסיקער ייִדישער שפּראַך. זאָלן נישט די פֿרעמדע שפּראַך און סטיל דערשטיקן דאָס אייגנטימלעך־ייִדישע, דאָס זאַפּטיקע, פֿאַרביקע און שפּילעוודיקע, וואָס אָן דעם ווערט די שפּראַך אַ בר־מינן, אַ גוף אָן אַ נשמה.״

דער איבערזעצער דאַרף בכן, לויט י. ראָטענבערגס מיינונג, געבן אַ פֿליסיקע ייִדישע שפּראַך און, חלילה, נישט דערלאָזן איבער זיך די שליטה פֿון דער פֿרעמדער שפּראַך און סטיל, וועלכע דערשטיקן דאָס אייגנטימלעך־ייִדישע אאַז״וו...

מ׳האָט, נאַטירלעך, געקאָנט דערוואַרטן, אַז דאָ וועט י. ראָטענבערג מסתּמא ברענגען ביַישפּילן, וואָס וועלן קלאָר באַווײַזן, אַז דעם איבערזעצערס שטרעבונג צו געבן די שפּראַך און דעם סטיל פֿון אָריגינאַל האָט גורם געווען דערצו, אַז ס׳זאָל דערשטיקט ווערן דאָס אייגנטימלעך־ייִדישע אאַז״וו, אָבער ער האָט אַזעלכע ביַישפּילן נישט געברענגט. דערפֿאַר אָבער – ציטירט ער אַ גאַנצע ריי משונהדיק געבויטע, פֿאַרקריפּלטע, שלעכט אויסגעלייגטע זאַצן, אַרויסגענומענע פֿון די איבערזעצונגען פֿון וו. מאַרגעריטס דריַי ביכער.

און אָט דאָ ווערט מיר סוף־כּל־סוף קלאָר י. ראָטענבערגס אויפֿגערעגטער טאָן. די אַלע ציטאַטן זיַינען באַווײַזן באמת אומצווייפֿלהאַפֿט, אַז דער איבערזעצער פֿון וו. מאַרגעריט האָט נישט די מינדסטע השׂגה וועגן די עלעמענטאַרסטע שפּראַך־כּללים. און מיר ווערט אויך פֿאַרשטענדלעך די רוגזא פֿון דעם לערער פֿון ייִדיש – י. ראָטענבערג, ווען ער האָט דערזען, אַז מיט אַזאַ ,ייִדיש־קענטעניש׳ וואָגט מען ביַי אונדז איבערצוזעצן ביכער. אָבער איך האָב אויך אין מיַין נאָטיץ פֿעסטגעשטעלט דעם נידעריקן מצבֿ פֿון אונדזער

איבערזעצונגס־ליטעראַטור און בפֿירוש דערקלערט, אַז דער רובֿ פֿון אונדזערע איבערזעצונגען דאַרף לײדער קוואַליפֿיצירט ווערן אַלס אַנטיקולטורעלע.

אָבער צוזאַמען מיטן דאָזיקן טרויעריקן פֿאַקט קאָן מען נישט פֿאַרמאַכן די אויגן דערויף, אַז אונדזער איבערזעצונגס־ליטעראַטור פֿאַרמאָגט שוין אַ היפּשע צאָל קאַפּיטאַלע ווערק, איבערגעזעצטע פֿון אונדזערע בעסטע וואָרטמײַסטער און אַז פֿון צײַט צו צײַט – און אַלץ אָפֿטער – באַווײַזן זיך בײַ אונדז איבערזעצונגען, וואָס טראָגן אויף זיך דעם חותם פֿון זעלבשטענדיקער שעפֿערישקייט און היטן אָפּ צו גלײַך אויך דעם אייגנאַרטיקן קאָלאָריט און ריטעם פֿון דעם אָריגינעלן קונסטווערק, פֿון וועלכן זיי זענען איבערגעזעצט. דאָס זענען שוין נישט קיין מעכאַנישע איבערזעצונגען אין אַ פֿליסיקער ייִדישער שפּראַך, נאָר איבערדיכטונגען, איבערשאַפֿונגען, וואָס שטייען אויף אַ גענוג הויכער קינסטלערישער מדרגה.

צו די דאָזיקע איבערזעצונגען מוז מען שוין צוגיין מיט אַ סך העכערע תּבֿיעות און פֿאָדערונגען, ווי פֿליסיקע שפּראַך, ריכטיקער אויסלייג וכדומה. און אָט פֿאַר די דאָזיקע איבערזעצערס זענען זיכער אויך רײַף די פֿראַגן וועגן ריכטונגען און אַרבעטס־מעטאָדן, וועלכע כ׳האָב אויפֿגעהויבן.

זאָלן די דאָזיקע שורות באַוועגן די דערמאָנטע איבערזעצערס אַרויסצוזאָגן זייער שטעלונג אין די דאָזיקע פֿראַגן.

דוד רויכל

איבערזעצונג, איבערדיכטונג, איבערדערציילונג*

די געשיכטע פֿון דער איבערזעצונג אין דער וועלט־ליטעראַטור לערנט אונדז, ווי מיר וועלן דאָס אין די קומענדיקע קאַפּיטלען אויספֿירלעך באַווײַזן, אַז די איבערזעצונג און די פֿרײַע איבערזעצונג, אָדער גענויער, – די איבערדערציילונג, די באַאַרבעטונג, האָבן זיך שטענדיק אָפּגעגרענעצט איינע פֿון דער אַנדערער, אויספֿילנדיק פֿאַרשידענע, גאַנץ אָפֿט קעגנזעצלעכע, פֿונקציעס. די איבערזעצונג האָט באַרײַכערט די שפּראַך, דעם סטיל, אַרײַנגעבראַכט נײַע פֿאָרמען און ריכטונגען אין דער אייגענער ליטעראַטור. זי איז געווען דאָס מיטל צו דערהייבן דעם ניוואָ, צו באַרײַכערן די טעכניק פֿון דער אייגענער ליטעראַטור. די איבערזעצונג האָט אויך געדינט אַלס פּאָליטיש־געזעלשאַפֿטלעך געווער אין דעם קאַמף פֿון נאַציעס און קלאַסן פֿאַר זייער העגעמאָניע. די איבערדיכטונג האָט דערהויבן דאָס קינסטלערישע וואָרט, דעם שווונג און די טעכניק צו דער מדרגה פֿון באַרײַכערן די אייגענע קולטור און ליטעראַטור מיט דעם אַרײַנברענגען אין דער אייגענער ליטעראַטור די דענקמעלער פֿון דעם וועלטשאַפֿן אין דער העכסטער קינסטלערישער פֿאָרעם. זי האָט געגעבן די מעגלעכקייט, דע[ם] צוטריט פֿאַר דעם פֿאָרשער, ווי פֿאַר דעם סתּם געניסער צו האָבן אַ צוטריט און אַ גענויע פֿאָרשטעלונג וועגן סטיל און אינהאַלט פֿון די אַלע גרויסע מײַסטערווערק, וואָס נישט יעדערער האָט די מעגלעכקייט זיי צו לייענען און שטודירן אין אָריגינאַל. אַ דאַנק דער איבערדיכטונג ווערן אונדז נעענטער די שאַפֿונגען פֿון ווײַטע, אוראַלטע פֿעלקער, וואָס חוץ ליטעראַטור־ און קונסט־דענקמעלער איז פֿון זיי גאָרנישט געבליבן און עס ווערט פֿאַר אונדז אויפֿגעמישט דאָס בלאַט פֿון אוראַלטן, פֿון אַנטיקן שאַפֿן אין זײַן גאַנצער פּראַכט.

די פֿרײַע איבערזעצונגען, די איבערדערציילונגען, האָבן בלויז געגעבן דעם אינהאַלט, דעם סיפּור־המעשׂה, אָפֿט מאָל אין אַ פֿאַרדרייטער, אַנדערש אויסגעטײַטשטער פֿאָרעם, זי האָט אונדז געגעבן דעם ‚וואָס׳ און דעם ‚ווי אַזוי׳. דעם ‚גוף׳ אָן דער ‚נשמה׳. און דורכלאָזנדיק, איבעראַרבעטנדיק, סוביעקטיוויזירנדיק דעם פֿרעמדן טעקסט האָט זי בלויז געדינט דעם געשמאַק און דער סימפּאַטיע פֿון דעם איבערדערציילער, וועלכער האָט מיט דער דאָזיקער מלאָכה זײַנער צוגעדעקט דעם קלאַס, דעם שיכט, וואָס האָט זיך גענייטיקט אין אָט דער באַאַרבעטונג אַלס אָפּווער־ אָדער אָנגריף־מיטל אין זײַן קאַמף קעגן

* פֿראַגמענט פֿון אַ גרעסערער אַרבעט וועגן דער טעאָריע און פּראַקטיק פֿון איבערזעצונג.

פֿון: **פֿאָרויס** (וואַרשע) 4 (32), דער 3טער פֿעברואַר 1939, ז׳ 3; 6 (34), דער 3טער מאַרץ 1939, ז׳ 3; 8 (36), דער 31סטער מאַרץ 1939, ז׳ 7. דער צווייטער טייל פֿונעם אַרטיקל איז דערשינען אונטערן טיטל „טעאריע און פראקטיק פון דער איבערזעצונג“. אונטער דעם זעלביקן טיטל איז אין 1937 אַרויס רויכלס אַ היסטאָריש־טעאָרעטישער אַרטיקל אין **שריפֿטן** (וואַרשע) 4, יוני 1937, ז״ז 24–35.

פֿאַרשידענע אַנדערע שטרעמונגען, וואָס האָבן געקעמפֿט פֿאַר זייער נאַציאָנאַלער אָדער קלאַסן־העגעמאָניע. אָבער זי האָט דאָס פֿרעמדע קונסטווערק, אַ דאַנק אָט דער פֿרײַער איבערדערציילונג, דעגראַדירט, באַרויבנדיק זײַן הויכע קוואַליטעט ביז אַמוזירונג און צײַטפֿאַרטרײַב־לעקטור!

אָט די דרײַ מינים – די איבערזעצונג, די איבערדיכטונג און די איבערדערציילונג – וואָרצ־לען זיך אויך אין דער געשיכטע פֿון דער ייִדישער איבערטראָגונג פֿון פֿרעמדע ווערטן אין דער אייגענער ליטעראַטור אַרײַן. דער אונטערשיד באַשטייט בלויז אין דעם, וואָס אין דער אייראָ־פּעיִשער ליטעראַטור איז דאָס צוגעגאַנגען אין אַ פֿאַרקערטער ריכטונג: אין דער אייראָפּעיִ־שער ליטעראַטור איז פֿריִער געקומען די פֿרײַע איבערזעצונג – אין דער רוימישער ליטע־ראַטור – און דערנאָך, מיט דעם אַנטשטיין פֿון קריסטנטום, מיט דער איבערזעצונג פֿון דעם אַלטן און נײַעם טעסטאַמענט – איז געקומען די גלאָסאַרישע, די שקלאַפֿישע איבערזעצונג, בשעת אין ייִדיש איז פֿריִער געקומען די גלאָסאַרישע און שקלאַפֿישע איבערזעצונג און דערנאָך ערשט די פֿרײַע איבערדערציילערישע. אין דעם קאַפּיטל, ווו עס וועט באַהאַנדלט ווערן די געשיכטע און די אַנטוויקלונג פֿון דער איבערזעצונג, וועלן מיר נאָך וועגן דעם גענויער און אויספֿירלעכער רעדן, איצט וועלן מיר בלויז אָנווײַזן, אַז די איבערזעצונג, אי־בערדיכטונג און איבערדערציילונג אויף ייִדיש איז אין אָנהייב און אין די ערשטע עטאַפּן פֿון דער אַנטוויקלונג פֿון דער ייִדישער ליטעראַטור געווען אַ מיטל, אַן אַרבעט, וואָס איז ספּעציעל געטאָן געוואָרן פֿאַר דעם שיכט, וואָס האָט נישט געהאַט קיין צוטריט צו דעם העברעיִשן אָריגינאַל, האָט נישט פֿאַרשטאַנען דעם ,פּירוש־המילות׳ – פֿאַר דעם המון־עם און פֿאַר די ווײַבער. און אין דער ערשטער ריי פֿאַר דעם המון־עם, פֿאַר די ברייטע פֿאָלקס־מאַסן. די איבערזעצונג האָט געדאַרפֿט אויספֿילן אַ באַשטימטע מיסיע, אַ פֿון לכתּחילה אָנגעצייכנטע פֿונקציע, צו פֿאַרשטאַרקן דעם ,גדר׳, די צוים פֿאַר דעם שוין אין יענער צײַט פֿאַרוועלטלעכטן ייִדישן לעבן, זי האָט געדאַרפֿט דינען אַלס אָפּווער און קאַמפּמיטל קעגן די פֿרײַע ווינטן, וואָס האָבן שוין גאַנץ געשמאַק געבלאָזן צווישן ,גאָטס טשערעדע׳, קעגן די פֿרעמדע השפּעות וואָס האָבן געקאָנט אַראָפּפֿירן די ,הייליקע מחנה׳ פֿון דעם ,דרך־הישר׳. קעגן די פֿאָלקס־מעשׂיות, קעגן די פֿאָלקסלידער, קעגן די וועלטלעכע מאָ־טיוון אין די טרינק־ און שפּיל־לידער, וואָס די באַרדן, די מינעזינגער און שפּילמענער האָבן פֿון דרויסן אַראָפּגעבראַכט אין דער ייִדישער סבֿיבֿה, האָט דער הערשנדיקער קלאַס און דער קלער געמוזט אַנטקעגנשטעלן דאָס אייגענע, גוט אויסגעפּרוווטע כּלי־זיין, אָבער שוין נישט אויף דער אָריגינעלער, נישט צוטריטלעכער, נישט פֿאַרשטענדלעכער קאַנאָניזיר־טער שפּראַך, שוין נישט אײַנגעהילט אין דעם מענטעלע פֿון הייליקן לשון, אויף וועלכן גאָט אַליין און די מלאָכים רעדן, נאָר אויף דעם וואָכעדיקן, טאָג־טעגלעכן לשון פֿון דעם ,עם־האָרץ׳, פֿון דעם המון.

מיט דעם אַנטשטיין פֿון דעם ,עבֿרי־טײַטש׳, פֿון דעם ,טײַטש־חומש׳ וואָס האָט אין פֿלוג מער נישט געדאַרפֿט [ווי] איבערגעבן, צוטריטלעכער מאַכן דעם תּנך, די תּפֿילות וכדומה ד״ה מיט דעם אַנטשטיין פֿון דער שקלאַפֿישער, גלאָסאַרישער איבערזעצונג איז

אָבער געקומען די איבערדערציילונג, אָדער בעסער און גענויער זיך אויסגעדריקט, די אַרייַן־דערציילונג, און די אַדעקוואַטע איבערזעצונג און איבערדיכטונג פֿון דעם תּנך, פֿון דער אַלט־העברעיִשער ליטעראַטור איז ערשט געקומען אַ סך שפּעטער, דווקא אין דעם פּעריאָד ווען די ייִדישע ליטעראַטור האָט שוין געטראָגן אַ ריין וועלטלעכן כאַראַקטער. דער דאָזיקער מעטאָד, די איבערדערציילונג, האָט זיך פֿאַר יענער צײַט בעסער געפּאַסט, האָט גיכער געשטימט מיט דעם ציל, מיט דער אויפֿגאַבע, וואָס די פֿאַרטײַטשונג פֿון די קאַנאָניזירטע, הייליקע שריפֿטן האָט געדאַרפֿט אויספֿילן. אָט די סאָציאַלע באַשטעלונג פֿון אַ באַשטימטן קלאַס, פֿון דעם הערשנדיקן, האָט געדאַרפֿט דורך מוסר און גרויל־פּראָפּאַגאַנדע צוימען און אָפּווענדן די אויפֿמערקזאַמקייט פֿון די ,נידעריקערע' שיכטן פֿון די מער וועלטלעכע און דעריבער אויך פֿרײַהייטלעכע שטרעמונגען פֿון דעם אַרומיקן לעבן. אויב דער אָריגינאַל, דער תּנך, למשל, האָט געהאַט באַזונדערע מפֿרשים, קאָמענטאַטאָרן, אַ גאַנצע ליטעראַטור מיט לעגענדעס, פֿאַנטאַזיעס און טענדענציעזע אויסטײַטשונגען אויפֿן גרונט פֿון געוויסע שטעלן אין דעם תּנך און אַפֿילו אין דעם תּלמוד, און אָט די אַלע קאָמענטאַרן, לעגענדעס און מדרשים האָבן געבילדעט אַ באַזונדערע, אַ זעלבסטשטענדיקע ליטעראַטור, איז דאָס אַלץ אויף ,ייִדיש־טײַטש', אויף ,עבֿרי־טײַטש' אַרײַנגעפֿלאָכטן געוואָרן אין מיטן, אויסגעמישט געוואָרן מיטן איבערגעזעצטן טעקסט און געזאָלט בילדן איין איינהייט.

אָט דער מעטאָד איז אַ פּנים אין דער איבערזעצונג־ליטעראַטור אַרײַנגעבראַכט געוואָרן פֿון דער שול, פֿון דעם בעל־דרשן, פֿון דעם פּירזאָגער אָדער פּירזאָגערין אין דער שול און פֿון דעם מלמד אין חדר. בולטע רעשטן דערפֿון קאָן מען נאָך איצט געפֿינען אין די חומש־פֿאַרטײַטשונגען אין אַלטפֿרענקישן, אין אָרטאָדאָקסישן חדר: „ואני, און איך יעקבֿ האָב מיט דײַן מוטער רחל אַזוי נישט געטאָן״, אאַז״וו ביז מיט דער מוטער רחלס קבֿר, בשעת נבֿוזראדן טרײַבט די ייִדן אין גלות אַרײַן...

די אָ איבערדערציילונג האָט זיך פֿעסט אַרײַנגעבירגערט און, ווען עס זענען נאָך דעם געקומען די וועלטלעכע, די אַזוי גערופֿענע אַמוזירנדיקע געשריפֿטסן, דאָס „קו־בוך״, דאָס „בבֿא־בוך״, „פֿאַריז און וויענע״, „קעניג אַרטוש״ אאַז״וו זענען דאָס אויך געווען איבערדערציילונגען מיט אַ היפּשער דאָזע מוסר־השׂכל, אַ מין צינש, וואָס איז געצאָלט געוואָרן דער דאָמינירנדיקער קלעריקאַל־רעליגיעזער אײַנשטעלונג. די דאָזיקע פֿרײַע, איבערדערציילערישע איבערזעצונגען האָבן בלי־ספֿק געהאַט אַ ווירקונג אויף דער טעמאַטיק און אויף דער אַנטוויקלונג פֿון דער אָריגינעלער ייִדישער ליטעראַטור. זי האָט אָבער בצימצום באַרײַכערט די פֿאָרעם און די לעקסיק. די באַרײַכערונג פֿון דער לעצטער איז ס'רובֿ געפֿלאָסן פֿון העברעיִש און אַראַמיש, ד״ה פֿון בית־דין־טיש און בית־המדרש, אַ באַרײַכערונג, וואָס האָט מיט אַ מאָל געגעבן אַפֿילו מיט אַן עודף די אַלע העברעיִש־עלעמענטן אין ייִדיש. פֿון דער אַנדערער זײַט האָט דאָס אָבער געהאַמעוועט, געצוימט, געשטערט די ווײַטערדיקע אַנטוויקלונג פֿון דער ייִדישער שפּראַך. פּונקט אַזוי ווי די קהלס־לײַט און זייערע דינער די רבנים און כּלי־קודש האָבן געצוימט די אַנטוויקלונג, די פֿאַרוועלטלעכונג פֿון דעם ייִדישן

לעבן. די פֿאָלקס־מעשׂה, די פֿאָלקס־אָבערגלויבענישן, די אָפּשפּרעכענישן, קללות, די פֿאָלקסלידער האָבן אין זיך אַ גרויסע דאָזע פֿון דער באַווירקונג, וואָס אָט די איבערדערציילונגען האָבן געהאַט אויף דעם ייִדישן פֿאָלקסשאַפֿן, אָבער פּאַראַלעל דערמיט האָט זיך אין דער המונישער שטוב, אין דעם המונישן געסל אויך געשאַפֿן די פֿאָלקס־מעשׂה, דאָס פֿאָלקסווערטל, דאָס פֿאָלקסליד און רעטעניש – דער פֿאָלקלאָר – וואָס איז געווען היפּוכדיק אָט דער אויפֿגעצוווּנגענער אײַנשטעלונג און צוזאַמען מיט דעם אינהאַלט איז אין אָט דער פֿאָלקסשאַפֿונג אויך אַנדערש די פֿאָרעם און די לעקסיק... „נישט אָרעם איז די שפּראַך, נאָר דאָס לעבן, נישט שמאָל די קאַפּאָטע, נאָר אײַנגעדאַרט דער גוף“ האָט אַ מאָל י.ל. פּרץ געזאָגט וועגן ייִדיש. דאָס איז אפֿשר געווען מער צוגעפּאַסט צו אַ שפּעטערדיקער תּקופֿה און איז גיכער צוגעפּאַסט געווען צו פּרצעס דיכטערישער עקספּאַנסיוקייט. (פֿון דעם שטאַמט אפֿשר אויך די שטעלע אין „מאָניש“: „אַנדערש וואָלט מײַן ליד געקלונגען, איך זאָל פֿאַר גויים גוייִש זינגען, נישט פֿאַר ייִדן, נישט זשאַרגאָן... עס האָט פֿאַר ליבע, פֿאַר געפֿיל“ אאַז״וו, וואָס איז אַגבֿ כאַראַקטעריסטיש נישט נאָר פֿאַר פּרצן און פֿאַר ייִדיש אין יענער – משׂכּילישער – עפּאָכע. בײַ פּושקינען, אין „יעווגעני אָניעגין“ געפֿינען מיר אויך אַזאַ אַנאַלאָגישע שטעלע[1], און ווען מע זאָל גוט נאָכזוכן קאָן מען דאָס אויך געפֿינען בײַ דיכטער אין אַנדערע שפּראַכן אויך...) אין יענער צײַט, ווי אויך אין די שפּעטערדיקע איז גראָד דאָס פֿאָלקסלעבן געווען אָן אַן ערך רײַכער און פֿאַרביקער פֿון דער מרה־שחורהדיקער, מוסרדיקער אַטמאָספֿער אַרום און אין קהילה־שטוב און בית־דין־טיש. און ווי באַלד דאָס לעבן איז געווען רײַכער איז ממילא אויך רײַכער געווען די לעקסיק, די אויסדדריק־מיטלען, מערנישט, וואָס אָט די רײַכע פֿאָלקסשפּראַך איז נישט פֿאַרפֿיקסירט געוואָרן אין דער ליטעראַטור פֿון יענער צײַט און איז בלויז געבליבן אין דעם מינדלעכן שאַפֿן. אָבער עס איז אין אָט דער ליטעראַטור בלויז געבליבן אַן אָנצוהערעניש וועגן דעם.[2]

*

די איבערדערציילונג האָט נאָר טיילווײַז באַווירקט דאָס פֿאָלקסשאַפֿן. דאָס פֿאָלק ווידער אַליין האָט אין טאָג־טעגלעכן לעבן געשאַפֿן זײַן אייגענע פֿאָלקס־ליטעראַטור, – די שטייגער־ליטעראַטור אין הסכּם מיט דער עפּאָכע, אין וועלכער עס האָט געלעבט. צוזאַמען מיט דער אַנטוויקלונג פֿון מאַטעריעלן לעבן האָט דאָס פֿון דער פֿרעמד אַראָפּגעבראַכט די

[1] „אָבער עס וואָלט געווען געוואַגט דאָס אַלץ צו באַשרײַבן, אָבער פֿאַנטאַלאָנען, פֿראַק, זשילעט – די אַלע ווערטער זענען אין רוסיש גאָר נישטאָ און איך זע, איך בין זיך פֿאַר אײַך מודה, אַז מײַן אַזוי אויך אָרעמער סטיל וואָלט געקענט באַנוצן אַ סך ווייניקער פֿרעמדע ווערטער...“ (פּושקין, **יעווגעני אָניעגין**, קאַפּיטל I, סטראָפֿע XXVI).

[2] אָט די אָנצוהערענישן גיבן געגנוג מאַטעריאַל פֿאַר סטיליזאַציעס בעת עס קומט אויס איבערצוזעצן אַ ווערק פֿון יענער תּקופֿה אָדער אַפֿילו פֿון פֿריִערדיקע תּקופֿות. זיי דינען אויך אַלס מאַטעריאַל פֿאַר אָריגינעלע שאַפֿונגען, ווי דאָס האָבן געטאָן י.ל. פּרץ, אָפּאַטאָשו, מ. ווינער, באַשעוויס א״אַ.

מאַטעריעלע און צוזאַמען דערמיט גײַסטיקע ווערטן. און אויף וויפֿל דאָס פֿאָלק האָט אָט די אָ נויטווענדיקע ווערטן בײַ זיך נישט געהאַט און זיי פֿאַרטיקערהייט אַראָפּגעבראַכט צו זיך, האָט דאָס די באַצייכענונגען, די נעמען, די באַגריפֿן אַראָפּגעבראַכט אויך פֿון דער פֿרעמד, ווען נייטיק, זיי איבערגעזעצט אָדער געשאַפֿן פֿאַר זיי אייגענע באַצייכענונגען, אָדער אַזוי געלאָזט ווי זיי גייען און שטייען. ווען נעבן דעם ‚חייט‘ האָט זיך באַוויזן דער ‚שנײַדער‘ מיט זײַן גאַנצן קלאַפּער־געצײַג, מיט שער־און־אײַזן, מיט נאָדל־פֿאָדעם און פֿינגערהוט, ווען אַנשטאָט דעם ‚סנדלר‘ איז געקומען דער ‚שוסטער‘ אויפֿן דרײַפֿוס מיט אָל און דראַטווע אין האַנט, איז דער ‚חייט‘ געבליבן בלויז אַ גרינגשעצונג, אַ שפּאָטוואָרט, צוזאַמען מיט ‚פֿאַלגע‘ און דערמיט שוין באַקומען גאָר אַן אַנדער באַדײַטונג, ווי אין אָריגינאַל, ווי די ווײַטערדיקע ‚קלעזמער‘, ‚באַלעבאָס‘, ‚באַלעבאַטעווען‘ אאַז״וו. ‚ידים‘ און ‚רגלים‘ האָבן אין ייִדישן גאָר אַן אַנדער באַטײַט און באַצייכענונג ווי אין העברעיִשן אָריגינאַל: דאָס זענען שוין נישט סתּם ‚הענט‘ און ‚פֿיס‘, נאָר באַזונדערע מינים ‚הענט‘ און ‚פֿיס‘. פּונקט אַזוי ווי ‚שטיוואַלעס‘ זענען נישט קיין געוויינטלעכע שטיוול וכדומה. נעבן דעם ‚קצבֿ‘ איז געקומען דער ‚קײַלער‘, ווײַל דער ערשטער איז פֿאַרבונדן מיט ריטועלער, כּשרער שחיטה און דער צווייטער מיט טרייפֿענער, הגם די פֿונקציע און פּראָפֿעסיע זייערע איז איין און די זעלביקע. ‚מענה־לשון‘, ‚אַרויס מיט לשון‘, ‚חיתּוך־הדיבור‘ האָבן אין ייִדישן אויך אַן אַנדער באַטײַט ווי אין העברעיִשן. צו פֿיל פּלאַץ וואָלט פֿאַרנומען אַפֿילו אַן אויבנאויפֿיקער אַנאַליז פֿון אָט דער דערשײַנונג. עס וועט בלויז קלעקן צוצוגעבן, אַז דאָס העברעיִשע וואָרט ‚תּרגום‘ – ‚איבערזעצונג‘ – האָט אין ייִדיש באַקומען גאָר אַ היפּוכדיקע טײַטש – ‚תּרגום־לשון‘ הייסט נישט ‚פֿאַרטײַטשונג, איבערזעצונג‘, נאָר ‚אומפֿאַרשטענדלעכקייט, קוידערוועליש, אומקלאָרקייט‘. מיט דער אַנטוויקלונג פֿון דעם דרוקוועזן, למשל, איז דער ‚בחור־הזעצער‘, דער ‚מגיה‘, דער ‚מדפּיס‘, דער ‚כּתבֿ־יד‘, דער ‚ספֿר‘, דער ‚עמוד‘, דער ‚דף‘, דער ‚כּרך‘ אאַז״וו אַוועקגעשטעלט געוואָרן נעבן דעם ‚האַנט־‘ און ‚מאַשין־זעצער‘, נעבן דעם ‚דרוקער‘, נעבן דעם ‚מאַשיניסט‘, נעבן ‚קאָרעקטאָר‘, ‚פֿאַרלעגער‘, ‚מאַנוסקריפּט‘, ‚בוך‘, ‚שפּאַלט‘, ‚זײַט‘, ‚באַנד‘ וכדומה, און זיי האָבן אַפֿילו באַקומען אַן אַנדער, מער וועלטלעכע באַצייכענונג. די איבערזעצונג פֿון אָט די באַצייכענונגען האָט אָפּגעטיילט די זעלביקע באַגריפֿן איינע פֿון די אַנדערע און זיי אײַנגעטיילט אין באַזונדערע קאַטעגאָריעס: איינע, וואָס האָבן צו טאָן מיטן ‚רומל‘, מיט רעליגיעז־קלעריקאַלע ספֿרים, און די צווייטע פֿאַר דער מאָדערנער בוך־ און צײַטונג־פּראָדוקציע. פֿון דעם ‚פּועל‘, פֿון דעם ‚פּועל־צדק‘ האָט זיך געקענט אויסבילדן די קלעריקאַלע ‚פּועלי־אמוני־ישׂראל‘[1] אָדער אַפֿילו דער ‚פּועלי־ציון‘, אָבער פֿון דעם ‚אַרבעטער‘ – האָט זיך געמוזט אויסקריסטאַליזירן די אַרבעטער־באַוועגונג, די פּראָלעטאַרישע אידעאָלאָגיע.

אָט די עוואָלוציע אין דער טאָג־טעגלעכער שפּראַך האָט נויטווענדיק געמוזט געפֿינען איר אָפּשפּיגלונג אין דער ליטעראַטור, סײַ אין דער אָריגינעלער סײַ אין דער איבער[גע]זעצ־

[1] דער תּחילתדיקער נאָמען פֿון דער פּאַרטיי „פּועלי אגודת ישׂראל“.

טער – און אַזוי ווי די איבערזעצונג האָט אין דער ייִדישער ליטעראַטור געשפּילט די דאָמינירנדיקע ראָל, מערקן מיר טאַקע, אַז אין די אַדעקוואַטע איבערזעצונגען איז די שפּראַך אַן אַנדערע, ווי אין די איבערדערציילונגען, פּונקט אַזוי ווי די שפּראַך פֿון די פֿאָלקס־מעשׂיות איז אַן אַנדערע פֿון דער שפּראַך פֿון די רעליגיעזע און מוסר־ספֿרים. בעת מע דערציילט עפּעס איבער, קאָן מען עס איבערגעבן ווי מע וויל, אָבער ווען מע וויל עפּעס איבערגעבן מיט אַלע פּרטים, מיט אַלע פּיטשעווקעס, דאַן מוז דאָס גענוי און פּינקטלעך נאָכדערציילט ווערן. וואָרן ווען עס ווערט אַפֿילו איין קלייִנער פּרט, איין אויסדרוק דורכגעלאָזט אָדער אַנדערש איבערגעגעבן, קאָן דאָס ענדערן דעם גאַנצן כאַראַקטער און דאָקומענטאַרישקייט פֿון דעם, וואָס מע געפֿינט פֿאַר נייטיק נאָכצודערציילן. דאָס ווייסן גאַנץ גוט ריכטער און דעריבער פֿאָדערן זיך ספּעציעלע געשוווירענע איבערזעצער בײַם געריכט. דאָס האָבן גאַנץ גוט אויך געוווּסט די רבנים און דיינים און אין דער ‚שאלות־ותשובֿות׳־ליטעראַטור קאָן מען אָנטרעפֿן אויף פּינקטלעכע איבערזעצונגען פֿון גבֿית־עדותן, אָדער געוויסע באַגריפֿן און באַצייכענונגען. דער בל״אַ (בלשון־אַשכּנז, געמיינט ייִדיש) האָט אין זינען געהאַט די גענויע איבערזעצונג. און אָט דאָס האָט דווקא געשפּילט גאָר אַ גרויסע ראָל פֿאַר דעם אויפֿהיטן אין דער ליטעראַטור פֿיל ווערטער און באַגריפֿן, וועלכע וואָלטן געוויס פֿאַרלוירן געגאַנגען נישט נאָר פֿאַר דער טעאָרעטישער שפּראַכפֿאָרשונג, פֿאַר דער פֿילאָלאָגיע, נאָר אויך פֿאַר דער פּראַקטישער אָנווענדונג.

די איבערזעצונגען, די איבערדיכטונגען פֿון תּפֿילות, פֿון תּהילים, פֿון זמירות און פּיוטים האָבן באַרײַכערט די ייִדישע ליטעראַטור, אַרײַנגעבראַכט זייער צושטײַער אין דער אַנטוויקלונג פֿון דער טעכניק, פֿון דער מעטאָדיק פֿון דער איבערזעצונג אויף ייִדיש. די דאָזיקע שקלאַפֿישע און שפּעטער אַדעקוואַטע איבערזעצונגען האָבן געלאָזט טיפֿע שפּורן אויף דעם סינטאַקסיס פֿון דער ייִדישער ליטעראַטור־שפּראַך. דער ‚איזן איז עס׳, ‚זײַן בין איך׳, ‚בינען בין איך׳, ‚פֿרעגן פֿרעג איך׳, ‚און געוועזן איז עס׳ אאַז״וו זענען אין ייִדיש אַרײַן פֿון די איבערזעצונגען. בשעת די ‚מעשׂה געשאַך׳, ‚עס וואַר׳ אאַז״וו קומען גלײַך פֿון דער איבערדערציילונג.

די אַלע פֿרײַע איבערזעצונגען האָבן אין ייִדישן היסטאָריש געשפּילט די ראָל פֿון אַרײַנברענגען די טשיקאַוועדיקייט, דעם אינהאַלט און אויף וויפֿל זיי זענען געווען ‚פֿרײַע׳ האָבן זיי שוין זיך אויך געלאָזט אויפֿן וועג פֿון מינדסטן און לײַכטסטן ווידערשטאַנד. דער פֿרעמדער טעקסט איז בײַ אָט דער איבערדערציילונג געוואָרן דער ‚חומר ביד היוצר׳[1] און ער האָט מיט אים געטאָן, וואָס ער האָט געוואָלט. אין די ווײַטערדיקע קאַפּיטלען וועט אונדז נאָך נישט איין מאָל אויסקומען אָפּצושטעלן זיך אויף אָט דער דערשײַנונג, אויפֿדעקן די ראָל, וואָס זי האָט געשפּילט אין אַלע ליטעראַטורן און באַזונדערס אין דער ייִדישער. איצט וועלן מיר זיך בלויז באַנוגענען מיט אַ ריי בײַשפּילן, וועלכע זאָלן אונדז קלאָר באַווײַזן, ווי ווײַט די איבערדערציילונג קאָן דערפֿירן.

[1] ירמיהו יח, ו: „ליים אין דער האַנט פֿון דעם טעפּער“, איבערזעצונג פֿון יהואש.

מיר וועלן נעמען די ערשטע אַכט סטראָפֿן פֿון קרילאָווס „קוואַרטעט", און פֿאַרגלײַכן די איבערזעצונגען פֿון פסח קאַפּלאַן,[1] מ. ריוועסמאַן,[2] ר׳ מרדכילע[3] און נחום י.[4]

דער לייענער וועט דאָ געפֿינען אַלע מעטאַמאָרפֿאָזן און אומוואַנדלונגען, וואָס דער טעקסט האָט דורכגעמאַכט בײַם איבערגעבן אים אין ייִדיש. מיר זעען פֿאַר זיך קלאָר, אַז די ווײַט־גייענדיקע פֿאַרייִדישונג (בײַ ריוועסמאַנען) האָט זיך אָפּגערופֿן אין דער ביז גאָר פֿרײַער באַרעדעוודיקער איבערטראַנספֿאָרמירונג בײַ ר׳ מרדכילען. און הגם בײַם לעצטן דאַרף דאָס טראָגן אַ מער פֿאָלקסטימלעכ[ן] ביז גאָר ייִדישלעכן כאַראַקטער און קאָלאָריט, ווערט אָבער אָן אָט דער משל צוליב דער צו פֿיל באַרעדעוודיקייט זײַן עצם־זין און כאַראַק־טער. דער מגושמדיקער, נישט־רירעוודיקער, דער, צו וועמען עס פֿאַלט אַרײַן אַן איידעלער מוזיק־אינסטרומענט אין די הענט, ווערט אַ „בערל בינשטאָק האָניק־קוועטשער", מוזן שווין אין אָט דער ‚קאַפּעלע׳ אויך קומען „צאַפּ בן באָק", „אייזל כניאָק" און „מאַלפּע חוזק מאַרשעלאָק" און אָט דאָס ‚בינטל׳ פֿאַרייִדישטע, ייִדיש־פּערסאָניפֿיצירטע חיות באַקומען אַן אייגנטימלעכן פֿאַר גאָר אַ ווײַטער תּקופֿה אויסזען, אויסערלעכן אויסזען און אין דער ווײַטערדיקער באַרעדעוודיקער איבערדערצײלונג זעען מיר נישט דעם כאַראַקטער פֿון אָט די חיות, נאָר פּשוטע מענטשן, מענטשן פֿון חסידישן ‚פֿאַרכניאָקעוועטן׳ גראַד, בשעת אין ריוועסמאַנס פֿאַרייִדישטער איבערזעצונג איז מער אָפּגעהיט דער ריטעם און די פֿאָרעם פֿון קרילאָווס משל. אין אַ ייִדישלעכן לבֿוש, האָבן מיר בײַ מרדכילען אַן אַנטלייִענע טעמע, פּונקט אַזוי ווי קרילאָוו האָט עס גענומען בײַ לאַפֿאָנטענען אָדער בכלל אין דער רײַכער פֿאַבל־ליטעראַטור און פֿאָלקלאָר, אַנדערש איז דאָס מיט די איבערזעצונגען פֿון פסח קאַפּלאַן און נחום י. דאָ קאָן מען רעדן וועגן דעם, וועלכע איבערזעצונג איז מער געלונגען אד"גל. אָבער וועגן סוביעקטיוויזירונג קאָן דאָ קיין רייד נישט זײַן.

*

בעת מיר וועלן באַהאַנדלען די טעאָריע און די געשיכטע פֿון דער איבערזעצונג, וועט אונדז נאָך נישט איין מאָל אויסקומען אָפּצושטעלן זיך אויף די סיבות, וואָס האָבן גורם געווען דעם אופֿן פֿון פֿרײַ איבערזעצן, די גאַנצע עוואָלוציע און באַנקראָט פֿון אָט דער סיסטעם.

1 פסח קאַפּלאַן (1870–1943) האָט אין 1918 און 1921–1922 פּובליקירט צוויי עדיציעס פֿון קרי־לאָווס משלים אויף ייִדיש.

2 זײַן איבערזעצונג פֿון „קוואַרטעט" האָט מרדכי ריוועסמאַן (1868–1924) פֿאַרעפֿנטלעכט למשל אין זײַנס אַ בוך: **דעם ‚זיידענס׳ משלים, פריי און יודישליך בעאַרבייט נאָך קרילאָוו**, סאַנקט־פּעטערבורג 1908, ז"ז 63–65.

3 ר׳ מרדכילע [חיים טשעמערינסקי] (1862–1917) האָט אין 1908 פּובליקירט אין **דער בעזעם** (אַ בײַלאַגע צו **דער פֿרײַנד**) אַן אַדאַפּטאַציע פֿון קרילאָווס פֿאַבל אונטער דעם טיטל „די פּאַטריאָטישע קאַפּע־ליע", **דער בעזעם** (פּעטערבורג) 6, דער 5טער פֿעברואַר 1908, ז"ז 42–43.

4 געמיינט איז נחום יערוסאַלימטשיק (1888–1966), וועמענס איבערזעצונג פֿון קרילאָווס „קוואַר־טעט" איז דערשינען אין **צוקונפֿט** (ניו־יאָרק) 7, יולי 1921, ז׳ 435.

פֿון דעם אַלעמען איז, אַלזאָ, קלאָר:

דער איבערזעצער, צי דער איבערדיכטער, איז דער, וואָס האָט אַ באַשטימטע באַ־ציִונג צו דעם אויטאָר און זײַן ווערק, וואָס ער זעצט איבער. ער האָט די אינערלעכע פֿאַר־אינטערעסירונג, די אידעאָלאָגישע געמיינזאַמקייט מיט דער אײַנשטעלונג און ריכטונג פֿון דעם אויטאָר און דעם ווערק, וואָס ער מוז, צו וועלכן ער ווערט געטריבן איבערצוזעצן. דער איבערזעצער מוז דינען די אידעאַלן און אידעען פֿון דעם קלאַס, פֿון דער סאָציאַלער גרופּע, וועלכע איז זיי אידעאָלאָגיש אַמנאָענטסטן און קלײַבן צו אַזעלכע אויטאָרן, אַזעלכע ווערק, וואָס זענען אין דער אייגענער ליטעראַטור נישטאָ, און זעצן זיי איבער – געטרײַ און געטרײַ, כּדי צו פֿאַרשטאַרקן די קאַמפּמיטלען פֿון דער סאָציאַלער גרופּע, צו וועלכער זיי, די איבערזעצער, געהערן. דער איבערזעצער און איבערדיכטער איז אין דער ערשטער ריי פֿאַראינטערעסירט דורך די איבערזעצונגען און איבערדיכטונגען צו באַרײַכערן די אייגע־נע ליטעראַטור, אַרײַנצוברענגען אין איר די נײַסטע און העכערע דערגרייכונגען, וועלכע געפֿינען זיך אין די פֿרעמדע ליטעראַטורן. די איבערזעצער און איבערדיכטער מאַכן אָפּט די נייטיקע בלוט־טראַנספֿוזיע אין דער בלוטאָרעמער, אין דער אַנעמישער אייגענער לי־טעראַטור. און לסוף – דער איבערזעצער און איבערדיכטער זענען די, וואָס ברענגען אַרײַן פֿולווערטיקע ווערק אין דער פֿולקאָמענסטער, טרײַער טראַנספֿאָרמירונג, באַרײַכערנדיק דערמיט די אייגענע ליטעראַטור און מאַכנדיק צוטריטלעכער די דענקמעלער פֿון דער וועלט־ליטעראַטור און די עיקר־ווערק אירע פֿאַר די אייגענע געברויכער, וואָס קאָנען נישט געניסן און שטודירן אָט די ווערק אין די אָריגינאַלן. איבערגעבנדיק די ווערק אין דער פֿאָרעם, מיט אַלע פּרטים, ווי זיי זענען געשריבן, גיבן זיי אויך די מעגלעכקייט צו שטודירן דאָס אומ־באַקאַנטע לעבן און שאַפֿן פֿון די פֿעלקער, וועמענס לעבנס־שטייגער און נאַציאָנאַלע אָדער סאָציאַלע ראַנגלענישן דער איבער[גע]זעצטער אויטאָר האָט געשילדערט.

דער ‚פֿרײַער' איבערזעצער, דער איבערדערציילער ווידער פֿילט ס'רובֿ אויס די פֿונק־ציע פֿון איבערדערציילן, פֿון פֿאַרפֿלאַכן דעם אינהאַלט פֿון אַ פֿרעמד ווערק. ער איז דער בעל־מלאָכה, וואָס פֿילט אויס די סאָציאַלע באַשטעלונג, אַפֿילו ווען נישט באַוווסטזיניק, פֿון דער סאָציאַלער גרופּע, וועלכע שײַנט אים צו זײַן די הערשנדיקע. ער פֿאַרדרייט, ער ענדערט אָפּט מאָל דעם טעקסט, צעקײַעט און פּאָפּולאַריזירט אים אויף אַזאַ אופֿן, אַז עס זאָל זיך באַקומען דאָס, וואָס עס זאָל זײַן מער צוגעפּאַסט פֿאַר דעם לייענער. ער דערלויבט זיך צו באַלעבאַטעווען אין דעם פֿרעמדן ווערק, צעקאַליעטשען דאָס און אויסטײַטשן פֿונקט קאַפּויער, ווי דער אויטאָר איז דאָס אויסן געווען. און ווען מע פּאַקט אַ מאָל אַזאַ איינעם בײַ דער האַנט, לאָזט ער זיך נישט שפּײַען אין דער קאַשע און דער תּירוץ איז בײַ אים שטענדיק גרייט: „ס'איז אַ קלייניקייט", „נישט דאָס איז דער עיקר", „אין אַ שפּעטערדיקער אויסגאַבע וועט דאָס דער אויטאָר געוויס אויסבעסערן, ווי איך האָב דאָס פֿאַרשטאַנען" וכדומה. די אַלע ציטאַטן זענען, חלילה, נישט קיין אויסגעטראַכטע, מע קאָן זיי געפֿינען אין די צענדליקער אין די אַלע ‚טעאָרעטישע' באַגרינדונגען פֿון די פֿרײַע איבערזעצונגען. אָט די ווײַט־גייענדיקע פֿרײַקייט בנוגע דעם פֿרעמדן טעקסט ברענגט אויך צו די אַלערליי קוריאָזן. עס דערגייט צו

פֿאַלסיפֿיקאַציעס, וואָס ווערן מעגלעך אויפֿן גרונט פֿון דער טעזע, וואָס דערלויבט דעם איבערזעצער צו זײַן פֿרײַ בנוגע דעם אָריגינעלן טעקסט, אַרויס[צו]ווײַזן זײַן אייגענע פֿער־זענלעכקייט אויפֿן חשבון פֿון אַ פֿרעמד געשאַפֿן ווערק.

דער איבערדערציילער איז דער, וואָס דינט גיכער דעם נאָכפֿרעג. ער איז אַ מײַסטער אויף אַלע געביטן, דער ליפֿעראַנט פֿון דעם ‚מין סחורה', וואָס קאָן האָבן אַן אָפּגאַנג, וואָס איז ‚עובֿר־לסוחר'.

ווען מע האָט געפּראַוועט דעם יובֿיליי פֿון דעם רוסישן פֿאַרלעגער אי.ד. סיטין און איינער אַ גאַנץ בכּבֿודיקער פּראָפֿעסאָר האָט נאָך דער מענגע דרשות און נאָך אַ גרעסערער צאָל אויסגעטרונקענעם שאַמפּאַניער אָנגעהויבן רעדן וועגן סיטינס גרויסע פֿאַרדינסטן פֿאַר דער רוסישער קולטור, האָט אים דער בעל־יובֿל, שוין זײַענדיק גוט בגילופֿין, איבערגע־שלאָגן: „וואָס האַקט ער דאָרט אַ טשײַניק מיט קולטור, שמולטור! איך, אַז איך נעם אַ בוך אין האַנט, זע איך גלײַך לויט דער מאָרדע, צי עס וועט גיין, צי ניין." און אין דער זעלביקער צײַט איז געווען אויך אַ צווייטער פֿאַרלעגער, פּאַליאַקאָוו, וועלכער האָט געפּטרט אַ הון מיט געלט אויף אײַנצובירגערן די גוטע, די אַדעקוואַטע איבערזעצונג פֿון די מאָדערניסטי־שע שרײַפֿטשטעלער פֿון דער וועלט־ליטעראַטור. ער האָט געטאָן זײַן אַרבעט מיט עקשנות, מיט אויסדויער, וועלנדיק ברעכן דעם קאָנסערוואַטיזם פֿון דעם רוסישן לייענער, וועלכער איז געווען צוגעוווינט צו אַנדערע מינים איבערזעצונגען. אמת, דער דאָזיקער פּאַליאַקאָוו איז דאָ אויסן געווען די אינטערעסן פֿון דעם קלאַס, וואָס האָט אין די יאָרן 1905–1906 געקריגן די ערשטע וואָרענענדיקע קלעפּ מצד דעם אַרבעטער־קלאַס, און איצט, אין די רעאַקציע־יאָרן, געוואָלט שאַפֿן דאָס געהעריקע אָפּוער־מאַטעריאַל – דעם ניטשעאַניזם אין די אַלע שאַטירונגען וכדומה – אָבער דער צוגאַנג אַליין איז כאַראַקטעריסטיש ביז גאָר. בײַם לעצטן האָבן מיר צו טאָן מיט דעם אָפּקלײַב פֿון דעם געווער, מיט דער הויכער קוואַליטעט פֿון אָט דעם געווער, ווען בײַם ערשטן, בײַ סיטינען, איז אַלץ אַ סחורה, אַבי עס האָט נאָר דעם אָפּזאַץ. און ווען די פֿרײַע איבערזעצונג גייט אַרויס פֿון אָט דער הנחה – דאַן גייט עס שוין נישט אין מיפֿולן איבערגוס פֿון אַ ווערק, נאָר אין דער ‚אויסטרייבערונג', אין דעם דערלאַנגען די ‚לונג־און־לעבער' פֿון אָט דעם ווערק. און עס קאָן אַפֿילו געשען אַזאַ אויטענטישער פֿאַקט, ווען בײַ איין איבערזעצער ווערן פֿאַרלוירן אייניקע זײַטלעך פֿון אַ ווערק, וועלכן עס איז נישט אַזוי לײַכט צו קריגן, עצהט אים דער צווייטער, ער זאָל זיך עס נישט נעמען אַזוי צום האַרצן: דו דערלאַנג מיר נאָר די לונג־און־לעבער, וועסטו זען, אַז איך וועל עס דיר נאָך מאַכן בעסער, ווי אין אָריגינאַל.

די פֿרײַע איבערזעצונג, די איבערדערציילונג, האָט געהאַט אירע גוטע ‚זיבן יאָר' ביז דער העלפֿט פֿון 19טן י"ה, ווען אונטערן דרוק פֿון דער אָפּאָזיציע האָט די בורזשואַזע קרי־טיק און וויסנשאַפֿט אָנגעהויבן צו באַקעמפֿן די פֿרײַקייט פֿון דער איבערזעצונג און זיך אָנ־געהויבן אַרויסצוזאָגן פֿאַר דער אַדעקוואַטער, גענויער איבערזעצונג. אין די מלחמה־ און נאָך־מלחמה־יאָרן, ווען די איבערזעצונג האָט אָנגעהויבן צו פֿאַרנעמען דעם אויבנאָן אין אַלע ליטעראַטורן, איז די ווײַטערדיקע אַנטוויקלונג פֿון דער בעסערער, פֿון דער

ערנסטערער איבערזעצונג געגאַנגען אויף דעם אָנגעמערקטן און שוין גוט דורכגעאַקערטן וועג פֿון דער אַדעקוואַטער איבערזעצונג, וואָס שטעלט זיך אין קעגנזאַץ צו דער פֿרײַער איבערזעצונג אַלס ציל די גענויע איבערשאַפֿונג פֿון דעם אָריגינעלן טעקסט מיט אַלע זײַנע ספּעציפֿישקייטן פֿון זײַן לעקסישער פֿאָרמירונג.

די איבערדערציילונג, די באַאַרבעטונג האָט אָפּגעלעבט איר צײַט, איז דעמאַסקירט געוואָרן אַלס שעדלעכע און שעדיקנדיקע סיסטעם בײַם איבערטראָגן די ווערטן פֿון איין פֿאָלק אויף דער שפּראַך פֿון אַ צווייטן פֿאָלק. דאָס זענען הײַנט צו טאָג שוין אַלף־בית־אמתן און דער איבערזעצער, וואָס מיינט ערנסט עפּעס אויפֿטאָן מיט זײַן אַרבעט, מוז זיך אָריענטירן אויף דער גענויער איבערזעצונג און דווקא פֿון אַזעלכע ווערק, וועלכע זענען אידעאָלאָגיש נאָענט און מעגן זיי זײַן אַפֿילו נישט אַזוי צוגענגלעך, נישט אַזוי פּאָפּולער בײַם עולם, איז קוים האָט ער אַן אינערלעכן דראַנג צו זיי, אָדער קוים געפֿינט ער איין, אַז זיי קאָנען באַרײַכערן דאָס וויסן און די קולטור פֿון דעם קל[אַס] לייענער, וועלכער איז אים אַמנאָענטסטן, דאַן טוט ער ממילא מיט דער דאָזיקער איבערזעצונג אַ באַרײַכערנדיקע קולטור־אַרבעט. אָבער דער איבערזעצער, וואָס קוואַפּעט זיך אויף ,גאַנגבאַרע׳ סחורות, דער, וועמען עס איז גאַנץ עגאַל וואָס און וועמען ער זעצט איבער, דער איז דער טאַנדעטניק, דער, וואָס קאָן זיך נישט אײַנלעבן אין דעם פֿרעמדן ווערק און דעריבער באַקומט זיך בײַ אים גיכער דער ,אינהאַלט׳ און נישט די פֿאָרעם, וואָס [שיידט אונטער] איין שרײַבער פֿון דעם אַנדערן. בײַ אַזאַ איבערזעצער מוזן אַלע ,יוונים האָבן איין פּנים׳, ווײַל ער האָט איין ,הימל פֿאַר אַלעמען׳. דעריבער מוז ער זײַן דער אויסגלעטער, דער צד, וואָס מאַכט נאָך מער צוטריטלעך דאָס ווערק, דעם אינהאַלט זײַנעם, פֿאַר דעם לייענער.

רעצענזיעס וועגן ווערק פֿון פּושקין
אויף ייִדיש – קיִעוו, מינסק, ניו־יאָרק,
וואַרשע, ווילנע

שמואל ניגער

פּושקין און זײַנע ייִדישע איבערזעצער

1

אין דער גמרא שטייט, אַז ווען תּלמי המלך האָט געלאָזט איבערזעצן די תּורה אויף גריכיש, איז עס געווען אַזאַ צרה, ווי בשעת ייִדן האָבן געמאַכט דעם גילדענעם קאַלב: „שלא היתה התורה יכולה להתרגם כל צרכה“[1] – מחמת מע האָט די תּורה ניט געקענט איבערזעצן ווי עס דאַרף צו זײַן; און אַז מע האָט זי יע איבערגעזעצט, איז עס אַזוי ווי מע זאָל האָבן פֿאַרביטן דעם אמתן גאָט אויף אַ פֿאַלשן.

אַזוי איז עס געווען מיט דער תּורה און אַזוי איז עס מיט יעדן אמת פּאָעטישן ווערק. וואָס אָריגינעלער עס איז – אַלץ שווערער איז עס ‚איבערצוגיסן אין אַן אַנדער כּלי‘. ווײַל עס רעדט זיך אין דער אמתן ניט וועגן אַן אַנדער כּלי. די שפּראַך איז פֿאַרן פּאָעט מער ווי אַ געפֿעס, אין וועלכן ער מישט זײַן כּישוף־טרונק; ס׳איז דער עצם טרונק, דער כּישוף אַליין.

ס׳כּישופֿט אין אַ ליד אונדז דער קלאַנג פֿונעם וואָרט אין איינעם מיטן זין, מיט וועלכן ער איז צונויפֿגעגאָסן. און אויב מע קען נאָך אפֿשר איבערגעבן דעם זין אויף אַן אַנדער לשון, קען מען ניט איבערגעבן דעם קלאַנג און דעם צוזאַמענקלאַנג אַזוי, אַז ער זאָל נאָך אַלץ זײַן איין גוף און איין נשמה מיטן זין... יעדע איבערזעצונג איז אַ צעשיידונג פֿון גוף און נשמה, און נאָר דאַן, ווען זי איז אַן אַקט פֿון אמתער שאַפֿונג, אַ צווייטע געבורט, פֿאַראייניקט זי זיי ווידער, אָבער דאַן איז עס שוין אַ נײַ לעבן, אַ נײַ ווערק...

איז טאַקע גערעכט געווען ראָסעטי[2], ווען ער האָט געגעבן דעם איבערזעצער נאָר איין געבאָט:

– מאַך ניט פֿון אַ גוטן ליד קיין שלעכט ליד!

מע קען פֿון אַן איבערזעצונג ניט פֿאַרלאַנגען, אַז זי זאָל אונדז געבן צו פֿאַרזוכן דעם טעם פֿון אָריגינאַל. עס איז גענוג, אַז זי האָט אַליין עפּעס אַ שטיקל טעם – גענוג, אַז זי האָט פֿון אַ גוט ליד ניט געמאַכט קיין שלעכט ליד.

אָבער געוויינטלעך נעמט דער איבערזעצער אַ גוט ליד און מאַכט עס קאַליע, און דער אמתער חסרון פֿון אַן איבערזעצונג איז ניט, וואָס ‚די שיינע איז ניט טרײַ‘, נאָר וואָס ‚די טרײַע איז ניט שיין‘.

[1] סופרים א, ח.

[2] .Dante Gabriel Rossetti (1828–1882)

פֿון: **דער טאָג** (ניו־יאָרק), 21סטער פֿעברואַר 1937, ז׳ 5.

2

כּמעט אַלע איבערזעצונגען פֿון פּושקינס פּאָעטישע ווערק זײַנען „ניט־שיין‟, ווען נאָר זיי ווילן זײַן כּאָטש וויפֿל עס איז טרײַ צום אָריגינאַל. אָפֿט זײַנען זיי ערגער ווי ניט־שיין, זיי זײַנען פֿאַרזעענישן. און ווען עס איז איצט, צום הונדערטסטן יאָרצײַט נאָכן נאַציאָנאַלן פּאָעט פֿון רוסלאַנד, אַרויס אַ זאַמלונג פֿון זײַנע לירישע שאַפֿונגען אויף ענגליש, האָבן אייניקע פֿון די קריטיקער, וועלכע קענען אים אין אָריגינאַל, פּראָטעסטירט מיט צער און צאָרן, וואָס מע האָט געמאַכט אַ תּל פֿון אַ גרויסן דיכטער. זיי האָבן זיך ניט גערירכט, אַז ער וועט אין ענגליש האָבן אַזאַ נעבעכדיקן אויסזען. ס׳איז אָבער – צום טייל – זייער אייגענע שולד: זיי האָבן זיך געדאַרפֿט ריכטן אויף דעם. זיי האָבן געדאַרפֿט וויסן, אַז אויב עס גע־לינגט איבערזעצן אַ ליד, איז עס אַ נס.

איבערזעצן קען מען נאָר גאָר קליינע אָדער גאָר גרויסע פּאָעטן: די גאָר קליינע – האָבן ניט וואָס צו פֿאַרלירן; די גאָר גרויסע – האָבן אַזאַ רײַכקייט, אַזאַ שפֿע אין זייערע ווערק, אַז וויפֿל עס זאָל ניט פֿאַרלוירן גיין, וועט נאָך אַלץ עפּעס בלײַבן.

פּושקין געהערט צו די גאָר גרויסע, אָבער ס׳איז אַן אייגנאַרטיקע גרויסקייט, און זי צע־רינט, ווי נאָר מע פּרוּווט זי איבערטראָגן אין אַן אַנדער לשון. פֿאַר וואָס? ווײַל זי איז צו טיף פֿאַרוואָרצלט אין דעם נאַציאָנאַל־רוסישן באָדן – און מוז בלײַבן אָן חיות, ווי נאָר זי ווערט אָפּגעריסן פֿון איר[ע] וואָרצלען? ניין, ס׳איז דאָ אַן אַנדער אורזאַך, פֿאַר וואָס פּושקינען איז שווערער איבער[צו]זעצן, ווי – זאָגן מיר – געטען אָדער שעקספּירן, כאָטש ער איז ניט אין ערך איינפֿאַכער און קלערער, ווי זיי זײַנען. די אורזאַך איז, וואָס פּושקין מוז זײַן אַלע הונדערט פּראָצענט פּושקין – ערשט דאַן פֿילן מיר אַ טעם אין אים, בעת איין טראָפּן געטע איז אויך געטע. אין פּושקינען באַוווּנדערן מיר ניט די אומגעהײַערע שפֿע פֿון אידעען, מאָ־טיוון און פֿאָרמען; מיר ווערן פֿאַרכּישופֿט ניט פֿון זײַנע אומענדלעכע מעגלעכקייטן, נאָר, פֿאַרקערט, זײַן פֿאַרענדיקטקייט, די שלמות פֿון דערגרייכונג איז דאָס, וואָס ברענגט אונדז אַרײַן אין התפּעלות. אָבער פֿאַרענדיקטקייט, לעצטע עקזאַקטקייט, פּערפֿעקציע פֿון אויס־דרוק איז ניט ווי אידעען־ און פֿאַנטאַזיע־רײַכקייט, וואָס מע קען אויף איר נאָר אָנווינקען. פֿאַרענדיקטקייט, פּערפֿעקטקייט הערט אין גאַנצן אויף צו עקסיסטירן, אויב זי עקסיסטירט ניט אין גאַנצן. און אַזוי ווי אין אַן איבערזעצונג קען זי ניט בלײַבן גאַנץ, – עס מוז זיך פֿאַרגיסן, ווען מע גיסט איבער פֿון איין כּלי אין דער אַנדערער, – קען מען פּושקינס פּאָעזיע ניט איבערגיסן אין אַן אַנדער שפּראַך. זי קען ניט זײַן פּערפֿעקט אין אַן אַנדער שפּראַך, און אַז זי הערט אויף צו זײַן פּערפֿעקט, הערט זי אויף צו זײַן פּושקינס.

„זײַן עפּיטעט איז, לויט בעלינסקין[1], פּונקט אַזוי דרייסט און אָריגינעל, ווי שאַרף, גע־נוי, מאַטעמאַטיש באַשטימט,‟ און ניט נאָר זײַן עפּיטעט, זײַן גאַנץ שאַפֿן צייכנט זיך אויס

[1] ☙ וויסאַריאָן בעלינסקי (1811–1848) – איינער פֿון די באַדײַטנדיקסטע רוסישע ליטעראַטור־קריטי־קער און פּובליציסטן, אַ טעאָרעטיקער פֿון רעאַליזם אין ליטעראַטור. בײַ אים זענען כּסדר פֿאַרבונדן ליטעראַ־רישע און סאָציאַלע קריטיק; חוץ דעם האָט ער זיך באַטייליקט אין די ערשטע רעוואָלוציאָנער־דעמאָקראַטי־שע און סאָציאַליסטישע קרײַזן. דער ציטאַט איז גענומען פֿונעם דיאַלאָג „רוסישע ליטעראַטור אין 1841‟.

מיט אָט דעם ווונדערלעך־האַרמאָנישן צוזאַמענקלאַנג צווישן דעם, וואָס ער וויל זאָגן, און דעם אופֿן, ווי ער זאָגט עס. ממילא מוז די מינדסטע פּגימה אין דעם פֿולקומענעם צוזאַמענקלאַנג פֿון אינהאַלט און פֿאָרעם אויסלעשן דעם גלאַנץ פֿון פּושקינס פּערז. די קלענסטע אָפּווײַכונג מוז צעשטערן די „מאַטעמאַטישע" עקזאַקטקייט פֿון זײַן וואָרט.

3

אַ ייִדישן פּאָעט וואָלט געדאַרפֿט זײַן כּאָטש אַ ביסל לײַכטער צו דערנענטערן זיך צו פּושקינען. האָט ייִדיש דאָך יאָרן לאַנג געלעבט און לעבט נאָך איצט אויך בשכנות מיט רוסיש, און אונדזער לשון האָט אײַנגעזאַפּט אין זיך אַ היפּש ביסל סלאַווישע עלעמענטן. און ניט נאָר איז ייִדיש באַפֿרוכפּערט געוואָרן פֿון רוסיש – די ייִדישע פּאָעזיע (אָנגעהויבן פֿון ש. פֿרוגן) איז שטאַרק באַאײַנפֿלוסט געוואָרן פֿון דער רוסישער (און דאָס מיינט אויך פֿון דער פּושקינישער) ליריק. וואָלט די מעגלעכקייט (ווי ווײַט עס איז דאָ אַ מעגלעכקייט) איבערצוזעצן פּושקינען געדאַרפֿט זײַן גרעסער, ווען עס רעדט זיך וועגן ייִדיש. דאָך שטעלן אונדז די ייִדישע איבערזעצונגען פֿון פּושקינס לידער פּונקט אַזוי ווינציק צופֿרידן, ווי די איבערזעצונגען אין די אַנדערע שפּראַכן.

איינער פֿון די ערשטע, וואָס האָבן געפּרוּווט באַקענען דעם ייִדיש־לעזער מיט פּושקינס פּאָעזיע, איז – ב. לאַפּין. אין זײַן בוך „רוסישע ליריק" (פֿאַרלאַג נײַע צײַט, ניו־יאָרק, 1919) האָט ער געגעבן אַ גאַנצע סעריע פּושקין־לידער. ער האָט גראָד אויסגעקליבן פּאָעמעס, וואָס זײַנען אים געווען נאָענט מיט זייער אומעטיקער שטימונג – פֿונדעסטוועגן איז אים ניט געלונגען צו געבן אונדז אין ייִדיש כּאָטש אַ דערנענטערונג צו פּושקינס פּאָעזיע (אַנדערע איבערזעצונגען פֿון ב. לאַפּין זײַנען ניט אין ערך בעסער).

אין דעם זעלביקן יאָר 1919, ווען עס איז אַרויס ב. לאַפּינס „רוסישע ליריק", האָט אַ. י. גראָדזענסקי פֿאַרעפֿנטלעכט איבערזעצונגען פֿון פּושקינס „פּאָלטאַווע" און „יעווגעני אָניעגין" (פֿאַרלאַג אידיש, כאַרקאָוו, 1919). נון, ווען עס וואָלט געגעבן ווערן אַ פּרעמיע פֿאַר דער ערגסטער פּושקין־איבערזעצונג, וואָלט איך אַרויסגעשטעלט אַ. י. גראָדזענסקיס קאַנדידאַטור.

דער יונג פֿאַרשטאָרבענער לייב ניידוס האָט אויך אָנגעהויבן איבערצוזעצן „יעווגעני אָניעגין", און ס'איז אַ שאָד, וואָס ער האָט ניט באַוויזן צו פֿאַרענדיקן זײַן אַרבעט. (די העלפֿט וואָס איז געפֿונען געוואָרן צווישן זײַנע מאַנוסקריפּטן, איז אַרײַן אין דעם פֿינפֿטן באַנד פֿון זײַנע שריפֿטן „רוסישע דיכטונג, פּושקין און לערמאָנטאָוו", פֿאַרלאַג ח. בזשאָזאַ, וואַרשע, 1927). ל. ניידוס איז אַליין געווען אַ באַגאַבטער דיכטער (זײַן באַגאַבונג איז באַשטאַנען טאַקע דער הויפּט אין זײַן פֿעיִקייט אַרײַנצולעבן זיך אין די ריטמען און אין די מאָטיוון פֿון אַלערליי פּאָעטן), איז זײַן איבערזעצונג ניט אַן ערך בעסער, ווי גראָדזענסקיס, אָבער זי איז אויך ווײַט פֿון צו זײַן גוט...

אָט איז אַ בײַשפּיל.

פושקין רעדט וועגן דער שוועריקייט, וואָס ער האָט וועלנדיק איבערגעבן אויף רוסיש טאַטיאַנאַס ליבעבריוו. זי האָט אים געשריבן אויף פֿראַנצ[יי]זיש[1] –

זי איז באַהאַוונט שלעכט געוועזן
און אין רוס־זשורנאַל ניט געלעזן,
עס פֿלעגט איר קאָסטן מי אַ סך
צו רעדן אויף דער אייגענער שפּראַך.
זי האָט, אַלזאָ, פֿראַנצ[יי]זיש געשריבן...
וואָס קען מען טאָן? ס׳איז אַ פֿאַרדרוס,
נאָר ס׳קענען דאַמען פֿאָרט אין רוס
ניט אויסדריקן זיך און ניט ליבן...
ס׳איז אונדזער שפּראַך (ניט זײַט [ד]ערשטוינט)
צו בריוופּראָזע נאָך ניט געוווינט.

אַזוי איז עס בײַ נײַדוסן, און עס איז ווײַטלעך פֿון אָריגינאַל. בײַ פּושקינען איז ניטאָ דער אויסדרוק „ס׳איז אַ פֿאַרדרוס״, און ס׳דאַרף ניט זײַן בײַ פּושקינען, ווײַל ער האָט געזאָגט „טשטאָ דיעלאַט!״ זעט מען, אַז עס איז אַ פֿאַרדרוס, מ׳דאַרף עס ניט אויסטײַטשן. די ווער־טער „ניט זײַט דערשטוינט״ זײַנען אויך ניטאָ אין דעם אָריגינאַל. ווײַטער: „פֿאַניניע דאַמ־סקאַיאַ לובאָוו ניע איזיאַסניאַלאַסיאַ פּאָ־רוסקי״ איז ניט אַן ערך איינפֿאַכער, לײַכטער און דער הויפּט פּרעציזער, ווי נײַדוסעס „נאָר ס׳קענען דאַמען פֿאָרט אין רוס ניט אויסדריקן זיך און ניט ליבן״. בײַ פּושקינען איז ניטאָ קיין איין איבעריקער קלאַנג. אין נײַדוסעס נוסח זײַנען דאָ גאַנצע אויסדריקן, וואָס זײַנען ניט נייטיק און ניט פּינקטלעך.

דאָך איז נײַדוס ניט אַזוי ווײַט פֿון דעם גײַסט און פֿון דעם בוכשטאַב פֿון אָריגינאַל, ווי דאָס איז גראָדזענסקי. אָט איז גראָדזענסקיס איבערזעצונג פֿון די זעלביקע פֿערזן:

אין רוסיש איז זי שוואַך געוועזן,
זשורנאַלן האָט זי ניט געלעזן,
און האָט זיך אויסגעדריקט גאָר שוואַך
אין רוסיש – אין איר אייגן שפּראַך.
זי פֿלעגט פֿראַנצ[יי]זיש שרײַבן, קלערן...
וואָס קען מען מאַכן? כ׳זאָג נאָך מער,
אַז דאַמען־ליבע ביז אַהער
פֿלעגט זיך אין רוסיש ניט דערקלערן.
נאָך ביז אַהער איז אונדזער שפּראַך –
די שטאָלצע – פֿאַר דער פּראָזע שוואַך.

לויט דעם נוסח קומט אויס, אַז טאַטיאַנאַ האָט בכלל ניט געלייענט קיין זשורנאַלן, וואָס דאָס איז פֿאַלש, וואָרן זי האָט נאָר ‚אונדזערע׳, ד״ה רוסישע זשורנאַלן, ניט געלייענט.

[1] פֿ די רייד איז פֿון „יעווגעני אָניעגין״, טאַטיאַנאַ שרײַבט אים אַ ליבעבריוו אויף פֿראַנצייזיש, דער דע־מאָלטיקער קולטורשפּראַך בײַם רוסישן אַדל.

אַחוץ דעם זאָגט ניט פּושקין וועגן „אונדזער שטאָלצער שפּראַך“, אַז זי איז „פֿאַר דער פּראָזע שוואַך“. ער רעדט נאָר וועגן דער פּראָזע פֿון בריוו (פֿון ליבעבריוו).

לייב נײַדוס איז אַ בעסערער איבערזעצער, ווײַל ער איז מער פּאָעט, ווי אַ. י. גראָדזענסקי, אָבער אויך אויף נײַדוסעס איבערזעצונגען קאָן מען זיך ניט פֿאַרלאָזן. אָט האָט ער איבערגעזעצט פּושקינס „זאַקלינאַניע“ און עס אָנגערופֿן „פֿאַרשווערונג“. דעם זעלביקן פֿעלער האָט געמאַכט ב. לאַפּין. גראָד איז דאָס ליד איבערגעזעצט געוואָרן אויך פֿון אַ. ליעסינען („די צוקונפֿט“, 1914), רופֿט ער עס ריכטיק „די באַשווערונג“.

אַגבֿ, אַ. ליעסינס ייִדישער נוסח פֿון דעם ליד „זאַקלינאַניע“, ווען מע פֿאַרגלײַכט אים מיט נײַדוסעס אָדער לאַפּינס איבערזעצונג, – ווײַזט ווי פֿאַרשיידן איין און דאָס זעלביקע ליד ווערט איבערגעזעצט פֿון פֿאַרשיידענע דיכטער, און דאָס גופֿא איז אַ וואָרענונג קעגן איבערזעצונגען, דער הויפּט ווען עס רעדט זיך וועגן פּושקינען, ווײַל בײַ פּושקינען איז פֿאַר יעדער זאַך דאָ נאָר איין וואָרט, – דאָס וואָרט וואָס ער האָט אויסגעקליבן. ענדערן עס הייסט זאָגן עפּעס אַנדערש, ניט דאָס וואָס שטייט אין אָריגינאַל...

איצט זעט ווי די ערשטע סטראָפֿע פֿון „באַשווערונג“ לייענט זיך בײַ ב. לאַפּינען, בײַ לייב נײַדוסן און בײַ אַ. ליעסינען:

בײַ ב. לאַפּינען לייענט זי זיך אַזוי:

אָ, אויב ס׳איז אמת, אַז בײַ נאַכט,
ווען ס׳רוט די גאַנצע וועלט, ווי איינער,
און ס׳שווימען לבֿנה־שטראַלן זאַכט
אַרום אויף די מצבֿה־שטיינער.
אָ, אויב ס׳איז אמת, ס׳ווערן לער
אויף דעם בית־עלמין אַלע קבֿרים –
רוף איך לעילען אין מײַן אָרעם
און כ׳וואַרט: אָ, קום מײַן פֿרײַנד, אַהער!

בײַ לייב נײַדוסן:

אָ, אויב ס׳איז אמת, אַז בײַ נאַכט,
בשעת די לעבעדיקע שלאָפֿן,
און לבֿנה־שטראַלן שלײַכן זאַכט
אויף די מצבֿות; אויב נאָר אָפֿן,
באמת, ווערן, פּוסט און לער
די קבֿרים נאַכטיקע און שטילע –
רוף איך דעם שאָטן פֿון לעילע:
צו מיר, מײַן פֿרײַנד, אַהער, אַהער!

בײַ לאַפּינען און בײַ נײַדוסן איז דער פֿערז יאַמביש, ליעסין האָט עס איבערגעזעצט אין אַ טראָכייִשן פֿערז, און אויך דער סדר פֿון די גראַמען איז בײַ אים אַנדערש ווי בײַ די איבעריקע צוויי איבערזעצער. ווער פֿון זיי איז נעענטער צום ריטעם פֿון אָריגינאַל, ווייס

איך ניט (איך האָב ניט אונטער דער האַנט דעם רוסישן טעקסט[1]), אָבער אינעם זין פֿון דורכזיכטיקייט און איינפֿאַכקייט איז ליעסינס ייִדישער נוסח נעענטער צו פּושקינען ווי די איבעריקע צוויי איבערזעצונגען. אָט ווי די ערשטע סטראָפֿע לייענט זיך בײַ אַ. ליעסינען:

איז עס וואָר, אַז האַלבע נאַכט,
ווען עס שלאָפֿט דאָס לעבן איַין,
און לבֿנה זילבערט זאַכט
די מצבֿות מיט איר שײַן,
איז עס וואָר, אַז רוישלאָז, שטום
ווערן דאַן די קבֿרים לער –
רוף איך שטיל אַ שאָטן: קום,
קום, מײַן פֿרײַנד, צו מיר אַהער!

אין פֿאַרבינדונג מיט דעם הונדערטסטן יאָרצײַט נאָך פּושקינען איז אין ראַטן־פֿאַרבאַנד אַרויס אַ נײַע זאַמלונג פֿון פּושקינס לידער אין דער ייִדישער איבערזעצונג פֿון ע. פֿינינבערג, אָבער די דאָזיקע זאַמלונג איז נאָך ניט דערגאַנגען צו אונדז. דאָ אין אַמעריקע זײַנען לעצטנס „דער דענקמאָל" און „דער נבֿיא" איבערגעזעצט געוואָרן גלײַכצײַטיק פֿון ל. פֿײַנבערג (אין „מאָרגן־פֿרײַהייט") און פֿון י. קיסין (אין „פֿאָרווערטס"). איןביידע איבערזעצונגען קאָן מען געפֿינען פֿערזן, וואָס זײַנען, מער אָדער ווינציקער, געלונגען, אָבער – צו פּושקינען קומט עס ניט.

„פּראָראָק" („דער נבֿיא") הייבט זיך אָן (ווי ווײַט מע קאָן עס איבערזעצן אין פּראָזע) אַזוי: „געמאַטערט פֿון גײַסטיקן דאָרשט, האָב איך אינעם חושך פֿון מידבר געשלעפּט זיך, און אויף זעקס פֿליגלען אַ מלאך האָט מיר אויפֿן שיידוועג אַנטפּלעקט זיך." דערפֿון איז בײַ ל. פֿײַנבערגן געוואָרן: „איך האָב געוואַנדערט נעכט און טעג אין דאָרשט נאָך גײַסטיקייט און וויסן, און ס'האָט אין מידברס וויסטן וועג אַ שׂרף זיך מיר באַוויזן." איז עס פּושקין? קאָן בײַ אים זײַן אַזאַ צעשוווּמענקייט ווי „דאָרשט נאָך גײַסטיקייט און(?) וויסן"? קאָן בײַ אים געמאָלט זײַן אַזאַ טאַוטאָלאָגיע ווי „אין מידברס וויסטן וועג"? און ווּ זײַנען דעם מלאכס זעקס פֿליגלען ? דערצו שטייט בײַ פּושקינען די טראָפּ אויפֿן ‚דאָרשט', ניט אויפֿן ‚וואַנדערן'. איז עס בײַ קיסינען גענויער: „כ'האָב זיך געקוועלט פֿון דאָרשט נאָך גאָט, און וויסט געשלעפּט אויף טריבע וועגן. אַ שׂרף מיט זעקס פֿליגל האָט בײַם שיידוועג זיך געשטעלט אַנטקעגן." אָבער אויך דאָ פֿעלט עפּעס – עס פֿעלט פּושקינס פֿליסיקייט, פּושקינס וווילקלאַנג. אין אַנדערע פֿערזן פֿעלט נאָך מער... עס מוז פֿעלן.

וויל עמעצער פֿאַרזוכן דעם טעם [פֿון] פּושקין, מוז ער אים לייענען אין אָריגינאַל. דער הויפּט ווען מע וויל קענען זײַן ליריק. מיט זײַן פּראָזע איז מעגלעך צו באַקענען זיך אויך דורך אַן איבערזעצונג. (אין פֿאַרלאַג עמעס זײַנען אַרויס, אין דוד האָפֿשטיינס זייער אַ גוטער איבערזעצונג, פּושקינס „דובראָווסקי" און „בעלקינס דערציילונגען", מאָסקווע, 1935.)

1 דער רוסישער טעקסט איז דווקא געשריבן אין יאַמבישע פֿערזן.

נח פּרילוצקי

מכּוח דער קונסט פֿון איבערזעצן לידער

אַ פֿראַגמענט פּאָעטיק

דער איבערזעצער פֿון פּראָזע איז אַ שקלאַף,
דער איבערזעצער פֿון פּאָעזיע – אַ קאָנקורענט.

זשוקאָווסקי

אַ גרויסן דיכטער צו איבערזעצן אויף אַן אַנדער שפּראַך מוז מען זײַן אים קאָנגעניאַל. און ערשט דעמאָלט וועט מען זיך קיין עצה נישט געבן, אויב מע פֿאַרמאָגט נישט חוץ דעם אויך ספּעציעלע איבערזעצערישע פֿעיִקייטן. מע קען שרײַבן אייגענע לידער, אַפֿילו גוטע, אַפֿילו אויסגעצייכנטע, און דאָך נישט מסוגל זײַן צו איבערזעצן מענטשלעך צו מאָל איין פֿירפֿערז אַ פֿרעמדן.

פֿ׳ קלמן ליס, מחבר פֿון עטלעכע ביכלעך ייִדישע פּאָעזיע, האָט זיך, ווײַזט אויס, נישט אָפּגעגעבן קיין חשבון אין דעם, בשעת ער איז געגאַנגען דרוקן דאָס העפֿטל „פֿון פּושקינס ליריק“ (וואַרשע 1937–1938).

1 כאַפּן מיר אָן די באַרימטע, אין אַלע רוסישע כרעסטאָמאַטיעס אַרײַנגענומענע סטראָפֿע „ווינטער“ אויס דער פּאָעמע „יעווגעני אָניעגין“ (דער פֿראַגמענט האָט אַפֿילו ס׳מינדסטע שײַכות נישט צו ליריק, – נאָר לאָמיר דערפֿון דאָ נישט מאַכן קיין ווזן).

(a) דער אָנהייב אינעם אָריגינאַל:

Зима. Крестьянин, торжествуя,
На дровнях обновляет путь.
Его лошадка, снег почуя,
Плетется рысью как-нибудь.

איידער מע טרעט צו צו דער איבערזעצונג, מוז מען זיך, נאַטירלעך, קלאָר מאַכן דעם פּירוש־המילות.

дровни איז אַ שליטן אָן אַ קאַסטן (אָן ווענטלעך), אַ פּלאַטשיקער שליטן – צו פֿירן געהילץ אָדער אַנדערע משׂאָות. בײַ L[1] II, 77 פֿאַרטײַטשט: „דער פּראָסטער גוייִשער שליטן, די גרינזשאַלע“. דאָס לעצטע וואָרט (בײַ L, 73: גרינזשעלע) איז דאָס אוקראַיִנישע

[1] & קירצונגען: L – ליפֿשיץ, יהושע־מרדכי: **יודיש־רוסישער ווערטערביך**. זשיטאָמיר 1876. L II – ליפֿשיץ, יהושע־מרדכי: **ריסיש־יודישער ווערטער ביך**. זשיטאָמיר 1869. דאַל – Даль, Владимир, *Толковый словарь живого великорусского языка* [אויסטײַטש־ווערטערבוך פֿון דער לעבעדיקער גרויסרוסישער שפּראַך], 1טע אויסגאַבע – 1863–1866.

פֿון: **ייִדיש פֿאַר אַלע** (ווילנע) 6–7, 1938, ז״ז 161–171.

> ‚gринджо́ли שליטן אָן אַ קאַסטן, צו שפּאַנען מיט אָקסן׳ (אַריבער אויך אין פּוילישע דיאַלעקטן מיט דער טײַטש: ‚נידעריקער, פּשוטער, נישט געשמידטער שליטן צו פֿירן שטרוי׳). דער ייִדישער קאָרעספּאָנדענט פֿון דעם וואָרט איז מיר נישט באַקאַנט. אפֿשר ‚האָלצשליטן׳? צי ‚משׂא־שליטן׳? // рысь איז בײַ L II, 334 פֿאַרטײַטשט: ‚דאָס גיכע גיין (פֿון פֿערד)׳. בפֿירוש דאָס ‚גיין׳, נישט דאָס לויפֿן! בײַ דאַל, IV, 120: ‚פֿערדישער גאַנג מיט הייבן די פֿיס אַלכסונדיק: דעם פֿעדערשטן לינקן און באַלד דערנאָך דעם רעכטן אונטערשטן׳... הייבט דאָס פֿערד די פֿיס פּאַמעלעך, איז עס мелкая рысь ‚קליינער [דריבנע׳ בײַ L II] גאַנג׳; שטעלט עס זיי גיך (אָדער ברייט), איז עס крупная рысь ‚גרויסער גאַנג׳.

ס׳איז אויך נישט קיין עוולה אַרײַנצוטראַכטן זיך אין די מאָטיוון, פֿאַר וואָס דער פּאָעט האָט בכלל באַנוצט אַ באַשטימטן אויסדרוק, אָדער פֿאַר וואָס האָט ער אויסגעקליבן דאָס און דאָס וואָרט און נישט קיין אַנדערס.

> דער פּויער איז, פֿאַרשטייט זיך, אַרויסגעפֿאָרן נישט אויף אַ שפּאַציר, נאָר מסתּמא אין וואַלד אַרײַן, נאָך האָלץ. טריומפֿירט ער, מחמת מיט אַ טאָג, צוויי פֿריִער האָט מען נאָך אין וואַלד אַרײַן נישט געקענט פֿאָרן: די האַרבסטרעגנס האָבן פֿאַרוואַנדלט די דאָרפֿישע וועגן אין אַ זומפּ נישט דורכצוקריכן זיך דורך אים. // лошадка שרײַבט פּושקין, היות אַ רוסישער פּויער מיט איבער הונדערט יאָר צוריק, פּריצישער שקלאַף, ס׳רובֿ באַהאַנדלט ווי אַ פֿיך און ביטער אויסגענוצט, האָט נישט געהאַט קיין ראַסיקע, גוט געפֿיטערטע פֿערד; ער האָט זיך געמוזט באַגיין מיט אַ פּלעבעיִש פֿערדל, וואָס האָט צו האָבער אין זײַן לעבן נישט געשמעקט און איז געווען אויסגעדייווערט פֿון דער שטענדיקער שווערער אַרבעט.

וואָרט אין וואָרט איבערזעצט, זעט די פֿירצײַל אויס אַזוי:

– ווינטער. מיט טריומף באַנײַט דער פּויער דעם וועג אויף אַ משׂא־שליטן. זײַן פֿערדל, שניי דערשפּירנדיק, שלעפּט זיך מיט ווי־נישט־איזיקן טראָט.

בײַ ליסן:

> ווינטער. יום־טובֿדיק דער פּויער
> באַנײַט אויף שליטן שוין דעם וועג;
> דעם שניי דערפֿילט זײַן פֿערד דער גרויער
> לאָזט זיך טענצלדיק אַוועק.

אַ פֿערד איז אָבער אויף ייִדיש נישט אַ ‚דער׳, נאָר אַ ‚דאָס׳, און אַ פּויעריש פֿערדל נישט קיין רײַטפֿערד אָדער צירקפֿערד צו ‚טענצלען׳, אין אַ משׂא־שליטן אײַנגעשפּאַנט.

און צו וואָס דער ‚שוין׳ אין דער צווייטער שורה? זאָגט לחלוטין גאָרנישט און איז אַ זינד לגבי פּושקינען, וואָס האָט זיך ווי פֿאַר פֿײַער געהיט פֿאַר אַן אומנייטיק וואָרט. – און צו וואָס דער עפּיטעט ‚גרויער׳? וואָס פֿאַר אַ נפֿקא־מינה איז דאָ, צי דאָס פֿערדל איז געווען גראָ צי ברוין? (אָט דערמאָנט דער אויטאָר נישט, צי דער פּויער איז געווען יונג, אַלט צי מיטל־יעריק!) – בײַ איבערזעצן אין געגראַמטע צײַלן איז טאַקע נישט שכיח נישט צוצוגעבן עפּעס פֿון זיך, אָבער מע מוז עס קענען מאַכן אַזוי, אַז ס׳זאָל נישט אויסזען ווי אַ פֿינפֿט ראָד בײַם וואָגן.

b) די ווײַטערדיקע פֿיר שורות פֿון דער זעלביקער סטראָפֿע:

Бразды пушистые взрывая,
Летит кибитка удалая.
Ямщик сидит на облучке,
В тулупе, в красном кушаке.

מיט бразды זענען געמיינט די סימנים, וואָס ווערן איבערגעלאָזט אין אַ ווייכן וועג דורך די רעדער פֿון אַ וואָגן אָדער דורך די גליטשהעלצער פֿון אַ שליטן. אין אַלטיִדיש וואָלט מען געזאָגט: די פֿורך (אָדער פֿאָרך), מ״צ אויף en-. בײַ L, II, 19 איז די איבערזעצונג: דער שרינט, דער ריוו. // кибитка איז אַ פֿורל אָדער אַ שליטן מיט אַ בויד. אויך אויף דײַטש זאָגט מען: die Kibitke, die Kibitka, ווען מע האָט אין זינען דאָס רוסישע פֿורוואַרג. בײַ L, II, 122 : קוביטקע ... // ям (טאָטעריש) איז אין אַלטרוסלאַנד געווען אַ יִישובֿ, וואָס זײַנע פּויערן פֿלעגן מיט אייגענע פֿערד באַדינען די פֿערדפּאָסט און דערפֿאַר פֿרײַ זײַן פֿון צאָלן דעם קאָפּשטײַער. – אַזאַ פּויער האָט געהייסן ямщик (ווערט בײַ L, II, 425 פֿאַרטײַטשט: ,פּאָטשט־אָנטרײַבער; בעל־עגלה׳). דערפֿון האָט דאָס וואָרט בכלל באַקומען די טײַטש: ,שמײַסער, אָנטרײַבער פֿון פּאָסטפֿערד׳. געניצט אין דײַטש (Jämschtschik), בשעת ס׳איז די רייד וועגן רוסישע פֿאַרהעלטענישן. // облучек איז בײַ וואָגן, פֿור, שליטן דער ווײַטנראַנד פֿונעם קאַסטן. сидеть на облучке הייסט: זיצן אויף דעם דאָזיקן ראַנד, די פֿיס אַראָפּגעהאָנגען אין דרויסן.[1]

לאָמיר די פֿיר צײַלן איבערזעצן וואָרטגעטרײַ מיט אײַנהאַלטונג פֿון עטנאָגראַפֿישן קאָלאָריט:

– אויפֿרײַסנדיק די פּוכיקע שרינטן, פֿליט אַ ווּילערישע[2] קיביטקע. דער יאַמשטשיק זיצט אויפֿן ראַנד, די פֿיס אין דרויסן, אין פּעלץ, אין רויטן גאַרטל.

בײַ ליסן:

פּוכקע גרודעס (?) אויפֿגעריסן,
פֿליט אַ קעטשל (?) אויף רבֿותא[3];
אויף שטענגעלע (?!) – ס׳געזעס פֿון האָלץ (?!),
זיצט דער שמײַסער וויכטיק שטאָלץ,
אין וואַרמען טולופּ אויבן אָן,
מיט רויטן גאַרטל אָנגעטאָן.

פּושקין האָט די גרויסע פּאָעמע זײַנע געהאַלטן דורך און דורך אין 14־צײַליקע סטראָפֿעס. מאַכן פֿון 4 פֿערזן זײַנע גאַנצע 6 איז דעריבער אַליין פֿאַר זיך שוין אַ צו גרויסע פֿרײַהייט.

1 אין טיקטין: זיצן אויף דער דראַפּקע = זיצן אויפֿן ראַנד פֿונעם לייטער־וואָגן, די פֿיס אַראָפּגעלאָזט צום דרויסן.

2 ס׳וואָלט געקענט זײַן אויך: טשאַקענדיקע, אָדער ווידער: פֿליט ווּילעריש (צי טשאַקענדיק) אַ קיביטקע.

3 [illegible] [רעוויסע].

ווײַטער: גרודעס (האַרטע שטיקער) זענען פּונקט דער היפּוך פֿון פּוכיקייט; אַ קיביטקע איז אַ בויד, נישט קיין קעטשל; אָנטאָן טוט מען אָן דעם טולופּ, מיטן גאַרטל בינדט מען זיך אַרום. שטענגעלע איז סתּם אַן אַבסורד, און דער פּירוש דערבײַ: ס׳געזעס פֿון האָלץ, ממש אַנעקדאָטיש. די קיביטקע האָט נישט „אויפֿגעריסן‘ פֿריִער די „פּוכקע גרודעס‘, כּדי צו קענען דערנאָך פֿליִען, נאָר מיטן פֿליִען רײַסט זי אויף די פּוכיקע (= ווייך פֿאַרשנייטע) שרינטן. דער צוגאָב „וואַרמען‘ איז איבעריק: ווו איז דען אַ טולופּ „קאַלט‘? „וויכטיק שטאָלץ‘, „אויבן אָן‘ זענען גלאַט צוגעקלעפּט אָן אַ טעם.

(c) נאָר דעם מיאוסטן אָפּשניט האָבן געהאַט די לעצטע זעקס פֿערזן פֿון דער סטראָפֿע:

Вот бегает дворовый мальчик,
В салазки жучку посадив,
Себя в коня преобразив;
Шалун уж отморозил пальчик:
Ему и больно и смешно,
А мать грозит ему в окно…

дворовый мальчик איז טײַטש: אַ ייִנגל פֿון לײַב־אייגענע פּויערן, וואָס האָבן קיין ערד נישט און וווינען אין פּריצישן הויף, ווי דינער. жучка איז אַ שוואַרצער הונט.

געטריַע איבערזעצונג אין פּראָזע:

– אָט לויפֿט אַרום אַ הויפֿיש ייִנגל, אַרײַנגעזעצט דעם שוואַרצן הונט אין שליטעלע און זיך פֿאַרוואַנדלט אין אַ פֿערד. דער שטיפֿער האָט שוין אָפּגעפֿרוירן אַ פֿינגער. אי ס׳טוט אים וויי, אי ס׳מאַכט אים לאַכעדיק. און די מוטער וואָרנט אים דורכן פֿענצטער.

ליס האָט געמאַכט דערפֿון אַן אַכטפֿערז:

אָט לויפֿט אַרום אין הויף (?!) אַ ייִנגל,
ער האָט שוין (?!) זשוטשקעלען אין (?!) שליטן
אַרויפֿגעזעצט, אַליין פֿאַרביטן (?!)
האָט ער זיך אין אַ פֿלינקן (?!) פֿערד;
דער שטיפֿער האָט זיך שוין אַ פֿינגער
אָפּגעפֿרוירן, וואָס איר הערט! (?!)
ער לאַכט, אַז ס׳טוט נישט וויי אים, גלויב, (?!) –
די מאַמע דראָט אים דורך דער שויב.

אַ ייִנגל קען נישט שלעפּן אַ שליטן; העכסטנס: אַ שליטעלע. ווען עס איז זעצט מען אַרויף נישט אין שליטן, נאָר אויפֿן שליטן. וואָס הייסט „פֿאַרבײַטן זיך‘ אין אַ פֿערד? צו וואָס דער בדחנישער „וואָס איר הערט!‘? (אין אָריגינאַל קיין שמץ דערפֿון!) די פֿאַרלעצטע רוסישע שורה האָט דער איבערזעצער בכלל נישט פֿאַרשטאַנען און פֿאַרדרייט דעם פּשט.

און ווו איז פּושקינס ווונדערלעך ריטמישקייט?

מחשבֿותן, אין יוליאַן טוּווימס באַנד איבערזעצונגען אויס פּושקינען (וואַרשע 1937)

איז נישטאָ קיין איין סטראָפֿע פֿון „יעווגעני אָניעגין“. דער פּוילישער דיכטער שײַעט זיך נישט לאָיאַל מודה צו זײַן, אַז ער האָט זיך מיאש געווען פֿון דער עובֿדא „נאָך עטלעכע וואָכן אומזיסט ראַנגלען זיך בלויז מיט איין סטראָפֿע“ פֿון דעם ראָמאַן...

2 אַ שעדעווער, וואָס בלויז צו פּרוּוון איבערזעצן אים גלײַכוווערטיק מיטן אָריגינאַל מוז מען זײַן גוט אונטערגעגאַרטלט:

Напрасно я бегу к сионским высотам –
Грех алчный гонится за мною по пятам…
Так, ревом яростным пустыню оглашая,
Сметая лапой пыль и гривой потрясая
И ноздри пыльные уткнув в песок зыбучий,
Голодный лев следит оленя бег пахучий.

אין די ערשטע צוויי פֿערזן פֿאַרטרויט זיך דער אויטאָר: „אומזיסט לויף איך צו ציונס הייכן – די לוערע[1] זינד יאָגט מיר נאָך פֿוסטריט“, און פֿאַרשטאַרקט תּיכּף אומגעווײנטלעך דעם געדאַנק דורך אַ פֿאַרגלײַך, וואָס ווײַזט די לוערע זינד אין אַ פּרעכטיקער פּלאַסטישער פֿאָרעם, אין אַ מערקווערדיק באַלעבטן בילד: „אַזוי, אָנפֿילנדיק די מידבר מיט אַ גרימצאָר־ניק געבריל, צונויפֿשאַרנדיק שטויב מיטן פֿוס, שאָקלענדיק מיטן קאַם האָר און שטופּנדיק די שטויביקע נאָזלעכער אין ריריקן זאַמד, שפּירט נאָך אַ הונגעריקער לייב דעם הירשס לויף דעם שמעקעדיקן.“

פֿריִער קומען פּרטים, וואָס רייצן דאָס נײַגעריקייט – עס וואַקסן אָן נאָך אַנאַנד דרײַ בײַזאַצן פֿון אופֿן (ענטפֿערן אויפֿן פֿרעג: ווי אַזוי?), געקירצט מיט דער הילף פֿון גערונדיום, און ערשט דערנאָך, אינעם אָפּשלאָס פֿונעם פּעריאָד, אינעם געהעמערטן הויפּטזאַץ, ווערט אויסגעזאָגט, ווער און בײַ וואָסער געלעגנהייט עס טוט דאָס אַלץ, וואָס איז אָפּגעמשלט אין די אונטערטעניקע בײַזאַצן. דאָס גאָרע הענגט, ווי אויף צוויי האָקן, צווישן זיי אָנגעצויגן, אויפֿן ערשטן וואָרט (‚אומזיסט‘), וואָס דריקט אויס די אידעע פֿונעם שיר, און אויפֿן לעצטן (‚שמעקעדיקן‘), וואָס סימבאָליזירט די סיבה פֿונעם ‚אומזיסט‘.

בײַ ליסן:

צו ציונס הויכקייטן אַנטלויף איך איצט אומזיסט,
די זשעדנע זינד יאָגט נאָך די טריט פֿון מײַנע פֿיס,
אַזוי פֿאַרהילכנדיק די וויסט מיט ווילדן רעווע,
מיט לאַפּעס שטויב צעקערט, געטרייסלט מיט דער גריווע
און פּיסק דעם שטויביקן פֿאַרשטעקט אין זאַמד צעגליט –
אַ הונגעריקער לייב פֿאַרפֿאָלגט דעם הירשנס טריט...

[1] ‏☙ לוער – להוט.

דער האַרמאָנישער בוי פֿון פושקינס פעריאָד איז דאָ צעשטערט דורך דעם, וואָס בלויז דער ערשטער בייַזאַץ האָט פּאַרטיציפּ פֿון קעגנוואַרט – די איבעריקע גייען איבער אויף לשון־עבֿר, קאָלידירנדיק (באַזונדערס דער ,צעקערט׳ און דער ,געטרייסלט׳) מיטן בילד פֿונעם אויסלאָזזאַץ.

ווייַטער: אַ חיה שפּירט נאָך דעם קרבן מיט די נאָזלעכער, נישט מיטן פּיסק – דערין האָט מען זיך שוין געמעגט פֿאַרלאָזן אויף פושקינען.

אין אָריגינאַל רעדט זיך וועגן ריריקן זאַמד, נישט וועגן ,צעגליטן׳. ס׳איז פֿאָרט אַ חילוק!

דער מחבר פֿונעם געדיכט וואָלט זיך קיין מאָל נישט קאָמפּראָמיטירט מיט אַ גראַם ווי רעווע: גריווע.

און נאָך עפּעס: ווי האָט דער איבערזעצער געקענט פֿאַרהיפּערן דעם לעצטן אַקאָרד – דאָס וואָרט ,שמעקעדיק׳, – וואָס בינדט זיך אָרגאַניש מיטן ערשטן (,אומזיסט׳ אין אָרי־גינאַל), ווי אַן איבערראַשנדיקער זינלעכער פּירוש?

און דאָס ייִדיש! נישט ,די טריט פֿון פֿיס׳, נאָר פֿוסטריט יאָגט מען נאָך אויף מאַמע־לשון. – קיין הויפּטוואָרט ,וויסט׳ איז אין אונדזער שפּראַך נישטאָ, מיר קומען אויס מיט מידבר. מע קען אויך נוצן דאָס אַלטייִדישע און בייַ L II, 311 געבוכטע וויסטעניַי, עווענטועל: וויסטעניש. ,פֿאַרפֿאָלגט׳ איז דייַטשמעריש. – און איז נישט געברום צי געברילי[1] בעסער ווי רעווע?

3 „דער נבֿיא“ געהערט צו די געניאַלסטע ווערק פושקינס. דער לאַקאָניזם און די עקס־פּרעסיע זענען אין־לשער.

(a) דער אָנהייב:

Духовной жаждою томим,
В пустыне мрачной я влачился,
И шестикрылый серафим
На перепутье мне явился.

בייַ טוווימען:

Pragnieniem ducha i tęsknotą
Dręczyłem się w pustyni srogiej,
I sześcioskrzydły seraf oto
Ukazał mi się pośród drogi.

גענוי איבערגעדיכט געדאַנק און בילדער, און אויך די ווערטער באַנוי אַלע די אייגענע, בלויז איבערגעשטעלט איבער די פֿאָדערונגען פֿון מישקל, ריטעם און גראַם.

[1] וועגן קול פֿון אַ לייב רעדט דער תּנך מיטן צייַטוואָרט ,שאג׳. – בייַ בליצן: ברילן (4 מאָל), פּרילן (= ברילן), בריולן (= ברילן), גבריל (געבריל); שרייַאן (3 מאָל), גשרייא (2 מאָל). – בייַ וויצנהויזענען: ברילן (2 מאָל), ברוילן (4 מאָל); שרייַאן (7 מאָל).

בײַ ליסן גאַנצע 8 פֿערזן (די פֿון אים צוגעגעבענע און לחלוטין נישט נייטיקע ווערטער שפּאַציר איך):

פֿון דורשט פֿון גײַסטיקער געפּלאָגט,
אין מידבר קוואַרן, מיד, אָן האָפֿן,
כ׳האָב זיך געשלעפּט פֿון היץ גענאָגט,
און ס׳האָט אַ מלאך מיך געטראָפֿן.
צו מיר אויף שיידוועג זיך אַנטפּלעקט
אַ זעקספֿליגלדיקער שׂרף,
פֿאַרשטעלט אויף ווײַטער מיר דעם וועג,
און כ׳בין געבליבן ווי מטורף.

ווי מעג מען אַ גאָון צוגיסן אַזוי פֿיל וואַסער, ס׳זאָל אַזש מאַכן דעם אײַנדרוק פֿון גראַ־פֿאָמאַניע? פּושקין – און אַזאַ איבערקײַען, ווי אין די שורות 4–6! פּושקין – און אַזאַ וויסט זינלאָזיקייט, ווי אין די צײַלן 7 און 8!

איז דאָ דורכויס נישט ,אויף שיידוועג׳, נאָר אויסדריקלעך: ,אין מיטן וועג, אונטער וועגס׳, ווי טווווים האָט דאָס ריכטיק באַנומען. וואָרן וואָסער ,שיידוועג׳ קען עס זײַן אין אַ מידבר, ווו עס זענען בכלל קיין וועגן נישט בנימצא? на перепутье

און ווידער: דאָס ייִדיש!

ווי קען אַ היץ ,נאָגן׳?

און וואָס הייסט ,אין מידבר קוואַרן׳? עס דאַרף צו זײַן: ,אין וויסטן מידבר׳, אָדער (אויב דווקא בײַוואָרט נאָכן הויפּטוואָרט): ,אין מידבר אין וויסטן׳.

(b) די ווײַטערדיקע 4 פֿערזן:

Перстами легкими как сон,
Моих зениц коснулся он:
Отверзлись вещие зеницы,
Как у испуганной орлицы.

בײַ טוווימען:

Palcami lekko, jako snem,
Musnął źrenice me — i wtem
Przeźrzały wieszczo chwili onej
Jak u orlicy przelęknionej.

ווען מע האָט צו טאָן מיט אַזאַ שווערן, מאַקסימאַל קאָנדענסירטן אָריגינאַל, איז אין דער פּוילישער איבערזעצונג באמת דערגרייכט כּמעט דאָס העכסטע שלמות.

בײַ ליסן – 6 פֿערזן, ווידער אַ מאָל מיט אייגענע באַטעמטע ,מילואים׳:

מיט פֿינגער לײַכטע, ווי אַ טרוים,
אַ ריר געטאָן די וויִעס קוים,

און ס׳האָבן נבֿיאישע די וויִעס
זיך אויפֿגעריסן, ווי צום פֿלי עס
רייַסט אַן אָדלערין זיך אויף
פֿון טאָל דערשראָקן – באַרג אַרויף.

עס רײַסט׳ געטיילט: ,עס׳ אין אויסלאָז פֿון איין צײַל (פֿון גראַם וועגן...) און ,רײַסט׳ אין התחלה פֿון צווייטן... דער דאָזיקער טריק אַליין וואָס איז ווערט!

און דאָס נישט וויסן, אַז зеница איז שוואַרצאַפּל פֿון אויג, נישט וויִע!

אין אָריגינאַל עפֿענען זיך די שוואַרצאַפּלען בײַם נבֿיא ברייט, ווי בײַ אַ דערשראָקענער אָדלערין, – איז עס אַ בילד. אין דער ייִדישער איבערזעצונג רײַסן זיך „וויִעס“ אויף ווי „אַן אָדלערין צום פֿלי“, – איז עס אַ שטות.

„נבֿיאישע די וויִעס“ איז אַ גרײַז. ייִדיש איז: די נבֿיאישע וויִעס.

(c) און אַזוי גייט עס כּסדר.

פּושקין זאָגט:

И сердце трепетное вынул.

טוּווים איבערזעצט:

I drżące serce wyjął z rany.

ליס:

און ס׳האַרץ דאָס צאַפּלדיקס, דאָס טײַערס, אַרויסגענומען.

ווען איז עס ,טײַער׳ געוועןן? און מיט וואָס?

חוץ דעם זאָגט מען אויף ייִדיש: ס׳האַרץ דאָס צאַפּלדיקע, דאָס טײַערע.

4 ווען מע ווייסט נישט, ווי זיך צו באַגיין מיט פֿרעמדער פּראַצע, קימערט מען זיך אויך נישט וועגן אייגענעם לשון.

(a) דערפֿון אַזעלכע ווענדונגען, ווי:

– אין לירע די נשמה לעבט איבער לאַנג מײַן שטויב, צעפֿוילן קיין מאָל וועט [אין אָריגינאַל: די נשמה וועט אין דער הייליקער לירע איבערלעבן מײַן שטויב און אַנט־רינען פֿון פֿוילעניש]. – ס׳ וועט רוסלאַנד אויפֿוואַכן פֿון שלאָף, און אויף די חורבֿות פֿון זעלבסטהערשאַפֿט אונדזערע נעמען שרײַבט זי אויף [דאַרף זײַן: אויפֿשרײַבן]. – עס האָט די טרייסט מיך נישט אויסגעמיטן, נישט פֿאַרפֿעלט [ווי קען טרייסט פֿאַרפֿעלן עמעצן?]. – דער נאַכטזעפֿיר שטראָמט לײַכט עפֿיר[1] [,שטראָמען׳ איז אינטראַנזי־טיוו, דערפֿאַר קען מען נישט זאָגן ,שטראָמט עפֿיר׳, נאָר ,שטראָמט מיט עפֿיר׳]. – מיט בײַסיקע מיט זײַנע ריידעס... [שטאָט: מיט זײַנע בײַסיקע ריידעס]. – און האָט זײַן בלעטער בלייך געוועב מיט גיפֿט ביז וואָרצלען אָנגעווירן [וואָס הייסט „בלעטער בלייך געוועב“? פֿון ווען אָן זענען עס בלעטער אויסגעשטאַט מיט וואָרצלען? און ווי קען מען ,אָנווירן׳

[1] זעפֿיר – דער מערבֿ־ווינט פֿון דעם אַטלאַנטישן אָקעאַן. עפֿיר – עטער.

עפּעס מיט גיפּט?]. – ס'טוט אַ פֿישער־זעגל ווען אַ בלענד אַ מאָל [,אַ מאָל' נאָך ,ווען' איז אַ פלעאָנאַזם]. – מיט פֿרייער מײַן נשמה [דאַרף זײַן: מיט מײַן פֿרייער נשמה]. – פֿאַר־קנעכטעט פֿון דער רוט, דאָ שלעפּט זיך מיד און מאַט די קנעכטשאַפֿט מאָגערע... [קנעכטשאַפֿט איז „פֿאַרקנעכטעט"!]...

(b) צי אַזעלכע אויסדריקן:

– דאָס שטאָלץ־סלאַוויאַנער אייניקל [שטאָט: דאָס שטאָלצע סלאַווישע...]. – וואַרטן די מינוט [שטאָט: וואַרטן אויף ...]. – פֿון געגנדז אַ ראַשער קאַראַוואַן [שטאָט: ...אַ רעשיקער...]. – געחלומט מיר [שטאָט: געחולמט זיך מיר]. – פֿליגלענדיקע מילן [שטאָט: פֿליגלדיקע...] ... – דאָס ליב געשפּענסט [דאַרף זײַן: דאָס ליבע...] ...

(c) נישט־כּשרע סלאַוויזמען:

– אָסיען (האַרבסט). בראַדזשיען טשערעדעס (וואָגלען הערטשאַפֿטן). בריאַזג (אין אָריגינאַל: визг, קוויטש, קוויטשערײַ'). דזשומאַ (פּעסט). וויכער (ווירבלווינט). טומאַן (נעפּל). ליקע (אונטערשאָל פֿון בוים). סלאַוויק (אויב שוין אַ סלאַוויש וואָרט, האָט מען דאָך אין אַן איבערזעצונג אויס פּושקינען געדאַרפֿט שרײַבן ,סאָלאָוויי'). פּענד (אימפּעט, יאָג, פֿלי). קאָרע (בוימשאָל). קוסטעס (שטרויכן, שטרויסן). רוס (רוסלאַנד). ריטשקעס (טײַכעלעך, בעך, שטראָמען)...

(d) דײַטשמעריזמען:

– גוואַל[ד]טאַט. היגל (בערגל). פֿאַרניכטעט. פֿאַרקנעכטעט. צעל (קאַמער). רויכנדע. שטראַלנדן. שוווּנג...

5 איבער הויפּט איז ריזיקאַליש צו איבערזעצן אַ שיר נאָך דעם, ווי אַן אַנדערער האָט דאָס שוין געטאָן. אויב די צווייטע איבערזעצונג איז נישט בעסער, ווי די ערשטע, האָט יעדער בן־אָדם אַ רעכט צו פֿרעגן: וואָס האָסטו דאָ מחדש געווען?

פּושקינס Телега жизни איז פֿאַריידישט געוואָרן דורכן פֿריצײַטיק פֿאַרשטאָרבע־נעם לייב נײַדוס נאָך מיט אַ יאָר עטלעכע און צוואַנציק צוריק (זע באַנד V פֿון „אַלע ווערק" זײַנע, וואַרשע 1926, 73); איצט האָבן מיר פֿאַר זיך אַ נײַע איבערזעצונג – ליסנס; וועלן מיר זיי אַקעגנשטעלן.

(a) סטראָפֿע 1:

Хоть тяжело подчас в ней бремя,
Телега на ходу легка;
Ямщик лихой, седое время,
Везет, не слезет с облучка.

נײַדוס:

כאָטש ס'איז צו מאָל גאַנץ שווער זײַן משׂא,
דאָך לויפֿט דער וואָגן לײַכט אין וועג;
די גראָע צײַט, דער בעל־עגלה,
גייט פֿון דער קעלניע נישט אַוועק.

פֿאַר אונדזער צײַט זענען ‚וועג׳ און ‚אַוועק׳ שוין נישט קיין גראַם. פֿון דער קעלניע גייט מען אַראָפּ, נישט אַוועק.

נאָר אין כּלל אַרײַן גאָר נישקשהדיק איבערזעצט. везет פֿאַרהיפּערט, אָבער קאָמפּענ־סירט מיטן פֿריִער צוגעגעבענעם ‚לויפֿט׳.

ליס:

ס׳איז לײַכט אין גאַנג אַזוי דער וואָגן,
כאָטש ס׳דריקט אים שווער אַזוי די לאַסט;
די גראָע צײַט, דער פֿלינקער יאָגער,
אויף קעלניע זיצט זיך, ווי סע פּאַסט.

פֿאַרהיפּערט דעם подчас וואָס איז זייער ממשותדיק פֿאַרן געדאַנק פֿונעם זאַץ.

„פֿלינקער יאָגער“ קלעפּט זיך דאָ, ווי אַן אַרבעס צו דער וואַנט.

צוויי מאָל ‚אַזוי׳ סתּם אין דער וועלט אַרײַן.

דער לעצטער פֿערז פֿאַטאַל אין פֿולן זין פֿון וואָרט. די אידעע באַשטייט דאָך נישט אין דעם, אַז דער אָנטרײַבער „זיצט זיך אויף דער קעלניע ווי ס׳פּאַסט“, נאָר אין דעם, אַז ער גייט פֿון איר אויף קיין רגע נישט אַראָפּ: דאָס איז די אייגנשאַפֿט פֿון דער צײַט, דעם טרײַבער פֿון מענטשלעכן לעבן.

(b) סטראָפֿע 2:

С утра садимся мы в телегу;
Мы погоняем с ямщиком
И, презирая лень и негу,
Кричим: валяй по всем по трем!...

נײַדוס:

מיר טרײַבן אָנעט מיט דעם פֿורמאַן
בשעת מיר זעצן זיך, פֿאַר טאָג;
פֿאַראַכטנדיק די איידלע פֿוילקייט,
מיר שרײַען: שמײַס, און שנעלער יאָג!

דער פֿאָלקסטימלעכער ‚אָנעט׳ (שטאָט ‚אָן׳) פּאַסט צום אַלגעמיינעם סטיל פֿונעם געדיכט.

ליס:

פֿאַר טאָג מיר זעצן זיך אין וואָגן,
צו ברעכן האַלדז־און־נאַקן גרייט,
און צאַרטקייט, פֿוילקייט פֿײַנט געקריגן,
מיר שרײַען: טרײַב... נישט מאַך קיין רייד!

нега איז נישט ‚צאַרטקייט׳. בײַ L, II, 184: „דאָס פֿאַרצויגנקייט, אָפּגעהיטנקייט, ציטעריקייט“.

‚פֿײַנט געקריגן‘ איז נישט דאָס אייגענע, וואָס ‚פֿאַראַכטנדיק‘.

אויפֿן צווייטן פּערז, דעם צוגעגעבענעם, וואָלט מען געקענט אײַנגיין, ווען ער זאָל נישט מאַכן פֿאַר פּלעאָנאַסטיש דעם דריטן, דעם פּושקינישן.

דער „נישט מאַך קיין רייד!“ איז אומגעלומפּערט.

(c) סטראָפֿע 3:

Но в полдень нет уж той отваги –
Порастрясло нас, нам страшней
И косогоры и овраги;
Кричим: полегче, дуралей!

נײַדוס:

בײַ טאָג שוין פֿעלט דער מוט דער אַלטער, –
ס׳צעטרייסלט שטאַרק אונדז, און דערפֿאַר
אונדז שרעקט אַ יעדער באַרג און גראָבן...
מיר שרײַען: שטילער פֿאָר, דו נאַר!

אין דער ערשטער צײַל וואָלט אַפֿילו בעסער געווען (נענטער צום אָריגינאַל): בײַ טאָג נישטאָ שוין מער דער מוט פֿון פֿריִער.

דער פּרעזענס ‚ס׳צעטרייסלט‘ איז נישט געטרײַ: ס׳מוז זײַן לשון־עבֿר. אַ שטייגער: צע־טרייסלט האָט אונדז, און דערפֿאַר... אַגבֿ, וואָלט אַרויסגעפֿאַלן דער פֿאַלשער ‚שטאַרק‘ (דער רוסישער פּירטראַף по- איז דאָ גלײַכטײַטשיק מיט ‚אַ ביסל‘).

косогоры и овраги איז, אייגנטלעך: באַרגאַראָפּן און טעלער. בײַ טווּוימען ערגער:

(przy każdym) rowie, pochyłości.

(każdym קען דאָך נישט גיין אויף דאָס צווייטע הויפּטוואָרט, וואָס איז לשון־נקבֿה).

בײַ ליסן גאָר שלעכט:

בײַ טאָג די דרייסטקייט שוין פֿאַרלאָרן,
צעטרייסלט האָט אונדז, ס׳דראָט געפֿאַר
פֿון בערגלעך קרומע און באַיאָרעס,
מיר בעטן: לײַכטער עטוואָס, נאַר!

דער אויסדרוק ‚ס׳דראָט געפֿאַר‘ שטאָט פּושקינס ‚מיר שרעקן זיך מער‘ פֿאַר־קריפּלט דעם זין. אויך פֿריִער האָט ‚געדראָט געפֿאַר‘ – פֿון די שאַרפֿע באַרגאַראָפּן און טעלער, נאָר דער מוט האָט נאָך געדינט אין פֿולער מאָס. די ענדערונג באַשטייט נישט אין אויפֿקומען פֿון סכּנה, נאָר אין אָפּקומען פֿון מוט.

וואָס הייסט ‚בערגלעך קרומע‘? וועלכע בערגלעך זענען גלײַך?

овраги זענען נישט באַיאָרעס (פּויליש bajor ‚זומפּ‘, דײַטש Weiher ‚שטייענדיק וואַסער, סטאַוו‘, לאַט׳ vivarium), נאָר קליינע שמאָלע טעלער.

кричим איז: ‚מיר שרײַען‘, נישט ‚מיר בעטן‘.
(d) סטראָפֿע 4:

Катит по-прежнему телега.
Под вечер мы привыкли к ней,
И дремля едем до ночлега,
А время гонит лошадей.

נײַדוס:

ווי פֿריִער קײַקלט זיך דער וואָגן.
מיר ווערן צוגעוווינט פֿאַר נאַכט,
ביז צו דעם נאַכטלעגער מיר דרעמלען,
און ס׳טרײַבט די צײַט מיט בייזער מאַכט.

רעדער קײַקלען זיך, אַ וואָגן – נישט. נענטער צום אָריגינאַל וואָלט געווען: צו אים געוווינט זיך ביז פֿאַר נאַכט, / אין וועג צו נאַכטלעגער מיר דרעמלען...

דער צוגאָב ‚מיט בייזער מאַכט‘ איז סותר דאָס בכּיוונדיקע אָביעקטיווקייט פֿונעם אויסלאָזזאַץ בײַ פּושקינען.

ליס:

נאָר ס׳יאָגט דער וואָגן ווי זײַן שטייגער,
פֿאַר נאַכט פֿאַרדרימלט און פֿאַרקלערט
מיר פֿאָרן צו דעם נאַכט־געלעגער,
און ס׳טרײַבט די גראָע צײַט די פֿערד.

נישט שלעכט זענען דער ערשטער פֿערז און דער לעצטער.

אַקעגן, דעפֿעקט איז דער צווייטער, ווו ס׳איז אַרויסגעפֿאַלן דער עיקר: דאָס צוגעוווינען זיך פֿונעם מענטש צום האַסטיקן לויף פֿונעם לעבנס־וואָגן.

צו אַ נאַכטלעגער פֿאָרט מען, נישט צו אַ נאַכט־געלעגער.

6 אַזוי ווי ס׳איז זייער געוווּנטשן, מע זאָל בײַ אונדז אָנהייבן צו איבערזעצן וואָס מער לידער פֿון פֿרעמדע לשונות, לייג איך דאָ פֿאָר עטלעכע כּללים פֿאַר די איבערזעצער:

1) איבערזעצן דאַרף מען נאָר פֿון אַ שפּראַך, מיט וועלכער מע איז היימיש אין דער געהעריקער מאָס.

2) קען מען די שפּראַך נאָר אויבנאויפֿיק, זאָל מען דאָס ווערק, וואָס מע גייט איבערזעצן, פֿריִער דורכשטודירן וואָרט בײַ וואָרט מיט אַ גרעסערן מומחה אין דעם דאָזיקן לשון.

3) אין דער איבערזעצונג מוזן בלײַבן מישקל און ריטעם פֿונעם אָריגינאַל, ווי אויך די גרונט־אייגנשאַפֿטן פֿונעם מחברס סטיל. ווער עס וויל בעסער פֿאַרשטיין, וואָס כ׳מיין דערמיט, זאָל פֿאַרגלײַכן די צוויי פֿאַרשידענע אַלטייִדישע איבערזעצונגען פֿון שלמה אבן גבירולס „שוכני בתּי חומר“ (זע מײַן עטיוד אין וואַרשעווער זשורנאַל „שריפֿטן“, נאָוועמבער

1937) און פֿון יהודה בן שמואל חסידס „אזכּרה יום מותי“ (דאָרטן 1938, נומערן 2 און 4–3).

4) אין אַן איבערזעצונג קענען טאָלערירט ווערן נאָר די מינימאַלסטע – די נויטוועני־דיקסטע, די אומפֿאַרמײַדלעכסטע – אָפּווײַכונגען פֿונעם אָריגינאַל און פֿרײַקייטן לגבי אים.

5) גלײַכצײַטיק מוז די איבערזעצונג אַליין מאַכן דעם אײַנדרוק פֿון אַן אָריגינאַל, ד״ה בײַם לייענען טאָר זיך נישט פֿילן, אַז תּחילת אָנגעשריבן אויף איין שפּראַך איז דאָס ווערק דערנאָך איבערגעטאָן געוואָרן אין לבֿוש פֿון אַן אַנדערער. דערצו איז נייטיק, דאָס לשון פֿון דער איבערזעצונג זאָל זײַן אַזוי קאָרעקט, ווי מע פֿאָדערט דאָס געוויינטלעך פֿון אַן אָריגינעלער שאַפֿונג.

בער סלוצקי

פּושקין אין ייִדיש

ס׳איז אַ פֿאַקט, אַז דער געניאַלסטער, פּאָפּולערסטער און באַליבטסטער רוסישער דיכטער אַלעקסאַנדער פּושקין איז ביזן יאָר 1917 כּמעט אין גאַנצן געבליבן אומבאַקאַנט אין ייִדיש. ביז דעם יאָר האָבן מיר צו פֿאַרצייכענען בלויז אַ פּאָר צופֿעליק איבערגעזעצטע פּושקינס לידער, אַ שטייגער, דאָס ליד: „אַך וואָלקן, דו לעצטער״, איבערגעזעצט פֿון דעם פֿאַרשטאָרבענעם דיכטער ל. נײַדוס און אָפּגעדרוקט אין 1910 אין אַ. רייזענס „אייראָפּעיִשע ליטעראַטור״ (העפֿט 22, וואַרשע).

פּושקין איז נישט נאָר נישט געווען באַקאַנט אין ייִדיש, ער האָט אויך געהאַט אַ קנאַפּע ווירקונג אויף דער ייִדישער פֿאַררעוואָלוציאָנערער דיכטונג. ביז דער רעוואָלוציע פֿון 1917[טן] יאָר איז כּמעט ווי געבליבן פֿרעמד דער ייִדישער דיכטונג אַפֿילו פּושקינס יאַמבישע סטראָפֿע, זײַן שטײַפֿער פֿערז, זײַן קלאָר, געלײַטערט וואָרט. דאָס דערקלערט זיך דערמיט, וואָס פּושקין איז נישט אויפֿגענומען געווען פֿון די ייִדישע דיכטער: די רעוואָלוציאָנערע דעמאָקראַטישע ייִדישע דיכטער זענען געווען אונטער דער ווירקונג פֿון די רוסישע פֿאָלקיסטישע דיכטער, דער הויפּט פֿון נעקראַסאָוון. אַנדערע ווידער האָבן זיך געפֿונען אונטער היינעס ווירקונג, אַ שטייגער, י. ל. פּרץ.

אַ קער צו פּושקינען איז געמאַכט געוואָרן אין ייִדיש ערשט אין יאָר 1917. אמת, אויך אין דער צײַט פֿון דער מלחמה האָט דער פֿריִער דערמאָנטער ל. נײַדוס זיך פֿאַרנומען מיט איבערזעצן פּושקינס לירישע לידער, זיי אָפּדרוקן אָבער האָט ער פֿאַר זײַן לעבן נישט באַוויזן. אין 1917[טן] יאָר איז מיט דער פֿאַרברייטערונג פֿון דער ייִדישער שול געמאַכט געוואָרן דער ערשטער פּרווו צו געבן די ייִדישע קינדער־לייענער פּושקינס מעשׂהלעך. דער פּיאָנ[י]ר אויף דעם געביט איז ווידער געווען ל. נײַדוס. אין 1917[טן] יאָר גייט אַרויס אין ווילנע זײַן איבערזעצונג פֿון פּושקינען: „אַ מעשׂה פֿון אַ טויטער פּרינצעסין און 7 גיבורים״.

אינעם יאָר 1917 גייט אַרויס אין מאָסקווע אַ זאַמלונג לידער אונטערן נאָמען „פֿרעמדס״ (פֿאַרלאַג חבֿר). אין דער דאָזיקער זאַמלונג גייען אַרײַן אַ פּאָר גרעסערע פֿראַגמענטן פֿון „פּאָלטאַוואַ״ און „יעווגעני אָניעגין״, איבערגעזעצט פֿון אַ. גראָדזענסקי, און אַ פּאָר פּושקינס לירישע לידער, איבערגעזעצט פֿון דעם זעלביקן גראָדזענסקי און דניאל טשאַרני. אין דער זאַמלונג איז אויך אַרײַן ל. נײַדוסעס פֿריִער דערמאָנטע איבערזעצונג פֿון פּושקינען, אַגבֿ, אין דער רובריק „פֿרײַע איבערזעצונג״.

אין 1918[טן] יאָר דערשײַנט אין ייִדיש פּושקינס „מעשׂה וועגן אַ פֿישער און אַ פֿישל״. די דאָזיקע איבערזעצונג דאַרף צוגערעכנט ווערן צו די ,פֿרײַע׳: זי איז געמאַכט נישט ווי בײַ פּושקינען אין ווײַסע, נאָ[ר] מער אין גערײַמטע פֿערזן, היפּש פֿאַרייִדישט. אין 1919 גייט

פֿון: **ליטעראַרישע בלעטער** (וואַרשע) 35, דער 28סטער אויגוסט 1936, ז׳ 557.

אַרויס אין כּאַרקאָוו אַ. גראַדזענסקיס פֿולע איבערזעצונג פֿון „פּאָלטאַוואַ“ (פֿאַרלאַג ייִדיש) און אין קאַטערינאָסלאַוו (איצט דנעפּראָפּעטראָווסק) זײַן איבערזעצונג פֿון „יעווגעני אָניעגין“ (פֿאַרלאַג וויסנשאַפֿט).

כאָטש דער איבערזעצער האָט זיך געפֿלײַסט איבערצוגעבן פּושקינס ריטעם, בלײַבן טרײַ זײַן בילדערישקייט, איז די איבערזעצונג אַרויס אַבסאָלוט אָן אַ שפּור אַפֿילו פֿון פּושקינס ווונדערלעכן פֿערז.

אינעם זעלבן 1919[טן] יאָר איז אין אַמעריקע (ניו־יאָרק) אַרויס ב. לאַפּינס זאַמלונג „רוסישע ליריק“ (פֿון פּושקינען ביז יעסענין אײַנגעשלאָסן). אין דער זאַמלונג גייען אַרײַן פּושקינס עלף לידער („שדים“, „דער דערטרונקענער“ און אַנדערע). די איבערזעצונג איז געמאַכט געוואָרן מיט ליבע און טרײַשאַפֿט און דאַרף פֿאַררעכנט ווערן צו די בעסערע פּרוּוון איבערצוזעצן פּושקינען אין ייִדיש.

אָבער די דאָזיקע אַלע איבערזעצונגען קענען ערנסט נישט גענומען ווערן. וועגן גראָדזענסקיס איבערזעצונג איז שוין געזאָגט. זײַן אָרעמע שפּראַך איז אַבסאָלוט נישט אין שטאַנד געווען איבערצוגעבן פּושקינען אין ייִדיש. נײַדוסעס איבערזעצונגען זענען עפּעס מעלאַנכאָליש, ווייכע און שוין צו לײַכטע. אין זיי פֿילט איר כּלל נישט פּושקינס גוואַלדיקע וואָרטקראַפֿט. פֿון דער פּראָזע איז גלאַט נישטאָ וואָס צו רעדן.

אַנדערש איז געווען אינעם ראַטן־פֿאַרבאַנד. כאָטש עס איז אויף אַ לענגערע[ר] צײַט אָפּגעשטעלט די איבערזעצונג־אַרבעט אויף פּושקינען. דאָך האָט פּושקינס ווירקונג אויף דער ייִדישער דיכטונג פֿאָרט געלאָזט זיך פֿילן. באַזונדערס האָט זי זיך געלאָזט פֿילן אויף דער דיכטונג פֿון אָשר שוואַרצמאַן און דוד האָפֿשטיין, וואָס זענען דערצויגן געוואָרן אויף פּושקינען. זיי זענען געווען, באַזונדערס די ערשטע יאָרן פֿון זייער שאַפֿן, זייער שטאַרק אונטער פּושקינס ווירקונג. זיי האָבן די ערשטע אַרײַנגעבראַכט אין דער ייִדישער פּאָעזיע פּושקינס יאַמב, פּושקינס געלײַטערט, קלאָר וואָרט, זײַן פּאַטעטישקייט, זײַן שטײַפֿן, קלינגענדיקן פֿערז. חוץ שוואַרצמאַנען און האָפֿשטיינען האָט פּושקין אויך געווירקט אויף אַ גאַנצער פֿאַלאַנגע יונגע סאָוועטישע ייִדישע שרײַבער.

די נעמען פֿון די גרויסע מײַסטערס פֿונעם ייִדישן וואָרט גי[בן] די פֿולע גאַראַנטיע, אַז די ייִדישע איבערזעצונג פֿון פּושקינס ווערק וועט זײַן אַ הויך קינסטלערישער שעפֿערישער בײַטראָג אין דער גרויסער אַרבעט פֿון איבערזעצן פּושקינס שאַפֿונג, וואָס ווערט איצט געטאָן אין פֿיל שפּראַכן אין רפֿ״ב.

צום ערשטן מאָל גייט פּושקין אַרײַן ווי אַן אייגענער אין דער ייִדישער ליטעראַטור. צום ערשטן מאָל באַקומען די ייִדישע אַרבעטנדיקע די מעגלעכקייט צו געניסן פֿון די ווונדערלעכע ווערק פֿונעם געניאַלן רוסישן דיכטער, פֿון פּושקינען, אין אַ קינסטלערישער, הויך־מײַסטערישער ייִדישער איבערזעצונג.

ליפֿע רעזניק

בייַ דער אַרבעט פֿון איבערזעצן „באָריס גאָדונאָוו“

(באַמערקונגען און נאָטיצן)

די וויכטיקסטע אויפֿגאַבע בייַם איבערזעצן „באָריס גאָדונאָוו“ איז געווען איבערצרגעבן אין ייִדיש די פֿאַרשיידענע שפּראַך־עלעמענטן און שפּראַכסטילן פֿון דער דראַמע, וואָס פֿילן דאָ אויס פֿאַרשיידענע פֿונקציעס בייַם שאַפֿן דעם אַלגעמיינעם סטיל פֿון דעם ווערק, בייַם איבערגעבן דעם כאַראַקטער פֿון דער עפּאָכע, בייַ דער סאָציאַלער און אינדיווידועלער כאַראַקטעריסטיק פֿון די פּערסאָנאַזשן אאַז״וו.

איינע פֿון די הויפּט־שוועריקייטן פֿאַרן ייִדישן איבערזעצער פֿון „באָריס גאָדונאָוו“ האָט פֿאָרגעשטעלט מיט זיך דער קיר[כ]סלאַווישער עלעמענט, וואָס פֿאַרנעמט אַזאַ אָנגעזע[ע]ן אָרט אין דער שפּראַך פֿון דעם ווערק, דינענדיק אַלס אַ באַדייַטנדיקער פֿאַקטאָר בייַם שאַפֿן די דערהויבנקייט פֿון גאָדונאָווס מאָנאָלאָגן, דעם אַלטערטימלעכן עפּישן סטיל פֿון לעטאָפּיס אין פּימענס מאָנאָלאָגן, די רעליגיעז־תּפֿילהדיקע סטיליזאַציע אין דעם ייִנגלס תּפֿילה, דעם פּראָפֿעסיאָנעלן מאָנאַכישן זשאַרגאָן פֿון דעם איהומען אד״גל.

מ׳האָט געדאַרפֿט אויסנוצן צוליב דעם די אַרכאַיִשע עלעמענטן פֿון ייִדיש, די אַלט־ייִדישע לעקסיק און ריידבוי, צום בייַשפּיל, אַזוינע ווערטער, ווי ,וואָרהאַפֿטיקע מעשׂיות׳, ,גוטס און שלעכטס פֿאַרנעמט ער גלייַכגילטיק׳, ,געלייַטזעליקט׳, ,אָ, קייסער הימלישער, דער דאָ איז אייביק און אומעטום׳, ,גאָט האָט ליב געפֿונען זייַן הכנעה׳ אד״גל; העברעיִזמען און בכלל עלעמענטן פֿון דער בית־מדרש־רבנישער שפּראַך, ווי צום בייַשפּיל, ,נסתּלק געוואָרן׳, ,בייַ זייַן פּטירה׳,

> דער קייסער הימלשער מיך אויפֿגענומען
> האָט אין די כּיתּות פֿון מלאָכים זייַנע,
> און איצטער אַ בעל־מופֿת כ׳בין אַ גרויסער אד״גל.

בייַם אויסנוצן אָבער די דאָזיקע שפּראַך־עלעמענטן האָט מען געדאַרפֿט אין זינען האָבן צוויי געפֿאַרן. פֿריִער פֿאַר אַלץ די געפֿאַר פֿון אומפֿאַרשטענדלעכקייט. די אָנגערופֿענע שפּראַך־עלעמענטן זייַנען פֿרעמד דעם איצטיקן לייענער, און ס׳איז נייטיק אַ באַשטימטער טאַקט און מאָס בייַם אָנווענדן זיי, כּדי ניט אַרויסצוגיין פֿון די ראַמען פֿון פֿאַרשטענדלעכקייט.

די צווייטע געפֿאַר באַשטייט אין דעם, וואָס די אַרכאַיִשע רעליגיעזע און העברעיִסטישע שפּראַך־עלעמענטן ווערן שוין לאַנג און זייער ברייט אויסגענוצט אין דער ייִדישער ליטעראַטור צוליב די צוועקן פֿון סאַטירע און פּאַראָדיע. אין דער איצטיקער סאָוועטישער און ליטעראַרישער שפּראַך זייַנען זיי געבליבן אייגנטלעך נאָר אויף אַזוי פֿיל, אויף וויפֿל זיי

פֿון: **פּארמעסט** (קיִעוו) 1, יאַנואַר 1937, ז״ז 163–169.

פֿילן אויס די דאָזיקע פֿונקציעס. בײַם אָנווענדן זיי האָט מען גדערפֿט געפֿינען די געהע־ריקע פּראָפּאָרץ און די פּאַסיקע קאָמבינירונג מיט אַנדערע שפּראַך־עלעמענטן, וואָס זאָל זיי פֿעיִק מאַכן אויסצופֿילן די פֿונקציעס, וועלכע דער קיר[כ]סלאַווישער עלעמענט פֿילט אויס אין דעם אָריגינאַל, און דערבײַ זאָל אויסגעמיטן ווערן די געפֿאַר אַרײַנצופֿאַלן אין אַ פּאַראָדיסטישן סטיל.

פֿאַר אַ בײַשפּיל פֿון אַזאַ פּרווו איבערצוגעבן דעם טאָן פֿון דערהויבענער פֿײַערלעכקייט און אײַנצײַטיק תּפֿילהדיקער הכנעהדיקייט, וואָס אין אָריגינאַל ווערט עס דערגרייכט אין אַ גרויסער מאָס מיט דער הילף פֿון דעם קיר[כ]סלאַווישן עלעמענט, וועל איך זיך דער־לויבן דאָ צו ברענגען אַן אויסצוג פֿון באָריס גאָדונאָווס אַ מאָנאָלאָג:

דו, פֿאָטער פּאַטריאַרך, און איר, באָיאַרן,
אַנטפּלעקט איז הײַנט פֿאַר אַלע אײַך מײַן האַרץ:
איר האָט געזען, אַז איך נעם אָן די מאַכט
די גרויסע מיט הכנעה און מיט פּחד.
ווי שווער עס איז די פֿליכט, וואָס ליגט אויף מיר!
איך ירשן איצט די מעכטיקע יאָהאַנען –
איך ירשן אויך דעם מלאך אונדזער קייסער!
אָ, צדיק, אָ, דו פֿאָטער מלכותדיקער!
פֿון הימל אויף די טרערן בליק אַראָפּ
פֿון דײַנע טרײַע קנעכט און שיק אַראָפּ
דעם, ווען דו האָסט ליב געהאַט און וועמען
דו האָסט דאָ אַזוי ווונדערלעך דערהויבן,
דײַן בענטשונג הייליקע אויף דער ממשלה:
אַז אָנפֿירן זאָל איך מיט רום מײַן פֿאָלק,
אַז זײַן כ׳זאָל גנעדיק און גערעכט ווי דו...

אין אייניקע פֿאַלן בײַם איבערגעבן די פֿאַרשיידענע שפּראַך־עלעמענטן פֿונעם ווערק האָבן זיך באַגעגנט שוועריקייטן, וואָס ניט אַלע מאָל איז געלונגען זיי בײַצוקומען.

די ייִדישע שפּראַך איז קיין מאָל ניט געווען קיין מלוכה־שפּראַך און קיין פֿאַרוואַל־טונגס־שפּראַך, און זי האָט ניט דעם אַדמיניסטראַטיוו־קאַנצעלאַרישן עלעמענט, וואָס טיילט זיך אַזוי סטיליסטיש אויס מיט זײַן אייגנאַרטיקייט אין אַנדערע שפּראַכן. אין „באָ־ריס גאָדונאָוו" ווערט אין אייניקע ערטער אָנגעווענדט די דאָזיקע שפּראַך פֿון די אַמאָליקע פּריקאַזן און קאָלעגיעס. צו דעם דאָזיקן סטיל געהערן, צום בײַשפּיל, די ערשטע שורות פֿון דער דראַמע:

Наряжены мы вместе город ведать,
Но, кажется, нам не за кем смотреть.

אַהער געהערט באַזונדערס דער אוקאַז, וואָס מע לייענט אין קרעטשמע אויף דער ליטווישער גרענעץ. געפֿינען אַן אַדעקוואַט צו דעם דאָזיקן סטיל אין ייִדיש איז אוממעגלעך. מע האָט זיך נאָר געקענט באַמיִען איבערצוגעבן דעם כאַראַקטער פֿון אַרכאַיִשקייט און ביכלדיקייט, וואָס איז אייגנשאַפֿטלעך פֿאַר דעם דאָזיקן סטיל.

אַ גרויסע שוועריקייט האָט אויך פֿאָרגעשטעלט פֿאַר דער איבערזעצונג די טערמינאָ־לאָגיע, וואָס האָט אַ שײַכות צום שטייגער פֿונעם קליר[1] און צום פּראַוואָסלאַווישן קולט. אד״גל Пострижение, духовник, клобук, в тафьях и власяницах.

ייִדיש האָט, פֿאַרשטייט זיך, ניט די דאָזיקע טערמינאָלאָגיע. דאָ איז אויסגעקומען צו זוכן פּאַסיקע ווערטער אָדער שאַפֿן אַ נײַ וואָרט (זאַלבונג, האָרהעמדער, ווידוי־גלח, אד״גל). פֿאַרן וואָרט расстрига[2] איז ניט געלונגען צו געפֿינען קיין איבערזעצונג. אייניקע ווערטער, וואָס האָבן אַ שײַכות צו ספּעציפֿישע באַגריפֿן פֿון דער רוסישער געשיכטע, צום שטייגער פֿון די רוסישע קייסאָרים האָב איך ניט געפֿונען פֿאַר נייטיק איבער[צו]זעצן און ווי טערמינען זיי איבערגעטראָגן אין ייִדיש אין זייער רוסישער פֿאָרעם. צום בײַשפּיל: אודיעל, באָיאַרן, באַרמעס אד״גל. ניט שטענדיק אָבער איז עס מעגלעך געווען צו טאָן. אַזוינע ווער־טער, ווי местничество, разрядны книги קענען איבער זייער גראַמאַטישער סטרוקטור ניט איבערגעטראָגן ווערן אין ייִדיש, און איך האָב געמוזט שאַפֿן פֿאַר זיי ייִדישע ווערטער (ייִחוס־שטרײַט, ראַנגענביכער).

ניט גרינג איז אָנגעקומען איבערצוזעצן די עלעמענטן פֿון פֿאָלקסשפּראַך און פֿאָלקלאָר, באַזונדערס אין דער סצענע „אין קרעטשמע אויף דער ליטווישער גרענעץ“. צום בײַשפּיל, ס׳איז ניט מעגלעך געווען איבערצוגעבן דעם וואָרטשפּיל פֿון וואַרלאַאַמס קאַלאַמבור

Что же ты не подтягиваешь и не потягиваешь.

איך האָב געמוזט בויען וואַרלאַאַמס רעפּליק ניט אויף וואָרטשפּיל, נאָר אויף אינע־וויינקסטן גראַם „פֿאַר וואָס זינגסטו ניט און פֿאַר וואָס טרינקסטו ניט“. דאָס זעלבע האָב איך געמוזט מיט אַ גראַם־קאַלאַמבור פֿאַרבײַטן די שפּיל פֿונעם ווערטל вольному воля, а пьяному рай. אַלנפֿאַלס האָב איך זיך ווי ווײַט מעגלעך באַמיט איבערצוגעבן דעם אַלגעמיינעם כאַראַקטער פֿון דער פּראָסטער שפּראַך אין דער דאָזיקער סצענע.

צו לעצט וועל איך זיך אַ ביסל אָפּשטעלן אויף אַ פּראַגע, וואָס אַלע מאָל שטויסט מען זיך אָן אויף איר בײַם איבערזעצן פֿון רוסיש אויף ייִדיש און, דער הויפּט – בײַ לידער־איבערזעצונג.

די ייִדישע שפּראַך געהערט לויט איר גראַמאַטישער סטרוקטור צו די אַנאַליטישע שפּראַכן (ווי ענגליש, פֿראַנצ[יי]זיש). די גראַמאַטישע פֿאָרמעס, וואָס אין רוסיש ווערן זיי דער הויפּט אויסגעדריקט מיט דער הילף פֿון וואָרט־ענדערונג, פֿון פֿלעקסיעס, ווי צום בײַשפּיל, די בייגפֿאַל־פֿאָרמעס, די פֿאָרמעס פֿון פֿאַרגאַנגענער צײַט אד״גל – די דאָזיקע פֿאָרמעס ווע־רן אין ייִדיש דער הויפּט אויסגעדריקט אַנאַליטיש מיט דער הילף פֿון הילפֿסווערטער, דאָס הייסט, אַז אין ייִדיש באַקומט זיך בײַם איבערזעצן פֿון רוסיש אַ גרעסערע צאָל ווערטער, אַ מאָל באַדײַטנדיק גרעסער. צום בײַשפּיל, мне снилося איז אין ייִדיש ,עס האָט זיך מיר געחלומט׳. פֿינף ווערטער אין ייִדיש אַנשטאָט צוויי אין רוסיש. ניט אַלע מאָל, פֿאַרשטייט זיך,

1 אָ קלער.

2 אָ [rasstriga] – אַ גײַסטלעכער וועמען מע האָט צוגענומען זײַן סטאַטוס און שטעלע אין דער קירך.

איז אַזאַ גרויסער אונטערשייד, און אין אַ געוויסער מאָס ווערט דער אונטערשייד צווישן ררסיש און ייִדיש קאָמפּענסירט דערמיט, וואָס אין ייִדיש איז אַ גרעסערע צאָל ווינציק־טראַפּיקע ווערטער, אָבער אין אַלגעמיין איז בײַ דער איבערזעצונג פֿון רוסיש אויף ייִדיש שטענדיק צו באַמערקן אַ באַדײַטנדיקע פֿאַרגרעסערונג פֿון טעקסט.[1] בײַם איבערזעצן פּראָזע מאַכט ניט אויס, וואָס דער ייִדישער טעקסט באַקומט זיך גרעסער, בײַם איבערזעצן לידער אָבער פֿאַרשאַפֿט עס היפּשע שוועריקייטן. בײַ דער מערהייט פֿאַלן איז בײַ דער איבערזעצונג פֿון לידער אין גאַנצן ניט דערלאָזבאַר צו פֿאַרגרעסערן די צאָל שורות. און אין די פֿאַלן, ווען ס׳איז, לויט מײַן מיינונג, דערלאָזבאַר, צום בײַשפּיל, אין גרעסערע פּאָעמעס מיט אַ מער־ווייניקער פֿרײַער סטראָפֿיק, איז אָבער אויך ניט געווונטשן קיין צו גרויסע פֿאַרגרעסערונג.

די דאָזיקע אייגנשאַפֿט פֿון ייִדיש אין פֿאַרגלײַך מיט רוסיש האָט אויך פֿאַרשאַפֿט איינע פֿון די וויכטיקסטע שוועריקייטן בײַם איבערזעצן „באָריס גאָדונאָוו“, ווײַל אויסער דער ריין קוואַנטיטאַטיווער זײַט, דער פֿאַרגרעסערונג פֿון טעקסט, וואָס ס׳איז ווינטשנסווערט, ווי געזאָגט, מיט אַלע מעגלעכקייטן צו באַגרענעצן, שאַפֿט די דאָזיקע אייגנשאַפֿט אַ געפֿאַר, אַז דער פֿערז זאָל זײַן ניט גענוג אָנגעלאָדן, ער זאָל זײַן גרינגוואָגיק, סעמאַנטיש־בילדעריש ניט אָנגעזעטיקט. דער פֿערז האָט דאָך אַ באַשטימטע צאָל טראַפֿן, פֿאַרגרעסערן די צאָל טראַפֿן קען מען ניט (אין „באָריס גאָדונאָוו“ איז עס צען אָדער עלף טראַפֿן), און בײַ אַ גרעסערער צוזאַמענטרעפֿונג פֿון הילפֿסווערטער אין איין פֿערז קען זיך מאַכן, אַז דער פֿערז זאָל זיך באַקומען צו אַ שיטערער, אַן אויסגעהוילטער. איך וועל ברענגען אַ בײַשפּיל. דער פֿערז:

Весь город был свидетель злодеянья

איז בײַ מיר איבערגעזעצט:

די גאַנצע שטאָט געווען אַן עדות איז
פֿון דעם פֿאַרברעך...

דער זעלבער אינהאַלט, די זעלבע באַטײַטיקייט, וואָס אין רוסיש פֿאַלט זי אויף איין פֿערז, אויף עלף טראַפֿן, פֿאַלט אין ייִדיש כּמעט אויף אָנדערטהאַלבן פֿערזן, אויף פֿערצן טראַפֿן. דער רוסישער פֿערז האָט פֿינף פֿולבאַטײַטיקע ווערטער, דער ייִדישער פֿערז האָט זיבן ווערטער און דאָך איז נאָך ניט אויסגעשעפּט דער גאַנצער באַטײַט פֿונעם רוסישן פֿערז. צוליב דעם איז נייטיק געווען נאָך דרײַ ווערטער פֿון דעם צווייטן פֿערז. פֿינף ווערטער אינעם ייִדישן זאַץ זײַנען הילפֿסווערטער, וועלכע פֿילן אויס בלויז אַ באַדינערישע גראַמאַטיש־סינטאַק[ט]ישע פֿונקציע. אין געוויסע פֿאַלן קען אַזאַ גרויסע צאָל הילפֿסווערטער ברענגען צו גרינגוואָגיקייט פֿונעם פֿערז, דאָס הייסט צו קינסטלערישער ניט־פֿולווערטיקייט.

[1] קיין דורכקאָנטראָלירטע אָנגאַבעס וועגן דער מאָס פֿון דער פֿאַרגרעסערונג איז ניט פֿאַראַן. דער פּראָצענט פֿון דער פֿאַרגרעסערונג, לויט מײַן דערפֿאַרונג, וואַקלט זיך שטאַרק: פֿון 10% און ווינציקער ביז 20% און מערער. אַפּריאָרי קען מען רעכענען, אַז איבערזעצונגען פֿון פּובליציסטיש־וויסנשאַפֿטלעכער שפּראַך גיבן אַ באַדײַטנדיק קלענערן פּראָצענט פֿון טעקסט־פֿאַרגרעסערונג איידער איבערזעצונגען פֿון קינסטלערישער שפּראַך. דער פּראָצענט פֿון דער פֿאַרגרעסערונג הענגט אָפּ, פֿאַרשטייט זיך, ניט נאָר פֿונעם זשאַנער און סטיל פֿון דעם אָריגינאַל, נאָר אין אַ גרויסער מאָס פֿון דער קוואַליטעט פֿון דער איבערזעצונג.

מע האָט געדאַרפֿט בײַקומען די דאָזיקע געפֿאַר, וואָס דרינגט אַרויס פֿון דעם אונטער־שייד צווישן דער סטרוקטור פֿון דער ייִדישער און רוסישער שפּראַך. מע האָט זיך געדאַרפֿט באַמיִען צו האַלטן זיך ווי ווײַט מעגלעך קוואַנטיטאַטיוו בײַ די ראַמען פֿון דעם אָריגינאַל און, דער עיקר, ניט אויסהוילן, ניט צעוואַסערן דעם שטײַפֿן אָנגעזעטיקטן פֿערז פּושקינס.

איך וועל זיך דאָ ניט אָפּשטעלן אויף די פֿאַרשיידענע מיטלען בײַ[צו]קומען די דאָזיקע געפֿאַר, מיטלען, וואָס האָבן אַ שײַכות צום ווערטער־אויסוואַל, צום אָפּקלײַב פֿון באַשטימ־טע גראַמאַטישע פֿאָרמעס, צום זאַצבוי און וועלכע שטעלן מיט זיך פֿאָר אייגנטלעך די הויפּט־עלעמענטן אין דעם פּראָצעס פֿון דיכטערישער איבערזעצונג. ס׳פֿאָדערט זיך אַ באַזונדער אַרבעט, כּדי זיי אויסצוקלאָרן, כאַראַקטעריזירן זיי און קלאַסיפֿיצירן.

איך וועל זיך דאָ אָפּשטעלן נאָר אויף איין מיטל, פֿון ערשטן קוק, אַ ריין פֿאָרמעלן, וואָס ליגט אויף דער ליניע פֿון קלאַנגסטן ווידערשטאַנד, און דערפֿאַר מיסברויכט מען מיט אים אָפֿט בײַ איבערזעצונגען פֿון לידער. אָפֿט קומט אַפֿילו אויס צו הערן טענות און דערווידע־רונגען בכלל קעגן דער אָנווענדונג פֿון דעם דאָזיקן מיטל. עס האַנדלט זיך וועגן אויסנוצן די פֿאַרשיידענערליי פֿאַרקירצונגען פֿון געוויסע קלאַנגען, די אַזוי גערופֿענע קלאַנגען־רע־דוקציע. די דאָזיקע דערשײַנונג איז אַ גאַנץ פֿאַרשפּרייטע אין ייִדיש. באַזונדערס ווערן אָפֿט רעדוצירט די הילפֿסווערטער (טאַקע דערפֿאַר, וואָס זיי פֿילן אויס בלויז אַ באַדינערישע גראַמאַטישע פֿונקציע). עס ווערן רעדוצירט איינציקע קלאַנגען אָדער אַפֿילו גאַנצע גרר־פּעס קלאַנגען, צום בײַשפּיל: פֿון דעם הילפֿסווערב ,וועלן׳ בלײַבט אין דער אויסשפּראַך נאָר דער לעצטער קלאַנג ,נ׳ (מיר וועלן – מיר׳ן). דאָס זעלבע קומט פֿאָר מיט דעם דאָזיקן ווערב אין אַלע זײַנע קאָניוגאַציע־פֿאָרמעס. און דאָס זעלבע קומט אויך פֿאָר מיט אַנדערע הילפֿסווערבן (,האָבן׳) און מיט אַנדערע הילפֿסווערטער (באַשטימטער אַרטיקל, הילפֿס־וואָרט ,עס׳ און אַנדערע). אויך אין באַטײַטיקע ווערטער איז מעגלעך אין געוויסע פֿאַלן פֿאַרקירצונגען (פּראָנאָמען ,איך׳, ,מען׳ – ,כ׳׳, ,מ׳׳). אין איינציקע פֿאַלן ווערט אַ ניט־אַק־צענטירטער וואָקאַל מער־ווייניקער רעדוצירט אַזוי, אַז ער ווערט אין גאַנצן אָדער כּמעט פֿאַרשווונדן פֿון דער אויסשפּראַך. צום בײַשפּיל: לעוואָנע – ל׳וואָנע [לבֿנה], האָפֿענונג – האָפֿ׳נונג, נעכטיקער – נעכט׳קער אד״גל. אין די מינדלעכע רייד ווערט אין די אַלע פֿאַלן מערסטן טייל באַנוצט די רעדוצירטע, פֿאַרקירצטע פֿאָרעם, נאָר אין דער שריפֿט איז בלויז אין באַשטימטע פֿאַלן אָנגענומען צו באַנוצן די פֿאַרקירצטע פֿאָרעם אויף גלײַכע רעכט מיט דער פֿולער. אין דער מערהייט פֿאַלן איז אָנגענומען צו באַנוצן נאָר די פֿולע פֿאָרעם. צום בײַשפּיל: ס׳איז ניט אָנגענומען שרײַבן ,ער׳ז רויט געוואָרן׳. די דאָזיקע שריפֿטלעכע טראַדיציע, וואָס איז אין אַ סך פֿאַלן פֿאַרגעזעצלעכט געוואָרן מצד דער אָרטאָגראַפֿיע, שטעלט געוויסע גרענעצן צו דעם באַנוץ פֿון די פֿאַרקירצונגען, און שאַפֿט בײַ אַנדערע אַ באַציִונג צו זיי, ווי צו שפּראַכלעכע עקסצעסן אָדער ווי צו פּאָעטישע פּריװילעגיעס. די גרעס־טע ראָלע שפּילט דאָ געוויס די פֿרעמדקייט פֿון די דאָזיקע פֿאַרקירצונגען צו די גראַפֿישע געוווינהייטן פֿון דעם לייענער, ווײַל בנוגע צו דער מינדלעכער שפּראַך ווערן זיי אויפֿגע־נומען אַזוי ווײַט געזעצלעך, אַז מע באַמערקט זיי אַפֿילו ניט, און קיינעם וועט ניט אײַנפֿאַלן צו דערווידערן קעגן זיי.

דאָ איז נייטיק צו דערמאָנען, אַז די דאָזיקע פֿאַרקירצונגען ווערן ברייט אויסגענוצט אויף אין דער דײַטשישער פּאָעזיע. צום בײַשפּיל בײַ געטען: Nord’schen (nordischen), art’ge (artige), Waldbewachs’nen (waldbewachsenen) אד״גל.

אָדער בײַ הײַנען: Heil’gen (Heiligen), gift’ge (giftige), Kön’gin (Königin), Hab’ ich nicht die Ehr’ zu kennen (Habe, Ehre).

זעלבסט־פֿאַרשטענדלעך, אַז די דערווידערונגען קעגן דעם באַנוץ פֿון די דאָזיקע פֿאַרקירצונגען סײַ אין דער אָריגינעלער דיכטונג, סײַ אין איבערזעצונגען זײַנען ניט באַגרינדעט און ניט גערעכט. פֿון דער צווייטער זײַט אָבער איז דער פֿאַקט, וואָס ס׳איז ניט אָנגענומען צו באַנוצן זיי ברייט אין דער ייִדישער שריפֿט, אַ גענוגער מאָטיוו צו באַגרענעצן ווי ווײַט מעגלעך זייער באַנוץ.

אַגבֿ, וואָס ס׳איז שייך די פֿאַרקירצונגען אין ייִדיש, האָב איך בײַ דער אַרבעט איבער דער איבערזעצונג זיך אָנגעשטויסן אין אַן אינטערעסאַנטע[ר] דערשײַנונג. ווי באַוווּסט, ווערט דאָס הילפֿסוואָרט ,עס׳ ברייט באַנוצט סײַ אין דער מינדלעכער שפּראַך, סײַ אין דער שריפֿט אין דער פֿאַרקירצטער פֿאָרעם ,ס׳. ווײַזט זיך אַרויס, אַז ווען די דאָזיקע פֿאַרקירצונג קומט פֿאַר דעם הילפֿסווערב ,איז׳, קען זי איבערנעמען אויף זיך די פֿונקציע פֿון דעם דאָזיקן הילפֿסווערב, און דער לעצטער פֿאַלט אין גאַנצן אַרויס. איך האָב די דאָזיקע אייגנשאַפֿט פֿון דעם פֿאַרקירצטן ,ס׳, וווּ ס׳איז מעגלעך און נייטיק געווען, אויסגענוצט אין דער איבער־זעצונג, צום בײַשפּיל: „ס׳נאָך דעם פּאַטריאַרך נאָך אַוועק אויך ס׳גאַנצע פֿאָלק“ אַנשטאָט: ,ס׳איז נאָך דעם פּאַטריאַרך נאָך...׳; „ס׳שווער אונדז מעסטן זיך מיט גאָדונאָוון“ אַנשטאָט: ,נאָר ס׳איז שווער...׳, „ס׳ענג אין פֿעלד אַפֿילו“ אַנשטאָט: ,ס׳איז ענג אין פֿעלד...׳ אד״גל.

איך האָב זיך באַמיט וואָס ווייניקער אָנקומען צו די פֿאַרקירצונגען. דאָך זײַנען זיי ברייט פֿאָרגעשטעלט אין דער איבערזעצונג.

ניט געקוקט אויף אַלע באַמיִונגען האָט זיך פֿאָרט ניט אײַנגעגעבן צו געפֿינען דעם אַדעק־וואַט אין ייִדיש, וואָס זאָל קוואַנטיטאַטיוו קענען באַפֿרידיקן. די קורצקייט פֿון רוסיש אין פֿאַרגלײַך מיט ייִדיש, די ווונדערלעכע קורצקייט און אָנגעזעטיקטקייט פֿון פּושקינס וואָרט האָט געשאַפֿן אַ שוועריקייט אויף ניט בײַצוקומען, און פֿאַר מיר האָט זיך געשטעלט אַ די־לעמע: אָדער דער טעקסט פֿון דער איבערזעצונג זאָל זײַן גרעסער, ס׳זאָל זיך פֿאַרגרעסערן די צאָל פֿערזן, אָדער פֿאַרקירצן אויפֿן חשבון פֿון אינהאַלט, ווי ס׳קומט געווײנטלעך פֿאָר אין אַזוינע פֿאַלן, ד״ה דורכלאָזן ערטערווײַז עפּיטעטן, פֿאַרגלײַכונגען, בילדער, – מיט איין וואָרט, פֿאַראָרעמען פּושקינען אינהאַלטלעך־דיכטעריש און פֿאַרהיטן דערפֿאַר די גרייס פֿונעם אָריגינאַל. איך האָב געהאַלטן, אַז דאָס ערשטע איז ריכטיקער און אין רעזולטאַט האָט זיך אין דער איבערזעצונג באַקומען בײַ אַ הונדערט פֿערזן מער ווי אין דעם אָריגינאַל.

אין דער ווײַטערדיקער אַרבעט איבער דער איבערזעצונג וועט, מעגלעך, זיך אײַנגעבן צו פֿאַרקלענערן דעם דאָזיקן אונטערשייד און דערמיט במילא אויך פֿאַרשטאַרקן די איבערזעצונג.

סאָניע [שפּרינצע] ראָכקינד

צו דער פּראָבלעם פֿון איבערזעצן פּושקינען אין ייִדיש

וואָס געניאַלער עס איז דער שרײַבער, אַלץ שווערער איז די אויפֿגאַבע פֿון דעם איבערזעצער. פּושקין איז ניט נאָר אַ געניאַלער קינסטלער פֿון וואָרט, אַ וווּנדערבאַרער מײַסטער פֿון פּערז, וועמעס פּאָעזיע איז, לויט דער גלענצנדיקער אָפּשאַצונג פֿון בעלינסקי[1], „מוזיק אין פֿערזן און סקולפּטור אין פּאָעזיע". פּושקין איז איינער פֿון די גרויסע דענקער פֿון זײַן צײַט, און אויסדריקער פֿון באַשטימטע פּאָליטיש־געזעלשאַפֿטלעכע שטרעמונגען. ער האָט אין זײַן שאַפֿן אָפּגעשפּיגלט אַ גרויסע עפּאָכע פֿון געזעלשאַפֿטלעכער אַנטוויקלונג. אין זײַנע ווערק האָט ער אויפֿגעהויבן אַ גאַנצע ריי סאָציאַלע און פֿילאָסאָפֿישע פּראָבלעמעס. דאָס אַלץ שטעלט גרויסע פֿאָדערונגען צום איבערזעצער. דער איבערזעצער פֿון פּושקינס ווערק דאַרף זײַן אַ גרויסער מײַסטער פֿון וואָרט, ער דאַרף גוט פֿאַרשטיין פּושקינס שאַפֿונג, זײַן באַקאַנט מיט דער קריטישער ליטעראַטור וועגן פּושקינען, ער דאַרף זיך דורכדרינגען מיט דער אידעע פֿונעם ווערק, וואָס ער זעצט איבער. ער דאַרף באַנעמען די כאַראַקטעריסטישע אייגנשאַפֿטן פֿון פּושקינס שפּראַך און קינסטלערישע מיטלען. בײַם איבערזעצן אַ קינסטלעריש ווערק איז ניט גענוג איבערגעבן[2] דעם אינהאַלט דורך אַנטשפּרעכיקע ווערטער, עס איז נייטיק איבערגעבן דעם סטיל, ריטעם, סינטאַקס, וואָרט־אינסטרומענטירונג און אָפֿט מאָל אַפֿילו די אָפּשטעל־צייכנס פֿון אָריגינאַל. די דאָזיקע אַלע קאָמפּאָנענטן זײַנען ענג פֿאַרבונדן מיטן אינהאַלט פֿון פּאָעטישן ווערק. דאָס ניט צונויפֿפֿאַלן פֿון אַ וועלכער ניט איז אומבאַדײַטנדיקער גראַמאַטישער קאַטעגאָריע ענדערט אָפֿט מאָל דעם אינהאַלט פֿון גאַנצן ווערק. דעם איבערזעצער קומט דעריבער אויס לייזן אַ גאַנצע ריי קאָמפּליצירטע פּראָבלעמעס פֿון וואָרטאָפּקלײַב, אָרגאַניזאַציע פֿון וואָרט־מאַטעריאַל, פּאָעטישן סינטאַקס.

מיר ווילן זיך דאָ אָפּשטעלן אויף אייניקע פּראָבלעמעס פֿון איבערזעצן פּושקינען אין ייִדיש. מיר באַטראַכטן דאָ די איבערזעצונגען פֿון אייניקע פּושקינס פּאָעטישע ווערק, וואָס זײַנען געווען געדרוקט פֿאַרן לעצטן יאָר אין אונדזערע זשורנאַלן און צײַטונגען.

*

[1] ווּיסאַריאָן בעלינסקי (1811–1848) – זע הערה 1, ז׳ 108.

[2] אין ראַטן־פֿאַרבאַנד, אונטער דער פֿאַרשטאַרקטער השפּעה פֿון סלאַווישע לשונות, איז דער באַנוץ פֿון ,צו׳ מיט אינפֿיניטיוו געוואָרן באַזונדערש וואַקלדיק. ס׳רובֿ ייִדיש־סאָוועטישע מחברים בכלל און ראָכקינד בפֿרט באַגייען זיך מיט ,צו׳ זייער שפּאָרעוודיק, אַרויסלאָזנדיק אים אויך אין עטלעכע פֿאַלן וווּ מע ריכט זיך אויף אים אין כּלל־ייִדיש. ייִדיש־סאָוועטישע לינגוויסטן האָבן געפֿאָרשט וועגן דעם אינפֿיניטיווישן ,צו׳, זע למשל דעם אַרטיקל פֿון אַלעקסאַנדער געלבמאַן: ,צו׳ באַם אינפֿיניטיוו. אין: **די ייִדישע שפּראַך** (קיִעוו) 4–5 (17–18), יולי–אָקטאָבער 1929: שפּ׳ 33–44. דער באַנוץ פֿון ,צו׳ ווערט אין אונדזער אויסגאַבע רעספּעקטירט און ניט פֿאַרראָכטן.

פֿון: **דער שטערן** (מינסק) 3, 1939, ז״ז 93–112.

די גרעסטע מערהייט איבערזעצונגען זײַנען געמאַכט פֿון אַזעלכע דיכטער, ווי: האָפּשטיין, פֿינינבערג, האַלקין, כאַשטשעוואַצקי, רעזניק א״אַ.

דאָס זײַנען די ערשטע ערנסטע פּרוּוון איבערזעצן פּושקינען אין ייִדיש. אייניקע פּרוּוון איבערזעצן פּושקינען זײַנען געווען אויך פֿריִער (נאָך פֿאַר דער רעוואָלוציע). די איבערזעצער פֿלעגן זיך אָבער באַגיין גאַנץ פֿרײַ מיט פּושקינס טעקסט. מע פֿלעגט פֿאַרקריפּלען דעם אינהאַלט, איבערשטעלן זאַצן, צוגעבן און אַרויסוואַרפֿן ווערטער, אויסדריקן, זאַצן און גאַנצע סטראָפֿעס אָן שום נויטווענדיקײַט. מע פֿלעגט שטרעבן פֿאַרייִדישן די איבערזעצונגען, אַרײַנברענגען אין פּושקינס טעקסט ספּעציפֿיש ייִדישלעכע ווערטער און אויסדריקן ווי „וואָס שווײַגט דאָ פֿון שׂימחה דער קול״, „גיסט פֿולער די כּוסות״ („באַכוס־ליד״, איבערז[עצער] נײַדוס), „ווי די תּישרי־בלעטער פֿליִען״ („שדים״, איבערז[עצער] לאַפּין, ניו־יאָרק 1919) א״אַ. אַפֿילו די מער בעסערע פֿון די פֿריִערדיקע איבערזעצונגען וואָלטן ניט געקענט באַפֿרידיקן אונדזער סאָוועטישן לייענער. אונדזער עפּאָכע פֿאָדערט פֿון אַן איבערזעצונג מאַקסימאַלע פּינקטלעכקייט, כּמעט דאָקומענטאַלקייט. די דאָזיקע פֿאָדערונג ווערט געשטעלט ניט נאָר צו פּאָליטישע ווערק, נאָר אויך צו קינסטלערישע. יעדע ווילקירלעכע אָפּנייגונג פֿון אַוטאָרס טעקסט ווערט מצד אונדזערע לייענער־מאַסן אָנגענומען ווי אַ פֿאַרברעך.

איינער פֿון די פּאָזיטיווע שטריכן פֿון אונדזערע איבערזעצונגען איז די טרײַקייט צום אָריגינאַל, די שטרעבונג וואָס פּינקטלעכער איבערגעבן די אייגנשאַפֿטן פֿון פּושקינס טעקסט. כאָטש ניט אומעטום גיט זיך עס אײַן אין אַ גלײַכער מאָס. די איבערזעצונגען שיידן זיך שטאַרק אונטער סײַ לויט די פּרינציפּן און מעטאָדן, וואָס דער אָדער יענער איבערזעצער ווענדט אָן, סײַ לויט דער קוואַליטעט – דער קינסטלערישער הייך פֿון דער איבערזעצונג.

פֿון די גרעסערע פּאָעטישע ווערק זײַנען באַזונדערס געלונגען איבערגעזעצט די דראַמעס (מיר האָבן דאָ די מעגלעכקייט רעדן וועגן דרײַ דראַמעס: „רוסאַלקאַ״, „אַ מאָלצײַט אין צײַט פֿון פּעסט״, איבערז[עצט] פֿונעם ח׳ האָפּשטיין, „באָריס גאָדונאָוו״, איבערז[עצער] ח׳ל. רעזניק). די חח׳ האָט זיך אײַנגעגעבן ניט נאָר איבערגעבן דעם אינהאַלט פֿון די דראַמעס – די איבערזעצונגען זײַנען כּמעט וואָרטלעכע, – נאָר אויך די אייגנאַרטיקייט פֿון סטיל און ריטעם. מיט איבערגעבן דעם ריטעם און אינטאָנאַציע צייכנט זיך באַזונדער אויס די דראַמע „רוסאַלקאַ״.

די דראַמע „רוסאַלקאַ״ איז אָנגעשריבן אין אַ זאַפֿטיקער פֿאָלקשפּראַך. דאָ זײַנען אַ מאַסע סטיליזאַציעס פֿון רוסישע פֿאָלקסלידער, באַזונדערס די חתונה־לידער. פֿאַרן איבערזעצער שטייט דאָ אַ געפֿאַר פֿון פֿאַרייִדישן די איבערזעצונג, וואָס פֿלעגט טרעפֿן ניט זעלטן אין דער פּראַקטיק פֿון איבערזעצונגען. די דאָזיקע געפֿאַר האָט דער ח׳ האָפּשטיין אויסגעמיטן (אויב ניט רעכענען דעם ניט געלונגענעם וואָרט „בדחנדל״ אין דער רוסישער חתונה־ליד). די פֿאָלקסלידער זײַנען זייער געלונגען איבערגעזעצט. אין דער איבערזעצונג זײַנען אויך פֿאַרהיט געוואָרן די רוסישע אויסדריקן, באַפֿליגלטע ווערטער.

ס׳איז אויך געלונגען איבערגעזעצט די דראַמע „באָריס גאָדונאָוו״. אין דער דראַמע

„באָריס גאָדונאָוו" שטויסט זיך אָן דער איבערזעצער אויף אַ ריי לעקסישע שוועריקייטן. אין דער שפּראַך פֿון „באָריס גאָדונאָוו" פֿלעכטן זיך איבער פֿאַרשיידענע שפּראַך־סטיכיעס: די ליטעראַטור־שפּראַך פֿון יענער צײַט, דער קירכסלאַווישער עלעמענט, וואָס ווערט אויסגע־נוצט אין דער דראַמע אַלס מיטל פֿון סטיליזירן די אַלטרוסישע שפּראַך, אויף איבערגעבן דעם קאָלאָריט פֿון דער עפּאָכע, וואָס ווערט געשילדערט, אויף צוגעבן דעם ווערק דעם טאָן פֿון „היסטאָרישער פֿאָלקישקייט" און די פֿאָלקסשפּראַך. יעדער פּערסאָנאַזש האָט זיך זײַנע שפּראַך־אייגנטימלעכקייטן. דעם ח׳ רעזניק האָט זיך אײַנגעגעבן איבערגעבן די אַלע שפּראַכ־ליניעס, אין דער איבערזעצונג איז אײַנגעהיט די שפּראַך פֿון די פּערסאָנאַזשן. דער ח׳ רעזניק נוצט דערבײַ אויס פֿאַרשיידענע מיטלען. ער ברענגט אַרײַן ווערטער פֿון אַלט־ייִדיש, העב־רעיִזמען. אַגבֿ, מיסברויכט ניט דער ח׳ רעזניק מיט אַזעלכע ווערטער. איינער־צוויי פּאַסיקע אויסדריקן גיבן שוין צו דעם טאָן פֿון אַרכאַיִשקייט. אָט זײַנען אייניקע בײַשפּילן:

דו, פֿאָטער פּאַטריאַרך, און איר, באָיאַרן,
אַנטפּלעקט איז הײַנט פֿאַר אַלע אײַך מײַן האַרץ!
איר האָט געזען, אַז איך נעם אָן די מאַכט
די גרויסע מיט הכנעה און מיט פּחד.

פֿ״גל מיטן אָריגינאַל:

Ты, отче патриарх, вы все, бояре,
Обнажена моя душа пред вами!
Вы видели, что я приемлю власть
Великую со страхом и смиреньем.

ס׳האָט גאָט מיר דאַן שוין
געלײַטזעליקט די נישטיקייט פֿאַרשטיין
פֿון וועלטלעכע הבֿלים.

Тогда уже и меня
Сподобил бог уразуметь ничтожность
Мирских сует.

דעם ח׳ רעזניק האָט זיך אויך זייער גוט אײַנגעגעבן דער פֿאָלקסטימלעכער עלעמענט. זייער געלונגען איז איבערגעזעצט די שפּראַך פֿון וואַרלאַאַמען, וואָס איז איבערגעפּלאָכ־טן מיט פֿאָלקסווערטלעך. ווי פֿײַן און גלײַכצײַטיק פּינקטלעך עס זײַנען אין ייִדיש די ווערטלעך:

לאָמיר נעמען אַ קליינינקע פֿאַר אונדזער שענקערין דער שיינינקער.

פֿ״גל

Выпьем чарочку за нашу шинкарочку.

ווען איך טרינק מיט גוטע פֿרײַנד האָב איך ניכטערע פֿײַנט.

Когда я пью, так трезвых не люблю.

> אַן אַנדער זאַך איז טרינקען אַ פֿולע גלאָז, אַן אַנדערע – האָבן פֿליי אין נאָז.
>
> Ино дело пьянство, а иное чванство

א״אַ.

מיר האָבן ניט קיין מעגלעכקייט ברענגען אַ גרעסערע צאָל בײַשפּילן פֿון געלונגענע איבערזעצונגען פֿון באַזונדערע ווערטער און אויסדריקן. דאָ זײַנען פֿאַראַן אַ סך אויפֿטועו און דערגרייכונגען. אָבער ניט אַלע מעטאָדן פֿון איבערזעצן פּושקינס לעקסיק, וואָס די חבֿרים ווענדן אָן, זײַנען באַרעכטיקט. פֿאַראַן אין די איבערזעצונגען אַ היפּש ביסל ניט געלונגענע ווערטער. באַזונדערס איז עס שייך צו דער היסטאָרישער לעקסיק.

*

„שפּראַך איז ניט פּשוט קלאַנגלעכקייט, נאָ[ר] אויך דענקען און ניט נאָר דענקען אַליין, נאָר אַן אָנזאַמלונג פֿון איבערבײַטונגען (смены) פֿון דענקען, פֿון איבערבײַטונגען פֿון וועלט־אָנשויונג" (מאַר[1]). יעדע שפּראַך פֿאַרמאָגט אַזעלכע ווערטער און אויסדריקן, וואָס זײַנען אייגנטימלעך נאָר דער געגעבענער שפּראַך, וואָס שפּיגלען אָפּ דעם לעבן־שטייגער פֿון דער נאַציע, די באַזונדערהייטן פֿון אירע עקאָנאָמישע און קולטורעלע באַדינגונגען, פֿון איר היסטאָרישער אַנטוויקלונג. אָט אָ די אָנגעזאַמלטע פּלאַסטן ווערטער און אויסדריקן שטעלן מיט זיך פֿאָר אַ באַזונדער שוועריקייט בײַם איבערזעצן. ניט שטענדיק קען מען פֿאַר די דאָזיקע ווערטער געפֿינען עקוויוואַלענטן אין דער איבערזעצונג־שפּראַך. מע קען זיי בלויז אויסטײַטשן דורך די מיטלען פֿון אַן אַנדער שפּראַך. אין פּושקינס פּאָעזיע, וואָס איז ענג פֿאַרבונדן מיטן קאָנקרעטן לעבן־שטייגער, וואָס שפּיגלט אָפּ דעם רוסישן לעבן פֿון יענער עפּאָכע, זײַנען נאַטירלעך פֿאַראַן אַ מאַסע אַזעלכע אויסדריקן, וואָס באַצייכענען דערשײַנונגען פֿון דעמאָלטיקן לעבן־שטייגער און פֿון דער סאָציאַלער אָרדענונג פֿון דע־מאָלטיקן רוסלאַנד. די דאָזיקע ווערטער זײַנען אין רוסיש איצט אויך אַרכאַיִזמען. פֿאַר אַזעלכע אַרכאַיִזמען קומט אָבער אָפֿט אין ייִדיש אויס שאַפֿן נײַבילדונגען. אין אונדזערע איבערזעצונגען מערקן זיך אָן פֿאַרשיידענע מעטאָדן פֿון איבערזעצן די דאָזיקע ווערטער: מע לאָזט איבער דעם רוסישן וואָרט, מע גיט אַן אויסטײַטשונג פֿון וואָרט, מע פֿאַרבײַט אים אויף אַ ייִדישן, מע שאַפֿט אַ נײַבילדונג. אינעם קאָנטעקסט פֿון דער איבערזעצונג איז דער אָדער יענער מעטאָד ניט שטענדיק צוגעפּאַסט. אָט זײַנען אייניקע בײַשפּילן פֿון דער דראַמע „באָריס גאָדונאָוו", ווו דאָס רוסישע וואָרט ווערט איבערגעלאָזט אין דער איבער־זעצונג:

> די ב אַ ר מ ע ס[2] נעמט, די קרוין פֿון מאָנאָמאַך.

[1] ניקאָלאַי מאַר (1864–1934) – אַ לינגוויסט, באַוווּסט ווי אַ פֿאָרשער פֿון קאַווקאַז־שפּראַכן. ער האָט אַנטוויקלט די אַזוי גערופֿענע יאַפֿעטישע טעאָריע („די נײַע לערע וועגן דער שפּראַך") וועגן דעם שײַכות צווישן דער שפּראַך און דער היסטאָריש־געזעלשאַפֿטלעכער אַנטוויקלונג. די טעאָריע האָט באַקומען די שליטה איבער דער סאָוועטישער שפּראַך־וויסנשאַפֿט זינט די 1920ער יאָרן.

[2] אונטערגעשטראָכן אומעטום פֿון אונדז.

бармы באַטײַט די קליידער פֿון קייסער.

איך וועל די הויכע ס כ י מ ע אויף זיך נעמען.

схима – אַ מאָנאַכן־טיטול. די דאָזיקע ווערטער זײַנען ניט צוגעפּאַסט, ערשטנס, צוליב דעם, וואָס זיי זײַנען אין ייִדישן טעקסט ניט פֿאַרשטענדלעך, נאָר דאָס איז ניט אַזאַ בייז, מע קען געבן אין אַן אָנמערקונג אַ דערקלערונג. דעם איצטיקן רוסישן לייענער זײַנען די דאָזיקע ווערטער אויך ניט פֿאַרשטענדלעך. די זאַך איז אָבער אין דעם, וואָס די ווערטער ,סכימע׳ און ,באַרמעס׳ אַסאָציִירן זיך לויט די קלאַנגען מיט אַנדערע ווערטער פֿון דער ייִדישער שפּראַך און דאָס קאָן אַרויסרופֿן אַ מיספֿאַרשטייעניש, באַזונדערס ווען די דאָזיקע ווערטער וועלן קלינגען פֿון דער סצענע. בײַם אָפּקלײַב פֿונעם וואָרט איז וויכטיק אויסרעכענען ניט נאָר אויף וויפֿל דאָס וואָרט גיט איבער פּינקטלעך דעם אינהאַלט פֿון רוסישן, אויף וויפֿל עס האַרמאָנירט מיט פּושקינס טעקסט, נאָר אויך מיט דעם, אויף וויפֿל עס וועט דערגיין צום לייענער, אָדער צושויער, וואָס פֿאַרא אַסאָציִאַציעס עס רופֿט בײַ אים אַרויס. אַ גאַנצע ריי אַזעלכע ווערטער ווערן אין די איבערזעצונגען אויסגעטײַטשט און פֿאַרביטן אויף ייִדישע און גאַנץ געלונגען. צב״ש, клобук, ,מאָנאַכן־הוט׳.

Кромешники в тафьях и власяницах
Послушными являлись чернецами.

ווערט איבערגעזעצט:

אָפּריטשניקעס[1] אין האָרהעמדער און ספּאָדקעס
געווען ווי די געהאָרכזאַמע מאָנאַכן („באָריס גאָדונאָוו“).

,אָפּריטשניק׳ איז שוין אין די ייִדישע איבערזעצונגען פֿאַרשפּרייט פֿון לאַנג. זייער געלונגען איז איבערגעזעצט דאָס וואָרט местничество, ,ייִחוס־שטרײַט׳ (**באָריס גאָדונאָוו**). דער ח׳ האָפּשטיין זעצט גאַנץ געלונגען איבער

Ковши круговые, запенясь, шумят

אין קרײַז גייען שוימיקע קריגלען („דאָס ליד וועגן קלוגן אָלעג“).

אָבער אָפּט מאָל ווערט דאָס רוסישע וואָרט פֿאַרביטן אויף אַזאַ ייִדישן וואָרט, וואָס גיט אַבסאָלוט ניט איבער זײַן אינהאַלט, אָדער דורך אַזעלכע נײַבילדונגען, וואָס קלינגען אין ייִדיש צו נײַ און טראָגן אַרײַן אַ דיסהאַרמאָניע אין פּושקינס סטיל. צב״ש, דאָס וואָרט молчальник זעצט ח׳ רעזניק איבער ,שווײַגער׳. молчальник באַטײַט אַ מענטש, וואָס האָט אויף זיך גענומען אַ נדר שווײַגן, זײַן שטום. דאָס איז אַ רעליגיעז וואָרט. אין ייִדיש איז אַ שווײַגער אַ מענטש וואָס האָט ניט ליב צו רעדן אַ סך. דורך דער איבערזעצונג ווערט פֿאַרלאָרן די כאַראַקטעריסטיק פֿון פֿירשט פֿיאָדאָר, וואָס ווערט געשילדערט אלס אַ פֿרומער

[1] אָפּריטשניק – אַ סאָלדאַט אין דער גוואַרדיע פֿון איוואַן IV (דעם שרעקלעכן) בעת דער צײַט פֿון אָפּריטשנינע, דעם צאַרס דעספּאָטישער ממשלה (1565–1572).

מענטש, וואָס איז ניט צוגעפּאַסט פֿאַרן צאַרישן טראָן. דער אויסדרוק „אויפֿן טראָן האָט ער נאָך אַ פֿרידלעכן לעבן פֿון אַ שווייַגער געבענקט“ גיט ניט איבער דעם דאָזיקן געדאַנק. דאָס זעלבע איז ניט צוגעפּאַסט דאָס וואָרט ,פֿאַסטער׳ פֿאַר постник, עס גיט ניט איבער דעם באַטייַט פֿון אַסקעטיזם, וואָס ס׳פֿאַרמאָגט דאָס רוסישע וואָרט. דאָס וואָרט ,ברודערשאַפֿט׳ פֿאַר братия, וואָס באַטייַט אַ הייליקע געמיינדע, איז ניט גוט, – אין ייִדיש האָט ,ברודערשאַפֿט׳ גאָר אַן אַנדער באַטייַט, ,הייליקע פֿאָנען׳ פֿאַר хоругви – אויף דעם איז שוין אין ייִדיש פֿאַראַן אַ וואָרט ,קירכפֿאָנען׳. די דאָזיקע ווערטער רופֿן אַרויס גאָר אַנדערע אַסאָציאַציעס.

די פּראָבלעם פֿון איבערזעצן די דאָזיקע לעקסיק, וואָס מיר רופֿן באַדינגלעך ,היסטאָרישע׳, באַשטייט ניט נאָר אין דעם, וואָס עס ווערט ניט ריכטיק איבערגעגעבן דער באַטייַט פֿון איין וואָרט אָדער אַ זאַץ. ס׳טרעפֿט, אַז די ניט־פּינקטלעכע איבערזעצונג פֿון איין וואָרט ברענגט דערצו, אַז ס׳ווערט פֿאַרלאָרן דער געדאַנק פֿון גאַנצן. פּושקין נוצט אָפֿט אויס ד[אָס] ביבליש[ע] וואָרט, צוגעבנדיק אים גאָר אַ נייַעם אינהאַלט. צב״ש, אין דער פּאָעמע „דער קופּערנער רייַטער“ באַנוצט פּושקין דאָס קירכסלאַווישע וואָרט багряница אינעם פֿראַגמענט:

Утра луч
Из-за усталых, бледных туч
Блеснул над тихою столицей
И не нашел уже следов
Беды вчерашней, *багряницей*
Уже прикрыто было зло.
В порядок прежний все вошло.

דאָס וואָרט багряница באַטייַט פּורפּורקליידער. דאָס איז אַ סימבאָל פֿון גרויסקייט, פֿון צאַרישער מאַכט. דער דאָזיקער פֿראַגמענט האָט טאַקע אַ סימבאָלישן באַטייַט. פּושקין מיינט דאָ די באַרויִקונג פֿון רוסלאַנד נאָכן שטורעם פֿון דעקאַבער־אויפֿשטאַנד. דער ח׳ פֿינינבערג האָט אין זייַן איבערזעצונג דאָס וואָרט багряница פֿאַרביטן אויפֿן וואָרט „זון“. „די זון האָט דאָס בייז דאָס אָפּגעטאָן פֿאַרדעקט.“ און דורך דעם איז פֿאַרלאָרן געגאַנגען דער סימבאָלישער באַטייַט פֿונעם דאָזיקן פֿראַגמענט. דער ח׳ כאַשטשעוואַצקי האָט דאָס וואָרט איבערגעזעצט גאַנץ געלונגען „פּורפּורבלאַנק“.

אין אַ ליד קען איין ניט־פּינקטלעך וואָרט צעפּטרן די אידעע פֿון דער גאַנצער ליד. אַזעלכע דערשייַנונגען האָבן מיר אויך אין אונדזערע איבערזעצונגען. אינעם „באַכוס־ליד“ ווערט אין צוויי איבערזעצונגען (פֿינינבערגס און טייפֿס) דאָס וואָרט лампада איבערגעזעצט „לעמפּל“. אין אַן אַנדער קאָנטעקסט וואָלט עס ניט געווען קיין פֿעלער. דאָס וואָרט лампада פֿלעגט דאַן אין רוסיש באַנוצט ווערן אין באַטייַט פֿון אַ פּשוטן לאָמפּ, ניט נאָר הייליקן. אינעם דאָזיקן ליד איז עס אָבער ניט צוגעפּאַסט. „באַכוס־ליד“ איז אַ טיף פֿילאָסאָפֿישע ליד, וואָס דריקט אויס פּושקינס אַטעיִסטישע אָנשוויונגען. פּושקין באַזינגט דאָ די זון

פֿון אומשטערבלעכן שׂכל, קעגנשטעלנדיק די בלאַסע לאַמפּאַדע פֿון קירכישן געדאַנק. אין דער איבערזעצונג איז ניט קענטיק דער דאָזיקער טיפֿער געדאַנק. דער ח׳ האָפּשטיין, וואָס איז מער פֿילבאַר צו אַ ניואַנס פֿון וואָרט האָט שוין איבערגעזעצט „אייללעמפּל״. כ׳ווייס אָבער ניט אויף וויפֿל דאָס דאָזיקע וואָרט וועט דערגיין צום לייענער, ס׳וואָלט אפֿשר טאַקע דאָ כּדאַי געווען איבערלאָזן „לאַמפּאַדע׳.

דאָס ביבלישע אָדער אַלטרוסישע וואָרט ווערט בײַ פּושקינען זייער אָפֿט אויסגענוצט אַלס מיטל פֿון סטיליזאַציע. אָט איז צב״ש פּושקינס ליד *Свободы сеятель*. אין דער דאָזיקער ליד האָט פּושקין אויסגענוצט די עוואַנגעלישע פֿאַבל וועגן „זייער׳. די עוואַנגעלישע פֿאַבל ווערט דאָ איבערגעטראָגן פֿון רעליגיעזן געביט אין סאָציאַל־פּאָליטישן. דעם עוואַנגעלישן „זייער׳ ווערט קעגנגעשטעלט דער נײַער זייער פֿון פֿרײַהייט, וואָס קומט צו פֿרי און זײַן מי איז אומזיסט. די ליד איז אָנגעשריבן אין צוויי סטילן. פּושקין באַנוצט דאָ די ביבלישע לעקסיק пустынный сеятель, живительное семя.

אין דער איבערזעצונג איז די פּאַראָדישע פּאַרשאַרפֿטקייט פֿון דער דאָזיקער ליד פֿאַרלאָרן געגאַנגען. пустынный איז איבערגעזעצט „עלנטער״, живительное семя „די זריעה וואָס דאַרף שוין געבוירן״, וואָס איז בכלל ניט ריכטיק. דאָס וואָרט живительный באַטײַט – וואָס רופֿט אַרויס לעבן, וואָס לעבט אויף.

און נאָך איין בײַשפּיל, ווי אין דער אבערזעצונג ווערט פֿאַרלאָרן פּושקינס סטיל, איז „דאָס ליד וועגן קלוגן אָלעג״. די גאַנצע ליד איז זייער געלונגען איבערגעזעצט, אָבער דער ח׳ האָפּשטיין האָט דאָס וואָרט дружина פֿאַרביטן אויף „פֿרײַנד״. „מיט פֿרײַנד הוליעט פֿריילעך דער קלוגער אָלעג״ און האָט דערמיט פֿאַרטושירט דעם היסטאָרישן קאָלאָריט פֿון דער ליד. ס׳איז פּשוט צו באַדויערן, וואָס דער ח׳ האָפּשטיין, וואָס איז אַזוי פֿילבאַר צו פּושקינס סטיל, זאָל עס ניט פֿילן. כּדי אײַנהיטן דעם סטיל פֿון ווערק, וואָס איז איינע פֿון די וויכטיקסטע פֿאָדערונגען פֿון איבערזעצן, דאַרף מען ניט מורא האָבן איבערלאָזן אַ רוסיש וואָרט, ווען דאָס איז נייטיק, באַנוצן זיך מיט ייִדישע אַרכאַיִזמען, מיט ווערטער און אויסדריקן פֿון העברעיִשן לעקסיקאָן, ווי דאָס האָט געטאָן, און אין אייניקע פֿאַלן זייער געלונגען, דער ח׳ רעזניק אין דער איבערזעצונג פֿון דער דראַמע „באָריס גאָדונאָוו״. פּושקינס שפּראַך איז אַזוי רײַך, אַז די פֿראַגע פֿון וואָרטשטאָף שטייט זייער שאַרף פֿאַרן איבערזעצער. עס קומט דעריבער אויס מאָביליזירן אַלע שפּראַכרעסורסן, וואָס מיר פֿאַרמאָגן. מע דאַרף אָפּמערקן, אַז בײַ אייניקע אונדזערע שרײַבער איבערזעצער פֿילט זיך אַ געוויסע מורא פֿאַר אַ ניט־געוויינטלעכן, ווייניק פֿאַרשפּרייטן וואָרט, פֿאַר אַ העברעיִזם – אַפֿילו אַזאַ, וואָס איז פֿאַרשפּרייט אין דער ריידשפּראַך און ליטעראַטור. ניט אַלע שרײַבער זײַנען גענוג פֿילבאַר צום וואָרט, אין אייניקע איבערזעצונגען באַמערקט זיך אַפֿילו אַ נאָכלעסיקע באַציִונג צום וואָרטאָפּקלײַב, באַזונדערס ווען דער שרײַבער האָט צו טאָן מיט סינאָנימען!

*

סינאָנימען זייַנען ווערטער מיט נאָענטע גרונטבאַטייַטן, וואָס שיידן זיך אונטער לויט די ניואַנסן פֿון באַטייַט, „בייַ סינאָנימען“, זאָגט באַי[1],

קען מען באַאָבאַכטן פֿאַרשיידענע גראַד[ן] אינטענסיווקייט, מיט וועלכע די אָדער יענע פֿאָרשטעלונג אָדער באַגריף גייט אַרייַן אין אונדזער באַוווּסטזייַן. מיט די פֿאַרשיידענע סינאָנימען אַסאָציִירן מיר דעם געפֿיל פֿון צופֿרידנקייט אָדער אומצופֿרידנקייט, די פֿאָר־שטעלונג וועגן ,גוטס׳ און ,שלעכטס׳, ,שיינקייט׳ אָדער ,מיאוסקייט׳. ענדלעך, בייַ די אָדער יענע סינאָנימישע אויסדריקן קומט בייַ אונדז אויף אַ פֿאָרשטעלונג וועגן אַ באַשטימטן סאָציאַלן שיכט, וועגן אַ באַשטימטער אַרט טעטיקייט, פּראָפֿעסיע...

דאָס זייַנען די הויפּט־אונטערשיידן, וואָס באַהאַלטן זיך אונטער די פֿאַרשיידענע אויס־דריק־מיטלען פֿון דער געוויינטלעכער שפּראַך. דער אונטערשייד צווישן שטאַרקן אויס־דרוק, פֿאַרגרעסערונגען, פֿאַרקלענערונגען, צערטלעכע, אַהער געהערן אויך די אויסדריקן, וואָס ווערן איבערגעגעבן דורך די טערמינען: גערעדטע שפּראַך, שריפֿטשפּראַך, פֿאַמי־ליאַר־וואָרט, פֿאָלקסטימלעכער אויסדרוק, טעכנישער טערמין, ליטעראַרישער טערמין א״אַ.

דער אויסוואַל פֿונעם פּאַסיקן וואָרט פֿאַרן געגעבענעם ניואַנס פֿון סינאָנים פֿאָדערט אַ באַזונדער בייגעוודיקייט פֿון דעם איבערזעצער. דער איבערזעצער דאַרף קענען אונטער־שיידן די ניואַנסן פֿון נאָענטע ווערטער אין די פֿאַלן ווען מע קען ניט איבערגעבן מיט איין איין מאָל פֿאַר אַלע מאָל אייַנגעשטעלטן וואָרט פֿון דער איבערזעצונג־שפּראַך דעם אָדער יענעם אויסדרוק פֿון אָריגינאַל, וואָס קומט אין פֿאַרשיידענע קאָמבינאַציעס מיט אַנדערע ווערטער און אויסדריקן. פֿאַר דעם ייִדישן איבערזעצער פֿון רוסיש איז דאָס אַ סך שווערער, ווייַל די ייִדישע שפּראַך איז אָרעמער אין סינאָנימען ווי די רוסישע. די רוסישע שפּראַך איז מער אָנגעזאַפּט מיט עפֿעקטיווקייט. אין רוסיש זייַנען פֿאַראַן אַ מאַסע פֿאַרקלענער־פֿאָר־מעס, פֿאַראַכטלעכע און פֿאַרצויגענע סופֿיקסן – באַזונדערס אינעם רוסישן פֿאָלקלאָר און אין דער מאַסנשפּראַך – ניט פֿאַר אַלע פֿון די דאָזיקע פֿאָרמעס האָבן מיר אַנטשפּרעכיקע פֿאָרמעס אין ייִדיש. דאָס מאַכט נאָך שווערער די אויפֿגאַבע פֿון איבערזעצער. דער איבער־זעצער איז אָפֿט געצוווּנגען ענדערן דעם ניואַנס פֿון וואָרט. פֿאַראַן אָבער פֿאַלן, ווען דער איבערזעצער ענדערט דעם ניואַנס פֿון וואָרט אָן שום נויטווענדיקייט. ס׳איז אַבסאָלוט ניט פֿאַרשטענדלעך צוליב וואָס איז דעם ח׳ פֿינינבערג נייטיק געווען איבערזעצן דאָס וואָרט плечи „אַקסעלעך“.

ס׳האַקט דער דעליבאַש דיר אָפּ
אין גאַלאָפּ מיט סאַבל[2] זייַנער
פֿון אַ ק ס ע ל ע ך דעם קאָפּ („דעליבאַש“).

אין אָריגינאַל לייענען מיר:

1 באַוווּסטער פֿראַנצייזישער לינגוויסט. [Charles Bally איז אין דער אמתן געווען אַ שווייצאַרישער לינג־וויסט, דער ריכטיקער אַרויסרייד פֿון זייַן נאָמען איז ,באַלי׳. אָנמ׳ פֿון רעד׳ 2025]

2 & סאַבליע.

Делибаш на всем скаку
Срежет саблею кривою
С *плеч* удалую башку.

דאָס וואָרט „אַקסעלעך״ קלינגט אין דער איבערזעצונג פּשוט קאָמיש. דאָס וואָרט „פּענצטער״ איז בײַ דעם ח׳ האַרצמאַן געוואָרן „שויב״.

דו מײַן אַלטינקע, מײַן גרײַזע
וואָס זשע זיצסטו בײַ דײַן שויב („אַ ווינטערדיקער אָוונט״).

ס׳האָט נאָך ניט געטראָפֿן, אַז עמעצער זאָל זיצן בײַ אַ שויב (ווען מיר זעצן דאָס איבער אין רוסיש וואָלט זיך באַקומען у стекла), אַזעלכע ניט־לאָגישע ווערטער און אויסדרײַ־קן טרעפֿן מיר אַפֿילו גאַנץ אָפֿט אין די בעסטע איבערזעצונגען. „דער פֿלאַך גליטשט זיך אַראָפּ״ („דו קריטיקער״, איבערז[עצער] פֿינינ[בערג]) אַנשטאָט скат отлогий. אויך דער ח׳ האָפֿשטיין דערלויבט זיך בײַטן די ניואַנסן פֿון ווערטער.

Толпы непросвещенной

ווערט איבערגעזעצט:

פֿון מענגע טעמפּער („דאָרף״).

Наших *деток* в шумной школе
Раздавались голоса.

זעצט ער איבער:

אין דער שול האָט הויך געקלונגען
אונדזער יונגן דורס געזאַנג („אַ מאָלצײַט אין צײַט פֿון פּעסט״).

„יונגער דור״ קלינגט פֿײַערלעכער, געהויבענער ווי ,קינדער׳. אינעם דאָזיקן קאָנטעקסט פֿון אַ פֿאָלקסליד איז עס ניט קיין געלונגענער פֿאַרבײַט.

דאָס זײַנען בלויז אײנצלנע בײַשפּילן. אין אונדזערע איבערזעצונגען האָבן מיר אַ מאַסע אַזעלכע ניט־פּינקטלעכקייטן. ניט שטענדיק שטערט דאָס דער פּינקטלעכקייט פֿון דער איבערזעצונג. דאָס איז אָבער אַ פֿראַגע, וואָס די חבֿרים איבערזעצער דאַרפֿן נעמען אין אַכט, כּדי אויסמײַדן לאַפּסוסן. צו אייניקע ווערטער האָבן די איבערזעצער אַ באַזונדער[ע] נייגונג, אַז מע חזרט זיך איבער אַזוי פֿיל מאָל, אַז עס ווערט צוגעגעסן. דאָס וואָרט ,פּײַן׳, צב״ש, ווערט באַנוצט אויף איבערזעצן די ווערטער: ,печальный, бедный, тоска томный, жестокий, суровый א״אַ.

ס׳וועט פֿון האַרץ אַוועק די פּײַן („ווינטער־אָוונט״).
פֿרײַנד עכטע פֿון מײַן יוגנטפּײַן („ווינטער״).
פּײַנגעזאַנגען („דו זינג ניט שיינהייט״).
עס פּײַניקט דיך אַן אומעט („צו דער ניאַניע״).
מיט מיטלייד ענטפֿערן אויף שטיל געגרעדט פֿון פּײַן („דאָרף״).

און נאָך און נאָך.

פּושקינס פּאָעטישע שפּראַך צייכנט זיך אויס מיט איר פּראָסטקייט, נאַטירלעכקייט, קיין שום סענטימענטאַלקייט, קיין שום אומנאַטירלעכע מעטאַפֿאָרעס, קיין שום צעשוווּ־מענקייט און געקינצלטקייט געפֿינען מיר ניט אין פּושקינס פּאָעטישער לעקסיק. אונדזערע איבערזעצער באַ[פּ]וצן פּושקינען מיט אַזעלכע מעטאַפֿאָרעס, וואָס זיינען פֿאַר אים ניט כאַ־ראַקטעריסטיש, מע פֿאַרבייַט אָפּט איין עפּיטעט אויף אַן אַנדערן, וואָס האָט גאָר אַן אַנדער עמאָציאָנעלע קראַפֿט, מע פֿאַרבייַט איין קינסטלערישן מיטל אויף אַ צווייטן, אָדער מע פֿאַרפֿעלט אַזעלכע עפּיטעטן, וואָס האָבן זייער אַ וויכטיקע באַדייַטונג אינעם געגעבענעם טעקסט. צב״ש בייַ פּושקינען:

Черты далекой, бледной девы

איבערז[עצונג]: „דאָס מיידל, וואָס אין ווי פֿאַרגאַנגען״ („זינג ניט שיינהייט״).
וואָס באַטייַט עס? „אין ווי פֿאַרגאַנגען״?
בייַ פּושקינען:

Над омраченным Петроградом
Дышал ноябрь осенним хладом.
Плеская шумною волной
В края своей ограды стройной,
Нева металась, как больной
В своей постеле беспокойной.

אין דער איבערזעצונג:

ס׳האָט שוין נאָיאַבער מיט קעלט געאָטעמט
און האַרבסטיק פּעטראָגראַד באַשאָטן,
נעוואַ די כוואַליעס האָט געשאַרפּט
אָן ראַנדן פֿון איר צוים דער שלאַנקער...
(„קופּערנער רייַטער״, איבערז[עצער] כאַשטשעוואַצקי).

דאָ זיינען גאַנץ פֿיינע בילדער – נאָיאַבער האָט האַרבסטיק באַשאָטן פּעטראָגראַד, נע־וואַ האָט געשאַרפּט די כוואַליעס, אָבער וואָס פֿאַרא שייַכות האָט עס צו פּושקינען?

Люблю, военная столица,
Твоей твердыни дым и гром.

ווערט איבער[גע]ז[עצט]:

כ׳האָב ליב דיך הויפּטשטאָט פֿון מ ד י נ ה,
פֿון פֿעסטונגען דעם רויך און ב ר ו י ז.

פּושקין שילדערט דאָ פּעטראָגראַדס באַוואָפֿנטקייט, זייַן שטאָלץ, פֿעסטקייט. דער

גאַנצער פֿראַגמענט איז דורכגעדרונגען מיט דער אידעע פֿון פֿעסטקייט. אין דער איבער־זעצונג איז דאָס פֿאַרשוווּנדן. ס׳איז דורכגעלאָזן אַזאַ וויכטיקער עפּיטעט военная, דאָס וואָרט „ברויז" קלינגט דאָ גאַנץ לעכערלעך. ברויזן קען נאָר אַ פֿליסיקייט, שטיין און גראַניט ברויזט ניט.

אַ באַזונדער[ס] פֿאַרזיכטיקער צוגאַנג צו דער קינסטלערישער לעקסיק פֿאָדערט זיך בײַם איבערזעצן אַ לירישע ליד. איין ניט צוגעפּאַסט וואָרט, אַ וועלכער ניט איז דורכגע־לאָזענער עפּיטעט קען צעפּטרן דעם אינהאַלט פֿון דער גאַנצער ליד. אַלס אילוסטראַציע וועלן מיר דאָ ברענגען די ליד „אַ ווינטערדיקער אָוונט". מיר האָבן פֿיר איבערזעצונגען פֿון דער דאָזיקער ליד (האָפּשטיינס, פֿינינבערגס, כאַשטשעוואַצקיס, האַרצמאַנס). יעדער פֿון די איבערזעצער האָט דאָ עפּעס געענדערט.

מיר נעמען די ערשטע צוויי שורות:

> Буря мглою небо кроет,
> Вихри снежные крутя.

ווערט איבערגעזעצט:

בײַ האָפּשטיינען:

> הימלען חושכט שטורעם ווילדער,
> וויכערס שנייִקע פֿאַרדרייט.

די דאָזיקע איבערזעצונג איז כּמעט אַ וואָרטלעכע.

בײַ פֿינינבערגן:

> שפּרייט דער שטורעם שוואַרצע דעקן,
> שנייען וויכערס דרייט געשווינד.

דאָ איז דורכגעלאָזן דאָס וואָרט ‚הימל׳, צוגעגעבן דאָס וואָרט ‚געשווינד׳. דער אויס־דרוק „שפּרייט... שוואַרצע דעקן" ניט אַזוי קאָנקרעט, ווי בײַ פּושקינען.

בײַ כאַשטשעוואַצקין:

> דרייט דער שטורעם שנייענקוילן
> און דעם הימל בלינד פֿאַרשפּינט.

דאָ איז געענדערט דער ווערטער־סדר, דאָס גיט צו דער ליד גאָר אַן אַנדער באַטאָנונג, ס׳איז אַרײַנגעבראַכט אַ מעטאַפֿאָר, וואָס איז ניט אָרגאַניש פֿאַרן טעקסט פֿון דער דאָזי־קער ליד „בלינד פֿאַרשפּינט דעם הימל", עס צעשטערט די קאָנקרעטקייט פֿונעם בילד. ווען מיר לייענען פּושקינס ליד, שטעלן מיר זיך פֿאָר אַזוי קלאָר דאָס אַלטע, פֿינצטערע טרויעריקע שטיבל. דאָ שפּילן דעריבער זייער אַ וויכטיקע ראָלע די עפּיטעטן по кровле обветшалой, ветхая лачужка.

בלויז אין דעם ח׳ האָפּשטיינס איבערזעצונג איז פֿאַרהיט דאָס דאָזיקע בילד, עס זײַנען איבערגעזעצט די עפּיטעטן.

אויפֿן אַלטן דעכל וועט ער
באַלד די שטרוי אַ טרייסל טאָן.

פֿאַרגלײַך:

То по кровле обветшалой
Вдруг соломой зашумит.

פֿינינבערג האָט די שורה אין גאַנצן געענדערט: „אויפֿן געסל נעמט ער יאָגן.“
כאַשטשעוואַצקי האָט איבערגעזעצט: „אָט אין דעכל טוט אַ שמעטער.“
האַרצמאַן: „צי גאָר בײַ אַ דאַך נעמט דרייען.“
זעצט דער ח׳ כאַשטשעוואַצקי איבער наша ветхая лачужка: „אונדזער שטיבעלע דאָס קאַלטע“. פֿאַר וואָס עפּעס קאַלטע?
בעת מיר לייענען פושקינס ליד שטעלן מיר זיך פֿאָר, אַז דאָס שטיבעלע איז דווקא הייס אָנגעהייצט און דערפֿאַר נייגט אַזוי צום דרעמל, צו הערן מעשׂיות.

Или дремлешь под жужжаньем
Своего веретена

האָט דער ח׳ כאַשטשעוואַצקי ווידער פֿאַרביטן אויף אַן אַנדער אויסדרוק:

צי פֿון שפּינרעדל דאָס זשומען
האָט די אויגן דיר פֿאַרמאַכט.

בײַ פושקינען איז עס אַזוי פּשוט, קאָנקרעט, אין דער איבערזעצונג איז עס נעפּלדיק, אַפֿילו סימבאָליש.

Спой мне песню, как синица
Тихо за морем жила

ווערט איבערגעזעצט בײַ האָפּשטיינען:

זינג אַ ליד, ווי ס׳לעבט אַ פֿויגל
פֿרײַ אין ימען־ווײַטן לאַנד.

בײַ פֿינינבערגן:

זינג אַ ליד מיר ווי אין פֿריידן
פֿויגל לעבט אויף יען זײַט ים.

בײַ כאַשטשעוואַצקין:

זינג אַ ליד מיר, ווי באַשיידן
הינטער ים אַ פֿויגל לעבט.

בײַ האַרצמאַנען:

זינג ווי נאָך דעם ים דעם ברייטן
האָט דאָס בלויערל געלעבט.

די צויבערדיקע синица (синяя птица), וואָס איז אַ פֿאַרשפּרייטער מאָטיוו אין די רוסישע פֿאָלקס־מעשׂיות האַרמאָנירט מיט פּושקינס אומעטיקער שטימונג. סתּם ,פֿויגל׳ האָט דאָ ניט די זעלבע קראַפֿט. ווידער ווערט דאָס וואָרט тихо אויך ניט ריכטיק איבערגעזעצט: ,פֿרײַ, באַשיידן, אין פֿריידן׳, בײַ פֿינינבערגן אין גאַנצן דורכגעלאָזן. добрая старушка, פּושקינס גוטע אַלטינקע ניאַניע, ווערט אין דער איבערזעצונג פֿאַרוואַנדלט אין „אַ זיסע פֿרײַנדין“, אין אַ „פֿאַרקלערטע, יוגנטפֿרײַנד, מײַן שיין“ (האַרצמאַן).

דער אויסדרוק выпьем с горя, אין וועלכן עס איז קאָנצענטרירט די גאַנצע שטימונג פֿון דער ליד, ווערט אין דעם ח׳ פֿינינבערגס איבערזעצונג אין גאַנצן דורכגעלאָזן, אין כאַשטשעוואַצקיס פֿאַרביטן אויף „טרינק אַ ביסל“. פּושקין זאָגט: сердцу будет веселей. זעצט פֿינינבערג איבער „ס׳וועט פֿון האַרץ אַוועק די פּײַן“, האַרצמאַן „וועט דעם האַרץ דאַן פֿריילעך זײַן“. ס׳איז פֿונדעסטוועגן אַ גרויסער אונטערשייד ווען ס׳ווערט אַ ביסל גרינגער, אָדער ווען ס׳פֿאַרשווינדט די „פּײַן“ אין גאַנצן. פֿונעם ערשטן בליק דוכט זיך אויך, אַז די אַלע ענדערונגען זײַנען ניט אַזעלכע באַדײַטנדיקע. ווען מיר טראַכטן זיך אָבער גוט אַרײַן זעען מיר, אַז אין די איבערזעצונגען איז אַנטרונען געוואָרן די צויבערקראַפֿט, וואָס עס פֿאַרמאָגט דער אָריגינאַל, דאָ איז שטאַרק אָפּגעשוואַכט געוואָרן דער מאָטיוו פֿון שטילן טרויער, בענקעניש, שווערקייט פֿון געמיט, וואָס עס פֿילט זיך אין דער דאָזיקער ליד.

צום סוף ווילן מיר אָנווײַזן גראָבע גרײַזן, וואָס ווערן דערלאָזן אין די איבערזעצונגען. אויב די איבערזעצער קענען זיך קלאָגן און מיט רעכט, אַז ס׳זײַנען ניטאָ קיין ייִדישע ווערטערביכער, צו וועלכע מע קען זיך ווענדן אין שווערע און ספֿקדיקע פֿאַלן, קען ער זיך אָבער ניט קלאָגן אויף דער אָפּוועזנהייט פֿון רוסישע ווערטערביכער. ווען דער איבערזעצער וואָלט אַרײַנגעקוקט אין אַ רוסישן ווערטערבוך, וואָלט ער געזען, אַז דאָס וואָרט свет באַטײַט ניט נאָר ,וועלט׳, נאָר די העכערע געזעלשאַפֿט־אַריסטאָקראַטיע, דאַן וואָלטן מיר ניט געלייענט „ווערמען האָט פֿאַרשלעפּט פֿון אײַך די פֿאַלשע וועלט“ (די ליד „19טער אָקט[אָבער]“), בעת פּושקין מיינט דאָ די העכערע קרײַזן. אַז век באַטײַט ניט נאָר ,יאָרהונדערט׳, נאָר ,עפּאָכע׳, ,צײַט׳, און в мой жестокий век דאַרף מען איבערזעצן ניט „אין מײַן גרויזאַמען יאָרהונדערט“ („דענקמאָל“, איבערז[עצער] מ. טייף), נאָר „אין מײַן האַרבער צײַט“ (זע „דענקמאָל“, איבערז[עצער] כאַשטשעוואַצקי). אַז ,טראָפּיק׳ איז אין ייִדיש אויך ,טראָפּיק׳, ניט „עקוואַטאָר“ („19טער אָקט[אָבער]“).

די דאָזיקע פֿעלערן וואָלט מען בײַ אַ מער זאָרגזאַמער און פֿאָרזיכטיקער באַציִונג געקענט אויסמײַדן. פּושקין איז געוואַלדיק באַליבט בײַ די ברייטע מאַסן פֿון אונדזער פֿאַרבאַנד. דער לייענער באַציט זיך מיט דער גרעסטער אויפֿמערקזאַמקייט צו יעדן וואָרט פֿונעם באַליבטן פּאָעט. אַ בולטע אילוסטראַציע פֿון דעם, ווי געוואַלדיק פּושקין איז באַליבט בײַ די ברייטע לייענער־מאַסן, ווי זאָרגזאַם מע באַציט זיך בײַ אונדז צו יעדן וואָרט זײַנעם, ווי ערנסט מע שטודירט די ווערק פֿון געניאַלן פּאָעט, איז דער באַוווּסטער בריוו פֿון די אַרבעטער מעזשאָוו און גריגאָריק צום פֿאָרזיצער פֿון ראַטפֿאָלקאָם ח׳ מאָלאָטאָוו, אין וועלכן די חבֿרים בעטן דעם ח׳ מאָלאָטאָוו אײַנשטעלן זיך פֿאַר פּושקינען, אָננעמען מיטלען, אַז די

אַרויסגעבער פֿון פּושקינס ווערק זאָלן ניט דערלאָזן קיין גרײַזן און פֿאַרקריפּלונגען אין די אויסגאַבעס פֿון פּושקינס ווערק. אונדזערע לייענער פֿאָדערן פֿון דעם איבערזעצער, אַז ער זאָל וואָס פּינקטלעכער איבערגעבן די געדאַנקען און אידעען פֿון דעם באַליבטן פּאָעט, וואָס זאָרגזאַמער און אויפֿמערקזאַמער באַציִען זיך צו יעדן וואָרט זײַנעם.

*

די פּינקטלעכקייט פֿון אַ פּאָעטישער איבערזעצונג ווערט אָבער ניט אָפּגעשאַצט נאָר לויט דעם אויף וויפֿל ס׳איז ריכטיק איבערגעגעבן דער אינהאַלט פֿון ווערק דורך אַנטשפּרעכיקן וואָרט־מאַטעריאַל. ס׳טרעפֿט זייער אָפֿט, אַז ס׳איז אין גאַנצן ריכטיק איבערגעגעבן דער אינהאַלט, אָבער די איבערזעצונג איז גאַנץ ווײַט פֿון אָריגינאַל. בײַם איבערזעצן אַ פּאָעטיש ווערק טרעט אַרויס אויפֿן ערשטן אָרט דאָס ספּעציפֿישע פֿאַר פּאָעזיע – דער געבוי פֿון ליד, דער ריטעם, סינטאַקס און אינטאָנאַציע. אונדזערע איבערזעצער זײַנען ניט שטענדיק געניג פֿילבאַר צום ריטעם. מיר נעמען, אַלס בײַשפּיל, די איבערזעצונג פֿון דער „באַכוס־ליד״, וועגן וועלכער אונדז איז שוין אויסגעקומען צו דערמאָנען. דאָס איז אַן אויסערגעוויינטלעכ[ע] ליד. זי איז פֿול מיט לעבנספֿרייד, לוסטיקייט, יוגנטברויז. עס פֿילט זיך דאָ פֿריילעכער געלעכטער און געזאַנג, דער קלאַנג פֿון די גלעזער. פֿון אַלע דרײַ איבערזעצונגען, וואָס מיר פֿאַרמאָגן, איז די בעסטע גראַדע די, אין וועלכער עס זײַנען דערלאָזן געוואָרן מער אָפּווײַכונגען אין דער לעקסיק פֿון אָריגינאַל – דעם ח׳ פֿינינבערגס. דער ח׳ פֿינינבערג האָט צב״ש אין גאַנצן געענדערט די ערשטע שורה, ניט פּינקטלעך איבערגעזעצט אייניקע ווערטער. די איבערזעצונג האָט אָבער פֿאַרהיט די קלינגענדיקייט און לײַכטקייט, וואָס עס פֿאַרמאָגט דער אָריגינאַל. אומעטום איז אויסגעהאַלטן דער ריטעם, די אינטאָנאַציע, די שפּיל מיט צעזורעס. באַזונדערס געלונגען אין פֿאַרגלײַך מיט די איבעריקע איבערזעצונגען איז די צווייטע שורה:

לאָזט הערן זיך באַכוס־געזאַנגען.

פֿ״גל מיט אָריגינאַל:

Раздайтесь, вакхальны припевы.

אין דעם ח׳ האָפּשטיינס איבערזעצונג האָט די דאָזיקע שורה פֿאַרלאָרן איר קלינגענדיקייט: „געזאַנגען, ניט לאָזט אויף זיך וואַרטן.״

נאָך ערגער קלינגט זי אין דעם ח׳ טייפֿס איבערזעצונג: „דערלאַנגען די באַכוס־געזאַנגען, וואָס וואַרט איר?״ ס׳באַקומט זיך עפּעס האַרב באַפֿעלעריש און שווערוואָגיק. אַ באַזונדער[ע] באַדײַטונג פֿאַר דער אייגנאַרטיקייט פֿון דער דאָזיקער ליד האָט די ריטמישע גרופּע:

Полнее стакан наливайте,
На звонкое дно
В густое вино
Заветные кольца бросайте.

דער ח׳ פֿינינבערג האָט זי געלונגען איבערגעזעצט, כאָטש ניט גאָר פּינקטלעך.

גיסט אָן די ווײַנען, וואָס פֿינקלען!
אין בעכער אַרײַן
אין געדיכטן אין ווײַן
שלײַדערט די טײַערע רינגען.

אין דעם ח׳ האָפּשטיינס איבערזעצונג איז צעשטערט דער דאָזיקער ריטמיש־סינטאַק־[ט]ישער אוזאָר.

גיסט אָן פֿולער די גלעזער, נעמט טרינקען!
געדיכט איז דער ווײַן
אין גלאָז וואַרפֿט אַרײַן
די טײַערע האַרציקע רינגען!

דאָ איז געענדערט די אינטאָנאַציע און דער ווערטער־סדר. דאַמעטנע און שווערוואָגיק קלינגט די דאָזיקע גרופּע אין דעם ח׳ טייפֿס איבערזעצונג:

וואָס פֿולער גיסט אָנעט די גלעזעלעך אײַערע!
און שלײַדערט אַרײַן
אין געדיכטן ווײַן
שלײַדערט די רינגען די טײַערע.

דער ח׳ טייף האָט אויך ניט איבערגעגעבן די ריטמישע אייגנאַרטיקייט פֿון פּושקינס ליד. די שטימונג פֿון דער דאָזיקער ליד איז בײַ פּושקינען אויסגעדריקט דורך פֿאַרשיידענע מיטלען: רעטאָרישע פֿיגורן, פֿראַגע־צייכנס, אויסרוף־צייכנס, וואָרט־אינסטרומענטירונג: צב״ש:

Что смолкнул веселия глас?

דאָ האָבן מיר אַן אויסגעצייכנטע קלאַנגען־באַהעפֿטונג. דער ח׳ טייף האָט געפֿטרט די קלינגענדיקייט פֿון דער דאָזיקער שורה מיט איין איבעריקן וואָרט: „פֿאַר וואָס איז אַנט־שוויגן די פֿרייד און באַטריבט?״ „באַטריבט״ – אַזאַ שווערוואָגיק וואָרט.
דער ריטעם און אינטאָנאַציע פֿון פּושקינס לידער זײַנען ענג פֿאַרבונדן מיטן אינהאַלט פֿון ליד. דאָס ניט־פּינקטלעכע איבערגעבן דעם ריטעם רופֿט זיך אויך אָפּ אויפֿן אינהאַלט. מיר ווילן דאָ ברענגען נאָך אַ בײַשפּיל פֿון אַ ליד, וואָס דריקט אויס גאָר אַן אַנדער שטימונג. דאָס איז די קלאַסישע ליד:

Брожу ли я вдоль улиц шумных…

די ליד איז דורכגעדרונגען מיט שטילן טרויער, מיט טיפֿע פֿילאָסאָפֿישע געדאַנקען וועגן טויט. דער געדאַנק וועגן טויט לאָזט דעם פּאָעט ניט רוען. ער באַגלייט אים אומעטום, ווו ער געפֿינט זיך. דער ריטעם פֿון דער דאָזיקער ליד, דער פּאָעטישער געבוי האַרמאָנירט אין גאַנצן מיט דער שטימונג פֿון פּאָעט. אין דער איבערזעצונג פֿון ח׳ פֿינינבערג ווערט

אָבער ניט אומעטום איבערגעגעבן דער ריטעם, דאָ זײַנען געענדערט איייניקע סינטאַק־
[ט]ישע פֿאָרמעס, וואָס צעשטערן די שטימונג פֿון דער ליד, צב״ש, בײַ פּושקינען לייענען
מיר:

Я говорю: промчатся годы,
И сколько здесь ни видно нас,
Мы все сойдем под вечны своды –
И чей-нибудь уж близок час.

אין דער איבערזעצונג:

איך זאָג: די יאָרן יאָגן, יאָגן
און יעדן פֿון אונדז אָט דאָ,
ס׳וועט צו דער אייביק רו פֿאַרטראָגן,
לעם עמעצן שטייט שוין די שעה.

דער אויסדרוק „יאָגן, יאָגן״ צעשטערט די עפּישקייט פֿון דעם פֿראַגמענט. די שטימונג
פֿון דער דאָזיקער ליד, דער קאָנצענטרירטער געדאַנק וועגן טויט ווערט דאָ צעשטערט צו־
ליב דעם, וואָס איייניקע ווערבן זײַנען אין דער איבערזעצונג אין דער איינמאָליקער פֿאָרמע.

Гляжу ль на дуб уединенный,
Я мыслю: патриарх лесов
Переживет мой век забвенный,
Как пережил он век отцов.

ווערט איבערגעזעצט:

אויף שטאָלצן דעמב אַ קוק נאָר גיב איך,
דער וועלדער־פּאַטריאַרך, איך קלער,
מײַן פֿליסנדיקן דור לעבט איבער
פּונקט ווי די פֿאָטערס דאָ אויף דר׳ערד.

די סטראָפֿע איז בכלל זייער שלעכט איבערגעזעצט, ס׳איז צעדרייט דער ווערטער־
סדר, ניט קיין צוגעפּאַסטע ווערטער. דאָ וויל איך אָבער צוציִען די אויפֿמערקזאַמקייט אויף
דער איבערזעצונג פֿון דער ווערבפֿאָרמע.

און נאָך אַ מאָל אַזאַ ענדערונג.

Пусть у гробового входа
Младая жизнь будет *играть*.

און זאָל דאָס לעבן יונג אַ שפּיל טאָן
לעם טויער פֿונעם קבֿר מײַן.

בײַ פּושקינען זײַנען אַלע ווערבן פֿון דער ליד אין דעם несовершенный вид, וואָס
באַטײַט אַ לאַנג דויערנדיקן פּראָצעס. און דאָס איז גאַנץ נאַטירלעך, ווײַל פּושקין רעדט

דאָ וועגן דעם, וואָס פֿאַרנעמט שטענדיק זייַנע געדאַנקען, וועגן אַ פֿראַגע פֿון אייביקייט. די איינמאָליקע פֿאָרמע פֿון ווערב אין דער איבערזעצונג צעשטערט דעם אינהאַלט פֿון דער ליד. צי דען האָט דאָס ניט געפֿילט דער איבערזעצער?

די ריטמישע אָנגעשטרענגטקייט פֿון ליד ווערט ביַי פּושקינען דערגרייכט דורך איבער־חזרונגען, פּאַראַלעלן, קאָנטראַסטן.

День каждый, каждую годину
Привык я думой провожать.

אין דער איבערזעצונג ווערן ניט איבערגעגעבן די איבערחזרונגען, וואָס ווערן ביַי פּוש־קינען באַטאָנט:

געוווינט כ׳בין טעג און רגעס שטענדיק
באַגלייטן מיט געדאַנקען שטיל.

איבערחזרונגען פֿון איין און דעם זעלבן וואָרט אָדער ענלעכע ווערטער, אַנאַפֿאָרן איז ביַי פּושקינען איינער פֿון די פֿאַרשפּרייטע מיטלען אויף פֿאַרשטאַרקן די ריטמישקייט פֿון ליד, אויף צוגעבן איר אַן עמאָציאָנעלע קראַפֿט, אינטאָנאַציאָנעלע געשפּאַנטקייט. צום באַדויערן ווערט די דאָזיקע עמאָציאָנעלע געשפּאַנטקייט אין אייניקע איבערזעצונגען צע־שטערט. דאָרט ווו פּושקין חזרט עטלעכע מאָל איבער איין און דעם זעלביקן וואָרט, איז די איבערזעצער דווקא געפֿעלן איבערזעצן מיט פֿאַרשיידענע ווערטער, צב״ש ביַי פּושקינען:

Одна ты несешься по ясной лазури,
Одна ты наводишь унылую тень,
Одна ты печалишь ликующий день (*Туча*).

אין דעם ח׳ פֿינינבערגס איבערזעצונג:

דו טראָגסט איין אַליין זיך אין הימלישע ברייטן
מיט שאָטנס פֿון אומעט און עלנטער יאָגסט
דו איינער פֿאַרטרויערסט דעם ליכטיקן טאָג.

אין „אַנטשאַר״ ווערט אין דער לעצטער סטראָפֿע עטלעכע מאָל איבערגעחזרט דער בינדוואָרט:

Принес – и ослабел и лег
Под сводом шалаша на лыки,
И умер бедный раб у ног
Непобедимого владыки.

די איבערחזרונג פֿון ו האָט דאָ זייער אַ וויכטיקע באַדייַטונג. דאָ פֿילט זיך דער פּראָ־צעס פֿון דער ווירקונג פֿונעם סם. דער לאַנגזאַמער טויט. אין דער איבערזעצונג איז עס, פֿאַרשטייט זיך, ניט איבערגעגעבן:

גערבראַכט, פֿאַרשמאַכט און רו געניסט
אין שאָטן פֿון געצעלט אויף קאָרע.
געשטאָרבן איז דער קנעכט ביי פּיס
פֿון האַר, פֿון אומבאַזיגטן שׂררה.

דאָ איז גאָר אַן אַנדער ריטעם, אַן אַנדער אינטאָנאַציע.

מיר האָבן דאָ געבראַכט ביישפּילן דווקא פֿון די בעסערע איבערזעצונגען. דאָס באַווייזט, אַז די איבערזעצער לייגן ניט קיין אַכט אויף אַזעלכע קלייניקייטן. אין קלענסטן פּונקט איז אָבער אָפּט די גרעסטע קראַפֿט.

פֿון אַלע לירישע איבערזעצונגען זיינען באַזונדערס ניט געלונגען איבערגעזעצט פּוש־קינס פּאָליטישע לידער. כּמעט אַלע לידער, וואָס דריקן אויס פּושקינס פּאָליטישע אָנ־שווונגען זיינען איבערגעזעצט אַזוי, אַז עס איז פֿאַרקריפּלט אָדער פֿאַרנעפּלט דער גע־דאַנק. ס׳איז ניט געלונגען, צב״ש, פּושקינס באַוווסטע ליד „קיין סיביר״ (אין פֿינינבערגס איבערז[עצונג]).

די רעוואָלוציאָנערן פֿון יענער צייט – די דעקאַבריסטן – זיינען געקעפּט און פֿאַרשיקט אויף אייביקער קאַטאָרגע אויפֿן ווייטן צפֿון. פּושקין גלייבט, אַז ניט אַלץ איז פֿאַרפֿאַלן. ער איז זיכער, אַז עס וועט ניט פֿאַרלאָרן גיין זייער שווערע טרויעריקע אַרבעט.

Не пропадет ваш скорбный труд
И дум высоких назначенье.

טרייסט ער די פֿאַרשיקטע אין סיביר. אין דער איבערזעצונג לייענען מיר עס:

ס׳פֿאַרגייט ניט אייער טרויער־מי,
די הויכע די געדאַנקען־שטרעבונג.

וואָס באַטייט „ס׳פֿאַרגייט ניט״?

די שוועסטער פֿון די אומגליקלייט
די האָפֿענונג אין חושך־היילן
וועט טאָן אַ וועק אייך מונטער־פֿריילעך
ס׳וועט קומען די געגאַרטע צייט.

ס׳באַקומט זיך, אַז דער טאָן אַ וועק וועט זיין מונטער־פֿריילעך. אין אָריגינאַל

Разбудит бодрость и веселье.

פּושקין פֿאַרענדיקט די ליד מיט אַ נבֿיאישן פּאַטאָס:

Оковы тяжкие падут,
Темницы рухнут – и свобода
Вас примет радостно у входа,
И братья меч вам отдадут.

פּושקין האָט טיף געגלייבט, אַז עס וועט קומען די צײַט, ווען שווערע קייטן וועלן פֿאַלן. פּושקינס נבֿיאישער תּוך ווערט אָבער פֿאַרלאָרן אין דער איבערזעצונג, צוליב דעם, וואָס די דאָזיקע סטראָפֿע איז איבערגעזעצט אין דער קעגנוואַרט־פֿאָרמע פֿון ווערב, ניט אין דער צוקונפֿט.

די שווערע קייט צעריסן ווערט
די תּפֿיסות פֿאַלן צו דער נידער,
די פֿרײַהייט נעמט אײַך אויף – די ברידער
אײַך קערן אום דאַן אײַער שווערד.

דאָס בײַטן די צײַטן, די קעגנוואַרט אַנשטאָט צוקונפֿט אָדער פֿאַרגאַנגענהייט איז שוין געוואָרן אַ סיסטעם אין אונדזערע איבערזעצונגען. צוליב דער ענדערונג פֿון דער צײַט איז אויך ניט קלאָר איבערגעגעבן דער אינהאַלט פֿון ליד „צו טשאַאַדאַיעוון“ (איבערז[עצער] ח׳ פֿינינבערג). די ליד איז אַ לײַדנשאַפֿטלעכער פּראָטעסט קעגן דער זעלבסטהערשונג. זי איז דורכגעדרונגען מיט דער אידעע אָפּגעבן דאָס לעבן דעם קאַמף פֿאַר פֿרײַהייט. פּושקין פֿאַרענדיקט די ליד מיט די ווערטער פֿון אויפֿמונטערונג און זיכערקייט.

Товарищ, верь: взойдет она,
Звезда пленительного счастья,
Россия вспрянет ото сна,
И на обломках самовластья
Напишут наши имена.

די דאָזיקע אויפֿמונטערונג פֿילט זיך ניט אין דער איבערזעצונג.

דו, חבֿר, גלייב, ס׳וועט אויף, עס רײַפֿט
פֿון צויבערגליק דער פֿרי־באַגינען.
ס׳כאַפּט רוסלאַנד אויף זיך דרייסט און שטײַף
און אויף די זעלבסטהערשונג־רויִנען
די נעמען אונדזערע פֿאַרשרײַבט.

אין „איזוועסטיאַ“ איז ניט לאַנג געווען געדרוקט ווערעסאַיעווס אַן אַרטיקל „מיט וואָס איז אונדז טײַער פּושקין“. ער ברענגט דאָרט אַרויסזאָגונגען פֿון אַן אַרבעטער אַ. ניקיטיטש. דער חבֿר דערציילט וועגן זײַן שווערן לעבן אין צאַרישן רוסלאַנד, וועגן דעם, אַז ער איז געווען אַ האַלב יאָר אַרבעטלאָז און ער האָט זיך דאַן אַרומגעטראָגן מיט אַ געדאַנק פֿון זעלבסטמאָרד. „איך האָב פֿאַרלאָרן די האָפֿענונג אויף דעם, אַז עס וועט נעמען אַ סוף צו דעם דאָזיקן קאָשמאַר פֿון לעבן און דאָ איז מיר געקומען צו הילף דער גרויסער געני[1] פּוש־קין, וואָס איז פּונקט ווי צו מיר געווענדט אין זײַן באַוווסטער ליד ,צו טשאַאַדאַיעוון׳. ,חבֿר, גלייב...׳ די דאָזיקע ווערטער פֿונעם געניאַלן פּאָעט האָבן מיר אומגעקערט דעם גלויבן אינעם אָנקום פֿון אַ נײַעם לעבן.“ די ייִדישע איבערזעצונג האָט ניט אַזאַ קראַפֿט, וואָס זאָל אַרויסרופֿן אַזאַ אויפֿמונטערונג.

1 & זשעני.

אין אַ סך אונדזערע איבערזעצונגען איז געביטן די צײַט און פֿון דעם לײַדט די פּינקט־לעכקייט פֿון דער איבערזעצונג.

ווען פּושקין שילדערט אַ בילד פֿון דער פֿאַרגאַנגענהייט:

Стоял он, дум великих полн

און דאָס ווערט איבערגעזעצט אין דער קעגנוואַרט:

ער שטייט פֿאַרטיפֿט אין גרויסן טרוים („קופּערנער רײַטער")

איז עס געוויס אַ פֿאַרקריפּלונג.

דאָס זײַנען אַלץ קליייניקייטן. אין אַן איבערזעצונג האָט אָבער אַן אומבאַדײַטנדיקע קלייניקייט זייער אַ וויכטיקע באַדײַטונג. אַ גראַמאַטישע קאַטעגאָריע פּרעוואַלירט דאָ אָפֿט איבערן אינהאַלט פֿון ווערק.

מיר האָבן דאָ אָנגעוויזן אויף אייניקע טיפּן פֿעלערן – לעקסישע, ריטמיש־סינטאַק[ט]י־שע, וואָס מיר טרעפֿן אין פֿאַרשיידענע איבערזעצונגען. מיר ווען זיך איצט אָפּשטעלן אויף אַ ריי בלויזן אין ח׳ פּינינבערגס איבערזעצונג פֿון דעם „קופּערנעם רײַטער".

„דער קופּערנער רײַטער" איז איינער פֿון די סאַמע בעסטע פּושקינס ווערק לויט דער רײַכקייט פֿון דער שפּראַך, דער פֿאַרשיידנאַרטיקייט פֿון דער אינטאָנאַציע, מוזיקאַליש־קייט פֿון ריטעם, לײַכטקייט און באַוועגלעכקייט פֿון פֿערז, האַרמאָנישער באַהעפֿטונג פֿון די קלאַנגען. יעדער געשטאַלט, יעדעס בילד, יעדער געדאַנק געפֿינט דאָ אַן אויסדרוק אין דער וואָרט־אינסטרומענטירונג. אין דער איבערזעצונג איז אין גאַנצן פֿאַרשוווּנדן געוואָרן די לײַכטקייט און בילדערישקייט פֿון אָריגינאַל. די גאַנצע פּאָעמע איז איבערגעזעצט מיט אַ שווערער שפּראַך.

די אינטאָנאַציע און ריטעם איז אין דער איבערזעצונג געענדערט דורך פֿאַרשיידענע מיטלען – דורך ענדערונג פֿון ווערטער־סדר, סינטאַק[ט]ישן געבוי פֿון די זאַצן, און דער ח׳ פּינינבערג האָט נאָך אַן אייגנאַרטיקן מיטל – אַרויסוואַרפֿן די פּרעדיקאַטן און פֿאַרבײַטן זיי אויף טירעען. צב״ש:

בײַ פּושקינען: Прошло сто лет.

איבערז[עצונג]: דורך – הונדערט יאָר.

בײַ פּושקינען: В гранит оделася Нева.

איבערז[עצונג]: גראַניט – בײַ דער נעוואַ דער ברעג.

בײַ פּושקינען: И вдруг, ударя в лоб рукою.

איבערז[עצונג]: און מיט אַ מאָל – אַ קלאַפּ אין שטערן – און זיך צעלאַכט.

בײַ פּושקינען:

Стояли стогны озерами,
И в них широкими реками
Вливались улицы.

איבערז[עצונג]:

די פּלעצער – אָזוּרעס צעשפּרייטע,
צו זײ די גאַסן – טײַכן ברייטע.

דער ח׳ פֿינינבערג פּרוּווט זיך אויף אַן אייגנאַרטיקן אופֿן „פֿאַרפֿײַנערן׳ – פּושקינען. פּושקין שרײַבט גאָר פּשוט:

Уж было поздно и темно.

איבערז[עצונג]: ס׳האָט שפּעט, ס׳האָט פֿינצטער אַלץ פֿאַרהילט.
בײַ פּושקינען: Но долго он заснуть не мог.
איבערז[עצונג]: אין שלאָף פֿאַרגיין זיך ער קען ניט.
בײַ פּושקינען: Сонны очи он наконец закрыл.
איבערז[עצונג]: מיטן טיפֿן טרויער די אויגן ר׳האָט פֿאַרמאַכט.
בײַ פּושקינען: Полнощная царица.
איבערז[עצונג]: צפֿון־קייסערין געטרײַע!
צו מאָל לייענען מיר בכלל אומגעלומפּערטע זאַצן:

טרויעריק פֿאַרקלאָגט שווימט, ווי אַן אינדזל אום דער פּאַלעץ.

אין טעקסט:

Дворец казался островом печальным.

ס׳האָט די טיר און לאָדן פֿון קלייט באַרויקטער
אויפֿגעמאַכט דער דרייסטער הענדלער פֿעסט פֿאַרטראַכט
בײַ וועלט אַ שונד טאָן פֿאַרן שאָדן.

דער ח׳ פֿינינבערג פֿאַרבײַט פּושקינס עפּיטעטן אויף אומנאַטירלעכע צונויפֿזאַצן, ווי „אינדזלער־לענגען“, „וועלן־זאָט“, „ווינטן־דראַנג“, „וועלדער־מיט“, „זומפּן־קנאָט“, „שלי־טן־שווינדל“ (бег санок), „הערשונג־שטאָט“, „נעפּל־זון“. מיט צונויפֿזאַצן מיסברויכן בכלל אונדזערע איבערזעצער. דער צונויפֿזאַץ קען ניט פֿאַרבײַטן דעם עפּיטעט, ער איז צו האַמעטנע און מאַכט די שפּראַך פֿון ליד שווערוואָגיק.

דאָס זײַנען אייניקע שוואַכע זײַטן און בלויזן אין די ביזאיצטיקע איבערזעצונגען פֿון פּושקינען אויף ייִדיש.

די איבערזעצונג־אַרבעט פֿון פּושקינס ווערק איז אָבער איצט פֿונאַנדערגעוואָקסן. עס גייט אַ גרויסע שעפֿערישע אַרבעט אויף דערטראָגן דאָס שאַפֿן פֿון דעם געניאַלן רוסישן דיכטער צו דעם ייִדישן לייענער אין אַ הויך־קינסטלערישער איבערזעצונג. עס איז ניט ווײַט די צײַט, ווען דער ייִדישער לייענער וועט באַקומען גאַנץ פּושקינען.

אַלטער קאַציזנע

איבערזעצט אַ באַלאַדע

די דאָזיקע נאָטיץ בין איך שולדיק אַ חובֿ די לעזער פֿון „מײַן רעדנדיקער פֿילם״. איך האָב צוגעזאָגט אייניקע דערקלערונגען צו פּושקינס „באַלאַדע״: „דאָס ליד פֿון דעם קריגער אָלעג״ (**מײַן רעדנדיקער פֿילם** 5[1]).

איבערזעצן איז, אין גרונט גענומען, אַ באַשיידענע אַרבעט און, לויט די אָנגענומענע כּללים, אַ צווייטראַנגיקע.

דיכטער, וועלכע שווינען דעם קנייטש פֿון די הויזן, שעמען זיך אַזאַ אַרבעט צו טאָן.

אין דער אמתן אָבער איז איבערזעצן אַ געדיכט, ד״ה: איבערדיכטן – זייער אַ פּרעציזע און פֿאַראַנטוואָרטלעכע אַרבעט און זי פֿאָדערט נישט ווייניקער דיכטערישע פּאָטענץ, וויפֿל ס׳איז נייטיק אויף אָנצושרײַבן אַ זעלבסטשטענדיק ווערק.

עס איז פֿאַלש צו מיינען, אַז די ראָל פֿון דעם איבערזעצער איז דאָ בלויז אַ פּאַסיווע, אַז ער איז אונטערגעוואָרפֿן אין גאַנצן דעם אָריגינאַל און ער דאַרף אין אים צעשמאָלצן ווערן.

פֿון אַזאַ מין אַרבעט וועט קיין מאָל נישט אַרויסקומען עפּעס רעכטס.

דאָס טרעפֿן זיך פֿון דעם איבערדיכטער מיטן דיכטער איז אין דער אמתן געגליכן צו דער ביבלישער באַגעגעניש פֿון יעקבֿן מיטן מלאך בײַם שטראָם יבוק, און צו דעם געראַנגל צווישן זיי.

עס איז שווער צו פֿאַרשטיין וואָס פֿאַר אַ שׂינאה עס קאָן שטעקן צווישן יעקבֿן מיט זײַן מלאך – און דאָך – ראַנגלען זיי זיך ביז ווייטיק, ביז יעקבֿ בלײַבט מיט אַן אויסגעלונקענער דיך.

געוויס האָב איך צו פּושקינען קיין שׂינאה נישט, אַז איך האָב געוואָלט אים איבערזעצן. איך האָב אויך נישט ווייניקער דרך־ארץ פֿאַר פּושקינען, ווי יעקבֿ פֿאַרן מלאך. אָבער, אַז איך האָב זיך געטראָפֿן מיט אים בײַ דער איבערזעצונג, האָב איך קודם־כּל געצילט אים אַרויסצורײַסן די צונג פֿון מויל.[2] זאָל ער, פּושקין, רעדן ייִדיש!

פֿון אָנהייב האָט ער געמיינט, אַז איך שפּאַס. אַז ער האָט אָבער דערזען: איך מיין ערנסט, האָט ער מיך אַליין אָנגעכאַפּט בײַ דער צונג און אָנגעהויבן זי צו ציִען. אַלע ייִדישע ווערטער האָבן זיך מיר איבערגעדרייט און אויסגעקרימט!

[1] דער 15טער יולי 1937, ז״ז 10–12.

[2] אַן אַלוזיע צו אַן אַנדער ליד פּושקינס, „דער נבֿיא״, ווו דער שׂרף רײַסט אַרויס דעם דיכטער די צונג. זע די ייִדישע איבערזעצונג פֿון משה קאָנסטאַנטינאָווסקין אין: **לידער פון א.ס. פּושקין**. בוענאָס־אײַרעס: בוכהאַנדלונג ג. קאַפּלאַנסקי 1937, ז״ז 36–37.

פֿון: נאטיצן. אין: **מיין רעדנדיקער פילם** (וואַרשע) 7, דער 15טער אויגוסט 1937, ז״ז 15–16.

אָט דאָס איז דער פּסיכאָלאָגישער מאָמענט פֿון אַ נישט־מעכאַנישער איבערזעצונג: צוויי מענטשן ווילן זיך קליגן צו געפֿינען גענוג פּלאַץ אויף איין סדום־בעטל.

געוויס מוז דאָ פֿאָרקומען אַ געראַנגל. געוויס מוזן ביידע צדדים געשעדיקט ווערן.

די ווירטואָזיטעט פֿון איבערזעצער באַשטייט אָבער אין אַרויסגיין פֿון געראַנגל מיט אַ שמייכעלע אויפֿן פּנים, גלײַך ס׳איז גאָרנישט געשען, און נאָך אָנווײַזן דערבײַ אויפֿן צד־שכּנגד.

– איר זעט? פּושקין שמייכלט אויך!

אײַ, די קלעפּ, וואָס מיר האָבן ביידע באַקומען? דאָס איז אונדזער פּראָפֿעסיאָנעלע געהיימעניש.

אַזוי פֿיל וועגן דער איבערזעצונג.

און איצט אַ פּאָר ווערטער וועגן דער באַלאַדע אַליין.

די באַלאַדע געהער צו פּושקינס ייִנגערע שאַפֿונגען (1822). זי טראָגט נאָך נישט אויף זיך דעם צייכן פֿון פּושקינס פֿולער, קינסטלערישער רײַפֿקייט.

עס איז פֿאַראַן אין איר אַן איבערגעוויכט פֿון פּושקינס מוזיקאַלישער פּאָעטיק.

די באַלאַדע איז שוין אָבער זייער ווײַט פֿון דעם דיכטערס ערשטן שאַפֿונגס־פּעריאָד, ווו ווערסיפֿיקאַטאָרישע ווירטואָזיטעט און גראַציע איז געגאַנגען האַנט בײַ האַנט מיט דיכ־טערישער אייבערפֿלעכלעכקייט („רוסלאַן און לודמילאַ").

די באַלאַדע וועגן אָלעג פֿאַרמאָגט שוין די גרויסע דיכטערישע קאָנצעפּציע פֿון אַנט־קעגנשטעלן דעם מענטש צו זײַן אייגענעם גורל.

אין דעם זין דערהייבט זי זיך שוין צו די טיפֿע טראַגישע טענער פֿון סאָפֿאָקלעס און שעקספּיר. טענער, וועלכע זענען אַזוי אייגן פּושקינס גרויסער דיכטונג.

זי טראָגט אויף זיך נאָך אַ צייכן פֿון פּושקינס גרויסער דיכטונג: גענומען פֿון דער אור־סלאַווישער טעמאַטיק, און זיך געשטיצט אויף מוסטערן פֿון זײַנע פֿאָרגענגער, האָט פּוש־קין אין דער דאָזיקער באַלאַדע באַוויזן אין גאַנצן זיך צו באַפֿרײַען פֿון דעם סלאַוויש־פּאַט־ריאָטישן בײַגעשמאַק פֿון זײַנע פֿאָרגענגער.

די טעמע איז געוואָרן אַלמענטשלעך.

ייִדיש־סאָוועטישע סבֿיבֿה –
קיִעוו, כאַרקאָוו, מינסק

משה ליטוואַקאָוו

די סיסטעם פֿון איבערזעצונגען

[I]

די פּראָבלעם פֿון שאַפֿן אַ ייִדישע איבערזעצונגס־ליטעראַטור איז זייער אַ וויכטיקע, מע מוז זי לייזן מיט אַ געוויסער סיסטעם, דאָס פֿאָדערן די אינטערעסן פֿון אונדזער אָריגינעלער ליטעראַטור גופֿא.

אייניקע באַמערקונגען וועגן דעם, ווי באַשטייט דער דאָזיקער ענין בײַ די ‚אומות־העולם׳.

ס׳זײַנען פֿאַראַן פֿאַלן, ווען איבערזעצונגען [ד]ערשײַנען כּמעט אָן אַ דירעקטן צוזאַמענהאַנג מיט די באַשטימפּערלעכע באַדערפֿענישן פֿונעם לעזער־פּובליקום. ס׳ג[י]בן ז[יי] אויס איבערזעצער־פֿאַנאַטיקער, מענטשן, וועלכע זײַנען ממש פֿאַרליבט אין דעם אָדער יענעם גרונטווערק פֿון דער וועלט־ליטעראַטור, און זיי ג[י]בן אַ מאָל אָפּ אַ גאַנץ לעבן אויף עס איבערזעצן אין זייער נאַציאָנאַלער שפּראַך. אָט די צווייענדיקע פֿאַרפֿאַנצערונג – דער גרויסער ווערט פֿונעם ווערק אַליין, באַהעפֿט מיט דער באַגײַסטערונג לשם־שמים פֿונעם איבערזעצער, זײַנען גורם, אַז די איבערזעצונג באַקומט אַ באַזונדערע באַדײַטונג און בירגערט אײַן דאָס איבערגעזעצטע ווערק אין דער געגעבענער ליטעראַטור, וועלכע פֿאַרדײַעט עס כּמעט ווי אַן אייגענעם פּראָדוקט. אָט האָט, למשל, אין דער רוסישער ליטעראַטור סטרוגאָווטשיקאָוו[1] אָפּגעגעבן זײַן לעבן אויף איבערזעצן געטעס „פֿאַוסט“ און זײַן איבערזעצונג איז אַרויס אַזאַ גלענצנדיקע, אַז בעלינסקי[2] האָט פֿון איר געהאַט די גרעסטע התפּעלות. מע קאָן אָנווײַזן נאָך אַנדערע בײַשפּילן אין דער וועלט־ליטעראַרטור, למשל, ווילהעלם שלעגעל[3] האָט אָפּגעגעבן אַ גאַנצע תּקופֿה פֿון זײַן לעבן אויף איבערזעצן שעקספּירן, לעאָן באַזאַלזשעט גיט אָפּ זײַן לעבן אויף איבערזעצן אויף פֿראַנצ[יי]זיש אויִטמאַנען[4] אאַז״וו.

נאָר אָפּטער פֿון אַלץ ווערט די איבערזעצונגס־ליטעראַטור געשאַפֿן אונטער דעם דראַנג פֿונעם לעזער־פּובליקום. בײַ די ‚אומות־העולם׳ שטייט דאָס פּובליקום אויף אַ געוויסער הייך, ס׳האָט באַשטימטע אינטערנאַציאָנאַלע קולטור־אינטערעסן און עס הערט זיך צו

1 אַלעקסאַנדר סטרוגאָווטשיקאָוו (1808/1809–1878/1879) – אַ רוסישער דיכטער און איבערזעצער.

2 ווּיסאַריאָן בעלינסקי (1811–1848) – זע הערה 1, ז׳ 108.

3 August Wilhelm Schlegel (1767–1845).

4 Léon Bazalgette, Walt Whitman.

פֿון: **ביכער־וועלט** (קיִעוו) 1, יאַנואַר 1919, שפּ׳ 9–12; 4–5, אויגוסט 1919, שפּ׳ 37–44.

אויפֿמערקזאַם צו אַלע ידיעות וועגן נײַס אין דער צווישנפֿעלקערישער דיכטונגסקונסט. קומען שוין די פֿאַרלעגער און איבערזעצער און באַפֿרידיקן אָט דעם וואַכן אינטערעס יעדער אויף זײַן שטייגער און לויט דעם לעזערקרײַז, אויף וועלכן ער רעכנט אויס זײַן אַרבעט.

נאָר ווען איז דאָס געזאָגט געוואָרן, ווען די נאַציאָנאַלע ליטעראַטור שטייט שוין אויף אַ געוויסער מדרגה. דאָס לעזער־פּובליקום האָט שוין זעלבשטענדיקע אינטערנאַציאָנאַלע קולטור־אינטערעסן און שטעלט שוין אַרויס אין דער אָדער יענער פֿאָרעם געוויסע פֿאָדערונגען. ס׳זײַנען אָבער פֿאַראַן פֿאַזן אין דער געשיכטע פֿון דער נאַציאָנאַלער ליטעראַטור, ווען ניט דער אָדער יענער אײַנצלנער איבערזעצער־פֿאַנטאַסט און ניט דאָס פּובליקום, נאָר זי אַליין נייטיקט זיך צוליב איר וווּקס און אַנטוויקלונג אין איבערזעצונגען. דעמאָלט ווערט שוין די מעשׂה פֿון איבערזעצונגען אַ פּראָבלעם סײַ פֿון די אָנפֿירנדיקע שרײַבער, סײַ פֿון די אָרגאַניזאַטאָרישע טוער און אַנשטאַלטן אויפֿן געביט פֿון אַנטוויקלען די נאַציאָנאַלע ליטעראַטור.

און דאָ זעען מיר אַרויס פֿאָלגנדיקס:

די פֿראַנצ[יי]זישע ליטעראַטור האָט כּמעט ניט קיין איבערזעצונגען, – דאָס הייסט אַזעלכע איבערזעצונגען, וועלכע זאָלן פֿון איר איבערגעקאָכט ווערן אַלס אירע אָרגאַנישע ווערק. דער פֿראַנצויז איז איבערגעפֿולט מיט פֿראַנצ[יי]זישקייט, ווי דער אַמאָליקער ייִד איז געווען דורכגעדרונגען מיט ייִדישקייט. דער פֿראַנצויז האָט פֿאַר זיך באַשאַפֿן אַ ליטעראַטור, וועלכע איז אין גאַנצן בצלמו ובֿדמותו, צי ער האָט זיך גאָר אויסגעשעפּט אין זײַן ליטעראַטור, צי די ליטעראַטור האָט אים גאוניש אויסגעשעפּט, – נאָר דער פֿראַנצויז איז מלא־וגדוש מיט די ווערק פֿון זײַן ליטעראַטור, אָנהייבנדיק מיט אירע קדמונים, ווי פֿראַנסואַ וויללאָן, ראָנסאַר[1] און נאָך פֿריִער, ביז דעם לעצטן תּלמיד וותיק. אַ מאָל פֿון די ערשטע קוואַלן, אַ מאָל דורך דער פֿאַרמיטלונג פֿונעם נאַציאָנאַל־קולטורעלן אַפּאַראַט און פֿון דער דערציִונג־סיסטעם, נאָר ער ווערט איבערגעפֿולט מיטן געדאַנקען־אַרט און שאַפֿונגסגײַסט פֿון זײַן נאַציאָנאַלער ליטעראַטור אַזוי, אַז ער איז שוין ניט בכּוח צו באַנעמען און איבערקאָכן די דיכטונגס־שטייגערן און גרונטווערק פֿון אַנדערע ליטעראַטורן. אָט פֿאַרמאָגט ניט, למשל, די פֿראַנצ[יי]זישע ליטעראַטור קיין איבערזעצונג פֿון שעקספּירן. „האַמלעט“ האָט נאָך אַ פֿראַנצויז עד־היום ניט געזען אויף דער בינע אין דעם געשטאַלט, ווי אים האָט אויסגעדיכ[ט] דער געניאַלער ענגלענדער – פֿראַנקרײַך ווייסט נאָר פֿון איבעראַרבעטן, פֿון צופּאַסן צום פֿראַנצ[יי]זישן גײַסט, אָבער ניט פֿון איבערזעצן. אַזוי באַשטייט אויך די זאַך מיט געטעס „פֿאַוסט“, למשל. יעדן צענדלינג יאָר פּרוּווט מען זיך אין פֿראַנקרײַך איבערזעצן דאָס דאָזיקע גאוניש ווערק פֿון דער וועלט־ליטעראַטור – און ס׳גיט זיך ניט אײַן, ס׳איז צו ווײַט פֿון פֿראַנצ[יי]זיש לויט זײַן עצם. די אויפֿגאַבע צו גובֿר זײַן „פֿאַוסט“ איז אַ שטענדיקע פּראָבלעם אין דער פֿראַנצ[יי]זישער ליטעראַטור, אָנהייבנדיק פֿון מאַדאַם דע־סטאַעל און ביז איצטיקן טאָג.

1 & François Villon, Pierre de Ronsard.

אין סוף פֿון די זעכציקער יאָרן פֿון פֿאָריקן יאָרהונדערט האָט די [פּאַרנאַסיענישע][1] שטרעמונג אין דער פֿראַנצ[יי]זישער ליטעראַטור זיך געשטעלט אַלס איינע פֿון אירע גרונטאויפֿגאַב[עס] צו פֿאַרברייטערן אירע נאַציאָנאַלע ראַמען און אַרייַנזויגן אין זיך די טיפֿסטע מאָטיוון פֿון דער אינטערנאַציאָנאַלער דיכטונג. מע האָט ,אַנטדעקט׳ עדגאַר פּאָ. מע האָט זיך אָנגעהויבן ווענדן צו דער רוסישער ליטעראַטור, צו אָריענטאַלישע מאָטיוון און מע האָט מיט באַגייַסטערונג זיך גענומען דער עיקר פֿאַר וואַגנערן און דערנאָך פֿאַר ניטשען. אָבער אויך דאָ האָט זיך אין עצם אויסגעלאָזט מיט אייַנשליסן אין דיכטונגסקרייַז פֿון דער פֿראַנצ[יי]זישער ליטעראַטור נייַע מאָטיוון, מיט ,פֿאַרפֿראַנצ[יי]זישן׳ פֿון דער פֿרעמד געירשנטע גייַסטשטימונגען איידער מיט אָרגאַנישע איבערזעצונגען. און אייניקע אָנגעזעענע פֿראַנצ[יי]זישע קריטיקער, ווי פּאָל בורזשע[2], למשל, באַצייכענען אָט די נייַע אינטערנאַציאָנאַלע נייגונג אין דער פֿראַנצ[יי]זישער ליטעראַטור ווי אַ מין עקזאָטישקייט, ווי צוגעשטוקעווטע פֿרעמדקייט.

גאָר אַנדערש איז די לאַגע אין דער דייַטשער ליטעראַטור. די דייַטשע ליטעראַטור איז וועלט באַרימט מיט אירע אָפּט גאונישע איבערזעצונגען פֿון די גרונטווערק פֿון אַלע ליטעראַטורן. מאַדאַם דע־סטאַעל האָט נאָך אין די ערשטע יאָרן פֿונעם 19טן יאָרהונדערט געשריבן, אַז די דייַטשע שפּראַך פֿאַרמאָגט די פֿעיִקייט איבערצוגעבן אַלע פֿייַנסטע און קלענסטע ניואַנסן, אַפֿילו די פֿאַרבאָרגנסטע שטריכן פֿון וואָסער ניט איז פֿרעמד ווערק. דער גרויסער איטאַליענישער דיכטער לעאָפּאַרדי[3] איז אין איינעם פֿון זייַנע אַרטיקלען, וועלכער איז געשריבן אין 1823[סטן] יאָר, ניט מסכּים מיט דער דאָזיקער מיינונג פֿון דער פֿראַנצ[יי]זישער שרייַבערין. ער האַלט, אַז קיין שפּראַך איז ניט מסוגל איבערצוגעבן אַ פֿרעמד ווערק מיט אַלע זייַנע אינטימע תּגין – אויב אָבער די דייַטשע ליטעראַטור פֿאַרמאָגט יאָ כּמעט אידעאַלע איבערזעצונגען, איז דאָס צו דערקלערן נאָר דערמיט, וואָס די דייַטשע ליטעראַרישע שפּראַך איז נאָך יונג און ניט אויסגעאַרבעט, זי האָט נאָך ניט קיין אייגענע ווידערשטאַנדס־קראַפֿט.

מיר וועלן דאָ ניט אַרייַנגייַן אין תּוך פֿון אָט דעם זייער אינטערעסאַנטן און וויכטיקן וויכּוח – אָבער איין זאַך איז קלאָר און באַוווּסט. בעת די דייַטשע ליטעראַטור האָט זיך אין סוף פֿונעם 18[טן] און אין אָנהייב פֿונעם 19[טן] יאָרהונדערט אָנגעהויבן אַנטוויקלען אין אַ גרויסער נאַציאָנאַלער ליטעראַטור מיט גלענצנדיקע פּערספּעקטיוון צו ווערן אַ וועלטליטעראַטור, האָבן אירע באַשעפֿער גלייַך דערפֿילט, אַז צו אַזאַ מדרגה קאָן זי קומען נאָר דורך אייַנזאַפּן אין זיך דורך איבערזעצונגען און איבערדיכטונגען די גרונטווערק פֿון אַלע נאַציאָנאַלע ליטעראַטורן פֿון אַלע דורות. און ס׳האָט זיך אין דעם פּרט אָנגעהויבן אַן אַרבעט, וועלכע איז עד־היום נאָך ניט פֿאָרגעקומען אין קיין ליטעראַטור. די כּהנים־גדולים

[1] ❧ אין טעקסט: פּאַראַנסיעניש. רעדנדיק וועגן די 1860ער יאָרן מיינט ליטוואַקאָוו מסתּמא די מיטגלידער פֿון דער פֿראַנצייזישער פּאַרנאַס־גרופּע (les Parnassiens).

[2] ❧ Paul Bourget (1852–1935).

[3] ❧ Giacomo Leopardi (1798–1837).

פֿון דער דײַטשער ליטעראַטור האָבן זיך בכּבֿודם־ובֿעצמם גענומען פּראַוון די עבֿודה סײַ פֿון פּראָפּאַגאַנדירן די גרונטווערק פֿון דער וועלט־ליטעראַטור, סײַ פֿון זיי איבערזעצן און איבערדיכטן. לעסינג האָט איינער פֿון די ערשטע ,אַנטדעקט׳ פֿאַר דײַטשלאַנד און אַנדערע לענדער און פֿעלקער שעקספּירן. הערדער און געטע האָבן אים געפּריידיקט; די פּאָעטן ווילאַנד און בירגער[1], און דער עיקר דער ליטעראַטור־היסטאָריקער ווילהעלם שלעגעל האָבן אים איבערגעזעצט. סערוואַנטעסן האָט איבערגעזעצט טיק[2], לאָפּע דע וועגאַן האָט איבערגעזעצט גרילפּאַרצער[3], שלעגעל האָט איבערגעזעצט קאַלדעראָנען אאַז״וו אאַז״וו.

מיט איין וואָרט, איבערזעצן איז געווען ניט קיין צופֿעליקע אַרבעט פֿון דילעטאַנטן, פֿון גלאַט אַזוי זיך בריות אין פֿרעמדע שפּראַכן, פֿון פֿאַרלעגערישע ספּעקולאַציעס אויפֿן ביכערמאַרק, נאָר אַ מין נאַציאָנאַל־קולטורעלע פֿונקציע צוליב די לעבנס־אינטערעסן פֿון דער נאַציאָנאַלער ליטעראַטור. און אָט די גרויסע אַרבעט האָט ניט נאָר אומגעהײַער באַרײַכערט די דײַטשע ליטעראַטור מיט אַן אומענדלעכער רײ פֿרעמדע ווערק, וועלכע זײַנען אויף אַזאַ אופֿן אײַנגעבירגערט געוואָרן אין דער דײַטשער ליטעראַטור, נאָר זי איז געוואָרן אַ מעכטיקער פֿאַקטאָר פֿאַר דער אַנטוויקלונג פֿון דער אָריגינעלער דײַטשער ליטעראַטור גופֿא און זי האָט אײַנגעשטעלט אַפֿילו אויף להבא טראַדיציעס פֿון אָרגאַנישער פֿאַרבונדנקייט פֿון דער דײַטשער ליטעראַטור מיט דער דיכטונגסקונסט פֿון אַלע פֿעלקער און לענדער.

עטוואָס ענלעכס, הגם אין גאָר אַנדערע פֿאָרמען און אין אַ סך אַ קלענערן מאָסשטאַב איז פֿאָרגעקומען אין דער רוסישער ליטעראַטור. די רוסישע ליטעראַטור האָט זיך אפֿשר צוליב איר אַנטוויקלונג נאָך מער גענייטיקט אין איבערזעצונגען און איבערדיכטונגען אַלס די דײַטשע ליטעראַטור. האָט זיך טאַקע די עכט קינסטלערישע ליטעראַטור דאָ אָנגעהויבן מיט אַ גרויסן איבערדיכטער – מיט זשוקאָווסקין[4]. בעלינסקי דריקט זיך אויס, אַז זשוקאָווסקי האָט באַקאָנט רוסלאַנד מיט אייראָפּע און פּושקין האָט באַקאָנט אייראָפּע מיט רוסלאַנד. אָט די הדרגה[5] איז דאָ געווען נייטיק און אומפֿאַרמײַדלעך – און זשוקאָווסקי האָט מיט זײַנע מײַסטער־איבערזעצונגען ממש אײַנגעפֿלאַנצט די אייראָפּעיִשע פּאָעזיע אין דער רוסישער ליטעראַטור, צוגרייטנדיק דעם באָדן פֿאַר אַ גרויסער נאַציאָנאַל־ליטעראַרישער אַנטוויקלונג. דערנאָך האָבן זיך שוין געצויגן די טראַדיציעס פֿון אָרגאַנישע איבערזעצונגען און פֿון פּראָפּאַגאַנדירן אין דער רוסישער ליטעראַטור די אָדער יענע אָנפֿירנדיקע גײַסטער פֿון דער אינטערנאַציאָנאַלער דיכטונג.

ווי איז איצט די לאַגע אין אונדזער ייִדישער ליטעראַטור?

1 Christoph Martin Wieland (1733–1813), Gottfried August Bürger (1747–1794).

2 Ludwig Tieck (1773–1853).

3 Franz Grillparzer (1791–1872).

4 וואַסילי זשוקאָווסקי (1783–1852) – אַ דיכטער און באַדײַטנדיקער איבערזעצער.

5 בהדרגהדיקייט, סדר.

II

אונדזער ליטעראַטור האָט שוין כּמעט אין גאַנצן אויסגעשעפּט דעם קוואַל פֿון אירע טראַדיציאָנעלע, נאַציאָנאַל־ייִדישלעכע טעמעס און מאָטיוון, געדאַנקען און שטימונגען. ס׳האָט זיך שוין כּמעט אויסגעלאָזט די ווירקונג פֿון מענדעלען און שלום־עליכמען, און ביידע – באַזונדערס מענדעלע – ווערן ביסלעכווײַז פֿאַרוואַנדלט פֿון אַ פֿאַקטאָר פֿון ליטעראַריש־דיכטערישער ווירקונג אין אַן עלעמענט פֿון נאַציאָנאַל־קולטורעלער ירושה. און אַפֿילו פּרץ, וואָס די אוניווערסאַליסטישע נטיות פֿון זײַן דיכטונג האָבן געקאָנט און געדאַרפֿט פֿאַרברייטערן די קונסטראַמען פֿון אונדזער ליטעראַטור, איז, אפֿשר קעגן זײַן אייגענעם ווילן, געוואָרן אַ מין נײַער אויסגאַנגספּונקט פֿון קינסטלערישן מעלה־גירה־זײַן אַלט־ייִדישלעכע שטימונגען, איבערלעבונגען און בילדער.

די ייִדישע ליטעראַטור האָט שוין פֿאַרענדיקט דעם קליין־שטעטלדיק־נאַציאָנאַלן פֿאַזיס[1] פֿון איר אַנטוויקלונג, און זי דאַרף און מוז ווערן אַ גרויסשטאָטיש־אוניווערסאַליסטישע, מיט נטיות און פּערספּעקטיוון צו פֿאַרנעמען אַן אָרט אין דער וועלט־ליטעראַטור, ניט פֿאַרלירנדיק דערבײַ, נאָר אפֿשר, אַדרבא, פֿאַרטיפֿנדיק איר אייגנאַרטיק־נאַציאָנאַלן כאַראַקטער.

זי דאַרף, זי מוז – זי איז אָבער, ווי ס׳ווײַזט אויס, לעת־עתּה נאָך ניט בכּוח. שטויסט זיך אונדזער ליטעראַטור שוין אַ לענגערע צײַט אויף איין אָרט, גריבלט זיך אומבאַהאָלפֿן אין אונדזער אַלטן לעבנס־שטייגער און ניצעוועט איבער אַלטע מאָטיוון. אמת, ס׳געלינגט איר אַ מאָל אויסצוגעפֿינען אין די גאַלערייעס פֿון אונדזער אַלטן שטייגער אַן אינטערעסאַנטע און קאָלאָריטישע פֿיגור, צו רעסטאַווירן האַלב פֿאַרגעסענע בילדער און סצענעס, אין קאָנטאַקט מיט דער פֿאַרגליווערטער שאַפֿונגס־ענערגיע פֿון די פֿאַרגאַנגענע דורות גיט זיך איר אַ מאָל אײַן אונדז צו איבעראַשן מיט עפּעס אַ קינסטלערישן בליצגעדאַנק, – אָבער דאָס אַלץ האָט שוין נאָר דעם ווערט פֿון אַ מין קינסטלערישער אָרנאַמענטיק, פֿון אַ העכערן שניט ,תּפֿארת־הלשון׳, – קיין באַוועגקראַפֿט, קיין דינאַמישן כּוח האָט עס שוין ניט. און בשעת די נײַסטע ייִדישע ליריק אַנטהאַלט אין זיך מעכטיקע אָנזאָגן וועגן דער אויסגעוואַקסענער נײַער ייִדישער נשמה מיט נײַע ברייטע האָריזאָנטן, מיט טיפֿע פֿאָרגעפֿילן, מיט אַ נײַעם ציטער פֿון נאָך ניט אַנטפּלעקטע וועלטן, – פּלאָנטערט זיך נאָך די ייִדישע בעלעטריסטיק אויף די אַלטע וועגן פֿון פֿאַרשימלטע סבֿיבֿות און אָפּגעלעבטע פֿאָרמען, און אַפֿילו די נײַע ליריקער געפֿינען זיך מער אין רשות פֿון סטיכעיִשע[2] פֿאָרגעפֿילן איידער אין רשות פֿון דערקענטע און באַנומענע וועלט־נטיות, – און זיי זײַנען דעריבער ניט שטענדיק באַהיט פֿון ייִדישלעכקייט־רעצידיוון...

אין אַזאַ צושטאַנד דאַרפֿן און מוזן קומען צו הילף איבערזעצונגען און איבערדיכטונגען פֿון די בעסטע און גרעסטע ווערק פֿון דער וועלט־ליטעראַטור. דאָ האַנדלט זיך ניט אַזוי וועגן שאַפֿן לייען־מאַטעריאַל פֿאַרן ייִדישן לעזער, ווי וועגן באַפֿרוכפּערן דעם באָדן פֿון

[1] & פֿאַזע.

[2] & סטיכיש.

דער ייִדישער דיכטונג גופֿא. מע דאַרף פֿאַרברייטערן די ראַמען פֿון דער ייִדישער דיכטונג, אײַנבירגערן אין איר די גרונטמאָטיוון און שטימונגען, זעונגען און בילדער, סימבאָלן און פֿיגורן, לעגענדעס און מיטן פֿון דער וועלטדיכטונג פֿון אַלע דורות, פֿעלקער און לשונות. זאָל דער קומענדיקער און אַפֿילו נאָך דער איצטיקער ייִדישער שרײַבער און דיכטער זיך באַהעפֿטן גײַסטיק און פּסיכיש מיט דער דאָזיקער וווּנדערוועלט פֿון גרויסע קונסטווערק, זאָל ער זי איבערשמעלצן אין פֿלאַם פֿון זײַן אינטויִציע, – וועט ממילא בטל ווערן דער „תּחום־המושבֿ׳ פֿון אונדזער ליטעראַטור. ווײַל די עיקר־אויפֿגאַבע, וואָס שטייט איצט פֿאַר די אָרגאַניזאַטאָרישע כּוחות פֿון אונדזער ליטעראַטור, – איז כּמעט די זעלבע, וועלכע איז געשטאַנען פֿאַר דער דײַטשער ליטעראַטור אין סוף פֿונעם 18טן יאָרהונדערט און וועגן וועלכער מיר האָבן גערעדט אין אונדזער ערשטן אַרטיקל[1]: אײַנבירגערן די גרונטווערק פֿון דער וועלט־ליטעראַטור אין אונדזער נאַציאָנאַלער ליטעראַטור און דערמיט פֿאַרגיכערן דעם פּראָצעס פֿון אײַנבירגערן די ייִדישע ליטעראַטור אין דער וועלט־ליטעראַטור...

און צוזאַמען מיט דער דאָזיקער אויפֿגאַבע שטייט נאָך אַן אויפֿגאַבע, וועלכע שטאַמט נאָך פֿון דער פֿאָריקער, איצט אויסגייענדיקער תּקופֿה פֿון אונדזער ליטעראַטור. בשעת די ייִדישע ליטעראַטור איז פֿון אַן עטנאָגראַפֿיש־המונישער געוואָרן אַ קליין־שטעטלדיק־נאַציאָנאַלע איז פֿאַר איר אויפֿגעשטאַנען דער מוז צו ירשענען די אוצרות פֿון דער פֿאָריקער נאַציאָנאַלער ליטעראַטור, – פֿון דער העברעיִשער. מענדעלע און פּרץ האָבן אין דעם פּרט זייער פֿיל אויפֿגעטאָן – אָבער נאָך מער איז פֿאַרבליבן צו טאָן. און אַרײַנציִענדיק אין זיך נײַע לעבנס־שטראָמען פֿון דער וועלט־ליטעראַטור, מוז אין דער זעלבער צײַט די ייִדישע ליטעראַטור פֿאַרשטאַרקן און פֿאַרטיפֿן איר נאַציאָנאַלן שורש דורך איבערדיכטן אונדזערע נאַציאָנאַלע גרונטווערק דער עיקר, פֿאַרשטייט זיך, פֿון העברעיִש, אָבער ניט נאָר פֿון העברעיִש.

III

אין כּמות פֿאַרמאָגן מיר אַ גאַנץ נישקשהדיקע איבערזעצונגס־ליטעראַטור, הויפּטזאַכלעך אין אַמעריקע. אָבער די דאָזיקע ליטעראַטור שפּילט ניט קיין ראָלע אין זינען פֿון פֿאָרמירן דעם ליטעראַרישן געשמאַק פֿון די לעזער און נאָך ווייניקער אין פּרט פֿון אויסבילדן דעם דיכטערישן גײַסט פֿונעם שרײַבער. ווײַל איבערזעצונגען – דאָס איז בײַ אונדז עפּעס אַ מין אינדוסטריע פֿון צופֿעליקע „מטעמים׳...

קיין איבערזעצער פֿאַנטאַסטן, וועגן וועלכע איך האָב גערעדט אין פֿאָריקן אַרטיקל, מענטשן, וועלכע זײַנען פֿאַרליבט אין געוויסע ווערק פֿון דער וועלט־ליטעראַטור און שטרעבן לײַדנשאַפֿטלעך זיי צו מגייר זײַן – אַזעלכע איבערזעצער פֿאַרמאָגן מיר ניט. יעדער פֿאַרשטאַנדיקער ייִדישער לעזער ווערט אומבאַדינגט אַ שרײַבער, און יעדער ייִדישער שרײַבער, וועלכער באַהערשט נאָך אַ שפּראַך אויסער ייִדיש, ווערט אומפֿאַרמײַדלעך אַן

[1] געמיינט איז דער ערשטער טייל פֿון דעם אָ טעקסט, וואָס אין דער צײַטשריפֿט איז ער דערשינען באַזונדער אין נומער 1, בעת דער צווייטער, דער דריטער און דער פֿערטער טייל זענען אַרויס אין נומער 4–5.

איבערזעצער. זעצט מען איבער ניט מיט אַ סיסטעם, ניט דווקא אויסגעקליבענע ווערק, מיט וועלכע דער איבערזעצער איז צוליב די אָדער יענע אינטימע דיכטונגס־מאָטיוון גײַסטיק פֿאַרבונדן, – נאָר, ‚מכּל הבא בידו', וואָס ס'פֿאַלט אַרײַן אין האַנט אַ ייִדישלעכן שפּראַכקענער, וועלכער איז נאָך דערצו אַ ‚חובֿבֿ־שׂפֿת־ייִדיש'.

דער צווייטער פֿאַקטאָר, וועגן וועלכן איך האָב גערעדט – די פּובליקע איז נאָך בײַ אונדז ניט בכּוח צו באַשטימען דעם כאַראַקטער און דעם אויסוו[אַ]ל פֿון די איבערזעצונגען. אונדזער פּובליקע האָט אַ גרויסן קולטורדאָרשט, אָבער נאָך ניט קיין פֿאָרמולירטע קולטור־אינטערעסן, אַ גרויסן אינטערנאַציאָנאַליסטישן קולטור־אימפּעט, אָבער ניט קיין באַשטימטע אינטערנאַציאָנאַליסטישע קולטור־סימפּאַטיעס: זי איז נאָך פֿאַר דעם צו רוי, אומוויסנדיק און אומבאַהאָלפֿן. זי ווײַזט נאָר אַרויס אַ דאָרשט, זי פֿאָרמולירט אָבער ניט קיין פֿאָדערונגען. די פֿאַרלעגער קאָנסטאַטירן, אַז ס'איז פֿאַראַן אַ מאַרק – און וואַרפֿן אַרויס איבערזעצונגען. דער עולם קויפֿט, לייענט, פֿאַרדײַעט שלעכט און די ליטעראַטור ווערט דערפֿון לחלוטין ניט געבויט.

איך וויל זיך דאָ ניט פֿונאַנדערקלײַבן אין אונדזער איבערזעצונגס־ליטעראַטור, דאָס וואָלט מיך צו ווײַט פֿאַרפֿירט. איך וועל נאָר קאָנסטאַטירן:

די ביזאיצטיקע איבערזעצונגס־ליטעראַטור אונדזערע איז, מיט אייניקע אויסנעמען, אַ הוילע טאַנדעם־אַרבעט פֿון פֿלינקע בעל־מלאָכות. קיין קינסטלערישע איבערזעצונגען פֿאַרמאָגן מיר ניט. אַזעלכע איבערזעצונגען באַרײַכערן ניט אונדזער שפּראַך, ווײַל מע פֿילט אין זיי ניט די ‚חבֿלי־לידה', די געבורטס־ווייען פֿונעם פֿאַרפֿײַנערטן, פֿונעם אויסגעזוכטן און אויסגעחלומטן וואָרט. העלפֿן זיי שוין ממילא זייער ווייניק אײַנצובירגערן דאָס איבערגעזעצטע ווערק אין דער ייִדישער ליטעראַטור, און שליסן ניט אײַן זײַנע בילדער, סימבאָלן און פֿיגורן אין אונדזער דיכטונגסקרײַז, ווײַל אין טאַנדעט־איבערזעצונגען ווערן איבער הויפּט די אָריגינעלע בילדער און סימבאָלן פֿאַרבלאַסט, פֿאַרנעפּלט און גאַנץ אָפּט פֿאַרפֿאַלן. אין איר לעצטן סך־הכּל איז אונדזער איבערזעצונגס־ליטעראַטור אַ סכום פֿון באַנאַלע צופֿעליקייטן, וואָס אַפֿילו וויכטיקע ווערק פֿון דער וועלט־ליטעראַטור גייען אויך צווישן זיי פֿאַרלאָרן.

IV

וואָס זשע פֿאַר אַן איבערזעצונג־סיסטעם דאַרפֿן מיר אָנווענדן אין אונדזער ליטעראַטור?

ניט דאָ איז דאָס אָרט אָנמערקן אַ גענויעם פּלאַן אָדער צו געבן אַ מוסטער־קאַטאַלאָג פֿאַר איבערזעצונגען. איך וויל דאָ נאָר אַרויסזאָגן אייניקע אַלגעמיינע אָנווייַזונגען, באַמערקנדיק דערבײַ, אַז דאָ האַנדלט זיך אי וועגן אַ סיסטעם, אי – דער עיקר – וועגן אַ פּרינציפּ, – דער פּרינציפּ איז:

די איבערזעצונגען זײַנען איצט נייטיק ניט אַזוי פֿאַר די לעזער, ווי פֿאַר דער ייִדישער ליטעראַטור גופֿא, דעריבער מוזן די געזעלשאַפֿטלעך־אָרגאַניזאַטאָרישע אַנשטאַלטן פֿון דער ייִדישער ליטעראַטור אַרײַנטראָגן אין דער גאַנצער איבערזעצונגס־אַרבעט אַן אויסגעהאַלטענע סיסטעם און פּלאַנמעסיקייט.

די פֿראַגע וועגן איבערזעצונגען איז שוין אַ מאָל, מיט אַ יאָר 20 צוריק, געשטאַנען פֿאַר דער העברעיִשער ליטעראַטור אין דעם גאָלדענעם פּעריאָד פֿון איר ציוניסטישער אויפֿלעבונג. די אָרגאַניזאַטאָרישע אַנשטאַלטן פֿון דער העברעיִשער ליטעראַטור האָבן פֿון אָנהייב אָן פֿאַרשטאַנען, אַז כּדי די איבערזעצונגס־אַרבעט זאָל באַרײַכערן און באַפֿרוכפּערן די ליטעראַטור, מוז זי זיך פֿירן אָרגאַניזירט, לויט אַ געוויסער סיסטעם. האָבן זיך דאַן געגרינדעט צוויי פֿאַרלאַגן: אחיאסף – אויף אַרויסגעבן ליטעראַטור, סײַ אָריגינעלע, סײַ איבערגעזעצטע, וואָס האָט אַ שײַכות נאָר צו ייִדן און ייִדישקייט, און תושיה – אויף אַרויסגעבן יעדע ליטעראַטור, באַזונדערס אייראָפּעיִשע. צווישן אָט די צוויי פֿאַרלאַגן, זייערע אָנפֿירער און באַגײַסטערער האָט זיך געהאַט צעפֿלאַקערט אַן אינטערעסאַנטע פּאָלעמיק, אין וועלכער ס׳האָט אָנטייל גענומען אויך אַחד־העם. די פֿראַגע איז געווען פֿאָרמולירט אַזוי: וואָס איז נייטיק – ייִדישקייט־ליטעראַטור (אחיאסף) צי ליטעראַטור איבער הויפּט (תושיה)?... אָט די פּאָלעמיק האָט זיך אַ ביסל פֿאַרשאַרפֿט, ווען תושיה האָט אַרויסגעלאָזט אַן איבערזעצונג פֿונעם „וויקפֿילדער גלח״, אַ ראָמאַן פֿון אַן ענגלישן שרײַבער פֿונעם 18טן יאָרהונדערט, אָליווער גאָלדסמיט,[1] וואָס בשעתו האָט ער געהאַט אַ ווירקונג, נאָר איצטער האָט ער שוין נאָר אַ היסטאָרישן אינטערעס דער עיקר פֿאַר די ענגלענדער. הגם דער פּרינציפּ פֿון תושיה איז געווען אין עצם אַ ריכטיקער – אָבער מיט דעם „וויקפֿילדער גלח״ איז ער דורכגעפֿאַלן: טאַקע אייראָפּעיִשע ליטעראַטור, אָבער ניט אָפּגעלעבטע שמות פֿון אָט דער ליטעראַטור; אָדער אַ סיסטעם, אָדער צופֿעליקייט. פֿאַר וואָס עפּעס גאָלדסמיטס „דער וויקפֿילדער גלח״?

פֿון אַזעלכע צופֿעליקייטן און פֿעלערן דאַרף זײַן אָפּגעהיט די ייִדישע איבערזעצונגס־ליטעראַטור, בפֿרט נאָך אין איצטיקן מאָמענט, ווען די איבערזעצונגען דאַרפֿן אין איר שפּילן אַ באַזונדערס וויכטיקע ראָלע. מיר טיילן ניט די ליטעראַטור אויף ,ייִדישקייט־ליטעראַטור׳ און ,מענטשהייט־ליטעראַטור׳, ווי מען איז זיך נוהג געווען אין דער בית־המדרשדיקער ליטעראַטור פֿון לשון־קודש. אַ לעבעדיק פֿאָלק, וואָס רעדט און דענקט אויף אַ לעבעדיקער שפּראַך, ווייסט ניט אין זײַן דיכטונג פֿון קיין מחיצות. די ייִדישע ליטעראַטור דאַרף פֿאַרפֿעסטיקן איר נאַציאָנאַלן שורש דורכן אָפּירשענען מיט דער הילף פֿון איבערזעצונגען און איבערדיכטונגען די ליטעראַרישע אוצרות פֿונעם העברעיִשן מוזיי, זי דאַרף און מוז אָבער אין דער זעלבער צײַט מיט ניט ווייניקער אימפּעט און ענערגיע זיך באַהעפֿטן צו אַלע קוואַלן פֿון דער וועלטדיכטונג און שעפּן פֿון דאָרטן די אייביקע ,מים־חיים׳...

אָט האָט, למשל, דער קיִעווער פֿאַרלאַג אַרויסגעלאָזט אַן איבערזעצונג פֿון לאָנגפֿעלאָס „הײַאַוואַטאַ״. פֿאַר וואָס עפּעס אָט דאָס ווערק? ווײַל צופֿעליק איז צום פֿאַרלאַג געקומען אַן איבערזעצער מיט אָט דעם ווערק. גראָדזענסקי האָט איבערגעזעצט „פּאָלטאַווע״ פּושקינס. פֿאַר וואָס דווקא פּושקין און דווקא „פּאָלטאַווע״ – און ניט, למשל, „מאָצאַרט און סאַליערי״ אָדער „דער קאַרגער ריטער״? ווײַל דער עיקר איז דאָך ניט פּושקינס שאַפֿונג און זײַן דיכטערישע פֿיזיאָנאָמיע, נאָר געוויסע גראַם־בריהשאַפֿט פֿונעם איבערזעצער...

1 ❧ Oliver Goldsmith (1728–1774), *The Vicar of Wakefield* (1766).

פֿאַרלאַגן, וועלכע שטעלן זיך ליטעראַריש־געזעלשאַפֿטלעכע אויפֿגאַבעס און ווילן ווירקן אויפֿן גאַנג פֿון דער ליטעראַטור, קאָנען זיך אויף צופֿעליקייטן ניט פֿאַרלאָזן. מע מוז האָבן אַ פּלאַן און אַ סיסטעם פֿון איבערזעצונגען, באַזונדערס, חזר איך איבער, ביי איצטיקן צושטאַנד פֿון אונדזער ליטעראַטור. איבערגעזעצט דאַרפֿן ווערן:

ווערק, וועלכע האָבן געהאַט די אַנטשיידנדיקע ווירקונג אויף דער אויסבילדונג און אַנטוויקלונג פֿון אונדזער ליטעראַרישן פֿילן, דענקען און אַרט רעדן, וואָס זייערע בילדער, סימבאָלן, פֿיגורן און אויסדרוקן זיינען אַריין אין אונדזער טאָגשטייגער. ווערק, וועלכע האָבן אַרויסגערופֿן געוויסע ליטעראַריש־געזעלשאַפֿטלעכע שטראָמען און זיינען געוואָרן אַן אויסגאַנגספּונקט פֿון אַ נייער אַנטוויקלונג. ווערק, אין וועלכע ס׳איז פֿאַרקערפּערט די אומפֿאַרגייענדיקע שיינקייט פֿונעם קינסטלערישן וואָרט. די מוסטערווערק פֿון דער עפּי־שער ליטעראַטור פֿון די פֿאַרשיידענע פֿעלקער און לענדער. ווערק פֿון שרייבער, וועל־כע כאַראַקטעריזירן אָדער פֿאַרקערפּערן אַ באַדייַטנדיקע עפּאָכע אָדער אינטערעסאַנטע שיכטן פֿון דער געזעלשאַפֿט. – איבער הויפּט ווערק, וועלכע שטעלן מיט זיך פֿאָר גרענעצ־שטיינער אין דער אַנטוויקלונג פֿון ליטעראַרישע פֿאָרמען, זשאַנ[ער]ן און ריכטונגען.

בנוגע צו די נאַציאָנאַלע ווערק מוז מען זיך אויך באַנוצן נאָר מיטן קריטעריום פֿון וויכטיקייט און חשובֿקייט.

און צוזאַמען מיט סיסטעמאַטישע איבערזעצונגען פֿון קלאַסישע מוסטערווערק, דאַרף מען אויפֿמערקזאַם נאָכקוקן און נאָכשפּירן דעם לויפֿנדיקן דראַנג פֿון דער הייַנטיקער ליטעראַטור, כּדי צו קולט זיין[1] און איבערגיסן אין די אָדערן פֿון דער ייִדישער ליטעראַ־טור דאָס לעבעדיקע, צאַפּלדיקע און – דער עיקר – באַדייַטנדיקע פֿון דער הייַנטיקער וועלט־ליטעראַטור.

דאָס בעסטע וואָלט געווען, ווען די פֿאַרלאַגן, וועלכע פֿאַרפֿאָלגן ניט קיין ספּעקולאַ־טיווע צוועקן – אָדער בעסער, ווען די אַנטשפּרעכנדיקע אַנשטאַלטן פֿון דער קולטור־ליגע זאָלן אַװעקזעצן אַ קאָמיסיע מיט דער דרינגענדיקער אויפֿגאַבע אויסצואַרבעטן אַ פּלאַן פֿון איבערזעצונגען, וועלכע זאָלן דורכגעפֿירט ווערן דורך די אידעיִשע פֿאַרלאַגן. נאָר אויף אַזאַ אופֿן וואָלטן מיר געקאָנט גיך, פּלאַנמעסיק און אָרגאַניזירט שאַפֿן אַן איבערזעצונגס־ליטע־ראַטור, וועלכע [וואָלט] געהאַט אַ היסטאָרישן ווערט פֿאַר אונדזער נאַציאָנאַל־קולטורע־לער אַנטוויקלונג.

לאָמיר אין דעם פּרט נאָכטאָן די דייַטשן פֿון סוף 18טן יאָרהונדערט.

[1] קולט זיין – איינזאַפּן, איינשלינגען.

בער סלוצקי

אַ מוסטער, ווי אַזוי מ׳טאָר ניט שרײַבן קיין ייִדיש

ט. הייליקמאַן, – „געשיכטע פֿון דער געזעלשאַפֿטלעכער באַוועגונג פֿון די ייִדן אין פּוילן און רוסלאַנד". ערשטער טייל. מאָסקווע, צענטראַל־פֿאַרלאַג, 1926. ז׳ 244. פּרײַז 1 ר׳ 80 קאָפּ׳. 5000 עקז׳.

> יעדער קריטיקער פֿון הייליקמאַנס בוך קאָן, ליידער, ניט אויסמײַדן די באַמערקונג וועגן דער שפּראַך פֿונעם בוך. עס פֿילט זיך, אַז דאָס בוך איז איבערגעזעצט פֿון רוסיש... ערטערווײַז איז ממש ניט צו פֿאַרשטיין דעם פּירוש־המילים...
>
> אונטערן האַרטן שאָלעכץ פֿון שפּראַכלעכע אומגעלומפּערטקייטן, וועט דער לייע־נער ניט זעלטן געפֿינען אַן עכטן וויסנשאַפֿטלעכן ,יאָדער׳.

אַזוי פֿאַרענדיקט ב. רובשטיין זײַן רעצענזיע וועגן הייליקמאַנס בוך אין דער „רויטער וועלט" נ׳ 2, 1927.

אָבער „פֿאַרשטיין דעם פּירוש־המילים", „האַרטע שאָלעכץ פֿון שפּראַכלעכע אומגע־לומפּערטקייטן" – דאָס איז צו שוואַך געזאָגט.

ניט יעדער לייענער, אַפֿילו אַ קוואַליפֿיצירטער, וועט אײַנבײַסן די „האַרטע שאָלעכץ פֿון שפּראַכלעכע אומגעלומפּערטקייטן", וואָס זײַנען עפּעס ווי מיט אַ כּיוון מיט אַזאַ ברייט־קייט צעוואָרפֿן איבערן גאַנצן בוך, פֿונעם אָנהייב ביזן סוף.

דער איבערזעצער (דאָס איז קלאָר, אַז דאָס בוך איז איבערגעזעצט פֿון רוסיש; ניכּר, אַפֿילו פֿון אַ שווער רוסיש) האָט זיך עפּעס ווי אומיסטן געפֿלײַסט צו געבן אין די 244 זײַטלעך פֿונעם בוך דאָס גאַנצע שווער[ע] פּעקל „שפּראַכלעכע אומגעלומפּערטקייטן", וואָס פֿאַרפֿלייצן אַלע אונדזערע צײַטונגען און איבערזעצונגען. איר האָט דאָ אַלצדינג: ווילד נײַע ווערטער, משונהדיקע וואָרטשטעלונג, אוממעגלעכן זאַצבוי.

איך וועל דאָ ברענגען אייניקע מוסטערן פֿון דער דאָזיקער איבערזעצונג, כּדי צו ווײַזן, וואָס פֿאַר אַ הפֿקרות עס איז בײַ אונדז געוואָרן דער ענין איבערזעצונגען. איך וועל אויך פּרוּוון ווײַזן, אַז בײַ אַ ביסל גוטן ווילן, פּשוט בײַ אַ[ן] עטוואָס בעסערער באַציִונג צו דעם זייער וויכטיקן בוך, צום לייענער, וואָלט דאָס דער איבערזעצער געקאָנט מאַכן בעסער, אַפֿילו מיט די שפּראַכמיטלען, וואָס ער פֿאַרמאָגט.

איך וועל דעריבער פּרוּוון צו בעסערן דער הויפּט מיט די ווערטער פֿונעם טעקסט גופֿא. ווײַל נאָך אַ מאָל: איך וויל דאָ ניט ווײַזן, ווי אַזוי מע וואָלט געקאָנט בעסער איבער־זעצן בכלל, איך וויל ווײַזן, ווי אַזוי דער זעלבער איבערזעצער וואָלט דאָס אַליין געקאָנט בעסער מאַכן.

וועגן דער איבערזעצונג דאַרף געזאָגט ווערן בכלל: דער איבערזעצער איז אַן עבֿד־כּנעני בײַם רוסישן טעקסט, בײַם רוסישן וואָרט. ער פֿאַרשטייט ניט

פֿון: **די יידישע שפּראַך** (קיִעוו) 1, 1927, שפּ׳ 31–38.

דעם אַלף־בית פֿון דער איבערזעצונג־מלאָכה; אַז איבערגעבן אויף אַן אַנדער שפּראַך קאָן מען יענעמס געדאַנק, ניט יענעמס ווערטער. קיין שפּראַך פּאַסט זיך ניט צו אַווטאָמאַטיש צו אַן אַנדער שפּראַך, מיט דער הילף פֿון גראַמאַטיק און ווערטערבוך. מ׳מוז אין זינען האָבן די אייגנשאַפֿטן, דעם זאַצבוי, די וואָרטשטעלונג, די וואָרטבילדונג אאַז״וו פֿון דער איבער־זעצונג־שפּראַך. פֿאַרקערט, וואָס געטרײַער, ניכנעדיקער מ׳וויל זײַן דעם אָריגינאַל, מער שאַט מען אים (אין דער איבערזעצונג), ניט מ׳דינט אים; ווײַל דער לייענער הערט אויף צו פֿאַרשטיין. אונדזער איבערזעצער איז אָבער געווען זייער געטרײַ, עפּעס ווי ער וואָלט געוואָלט, אַז דורך דעם ייִדישן טעקסט זאָל מען קאָנען אַרויסזען דעם רוסישן. האָט ער ‚גוזעצט׳ כּמעט וואָרט נאָך וואָרט. פֿאַרשטייט זיך, אַז קודם־כּל לאָזט זיך דאָס פֿילן אין זאַצבוי: ס׳איז אַ ליטעראַריש־רוסישער זאַצבוי, ניט קיין ייִדישער. ערטערווײַז איז פּשוט ניט מעגלעך צו פֿאַרשטיין, וואָס זאָגט דער אַווטאָר.

אָבער דער איבערזעצער האָט באַוויזן אַ קונץ צו זינדיקן אין אַלע אַנדערע פּרטים אויך: אין וואָרטגעברויך, אין וואָרטבילדונג, אין טערמינאָלאָגיע.

מוז מען וועגן דעם בוך רעדן ברייטער.

דער זאַצבוי

א דער וואָרט־סדר אין זאַץ

1 אַזוי, דער פּראָפֿעסאָר קליוטשעווסקי געפֿינט, אַז דער הויפּטשטריך פֿון דער היס־טאָרישער אַנטוויקלונג אין מערבֿ־אייראָפּע, אין קעגנזאַץ צו רוסלאַנד, איז באַשטאַנען אין דעם... (ז׳ 5).

דאַרף זײַן:

אַזוי געפֿינט דער פּראָפֿעסאָר ... אין מערבֿ־אייראָפּע איז אין קעגנזאַץ צו רוסלאַנד...

אַגבֿ דער ‚אַזוי געפֿינט׳ так находит מיינט דאָ אויף פּשוט ייִדיש: אַזוי מיינט, אַזוי האַלט דער פּראָפֿעסאָר.

2 אין מערבֿ־אייראָפּע מיט דער אַנטוויקלונג פֿון דער גרויס־אינדוסטריע, האָבן זיך די ייִדן אַסימילירט, אין רוסלאַנד האָבן זיי זיך ניט נאָר ניט אַסימילירט, נאָר אַפֿילו פֿאַר־וואַנדלט אַ פֿרעמדן דיאַלעקט אין אַן אייגענער נאַציאָנאַלער שפּראַך (ז׳ 6).

וואָלט געקאָנט זײַן:

אין מערבֿ־אייראָפּע איז פֿאָרגעקומען אַזוי, אַז מיט דער אַנטוויקלונג פֿון דער גרויס־אינדוסטריע האָבן זיך ייִדן אַסימילירט. פֿאַרקערט, אין רוסלאַנד, איז ניט בלויז זיי האָבן זיך ניט אַסימילירט, זיי האָבן זיך אַפֿילו געמאַכט פֿון אַ פֿרעמדן דיאַלעקט אַן אייגענע נאַציאָנאַלע שפּראַך.

3 דעריבער, איז כּדי ריכטיק צו באַלײַכטן די געשיכטע פֿון דעם ייִדן אין פּוילן, קאָנען מיר ניט פֿאַרשווײַגן די ווירטשאַפֿטלעכע און סאָציאַלע עוואָלוציע פֿון די ייִדן אין מערבֿ־אייראָפּע (ז׳ 13).

קאָן זײַן:

כּדי ריכטיק צו באַלײַכטן די געשיכטע פֿון ייִדן אין פּוילן, קאָנען מיר, דעריבער, ניט פֿאַרשווײַגן...

4 פּ.ס.מאַרעק, אָנווײַזנדיק אויף דער עקסיסטירנדיקער אָפּהענגיקייט פֿונעם ייִדישן פֿאָלק פֿונעם הערשנדיקן, כאַראַקטעריזירט זי אויפֿן פֿאָלגנדיקן אופֿן (ז' 14).

ס'הייסט:

אָנווײַזנדיק ... כאַראַקטעריזירט זי פּ.ס. מאַרעק אויפֿן פֿאָלגנדיקן אופֿן.

בעסער:

אָנווײַזנדיק, אַז דאָס ייִדישע פֿאָלק איז אָפּהענגיק פֿון דעם הערשנדיקן פֿאָלק, כאַראַק־טעריזירט פּ.ס. מאַרעק...

5 דעמאָלט קאָן מען קאַם גיין אויף אַזאַ אַבסאָלוטער, וואָס דערלאָזט ניט קיין שום אויסנאַמען, פֿאַראַלגעמיינונג און זאָגן (ז' 14).

דאָס הייסט:

דעמאָלט קאָן מען קאַם גיין אויף אַזאַ אַבסאָלוטער פֿאַראַלגעמיינונג, וואָס דערלאָזט ניט קיינע שום אויסנאַמען, און זאָגן...

ב דער געשוואָלענער אַטריבוט, מיט גוואַלד אַרײַנגעקוועטשט אין זאַץ, אַנשטאָט אַ בײַזאַץ

1 די אַרויסגעשטעלטע פֿון אונדז הנחות (ז' 16).

דאָס הייסט:

די הנחות, וואָס מיר האָבן אַרויסגעשטעלט.

2 ווײַל דער אָנגעוויזענער דורך אים ווידערשפּרוך (ז' 95).

דאָס הייסט:

ווײַל דער ווידערשפּרוך, וואָס ער האָט אָנגעוויזן.

3 די פֿאַרבונדענע מיט איר קרעטשמערײַ און שענקערײַ (ז' 57).

דאָס הייסט:

די קרעטשמערײַ און שענקערײַ, וואָס זײַנען מיט איר פֿאַרבונדן.

4 צוליב די אינעווייניקסטע זיך פֿאַרשאַרפֿנדיקע סתּירות (ז' 57).

דאָס הייסט:

צוליב (ריכטיקער: מחמת, איבער) די אינעווייניקסטע סתּירות, וואָס פֿאַרשאַרפֿן זיך אאַז"וו.

5 אונטער דער ווירקונג פֿון די זיך אָנגעהויבענע פֿאַרפֿאָלגונגען (ז' 15).

דאָס הייסט:

אונטער דער ווירקונג פֿון די פֿאַרפֿאָלגונגען, וואָס האָבן זיך אָנגעהויבן.

ג די פּאַסיווע קאָנסטרוקציע, אַנשטאָט דער אַקטיווער

1 צווייטנס, פֿלעגן אין מיטל-עלטער די דאָזיקע פּריווילעגיעס ניט אָפּגעהיט ווערן (ז׳ 8).

דאָס הייסט:

צווייטנס, פֿלעגט מען אין מיטל-עלטער ניט אָפּהיטן (האַלטן) די דאָזיקע פּריווילעגיעס.

2 וואָס די ייִדישע וואָכנרייַ פֿלעגט אויפֿגעמונטערט ווערן (ז׳ 20).

דאָס הייסט:

וואָס מע פֿלעגט אויפֿמונטערן די ייִדישע וואָכנרייַ (פֿריִער מיט עטלעכע שורות דער־ציילט דער אַווטאָר, אַז „פֿון אויבן״ (ד״ה די מאַכטהאָבער) פֿלעגן אויפֿמונטערן די ייִדישע וואָכנרייַ).

3 צווייטנס, איז די פֿאַרשטאַרקונג פֿון די פֿאַרפֿאָלגונגען אין דער צייַט פֿון די קרייצצוגן אין מיטן פֿון 14טן יאָרהונדערט בעת דער שוואַרצער מגפֿה אַרויסגערופֿן געוואָרן ניט דורך זייער איבערגאַנג צום געלטהאַנדל, נאָר דורך רעליגיעזן פֿאַנאַטיזם און אומוויסנקייט פֿון די מאַסן (ז׳ 20).

דאָס הייסט:

צווייטנס, איז ניט זייער איבערגאַנג צום געלטהאַנדל האָט אַרויסגערופֿן די פֿאַרשטאַר־קונג פֿון די פֿאַרפֿאָלגונגען..., נאָר דער רעליגיעזער פֿאַנאַטיזם און די אומוויסנקייט פֿון די מאַסן.

4 אויפֿן מערבֿ איז, ווי באַוווּסט, די העכסטע מאַכט אינעם מאָמענט פֿון איר עקסטער אָפּשוואַכונג אוזורפּירט געוואָרן דער עיקר דורך די קיניגלעכע באַאַמטע, דורך די גראַפֿן אאַז״וו (ז׳ 37).

דאָס הייסט:

ווי באַוווּסט, האָבן אין די מערבֿ-לענדער דער עיקר די קיניגלעכע באַאַמטע, די גראַפֿן אוזורפּירט די מאַכט אינעם מאָמענט אאַז״וו.

ד דער רוסישער זאַץ מיט ייִדישע ווערטער; דער אומגעלומפּערטער צונויפֿגעזעצטער זאַץ

1 מע קאָן ניט ניט מסכּים זייַן מיט קולישערן, אַז דער איבערגאַנג פֿון די ייִדן צו קליינער וואָכנרייַ אונטער דער ווירקונג פֿונעם אַרויסגעשטויסט ווערן פֿון דער גרויסער, האָט נאָך מער פֿאַרשאַרפֿט די שׂינאה צו די ייִדן (ז׳ 21).

איבערגעזעצט אויף רוסיש וואָרט בייַ וואָרט, הייסט דאָס אַזוי:

Нельзя не согласиться с Кулишером, что переход евреев к мелкому ростовщичеству, под влиянием вытеснения из крупного, еще больше обострил ненависть к евреям.

דאָס מיינט:

קולישער איז גערעכט, ווען ער זאָגט, אַז די שׂינאה צו ייִדן איז פֿאַרשאַרפֿט געוואָרן דערפֿאַר, וואָס זיי זײַנען געוואָרן קליינע וואָכערניקעס, ווײַל מ׳האָט זיי אַרויסגעשטופּט פֿון דער גרויס־וואָכערײַ.

2 אָבער אין פּוילן איז, צום אונטערשייד פֿון רוס, צו גלײַך מיטן פּראָצעס פֿון צעברעקלונג פֿון דער העכסטער מאַכט דורך דער אויסבילדונג פֿון טייל־נחלאָות געגאַנגען אַ צווייטער פּראָצעס פֿון איר צעברעקלונג דורך איר אוזורפּירונג מצד די העכסטע מיוחסים, ווי אויפֿן מערבֿ (ז׳ 58).

פֿאַרשטייט זיך, אַז איבערשטעלן אַזאַ ,פּסוק׳ מיט דעם איבערזעצערס אייגענע ווערטער איז נישט מעגלעך. מע קאָן דאָס נאָר צעשיפֿרירן אויף אַ מענטשלעכער שפּראַך:

אין פּוילן איז דאָס צוגעגאַנגען אַנדערש, ווי אין רוסלאַנד: חוץ דעם, וואָס די העכסטע מאַכט איז דאָ צעברעקלט געוואָרן, ווײַל עס האָבן זיך אויסגעפֿורעמט לענען (ד״ה בײַם איבערזעצער טייל־נחלאָות), איז נאָך פֿאָרגעקומען אַ צווייטער פּראָצעס, אַזוי ווי אין מערבֿ־אייראָפּע: דער הויכאַדל (די מאַגנאַטן) האָט פֿאַרכאַפּט די מאַכט, און אַזוי אַרום איז זי נאָך מער צעברעקלט געוואָרן.

3 אין איטאַליע, אָט דעם פֿריִער פֿון אַלעמען אויפֿן מערבֿ רײַף געוואָרענעם פֿאָלק, ווערט שוין אין 855סטן יאָר דערמאָנט וועגן אַ קאָלאָסאַלן גירוש פֿון ייִדן פֿונעם קיניגטום (ז׳ 17).

וועגן וואָס רעדט זיך דאָ?

אַז אין איטאַליע ווערט שוין אין 855[סטן] יאָר דערמאָנט וועגן אַ גירוש. אָבער אינעם בײַזאַץ איז געזאָגט „אָט דעם פֿריִער פֿון אַלעמען אויפֿן מערבֿ רײַף געוואָרענעם פֿאָלק״ – קומט אויס, אַז איטאַליע איז „דאָס פֿריִער פֿאַר אַלעמען רײַף געוואָרענע פֿאָלק״?! (איטאַליע, הייסט דאָס, איז אַ פֿאָלק.)

געמיינט האָט דער איבערזעצער, מסתּמא, צו זאָגן:

אין איטאַליע, אין דעם לאַנד, ווו דאָס פֿאָלק (דאָס איטאַליענישע) איז געוואָרן רײַף פֿריִער פֿאַר אַנדערע פֿעלקער אין מערבֿ, ווערט שוין אין...

און אָט האָט איר אַ פּאָר זאַצן, און טרעפֿט וואָס דאָ איז געמיינט:

4 אָבער די ירידה פֿון די שטעט, וועלכע איז אַרויסגערופֿן געוואָרן דורך דער מאָנאָפּאָליזירונג פֿונעם עקספּאָרט פֿון לאַנדווירטשאַפֿטלעכע פּראָדוקטן דורך דער שליאַכטע, דורך איר עקאָנאָמישער פּאָליטיק אין זינען פֿון פֿאַרקלענערן די פּרײַזן אויף אינדוסטריע־סחורות, אויך דאָס אַרויסשטופּן די ייִדן פֿונעם אינערלעכן האַנדל אונטער דער ווירקונג פֿון דער קאָנקורענץ פֿון די שטאָט־אײַנוווינער, האָט פֿאַרשטאַרקט דעם שטראָם פֿון די ייִדן אין די שליאַכטישע לאַנדגיטער (ז״ז 103 – 104).

5 אין פֿאָריקן קאַפּיטל, בעת מיר האָבן באַרירט די פֿראַגע וועגן דער אָפּהענגיקייט פֿונעם פּאָליטישן מאָמענט – פֿון דער אונטערגעוואָרפֿנקייט פֿון דער נאַציאָנאַלער מינדערהייט אונטער דער הערשנדיקער מערהייט – פֿונעם עקאָנאָמישן פֿאַקטאָר, האָבן מיר אָנגעוויזן, אַז די לאַגע פֿונעם אונטערגעוואָרפֿענעם פֿאָלק הענגט אָפּ פֿון דער עקאָנאָמישער אַנטוויקלונג סײַ פֿון דער הערשנדיקער מערהייט, סײַ אויך פֿון דער אייגענער עקאָנאָמישער אַנטוויקלונג (ז׳ 13).

6 דער נאָמען פֿונעם בוך (ס׳רעדט זיך וועגן דאָקטאָר סלעשקאָווקיס[1] אַ בוך – ב.ס.) דעקט אויף זײַן אינהאַלט. ער איז פֿאָלגנדיקער: „קלאָרע באַווײַזן, אַז ניט נאָר די נשמה, נאָר אויך דעם קערפּער שטעלן אין געפֿאַר פֿון אייביקן אונטערגאַנג די, ווער, ניט קר־קנדיק אויף די פֿאַרבאָטן פֿון דער אַלוועלטלעכער הייליקער קירך, באַנוצט זיך מיט די דינסטן פֿון דאָקטוירים־ייִדן, טאָטערן און אַנדערע אומגלייביקע, אָדער רעדט אײַן דערצו אַנדערע דורך עצות, איבערצײַגן, רעקאָמענדירן אָדער דורך אַ וועלכן ס׳ניט איז אַנדערן אופֿן, – צונויפֿגעשטעלט אויפֿן סמך פֿון די הייליקע שריפֿטן און קירכלעכע ביכער דורך איינעם אַ מאָנאַך, אַ דאָקטאָר פֿון דער הייליקער שריפֿט, אַ גלח, וועלכער איז באַרימט געוואָרן דורך זײַן פֿרומקייט און געלערנטקייט, און זײַנען איצט ווידער אַרויסגעגעבן און דערפֿילט געוואָרן דורכן קסיאָנדז סעבאַסטיאַן סלעש־קאָווסקי, אַ דאָקטאָר, יאָר פֿון קריסטוס׳ געבורט 1623“ (ז׳ 110).

פֿון דער דאָזיקער „האַרבער שאָלעכץ“, פֿאַרשטייט זיך, איז שווער אַרויסצוקריגן דעם געדאַנק. דער לייענער וועט זיך מוזן ברעכן דעם קאָפּ, וואָס איז דאָס פֿאַר אַ „געפֿאַר פֿאַר דער נשמה און גוף צו באַנוצן זיך מיט די דינסטן פֿון דאָקטוירים־ייִדן, טאָטערן און אַנ־דערע אומגלייביקע“...

דעם בילבול אויף די דינסטן פֿון די ייִדישע דאָקטוירים אין פּוילן מאַכט דער ייִדי־שער איבערזעצער פֿון ח׳ הייליקמאַנס בוך, ניט דער פּוילישער קסיאָנדז. יענער מיינט: די מעדיצין־פּראַקטיק, די הילף פֿון ייִדישע דאָקטוירים, ניט זייערע באַדינערס (услуги, ניט прислуга).

,פֿון׳, ווּו מ׳דאַרף אים נישט, ווּו ער איז שלעבט

1 פֿאַרשיידענע מינים פֿון וואָכערײַ (ז׳ 19).

דאָס הייסט:

פֿאַרשיידענע מינים וואָכערײַ.

2 פֿלעגט דאָס שוין איבערגיין אין פֿולקומענעם אייגנטום פֿון דער קירך (ז׳ 19).

דאָס הייסט:

פֿלעגט דאָס שוין איבערגיין צו דער קירך אין...

3 דאָס איבערלאָזן אין באַנוץ פֿון דער קירך פֿונעם פֿאַרזעצטן לאַנדגוט איז געווען דער ריכטיקסטער שאַנס (ז׳ 19).

[1] אַ Sebastian Śleszkowski (1569–1648).

דאָס הייסט:

דאָס איבערלאָזן דאָס פֿאַרזעצטע לאַנדגוט אין באַנוץ...

4 א. קולישער זעט אויך דאָ ניט קיין גרונד פֿאַר דער טיילונג פֿונעם מיטל־עלטער אויף צוויי פּעריאָדן [ז׳ 20].

דאָס הייסט:

א. קולישער זעט דאָ ניט קיין גרונד צו טיילן דאָס מיטל־עלטער... אאַז״וו אאַז״וו. אויף יעדער בלעטל.

לעקסיק

1 מיר האַלטן פֿאַר ניט־ריכטיק אין וואָרצל די שטעלונג פֿון דער פֿראַגע (ז׳ 26).

דאָס הייסט:

מיר האַלטן אין גרונט פֿאַר ניט־ריכטיק די שטעלונג...

,אין וואָרצל׳ – רוסיש – в корне.

2 ער, דער פּוילישער פּאַן האָט זיך אַלץ גרינגער געקאָנט אָפּשפּילן אויף דער ייִדי־שער עקספּלואַטאַציע (ז׳ 104).

דאָס הייסט:

דער פּוילישער פּאַן האָט געקאָנט אַראָפּוואַרפֿן די שולד פֿון זיך אויף דער ייִדישער עקספּלואַטאַציע.

,זיך אָפּשפּילן׳ – רוסיש – отыграться.

3 אין רוס פֿלעגט דער גיטערישער אַדל גיסן וואַסער אויף דער מיל פֿון דער מאָנאַרכיסטישער מאַכט (ז׳ 39).

,גיסן וואַסער אויף דער מיל׳ – лить воду на мельницу.

4 וועלכער האָט זיך געפֿונען אויף דינסט (ז׳ 129).

רוסיש – которое находилось на службе.

5 זי האָט זיך סוף־כּל־סוף אויסגעגאָסן אין דער פֿאָרעם (ז׳ 127).

רוסיש – вылилась в форме.

6 אויפֿן גורל פֿון ליטע איז געפֿאַלן זייער אַ וויכטיקע ראָלע אין דער זאַך פֿון זאַמ־לען מערבֿ־רוס (ז׳ 126).

רוסיש – в деле собирания западной Руси.

7 די ייִדן אַלס אַ צעשפּרייט פֿאָלק דער עיקר (ז׳ 26).

דער עיקר׳, רוסיש – по преимуществу.

8 אונטער דער אויפֿווירקונג פֿון אָט די אַלע סיבות (ז׳ 111).

אויפֿווירקונג׳ – воздействие.

9 אייגנווויליקע זיך רײַסנדיקע מאַגנאַטן (ז׳ 30).

своенравные грызущиеся между собой магнаты.

10 ווײַל די רויִנירטע און צעברעקלטע מערבֿ־רוס האָט געמוזט אַליין גיין אין די אָרעמס פֿון ליטע (ז׳ 126).

11 פֿון צפֿון־מערבֿ האָבן אָנגעשפּאַרט די דײַטשישע ריטער, וועלכע פֿלעגן פֿאַר־שקלאַפֿן און ניט געוואָלט שמדן אין לאַט[יי]נישן גלויבן (ז׳ 126).

אָנגעשפּאַרט׳, רוסיש – напирали.
שמדן אין לאַט[יי]נישן גלויבן׳ – обращать в латинскую веру.

12 שרײַבט ער זיי צו.

רוסיש – приписывает им.

13 פֿלעגן אָנלעבן גרויסע פֿאַרמעגנס (ז׳ 25).

אָנלעבן – наживать.

14 מאַטעריעלע טובֿות פֿון דער ציוויליזאַציע (ז׳ 56).

טובֿות – блага (ד״ה נוצן).

15 די קירך האָט, אויף אַזאַ אופֿן, פֿאַרויס אונטערגעכאַפּט די מעשׂים פֿונעם פּוילישן קליין־בירגערטום וואָס ווערט שפּעטער דער פֿאַרביסענער פֿאַרשיסער (!) פֿונעם דאָזיקן קאַמף (ז׳ 85).

פֿאַרשיסער – רוסיש – застрельщик.
אַאַז״ו, אַאַז״ו אָן אַ שיעור.

דאָס הייסט – דער איבערזעצער וויל זיך ניט געבן קיין מי צוצווזוכן דאָס פּאַסנדיקע וואָרט, ער זעצט איבער מעכאַניש פֿון רוסיש:

за – פֿאַר, стрельщик – שיסער – ווערט ,פֿאַרשיסער׳, ד״ה דער אָנהייבער, דער רעדל־פֿירער, דער וועגווײַזער, דער אָנרייצער אַאַז״ו.

וואָרטבילדונג

דער איבערזעצער נוצט פֿאַר וואָרטבילדונג סופֿיקסן, וואָס זײַנען פֿרעמד דער שפּראַך, אָדער אומגעלומפּערטע פֿאָרמעס און קאָמפּאָזיציעס, צונויפֿגעשטויקעוועט לויט פֿרעמדע מוסטערן:

1 אָנוועגדבאַר (ז׳ 25).

2 אומלוינבאַרע פּראָפּעסיעס (ז׳ 56).
3 אומבאַמערקבאַר (ז׳ 138).
4 יעדן אומגעהאָרזאַמען (ז׳ 11).
5 די אומאָנזעטיקנדיקע (ненасытные) אַפּעטיטן (ז׳ 42).
(רעדט נאָר אַרויס דאָס ערשטע וואָרט אין № 5!)
6 אַ דאַנק דער ווײַסלער וואַסער־אַרטעריע (ז׳ 140).
(‚ווײַסלער׳ – אַן אייגנשאַפֿט־וואָרט פֿון דעם אייגן־נאָמען ‚ווײַסל׳ – אַ טײַך.)
7 שפּרונגאַרטיק (ז׳ 15, скачкообразно).
8 צווייטרייִקע באַדײַטונג (ז׳ 126, второстепенное).
9 כּוחות־מיספֿאַרהעלטעניש (ז׳ 85, соотношение сил).
10 אָפּהענגיקייט־פֿאַרהעלטענישן (ז׳ 36, отношения зависимости).
11 כּוחות־אייבערהאַנט (ז׳ 35).
אאַז״וו.

טערמינאָלאָגיע

די טערמינאָלאָגיע ‚שאַפֿט׳ דער איבערזעצער מיט דער זעלבער סיסטעם: מעכאַניש איבער־געזעצט פֿון רוסיש אָדער געאַרבעט מיט פֿרעמדע ווערטערביכער; אַ שטייגער, удел הייסט בײַ אים: ‚טייל׳, און דערמיט מאַכט ער אַלע צונויפֿגעזעצטע ווערטער:

1 טייל־אָרדענונג (ז׳ 37) – удельная система.
2 טייל־נחלה (ז׳ 38) – удел (לען?).
3 טייל־קייסאָרים (ז׳ 37) – удельные князья (לען־פֿירשטן?).

אַגבֿ, פֿירשטן הייסן בײַ אים ‚קייסאָרים׳, אַזוי קומט בײַם איבערזעצער אויס, אַז ‚ריוריקס קינדער׳ זײַנען אַלע געווען קייסאָרים:

„בײַ אונדז זײַנען אַלע טייל־קייסאָרים... אַלע ריוריקס קינדס־קינדער“ (ז׳ 37).

4 טייל־עפּאָכע (ז׳ 126) – פֿעאָדאַלע עפּאָכע?

ווײַטער:

5 פּאַנעס ראַדע (ז׳ 135) – פּריצים־ראַט (אָדער ראַדע).
6 הילצערנער אַקער־שטעקן (ז׳ 32) – рало – אַקער־קלאָץ?
7 דינענדיקן קליין־גיטערישן אַדל (ז׳ 39) – служилому мелкопоместному дворянству.
8 גיטערישער אַדל (ז׳ 39) – помещичье дворянство.
9 דינסטשטאַנד (ז׳ 40) – служивое сословие.
10 פֿראָנאַרבעט (ז׳ 41) – פּאַנשטשינע.

ווײַטער האָט איר ווערטער, וואָס זײַנען בכלל ניט פֿאַרשטענדלעך אין טעקסט:

א. שטײַערן־שאַפֿערס (ז׳ 46) (אויפֿזעער?).
ב. פֿאַרזאָרגער (?) פֿון וועקסלען (ז׳ 55).

אַזעלכע ווערטער, ווי ,קמעט׳ (Кмет)[1], ,האָסטיע׳ האַלט דער איבערזעצער פֿאַר זייער פּאָפּולערע, וואָס מע דאַרף זיי ניט פֿאַרטײַטשן. דערפֿאַר פֿאַרטײַטשט ער Deus ex machina – גאָט פֿון מאַשין.

קלאָר און פּשוט!

בכלל האָט זיך דער איבערזעצער ניט געגעבן די מי כאָטש געבן צום סוף אַ צעטל פֿון דער טערמינאָלאָגיע מיט די רוסישע טײַטשן, ס׳זאָל קלאָרער מאַכן דעם לייענער די זאַך.

צו דעם אַלעמען קומט נאָך צו די אויסגעצייכנטע קאָרעקטור. איך רעד שוין ניט פֿון אַזעלכע ווילדע גרײַזן, ווי „היתר איזכא״ (ז׳ 10),[2] ,פּ׳ אַנשטאָט ,פֿ׳ אד״גל, גרײַזן, וואָס דאָס בוך איז פֿול מיט זיי. ערגער איז, וואָס אין בוך האָט מען אַבסאָלוט ניט קיין אָפּשטעל־צייכן. אָפֿט פֿעלט דאָס פּינטל, און אַ מאָל שטעלט מען אים דווקא דאָרט, ווו מע דאַרף אים ניט.

איין בײַשפּיל פֿון צענדליקער:

> די סיבה פֿונעם פֿאַלן פֿון פוילן איז, לויט קאָסטאָמאַראָווס מיינונג, ניט אַזוי פֿיל אין די שלעכטע זײַטן, וועלכע זײַנען געווען אין די מידות פֿון דער נאַציע, ווי פֿל אין דער אָפּ־ווענזהייט פֿון גוטע, (אַ קאָמע אויפֿן אָרט פֿון אַ פּינטל – ב. ס.) אויף אַזאַ אופֿן. (דאָס פּינטל צערײַסט דעם זאַץ – ב. ס.) איז איבערקלײַבנדיק אירע פֿאָרמען אאַז״וו (ז׳ 30).

אַזאַ מין פּונקטירונג טרעפֿט מען זייער אָפֿט. מוז מען טאַקע ניט זעלטן לייענען אַ פּאָר מאָל דעם זאַץ ביז מע כאַפּט דעם געדאַנק.

איך מיין, אַז די געבראַכטע מוסטערן זײַנען גענוג. פֿאַרן לייענער איז קלאָר, אַז מיר האָבן דאָ צו טאָן מיט אַ ,קלאַסיש׳ ווערק פֿון גרײַזן, ווילדע זאַכן, פּשוט – מיט אַ ניט גענוג ערנסטער באַציִונג צום געדרוקטן וואָרט.

אַזוינע ביכער קאָנען ווערן אַ געפֿאַר פֿאַר אונדזער גאָרער קולטור־אַרבעט. אויב מע זאָל לאָזן די שפּראַך־הפֿקרות גיין ווײַטער מיט אַזאַ אימפּעט, וועט קומען דערצו, אַז דאָס בוך וועט מען אויפֿהערן צו פֿאַרשטיין. נאָך גרעסער איז די געפֿאַר, וואָס אַרויסגעגעבן האָט דאָס בוך אַזאַ פֿאַראַנטוואָרטלעכע אינסטיטוציע, ווי דער צענטרפֿאַרלאַג אין מאָסקווע.

צענטרפֿאַרלאַג וואָלט זיך געמעגט פֿאַרגינען אַרויסצוגעבן זײַנע ביכער אַ ביסל ציכטיקער.

ס׳איז ממש אַ פֿאַרדראָס, וואָס דאָס האָט געטראָפֿן גראָד מיט אַזאַ וויכטיק און נייטיק בוך, ווי הייליקמאַנס געשיכטע. און ס׳בלײַבט צו ווינטשן, אַז מע זאָל דאָס בוך וואָס צום גיכסטן איבערזעצן ... אויף ייִדיש.

1 אַ גוטער קריגער, אַ קונציקער קעמפֿער.

2 אַנשטאָט ,היתר־עיסקא׳.

בער סלוצקי

מוסטערן פֿון געראָטענע איבערזעצונגען

די פֿראַגע, ווי אַזוי דאַרף מען איבערזעצן פֿון איין שפּראַך אויף דער אַנדערער, איז בייַ אונדז געוואָרן זייער אַקטועל און שאַרף.

דער גרעסטער טייל פֿון אונדזער פּרעסע און בוך שפּייַזט זיך פֿון איבערזעצונגען, דער הויפּט פֿון רוסיש. מ׳זעצט איבער פֿון רוסיש ניט בלויז פּובליציסטישע, סאָציאַל־פּאָליטישע, פּאָפּולער־וויסנשאַפֿטלעכע, מ׳זעצט איבער שיינע ליטעראַטור אויך. אָפֿט מאָל איז דאָס איבערגעזעצטע רוסישע בוך גופֿא אַן איבערזעצונג פֿון אַן אַנדער שפּראַך, נישט קיין אָריגינעל ווערק.

פֿאַר איבערזעצונגען נעמען זיך אָבער אָפֿט מאָל אומגעניטע מענטשן.

איז קיין חידוש ניט, וואָס דער רוסישער זאַצבוי, די רוסישע וואָרטשטעלונג און וואָרטבילדונג געוועלטיקן איבער דעם איבערזעצער. ס׳רובֿ גיט ער זיך אַפֿילו קיין חשבון ניט אָפּ, און פּרוּווט גאָר ניט גובֿר צו זייַן אין זיך די דאָזיקע השפּעה.

בכלל מיינט דער עולם, אַז איבערזעצן איז אַ קנאַפּע מלאָכה, מ׳דאַרף נאָר זיך אַ ביסעלע צוגעוווינען, איז גייט דאָס ווי אַ מיזמור...

דאָ שטעקט אַ גרויסער טעות. פֿון דעם נעמט זיך, וואָס מע טוט וואָס גרינגער איז, וואָס מ׳פּרוּווט אַפֿילו ניט צו האָרעווען איבער דער איבערזעצונג און מ׳פּועלט שוין בייַ זיך קאָפּירן אַווטאָמאַטיש דעם רוסישן זאַצבוי, די רוסישע וואָרטבילדונג. פֿון דעם נעמט זיך דאָס מלאָכהווען (אָפֿט מאָל פּאַרטאַטשעווען) אין די איבערזעצונגען. דער פּועל־יוצא איז, וואָס די שפּראַך ווערט בייַ אונדז וואָס אַ מאָל פֿאַרדאָרבענער, פֿאַרמיסטיקטער.

איבערזעצן איז אָבער ניט בלויז אַ מלאָכה, אַ שווערע מלאָכה, ס׳איז אַ קונסט אויך. און ניט יעדער פֿאַרמאָגט טאַלאַנט דערצו.

דאָס דאָזיקע מלאָכהווען קאָן אָבער פֿון דער צווייטער זייַט אַרויסרופֿן אַ קעגנזעצלעכע רעאַקציע: באַפֿרייַען זיך פֿון דעם אָריגינאַלס שפּראַכפֿאָרעם, ריטעם, סטיל, נעמען פֿונעם אָריגינאַל בלויז דעם אינהאַלט, ‚דעם געדאַנק׳ און ווי געהעריק אים איבערגעבן אויף ייִדיש.

דאָס איז נאָך מייַן מיינונג נאָך אויך ניט קיין ריכטיקע מעטאָדע.

געוויס, דער הויפּט־כּלל פֿון אַ גוטער איבערזעצונג איז ניט זייַן געפֿאַנגען בייַם אָריגינאַל, בייַ דער פֿרעמדער שפּראַך, בייַ איר זאַצבוי, וואָרטשטעלונג, וואָרטבילדונג. פֿון דעם דרינגט אַרויס אַ צווייטער וויכטיקער כּלל – פֿריִער פֿאַר אַלץ דאַרף מען האָבן אין אויג דעם אינהאַלט, דעם געדאַנק, דעם אַווטאָרס מיין, ניט די אויסערלעכע פֿאָרעם.

דאָס הייסט אָבער כּלל ניט, אַז מע דאַרף דערבייַ איגנאָרירן דעם אַווטאָרס מאַניר שרייַבן, זייַן שפּראַך, ריטעם און סטיל. שוין אָפּגערעדט וועגן שיינער ליטעראַטור, ווו די פֿאָרעם

פֿון: **די יידישע שפּראַך** (קיִעוו) 3–4, 1927, שפּ׳ 47–62.

שפּילט אָפּט מאָל ניט קיין קלענערע ראָלע ווי דער ‚אינהאַלט׳, ווי דער ‚געדאַנק׳; אַפּילו אין פּובליציסטיק מוז מען זיך אויך אָפּט רעכענען מיטן אַוּוטאָרס ריטעם און סטיל (אויב ער פֿאַר־מאָגט עס) און זיך מיִען ווי ווײַט מעגלעך דאָס איבערצוגעבן אין דער איבערזעצונג־שפּראַך.

און אָט דאָ ווערט טאַקע די איבערזעצונג מער ווי אַ מלאָכה; זי ווערט – אַ קונסט.

ווי אַזוי זשע דאַרף מען איבערזעצן?

קיין געשריבענע כּללים זײַנען דערויף נאָך ניטאָ, מיר קאָנען דערווײַל זיך אָפּלערנען נאָר בײַ אַ גוטער איבערזעצונג (בײַ אונדז זײַנען פֿאַראַן אַזעלכע אויך), פֿון קאָנקרעטע גע־ראָטענע מוסטערן.

דאָס איז דערווײַל דער איינציקער וועג.

איך וויל דאָ ברענגען אַזוינע מוסטערן פֿון גוטע איבערזעצונגען (נאָך מײַן מיינונג נאָך) בלויז פֿון פּובליציסטיק אד״גל (וועגן שיינער ליטעראַטור – אַ צווייט מאָל), געראָטענע אין פּרט פֿון זאַצבוי, פֿון וואָרטשטעלונג, וואָרטבילדונג.

איך וויל דאָ זאָגן קלאָר: איך בין דאָ אויסן בלויז די קאָנקרעטע פּרטים, וואָס איך ציטיר פֿון געוויסע ביכער, ניט די ביכער גאַנצערהייט (דאָס איז אַן אַנדער אַרבעט). איך אָפּעריר דאָ נאָר מיט דעם־יענעם זאַץ, אויסדרוק, פֿאָרעם אאַז״וו, גענומען פֿאַר זיך.

דערווײַל האָב איך זיך געמוזט צופֿרידן שטעלן בלויז מיט דרײַ ביכער[1]. אפֿשר וועט מײַן פּרוּוו צוגעבן חשק אַנדערע איבערזעצערס אויך, זיי זאָלן שרײַבן, ברענגען בײַשפּילן פֿון גוטע איבערזעצונגען, אָדער גאָר ברייטער באַהאַנדלען די דאָזיקע פֿראַגע, – דאָס וואָלט געווען זייער געוווּנטשן, און די רעדאַקציע וואָלט געזאָגט אַ יישר־כּוח פֿאַר אַזאַ אַרבעט.

איבערגרופּירט די טיילן פֿונעם זאַץ

אַריבער דרײַסיק יאָר האָט אַ שווערע פּאָליטישע רעאַקציע געהאַלטן אייראָפּע אין קלעמען אַקעגן די צוויי קרעפֿטן פֿון אַ תּקופֿה פֿריִער: אַקעגן דער רעוואָלוציע און נאַפּאָלעאָנס הערשאַפֿט. (דובנאָוו, 3)

1. Общая политическая реакция, державшая Европу в тисках более тридцати лет (1815 – 1848), явилась противовесом двум силам предыдущей эпохи: революции и наполеоновщине. (Дубнов, 259)

דאָ האָט דער איבערזעצער אויסגעמיטן דעם בײַזאַץ ,וואָס האָט געהאַלטן אייראָפּע אין קלעמען׳ אאַז״וו. עס לייענט זיך לײַכטער, קלאָרער.

[1] קירצונגען: 1. דובנאָוו. אין רוסיש: Дубнов, *Новейшая история еврейского народа*. Изд. *Кодима*. Петроград 1919 (т. I, отдел II). מיינט די דריטע אויסגאַבע, וואָס איז אַרויס אין בער־לין 1923: Дубнов – Берлин. אין יידיש: דובנאָוו – **די נייסטע געשיכטע פֿון יידישן פֿאָלק**, 1926, פֿאַרלאַג קולטור־ליגע, וואַרשע, ייִדיש נ. שטיף (צווייטער באַנד).

2. **אלעפבייס**. אין רוסיש: Паперный, *Азбука марксизма*. Москва: изд. *Гудок* 1925. אין ייִדיש: פּאפּערנא, „אלעפבייס פון מארקסיזם“, ייִדיש ש. דאָבין. קאָאָפּ. פֿאַרלאַג קולטור־ליגע, קיִעוו, 1926.

3. פּאָקראָווסקי. אין רוסיש: М. Покровский, *Русская история в самом сжатом очерке*, части 1 – 2. Гос. изд. Москва 1922. אין ייִדיש: פּאָקראָווסקי – **רוסישע געשיכטע (קורץ געפֿאסט)**, I – II טיילן. מעלוכע־פארלאג, מאָסקווע 1924, ייִדיש א. ראָזנטאַל.

די אַלגעמיינע פֿאַרזאַמלונג האָט אויך צוגעשטימט (מיט דער מיינונג פֿונעם דעפּאַרטאַמענט – ב. ס.), זי האָט נאָר אָפּגעוואָרפֿן דעם פֿאַקט וועגן פֿאַרגיטיקן די אָנגעקלאָגטע. דעם צאַר האָט מען דערלאַנגט אַזאַ ראַפּאָרט: „אָפּגעוויגן אַלע טענות־ומענות אין דעם דאָזיקן פֿאַרוויקלטן, פֿאַרפּלאָנטערטן פּראָצעס, געפֿינט דער מלוכה־ראַט, אַז דאָס עדות־זאָגן פֿון דער טערענטיעוואַ, מאַקסימאָוואַ און קאָזלאָווסקע זײַנען פֿול מיט סתּירות און לעפּישע אויסטראַכטעניש, אָן שום פּאָזיטיווע ראַיות, און דעריבער קאָן דאָס ניט דינען פֿאַר קיין באַווײַז, מ׳זאָל ייִדן באַשולדיקן אין די שווערע פֿאַרברעכנס, וואָס מ׳וואַרפֿט אויף זיי אַרויף. דער מלוכה־ראַט האַלט דעריבער אאַז״וו.

2. Общее собрание государственного совета согласилось с мнением департамента, отвергнув только пункт о вознаграждении пострадавших. 18 января 1835 г. царь утвердил представленное ему мнение государственного совета, гласившее: «Государственный совет, по внимательном соображении всех обстоятельств сего многосложного и запутанного дела, находит, что показания доказчиц: Терентьевой, Максимовой и Козловской, заключая в себе многие противоречия и несообразности, без всяких положительных улик или несомненных доводов, не могучи быть приняты судебным доказательством к обвинению евреев в приписываемых им важных преступлениях, и потому мнением положил и т. д.

דאָ גייען אין רוסישן טעקסט נאָך דרײַ שווערע קאַנצעלאַריע־זאַצן, וואָס גיבן איבער די רעזאָלוציע פֿונעם מלוכה־ראַט. נאָך די דרײַ זאַצן קומט ווײַטערדיקס:

דעם 18 יאַנוואַר 1835 האָט ניקאָלאַי דער ערשטער באַשטעטיקט דעם דאָזיקן פּסק און דערבײַ צוגעשריבן אַזאַ רעזאָלוציע, וואָס האָט ניט געזאָלט פֿאַרעפֿנטלעכט ווערן אאַז״וו. (דובנאָוו, 171)

Подписывая этот приговор, Николай I собственноручно прибавил следующую характерную резолюцию, не подлежавшую опубликованию и т. д. (Дубнов, 397)

אין אָט דעם שרעקלעך קאָמפּליצירטן ,קאַזיאָנעם׳ פּעריאָד איז אויסגעמיטן אין דער ייִדישער איבערזעצונג אַ סך שווערקייטן. דער זאַץ „דעם 18 יאַנוואַר״ אאַז״וו איז אַריבערגעטראָגן צום סוף פֿונעם סענאַטס רעזאָלוציע. דאָס האָט פֿאַרשפּאָרט צוויי מאָל איבערחזרן (אַזוי ווי אין טעקסט), אַז ניקאָלאַי האָט באַשטעטיקט דעם פּסק. דאָס האָט לאָגיש לײַכטער פֿאַרבונדן ניקאָלאַיס רעזאָלוציע מיט זײַן באַשטעטיקונג, וואָס קומען איינס נאָך דעם אַנדערן. אין דעם דאָזיקן פּעריאָד איז אין דער ייִדישער איבערזעצונג אין גאַנצן אויסגעמיטן די האַמעטנעקייט און טרוקנקייט פֿון דעם רוסישן קאַנצעלאַריע־סטיל. דער אינהאַלט (דער געדאַנק) איז איבערגעגעבן פּינקטלעך, אָבער לייענען לייענט זיך דער ייִדישער זאַץ לײַכטער, פֿליסיקער ווי דער רוסישער. דער ייִדישער איז אויך קירצער פֿאַרן רוסישן זאַץ. עס פֿעלן נאָך אַ פּאָר ווערטער, וואָס איך מיין, אַז זיי זײַנען כאַראַקטעריסטיש און וואָלטן געמעגט בלײַבן, צב״ש, דאָס וואָרט собственноручно וואָס אין אַזעלכע אָפֿיציעלע פּאַפּירן איז עס ניט קיין צופֿעליק וואָרט און מע וואָלט עס געמעגט לאָזן.[1] שטאַרק שטערן דעם ייִדישן זאַץ וואָלט עס ניט.

[1] לויט דעם תּוך נאָך איז „ניקאָלאַי האָט ... צוגעשריבן״ (צושרײַבן קאָן מען נאָר מיט דער אייגענער האַנט)

דער דאָזיקער זאַץ קאָן דינען פֿאַר אַ מוסטער, ווי אַזוי איבערצוזעצן שווערע רעזאָלו־ציעס, אַ פּסק פֿון געריכט אד"גל.

בכן פֿאָדערט פּאַולוס פֿון יעדן ייִדן באַזונ־דער אַן עקזאַמען אויף בירגערלעכער און פּאָליטישער רעכט־פֿעיִקייט: אַ ייִד זאָל זיך קודם־כּל אויסטאָן פֿון זײַן כּלל, אויסוואָרצ־לען אין זיך אַלצדינג, וואָס שטימט ניט מיטן טיפּ דײַטש. (דובנאָוו, 10)

3. Таким образом, Паулус требует для каждого еврея в отдельности предва-рительного испытания гражданской и политической правоспособности, «самоуравнения», которое в сущно-сти сводится к самоупразднению, к вытравлению из еврейской личности всего, что не совпадает с общеграж-данским типом немца. (Дубнов, 297)

דאָ איז איבערגעגעבן דער געדאַנק פֿונעם רוסישן זאַץ פּינקטלעך און קורץ. פֿון אַ בײַזאַץ, которое אַזױ איז געוואָרן אַ הויפּטזאַץ (‚אַ ייִד זאָל זיך' אַאַז"וו). דאָס מאַכט אויסדריקלעכער דעם געדאַנק.

עס זײַנען אָבער דורכגעלאָזט עטלעכע ווערטער, וואָס וואָלטן ניט געשטערט דער לײַכטקייט פֿונעם זאַץ און וואָלטן דאָך צוגעגעבן אַ געוויסן ניואַנס, צב"ש, דאָס וואָרט общегражданским וואָס מיינט עפּעס מער ווי סתּם ‚דײַטש'.

אַזאַ פֿאָדערונג, ייִדן זאָלן זיך לחלוטין אַסימילירן, איבעררײַסן גאָר מיט זייער נאַציאָנאַל־אייגנס, – שטאַמט אייגנטלעך פֿון דער קריסטלעך־נאַציאָנאַלער אידעע, וואָס האָט באַגײַסטערט ריוסן און זײַנע מיטטוער אויף שאַרפֿערע אָנפֿאַלן. (דובנאָוו, 10–11)

4. Это требование национального самоубийства, безусловной ассимиля-ции, полного разрыва с исторической эволюцией – вытекало из той же догмы христианско-национального государства, которая внушила Рюсу и его сподвижникам их более грубые выступления. (Дубнов, 297)

דאָ איז אַנשטאָט דער גרופּע национального самоубийства, безусловной ассимиляции אין זאַץ געגעבן ספּעציעל אַ בײַזאַץ (דורכגעלאָזט דאָס בינדוואָרט ‚אַז' כּדי ניט איבערצוחזרן נאָענט אַ בײַקלאַנג ‚אַזאַ' – ‚אַז'). אַנשטאָט זאַכווערטער זײַנען דאָ געגעבן צײַטווערטער. אינעם בײַזאַץ קומט פֿאַר אַ סוביעקט דאָס וואָרט ‚ייִדן', וואָס איז אינעם רוסישן טעקסט ניטאָ, נאָר מ'מיינט דאָס דאָרט. דאָס מאַכט קלאָרער און רעליעפֿער דעם געדאַנק.

מיר דוכט זיך נאָר, אַז ‚לחלוטין' ניצט מען ס'רובֿ מיט ‚ניט'.[1]

דאָס זעלבע, וואָס собственноручно אָבער דער אויסדרוק собственноручно прибавил איז ‚שטאַרקער', ווײַל ס'איז אַ טראַדיציע־אויסדרוק פֿאַר מאַכטהאָבער. רעד'

[1] בײַ אַקסענפֿעלדן (אין „שטערנטיכל") טרעפֿן מיר ‚לחלוטין' אין אַ פּאָזיטיווער פֿאָרעם אויך: „אָטאָ שמעון דער רײַכער איז הײַנט לחלוטין געמיין [...] אָבער געלט צו לײַען אויף דעם שטערנטיכל לחלוטין מוז זי זיך וועלן"; „לחלוטין גייט ער נעבעך קרוע־בלוע". מ'מוז זאָגן: דאָס איז גענומען פֿון איי־נעמס רייד (שלמה בעשעבעס), וואָס ‚לחלוטינט' דורך אַנאַנד: ‚לחלוטין' איז בײַ אים אַ מין פּיזמון; דאָך ווײַזט דאָס, אַז ‚לחלוטין' אָן דעם ‚ניט' איז אויך ניט גאָר אָפּגעפֿרעגט. „איך האָב דעם ווײַן גענומען טאַקע נאָר פֿאַר דיר לחלוטין (שאַצקיס „דער ייִדישער פֿאַרפּסח"). רעד'

אין ווירצבורג האָבן סטודענטן־פּאַט־ריאָטן אויסגעפֿײַפֿט און פֿאַרטריבן פֿון אוניווערסיטעט פּראָפֿעסאָר ברענדל (ער האָט געשריבן אַ גוט וואָרט פֿאַר ייִדן); דאָס איז געווען אַ פּאָגראָם־סיגנאַל (דעם 2[טן] אַווגוסט). (דובנאָוו, 11)

5. В Вюрцбурге студенты-патриоты освистали и прогнали из университета профессора Бренделя, писавшего в защиту евреев, и этим дали сигнал к погрому (2 августа). (Дубнов, 248)

דאָ איז אינטערעסאַנט דער זאַץ אין קלאַמערן ,ער האָט געשריבן׳ אַאַז״וו אַנשטאָט אַ בײַזאַץ писавшего אאַז״וו.

פֿרידריך ענגעלס, וואָס צוזאַמען מיט מאַרקסן האָט ער געאַרבעט אויף אַרויסצוגעפֿינען די געזעצן פֿון דער מענטשלעכער אַנטוויקלונג, וואָס צוזאַמען מיט אים האָט ער געשאַפֿן דעם „קאָמוניסטישן מאַניפֿעסט“, וואָס זעלבסטשטענדיק – שוין נאָך מאַרקס׳ טויט – האָט ער אַרויסגעלאָזט דעם המשך פֿונעם ערשטן באַנד „קאַפּיטאַל“, וואָס האָט – קורץ גערעדט – געהאָלפֿן מאַרקסן אין אַלע זײַנע אַרבעטן, – פֿרידריך ענגעלס האָט אין קורצע ווערטער געגעבן אַן אָפּשאַצונג פֿון זײַן חבֿר און פֿרײַנד, אַן אָפּשאַצונג, וואָס באַווײַזט די אומגעהײַער גרויסע באַדײַטונג פֿונעם מאַרקסיזם פֿאַר דער גאַנצער מענטשהייט. (אלעפבייס, 5)

6. Фридрих Энгельс, работавший вместе с Марксом над установлением законов человеческого развития, составивший вместе с ним «Коммунистический манифест», самостоятельно выпустивший – уже после смерти Маркса – продолжение I-го тома «Капитала», помогавший, наконец, Марксу во всех его работах, – дал в немногих словах оценку своему другу, показывающую, какое огромное значение имел марксизм для всего человечества. (Азбука, 3)

דאָ איז דער זאַץ, אייגנטלעך, ניט איבערגרופּירט. אָבער ער איז אַנדערש צונויפֿגעבונדן און דערמיט איז ער געוואָרן לײַכט און קלאָר אין ייִדיש אויך: דער איבערזעצער חזרט איבער דעם סוביעקט ,פֿרידריך ענגעלס׳ אַ צווייט מאָל אין מיטן דעם דאָזיקן קאָמפּליצירטן זאַץ, האַקט אים דערמיט איבער און דערנעענטערט אים צום פּערזאָנוואָרט (ייִדיש פֿאַרלײַדט ניט, אַז דאָס פּערזאָנוואָרט זאָל שטיין שטאַרק דערווײַטערט פֿונעם סוביעקט). דאָס זעלבע טוט ער מיטן אָביעקט ,אַן אָפּשאַצונג׳, כּדי אויסצומײַדן אַ גערונדיום (,באַווײַזנדיק׳). דאָס וואָרט наконец איז דאָ געראָטן איבערגעגעבן מיט ,קורץ גערעדט׳.

דאָס הייסט, מ׳זאָל קאָנען דעם פּונקט אויסטײַטשן אַזוי: ייִדן ווערט געזיכערט די רעכט, וואָס זיי האָבן באַקומען פֿון די בונד־מלוכות, ד״ה פֿון די געזעצלעכע היימישע רעגירער אין יעדער לאַנד, ניט אָבער די רעכט, וואָס זיי האָבן געקראָגן פֿון אַ דערווײַליקער, פֿון אַ זײַטיקער רעגירונג, וואָס האָט אַ צײַט געהערשט דאָרט. (דובנאָוו, 5)

7. Это давало возможность толковать статью в том смысле, что за евреями обеспечены не те права, которые получены ими раньше в каждом государстве, хотя бы от временного или иноземного правительства, а только те, которые ими были получены от государства, т. е. от законных туземных правителей. (Дубнов, 242)

די ערשטע צוויי זאַצן (אין רוסיש דער הויפּטזאַץ מיטן בײַזאַץ) – это давало и т. д., –

что за евреями и т. д. – זייַנען דאָ געגעבן ווי צוויי הויפּטזאַצן, וואָס דערקלערן איינער דעם אַנדערן. אַזוי ווי ווייַטער קומען צוויי בייַזאַצן, איינער סובאָרדינירט דעם אַנדערן, איז דערמיט, וואָס די ערשטע צוויי זאַצן זייַנען אַנדערש גרופּירט, לייַכטער געוואָרן דאָס לייענען און עס איז אויסגעמיטן אַ גרויסער קאָמפּליצירטער זאַץ. אינעווייניק זייַנען איבערגרופּירט די בייַזאַצן: не те права, которые получены и т. д., а только те, которые ими были и т. д. פֿריִער גייט דער פּאָזיטיווער און נאָך דעם דער נעגאַטיווער; אין ייִדיש בינדט זיך דאָס בעסער.

8. Начался торг, пошли закулисные переговоры – и в результате, вследствие какой-то махинации делегатов вольных городов, указанная формула вошла в статью 16 союзных актов с изменением одного только слова в последнем пункте: вместо фразы «в союзных государствах» было поставлено «от союзных государств». (Там)

מ׳האָט זיך אָנגעהויבן דינגען און דורכקומען הינטן אַרומער; צו לעצט איז די דאָזיקע רעדאַקציע אַרייַן אין דעם „בונדעס־אקט" (№ 16) נאָר מיט איין ענדערונג: אַנשטאָט „אין די בונד־מלוכות" זאָל שטיין „פֿון די בונד־מלוכות". (דאָרט)

דער זאַץ איז דאָ לגבי דעם רוסישן טעקסט פֿאַרקירצט און פֿאַרלייַכטערט. אָבער דאָ האָט דער איבערזעצער דורכגעלאָזט אייניקע ווערטער: вследствие какой-то махинации делегатов вольных городов. וועגן די פֿרייַע שטעט און זייער באַציִונג צו דער ייִדישער גלייַך־באַרעכטיקונג איז דערמאָנט אין אַ זאַץ פֿריִער און עס איז פֿאַרשטענדלעך, אַז די ענדערונג שטאַמט פֿון זיי. דער איבערזעצער האָט אַרויסגעלאָזט דעם דאָזיקן בייַזאַץ, בכדי צו פֿאַרלייַכטערן דאָס לייענען. און ס׳איז טאַקע אַרויס גרינגער און קלאָרער, אָבער אַ ניואַנס איז פֿאָרט נעלם געוואָרן. מיר דוכט זיך, אַז עס וואָלט גלייַכער געווען דעם אַרויסגעלאָזטן זאַץ יאָ איבערלאָזן. – ער וואָלט ניט געשטערט דער לייַכטקייט פֿונעם זאַץ.

9. Совершенно ясно, что капиталист спешит воспользоваться своим правом и заставляет рабочего работать не пять часов, необходимых для его оплаты, а, скажем, 10 часов. Весь *избыток продукта*, доставляемый этим *добавочным количеством труда*, капиталист и присваивает себе, в качестве *прибавочной стоимости*. (Азбука, 115 – 116)

ס׳איז קלאָר, אַז דער קאַפּיטאַליסט זעט אויסצונוצן זייַן רעכט, און דעם אַרבעטער צווינגט ער אַרבעטן ניט 5 שעה, וואָס איז נייטיק אויף צו דעקן דעם אַרבעטלוין, נאָר, זאָלן מיר זאָגן, 10 שעה. אין די אַנדערע 5 שעה האָט דער אַרבעטער אויסגעאַרבעט נאָך פּראָדוקטן. איז אָט דער מערפּראָדוקט (צוגאַב־פּראָדוקט), וואָס ער האָט געשאַפֿן, די מעראַרבעט, נעמט דער קאַפּיטאַליסט צו זיך, אַלס מערווערט. (אַלעפבייס, 108)

אינעם צווייטן ייִדישן זאַץ (‚אין די אַנדערע 5 שעה') איז דער רוסישער בייַזאַץ доставляемый אאַז״ו פֿאַרביטן אויף אַ הויפּטזאַץ, דער סוביעקט פֿון רוסישן טעקסט איז אַריבערגעטראָגן אינעם צווייטן זאַץ, און צוגעגעבן אַ בייַזאַץ. די דאָזיקע אָפּעראַציע

האָט אין ייִדיש צעגלידערט דעם רוסישן טעקסט, אים איבערגרופּירט און געמאַכט אים אַזוי אַרום קלערער, פֿאַרשטענדלעכער.

אַן אַקטיווע פֿאָרעם אַנשטאָט אַ פּאַסיווער

10. Эмансипационная борьба, имевшая трагическую окраску в Риме, получила несколько комический оттенок в Лондоне. Здесь важнейшие этапы эмансипации были пройдены уже в предыдущую эпоху: и гражданские и политические права признавались за евреями, еврейские депутаты избирались в парламент, и весь «еврейский вопрос» сводился к тому, могут ли эти выборные депутаты занять свое место в парламенте без произнесения устарелой формулы христианской присяги. (Дубнов, Берлин, 421)

דער קאַמף פֿאַר עמאַנציפּאַציע, וואָס איז פֿאָרגעקומען אַזוי טראַגיש אין רוים, האָט אויסגעזען אַ ביסל קאָמיש אין לאָנדאָן. די וויכטיקסטע עטאַפּן עמאַנציפּאַציע זײַנען שוין דאָ געווען דורכגעמאַכט אַ תּקופֿה פֿריִער: ייִדן האָבן געהאַט סײַ בירגערלעכע, סײַ פּאָליטישע רעכט, ייִדן האָט מען געמעגט קלײַבן פֿאַר דעפּוטאַטן אין פּאַרלאַמענט; די גאַנצע ‚ייִדן־פֿראַגע‘ איז דאָ געווען, צי מעגן די דאָזיקע אויסגעקליבענע דעפּוטאַטן פֿאַרנעמען זייער פּלאַץ אין פּאַרלאַמענט, אויב זיי גיבן ניט די פֿאַרעלטערטע קריסטלעכע שבֿועה. (דובנאָוו, 377)

אַ קלאָר איבערגעגעבענער זאַץ, ייִדיש ריכטיק געבויט, היט אָפּ אין דער זעלבער צײַט דעם אינהאַלט און די פֿאָרעם פֿונעם אָריגינאַל, מײַדט אָבער אויס די רוסישע פּאַסיוון, און דאָס מאַכט דעם זאַץ נאָך לײַכטער, לעבעדיקער. אַנשטאָט דעם זאַכוואָרט произнесение אַ צײַטוואָרט – ‚גיבן‘.

אַ בײַזאַץ אַנשטאָט אַן אַטריבוטיווער גרופּע

11. Как только рухнуло созданное Наполеоном Великое герцогство Франкфуртское с Дальбергом во главе, патрицианский сенат Франкфурта дал понять местным евреям, что их прежнее, дорого купленное равноправие упразднилось вместе с французским господством. (Дубнов, 492)

ווי נאָר ס'איז אומגעפֿאַלן פֿראַנקפֿורטער גרויסהערצאָגטום, וואָס נאַפּאָלעאָן האָט באַשאַפֿן, האָט דער אַריסטאָקראַטישער סענאַט אין פֿראַנקפֿורט געגעבן אָנצוהערניש ייִדן, אַז די גלײַך־באַרעכטיקונג, וואָס ייִדן האָבן דערפֿאַר אַזוי טײַער באַצאָלט, איז בטל געוואָרן צוזאַמען מיט דער פֿראַנצ[יי]זישער הערשאַפֿט. (דובנאָוו, 5)

אַנשטאָט דער אַטריבוטיווער גרופּע созданное Наполеоном האָבן מיר דאָ אַ בײַזאַץ: ‚וואָס נאַפּאָלעאָן האָט‘ אאַז"וו. דאָ איז אויסגעמיטן צוויי מאָל דער פּאַסיוו (созданное и т. д. און купленное), דאָס מאַכט אויף פֿיל גרינגער דאָס לייענען. עס זײַנען אָבער דאָ דורכגעלאָזט צוויי ווערטער, וואָס מע וואָלט זיי געקענט אַרײַנשטעלן און זיי זאָלן ניט שטערן דאָס לייענען: 1. ‚בראָש מיט דאַלבערגן‘ און 2. די ‚אָרטיקע‘ (ייִדן), ניט סתּם ייִדן.

אַ זאַצגליד אַנשטאָט אַ בייַזאַץ

דער דייַטשער פּאַטריאָטישער ברען בעת דעם באַפֿרייַקריג האָט מיטגעבראַכט מיט זיך דעם עקלהאַפֿטן שאָוויניזם, וואָס זוכט מער צו שאַדן דעם פֿרעמדן, ווי צו העלפֿן זיך. (דובנאָוו, 7)

12. Волна немецкого патриотизма, поднявшаяся в годы освободительной войны, вынесла на своем гребне ту уродливую форму национального чувства, в которой любовь к своему народу слита с ненавистью к чужому. (Дубнов, 243)

דאָ האָבן מיר די ווערטערגרופּע ,בעת דעם באַפֿרייַקריג׳ אַנשטאָט דעם בייַזאַץ поднявшаяся אאַז״וו. אַגבֿ, אַ מוסטער פֿון איבערגעבן בלויז דעם ,גדאַנק׳, ניט גערעכנט זיך מיט דעם אַווטאָרס ליטעראַרישער פֿאָרעם.

אַ זאַץ אַנשטאָט אַ זאַצגליד

דער ,קריסטלעכער דייַטשער׳ נאַציאָנאַליזם האָט באַדאַרפֿט האָבן אויף וואָס אויסצוברענגען זייַן איבערגרויסע ענערגיע: דער ייִד איז געווען דערפֿאַר די בעסטע זאַך. (דובנאָוו, 7)

13. Разнузданному христианско-немецкому национализму еврей нужен был как объект для упражнения своей дикой энергии, как мишень для своих стрел. (Дубнов, 243)

צעהאַקט דעם קאָמפּליצירטן זאַץ

דאָס אייגענע איז פֿאָרגעקומען אין האַמבורג אויך, נאָך דעם ווי די פֿראַנצויזן זייַנען אַוועק פֿון דאָרט. דער חילוק איז געווען נאָר דאָס, וואָס אין האַמבורג האָט דער סענאַט געהאַלטן, מ׳זאָל לאָזן ייִדן גלייַך־באַרעכטיקט, ווייַל דאָס איז אַ נוץ פֿאַר שטאָט בכלל, נאָר דאָ האָט זיך שטאַרק אַקעגנגעשטעלט די בירגער־שאַפֿט: קריסטלעכע הענדלער האָט נישט געלוינט, זייערע קאָנקורענטן ייִדן זאָלן זייַן גלייַך־באַרעכטיקט. (דובנאָוו, 5–6)

14. То же произошло в очищенном от французов Гамбурге, с той лишь разницей, что здесь сенат стоял на сохранении еврейской равноправности, считая ее полезною для общих интересов города, но этому воспротивилось мелкое бюргерство – непосредственные торговые конкуренты евреев, считавшие их равноправность вредною для своих личных интересов. (Дубнов, 244)

דער רוסישער קאָמפּליצירטער זאַץ איז דאָ צעהאַקט אויף צוויי. דאָס מאַכט דעם זאַץ ניט אַזוי געדיכט, מאַכט אים לייַכטער צו לייענען און גרינגער צו כאַפּן דעם גדאַנק.

דער יסוד פֿון יעדער בירגער־געזעלשאַפֿט איז די אייניקייט אין שפּראַך, אין רעליגיע, אין נאַציאָנאַלע געפֿילן און שטימונגען. ייִדן זייַנען אַ נאַציע, צעשפּרייט אויף דער גאָרער וועלט, מיט אַ באַזונדער רעליגיע, מיט אַ באַזונדער[ש] שאַרף אויסגעשפּראָכענעם כאַראַקטער, ממילא קאָנען זיי ניט ווערן איינס מיט דער דייַטשער בירגער־געזעלשאַפֿט. (דובנאָוו, 8)

15. В основе гражданского общества, по его мнению, лежит единство языка, религии, национальных чувств и настроений; евреи же, как рассеянная по всему миру нация, обособленная своею религией и резко выраженными чертами характера, не могут входить в состав немецкого гражданского общества. (Дубнов, 244)

דער כאַראַקטער פֿונעם זאַץ ניט געענדערט

‚מאַטעריאַליזם‘ באַטײַט פֿאַרן פֿיליסטער – פֿרעסערײַ, שיכּרות, גאווה, מגושמדיקע תּענוגים, זשעדנעקייט, קמצנות, געיאָג נאָך עשירות, בירזנשפּיל, אַ כּלל, אָט יענעם גאַנ־צן שמוץ, אין וועלכן ער אַליין וואַרפֿט זיך אין דער שטיל. אידעאַליזם אָבער הייסט בײַ אים – דאָס גלויבן אין גוטס, די ליבע צו דער גאַנצער מענטשהייט און בכלל יענע ‚בעסערע וועלט‘, וואָס דאַרף זײַן זײַן צי־רונג, און וואָס אין איר הייבט ער אַליין אָן גלייבן ערשט דעמאָלט, ווען נאָך שיכּרות באַפֿאַלט אים קאַצן־יאָמער, אָדער ווען ער האַלט שוין נאָכן באַנקראָט – אַ כּלל – ווען אים אַליין קומט אויס צו דערפֿילן דעם ביטערן סוף פֿון ‚מאַטעריאַליסטישן הולטײַעווען‘. (אלעפבייס, 38)

16. Под материализмом филистер понимает обжорство, пьянство, тщеславие и плотские наслаждения, жадность и скупость, стремление к наживе и биржевые плутни, короче, все те грязные пороки, которым он сам предается втайне. Идеализм же означает у него веру в добродетель, любовь ко всему человечеству и вообще «лучший мир», о котором он кричит перед другими и в который сам начинает веровать лишь тогда, когда у него голова болит с похмелья или когда он обанкротится, словом, когда ему приходится переживать неприятные последствия «материалистических гулишеств». (Азбука, 37)

איך ברענג די פּאָר זאַצן, וואָס בעצם איז אין זיי גאָרניט געענדערט, אָבער אייניקע קליי־נע ניואַנסן, וואָס דער איבערזעצער האָט אַהער אַרײַנגעבראַכט, פֿאַרלײַכטערן דאָס לייענען, מאַכן די זאַצן ייִדישלעך, כאָטש דער לעצטער זאַץ בלײַבט קאָמפּליצירט, גרויס. אַזאַ אויס־דרוק ווי ‚באַטײַט פֿאַרן‘ איז ייִדיש; ‚אונטער‘ – איז האַמעטנע. אידעאַליזם אָבער ‚הייסט‘ – בעסער ווי ס׳זאָל דאָ שטיין ‚באַטײַט‘ (איין מאָל איז שוין פֿאַראַן ‚באַטײַט‘), похмелье אַזױ איז דאָ גוט איבערגעגעבן מיטן ‚ווען נאָך שיכּרות באַפֿאַלט אים קאַצן־יאָמער‘. ‚ווען ער האַלט שוין נאָכן באַנקראָט‘ איז בעסער, ווי ס׳זאָל זײַן ‚אָדער ווען ער האָט באַנקראָ־טירט‘. ‚ווען אים אַליין קומט אויס צו דערפֿילן דעם ביטערן סוף‘ איז ייִדישער און שענער, ווי מע וואָלט געוויינטלעך (אויף דער צײַטונגשפּראַך) איבערגעזעצט: ‚ווען אים קומט אויס איבערצולעבן די אומאײַנגענומענע (אָדער שלעכטע) פֿאָלגן‘.

דער דאָזיקער זאַץ ווײַזט, אַז אַפֿילו ווען מע היט אָפּ דעם אַווטאָרס סטיל, ווען מע ברעכט ניט דעם זאַץ, ווען מע גרופּירט אים ניט איבער קאָן מען אים אַזוי איבערגעבן, ער זאָל זיך לייענען פֿרײַ, זײַן פֿאַרשטענדלעך, ניט פֿרעמד דער ייִדישער שפּראַך.

פֿאַרשיידנס

‚רעסטאַווראַציע‘, צוריק צום אַלטן – דאָס איז געווען דער געשריי פֿון דער תּקופֿה. ס׳ווערן צוריק די אַלטע מלוכות און לענדער, ס׳זעצן זיך צוריק אויף די טראָנען די ‚געזעצלעכע‘ מאָנאַרכן און פֿירשטן אומעטום, ווו דער שטורעם פֿון דער פֿראַנצ[יי]זישער רעפּובליק און מיליטע־רישער אימפּעריע האָט זיי איבערגעקערט. (דובנאָוו, 3)

17. Лозунг «реставрации» красовался на челе новой эпохи. Быстро восстанавливались государства и территории, водворялись на местах «легитимные» короли и князья на всем пространстве, потрясенном вихрем французской республики и буйной империи. (Дубнов, 240)

דאָ איז אַגבֿ כאַראַקטעריסטיש פֿאַרן זאַץ: 1. וואָס דער אַווטאָר לאָזט אַרויס אַ פּאַר־טיציפּ; ער שרײַבט: ‚ס׳ווערן׳ אַנשטאָט ‚ס׳ווערן אויפֿגעשטעלט׳[1]; 2. דער טראָפּ פֿאַלט דאָ אויף ‚איבערגעקערט׳, ווײַל ס׳שטייט צום סוף, בעת אין רוסישן טעקסט זײַנען מער באַטאָנט די בײַווערטער вихрем французской и т. д.

מיר שטודירן דעם עבֿר טאַקע צוליב דעם, מיר זאָלן פֿאַרשטיין, וואָס עס קומט פֿאָר איצטער. (פּאָקראַווסקי, 5)

18. Прошлое мы изучаем именно для того, чтобы понять то, что происходит теперь. (Покровский, 5)

אָנגעהויבן פֿונעם סוביעקט אַנשטאָט דעם אָביעקט.

איצט זײַנען די פֿאַראייניקטע שטאַטן אַ לאַנד, וואָס פֿאַרנעמט אין פּרט פֿון טעכניק, דאָס הייסט פֿון ווירטשאַפֿט־אופֿנים, אפֿשר דאָס ערשטע אָרט צווישן אַלע לענדער פֿון דער וועלט. (פּאָקראָווסקי, 15)

19. В настоящее время Соединенные Штаты – страна, которая в отношении *техники*, то есть *способов хозяйства* стоит едва ли не на первом месте среди всех стран мира. (Покровский, 13)

ווערטער און אויסדרוקן

אָנגעהויבן האָט די אַנטיסעמיטישע ליטעראַרישע קאַמפּאַניע פֿרידריך ריוס, פּראָפֿעסאָר פֿון געשיכטע אין בערלינער אוניווערסיטעט. (דובנאָוו, 7–8)

20. *Застрельщиком* юдофобской литературной кампании был профессор истории берлинского университета Фридрих Рюс. (Дубнов, 244)

צו די צוויי ערשטע פֿידלען אינעם דײַטשן אַנטיסעמיטיזם איז צוגעשטאַנען אַ גאַנצע מחנה שרײַבער און טינטלער, וואָס האָבן פֿאַרפֿלייצט דעם ביכערמאַרק מיט פּאַמפֿלעטן. (דובנאָוו, 9)

21. К двум *застрельщикам* юдофобии примкнула целая группа писателей и писак, наводнявших книжный рынок памфлетами. (Дубнов, 245)

ס׳אַ מהלך פֿון דעם איבערגעבן דאָ דאָס וואָרט ‚זאַסטרעלשטשיק׳[2] און דעם ווילדן וואָרט ‚פֿאַרשיסער׳ (זע „די יידישע שפּראַך“ № 1, „קריטיק און רעצענזיעס“, שפּ׳ 37[3]), וואָס האָט אויך געמיינט איבערצוגעבן דאָס דאָזיקע וואָרט.

די זאַך איז איבערגעגעבן געוואָרן דעם מיליטער־געריכט, און דער האָט געפּסקנט: „אָנלערנען די שולדיקע“ אאַז״וו. (דובנאָוו, 172)

22. Дело передано было военному суду, который решил «*подвергнуть виновных примерному наказанию*» и т. д. (Дубнов, 398)

[1] גיכער נוצט דאָ דער איבערזעצער דאָס צײַטוואָרט ‚ס׳ווערן׳ (מיט דעם אומשטאַנדוואָרט ‚צוריק׳) אין אַ באַטײַטיקער פֿאָרעם, ניט אַלס הילף־צײַטוואָרט. רעד׳

[2] ☙ רוסיש застрельщик – איינער וואָס הייבט עפּעס אָן; דער וואָרצל ‚סטרעל׳ מיינט ‚שיסן׳.

[3] געמיינט איז סלוצקיס אַרטיקל „אַ מוסטער ווי אַזוי מ׳טאָר ניט שרײַבן קיין ייִדיש“. זע די שטעלע אויף ז׳ 178 אין דעם דאָזיקן באַנד.

23. Берне в те годы оттачивал свой меч для борьбы с германской реакцией вообще и *готовился уйти от* еврейства. (Дубнов, 246)

בערנע האָט יענע יאָרן ערשט געשאַרפֿט אַ מעסער קעגן דער דײַטשער רעאַק־ציע בכלל, און האָט געהאַלטן ערבֿ אַוועקגיין פֿון ייִדן. (דובנאָוו, 9)

24. Они решили восстановить *любезный их сердцу* старый порядок. (Дубнов, 242)

זיי האָבן באַשלאָסן צוריק אויפֿשטעלן דעם ליבהאַרציקן אַלטן רעזשים. (דובנאָוו, 6)

25. И *совершенно* изгнать евреев из этих городов. (Дубнов, 242)

און גאָר פֿאַרטרײַבן ייִדן פֿון די שטעט. (דובנאָוו, 6)

26. Которые подали конгрессу *записку* — протест *против посягательства на* их равноправие. (Дубнов, 242 – 243)

זיי האָבן דערלאַנגט דעם קאָנגרעס אַ מעמאָראַנדום, אַ פּראָטעסט קעגן דעם, וואָס מ׳ פֿאַרמעסט זיך אויף זייער גלײַך־באַרעכטיקונג. (דובנאָוו, 6)

27. *Волна немецкого патриотизма*, поднявшаяся в годы освободительной войны. (Дубнов, 243)

דער דײַטשער פּאַטריאָטישער ברען בעת דעם באַפֿרײַקריג. (דובנאָוו)

מיט ,ברען׳ איבערגעגעבן דאָס וואָרט волна און אויך поднявшаяся אויסגעמיטן, אַגבֿ, אַ בײַזאַץ. אַ מוסטער ווי איבערצוגעבן אַ בילד מיט אַן אַנדער בילד.

28. Еврей … должен рассматриваться не как бездомное существо, а как лицо оседлое в данном государстве и фактически *вошедшее в состав* гражданского общества. (Дубнов, 245)

אַ ייִד איז ניט קיין פֿרעמדער, ער איז אַ תּושבֿ אין דער מלוכה און פֿאַקטיש איז ער אין דער בירגער־געזעלשאַפֿט. (דובנאָוו, 9)

,איז ער׳, אַנשטאָט ,גייט אַרײַן׳.

29. Государство обязано *уравнить его с другими перед законом.* (Дубнов, 246)

די מלוכה דאַרף אים גלײַכשטעלן אַקעגן געזעץ גלײַך מיט אַנדערע. (דובנאָוו, 9)

30. Они желают выбиться из *тисков* торговой касты, куда загнала их старая государственность. (Дубнов, 246)

זיי ווילן זיך אַרויסרײַסן פֿון די קלעמען פֿון אַ ,האַנדל־קאַסטע׳, וואָס דער אַלטער רעזשים האָט זיי דאָרט פֿאַרקוועטשט. (דובנאָוו, 10)

31. Или же, наоборот, человеческие мысли и идеи *отражают* развитие этого внешнего мира? (Азбука, 4)

אָדער, פֿאַרקערט, דעם מענטשנס געדאַנקען און אידעען קוועלן אַרויס פֿון דער אַנטוויקלונג פֿון דער דאָזיקער דרויסנדיקער וועלט? (אַלעפבייס, 6)

32. Наука сделает *большие успехи, чтобы стоять на уровне развития производства*, чтобы подвести итоги достигнутым завоеваниям и сделать выводы для дальнейшего. (Азбука, 5)

די וויסנשאַפֿט וועט שפּרײַזן שנעל, אין פֿוס מיט דער אַנטוויקלונג פֿון דער פּראָדוקציע, בכדי אונטערצופֿירן אַ סך־הכּל פֿונעם דערגרייכטן און מאַכן אויספֿירן אויף ווײַטער. (אלעפבייס, 7)

33. *Раздумье охватило* более чуткие умы. (Дубнов, 250)	אַ סך פֿײַנערע נאַטורן האָבן אָנגעהויבן נאָכצוקלערן. (דובנאָוו, 14)

דאָס וואָרט ‚אַ סך׳ איז ניטאָ אין טעקסט. ס׳קאָן אַרויסדרינגען פֿונעם אינהאַלט.

34. Благосостояние (Дубнов, 245)	וווּיל (דובנאָוו, 8)
35. Униженная (Пруссия) (Дубнов, 256)	דאָס געפֿאַלענע (פּרײַסן) (דובנאָוו, 21)
36. (в своем) отношении (к) (Дубнов, 260)	(אין איר) באַנעמונג (צו)
37. Примирить (основы иудаизма с европейскою культурою) (Дубнов, 287)	אויסשטימען (די יסודות פֿון ייִדישקייט מיט דער אייראָפּעיִשער קולטור) (דובנאָוו, 33)
38. Вне стоящие (Берне и Гейне, Маркс и Шталь) (Дубнов, 315)	די אָפּגעשיידטע (דובנאָוו, 84)
39. Расположились лагерем (Дубнов, 248)	געבליבן לאַגערן (דובנאָוו, 11)
40. Обряд громления (Дубнов, 248)	מיצווה פֿון פּאָגראָמען (דובנאָוו, 11)
41. Оговорка (Дубнов, 247)	התנצלות (דובנאָוו, 11)
42. Низменные страсти (Дубнов, 247)	געמיינע אינסטינקטן (דובנאָוו, 11)
43. Сочетая (Азбука, 9)	האָט באַהעפֿט (אלעפבייס, 11)
44. Проявление (Азбука, 9)	אַנטפּלעקונג, אַרויסווײַזונג (אלעפבייס, 11)
45. Способ производства (Азбука, 11)	פּראָדוקציע-אופֿן (אלעפבייס, 13)
46. Обуславливает (Азбука, 43)	איז גורם (אלעפבייס, 44)

וואָרטבילדונג

47. Благожелательные (правительства) (Дубнов, 246)	וווּיל-געשטימטע (רעגירונגען) (דובנאָוו, 10)
48. Преемники (Дубнов, 240)	נאָכקומער (דובנאָוו, 3)
49. Равноправие (Дубнов, 241)	גלײַך-באַרעכטונג (דובנאָוו, 4)
50. Сподвижники (Дубнов, 247)	מיטטוער (דובנאָוו, 11)
51. Весна (Дубнов, 247)	פֿריזומער (דובנאָוו, 11)
52. Главные (Азбука, 5)	הויפּטלעכע (גרונטיקע) (אלעפבייס, 7)
53. Первичная сила (Азбука, 8)	בראשיתדיקע (אַלערשטע) קראַפֿט (אלעפבייס, 10)

54. (Бесконечным) упражнениям (Азбука, 20)	(דורך) געניטן זיך (אָן אַ סוף) (אלעפ־בייס, 20)
55. Разновидности (Азбука, 21)	וואַריעטעטן (אלעפבייס, 21)
56. Осознанная (Азбука, 28)	באַוווּסטיקע (אלעפבייס, 29)
57. Вызреть (Азбука, 5)	אויסגעצײַטיקט (אלעפבייס, 8)

בער סלוצקי

מאַרק טווען – „טאָם סאָיער“

אַלגעמיינע ביבליאָטעק № 1. ייִדיש – ע. פֿינינבערג. קאָאָפּ׳ פֿאַרלאַג קולטור־ליגע, קיִעוו, 1927. 226 ז׳. 8°.

„טאָם סאָיער“ איז אַן אָנהייב פֿון אַ סעריע לייענביכער פֿאַר דער יוגנט, פֿאַר דעם דערוואַקסענעם לייענער אויך. ס׳איז אַ גוטער אויפֿטו פֿון דעם פֿאַרלאַג קולטור־ליגע! דער מין פֿעלט אונדז ביז איצט אין דער ייִדיש־סאָוועטישער פֿאַרלעגערײַ.

מאַרק טווענס „טאָם סאָיער“ איז אַ גוטער אָנהייב. ח׳ פֿינינבערגס איבערזעצונג איז, בכלל גערעדט, געראָטן.

ברענגען מוסטערן פֿונעם גוטן איז אין דעם פֿאַל איבעריק. וויכטיקער איז דאָ אָנצומערקן די ניט־געראָטענע אויסדריקן און פֿעלערן, וואָס מע וואָלט זיי געקענט לײַכט אויסמײַדן.

מיר דאַכט, אַז ח׳ פֿינינבערג איז באַגאַנגען איינעם אַ גרונטפֿעלער אין זײַן איצטיקער אַרבעט, וואָס פֿאַרמינערט אַ היפּש ביסל איר ווערט.

ח׳ פֿינינבערג האָט דאָס מאָל, ווײַזט אויס, באַשלאָסן זיך האַלטן שטרענגער בײַם אָריגינאַל. האָט אָפּט מאָל געליטן דערפֿון די איבערזעצונג.

האַלטן זיך שטרענגער בײַם אָריגינאַל, ד״ה איבערגעבן דעם אַווטאָרס אַלע ניואַנסן, זײַן ריטעם און אָריגינעלע בילדערישקייט איז אין עצם זייער אַ ריכטיקער וועג.

אָבער „ווען איז דאָס גערעדט געוואָרן“?

ווען דאָס שאַט ניט דער לײַכטקייט, גלאַטקייט, קלאָרקייט פֿון דער איבערזעצונג, ווען דערפֿון לײַדן ניט די נאָרמעס פֿון דער איבערזעצונג־שפּראַך, אויב אָבער ניט אַזוי, איז ,דאָס אַוודאי ניט כּדאַי׳. בפֿרט נאָך, אַז פֿינינבערג האָט איבערגעזעצט ניט פֿון דעם ענגלישן אָריגינאַל, ער האָט געהאַט פֿאַר זיך אַ רוסישע איבערזעצונג. צו פֿיל געטרײַ זײַן צו אַן איבערזעצונג פֿון דעם אָריגינאַל איז שוין גאָר ניט קיין מוז.

אַ פּאָר בײַשפּילן פֿון אַזאַ מין ,געטרײַשאַפֿט׳, פֿון ניט־געראָטענע אויסדריקן בכלל, וואָס מיר טרעפֿן בײַ פֿינינבערגן:

1 אָנטאָן פֿלעג זי זיי (די ברילן) צוליב פֿאַסאָן, ניט פֿון ווירקלעכער נויטווענדיקייט (ז׳ 5).

דער רוסישער טעקסט:

и надевались для шику, а не для действительной надобности.

ווי פּובליציסטיש, מיט צײַטונגשטאַמפּ ס׳קלינגט דאָ דער אויסדרוק ,ניט פֿון ווירקלעכער נויטווענדיקייט׳!

פֿון: **די יידישע שפראך** (קיִעוו) 5–6, סעפּטעמבער–אָקטאָבער 1927, שפּ׳ 65–68.

ח׳ פֿינינבערג, וואָס האָט געניוג שפּראַכמיטלען, וואָלט לײַכט געקאָנט געפֿינען אַ פּאַסיקערן אויסדרוק.

2 דאַן האָט זי געהעכערט דאָס קול אַזוי, אַז מע זאָל עס קאָנען הערן אויף אַ ווײַטער שטרעקע. זי האָט אַ געשריי געגעבן (ז׳ 6).

דער רוסישער טעקסט:

Тогда она, возвысив голос так, чтобы его можно было слышать на известном расстоянии, крикнула.

אין ייִדיש קלינגט עפּעס ניט גוט דאָס ,געהעכערט דאָס קול׳ ,אויף אַ ווײַטער שטרעקע׳. בעסער וואָלט שוין געווען צו זאָגן פּשוטער, אַ שטייגער:

a2 דעמאָלט האָט די אַלטע אַ געשריי געטאָן אַ ביסל העכער, אַז איר קול זאָל זיך הערן ווײַט.

3 איז גענוג, ער זאָל אויף אַ רגע אָפּווענדן מײַן אויפֿמערקזאַמקייט אָדער צווינגען מיך צעלאַכן זיך, אַז מײַן גאַנצער צאָרן זאָל צו נישט ווערן (ז׳ 6).

דער רוסישער טעקסט:

Стоит ему на минуту отвлечь мое внимание или заставить меня рассмеяться, и весь мой гнев уже прошел.

,אָפּווענדן מײַן אויפֿמערקזאַמקייט׳ – איז אַ צײַטונגזאַץ!
און שוין ייִדישער: ,אַז עס זאָל מיר באַלד אָפּגיין דער כּעס׳.
אַגבֿ, וועגן ,גאַנצער׳.

מיר דוכט, אַז דאָ וואָלט בעסער געפּאַסט ,מײַן גאָרער צאָרן׳. ,גאָר (־רע, ־רער)׳ באַצייכנט אַן אומבאַשטימטע גרייס, בעת ,גאַנץ (־צע, ־צער)׳ וואָלט מען באַדאַרפֿט מער ניצן צו אַ באַשטימטער גרייס. אַ שטייגער: אַ גאַנצע ראָטע רויטאַרמייער, אָבער: די גאָרע רויטע אַרמיי (ניט קיין פּינקטלעך פֿון איינס ביז איינס איבערגעציילטע גרייס). דרום ,גאָרע וועלט׳ – בעסער ווי ,גאַנצע וועלט׳ (ז׳ 14).

4 די מאַניר איז באַשטאַנען אין נאָכמאַכן פֿויגלפֿײַף, וואָס ווערט איבערגעריסן דורך וואָרקעניש (ז׳ 9).

דער רוסישער טעקסט:

Манера эта заключалась в подражании птичьему свисту, прерываемому воркованием.

אַ שווערע האַמעטנע פֿראַזע. מע וואָלט דאָ געמעגט זײַן אַ ביסל פֿרײַער און איבערבויען די גאַנצע פֿראַזע.

5 דאָס פֿרעמד[ע] ייִנגל איז אַוועק מיט זײַן וועג, אַראָפּטרייסלענדיק דעם שטויב פֿו־

נעם אָנטאָן, כליפּענדיק, סאָפּענדיק מיט דער נאָז, פֿון צײַט צו צײַט אַרומ־קוקנדיק זיך, שאָקלענדיק מיטן קאָפּ און דראָענדיק אָן רחמנות אָנקלאַפּן טאָמען (ז׳ 13).

דער רוסישער טעקסט:

Чужой мальчик пошел своей дорогой, стряхивая пыль с платья, всхлипывая, сопя носом, время от времени оборачиваясь, качая головой и грозясь жестоко отдуть Тома.

שוין וויפֿל מאָל האָט מען געוויזן, אַז דער גערונדיום איז אין ייִדיש גאָר ניט אַזוי גלאַט, בפֿרט, אַזוי פֿיל מאָל נאָך אַנאַנד. אמת, מענדעלע נוצט זייער אָפֿט דעם גערונדיום. דערפֿאַר אָבער זעען מיר, ווי שלום־עליכם האָט זיך געפֿלײַסט צו פֿאַרבײַטן דעם גערונדיום אויף אַ פּאַרטיציפּ (‚דערהערט׳, ניט ‚דערהערנדיק׳), אָדער אויף אַנדערע פֿאָרמעס (זע „די יידישע שפּראַך“, № 2, נ. אויסלענדער: וואָרט־ און פאָרם־ענדערונגען אין די וואריאנטן פון שאָ־לעם־אלייכעמס „סטעמפּעניו“).

איך האַלט, אַז פּסלענען אין גאַנצן דעם גערונדיום דאַרף מען ניט, אָבער מע דאַרף זײַן געהיט מיט אים. שטעלן זעקס מאָל דעם גערונדיום אין אַ פֿראַזע פֿון קאַרגע פֿיר שורות, דאָס איז שוין שווער.

6 אָנגעהויבן האָט זיך די גאָטסדינסט מיט אַ קאָלעקטיווער תּפֿילה, וואָס איז באַשטאַנען פֿון לאַנגע ציטאַטן פֿון דער ביבל, ציטאַטן, פֿאַראייניקטע דורך דינעם צעמענט פֿון ‚אייגענע׳ צוגאָבן (ז׳ 28).

דער רוסישער טעקסט:

... богослужение, которое началось *сборной молитвой*, состоявшей из длинных цитат из Священного писания, соединенных вместе тонким цементом вставок «от себя».

‚קאָלעקטיווע תּפֿילה׳ איז ניט сборная молитва; ‚קאָלעקטיוו׳ גייט אויף מענטשן, ניט אויף זאַכן. געמיינט איז דאָ אַ ‚זאַמל־געבעט׳, צונויפֿגעשטוקעוועט פֿון פֿאַרשידענע פּסוקים... איבעריק איז דער בײַזאַץ ‚וואָס איז באַשטאַנען׳. מע קאָן זאָגן פּשוטער און קירצער: ‚אַ זאַמל־געבעט פֿון לאַנגע ציטאַטן׳ אאַז״וו. ‚פֿאַראייניקטע׳ איז פֿאַלש, אויף ייִדיש דאַרף זײַן ‚פֿאַראייניקט׳. דער פּאַסיוו מיט ‚דורך׳ איז שווער. אַרום און אַרום וואָלט מען דאָס זעלבע געקאָנט שרײַבן בערך אַזוי:

a6 אָנגעהויבן האָט זיך די גאָטסדינסט מיט אַ זאַמל־געבעט, צונויפֿגעשטוקעוועט פֿון פֿאַרשידענע ביבלישע פּסוקים און צונויפֿגעקלעפּט מיט אַ ביסל צוגעגעבן אייגנס.

7 אין משך פֿון איין רגע האָט די לופֿט אָנגעפֿילט זיך מיט געקלאַנג פֿון הילכיקע קלעפּ (ז׳ 21).

דער רוסישער טעקסט:

В одно мгновение воздух наполнился звуками звонких шлепков.

ס׳איז ניט קלאָר, צי די לופֿט האָט זיך אָנגעפֿילט מיט געקלאַנג אַ גאַנצע רגע צײַט (אין משך פֿון איין רגע), צי אין אַ רגע אַרום האָט זיך די לופֿט אָנגעפֿילט אַזױ.

לויטן רוסישן טעקסט מיינט עס:

אין אַ רגע אַרום, אין איין אויגנבליק האָט זיך די לופֿט אַזױ.

דער פּראָנאָם ,זיך׳ איז ניט אויף אַן אָרט. ס׳דאַרף זײַן: ,האָט זיך די לופֿט׳ אַזױ.

8 ביידע גרויסע קאָמאַנדירן האָבן ניט געמינערט זייער ווערדע מיט שלאָגן זיך אין די אַלגעמיינע רייען (ז׳ 21).

Оба великих военачальника не снисходили до того, чтобы сражаться лично.

,האָבן ניט געמינערט זייער ווערדע מיט שלאָגן זיך׳ איז אַ ביסל מליצהדיק און שווער. אמת, דאָ איז דער איבערזעצער געווען אַ ביסל פֿרײַער, אָבער גראָד ניט צום גוטן.

מע וואָלט געקאָנט זאָגן, אַ שטייגער, אַזױ:

a8 ביידע גרויסע קאָמאַנדירן האָבן געהאַלטן, אַז זיי דאַרף ניט אָנשטיין צו שלאָגן זיך מיט אַלעמען גלײַך (בײַ גלײַך מיט די פּשוטע סאָלדאַטן).

9 אויב מע וויל צווינגען אַ ייִנגל אָדער בכלל אַ מאַנצביל באַגערן עפּעס, דאַרף מען בלויז טאָן אַזױ, אַז ס׳זאָל זײַן שווער דערגרייכבאַר (ז׳ 19).

אַ שווערער ,ניט־דערגרייכבאַרער׳ זאַך. וואָלט ניט פּשוטער געווען צו זאָגן אַ שטייגער אַזױ:

a9 אויב מע וויל נייטן אַ ייִנגל, בכלל אַ מאַנצביל, ער זאָל צו עפּעס גלוסטן, איז דאַרף מען בלויז מאַכן אַזױ, אַז ס׳זאָל זײַן שווער צו דערלאַנגען (ס׳זאָל שווער אָנקומען).

10 בעט כ׳זאָל דיך שוינען (ז׳ 13).

צו ,ליטעראַריש׳. עס וואָלט בעסער געקלונגען ,שאַנעווען׳.

אָדער: ,בעט מחילה!׳

אפֿשר וויל דאָ דער איבערזעצער אויסמײַדן אַ העברעיִזם? איז בײַ אים אָבער פֿאַראַן ווײַטער שווערערע העברעיִשע ווערטער, אַ שטייגער: ,מתרה געווען׳ (ז׳ 38), ,תּכלית־שׂי־נאה׳, ,הוספֿות׳ (ז׳ 39) אד״גל.

11 ער האָט שטײַף פֿאַרשנדיק אַ קוק געטאָן (ז׳ 8).

דער רוסישער טעקסט:

Он пытливо посмотрел.

עס וואָלט קיין שאָדן ניט געווען גאָר אַרויסלאָזן דעם ,שטײַף׳ אָדער פֿאַרבײַטן אים אויף ,שאַרף׳.

12 בײַ די עקן האַלדזטוך איז געהאַנגען אַ באַכראָם־סטענגע (ז׳ 31).

13 האַלטן פֿלעגן זיך די הויזן אויף איין שלייקע... און אונטן זײַנען זיי באַפּוצט געווען מיט אַ באַכראָמע (ז׳ 47).

‚באַכראָם׳, ‚באַכראָמע׳ איז אין ייִדיש אַ פֿרעמד וואָרט: צו וואָס דאַרף מען דאָס, אַז עס זײַנען פֿאַראַן אַ פּאָר אַלטע ייִדישע גוטע ווערטער דערויף: פֿראַנדזן, פֿרענדזלעך, טראָלדן, טריפּקעס.

דאָס וואָרט ‚סטענגע׳ אינעם צונויפֿבינד ‚באַכראָם־סטענגע׳ קאָן מען אויך טײַטשן – אַ סטענגע פֿון באַכראָם (אַ באַכראָמענע סטענגע), פֿון טראָלדן. און בכלל, וואָס פֿאַר אַ סמי־כות־הפּרשה האָבן עקן פֿון אַ האַלדזטוך צו סטענגעס.

און אין רוסישן טעקסט שטייט טאַקע: и с бахромой на концах ד״ה מיט פֿרענדז־לעך, מיט טראָלדן בײַ די עקן.

14 קאָרטשען צורות (ז׳ 22).

דער רוסישער טעקסט: корчить рожи. אין ייִדיש קלינגט עס זייער פֿרעמד און פּריק־רע. מע קאָן זאָגן: מאַכן גרימאַסעס (העוויות), זיך קרימען.

15 ער האָט בהדרגה אַראָפּגעשפּאַנט פֿון דער מיט וועג און האָט זיך דערנעענט צום זוים (ז׳ 17 א״וו).

אַנשטאָט ‚זוים׳, פּאַסט דאָ בעסער: ראַנד. ‚זוים׳ זאָגט מען בײַ אַ קלייד אד״גל.

פּראָווינציאַליזמען

16 ווייסט עס אַ רוח (ז׳ 9 א״אַ).

געוויינטלעך נוצט מען אַזאַ אויסדריק מיטן באַשטימטן אַרטיקל ‚דער׳: ווייסט אים ד׳רוח, כאַפּט עס דער רוח, ד׳רוח נעמט אים אד״גל. ‚ווייסט עס אַ רוח׳ – איז אַ פּראָווינ־ציאַליזם.

17 געפֿלויגן פֿײַל פֿון בויגן (ז׳ 15 א״וו).

מע זאָגט געוויינטלעך ‚פֿײַל־אויסן־בויגן׳ (און רעדן קומט עס אַפֿילו אויס ‚פֿײַלויסנבויגן׳, ‚פֿאַלעשנבויגן׳).

אַ פּראָווינציאַליזם, אַזוי ווי ‚ווייסט עס אַ רוח׳.

18 דער גלח האָט געדראָט די זינדיקע מיט זודיקן שוועבל און סמאָלע.

אַ פּראָווינציאַליזם! געוויינטלעך זאָגט מען אויף ייִדיש: שוועבל און פּעך.
אַגבֿ, ניט גוט איז דאָ די פֿאָרעם ‚זודיקן׳ (ס׳גייט אויף 2 זאַכן: שוועבל און סמאָלע).

19 דאָס בערגל ‚קאַרדיף כיל׳ (ז׳ 14).

אין אַ באַמערקונג אין רוסישן טעקסט איז דאָס וואָרט ,כיל׳ געשריבן אויף ענגליש Hill. פֿרעגט זיך, צו וואָס שרײַבן אין ייִדיש כ יל, אַז מיר קענען שרײַבן ריכטיק ה יל?

איך האָב זיך מיט אַ כּיוון פֿאַרהאַלטן אַזוי פֿיל בײַ די פֿעלערן פֿון דער איבערזעצונג, ווײַל פֿון ח׳ פֿינינבערג דאַרף מען מער מאָנען.

בער סלוצקי

וועגן מענדעלע דעם איבערזעצער

מענדעלעס איבערזעצונגען קערן צום ערשטן, זשיטאָמירער פּעריאָד פֿון זײַן ליטעראַרישער אַרבעט.

די הויפּט־איבערזעצונגען מענדעלעס זײַנען אויף העברעיִש. דאָס זײַנען: „די געשיכטע פֿון די רוסן“ (ספר דברי הימים להרוסים) און די „נאַטור־געשיכטע“ (ספר תולדות הטבע).

אויף ייִדיש האָט מענדעלע איבערגעזעצט פֿון העברעיִש:

1. דעם „פּרק שירה“ (זשיטאָמיר 1875). אַ רעליגיעזער הימען, וואָס אַלע באַשעפֿענישן אין דער וועלט זינגען יעדן פֿרימאָרגן צום רבונו־של־עולם. מענדעלע האָט מיטן „פּרק שירה“ געמיינט, פֿאַרשטייט זיך, די אויפֿקלער־אַרבעט, ניט דעם רבונו־של־עולם. וועגן דער איבערזעצונג זאָגט מענדעלע גופֿא: „,פּרק שירה׳ איבערזעצט אויף ייִדיש... מיט אַ גוטן באַטעמטן פּירוש, וואָס גיט צו פֿאַרשטיין לויט ח כ מ ת ־ ה ט ב ע ... יעדן מאמר פֿון די שירה־זאָגער.“

2. „שבתדיקע זמירות“ („זמירות ישראל“) – פֿאַרטײַטשט אין שירים און גוט דערקלערט, דערבײַ איטלעכער ייִד זאָל פֿאַרשטיין... (זשיטאָמיר 1875).

3. „פֿון מײַן ספֿר־הזכרונות“ (די לעצטע פּרקים פֿון „שלמה ר׳ חיימס“), אַ וואַריאַנט אָדער אַן איבערדיכטונג פֿון מענדעלעס „מספר הזכרונות“ גופֿא.

פֿון רוסיש האָט ער (צוזאַמען מיט בינשטאָקן[1]) איבערגעזעצט די תּקנות פֿון מיליטערפֿליכט („אוסטאַוו איבער וואָינסקי פּאָווינאָסט“ (זשיטאָמיר 1874)); פֿון דײַטש (פֿרײַ) – „אַ סגולה צו ייִדישע צרות“ (פּינסקערס „אַווטאָעמאַנציפּאַציע“, 1882)[2].

פֿאַראַן נאָך אַן איבערזעצונג „דער לופֿטבאַלאָן“ (זשיטאָמיר 1869, לויט מענדעלעס אָנווײַז; אויפֿן שער־בלאַט שטייט 1868). מענדעלע זאָגט, אַז דאָס איז „פֿ אַ ר פֿ אַ ס ט מיט דער הילף פֿון מײַן פֿרײַנד הר״ל בינשטאָק“. ,פֿאַרפֿאַסט׳ מיינט דאָ אפֿשר דערפֿאַר, וואָס די איבערזעצונג איז אַ פֿרײַע און אַ פֿאַרקירצטע. דאָס איז איבערגעזעצט זשול ווערנס ערשט ווערק „פֿינף וואָכן אויף אַ לופֿטבאַלאָן“ (*Cinq semaines en ballon*).

פֿון וואָס פֿאַר אַ שפּראַך איז געמאַכט די איבערזעצונג איז שווער פֿעסטצושטעלן. פֿאַראַן אַ רוסישע פֿאַרקירצטע איבערזעצונג פֿון דעם פֿראַנצ[יי]זישן קיצור (דאָס יאָר ניט

1 ❧ לייב בינשטאָק (1836–1894) – פּובליציסט, לערער, קאָזיאָנע רבֿ אין זשיטאָמיר (1859–1862) און אוטשאָני יעווריי אין קיִעוו פֿון 1867 אָן.

2 ❧ פֿאַרגלײַך מרדכי ווײַנרײַך, „וואָס הייסט שרײַבן ייִדישלעך? אַנאַליזירט אויף מענדעלעס אַן איבערזעצונג“ אין: **ייִדישע שפּראַך** (ניו־יאָרק) 2, יאַנואַר 1942, ז״ז 97–112.

פֿון: **די ייִדישע שפּראַך** (קיִעוו) 7, נאָוועמבער–דעצעמבער 1927, שפּ׳ 45–54.

אָנגעוויזן). אָפּט שטימט די ייִדישע איבערזעצונג מיט דער רוסישער. די ייִדישע איז אָבער פֿיל קירצער פֿון דער רוסישער (און פֿראַנצ[יי]זישער). אפֿשר איז די איבערזעצונג געמאַכט פֿון אַ דײַטשער אויסגאַבע? אַגבֿ, איז אויף דער רוסישער איבערזעצונג ניט אָנגעוויזן דער איבערזעצער. אַרויס איז זי אין סאָיקינס פֿאַרלאַג, געדרוקט, ווײַזט אויס, שוין נאָך 1905, ווײַל קיין צענזור איז אויף דעם בוך ניטאָ. רעכענען, אַז מענדעלע האָט איבערגעזעצט פֿונעם פֿראַנצ[יי]זישן אָריגינאַל איז שווער: ס׳איז ניט פֿעסטגעשטעלט, אַז מענדעלע זאָל האָבן געקענט פֿראַנצ[יי]זיש.

דאָס איז גאָר, וואָס מיר ווייסן פֿון מענדעלעס איבערזעצונגען.

עס איז זייער אינטערעסאַנט זיך צוצוקוקן, ווי אַזוי האָט מענדעלע איבערגעזעצט. דאָס איז, פֿאַרשטייט זיך, אַ גאַנץ בכּבֿודיקע טעמע פֿאַר אַ גרעסערער, גענויערער אָפּ־האַנדלונג. דאָ ווילן מיר אָבער בלויז פּרוּוון אָנצומערקן די הויפּטשטריכן פֿון מענדעלעס איבערזעצונג־מעטאָדע.

אַזוי ווי אין די העברעיִשע, אַזוי אויך אין די ייִדישע איבערזעצונגען איז מענדעלעס עיקר־מיין אויפֿקלערן, פּאָפּולאַריזירן, איבערגעבן דעם אינהאַלט אַזוי, אַז „יעדער ייִד זאָל אים קענען פֿאַרשטיין“. אַזוי זאָגט מענדעלע גופֿא כּמעט וועגן יעדער זײַנער אַן איבערזעצונג: וועגן „אוסטאַוו“ זאָגט ער אויפֿן שער־בלאַט: „איבערזעצט אויף פּראָסט ייִדיש ... בכדי פּינקטלעך אַלצדינג צו פֿאַרשטיין“; וועגן „זמירות ישראל“: „פֿאַרטײַטשט ... בכדי איטלעכער ייִד ... זאָל פֿאַרשטיין“; „פּרק שירה“: איבערזעצט אויף ייִדיש ... מיט אַ גוטן באַטעמטן פּירוש, וואָס גיט צו פֿאַרשטיין“ אאַז״וו.

פֿון דאַנען נעמען זיך די מענגע רוסישע ווערטער, דער הויפּט אינעם „אוסטאַוו“. יענע צײַט האָט מענדעלע, ווי לינעצקי און אַנדערע, ניט איבעריק מקפּיד געווען אויף דער ריינקייט פֿון דער שפּראַך און האָט ברייט געניצט רוסישע ווערטער דאָרט, ווו עס איז גע־ווען אַ ספֿק, צי אַ ייִד אַ מאַסנמענטש וועט פֿאַרשטיין דעם באַגריף אין אַ נײַעם ייִדישן לבֿוש. שפּעטער האָט מענדעלע זיך היפּש באַפֿרײַט פֿון סלאַוויזמען און פֿיל סלאַווישע ווערטער פֿאַרביטן אויף ייִדישע.

צום „אוסטאַוו“ האָט מענדעלע צוגעגעבן אַפֿילו אַ גאַנץ ווערטער־ביכל „פֿון אַ סך רוסישע און פֿרעמדע ווערטער וואָס איז נייטיק געוועזן זיי איבערצולאָזן אין דעם דאָזיקן אוסטאַוו אַזוי ווי זיי זײַנען, בכדי דער עולם זאָל מיט זיי באַקאַנט ווערן און זיי געברויכן אין דעם רעדן אַקוראַט ווי מע דאַרף“ (טיטל פֿונעם ווערטער־ביכל).

שוין צוליב דעם „מע זאָל פֿאַרשטיין“ איז בײַ מענדעלען געווען דער עיקר איבער־צוגעבן פּינקטלעך דעם געדאַנק, אָבער ניט דעם מחברס ווערטער, סטיל אאַז״וו. גאַנץ אָפּט גיט מענדעלע איבער דעם מחברס אַ בילד, אַ געשטאַלט אַזוי, אַז עס באַקומט זיך גלאַט, ריין ייִדיש, אַ מאָל קירצער, אַ מאָל אַ ביסל ברייטער, אָבער אַלע מאָל ריכטיק איבערגעגעבן. דאָס איז גאָר אַ באַזונדערע קונץ בײַ מענדעלען, נאָר אינעם „אוסטאַוו“ און אינעם „מאַניפֿעסט“ צום „אוסטאַוו“ האַלט זיך מענדעלע שטרענג בײַם טעקסט, אָבער דאָך לייענט זיך בײַ מענדעלען דאָ אויך גרינגער ווי אינעם רוסישן טעקסט.

איך וויל דאָ ברענגען אייניקע מוסטערן פֿון מענדעלעס איבערזעצונגען, פֿאַרגלײַכט מיטן אָריגינאַל. אינעם „לופֿטבאַלאָן“ וועל איך די פֿאַרגלײַכונג מאַכן מיט דער רוסישער געקירצטער איבערזעצונג, הגם מיר ווייסן ניט, צי האָט מענדעלע איבערגעזעצט פֿון רוסי־שן, פֿון דײַטשן אָדער פֿון פֿראַנצ[יי]זישן. ס׳איז אינטערעסאַנט צו זען, ווי אַזוי האָבן די צוויי איבערזעצער איבערגעגעבן איין און די זעלבע זאַך.

בינשטאָקס ראָלע אין די איבערזעצונגען ווייסן מיר ניט, אָבער דער סטיל פֿון די איבער־זעצונגען איז מענדעלעס, דערום האָבן מיר דאָס רעכט צו האַלטן די איבערזעצונגען פֿאַר מענדעלעס אַרבעט; בינשטאָק האָט אים מסתּמא נאָר צוגעהאָלפֿן.

קודם וועגן מענדעלעס לעקסיקאָן.

צי האָט מענדעלע געניצט אַזוי פֿיל רוסישע ווערטער, ווײַל ער האָט ניט געהאַט קיין אַדעקוואַט ייִדיש וואָרט, אָדער נאָר איבער דעם, ווײַל ער האָט געמיינט, אַז אַזוי וועט מען ,בעסער פֿאַרשטיין׳?

דאָס ווערטער־ביכל אינעם „אוסטאַוו“ ווײַזט, אַז מענדעלע האָט זיך געקענט אַן עצה געבן מיט דער ספּעציעלער יורידישער טערמינאָלאָגיע. אָט זײַנען עטלעכע בײַשפּילן.

א. אַ ייִדיש וואָרט קעגן אַ רוסיש:

אוטשאַסטאָק – אַ ,חלק׳ למשל, אַ חלק פֿון אַ גרויסער שטאָט אָדער עטלעכע שטעט־לעך און דערפֿער אין איינעם. ספּיסאָק – דאָס צעטל. אָטמעטקע – אַ באַמערקונג, אַ סימן, אַ צייכן. וואָיענע סלוזשבע – מיליטער־דינסט, דער דינסט אין חייל. זאַוועדעניע – אַנשטאַלט. זוואַניע – שטאַנד. פּאָסאָביע – הילף. פּראַווילע – כּלל.

ב. אַ ייִדיש וואָרט קעגן אַ רוסיש און אַן אויסטײַטש צום וואָרט:

אָבשטשע – אַלגעמיין, וואָס פֿאַר איטלעכן. אָטסראָטשקע – פֿאַרלענגערונג, אָפּלייגן אויף אַ צײַט. וויפּיס – דער אויסצוג, דער תּמצית, וואָס ווערט אַרויסגענומען פֿון כּתבֿים.

ג. אויסטײַטשונגען פֿון די רוסישע טערמינעס:

אָביאַזאַטעלנע – וואָס איז אַ חיובֿ, וואָס מע מוז. אָבשטשע אוטשאַסטקאָווע ספּיסקעס – ספּיסקעס פֿון גאַנצע אוטשאַסטקעס אין איינעם. אוטשעבנע סבאָרן – דאָס צונויפֿרופֿן סאָלדאַטן אויף צו לערנען זיי מושטיר. אימושטשעסטווענע – וואָס מצד דעם פֿאַרמעגן. וואַיאַניע – דאָס אויסשנײַדן, דאָס אויסהאַקן בילדער פֿון שטיין, פֿון האָלץ וכדומה. פּראַוואָ סאָסטאָיאַניאַ – זכיות מחמת דעם שטאַנד. פּריזיוונע ספּיסקעס – רייסטערס, וואָס נאָך זיי רופֿט מען דעם עולם.

פֿונעם דאָזיקן צעטל זעען מיר, אַז מענדעלע האָט געגעבן סײַ טערמינעס (אַ ייִדיש וואָרט קעגן אַ רוסיש), סײַ אויסטײַטשן פֿון טערמינעס. פֿאַרשטייט זיך, אַז ניט אַלץ אין ווערטער־ביכל וואָלט בײַ אונדז איצט אָנגעגאַנגען. מע דאַרף אָבער געדענקען די צײַט, ווען מענדעלע האָט דאָס געמאַכט. ער איז געווען דער ערשטער.

ווי אַזוי באַגייט זיך מענדעלע מיטן האַמטענעם רוסיש־קאַנצעלאַרישן נוסח פֿונעם „אוסטאַוו“?

אָט אַ פּאָר בײַשפּילן.
אין טעקסט:

1 В постоянной заботливости о благе нашей империи и даровании ей лучших учреждений мы не могли не обратить внимания на существовавший до сего времени порядок отправления воинской повинности. (ז׳ 3)

בײַ מענדעלען:

a1 אַזוי ווי מיר זאָרגן זיך תּמיד פֿאַר דעם גליק פֿון אונדזער אימפּעריע און איר צו שענקען די בעסטע הנהגות, איז אונדז אוממעגלעך געווען ניט צו ווענדן אונדזער אויפֿמערקזאַמקייט אויף דעם אײַנפֿיר יוצא צו זײַן דעם חובֿ פֿון דעם דינסט אין חייל, וואָס האָט געדויערט ביז איצטיקער צײַט.

אין דעם זאַץ זעען מיר, אַז אַפֿילו אין אַזאַ אָפֿיציעלן דאָקומענט, ווי אַ מאַניפֿעסט וועגן מיליטער־פֿליכט האָט מענדעלע ניט מורא געהאַט איבערצושטעלן געוויסע טיילן פֿונעם זאַץ, ברייטער אויסצוטײַטשן אייניקע באַגריפֿן. אַזוי גיט ער ברייט איבער די ווערטער: порядок отправления воинской повинности מיט די ווערטער „דער אײַנפֿיר יוצא צו זײַן дעם חובֿ פֿון דעם דינסט אין חייל״. די גרופּע существовавший до сего времени טראָגט מענדעלע אַריבער צום סוף זאַץ און גיט זיי איבער מיט אַ בײַזאַץ: „וואָס האָט געדויערט ביז איצטיקער צײַט״.
דורכשניטלעך וואָלטן מיר איצט איבערגעזעצט:

b1 האָבן ניט געקענט ניט ווענדן אונדזער אויפֿמערקזאַמקייט אויף דער עקסיסטירנדיקער ביז איצט אָרדענונג פֿון דער אויספֿירונג פֿון מיליטער־פֿליכט...

אין טעקסט:

2 По действовавшим до ныне узаконениям, повинность этих возлагалась на ... (ז׳ 3)

בײַ מענדעלען:

a2 על־פּי די געזעץ(ן), וואָס זײַנען אָנגעגאַנגען ביז איצט, איז דער דאָזיקער חובֿ מוטל געווען נאָר אויף די...
אין טעקסט:

3 Утвердив сего числа новый Устав о воинской повинности, повелеваем ... (ז׳ 7)

בײַ מענדעלען:

a3 אַזוי ווי מיר האָבן הײַנטיקן טשיסלאָ[1] אוטווערדעוועט („באַשטעטיקט׳ –אינעם ווערטער־ביכל, – ב. ס.) דעם אוסטאַוו מכּוח וואָינסקי פּאָווינאָסט, באַפֿעלן מיר...

[1] רוסיש ‚צאָל׳, דאָ מיינט ‚דאַטע׳, ד״ה ‚הײַנט׳.

אין טעקסט:

4 На нижеозначенные местности и части населения. (ז׳ 7)

בײַ מענדעלען:

a4 אויף די מקומות און חלקים פֿון דער באַפֿעלקערונג, וואָס שטייען ווײַטער אויסגערעכנט.

אין טעקסט:

5 Положения общие.

בײַ מענדעלען:

a5 דינים פֿאַר אַלע.

ווי אַזוי גיט איבער מענדעלע בילדער און געשטאַלטן פֿון איין שפּראַך אויף דער אַנדערער?

מיר נעמען אַ פּאָר בײַשפּילן פֿונעם „לופֿטבאַלאָן“. ווי געזאָגט, פֿאַרגלײַכן מיר אים מיט דער רוסישער איבערזעצונג („פּיאַט ניעדעל נאַ אַעראָסטאַטע“), וואָס איז כּמעט אַ פּינקט־לעכע איבערזעצונג פֿונעם פֿראַנצ[יי]זישן קיצור.

6 אין יאַנואַר 1862 האָט זיך אין לאָנדאָן פֿאַרזאַמלט אַ גרויסע אַסיפֿה פֿון אַ סך גרויסע געלערנטע, וואָס גיבן זיך אָפּ מיט ווײַטע נסיעות, אויפֿצוזוכן אומבאַקאַנטע לענדער און פֿעלקער (געאָגראַפֿישע געזעלשאַפֿט). דער עלטסטער פֿון דער געזעלשאַפֿט, סיר פֿ ר אַ נ ס י ס האָט דער סאָבראַניע געהאַלטן די דאָזיקע רעדע (ז׳ 1).

6a Заседание Лондонского Королевского Географического Общества 14 января 1862 г. было особенно многолюдно. Президент сэр Френсис М. сделал своим уважаемым коллегам очень важное сообщение (с. 3).

צוליב „פֿאַרשטענדלעכקייט׳ האָט מענדעלע באַריכות באַשריבן דאָס וואָרט „געאָגראַ־פֿישע געזעלשאַפֿט׳. אינטערעסאַנט איז, וואָס מענדעלע שרײַבט „סיר פֿראַנסיס האָט ד ע ר ס אָ ב ר אַ נ י ע" ניט „פֿאַר ד ע ר ס אָ ב ר אַ נ י ע ׳ געהאַלטן די רעדע.

7 אין דער אַסיפֿה זײַנען געזעסן זייער פֿיל אַלטע רײַזנדע מפֿורסמים, וואָס האָבן שוין אין זייער לעבן גאָר אָן פּחד געמאַכט גאַנץ גרויסע שרעקלעכע נסיעות אין אַלע פֿינף טיילן פֿון דער וועלט. איטלעכער פֿון זיי האָט אין זײַן ביסל יאָרן גענוג אויסגעשטאַ־נען: דער האָט זיך אַ מאָל געמוזט ראַטעווען אין מיטן ים אויף אַ ברעט פֿון אַ צעשלאָגן שיף, דער אַנדערער האָט זיך קאַם אויסגעדרייט אין אינדיען פֿון ווילדע גזלנים, דער דריטער איז על־פּי נס ניצול געוואָרן אין אויסטראַליע פֿון די דאָרטיקע מענטשן־פֿרע־סער, וואָס האָבן אים געוואָלט לעבעדיקערהייט אײַנשלינגען (ז׳ 1).

7a Здесь было много отважных путешественников, состарившихся, уставших, избороздивших весь свет вдоль и поперек. Все они более или менее, физически или нравственно, терпели от наводнений, пожаров, томагаувков и индейцев, аппетита людоедов (с. 4).

8 דער דאָקטער איז אַלט געווען אַ יאָר פֿערציק, זייער אַ שיינע אָסאָבע מיט זייער קלוגע אויגן. מע האָט זיך געקענט אָנשטויסן, אויף אים קוקנדיק, אַז ער איז ניט קיין איבערגעשראָקענער און איז אַ גרויסער אַרבעטמענטש.

8a Это был человек, лет сорока, самой обыкновенной внешности, яркий румянец свидетельствовал о его живом темпераменте.

אינעם פֿראַנצ[יי]זישן טעקסט:

8b C'était un homme d'une quarantaine d'années, de taille et de constitution ordinaires.

עס איז שווער פֿעסטצושטעלן צי האָט זיך דאָ מענדעלע דערלויבט אַליין פֿרײַ איבערגעבן דעם טעקסט מיט די ווערטער „אַ שיינע אָסאָבע“, צי האָט ער געהאַט פֿאַר זיך אַן אַנדער טעקסט, ווי דער, וואָס מיר האָבן.

9 דער עולם האָט ניט אויפֿגעהערט צו פּליעסקען און שרײַען אוראַ[1] ביז דער דאָקטער האָט ניט אַ מאַך געטאָן מיט דער האַנט, אַז ער פֿאַרלאַנגט עפּעס צו רעדן. אַלע זײַנען געבליבן שטיל (ז׳ 2).

9a Приветственные крики и рукоплескание прекратились лишь тогда, когда доктор Бергюссон жестом руки пригласил всех к молчанию (с. 5).

ברענגען ווײַטערדיקע מוסטערן איז ניט שייך. מע וואָלט באַדאַרפֿט אויסשרײַבן דאָס גאַנצע ביכל. כ׳וועל נאָר ברענגען אייניקע זאַצן מענדעלעס, צו ווײַזן ווי אַזוי ער האָט שוין אין יענע יאָרן געבויט זײַן פּראַזע.

אָט איז אַ קאָמפּליצירטער זאַץ:

10 און כאָטשע זייביידע האָבן ניט געהאַט קיין גלײַכע נאַטור, דהײַנו, קענעדי האָט שטאַרק ליב געהאַט אָכאָטע[2] אויף ווילדע חיות, אויף לייבן, לעמפּערטן, עלפֿאַנדן און האָט געקענט זייער גוט טרעפֿן אין ציל, און דער דאָקטער האָט אַפּילו ניט געקאָנט רעכט האַלטן אַ ביקס אין דער האַנט און פֿלעגט זיך תּמיד נאָר אָפּגעבן מיט געלערנטע זאַכן, – פֿונדעסטוועגן האָבן זיי ביידע געלעבט נפֿש־אַחת.

און אָט איז אַ בילד פֿון אַ שטורעם, אַן אָנזאָג אויף דעם שטורעם אין דער „קליאַטשע“:

11 די כמאַרעס האָבן זיך אָנגעהויבן אַראָפּצולאָזן נידעריקער און עס איז געוואָרן שטאַרק פֿינצטער, כאָטש אַן אויג אַרויסצונעמען. מיט אַ מאָל איז זייער ליכטיק געוואָרן פֿון אַ גרויסן בליץ און איידער ער איז נאָך פֿאַרשוווּנדן געוואָרן האָט אַ קלאַפּ געגעבן אַ שטאַרקער דונער... באַלד האָבן אָנגעהויבן צו גיין איין דונער נאָך דעם אַנדערן, און די בליצן האָבן גאָר ניט אויפֿגעהערט. די לופֿט איז אין גאַנצן געווען אין פֿײַער, און די טראָפּן פֿון דעם רעגן האָבן אויסגעוויזן ווי גרויסע פֿליִענדיקע פֿונקען. אַ שטאַרקער ווינט האָט מיט אימפּעט געבלאָזן אין דער פֿײַערדיקער לופֿט און געדרייט מיט די

[1] & הוראַ.

[2] & יאַגד.

> דערהיצטע וואָלקן. מע קאָן זאָגן, אַז עפּעס אַ גרויסער בלאָזזאַק האָט געעפֿנט דאָס מויל צו פֿאַרגרעסערן דעם שרעקלעכן פֿײַער... דער שטורעמווינט האָט שטאַרק גע־קנייטשט ... די מאַטעריע ... אַרום ... דעם לופֿטבאַלאָן, ער האָט מיט איר געוואָרפֿן, געטרעסעט, און אַ שטאַרקער האָגל האָט אויך געקלאַפּט שרעקלעך אויף דעם לופֿט־באַלאָן... די בליצן זײַנען איבער אים דורכגעלאָפֿן ווי פֿײַערדיקע שלאַנגען, עס האָט אויסגעוויזן, ווי ער איז אין גאַנצן אין אַ העליש פֿײַער (ז׳ 19).

אינטערעסאַנט איז מענדעלעס לעקסיקאָן אין דער דאָזיקער איבערזעצונג.

מענדעלע ניצט נאָך אַ סך רוסישע ווערטער (אמת, אַ סך ווייניקער ווי אינעם „אוס־טאַוו“), און אויך דאָ מיט דער כּוונה צו מאַכן פֿאַרשטענדלעך דעם אינהאַלט. שרײַבט ער: סטאָליצי (ז׳ 23), זיך גערעשעט (24), נאַראָד (27), דוואָרעץ (77),[1] „דוואָריאַנסקי קלוב“ (2, traveller’s club), אאַז״וו.

אָפֿט שרײַבט ער שוין אַ נײַ ייִדיש וואָרט און פּאַראַלעל דאָס רוסישע אויך. אַזוי שרײַבט ער ‚מענטשן־פֿרעסער׳ און ווײַטער אַ ביסל ‚ליודאָיעדי׳; ‚אינד׳, ‚גאַזעלע׳ און ‚סאַרנאַ׳ (сарна). אַ מאָל שאַפֿט ער שוין אַליין אַ נײַ וואָרט, אָבער פֿאַרטײַטשט דאָ עס גלײַך אויפֿן אָרט אין קלאַמערן מיט אַן אַנדער וואָרט, אַ ייִדיש, העברעיִש, רוסיש. אַזוי שרײַבט ער אויף:

Кочевые торговцы – שיירות (קאַראַוואַנען); лунные горы – הרי־חושך, הרי־לבֿנה (לבֿנה־בערג); гиппопотам – בהמות, ים־בהמות, פֿלוספֿערד; נאַכטוועלף, „וואָס הייסן היענעס“; серная кислота – אָלים[2]; хлопчатник – באַנוול; часть – מיש־מר (פֿון אַ וואַך); карабин – אַ קורץ ביקסל; шестизарядный револьвер – אַ פּיסטויל מיט זעקס רערן; אויף ‚שליסן אַ שלום׳ – שרײַבט ער ‚כּורת־ברית זײַן׳; лекарство – אַן אײַנגעמענס („אין דײַן אַפּטייקל“); географическая карта – לאַנדקאַרטע; озеро – גיט ער איבער מיטן וואָרט ‚אָזער׳ און ‚אָזיער׳. сваи – מיטן פּאַסנדיקן, ריכטיקן וואָרט ‚פּאַליעס׳, אאַז״וו.

מענדעלע ניצט אַ סך אַלטע ווערטער, אויסדריקן אאַז״וו. און צב״ש:

> אַזאַ מין נסיעה, וואָס דער ד״ר פֿערגיסאָן וויל זיך אונטערשטעלן צו מאַכן (אַנשטאָט: ‚זיך אײַנשטעלן׳) (ז׳ 2).
>
> קוים האָט דער דאָקטער געעפֿנט די טיר, האָט די גאַנצע סאָבראַניע, אים לכּבֿוד, אָנ־געהויבן צו פּליעסקען און פּאַטשן אין די הענט (ז׳ 2).
>
> אַוועקפֿליִען אין דער לבֿנה (ז׳ 3).
>
> האָט אַ פּנים, אַז דו קענסט רעכטעווען דעם לופֿטבאַלאָן (ז׳ 4).
>
> אונדזער דזשאָע אָבער איז איין מוטערמענטש (איינער אַליין – ב. ס.).
>
> זיי האָבן זיך אָנגעהויבן צו יאָגן נאָך מיר און איך בין טשוואַליאָם אַנטלאָפֿן (ז׳ 78) (זייער שנעל, האַרקאַווי – ווערטערבוך).
>
> האָט זיך דער ווינט אַ ביסל געלייגט (ветер стих) (ז׳ 94), דער ווינט האָט זיך געלייגט.
>
> אין דער פֿרי האָט זיך געשטעלט אַ שיינער טאָג (ז׳ 48).

[1] ✡ פֿון רוסישע ווערטער: הויפּטשטעט, באַשלאָסן, פֿאָלק, פּאַלאַץ.

[2] ✡ אָלעום.

די שטיינער זיַינען געווען עפּעס צו שווער פֿאַר זייער גרייס, דאָס איז געפֿאַלן (бросилось) דעם דאָקטער אין די אויגן (ז׳ 51).

אומעטום ניצט מענדעלע ,ווערדליק׳, דאָס וואָרט ,לויט׳ איז דאָ נאָך בײַ אים ניטאָ (אין שפּעטערדיקע ווערק – יאָ):

12 ווערדליק דער באַראָמעטער האָט געוויזן (ז׳ 23).

דעם ו׳טן פּאַרטיציפּ ניצט מענדעלע דאָ זעלטן. אַנשטאָט דעם הייבט ער אָן דעם זאַץ מיט ,אַז׳, ,בשעת׳:

13 אַז דיביידע פֿרײַנד זיַינען צוריקגעקומען קיין ענגלאַנד, האָבן זיי זיך דאָרט געמוזט צעשיידן (ז׳ 3).

14 שלום־עליכם, קענעדי, האָט אים דער דאָקטער אַ זאָג געטאָן, בשעת ער האָט אים געעפֿנט די טיר.

אָריגינעל איז דער אויסדרוק:

15 דער ווינט האָט שטאַרק געבלאָזן און געוואָרפֿן דעם לופֿטבאַלאָן באַלד קיין צפֿון, באַלד קיין דרום־זײַט (ז׳ 41).

15a Бросимая то к северу, то к югу (с. 107).

*

אויף די איבערזעצונגען פֿון „פּרק שירה" און „זמירות ישראל" וועל איך זיך דאָ ניט פֿאַר־האַלטן, ווײַל די דאָזיקע איבערזעצונגען זיַינען געמאַכט אין גראַמען.

איך וועל נאָר ברענגען אַ פּאָר שטעלן פֿון מענדעלעס איבערזעצונג, וואָס ער האָט געמאַכט פֿון זײַן אייגענעם העבראיִש[ן] ווערק „מספר הזכרונות"[1].

די דאָזיקע איבערזעצונג איז געדרוקט אין ווילנע[ר] „די ייִדישע וועלט", יאַנואַר 1915. די זעלבע קאַפּיטלען זיַינען פֿאַראַן אין דער לעצטער יובילײ־אויסגאַבע פֿון מענדעלעס ווערק, פֿאַרלאַג מענדעלע, ווילנע, 1924 אין עפּעלבוימס איבערזעצונג.

צום פֿאַרגלײַך ברענג איך דאָ ביידע איבערזעצונגען.

העבראיִשער טעקסט:

16 אותו היום, שאני מדבר בו, אחד מימות החמה היפים היה, יום צח ונהיר. השמים מלאים זיו וכלם תכלת. וארצנו אף היא נאה ונעימה, עטופה עטיפת כלה ביום חתר־נתה, מתכסה בהינומה ירקרקה של ציצים ופרחים וחוט של חן משוך עליה.

למראית עין דומה הכל יש כאן – הוד והדר, ששון ושמחה, יום טוב ומזל טוב! אף על פי כן עד עכשיו אי אפשר לי להזכיר אותו היום שלא להתאנח עליו במר נפשי. דומה, שבגזרת המקום היה מוכן מקודם, כאשה יפה וקנטרית, להכאות רוחי ולהשביעני ממרורים (זײַט ניט באַצייכנט).

[1] דער העבראיִשער טעקסט איז גענומען פֿון מענדעלעס העבראיִשער אויסגאַבע (דריטע), וואָס איז אַרויס אין אָדעס אין מוריה (דאָס יאָר ניט אָנגעוויזן) און איז אַרײַן אינעם פֿינפֿטן בוך פֿון צווייטן באַנד.

אין עפּעלבוימס איבערזעצונג:

a16 דער טאָג, פֿון וועלכן איך דערצייל דאָ, איז געווען איינער פֿון די שיינע זומערטעג, ס׳איז געווען אַ קלאָרער ליכטיקער טאָג. דער הימל איז געווען לויטער און בלאָ, און־דזער ערד איז אויך געווען שיין און אָנגענעם, זי איז געווען אויסגעפּוצט, ווי אַ כּלה צו דער חתונה; איז געווען צוגעדעקט מיט אַ גרינעם שלייער פֿון קווייטן און בלומען און אַ ליבער חן איז אויף איר געווען אויסגעגאָסן. דאַכט זיך אַלץ גוט – שיין און ליכטיק, פֿריילעך און אויפֿגעלייגט, יום־טובֿ און גליק! פֿונדעסטוועגן קען איך ביז היינט ניט געדענקען דעם טאָג, ניט אָפּצוזיפֿצן ביטער אויף אים. ס׳זעט אויס, אַז גאָט האָט אים מיר אומישנע צוגעשיקט, ווי אַ שיינע בייזע פֿרוי, ער זאָל מיר פֿאַרביטערן דאָס לעבן (ז׳ 101).

ביי מענדעלען:

b16 אַ טאָג אַ זומערדיקער איז עס געווען מיט אַ ריינעם, אָן שום שפּרענקעלע, בלויען הימל, מלא־חן! אונדזער ערד איז אויך געווען וווּנדער שיין, אויסגעפּוצט אין איר גרינעם זומערדיקן חתונה־קלייד מיט דעם גאַנצן שמוק אירן און פֿרישע בוקעטן פֿון אַלערליי קאָלירנדיקע און שמעקנדיקע בלומען. נאָכן אויסזען נאָך דאַכט זיך אַ לעבן אַ מזלדיקס; אַ פֿריילעכער טאָג, און דאָך, אוי־ווײ, אָן אַ זיפֿץ קען איך אים עד־היום ניט דערמאָנען!

מיר איז באַשערט געווען אויסצושטיין אין אים – ווי עס מאַכט זיך אַ מאָל מע שטייט אויס פֿון אַ יפֿיפֿיה, אַ שלאַק מיט אַ שיין פּנימל – זייער פֿיל עגמת־נפֿש (ז׳ 3).

17 לא עליכם עת צרה ותוכחה ונאצה כעין זו שבאותה שעה! הימים ימי מלחמה לאר־צנו, מלחמה קשה עם אויב קשה במרחקי ארץ הקדם.

אין עפּעלבוימס איבערזעצונג:

a17 ניט פֿאַר אייך געזאָגט, אַזאַ שלעכטע ביטערע צייט, ווי עס איז דאַמאָלסט געווען! ס׳איז געווען אַ צייט פֿון מלחמה, פֿון אַ בייזער מלחמה מיט אַ שטאַרקן פֿיינט אויפֿן ווייטן מיזרח.

ביי מענדעלען:

b17 אוי, אַ צייט, אַ צייט איז עס, ניט היינט געדאַכט דענסטמאָל געווען, זייער אַ שווע־רע! אויפֿברויזעניש, ברוגזן צווישן עולם, מיט דעם גאַנצן פּעקל צרות, רייסעניש, בייסעניש צווישן זיך! דערצו נאָך די גרויסע מלחמה מיט דעם דם־שונא העט וויט אין מיזרח־לאַנד... (ז׳ 3).

אַלעקסאַנדער פֿינקעל

ווי אַזוי מע דאַרף איבערזעצן לידער

די פֿראַגן פֿון ליטעראַרישער טעכניק ציִען נאָך ניט צו די געהעריקע אויפֿמערקזאַמקייט בײַ דעם ייִדישן לייענער (און אַפֿילו שרײַבער). אונדזער אָריגינעלע ליטעראַטור איבער די דאָזיקע פֿראַגן איז נאָך אַזוי קליין, אַז מע קען זי גרינג איבערציילן אויף די פֿינגער; ס׳קומט זיך דעריבער אויס צו לערנען אויף דער זײַט, און דאָס איז שטענדיק צונויפֿגעבונדן מיט איבעריקע שוועריקייטן אין הינזיכט פֿון צוקלײַבן דעם מאַטעריאַל. אויב אונדזער ליטעראַרישע פּראַקטיק האָט בכלל גאַנץ ווײַט אַריבערגעיאָגט די טעאָריע, איז אין הינזיכט פֿון איבערזעצונגס־ליטעראַטור – וואָס האַלט, דרך־אַגבֿ, אין איין וואַקסן – האָבן מיר אַנשטאָט טעאָריע אין גאַנצן אַ פּוסט אָרט. ס׳איז איבער דעם ניט קיין וווּנדער, וואָס אונדזערע איבערזעצער זעצן איבער ווי יעדן גלוסט זיך און ווי יעדערער קאָן, ניט אָפּגעבנדיק זיך שטענדיק קיין חשבון, פֿאַר וואָס האָט ער געטאָן אַזוי און ניט אַנדערש.

דער דאָזיקער אַרטיקל האָט דעם ציל צו באַלײַכטן די פֿראַגע וועגן איבערזעצונגען, באַזירנדיק זיך אויסשליסלעך אויף דער פּראַקטיק, וואָס עקסיסטירט בײַ אונדז, כּדי אַרויסגייענדיק פֿון די מער פֿאַרשפּרייטע טעותן, אָנווײַזן די איבערזעצער דעם געהעריקן וועג.

I

דער הויפּטציל פֿון יעדער איבערזעצונג – איז באַקאָנען דעם לייענער, וועלכער געהערט צו איין שפּראַכלעכער גרופּע, מיט אַ ליטעראַריש ווערק, וואָס איז אָנגעשריבן אויף אַן אַנדער שפּראַך. אמת, מיט דעם אַליין באַגרענעצט זיך ניט די ראָלע פֿון אַ קינסטלערישער איבערזעצונג: די אַרבעט אויף איבערגעבן אַן אַנדערשפּראַכיק ליטעראַריש ווערק מיט די מיטלען פֿון דער אייגענער שפּראַך באַרײַכערט אָממערסטן די דאָזיקע שפּראַך מיט נײַע ליטעראַרישע פֿאָרמען אינעם ברייטן זינען פֿון וואָרט, ד״ה, עס העלפֿט מיט שאַפֿן אַ פּאָעטיש ווערטערבוך, סינטאַקסיס, די ריטמיק, סטראָפֿיק, פֿראַזעאָלאָגיע אד״גל. איבער דעם הערט קיין מאָל ניט אויף דער פּראָצעס פֿון דיפֿוזיע צווישן פֿאַרשיידענע ליטעראַטורן, און ווער ווייס, צי אַוועלכע ס׳ניט איז ליטעראַטור קען זיך באַרימען, אַז זי האָט זיך אַנטוויקלט אָן וועלכע ס׳ניט איז אויפֿווירקונג פֿון אַ צווייטער ליטעראַטור. און אויב ס׳איז טאַקע פֿאַראַן אַזאַ ליטעראַטור, איז זי אַן אָפּגעשטאַנענע און אַ פּראָווינציעלע.

אַזוי אַרום, איז דער ריין ליטעראַרישער, אַזוי צו זאָגן דער טעכניש ליטעראַרישער באַדײַט פֿון אַ קינסטלערישער איבערזעצונג, אַבסאָלוט ניט קלענער, און אויף אַ געווויסער שטופֿע נאָך גרעסער פֿון איר אַלגעמיין־קולטורעלן באַדײַט בכלל.

פֿון: **די רויטע וועלט** (כאַרקאָוו) 2–3, פֿעברואַר–מאַרץ 1929, ז״ז 175–182.

וואָס פֿאַר אַ זײַט פֿון דער קינסטלערישער איבערזעצונג מיר זאָלן ניט אָפּגעבן די בכורה, איין זאַך בלײַבט קלאָר: יעדע קינסטלערישע איבערזעצונג דאַרף אין אַ באַשטימטער מאָס זײַן אַ רעפּראָדוצירונג פֿונעם אָריגינאַל אין אַזאַ מאָס, אַז לויט דער איבערזעצונג זאָל מען קאָנען זיך באַקאָנען מיט די כאַראַקטעריסטישע באַזונדערקייטן פֿונעם אָריגינאַל. אַזוי אַרום, ווערט די פּראָבלעם פֿון אַ קינסטלערישער איבערזעצונג צוגעפֿירט צו דער פּראָבלעם פֿון איר אַדעקוואַנטקייט מיט דעם אָריגינאַל. זעלבסט־פֿאַרשטענדלעך, אַז אויף אַזאַ אופֿן איז ניט פֿאַראַן קיין שום פּרינציפּיעלער חילוק צווישן אַ פּראָזאַישער איבערזעצונג (ס׳פֿאַרשטייט זיך, אַ קינסטלערישער) און אַ פּאָעטישער. פּראַקטיש אָבער איז דער חילוק צווישן זיי אַזוי גרויס, און די שוועריקייטן בײַ אַ גערדיכט־איבערזעצונג זײַנען אויף אַזוי פֿיל קאָמפּליצירטער, אַז ס׳איז פֿאַראַן אַ באַדערפֿעניש צו רעדן וועגן יעדן פֿון זיי באַזונדער; אַ סך אָבער פֿון דעם, וואָס מע קאָן זאָגן וועגן אַ גערדיכט־איבערזעצונג איז אויך חל אויף אַ פּראָזאַישער איבערזעצונג.

ס׳איז יעדן באַוווּסט, אַז די פֿאָדערונגען, וואָס מע שטעלט אַרויס צו אַ גערדיכט־איבערזעצער, זײַנען גאָר אַנדערע ווי צו דעם פּראָזאַיִקער: אין אייניקע הינזיכטן זײַנען זיי גרעסערע. עס [איז] אומבאַדינגט נייטיק אויסצופֿילן אַ רייִ תּנאָים; אין אַנדערע הינזיכטן זײַנען זיי קלענער: עס זײַנען דערלויבט אַזעלכע פּראַק[טיק]ן[1], וועגן וועלכע אַ פּראָזאַיִקער קאָן אַפֿילו ניט טרוימען.

אויב אָבער מיר וועלן אַרויסגיין פֿון דער עקסיסטירנדיקער פּראַקטיק אין דער ייִדישער איבערזעצונגס־ליטעראַטור, וועלן מיר דאַן זען, אַז דער צושטאַנד פֿון די לידער־איבערזעצונגען איז אַזעלכער, אַז עס איז ממש פֿאַראַן אַן אומבאַדינגטע נויטווענדיקייט צו באַהאַנדלען די לידער באַזונדער.

מחמת אָט די אַלע סיבות איז דער איצטיקער אַרטיקל געווידמעט נאָר די פּאָעזיע־איבערזעצונגען.

II

לויט וועלכן מאָמענט ווערט באַשטימט די קוואַליטעט פֿון אַן איבערזעצונג? אין דער סאַמע אַלגעמיינער פֿאָרעם וועט דער ענטפֿער זײַן אַזאַ: לויט זײַן פֿאַרהעלטעניש צום אָריגינאַל, נאָר גראָד דאָ שאַפֿט זיך אַ באָדן פֿאַר פֿאַרשיידענערליי חילוקי־דעות און שטרײַטן, וועלכע נעמען זיך דערפֿון, וואָס מע פֿאַרשטייט ניט די דאָזיקע פֿאַרהעלטעניש.

אַזוי ווי די פּראָבלעם פֿון אַ קינסטלערישער איבערזעצונג איז איבער הויפּט אַ שפּראַכפּראָבלעם, וועלן אייניקע ידיעות פֿונעם געביט פֿון שפּראַ[כ]וויסנשאַפֿט־טעאָריע געוויס צו נוץ קומען בײַ דער דאָזיקער פֿראַגע.

[1] אין טעקסט: פּראַקאַטן. אַן אַנדער מעגלעכער נוסח לייענען איז ,פֿרײַקייטן׳. אין דער אוקראַיִנישער מאָנאָגראַפֿיע (אַרויס אין כאַרקאָוו אין 1929), פֿון וואַנען פֿינקעל זעצט איבער גרויסע טיילן זײַנע טעאָרעטישע אַרגומענטן, שרײַבט ער אין דעם זאַץ „אָפּווײַכונגען פֿונעם אָריגינאַל“ (відхилення від оригіналу), Л. М. Черноватий, В. І. Карабан, *Олександр Фінкель. Забутий теоретик українського перекладознавства*. Вінниця: Нова Книга 2007, с. 150.

איטלעך ליטעראַריש ווערק איז אַ קאָמבינירונג פֿון שפּראַכלעכע דערשײַנונגען – פֿאָ־נעטישע, סינטאַק[ט]ישע און סעמאַנטישע – און פֿאַרווירקלעכט אין דער זעלביקער צײַט אויך אויפֿגאַבן פֿון אַן אויסערקינסטלערישן כאַראַקטער, ווײַל די מענטשלעכע שפּראַך פֿילט אייגנצײַטיק אויס צווייערליי פֿונקציעס: קאָמוניקאַטיוו־דערקענטענישדיקע און עס־טעטיש־עקספּרעסיווע. עס זײַנען מעגלעך אַזעלכע פֿאַלן, ווען די שפּראַך פֿילט אויס נאָר קאָמוניקאַטיוו־דערקענטענישדיקע פֿונקציעס און איז אין גאַנצן פֿרײַ פֿון קינסטלערישע עלעמענטן (וויסנשאַפֿטלערײַ, אַדמיניסטראַטיווע שפּראַך), נאָר אַ פֿאַרקערטן פֿאַל – אויספֿילן ריין קינסטלערישע פֿונקציעס בײַ אַ פֿולן אָפּוועזנקייט פֿון קאָמוניקאַטיווע פֿונק־ציעס, קען מען נאָר דענקען בלויז טעאָרעטיש; פּראַקטיש אָבער טרעפֿט זיך עס קיין מאָל ניט, אָדער ס׳איז אַן אינדיווידועלע איבערגעקלוגטע קלאַנגען־שאַפֿונג.

די דאָזיקע נאַטור פֿונעם וואָרט ווערט נאַטירלעך אויך אָפּגעהיט אין אַ ליטעראַריש ווערק; אויך אין אַ ליטעראַריש ווערק ווערן די עסטעטישע פֿונקציעס אויסגעפֿילט צוזאַמען מיט די קאָמוניקאַטיווע, דערבײַ בילדן די ערשטע די סטיליסטיק פֿון דעם ווערק, און די צווייטע – זייער טעמאַטיק.

פֿאַר דעם איבערזעצער, אַזוי אַרום, שטייט פֿאָלגנדיקע אויפֿגאַבע: איבערגעבן מיט די מיטלען פֿון זײַן שפּראַך די שוין פֿאַרטיקע אויף דער אַנדערער שפּראַך סטיליסטישע און טעמאַטישע דערשײַנונגען. ס׳איז זעלבסט־פֿאַרשטענדלעך, אַז דער אונטערשייד אין דער סטרוקטור פֿון פֿאַרשיידענע שפּראַכן דערלויבט ניט פֿולשטענדיק צו לייזן די דאָזיקע אויפֿגאַבע – אַנדערש וואָלט עס גאָר קיין פּראָבלעם ניט געווען.

ווי אַזוי זשע קען מען עס לייזן?

מע קען, ערשטנס, באַגרענעצן זיך נאָר מיט רעפּראָדוצירן די טעמאַטיק, אַנדערש גערעדט, פּינקטלעך איבערגעבן דעם אינהאַלט פֿון דעם ווערק. נאָר וואָס באַדײַט דאָס? די קאָמוניקאַטיווע זײַט פֿון דער שפּראַך איז אַ פֿאַרקער־מיטל, אַ מיטל איבערצוגעבן אַ צווייטער פּערזאָן אַ באַשטימטן אינהאַלט פֿון דעם געדאַנק, ד״ה, דעם באַדײַט פֿון די וואָר־טער און פֿון די ווערטער־באַהעפֿט[ן]. דער דאָזיקער באַשטימטער רעאַלער אינהאַלט פֿו־נעם געדאַנק עקסיסטירט אויסער דער שפּראַך און ביז אַ געוויסער שטופֿע אומאָפּהענגיק פֿון איר; איבער דעם טאַקע זײַנען אַלע שפּראַכן אויף דער וועלט בײַ גלײַך גוט צוגעפּאַסט אויסצופֿילן קאָמוניקאַטיווע פֿונקציעס.

אין אייניקע פֿאַלן קען מען דעם אינהאַלט פֿון דעם געדאַנק איבערגעבן אַפֿילו ניט מיט קיין שפּראַכלעכע מיטלען (מאַטעמאַטישע פֿאָרמולעס, מימיק, זשעסטן). איבער דעם טאַקע איז זייער גרינג איבערגעבן די דאָזיקע זײַט פֿון דעם ווערק, דערבײַ קען זי איבער־געגעבן ווערן מיט דער אויסשליסלעכער פּינקטלעכקייט. נאָר אויף אַזוי פֿיל, אויף וויפֿל דער אינהאַלט פֿון דעם ווערק איז אויסערשפּראַכיק – איז עס (דאָס ווערק) אויך ניט קינסט־לעריש; איבער דעם איז אַפֿילו די סאַמע פּינקטלעכסטע איבערזעצונג זײַנע, וואָס אויסער דעם רעפּראָדוצירט זי קיין זאַך ניט פֿון דעם אָריגינאַל אַנדערש, ניט קיין קינסטלערישע איבערזעצונג, פּונקט אַזוי ווי אַן איבערדערציילונג פֿון דעם, וואָס עס איז אָנגעמאָלט אויף אַ בילד, איז ניט קיין קאָפּיע פֿון דעם דאָזיקן בילד.

מע קען זיך אַ וואָרף טאָן אין אַ צווייטער עקסטרעמקייט – שטרעבן אויפֿשטעלן די סטיליסטישע באַזונדערקייטן פֿון דעם אָריגינאַל, די קלאַנגען־ און סינטאַק[ט]ישע באַזונדערקייטן, ניט באַמיִענדיק זיך צו פֿאַרבינדן עס מיטן אינהאַלט. ס׳איז אין גאַנצן קלאָר, אַז פֿולשטענדיק איבערגעבן די דאָזיקע באַזונדערקייטן איז ניט מעגלעך (אויב מע זאָל אַפֿילו האָבן צו טאָן מיט גאָר נאָענטע שפּראַכן; אין אַזאַ מאָס זײַנען פֿאַרשיידנאַרטיק די קלאַנגען און דער בוי פֿון פֿאַרשיידענע שפּראַכן). איינעם פֿון אַזעלכע פּרוּוון, און דאָס אויך אין אַ שפּאַס, האָבן מיר אין דעם באַוווּסטן פֿאָלקסליד וועגן אַ חסיד, וואָס האָט געהערט זינגען:

Катерина молодица, поди сюда

און וואָס האָט באַנומען די דאָזיקע ווערטער ווי:

כּת רינה מלא דיצה, פּדיתי, די![1]

אַלע קלאַנגען זײַנען דאָ איבערגעגעבן ריכטיק, די פּראָזע האָט זיך באַקומען מיט אַ געוויסן זינען, נאָר גאָר אַן אַנדערן ווי אין רוסישן טעקסט. און בכלל, אויב אין אַזעלכע ענלעכע פֿאַלן באַקומט זיך אַ וועלך ס׳ניט איז ליטעראַריש ווערק, האָט דאָס צו דעם אָריגינאַל גאָר אַ ווײַט שײַכות, און איז אין גאַנצן אַ זעלבשטענדיק ווערק. די אַלע סטיליזאַציעס, פֿאַרשטייט זיך, די אַלע נאָכמאַכענישן נאָך אַ פֿרעמדער שפּראַך זײַנען ניט קיין איבערזעצונגען און אַזאַ אויסזען דאַרפֿן איבערזעצונגען ניט האָבן. אַלזאָ, אויב מיר וועלן פֿון איין זײַט נעמען אַ ריינעם טיפּ פֿון אַן איבערזעצונג־איבערדערציילונג, אָדער פֿון אַן איבערזעצונג־סטיליזאַציע – וועלן מיר אין ביידע פֿאַלן ניט איבערגעבן דאָס אַנדערשפּראַכיקע קינסטלערישע ווערק, נאָר מיר וועלן עס צעפּטרן, וועלן אין גאַנצן צעשטערן זײַן עסטעטישע גאַנצקייט. ס׳איז קלאָר, אַז ניט לויטן ערשטן אופֿן און ניט לויטן צווייטן וועלן מיר די אויפֿגאַבע דערלייזן.

צום גליק טרעפֿן זיך כּמעט קיין מאָל ניט צוזאַמען אָט די ביידע מיטלען פֿון ,איבערזעצונג׳!

דאַרף מען, הייסט עס, אויסגעפֿינען אַוועלכן ס׳ניט איז אַנדערן וועג, אַוועלכע ס׳ניט איז מיטל־ליניע, וואָס זאָל אײַנהיטן פֿון פֿאָרויס די געגעבענע טעמאַטיק פֿון דעם ווערק און איינצײַטיק ניט צעשטערן די קינסטלערישע זײַט. אַזוי ווי פֿולשטענדיק אײַנהיטן סײַ דאָס, סײַ יענץ איז ניט מעגלעך, קומט אויס זיך אָריענטירן ניט אויפֿן מאַקסימום פֿון איבערגעבן, נאָר אויפֿן מינימום. דעם מינימום דאַרף מען, פֿאַרשטייט זיך, ניט פֿאַרשטיין אין דעם זינען, אַז מע זאָל איבערזעצן וואָס ערגער. מע דאַרף איבערזעצן אַזוי, אַז מע זאָל ניט אַריבערגיין די גרענעץ, דעם קריטישן פּונקט, וואָס נידעריקער פֿון דעם טאָר מען זיך ניט אַראָפּלאָזן, ווײַל אַנדערש ריזיקירט מען צו פֿאַרלירן די פֿאַרבינדונג מיטן אָריגינאַל (טעמאַטיש[ע] אָדער סטיליסטיש[ע] – דאָס איז אַלץ איינס) און צו פֿאַרוואַנדלען די איבערזעצונג אין

[1] אַ זע דעם טעקסט פֿונעם ליד און עטלעכע פּרטים וועגן דעם: https://www.zemereshet.co.il/m/song.asp?id=4988.

אַ זעלבשטענדיק ווערק מיט די אָדער יענע באַזונדערקייטן. העכער איבער דעם קרי־טישן גרענעצפּונקט האָבן מיר פֿאַרשיידענע גראַדאַציעס אין דער קוואַליטעט פֿון דער איבערזעצונג.

ווו זשע ליגט אָט דער קריטישער פּונקט, אַנדערש גערעדט, וואָס שטעלט מיט זיך פֿאָר אָט דער מינימום, וואָס אויב מע היט אים ניט אָפּ, קען מען ניט רעכענען די איבער־זעצונג פֿאַר אַן איבערזעצונג? איינשטעלן דאָ אַן אַלגעמיינעם פּרינציפּ, קען מען ניט. דער געזוכטער מינימום וואַקלט זיך, אָפּהענגיק פֿון אַ ריי סיבות: פֿון דער ענלעכקייט צווישן די שפּראַכן – אָריגינאַל און איבערזעצונג – פֿון דעם גראַד נאָענטקייט צווישן די היסטאָרישע קולטורן, צו וועלכע ס׳געהערט דער אָריגינאַל און די איבערזעצונג, פֿון דעם ליטעראַרישן זשאַנער און לסוף, פֿון דער פּאָעטיק (ליטעראַרישע כּללים) פֿון דעם אָריגינאַל. און דאָס סאַמע וויכטיקסטע – באַזונדערע עלעמענטן פֿון דער סטיליסטיק אין דעם ווערק דערלויבן אַ פֿאַרשיידענעם מינימום פֿאַר יעדן פֿון זיי. איבער דעם טרעפֿט זיך זייער אָפֿט, אַז איין עלעמענט פֿון אַ ווערק גיט זיך איין לייַכטער איבערצוזעצן ווי אַ צווייטן, איין זייַט פֿון אַן אָריגינאַל איז אין גאַנצן צוגעפּאַסט צו דער אַנדערשפּראַכיקער קולטור, און די צווייטע ניט. און ווייַל איינשטעלן אַן אַלגעמיינע ליניע איז טאַקע ניט מעגלעך, מוז מען באַטראַכטן יעדן עלעמענט פֿון ווערק באַזונדער.

III

ווייַל דער טרעגער פֿון קינסטלערישקייט אין אַ ווערק איז ניט זייַן טעמאַטיק, נאָר די שפּראַכ־לעכע אייגנטימלעכקייטן, מוז מען באַטראַכטן דער עיקר די פֿראַגן פֿון סטיליסטיק. דאַרף מען, אַזוי אַרום, פֿעסטשטעלן אין וואָס פֿאַר אַ מאָס ס׳געלינגט איבערצוזעצן יעדן על־מענט. מיר וועלן אָנהייבן פֿון דעם, וואָס מאַכט דאָס ליד פֿאַר אַ ליד – פֿון דער מעט־ריק. ס׳איז געווען אַ צייַט, ווען די איבערזעצער האָבן זיך דערלויבט צו באַציִען זיך צו דער מעטריק פֿונעם אָריגינאַל שטאַרק גלייַכגילטיק און האָבן איבערגעזעצט לידער מיט דער פֿאַרשיידנסטער מעטריק, וואָס איז זיי נאָר געפֿעלן געוואָרן. דאָס קען מען טרעפֿן בייַ דעם עלטערן דור פֿון אונדזערע שרייַבער.

אַזוי, למשל, נאַדסאָנס באַוווּסטע סטראָפֿע:

Не говорите мне: он умер – он живет!
Пусть жертвенник разбит – огонь еще пылает,
Пусть роза сорвана – она еще цветет,
Пусть арфа сломана – аккорд еще рыдает.

האָט י. ל. פּרץ איבערגעזעצט אַזוי:

זאָגט ניט, אַז ר׳איז טויט,
ניין, ער לעבט, ער לעבט!
אָפּגעפּליקט די רויז,
נאָר איר אָטעם שוועבט!

צעבראָכן איז דאָס האַרץ,
ס׳וויינט דאָך דער אַקאָרד.
צעהאַקט דער אַלטאַר.
ס׳פֿײַער ברענט נאָך פֿאָרט.

אויב מיר וועלן לייגן אַכט נאָר אויף דער מעטריק, וועלן מיר באַמערקן, אַז זי איז געענדערט ביז ניט צו דערקענען. ס׳פֿאַרשטייט זיך, אַז אַזעלכע ס׳ניט איז ריכטיקע פֿאָרשטעלונג וועגן דעם אָריגינעלן ווערק איז אַזאַ איבערזעצונג ניט בכּוח צו געבן. די לעצטע צײַט ווערט דאָס בהדרגהדיק אויסגעלעבט און ס׳ווײַזט זיך אַרויס נאָר אין באַזונדערע מעטריש ניט אויסגעהאַלטענע שורות.

ס׳איז ניט פֿאַראַן קיין נויט צו דערווײַזן, אַז די ביטול־באַציִונג צו דער מעטריק פֿונעם אָריגינאַל דאַרף מען, אָן שום ספֿק, פֿאַראורטיילן. אַלס אַן אַלגעמיינער און קאַטעגאָרישער כּלל מוז די מעטריק פֿונעם אָריגינאַל איבערגעגעבן ווערן ווי ווײַט מעגלעך פּינקטלעך. און כאָטש צו קיין פֿולשטענדיקע[ר] גלײַכקייט (סײַ אין פֿאָנעטישן הינזיכט, סײַ אין פֿונקציאָנעלן) קען מען ניט שטענדיק דערגרייכן, דאָך פֿונדעסטוועגן איז אין באַזונדערע פֿאַלן מוז די גלײַכקייט, זאָל זײַן אַפֿילו ניט קיין פֿולע, זײַן אַן אומבאַשטרײַטבאַרע פֿאָדערונג. באַזונדערס איז דאָס חל אויף די פֿאַלן, ווען דאָס איבערגעזעצטע ווערק געהערט לויט זײַן מעטריק צו דער זעלביקער סילאַבאָטאָנישער סיסטעם פֿון לידגעבוי, ווי די ייִדישע שפּראַך (רוסיש, אוקראַיִניש, דײַטש, ענגליש). אין אַזעלכע פֿאַלן איז אומבאַדינגט פֿאַראַן אַ פֿולע מעגלעכקייט צו געבן אַ כּמעט פּינקטלעכע, אויב ניט ריטמישע, איז מעטרישע סכעמע[1].

אַ ביסל קאָמפּליצירטער איז די לאַגע ווען דער אָריגינאַל געהערט צו אַ פֿרעמדער פֿאַר דער איבערזעצונג־שפּראַך־סיסטעם, צום בײַשפּיל, צו דעם סילאַבישן לידגעבוי פֿון דער פֿראַנצ[יי]זישער אָדער פּוילישער שפּראַכן. דאָ קען מען זיך דערשלאָגן נאָר צו אַ לפֿי־ערכדיקער ענלעכקייט, דערבײַ ווערט די דאָזיקע לפֿי־ערכדיקייט דערגרייכט דורך פֿאַרשיידענע מיטלען: אָדער דורך אַ ספּעציעל צוגעקליבענעם פֿערזנטאַקט, וואָס דערמאָנט נעענטער די סילאַבישע מאָסן אָדער דורך אָנווענדן אַ באַדינגלעך איבערגעבן, אָדער דורך טאָנישע פֿערזן, ווו די פּויזעס קאָנען, אויב איר ווילט, אויפֿגענומען ווערן ווי אַ טראַף. ערגער פֿון אַלץ איז איבערצוגעבן סילאַבישע מאָסן מיט אונדזערע סילאַבאָטאָנישע: זיי זײַנען אַבסאָלוט ניט צוגעפּאַסט איינע צו דער אַנדערער, ווײַל בײַ זיי זײַנען פֿאַרשיידענע מעלאָדישע גענג.

דער צווייטער מאָמענט, אויף וועלכן מע דאַרף לייגן אַכט, דאָס איז די סטראָפֿיק – די פֿאַראייניקונג פֿון עטלעכע שורות אין אַ ציקל, וואָס חזרט זיך ריטמיש איבער. אין דעם פֿאַל, ווען ס׳פֿעלט אינעם ליד די סטראָפֿישע פֿונאַנדערגלידערונג, ווערט די אויפֿגאַבע פֿון דעם איבערזעצער באַדײַטנדיק פּשוטער. ס׳איז געוווּנטשן, אַז די צאָל שורות אין דער איבערזעצונג זאָל זײַן די זעלביקע, וואָס אין אָריגינאַל (דאָס, למשל, פֿאָדער[ן] זייער

[1] וועגן דעם חילוק פֿון מעטער און ריטעם זע: ד. האָפּשטיין, פּ. שאַמעס: „ריטם אינעם יידישן פערז“, **די רויטע וועלט** נ׳ 8–9, 1927.

שטאַרק גומילעוו און בריוסאָוו[1]); די אָפּווײַכונג פֿון דעם דאָזיקן כּלל קאָן ברענגען צו ניט קיין געווונטשענע רעזולטאַטן.

ווען אָבער ס׳איז פֿאַראַן אַוועלכע ס׳ניט איז באַשטימטע סטראָפֿיק, מוז זי אומבאַדינגט אָפּגעהיט ווערן. קיינע אָפּווײַכונגען (למשל, ענדערן די צאָל שורות אין דער סטראָפֿע, זייער סדר און, לסוף, די צאָל סטראָפֿעס גופֿא) טאָרן קיין מאָל ניט זײַן. אַלס אַ גוטן בײַשפּיל אין דעם הינזיכט קאָן מען רעכענען גראָדזענסקיס איבערזעצונג פֿון „יעווגעני אָניעגין“[2], ווו די 14־שורהדיקע סטראָפֿע איז אָפּגעהיט אין דער גאַנצער איבערזעצונג אָן קיינע אָפּווײַכונגען.

נאָך אין אַ גרעסערער מאָס איז די דאָזיקע פֿאָדערונג שייך צו די קאַנאָניזירטע פֿאָרמען (אָקטאַווע, טערצינע, סאָנעט), וואָס ווען מע ברעכט די סטראָפֿיק, רופֿט עס אַרויס אַ פֿול־שטענדיקע צעשטערונג פֿון דער פֿאָרמע.

אַזוי, אַ שטייגער, האָט ד. טשאַרני איבערגעזעצט פּושקינס באַוווּסטן סאָנעט *Поэт, не дорожи любовию народной*, וועלכער איז געבויט לויט דער סכעמע:

ABAB ABBA CCD EED

(די בוכשטאַבן ווײַזן אָן דעם סדר און ענלעכקייט פֿון די גראַמען און דעם באַשטאַנד פֿון די סטראָפֿעס, וואָס איז דער ספּעציעלער באַזונדערער סימן פֿון אַ סאָנעט) לויט גאָר אַן אַנדער סכעמע, דהײַנו:

ABAB CDDC EEF GGF

ד״ה, צוויי פֿיר־שורהדיקע לידער, אַנשטאָט איין פּאָר גראַמען האָבן זיי צוויי פּאָר (דער אַזוי גערופֿענער האַלבסאָנעט)[3].

דעם זעלביקן טעות האָט אויך געמאַכט פּרץ אין דער פֿריִער שוין געבראַכטער איבער־זעצונג; מע קען עס אויך געפֿינען בײַ אַנדערע פּאָעטן. אַזוי זעצט, אַ שטייגער, מאַני לייב איבער פֿעטס[4] לידער:

И тихо и светло. До сумерек далеко.
Как в дымке голубой и небо, и вода, –
Лишь облаков густых с заката до востока
Лениво тянется лиловая гряда.

1 ניקאָלאַי גומילעוו און וואַלעריי בריוסאָוו זענען רוסישע דיכטער, וואָס האָבן ניט נאָר אַליין איבער־געזעצט אַ סך פּאָעזיע, נאָר אויך זיך פֿאַרנומען מיט טעאָרעטישע יסודות פֿון איבערזעצונג. גומילעווס אַרטיקל וועגן פּאָעטישע איבערזעצונגען (פּעטערבורג 1919) איז געווען איינע פֿון די ערשטע ערנסטע אָפּהאַנדלונגען אויף דער טעמע אין סאָוועט־רוסלאַנד.

2 אַרויס אין קלעצקין־פֿאַרלאַג (ווילנע) אין 1923.

3 ציקאַווע איז דאָס, וואָס האָפּשטיין און שאַמעס האָבן אין זייער לערנבוך אַלס בײַשפּיל פֿון אַ סאָנעט געבראַכט אַ האַלבסאָנעט. זע „ליטעראַטור־קענטעניש“, Iטער טייל, ז׳ 29.

4 אַפֿאַנאַסי פֿעט (1820–1892) – איינער פֿון די באַדײַטנדיקסטע רוסישע דיכטער פֿון דער צווייטער העלפֿט פֿונעם 19טן יאָרהונדערט.

Да, тихо и светло; но ухом напряженным
Смятенья и тоски ты крики разгадал:
То чайки скликались над морем усыпленным
И, в воздухе кружась, летят к навесам скал
и т. д.

אַזוי:

ס׳איז שטיל און ליכטיק נאָך. ביז בין־השמשות איז נאָך צײַט.
ווי אַ בלויער רויך ליגט אויפֿן ים צעשפּרייט די ווײַט,
נאָר דאָרטן, אין דער הייך, אַ וואָלקן גרוי צעשפּרייט,
פֿון מערבֿ־זײַט צו מיזרח־זײַט אַ קריכנדיקער גייט.

ס׳איז ליכטיק נאָך און שטיל. נאָר אַז דו הערסט זיך בעסער אײַן,
אַזוי ווערסטו פֿאַרנעמען אַ געשריי פֿון שרעק און פּײַן,
דאָס איבער דעם שטילן ים דער שטורעם־פֿויגל רופֿט
און ציט זיך צו אַ פֿעלדזנשטיין, און פֿלאַטערט אין דער לופֿט
אאַז״וו.

אויסער דעם, וואָס דאָ איז געענדערט די מעטריק (דאָס אַליין איז שוין אויך ניט גוט), זעען מיר, אַז דאָ איז געענדערט אויך דער סדר פֿון די גראַמען: אַנשטאָט פּעטס אַלץ אַרומנעמענדיקע גראַמען (ABBA) האָט ער אין דער איבערזעצונג געגעבן שכנותדיקע (AA BB). ס׳פֿאַרשטייט זיך, אַז באַקומען לויט אַזאַ איבערזעצונג אַ באַגריף וועגן פּעטן, קאָן מען דאָ ניט, ווײַל די גאַנצע סטראָפֿע האָט באַקומען גאָר אַן אַנדער אויסזען.

אַריבערגייענדיק צו ריין פֿאָנעטישע דערשײַנונגען, וועלן מיר פֿריִער פֿון אַלץ זיך אָפּשטעלן אויף דער פֿראַגע פֿון איבערזעצן גראַמען.

ס׳איז זעלבסט־פֿאַרשטענדלעך, אַז אויב אין אָריגינאַל זײַנען פֿאַראַן גראַמען, האָט דער איבערזעצער ניט קיין רעכט זיי פֿאַרבײַגיין, פּונקט אַזוי ווי ער קאָן ניט אײַנפֿירן גראַמען בײַ דער איבערזעצונג פֿון ווײַסע פֿערזן (אָנגראַמיקע).

וואָס איז שייך דער פֿראַגע וועגן די גראַמען גופֿא, דאַרף מען לייגן דערבײַ אַכט אויף דרײַ מאָמענטן: 1. אויפֿן פֿאָנעטישן כאַראַקטער פֿון דעם גראַם, 2. אויפֿן גראַמאַטישן כאַראַקטער און 3. אויפֿן לעקסישן כאַראַקטער. אונטערן ערשטן דאַרף מען פֿאַרשטיין די פֿאָרעם פֿונעם גראַם: מענלעכע, ווײַבלעכע, דאַקטילישע, רײַכע, אָרעמע, פּינקטלעכע, בערכדיקע; אונטערן צווייטן – אַוועלכער איז דער גראַם: אַ ווערבאַלער, אַ סובסטאַנטיווער (אַ נאָמענטלעכער), אַן איינאַרטיקער, אַ קאָמפּליצירטער; אונטערן דריטן: צי באַשטייט דער גראַם פֿון אייגן־נעמען, פֿון אויסלענדישע ווערטער אד״גל. באַשטיין דערויף, אַז דער איבערזעצער זאָל אײַנהאַלטן אָט די אַלע באַזונדערקייטן, איז ניט מעגלעך. גוט איז, אויב ס׳געלינגט דאָס אַלץ צו פֿאַרריכטן (ווי ס׳איז למשל געלונגען אין פֿיל ערטער גראָדזענסקין אין „יעווגעני אָניעגין״); ס׳איז גענוג, אויב ס׳איז ניט פֿאַראַן קיין באַשטימטע, באַשײַמפּערלעכע טעותן (אַ סך ווערבן, איבערחזרונג פֿון ווערטער, ברעכן די קאַנאָנישע

פֿאָרמען), נאָר בכלל גערעדט, ניט געקוקט אויף דער מעגלעכקייט פֿעסטצושטעלן דעם פֿאַקט פֿון רעאַל־פֿאָנישער אַנטשפּרעכיקייט, אַלס אַ געגעבענע זאַך, איז דער עצם באַדײַט פֿון דעם פֿאַקט גופֿא אַ שטרײַטפֿראַגע.[1]

נאָך אין אַ גרעסערער מאָס בלײַבט עס אַ שטרײַטזאַך בײַ אַן אַלגעמיינער א[יי]פֿאָניע פֿון אַליטעראַציע־פֿערזן און אַסאָנאַנסן. דאָרט, וווּ דער אַליטערירטער פֿערז איז זײַן פֿאָרמעלע קאַנאָנישע אייגנטימלעכקייט (למשל אין „ניבעלונגען־[ס]אַגע", „עדדאַ"), דאָרט, פֿאַרשטייט זיך, מוז מען זי אײַנהיטן. ווען אײַנהיטן די רעאַלע קלאַנגען קומט, פֿאַרשטייט זיך, ניט אויס צו רעדן; ס'איז גענוג, אויב דער איבערזעצער נעמט אַנשטאָט איינע אַליטערירטע קלאַנגען אַנדערע, אָפּהאַלטנדיק דערבײַ נאָר די אַלגעמיינע טענדענצן. דאָרט אָבער, וווּ די אַליטעראַציע (אָדער דער אַסאָנאַנס) טראָגט אַ צופֿעליקן כאַראַקטער, דאָרט איז ניט נייטיק עס איבערצוגעבן. בײַ פּושקינען, למשל, אין „פּאָלטאַווע", חזרן זיך איבער די קלאַנגען r, p [ר, ג]

вРаГу цаРя на поРуГанье

איז אויב גראָדזענסקי האָט איבערגעזעצט די דאָזיקע שורה (און אויך די פֿריִערדיקע) אַזוי:

אין האַ**נט** פֿון קיי**ז**ע**ר**ס פֿײַ**נט** ער אי**ז**
אַליין פֿון קייזער אָפּגעגעבן,

וווּ מע טרעפֿט צוויי איבערחזרונגען (‚נט' און ‚זר'), איז דאָס מער ווי גענוג. נאָר אַזוי ווי די פֿעיִקייט פֿון באַזונדערע קלאַנגען אויסצודריקן אַ באַשטימטן באַדײַט איז זייער ספֿקדיק – איז דערפֿאַר ניט פֿאַראַן קיין נויט צו אײַנהיטן די דאָזיקע קלאַנגען.

מיט די דאָזיקע באַמערקונגען, פֿאַרשטייט זיך, שעפּן זיך ניט אויס די מעטרישע און פֿאָנעטישע באַזונדערקייטן פֿון דעם פֿערזנליד, אַפֿילו די, וועלכע דער איבערזעצער דאַרף אַזוי אָדער אַנדערש האָבן אין זינען. מיר גריבלען זיך ניט באַוווּסטזיניק אין אַלע דעטאַלן, ווײַל מיר רעכענען, אַז כּדי צו פֿאַרשטיין דעם מינימום, וואָס איז נייטיק פֿאַר דער איבערזעצונג, זײַנען די דאָזיקע קורצע ידיעות אויך גענוג.

IV

איצט וועלן מיר אַריבערגיין צו די דערשײַנונגען פֿון דעם פּאָעטישן סינטאַקס. אונטער דעם דאָזיקן נאָמען מיינען מיר נאָר די עסטעטישע דערשײַנונגען אין סינטאַקס־געביט, ניט האָבנדיק דערבײַ כּמעט אין גאַנצן אין זינען די סינטאַקטישע סטרוקטור פֿונעם אָריגינאַל. די זאַך באַשטייט אין דעם, וואָס דער סינטאַקס פֿון פֿאַרשיידענע שפּראַכן איז אַזוי פֿאַרשיידנאַרטיק, אַז די פּרווון רעפּראָדוצירן אין איין שפּראַך דעם סינטאַקס פֿון דער אַנדערער, קען מען פֿאַרווירקלעכן נאָר אין זעלטענע פֿאַלן, און דאָס אויך נאָר בײַ אַן אויס־

[1] А. Федоров, «Звуковая форма стихотворного перевода». Поэтика III. Издание Academia, 1928.

געשפּראָכענעם גוואַלדטאַט איבער דער אייגענער שפּראַך גופֿא. מע קען, פֿאַרשטייט זיך, אין ייִדיש שאַפֿן עפּעס אַזוינס, וואָס זאָל דערמאָנען דעם לאַטייַנישן סינטאַקס, ד"ה, געבן אַ קאָנסטרוקציע פֿון אַ לאַטייַנישער פֿראַזע. נאָר דאָס, וואָס איז נאַטירלעך פֿאַר איין שפּראַך, מאַכט אַן אומגעלומפּערטן אייַנדרוק אין דער צווייטער שפּראַך און ברענגט בפֿירוש צו אַ פֿאַלשער אָפּשאַצונג פֿון דעם אָריגינאַל. איבער דעם טאַקע איז גלייַכער אויסצומייַדן בײַם איבערזעצן סטיליזיר־עפֿעקטן און בעסער איבערגעבן דעם געוויינטלעכן סינטאַקס פֿון דער פֿרעמדער שפּראַך מיטן אייגענעם געוויינטלעכן סינטאַקס.

גאָר אַן אַנדער ענין זייַנען די סינטאַקטיש־עסטעטישע פֿיגורן און די געוויסע באַזונדערקייטן פֿון דעם סינטאַקס אין דער פֿרעמדשפּראַך, וועלכע ווערן געשאַפֿן אַ דאַנק דער צווישנווירקונג פֿון די מעטרישע און סינטאַקטישע סכעמעס. דאָ שווימען אויף פֿאַר דעם איבערזעצער אַ ריי אויפֿגאַבן, וואָס ניט לייזן זיי קען ער בשום־אופֿן ניט.

לאָמיר פֿריִער פֿון אַלץ אָנווייַזן די מער אַלגעמיינע טיפּן פֿון דער פֿראַזע־סטרוקטור. דאָ טרעפֿן מיר פֿריִער פֿון אַלץ פֿאָרמען פֿון אַ פּשוטן און קאָמפּליצירטן זאַץ. דער חילוק צווישן זיי מוז אָפּגעהיט ווערן אויך אין דער איבערזעצונג, באַזונדערס דאָרט, ווו אַוועלכע ס'ניט איז פֿון די דאָזיקע פֿאָרמען נעמט אָן אַן איבערוועגנדיקן כאַראַקטער. דאָס זעלבע קאָן מען אויך זאָגן וועגן אַ ווערבאַלער און ניט ווערבאַלער קאָנסטרוקציע, אַ פֿולער און עליפּטישער.

אַזוי, אַ שטייגער, ווען אַ ריי פּשוטע זאַצן

> Был вечер. Небо меркло. Воды
> Струились тихо. Жук жужжал. *(Евгений Онегин)*

האָט דער איבערזעצער איבערגעגעבן:

> אַן אָוונט. ס'טונקלט שוין דער הימל.
> עס רוישט דאָס וואַסער שטיל. עס זשומעט
> דער גריל. [„יעווגעני אָניעגין"]

איז דאָס באַדייַטנדיק בעסער, ווי ווען אָנווערבאַלע זאַצן:

> Татьяна в лес; медведь за нею;
> Снег рыхлый по колено ей [...]

איז איבערגעזעצט:

> זי גייט אין וואַלד. און ביז די קניען
> אין ווייכן שניי זי שפּרייַזט און שפּרייַזט [...]

ווייַל אין ערשטן פֿאַל איז די סינטאַקטישע סטרוקטור פֿון דער איבערזעצונג באַדייַטנדיק נעענטער צום אָריגינאַל, ווי אין צווייטן, וועלכער איז אומזיסט באַלעסטיקט געוואָרן מיט ווערבן, וואָס פֿעלן אין דעם אָריגינאַל.

אין דער זעלביקער מאָס דאַרף דער איבערזעצער שטרעבן צו אייַנהיטן די דירעקטע און פֿאַרקערטע קאָנסטרוקציעס בײַ דער צוזאַמענבאַהעפֿטונג פֿון זאַצן און פֿון זייערע באַזונדערע טיילן.

און אויב אין פּושקינס *Моцарт и Сальери* האָבן מיר סימעטריש פֿונאַנדערגעלייגטע ווערטער־באַהעפֿטונגען (AB AB AB)

Какая глубина!
Какая смелость, и какая стройность!

און אין דער איבערזעצונג (זע „ליטעראַטור־קענטעניש״, האָפּשטיין און שאַמעס IIטער טייל, ז׳ 74):

ווי טיפֿזיניק עס איז,
אַזאַ מין דרייסטקייט און אַזוי האַרמאָניש

האָבן מיר דאָס רעכט צו מאַכן דעם אויספֿיר, אַז ס׳קען זײַן אַ בעסערע איבערזעצונג.

אויב אָבער דער שטרענג אויסגעהאַלטענער פּאַראַלעליזם:

Он знак подаст – и все хлопочут;
Он пьет – все пьют и все кричат;
Он засмеется – все хохочут
Нахмурит брови – все молчат […] *(Евгений Онегин)*

איז איבערגעזעצט, אײַנגעהיט דערבײַ אויך אַזוי שטרענג דעם פּאַראַלעליזם:

אַ צייכן גיט ער – פּאַטשן אַלע;
ער טרינקט – זיי טרינקען אויך מיט אים;
ער לאַכט – און אַ געלעכטער־כוואַליע צעקײַקלט זיך;
ער שווײַגט – קיין שטים דאַן הערט מען ניט... [„יעווגעני אָניעגין״]

איז העכערט באַמערקלעך דאָס דערנעענטערן זיך צום סינטאַקס פֿונעם אָריגינאַל די מע־לות פֿון דער איבערזעצונג.

די אָנגעוויזענע דערשײַנונגען, איבער זייער דינקייט באַמערקט ניט מערסטן טייל ניט דער לייענער און אַפֿילו דער איבערזעצער גופֿא. דאָס קאָן אָבער, פֿאַרשטייט זיך, ניט דינען פֿאַר אַ באַרעכטיקונג, ווײַל אַ שלעכטער לייענער באַמערקט זיי ניט אויך אין דעם אָריגי־נאַל; און לידער שרײַבן זיך ניט פֿאַרן שלעכטן לייענער.

עס זײַנען אָבער פֿאַראַן אויך מער באַמערקלעכע סינטאַקטישע דערשײַנונגען, די אַזוי גערופֿענע פֿיגורן פֿון פֿאַרשיידענע מינים: איבערחזרונגען (אַנאַפֿאָרע, עפּיפֿאָרע), אַ ניט־געוויינטלעכער באַנוץ פֿון סינטאַקטישע פֿאָרמען (אַ רעטאָרישע פֿראַזע אד״גל). פֿילגעבונדנקייט און ניט־געבונדנקייט אד״גל, די מאָס פֿון זייער קאָמפּליצירטקייט פֿאַרן איבערזעצער און זייער כאַראַקטערישקייט פֿאַרן וועג גופֿא איז פֿאַרשיידנאַרטיק.

אין אַלע אופֿנים איז די סאַמע באַמערקלעכע פֿון די סינטאַקטישע דערשײַנונגען – איבערחזרונגען. אָנהייבנדיק זיך פֿון איבערחזרן אַוועלך ס׳ניט איז וואָרט, פֿאַרשפּרייטן זיך די דאָזיקע איבערחזרונגען איבער מער גרעסערע טיילן און בילדן פֿאַרענדיקטע סטראָ־פֿישע פֿאָרמען. נאַטירלעך, אַז דער איבערזעצער קען זיי ניט אַוועקמאַכן מיט דער האַנט,

און אייַנהייטן זיי איז איינער פֿון די אומבאַדינגטע פֿאַר אים תּנאָים. און אויב מיר זעען אין אָריגינאַל אַן אויסגעשפּראָכענע אַנאַפֿאָרישע סטרוקטור:

1. Он пел любовь...
7. Он пел разлуку...
10. Он пел...
15. Он пел...
(*Евгений Онегин*, гл. II, стр. X)

און אין דער איבערזעצונג איז דאָס דורכגעלאָזט, מוזן מיר מאַכן דעם אויספֿיר, אַז דער איבערזעצער האָט זיך ניט אין גאַנצן [גע]ספּראַוועט מיט זייַן אויפֿגאַבע.

ניט אין גאַנצן געלונגען איז געלייזט די זעלביקע אויפֿגאַבע בייַ מאַני לייבן אין דער פֿריִער שוין געבראַכטער איבערזעצונג פֿון פּעטן. דאָרטן הייבן זיך אָן ביידע סטראָפֿעס מיט די ווערטער: И (да) тихо и светло און אין דער איבערזעצונג איז אין איין אָרט „ס׳איז שטיל און ליכטיק נאָך" און אין אַ צווייט אָרט – „ס׳איז ליכטיק נאָך און שטיל" – ס׳ווייַזט אויס, אַז דער איבערזעצער האָט ניט באַמערקט די איבערחזורונג אָדער ער האָט איר ניט צוגעגעבן קיין באַדייַט. ניט אין זינען האָבן די איבערחזורונגען טאָר מען ניט, איבער הויפּט דאַן, ווען זיי טראָגן אַ קאָמפּאָזיציאָנעלן כאַראַקטער.

דאָס אַלץ, וואָס מיר האָבן געזאָגט וועגן איבערחזורונגען, קאָן מען אויך צופּאַסן צום איבערגעבן די סינטאַקטישע פֿאָרמעס, וואָס מע געברויכט זעלטן. דאָס געהערט גראָד צו די סינטאַקטישע דערשייַנונגען, וועלכע קענען גלייַך רעפּראָדוצירט ווערן מיט די מיט־לען פֿון יעדער שפּראַך, און איבער דעם דאַרף זיך דער איבערזעצער ניט באַציִען צו זיי גלייַכגילטיק. באַזונדערס דאַרף מען אונטערשטרייַכן די דערשייַנונגען, ווען ס׳פֿאַלט ניט צונויף דער ריטמישער גאַנג מיטן סינטאַקטישן, דער אַזוי גערופֿענער enjambement. ס׳איז אַ טעות, ווען מע מיינט, אַז enjambement איז אַ צופֿעליקע דערשייַנונג, וועלכע שווימט אַרויף קעגן דעם ווילן פֿונעם פּאָעט. פֿאַרקערט, אין פֿיל פֿאַלן ווערט ער באַנוצט אומיסטן, ווי אַ באַשטימט מיטל צו באַרייַכערן און מאַכן קאָמפּליצירטער דע[ם] ריטעם. איבער דעם האָט דער איבערזעצער ניט קיין רעכט ,צו פֿאַרריכטן׳ דעם אָריגינאַל, נאָר ער דאַרף שטרעבן אים צו פֿאַרהיטן. די דאָזיקע דערשייַנונג איז גוט איבערגעגעבן געוואָרן אין דער שוין דערמאָנטער איבערזעצונג פֿון „מאָצאַרט און סאַליערי".[1]

די מער ברייטערע און ספּעציפֿישע סינטאַקטישע קאָנסטרוקציעס – איך האָב דאָ אין זינען די פֿאָרמען פֿון זשאַנער־סינטאַקס (אָראַטאָרישער, מעשׂה־אַרטיקער, לידאַרטיקער), וועלכע ווערן באַשטימט דורך דעם אייגנאַרטיקן פֿונאַנדערלייגן גרעסערע ריידאָפּשניטן, פֿאָדערן, אַז מע זאָל זיי אומבאַדינגט אָפּהיטן: ס׳איז לעכערלעך איבערצוגעבן דעם מעשׂה־אַרטיקן דיאַלאָג פֿונעם אָריגינאַל דורך אַ מאַניר פֿון דיפּלאָמאַטישע געשפּרעכן, אָדער אַפֿילו, ניט אַוועקגייענדיק אַזוי ווייַט, מיט אַ געוויינטלעכער ליטעראַריש־שטאַמ־פּיִרטער שפּראַך.

1 ❀ „מאָצאַרט און סאַליערי", פּושקינס אַ טראַגעדיע (1830).

V

איצט דאַרפֿן מיר פֿעסטשטעלן די אויפֿגאַבע פֿונעם איבערזעצער אין געביט פֿון עסטעטישע דערשײַנונגען אין סעמאַסיאָלאָגיע. מיר רעדן דאָ וועגן דעם אַזוי גערופֿענעם פֿערזטאַקט. כאָטש די פֿאַרשפּרייטע פֿאַרטיילונג פֿון די פֿערזטאַקטן אויף זע־, געהער־, מאָטאָר־בילדער און אַנדערע איז ניט וויסנשאַפֿטלעך,[1] דאָך וועט עס דאָ אונדז צו נוץ קומען צוליב די פּראַקטישע צילן פֿון דעם דאָזיקן אַרטיקל.

אין וואָס פֿאַר אַ מאָס דאַרפֿן אין דער איבערזעצונג אָפּגעהיט ווערן די פֿערזטאַקטן? די פֿראַגע וועגן דעם, אַז מע זאָל [זיי] בכלל ניט איבערזעצן, קאָן אַפֿילו ניט שטיין: דאָס איז פּונקט דאָס אייגענע ווי הערן, אַ שטייגער, דעם אינהאַלט פֿון דער מוזיק, וואָס מ׳שטעלט זיך פֿאָר, און ניט די מוזיק גופֿא. עס קען נאָר זײַן אַ רייד וועגן די מעגלעכקייטן און גרענעצן פֿון איבערזעצן זיי.

לײַכטער פֿון אַלץ איז איבערצוזעצן די זעבילדער: די באַגריפֿן, וואָס מע פֿאַרבײַט, ליגן דאָ אין דער אויסערשפּראַכיקער ספֿערע, און איבער דעם קען מען דאָס סאַמע קאָמפּליצירטסטע און צוגעפּוצטע אימאַזשיניסטישע בילד זייער לײַכט איבערזעצן. איבער דעם דאַרפֿן אַלע פֿאַרגלײַכונגען, מעטאַפֿאָרעס, סינעקדאָכעס אד״גל, וואָס אַלס מאַטעריאַל פֿאַר זיי דינען די רעאַלע זאַכן פֿון דער אויסערלעכער וועלט, ניט אַרויסרופֿן בײַם איבערזעצער קיין שום שוועריקייטן און קענען לײַכט אַרײַנגיין אין דער סיסטעם פֿון זײַן שפּראַך.

אַ סך קאָמפּליצירטער זײַנען די פֿאַלן, ווען מע בויט דעם פֿערזטאַקט אויף דערשײַנונגען און באַגריפֿן פֿון אַ באַשטימטער סאָציאַל־קולטורעלער סבֿיבֿה (אַזעלכע זײַנען פֿיל – מעטאָנימיעס, טראָפּן, אַלעגאָריעס און אַנדערע). דאָ קענען גאַנץ געוויינטלעכע און נאָרמאַלע פֿאַרן אָריגינאַל דערשײַנונגען אויסזען פֿאַר דער סבֿיבֿה פֿון דער איבערזעצונג מאָדנע און עקזאָטיש: למשל, יעסענינס צו מאָל קריסטלעך־קלויסטערשע פֿראַזעאָלאָגיע פֿאַר דער ייִדישער שפּראַך. דער איבערזעצער האָט דאַן צוויי וועגן: אָדער ענדערן די דאָזיקע דערשײַנונגען, צוגעפּאַסט צו די אָנגענומענע אין זײַן שפּראַך אויסדריק־אופֿנים, אָדער אײַנהיטן זיי, ווי קינסטלער און מאָדנע דאָס זאָל ניט אויסזען. כּדי אָפּצוהיטן די סטיליסטישע באַזונדערקייטן פֿונעם אָריגינאַל, איז געווונטשענער, פֿאַרשטייט זיך, דער צווייטער וועג. רעקאָמענדירן אים אָבער אומבאַדינגט קען מען ניט. עס זײַנען פֿאַראַן פֿאַלן, ווען דער ערשטער – פֿאַראײַנפֿאַכטער – וועג איז ניצלעכער, ווײַל פּאָעזיע איז ניט עטנאָגראַפֿיע, און אויפֿשטעלן אַלע באַזונדערקייטן פֿונעם אָריגינאַל איז ניט איר זאַך. דאָ דאַרף מען געדענקען גאָרנפֿעלדס[2] גאַנץ וויכטיקע באַ־

[1] וויַיזט אויס אַז פֿינקעל מישט דאָ צונויף עטלעכע באַגריפֿן. פֿערזטאַקט איז אַ באַהעפֿט פֿון אַקצענטירטע און ניט־אַקצענטירטע טראַפֿן אין אַ פּאָעטישער שורה. זע וועגן דעם אין „ליטעראַטור־קענטעניש" פֿון דוד האָפֿשטיין און פֿומע שאַמעס (1טער טייל, מאָסקווע, צענטראַלער פֿעלקער־פֿאַרלאַג פֿון פ.ס.ס.ר. 1928, ז״ז 8 – 9). די צעטיילונג פֿון בילדער אויף זע־, הער־ און מאָטאָר־בילדער איז אין גאַנצן ניט שייך צו פֿערזטאַקט און נעמט זיך מסתּמא פֿון פּסיכאָלאָגיע און פּסיכאָלינגוויסטיק. זע וועגן די דאָזיקע און אַנדערע מינים בילדער אין „ליטעראַטור־קענטעניש", ז״ז 39 – 43.

[2] אַרקאַדי גאָרנפֿעלד (1867 – 1941) – אַ רוסישער און סאָוועטישער ליטעראַטור־פֿאָרשער, קריטיקער, איבערזעצער. דער ווײַטערדיקער ציטאַט איז גענומען פֿון זײַנעם אַ בוך *Муки слова* (חבֿלי־וואָרט, 1906, 2טע אויפֿלאַגע 1927, ז׳ 34).

מערקונג: „פֿאַרשיידענע שפּראַכן טיילן דעם געדאַנקען־שטראָם אין פֿאַרשיידענע ערטער; די סומע באַגריפֿן, וועלכע עס פֿאַרמאָגן די פֿעלקער, וואָס געפֿינען זיך אויף איין קולטור־שטופֿע, קאָנען זיך אַרויסווײַזן פֿאַר לפּי־ערך גלײַכע, נאָר די דאָזיקע באַגריפֿן גופֿא זײַנען זייער פֿאַרשיידנאַרטיק. יעדע שפּראַך באַשטייט פֿון אידיאָטיזמען (פֿון אויסדריקן, וואָס זײַנען אייגנטימלעך נאָר פֿאַר איר – אַ. פֿ.) און איבער דעם איז די סאַמע בעסטע איבערזעצונג אויף אַן אַנדער שפּראַך אַן אַריבערטראָג פֿון דער זאַך אין אַן עטוואָס אַנדערער אידעען־ספֿע־רע, און ניט בלויז אַ ווערטער־ענדערונג״ (*Муки слова*).

אָט דער ניט גלײַכער שטראָם קען טאַקע שטערן דעם לייענער ריכטיק אויפֿנעמען די באַזונדערקייטן פֿון דעם געגעבענעם ווערק.

וואָס איז שייך די אַזוי גערופֿענע הער־(קלאַנגען־נאָכמאַכנדיקע)־פֿערזטאַקטן, איז דאָס ניט אַזוי קיין סעמאַנטישע דערשײַנונג, ווי אַ פֿאָנעטישע און איבער דעם קענען דאָ אָנגעווענדט ווערן די פֿריִער געבראַכטע סבֿרות וועגן איבערגעבן עס דורך אַליטעראַציע.

ניט געקוקט אויף דער איינפֿאַכקייט פֿון איבערגעבן די דאָזיקע דערשײַנונגען, קען מען אין אונדזער איבערזעצונגס־ליטעראַטור ניט זעלטן טרעפֿן די סאַמע פֿאַרשיידענע אומ־פֿאַרשטענדלעכע אָפּווײַכונגען פֿון די דאָזיקע עלעמענטאַרע פֿאָדערונגען. כ׳וועל דאָ ניט ברענגען קיין בײַשפּילן, ווײַל יעדער איינציקער, וואָס וועט נאָר וועלן אַ זוך טאָן – וועט זיי זייער לײַכט אַליין געפֿינען.

נאָענט צו דעם געביט דערנעענטערן זיך די פֿראַזעאָלאָגישע דערשײַנונגען און ענלע־כע צו אים שפּראַכלעכע דערשײַנונגען, וואָס זײַנען געבויט אויף ווערטערשפּיל. דאָ מוז מען גלײַך זאָגן, אַז אין דער איבערוועגנדיקער מערהייט פֿאַלן קען מען זיי ניט איבערזעצן. אַוועלך ס׳ניט איז גלײַכווערטל אַרײַנגעשטעלט אין טעקסט, אָדער אַ טייל פֿון דעם, אָדער אַ קאַלאַמבור (אַ צווייִדײַטיקער אויסדרוק – !мое объяснение) קענען ניט רעפּראָדוצירט ניט איבערגעזעצט ווערן. אין אַזעלכע פֿאַלן קען מען אויך האַנדלען אויף צוויי אופֿנים: אָדער געבן אַ ווירקלעכע איבערזעצונג מיט די געהעריקע דערקלערונגען אָדער געפֿינען אַן אַנטשפּרעכיקן געלונגענעם אויסדרוק אין דער אייגענער שפּראַך. אין יעדן איינציקן פֿאַל איז דאָס אַ זאַך פֿון טאַלאַנט און דערפֿינדערישקייט פֿונעם איבערזעצער.

דער צווייטער איז אָננעמבאַר בײַם איבערזעצן גלײַכווערטלעך, ווײַל אין יעדער שפּראַך זײַנען פֿאַראַן אַנאַלאָגישע. איבערזעצן אָבער קאַלאַמבורן איז גלײַכער זיך אָפּצוזאָגן, ווײַל דאָס קען ברענגען צו אַ גראָבער וווּלגאַריזירונג.

אַלס אַ פֿאַרהעלטענישמעסיקן געלונגענעם בײַשפּיל ווי צו לייזן איינע פֿון אַזעלכע ענלעכע שוועריקייטן, קען דינען איין אָרט פֿון „יעווגעני אָניעגין״ אין גראָדזענסקיס איבער־זעצונג. טאַטיאַנע וויל זיך פּותר־חלום זײַן לויטן פּותר־חלום־בוך:

Находит азбучным порядком
Слова: бор, буря, [ведьма], ель,
Еж, мрак, мосток, медведь, метель [...]

לויט אַלף־בית, אויף זייערע ערטער
ווי: בערן, בריקן, ביימער, גליק
און חושך, קראָען, שטורעם, שטריק!

ס׳איז זעלבסט־פֿאַרשטענדלעך, אַז פּינקטלעכע און קאָנסעקווענטע איבערזעצונג פֿון אַלע געבראַכטע ווערטער וואָלט געווען לעפּיש, אומגעלומפּערט.

לסוף, וועלן מיר זיך אָפּשטעלן אויף די לעקסישע דערשײַנונגען (ווערטער־באַשטאַנד). דאָ דאַרף דער איבערזעצער אין זינען האָבן דעם פֿאַרשיידנאַרטיקן ווערטער־באַשטאַנד פֿון יעדער שפּראַך און דיסקאָנטירן דעם דאָזיקן אונטערשייד אין זײַן אייגענער שפּראַך. אויב אין דער שפּראַך פֿונעם אָריגינאַל באַמערקן זיך אַרכאַיִזמען, נעאָלאָגיזמען, קאָמפּליצירטע ווערטער, פּראָווינציאַליזמען אד״גל און דאָס אַלץ טראָגט נאָך דערצו אַ סיסטעמאַטישן כאַראַקטער, האָט דער איבערזעצער ניט קיין רעכט ניט אָפּצושפּיגלען זיי. אין דער זעלביקער צײַט איז ניט דערלאָזבאַר אומיסטן צו סטיליזירן די שפּראַך פֿון דער איבערזעצונג דאַן, ווען אין אָריגינאַל איז דאָס ניטאָ. באַשטימט נעגאַטיוו דאַרף מען זיך באַציִען צו אַזעלכע פֿאַלן, ווען מע שערט אויף איין אופֿן אַלע פֿאַרשיידנקייטן פֿון דעם שפּראַכבאַשטאַנד, ווען מע שערט זיי לויט אַן איינאַרטיקן ליטעראַרישן שטאַמפּ.

אַזוי, למשל, אויב פּושקינס שורה

Вотще! Нет ни пищи ему, ни отрады […]

איז איבערגעזעצט:

ער האָט ניט קיין מאָלצײַט, ער האָט ניט קיין שפּײַזן (גראָדזענסקי)

איז אַזאַ ביטול־באַציִונג צו דעם אַרכאַיִשן סלאַוויאַניזם[1] מאַכט נידעריקער די קוואַליטעט פֿון דער איבערזעצונג.

עס זײַנען, פֿאַרשטייט זיך, פֿאַראַן פֿאַלן, ווען ענלעכע דערשײַנונגען איז שווער אָדער אין גאַנצן אוממעגלעך איבערצוזעצן. אין אַזעלכע פֿאַלן קומט אויס זיי איבערצוזעצן פּשוט. אַזוי למשל, טיטשינעס[2] נעאָלאָגיזם:

Як вітра вітровіння

קאָן מען בשום־אופֿן ניט איבערזעצן; דאַרף מען אין אַזעלכע פֿאַלן טאָן, ווי קוויטקאָ האָט געטאָן: „ווי ווינטס דאָס ווינטיק ווייען", ד״ה פֿונאַנדערלייגן דעם נעאָלאָגיזם אויף פֿאַרהעלטענישמעסיקע געווײנטלעכע פֿאָרמען. אַן אומיסטנע נאָכגעמאַכטע סטיליזירונג נאָך אַ פֿרעמדער שפּראַך, מיטן ציל צו שאַפֿן דעם אָרטיקן קאָלאָריט (זשאַנער, באַפֿאַרבונג), קאָן ברענגען צו ניט קיין געוווּנטשענע רעזולטאַטן, און שאַפֿן נאָר אַ קאָמישן עפֿעקט.

אייגן־נעמען דאַרף מען פּשוט איבערגעבן מיט זייער טראַנסקריפּציע, אַחוץ די פֿאַלן, ווען דער געגעבענער נאָמען האָט זיך שוין שטאַרק אײַנגעבירגערט אין דער ייִדישער שפּראַך אַפֿילו אין אַן אַנדער פֿאָרעם.

1 מע מיינט דאָ דאָס ערשטע וואָרט אין פּושקינס שורה, вотще, וואָס מיינט ,אומזיסט, אומנישט׳.

2 פּאַוולאָ טיטשינע (1891–1967) – אוקראַיִנישער דיכטער.

אַזוי למשל Аякс Теламонид בלײַבט ‚אַיאַקס׳ (אָדער ‚אַיאַנט׳) טעלאַמאָניד און ניט ‚טעלאַמאָנסזון׳ אין דער צײַט, ווען Египет בלײַבט ‚מצרים׳.

VI

איידער מיר וועלן אַריבערגיין צו ענדגילטיקע אויספֿירן, וועלן מיר נאָך אַ מאָל באַרירן איייניקע אַלגעמיינע פֿראַגעס. די ערשטע פֿאָדערונג, וועלכע מיר דאַרפֿן שטעלן דעם איבערזעצער – דאָס איז קענען די שפּראַך, פֿון וועלכע[ר] ער זעצט איבער, ווי אויך די, אויף וועלכער ער זעצט איבער. ווי דאָס זאָל ניט זײַן עלעמענטאַר און זעלבסט־פֿאַרשטענדלעך, מוז מען דאָך וועגן דעם דערמאָנען, ווײַל אַזעלכע פֿאַלן זײַנען גאָר ניט קיין זעלטענע. אין דער איבערזעצונג־ליטעראַטור טרעפֿן זיך אַ סך אַזעלכע טעותן. אַזוי, למשל, איז דאָס וואָרט ‚אַפּיקורס׳ אין דער אוקראַיִנישער איבערזעצונג פֿון מענדעלע מוכר־ספֿרים איבערגעגעבן אַנשטאָט Єпікуреєць безвірник. אַ מאָל דערקלערן זיך אַזעלכע טעותן ניט מיטן ניט קענען די שפּראַך, נאָר מיט אַ טעות בײַם לייענען (אַזוי, למשל, אַנשטאָט Аспа – Афра ווײַל אין דער גאָטישער דײַטשישער שריפֿט זײַנען s און f ענלעך איינס אויפֿן צווייטן).

אַחוץ דעם ברענגט אויך צו פֿיל מיספֿאַרשטייענישן דאָס, וואָס מע ווייסט ניט אַלע שאַטירונגען און ניואַנסן פֿון דער אייגענער שפּראַך. מיר האָבן געזען, אַז דאָס וואָרט вотще[1] איז געבליבן ניט איבערגעזעצט. צו מאָל קומט אויס קינסטלעך צו שאַפֿן די נייטיקע ווערטער. צו מאָל אָבער קען מען אין איייניקע פֿאַלן באַנוצן זיך אין ייִדיש מיט דײַטשמעריזמען, אָדער העברעיִזמען.

אָבער נאָך מער זינדיקן די איבערזעצער מיט זייער ווילקירלעכער באַציִונג צו די אָריגינעלע טעקסטן פֿון די ווערק דורך דעם, וואָס זיי דערלאָזן דרייסטע אַרײַנשטעלונגען, אָדער זיי מאַכן אומדערוואַרטע בלויזן. מיט דעם וויל איך ניט זאָגן, אַז די צאָל ווערטער אין דער איבערזעצונג דאַר[ף] אַנטשפּרעכן דער צאָל ווערטער פֿון דעם אָריגינאַל – דאָס וואָלט געווען אומזיניק און ניט אויספֿירבאַר. פֿונדעסטוועגן אָבער איז ניט געקוקט אויף דער כּמותדיקער ניט־גלײַכקייט פֿון די ווערטער, מוז זײַן אַן איכותדיקע גלײַכקייט, ד״ה אַז דער איבערזעצער האָט ניט קיין רעכט צו פֿאַרבײַטן דעם אַוטאָרישן טעקסט מיט זײַנעם, דערגאַנצן אים, אָדער פֿאַרקירצן. ס׳איז אָבער גענוג צו פֿאַרגלײַכן נאָר איין סטראָפֿע פֿון אַוועלך ס׳ניט איז אָריגינאַל מיט אַוועלכער ס׳ניט איז איבערזעצונג, כּדי זיך צו איבערצײַגן, וויפֿל פֿרײַקייטן עס דערלויבט זיך דער איבערזעצער. אָט וועל [אי]ך נעמען אַ מיטלמעסיקע לויט איר קוואַליטעט איבערזעצונג און וועל אונטערשטרײַכן אין איר די ניט־אַנטשפּרעכיקע ערטער (אין דעם אָריגינאַל בלויזן, אין דער איבערזעצונג – אַרײַנשטעלונגען).

Кто же вас гонит: судьбы ли *решение*,
Зависть ли тайная, *злоба ль открытая*,
Или на вас тяготит преступление,
Или друзей клевета ядовитая?
(М. Лермонтов, *Тучи*)

[1] אַ אין פּושקינס פֿריִער דערמאָנטן ליד.

זאָגט זשע מיר, וואָלקנדלעך, ווער זשע איצט טרײַבט דאָס אײַך?
איז דען דער מזל אויף אײַך אַזוי צאָרנדיק,
אפֿשר אַ קינאה פֿון פֿײַנט אַ באַהאַלטענעם?
צי עס פֿאַרפֿאָלגן אײַך זינד פֿיל פֿאַרבאָרגענע?
(גראָדזענסקי)

קיין איין שורה כּמעט אַנטשפּרעכט ניט דעם אָריגינאַל. ס׳איז שווער אַפֿילו פֿעסטצר־שטעלן, צי דאָס איז אַן איבערזעצונג, צי אַ זעלבשטענדיקע וואַריאַציע לויט אַ פֿרעמדער טעמע. און דאָס איז דאָך גראָדזענסקי – דער זעלטענער איבערזעצער פֿון „יעווגעני אָניע־גין" און „פּאָלטאַווע".

ס׳איז שוין צײַט אונטערצופֿירן סך־הכּלען. די הנחות און פֿאָדערונגען, וואָס זײַנען דאָ אַרויסגעזאָגט, שטעלן מיט זיך פֿאָר דעם מינימום, די אומבאַדינגטע תּנאָים, וועלכע עס מוז אויספֿילן דער איבערזעצער, וואָס וויל געבן אַ קינסטלערישע איבערזעצונג פֿון אַ קינסטלערישן ווערק.

די אַלע פֿאָדערונגען אָבער שטויסן זיך אָן בײַם אויספֿילן אויף אַ ריי שטערונגען, וועלכע מע קען צו מאָל ניט ב[ײַ]קומען. אַ ליד באַשטייט ניט פֿון וועלכן ס׳ניט איז איין עלעמענט, נאָר פֿון פֿיל עלעמענטן צוזאַמען; איבער דעם טרעפֿט זיך, אַז דאַן, ווען ס׳איז מעגלעך יעדן תּנאַי באַזונדער אויסצופֿילן, ווערט אוממעגלעך אויסצופֿילן זיי אַלע מיט אַ מאָל, באַזונ־דערס אין צוזאַמענהאַנג מיט דעם, וואָס די טעמאַטיק (‚דער אינהאַלט׳) שטעלט אויך אַרויס אירע פֿאָדערונגען. אָט דאָ טאַקע שאַפֿט זיך אַ באָדן פֿאַר קעגנזײַטיקע הנחות מצד דער סטיליסטיק און דער טעמאַטיק.

איטלעך קינסטלעריש ווערק פֿאַלט אונטער אונטער די כּללים פֿון דער אַווטאָרישער פּאָעטיק, וועלכע ווײַזט גאַנץ באַשטימט, וואָס דער אַווטער דערלויבט, און וואָס ניט; אוי־סער דעם אַנטפּלעקט זיך אין יעדן ווערק די הויפּטליניע פֿון דער פּאָעטיק – די דאָמינאַנ־טע. דער איבערזעצער מוז איבער דעם זיך רעכענען מיט דער דאָמינאַנטע און מיט דער פּאָעטיק פֿון דעם אַווטער און מיט דער שול, צו וועלכער ער געהערט. אין דעם פֿאַל, ווען אַלע עלעמענטן קען מען ניט צונויפֿפּאָרן, קען אַ מאָל גענוג זײַן ניט אַזוי דווקא די געגעבענע דערשײַנונג, ווי אַ דערשײַנונג, וואָס איז בכלל דערלאָזבאַר בײַ אַזעלכע באַדינגונגען. און פּונקט אַזוי ווי בײַם איבערגעבן די טעמאַטיק קען מען פֿאַר אַ דערלאָזבאַרן מינימום רעכע־נען דאָס אײַנהײטן דעם זינען פֿון יעדן זאַץ (איבערגעבן דעם זעלביקן געדאַנק), קען מען בײַם איבערגעבן די סטיליסטיק רעכענען פֿאַר אַ מינימום דאָס אײַנהײטן די הויפּטפּרינציפּן פֿון דער אַווטאָרישער פּאָעטיק, וועלכע האָט זיך אַפֿילו ניט אַנטפּלעקט אין דעם געגעבענעם ווערק.

צום סוף נאָך איין באַמערקונג אין קלאַמערן: מע דאַרף ניט מיינען, אַז יעדעס ווערק קען מען איבערזעצן גלײַך גוט. עס זײַנען פֿאַראַן ווערק, וואָס מע קען זיי לחלוטין ניט אי־בערזעצן, און ס׳איז גלײַכער זיך גאָר אין גאַנצן פֿאַר דעם ניט נעמען, איידער איבערזעצן זיי שלעכט.

אָט דאָס זײַנען די קורצע אָנווײַזונגען וועגן דעם, ווי אַזוי מע דאַרף איבערזעצן אַ ליד. דאָס אָפּהיטן אָט די תּנאָים, קען זײַן אַ גאַראַנטיע דערפֿאַר, אַז די איבערזעצונג זאָל פֿאַר־נעמען דאָס ערנסטע אָרט, וואָס זי פֿאַרנעמט אין דער ליטעראַטור און קולטור פֿון יעדער שפּראַך.

אַלעקסאַנדער געלבמאַן

איבערזעצונגען

(ווי אַזוי ח׳ סטאַלינס רעדע אויף דער קאָנפֿערענץ פֿון אַגראַרניקעס־מאַרקסיסטן איז איבערגעגעבן אין „עמעס“, „שטערן“, „אָקטיאַבער“)

דער ייִדישער פּרעסע, פּונקט ווי דער פּרעסע פֿון אַנדערע נאַצמינדערהייטן, – קומט אויס אַ סך איבער[צו]זעצן פֿון רוסיש. אָט די איבערזעצונג־אַרבעט איז גאַנץ אָפֿט ביז גאָר אַ קאָמפּליצירטע, – דער הויפּט ווען ס׳קומט אויס איבערצוזעצן ניט דעם שאַבלאָניזירטן ,ראָסטאַ׳[1]־מאַטעריאַל, נאָר עפּעס פֿון אַן אינדיווידועלן אַווטער. ס׳קומט דאָ אויס אָפֿט מאָל צו שאַפֿן דאָס נײַע וואָרט פֿאַר דעם נײַעם באַגריף, דעם נײַעם טערמין. דער איבערזעצער דאַרף דאָ אָפּהיטן, ערשטנס, דעם סטיל פֿון דער זאַך (אַרטיקל, פּאָרטראַג, רעדע אד״גל); צווייטנס, – דעם אַווטערס מאַניר פֿון שרײַבן. דער איבערזעצער מוז ווידער (און דאָס איז דאָס וויכטיקסטע) היטן די עלעמענטאַרע סינטאַק[ט]ישע, סטיליסטישע ,נאָרמעס׳ פֿון דער שפּראַך, וואָס אין איר זעצט ער איבער.

אין לעצטן פּרט זינדיקן, דאַכט זיך, אונדזערע צײַטונגען צו[ם] מיי[נ]סט[ן]. אַ סך האָט דאָ צו זאָגן, וואָס אַזאַ אַרבעט ווערט דאָס רובֿ געטאָן אין אײַלעניש. מעגלעך, אַז אַ מאָל פֿאַלט אַזאַ איבערזעצונג אַרײַן אין ניט קיין גענײטע הענט אויך.

איך וויל דאָ ווײַזן, ווי אַזוי אונדזערע דרײַ ייִדישע טעגלעכע צײַטונגען, – „עמעס“, „שטערן“ און „אָקטיאַבער“, – האָבן איבערגעזעצט ח׳ סטאַלינס רעדע אויף דער קאָנפֿערענץ פֿון אַגראַרניקעס־מאַרקסיסטן.[2] איך וועל זיך דאָ ניט פֿאַרהאַלטן אויף קיין סטיליסטיק אין ספּעציעלן זינען. איך בין דאָ אויסן דער הויפּט די סינטאַק[ט]ישע סטיליסטיק, גראַמאַטיק, פֿראַזעאָלאָגיע און לעקסיק. דער צוגאַנג קען אפֿשר אַ מאָל זײַן סוביעקטיוו, אָבער קיין פֿעסטע אָביעקטיווע קריטעריעס זײַנען נאָך דערווײַל ניט געשאַפֿן.

איך וועל אָנהייבן פֿון אַ געוויינטלעכן אָפּזאַץ[3] (שפּאַצירט האָב דאָ אומעטום איך):

[1] & ראָסטאַ (РОСТА) – רוסלענדישע טעלעגראַף־אַגענטור (1918–1935).

[2] Речь тов. И. Сталина на конференции аграрников-марксистов 27. XII 1929 г. «Правда» № 309 (4443), 29. XII 1929 г.

[3] דער רוסישער טעקסט איז גענומען פֿון „פּראַוודאַ“ פֿאַרן 29 דעק׳ 1929. די פּוילישע ציטאַטן זײַנען גענומען פֿון Trybuna Radziecka (געקירצט – .T. R), געוו[עזענער] אָרגאַן פֿון דער פּוילסעקציע בײַם אַגיטפּראָפּ פֿונעם צ״ק אַלק״פּ (ב׳) [צענטראַלער קאָמיטעט פֿון דער אַלסאָוועטישער קאָמוניסטישער פּאַרטיי (באָלשעוויקי)]. די אוקראַיִנישע ציטאַטן זײַנען גענומען פֿון דער בראָשור И. Сталин – *Збірник статтей і промов*, Д. В. У., Харків – Одеса; די ייִדישע צײַטונגען ציטיר איך געקירצט: O – „אָקטיאַבער“, E – „עמעס“, S – „שטערן“.

פֿון: **די ייִדישע שפּראַך** (קיִעוו) 2–3 (21–22) מאַרט–יוני 1930, שפּ׳ 51–66.

1 Далее. До последнего времени крестьянин вынужден был ковырять землю старым инвентарем *в порядке* индивидуального труда. *Всякому известно*, что индивидуальный труд, *вооруженный* старыми, *теперь уже негодными орудиями производства*, не дает того *выигрыша*, *который необходим для того*, чтобы жить *сносно*, систематически *поднимать* свое материальное положение, развить *свою культуру и выйти* на широкую дорогу социалистического строительства.

a1 ווײַטער. ביז דער לעצטער צײַט איז דער פּויער געצוווּנגען געווען צו קאַלופּען די ערד מיטן אַלטן אינוועטנאַר אין סדר פֿון אינדיווידועלער מי. עס איז יעדן באַוווּסט, אַז אינדיווידועלע מי, וואָס איז באַוואָפֿנט מיט אַלטע, איצט שוין ניט טויגבאַרע פּראָדוציר־מכשירים, גיט ניט דעם געווינס, וואָס איז נייטיק, כּדי צו לעבן ווי ניט איז, כּדי סיסטעמאַטיש אויפֿצוהייבן די מאַטעריעלע לאַגע, אַנטוויקלען די קולטור און אַרויס אויפֿן ברייטן וועג פֿון סאָציאַליסטישער בויונג (E).

b1 ווײַטער. ביז דער לעצטער צײַט האָט דער פּויער געמוזט קראַצן די ערד מיטן אַלטן אינוועטנאַר, אין דער אָרדענונג פֿון אינדיווידועלער אַרבעט. יעדער ווייסט, אַז אינדיווידועלע אַרבעט {–}[1] מיט אַלטע פּראָדוציר־מיטלען, וואָס טויגן שוין איצט ניט, גיט ניט אַזאַ הכנסה, וואָס מע דאַרף, כּדי צו לעבן ווי אַ מענטש, סיסטעמאַטיש צו פֿאַרבעסערן די מאַטעריעלע לאַגע, צו אַנטוויקלען די קולטור און אַרויסגיין אויפֿן ברייטן וועג פֿון סאָציאַליסטישער בויונג (S).

c1 ווײַטער. ביז דער לעצטער צײַט איז דער פּויער געווען געצוווּנגען צו קאַלופּען די ערד מיט דעם אַלטן אינוועטנאַר אין אָרדענונג פֿון אינדיווידועלער אַרבעט. אַלעמען איז באַוווּסט, אַז די אינדיווידועלע אַרבעט{,} באַוואָפֿנט מיט אַלטע, איצט שוין ניט טויגבאַרע פּראָדוציר־מכשירים{,} גיט ניט אָט דעם געווינס, וואָס איז נייטיק אויף לעבן נישקשהדיק, אויף סיסטעמאַטיש הייבן זייער מאַטעריעלע לאַגע, אַנטוויקלען זייער קולטור און אַרויסגיין אויפֿן ברייטן וועג פֿון סאָציאַליסטישער בויונג (O).

ווי אַזוי האָבן אונדזערע צײַטונגען איבערגעזעצט די ספּעציפֿישע אויסדריקן?

אַלע דרײַ האָבן געטרײַ איבערגעגעבן דעם אויסדרוק в порядке: אין אָרדענונג (S, O)[2], אין סדר (E). גראָד דאָ וואָלט מען געקאָנט אויסקומען אָן דעם. מע וואָלט געקענט זאָגן: בײַ אינדיווידועלער מי, אָדער: אַרבעטן אינדיווידועל. T. R. האָט טאַקע אַזוי איבערגעזעצט: uprawiając ją indywidualnie, (ד״ה באַאַרבעטנדיק זי (די ערד) אינדיווידועל). דאָס פּאַסיוו־סוביעקטלאָזיקע: Всякому известно איז פֿאַר רוסיש נאַטירלעך. ,עס איז יעדן באַוווּסט׳ (E), ,אַלעמען איז באַוווּסט׳ (O) קלינגט אין יִידיש געקינצלט.

[1] אין פֿיגור־קלאַמערן ווערן געבראַכט די אָנמערקונגען און פֿאַרריכטונגען פֿון די דעמאָלטיקע אַרויסגעבערס, כּדי זיי אונטערצושיידן פֿון די אָנמערקונגען פֿון דער רעדאַקציע 2025, וואָס שטייען אין קאַנטיקלעך.

[2] אין אַן אַנדער אָרט ווייסט דווקא O איבערצוזעצן в порядке освещения – ,בײַם באַלײַכטן׳.

S האָט איבערגעזעצט פּראָסט, נאַטירלעך: ,יעדער ווייסט', אַזוי האָט אויך איבערגעזעצט Każdy wie: T. R.

רוסיש האָט ליב דעם פֿאַרברייטערטן אַטריבוט, איז גוט:

старыми, теперь уже негодными орудиями производства.

ניט אַזוי קלינגט אין ייִדיש:

,אַלטע איצט שוין ניט טויגבאַרע פּראָדוציר־מכשירים' (E, O); מע קען אין ייִדיש ניט אַרייַנשטעלן אַזוי פֿיל ווערטער צווישן אַדיעקטיוו און סובסטאַנטיוו. S האָט דאָ געגעבן אַ בייַזאַץ – דאָס איז פֿאַר ייִדיש נאַטירלעכער. אַגבֿ, פֿאַרשפּאָרט מען דערמיט די שווערע פֿאָרמע מיט ,באַר'. דעם איבערזעצער אין S האָט אפֿשר שאָקירט אַ צונויפֿלויף פֿון בייַזאַצן, איז אָבער כּלל ניט קיין מוז איבערצוזעצן вооруженный – ,וואָס איז באַוואָפֿנט'. דעם בייַזאַץ האָט מען געקענט קירצן און שרייַבן ,באַוואָפֿנט מיט (...)', ווי ס'האָט געשריבן O.

S האָט גאָר אַרויסגעלאָזט דאָס וואָרט, – איז דאָס, אפֿשר, אַ סטיליסטישער פֿעלער, בפֿרט אין אַ רעדע: ,באַוואָפֿנט' האָט דאָ אַ געוויסן עמאָציאָנעלן באַטייַט.[1]

דאָס רוסישע выигрыш האָט מען אפֿשר ניט געדאַרפֿט איבערזעצן: ,געווינס' (E, O). ,געווינס' אַסאָציִירט זיך אין ייִדיש מער מיט לאָטעריע; בעסער: ,הכנסה' (S). T. R. שרייַבט Zdobyczy. ,ווי ניט איז' (E) פֿאַר сносно – איז געקינצלט; מער שטימט דאָס מיט דעם רוסישן как-нибудь. ,נישקשהדיק' (O) – זאָגט גאָר נישט; – ס'איז אַ נייטראַל וואָרט. עמאָציאָנעל אָנגעזעטיקטער איז ,ווי אַ מענטש' (S).

выйти на широкую дорогу הייסט אין ייִדיש ניט ,אַרויס' (E), נישט ,אַרויסגיין' (O); ס'הייסט – ,אַרויפֿגיין {אַרויף} אויפֿן ברייטן וועג' (S).

פֿון די געבראַכטע בייַשפּילן איז צו זען, אַז אַקעגן E און O איז S ווייניקער געבונדן צום רוסישן וואָרט, דער עיקר, – צום רוסישן סטיל. S געפֿינט דאָס רובֿ די געהעריקע ייִדישע סטיליסטישע פֿאָרמע פֿאַר דעם רוסישן טעקסט. אין געפֿינען דאָס פּאַסיקע אַדעקוואַטע וואָרט איז גראָד E שטאַרקער. S פֿאַראיינפֿאַכט אַ מאָל צו פֿיל, און דאָס ברענגט אַ מאָל צו פֿאַרפֿלאַכן דעם געדאַנק. S זעצט איבער, אַ שטייגער, вынужден был: ,געמוזט'. פֿאַר S, ווי פֿאַר אַ מאַסן־צייַטונג, לוינט אפֿשר בעסער צו געבן דאָס פּשוטע וואָרט, אָבער ,געצוווּנגען געוועזן' (O, E) איז דאָ גיכער פּאַסיק, – כאָטש ס'איז ,ליטעראַריש'; – ס'איז עמאָציאָנעל שטאַרקער, שטימט מער מיט דעם רוסישן вынужден[2]. ,מי' (E) שטימט בעסער מיט דעם רוסישן труд, ווי ,אַרבעט' (O, S). ковырять – ,קראַצן' (S) – שאָקירט אַ ביסל, ס'קלינגט איראָניש. דער אָריגינאַל מיינט דאָ ניט קיין איראָניע. שוין בעסער {? – רעד'} ,קאַלופּען' (O, S). אַגבֿ, איז פֿאַראַן נאָך אַ וואָרט – ,גראַבלען'. דאָס פֿלייַסן זיך איבערזעצן וואָרט בייַ וואָרט איז באַזונדער צו באַמערקן אין O. O האָט דווקא געוואָלט איבערזעצן דאָס רוסישע свое, свою, וואָס איז אין דעם קאָנטעקסט דער טייַטש בערך: די אייגענע. דאָס בעסטע

1 זע Винокур — «Культура языка» וועגן סטיל פֿון דער אָראַטאָרישער שפּראַך.

2 פֿאַר וואָס איז דאָס ,פּראָסטע' וואָרט ,געמוזט' ווייניקער איבערצייַגעוודיק ווי ,געצוווּנגען געווען' – דאָס איז ניט קלאָר. {רעד'}

איז דאָ צו געבן די אומפּערזענלעכע פֿאָרמע אַזוי ווי אין E און S. אויב שוין יאָ איבערזעצן, איז פֿאַר וואָס: ‚זייער‘, אין מערצאָל? וועמען מיינט דאָ דער פּראָנאָם?

אַזעלכע רוסיציזמען און רוסישע קאָנסטרוקציעס טרעפֿט מען אין די איבערזעצונגען גאַנץ אָפֿט.

Ломать копья – לוינט, אפֿשר, ניט איבער[צו]זעצן בוכשטעבלעך: ‚ברעכן שפּיזן‘ (E). ס׳איז אַן אַרכאַיִשער אויסדרוק נאָך פֿון די ריטער־צײַטן, און ס׳איז נאָך אַ פֿראַגע, צי לוינט דאָס איצט אַרײַנצוברענגען אין ייִדיש. שוין בעסער: ‚קעמפֿן‘ (O), אָדער: ‚זיך אַמפּערן‘ (S). אויף ייִדיש קען מען נאָך זאָגן: אײַנלײגן וועלטן.[1]

a2 פֿאַר דער פּראָלעטאַרישער רעוואָלוציע ... איז ניט אָן אונטערשייד (O), – דאָס איז מעכאַניש קאָפּירט דאָס רוסישע

2 для пролетарской революции ... не безразлично

בעסער: ‚איז ניט אַלץ איינס‘ (S). אין ייִדיש איז אויך שווער צו זאָגן: אַלע און פֿאַרשיידענע בורזשואַזע טעאָריעס (O) –
אָדער: – ‚אַלע און יעדערלײ‘ (E). – כּדי ס׳זאָל זײַן פּינקטלעך איבערגעזעצט פֿון רוסיש все и всякие. גענוג: ‚אַלערלײ‘ (S). T. R. האָט אויך איבערגעזעצט wszelkiego rodzaju.

3 Могли ли мы *предпринять* такое наступление *с расчетом на успех*?

O זעצט איבער:

a3 צי האָבן מיר געקענט אונטערנעמען... אַזאַ אָנגריף מיט דער אויסרעכענונג אויף דערפֿאָלג?

ווידער די קנעכטישע צוגעבונדנקייט צום וואָרט. אַ סך בעסער איז:

b3 פֿירנעמען אַזאַ אָנגריף, אויסרעכענענדיק אויף דערפֿאָלג (E);

נאָך בעסער:

c3 ... און האָפֿן אויף דערפֿאָלג (S).

S האָט אָבער ניט פּינקטלעך {? – רעד׳} איבערגעזעצט предпринять – ‚מאַכן‘. אַז S האָט אַ מאָל ליב צו פֿיל צו ‚פֿאַרפֿאָלקסטימלעכן‘ די איבערזעצונג דורך איבערפֿראַזירן, – דאָס האָבן מיר שוין פֿריִער דערמאָנט. אַ שטייגער: к стыду нашему – זעצט S איבער: ‚ס׳זאָל אונדז צו קיין חרפּה ניט זײַן‘; – דאָס קלינגט שוין צו גוטמוטיק. בײַם ח׳ סטאַלין איז דאָס ערנסט.

Грешен в этом деле – ‚געכאַפּט אין דער מעשׂה‘ (S) – שמעקט אַלטפֿרענקיש־ייִדישלעך אאַז״וו.

[1] די לעצטע צוויי אויסדריקן קלינגען אַ היפּש ביסל ייִדישלעך. {רעד׳}

אַקעגן ברענגט דאָס ,געטרייַע׳ איבערזעצן אָפּט מאָל צו פֿאַלשן אויסטייַטש, אין בעסטן פֿאַל, – צו פֿאַרווישן דעם עמאָציאָנעלן באַטייַט פֿון וואָרט.

4 … восхваление и упрочение капиталистических *порядков*.

a4 לויבן און פֿאַרפֿעסטיקן די קאַפּיטאַליסטישע אָרדענונג (S, O);

ס׳מיינט:

b4 די קאַפּיטאַליסטישע פּאָראָנדקעס (E).

אין ,פּאָראָנדקעס׳ איז איבערגעגעבן די זעלבע איראָניע, וואָס אין порядков. T. R. האָט טאַקע איבערגעזעצט Porządków[1].

старого типа крестьянин הייסט נישט: ,דער אוראַלטער פּויער׳ (S). ,אוראַלטער׳ איז первобытный. בעסער: דער פּויער פֿון אַלטן שניט, דער אַלטפֿרענקישער פּויער.

ס׳איז ניטאָ קיין אויסגעהאַלטנקייט אין איינער און דער זעלבער צייַטונג:

5 Он [דער נעפּ[2]] служит *делу* социализма.

זעצט S איבער

a5 ער דינט דער זאַך פֿון סאָציאַליזם.

גאָר משונהדיק לייענט זיך:

b5 דינט דער סאָציאַליסטישער זאַך (O).

איין E זעצט איבער:

c5 דינט דעם סאָציאַליזם.

דאָס שליסט אָבער ניט אויס, אַז אין אַן אַנדער אָרט זאָל E איבערזעצן дело переработки – „די זאַך פֿון איבעראַרבעטן“ און S: דאָס איבערמאַכן, אָן ,זאַך׳.

די פּאַסיווע קאָנסטרוקציע

די פֿולע פּאַסיווע קאָנסטרוקציע איז אין אונדזער צייַטונגשפּראַך, זעט אויס, גענומען פֿון רוסיש. בייַם איבערזעצן ווערט אונדזער פּרעסע אָפּט מאָל ,געשטרויכלט׳ אויף צו פֿיל פּאַסיוון. דאָס איז צו באַמערקן דער הויפּט אין O. E נוצט אַ סך ווייניקער דעם פּאַסיוו. אין S טרעפֿט ער זיך שוין גאָר זעלטן. אָפֿט מאָל לאָזט זיך גרינג מאַכן אַן אַקטיוון זאַץ פֿונעם רוסישן פּאַסיוו.

1 ס׳דערמאָנט זיך פּרצעס יוגנטווערק: „זאַמאָשטשער פּאָרזשאָנדקעס“.

2 ☙ נייַע עקאָנאָמישע פּאָליטיק (1921–1928).

6 Этот предрассудок одно время муссировался в нашей печати одним из …

O האָט זיך שטאַרק געהאַלטן בײַם טעקסט:

a6 די דאָזיקע זאַבאָבאָנע איז איין צײַט מוסירט געוואָרן אין אונדזער פּרעסע דורך איינעם …

E און S גיבן אַן אַקטיוון זאַץ:

b6 דעם דאָזיקן פֿאָראורטייל האָט איין צײַט מוסירט אין אונדזער פּרעסע איינער…

אָפּגעהיט דערבײַ די וואָרטשטעלונג, וואָס אין אָריגינאַל („דעם דאָזיקן פֿאָראורטייל‘ אויפֿן ערשטן אָרט). אַזוי ווי אין קאָנטעקסט רעדט זיך פֿריִער וועגן דעם פֿאָראורטייל, איז דאָס דאָ וויכטיק. דער פֿאָראורטייל איז דאָ אייגנטלעך דער לאָגישער סוביעקט. די פּאָזיציעס פֿון סוביעקט און אָביעקט (אין זאַץ) קענען דאָ צו קיין שום ספֿקות ניט ברענגען: דער אַדיעק־טיוו „דעם דאָזיקן‘ און דער סובסטאַנטיוו „איינער‘ האָבן דאָ קלאָרע מאָרפֿאָלאָגישע סימנים. ניט אין אַלע פֿאַלן לאָזט זיך אָבער אַזוינס גרינג טאָן. אין אַנדערע פֿאַלן מוז מען אָדער געבן נישט די וואָרטשטעלונג, וואָס אין רוסישן טעקסט, אָדער בויען אַ פּאַסיוון זאַץ, אויב מע וויל היטן די וואָרטשטעלונג. די וואָרטשטעלונג – צו באַטאָנען אַ באַשטימט וואָרט, אָדער אַ וואָרטגרופּע, – שפּילט אין אַ רעדע גאָר אַ וויכטיקע ראָלע, – קען מען זי ניט איגנאָרירן.

נעמען מיר, אַ שטייגער, אַזאַ זאַץ:

7 Но эта теория была подхвачена троцкистско-зиновьевской оппозицией.

E האָט דאָ געוויזן צו מאַכן אַן אַקטיוו און פֿאַרהיטן די וואָרטשטעלונג פֿונעם רוסישן טעקסט:

a7 די דאָזיקע טעאָריע האָט אונטערגעכאַפּט די טראָצקיסטיש־זינאָוויעווישע אָפּאָזיציע.

פֿאָרמעל – מאָרפֿאָלאָגיש ווייסן מיר דאָ ניט, וואָס איז דאָ סוביעקט און וואָס – אָביעקט. ס׳איז לאָגיש, אַז דער סוביעקט – דאָס איז די „אָפּאָזיציע‘. אָבער דאָס ווערט ערשט קלאָר נאָך אַן אַנאַליז. די אָנגענומענע וואָרטשטעלונג (סוביעקט, פּרעדיקאַט, אָביעקט) שפּילט אין ייִדיש, – ווי אין אַן אַנאַליטישער שפּראַך, – אַזאַ ראָלע, אַז מיר זײַנען אין ערשטן פֿלוג גענייגט אָנצונעמען „די טעאָריע‘ פֿאַר אַ סוביעקט און טײַטשן דעם פּרעדיקאַט „אונטער־געכאַפּט‘ ווי: געשטיצט. אין בעסטן פֿאַל וועט דעם לייענער אויסקומען זיך אָנצושטרענגען אויפֿן זאַץ. S האָט געמאַכט אַן אַקטיוון זאַץ און געגעבן די דירעקטע וואָרטשטעלונג:

b7 די טראָצקיסטיש־זינאָוויעווישע אָפּאָזיציע האָט אונטערגעכאַפּט די דאָזיקע טעאָריע.

ס׳איז אָבער אַ פֿראַגע צי עס לוינט. אין רוסישן טעקסט איז שטאַרקער באַטאָנט די ווערטער: „טראָצקיסטיש־זינאָוויעווישע אָפּאָזיציע‘ (דעריבער זײַנען זיי סוף זאַץ). איז שוין אפֿשר גלײַכער אַ פּאַסיוו, ווי אין O:

c7 די דאָזיקע טעאָריע איז אונטערגעכאַפּט געוואָרן דורך...[1]

נאָך אַ בייַשפּיל:

8 Ясно, что они ничего не производили и не могли производить, потому что помещики были уничтожены Октябрьской революцией.

O האָט דאָ, לויט מייַן מיינונג נאָך, זייער גוט געטאָן מיטן פּאַסיוו:

a8 (...) ווייַל די גוטבאַזיצער זייַנען פֿאַרניכ[ט] געוואָרן דורך דער אָקטיאַבער־רעוואָלוציע.

ערשטנס, פֿיגורירט אין גאַנצן קאָנטעקסט 'גוטבאַזיצער' סייַ ווי אַ לאָגישער, סייַ ווי אַ פֿאָרמעלער סוביעקט; מאַכן דאָס וואָרט מיט אַ מאָל פֿאַר אַן אָביעקט, וואָלט עס צעשטערט דעם גאַנצן גאַנג פֿון דער פֿראַזע {? – רעד'}. צווייטנס, האָט דער פּאַסיווער זאַץ פֿאַרהיט די זעלבע וואָרטשטעלונג, וואָס אין אָריגינאַל. ווען E און S האָבן דווקא דאָ געוואָלט געבן אַן אַקטיוון זאַץ, האָבן זיי געמוזט אָנקומען צו דער דירעקטער וואָרטשטעלונג:

b8 די אָקטיאַבער־רעוואָלוציע האָט פֿאַרניכ[ט] די גוטבאַזיצער.

ד"ה פֿאַרקערט ווי אין טעקסט.

'די גוטבאַזיצער האָט פֿאַרניכ[ט] די אָקטיאַבער־רעוואָלוציע' וואָלט דאָ אויך געווען ניט פּאַסיק. דער פּרעדיקאַט 'האָט' אין איינצאָל וועט דאָ ניט אויסהעלפֿן; מע וועט עס גיכער האַלטן פֿאַר אַ 'טעות'[2].

שווער לייענט זיך, לויט מייַן מיינונג נאָך, אַזאַ זאַץ:

9 איצטער פֿירן דורך דאָס אַנטבעל־הגופֿעווען[3] די מיטל־אָרעם־פּויערישע מאַסן (E).

דער זאַץ איז איבערגעבויט פֿון אַ רוסישן פּאַסיוו. אויפֿן ערשטן אייַנדרוק קומט אויס, אַז מע אַנטבעל־הגופֿעוועט די מיטל־אָרעם־פּויערישע מאַסן. מעגלעך, אַז דאָ איז נאָך שולדיק דאָס, וואָס דער פּרעדיקאַט איז אַ ביסל דערווייַטערט פֿונעם סוביעקט. O און

1 ס'איז נאָך שטאַרק אָפּגעפֿרעגט, צי ס'לוינט, – צוליב באַטאָנונג (בפֿרט אין אַזאַ קורצן זאַץ!), – צו געבן אַ שווערערע קאָנסטרוקציע. באַטאָנונג איז נאָך ניט דער העכסטער, אַבסאָלוטער גוזעץ פֿאַר אַ קאָנסטרוקציע. ס'איז פֿאַראַן עפּעס וויכטיקערס: קלאָרקייט, פֿאַרשטענדלעכקייט פֿאַר דעם מאַסן־לייענער. וואָס פֿאַר אַ ווערט האָט צו היטן פֿאָרמעל די באַטאָנונג (דורך וואָרטשטעלונג), אַז די עצם־קאָנסטרוקציע איז שווער? וועט דאָ, אַ שטייגער, דעם אַרבעטער־לייענער אויסקומען זיך ווייניקער אָנצושטרענגען אויפֿן זאַץ, ווי אין דער פֿריִער דערמאָנטער רעדאַקציע אין E? ווידער פֿון באַטאָנונג וועגן איז נאָך פֿאַראַנען אַנדערע מיטלען אויך, חוץ דער וואָרטשטעלונג. זע: „ייִדישע שפּראַך" 1927, № 3–4, שפּ' 25–26. {רעד'}

2 דאָס איז אַ 'פֿרייַער אויסטייַטש'! דער אַווטער פֿאַרגעסט נאָך דערבייַ, אַז 'דורך' אין פּאַסיוון זאַץ קען ווייַזן (וועגן דער 'אָקטיאַבער־רעוואָלוציע') נישט דווקא דעם סוביעקט פֿון דער האַנדלונג; – ס'קען ווייַזן אַ געצייַג, אַ גורם אויך; – בערך: איבער דער אָקטיאַבער־רעוואָלוציע זייַנען די גוטבאַזיצער פֿאַרניכ[ט] געוואָרן (אומגעקומען, צעריבן געוואָרן). {רעד'}

3 ♉ לויטן סאָוועטישן באַנוץ פֿונעם וואָרט 'בעל־גוף' – קולאַק, אַ רייַכער פּויער וואָס איז ניט אַרייַן אין דער קאָלעקטיווערווירטשאַפֿט. דאָס וואָרט 'אַנטבעל־הגופֿעווען' (אַנטבאַלעגופֿעווען – דורכפֿירן רעפֿרעסיעס קעגן אַזעלכע פּויערים, עקספּראָפּריִירן זייער אייגנטום) איז אַ קאַלקע פֿון רוסיש.

אַפֿילו S גיבן דאָ דעם פּאַסיוו און לאָזן דאָ די ‚מיטל־אָרעם־פּויערישע מאַסן‘, ווי אַ באַטאָנטן לאָגישן סוביעקט סוף זאַץ.[1]

אַלע דריי צײַטונגען האָבן איבערגעזעצט דעם רוסישן זאַץ:

10 Теоретические положения этих трудов блестяще подтвердились тактикой нашего социалистического строительства.

10a די טעאָרעטישע הנחות פֿון די דאָזיקע ווערק האָבן זיך באַשטעטיקט אין דער פּראַקטיק פֿון אונדזער סאָציאַליסטישער בויונג.

דער לאָגישער חוש האָט דאָ אונטערגעזאָגט, אַז מע מוז פֿאַרהיטן די וואָרטשטעלונג פֿונעם רוסישן טעקסט, כּדי שאַרפֿער צו באַטאָנען די גרופּע: ‚אונדזער סאָציאַליסטישע בויונג‘. מאַכן אַן אַקטיוון זאַץ, מיט דער אומדירעקטער וואָרטשטעלונג

10b די ... הנחות ... האָט ... באַשטעטיקט די פּראַקטיק ...

וואָלט דאָס געבראַכט צו ניט־קלאָרקייט. דער פּרעדיקאַט ‚האָט‘, אין איינצאָל, וואָלט דאָ ווייניק וואָס געהאָלפֿן {? – רעד׳}.

די אוקראַיִנישע איבערזעצונג גיט אין די אַלע פֿאַלן דעם אַקטיוון זאַץ, מיט דער אומדירעקטער וואָרטשטעלונג (אין אוקראַיִניש איז, ווי באַוווּסט, פֿרעמד דער פֿולער פּאַסיוו[2]).

10c Теоритичні засади … потвердила практика …

אוקראַיִניש, – אַ סינטעטישע שפּראַך, – האָט ניט קיין מורא פֿאַר קיין ספֿקות. די וואָרטשטעלונג איז דאָ אויך פֿרײַער ווי אין ייִדיש. .T. R גיט כּסדר דעם פֿולן פּאַסיוו מיט דער פּרעפּאָזיציע przez (דורך).

די האַלב פּאַסיווע קאָנסטרוקציע

די האַלב פּאַסיווע קאָנסטרוקציע באַגעגנט מען אָפּט אין O, זעלטענער – אין S, E וואַקלט זיך אַ מאָל אַפֿילו אין איין פֿראַזע:

11 Ряд положений начинают забываться, не популяризируются … не выдвигаются.

זעצט E איבער:

[1] אין אַ קאָנסטרוקציע: ‚עפּעס ווערט דורכגעפֿירט דורך עמעצן‘ – איז נאָך מער שאַנסן, אַז ‚דורך‘ ווײַזט דאָ אויף דעם געצײַג, נישט אויף דעם אמתן טוער. דאָס קען הייסן, אַז עמעצער פֿירט דורך (דאָס אַנטבעל־הגופֿעווען) מיט דער הילף פֿון די מיטל־אָרעם־פּויערישע מאַסן; מיט זייערע הענט. {רעד׳}

[2] אין אוקראַיִניש איז דער פֿולער פּאַסיוו פּונקט אַזוי ‚פֿרעמד‘, ווי אין ייִדיש, ווי אין אַנדערע שפּראַכן, וואָס בויען זיך נאָך אויפֿן יסוד פֿון דער גערעדטער שפּראַך און האָבן ניט די לאַנגאָניקע טראַדיציע פֿונעם פּאַסיוו. פֿאַרקערט, – אוקראַיִניש האָט דעם אינסטרומענטאַל (творительный падеж), – ממילא קען מען דאָ גרינגער צוקומען צום פּאַסיוו, ווי אין ייִדיש (דורך די פּרעפּאָזיציעס ‚פֿון‘, ‚דורך‘, ‚מצד‘, ‚מיט‘). אין אוקראַיִניש האָט מען זיך פּשוט געזאָגט, אַז מע קען אויסקומען אָן דעם פֿולן פּאַסיוו, און אַזוי טוט מען. אַגבֿ, גאָר די לעצטע צײַט האָט מען זיך אין געוויסע פֿאַלן אָנגעהויבן צו דערלויבן דעם פּאַסיוו, – אַ סימן, ווי ספּעציעל ‚פֿרעמד‘ ער איז דאָ. {רעד׳}

a11 אַ רײַ הנחות הייבט מען אָן פֿאַרגעסן... זיי ווערן ניט פּאָפּולאַריזירט, ווערן ... ניט אַרויסגערוקט.

דאָס פֿאַרשווערט דאָס לייענען: אָנהייבס זײַנען מיר גענייגט אָנצונעמען ‚אַ רײַ הנחות‘ פֿאַר אַ סוביעקט, קומט דער ‚מען‘ און מאַכט דאָס פֿאַר אַן אָביעקט, דער פּראָנאָם ‚זיי‘ צווינגט ווײַטער אָנצונעמען ‚אַ רײַ הנחות‘ פֿאַר אַ סוביעקט.[1]

זאַכווערטער – צײַטווערטער

וועגן דער מעלה פֿון אַ צײַטוואָרט אַנטקעגן אַ זאַכוואָרט האָט מען שוין גענוג געשריבן,[2] אין פּרט לינגוואָטעכניק איז די גרעסטע מעלה פֿונעם צײַטוואָרט, וואָס עס שפּאָרט אײַן איבעריקע פּרעפּאָזיציעס. для построения социализма איז, דאַכט זיך, בעסער איבערצוגעבן: ‚כּדי אויסצובויען (דעם) סאָציאַליזם‘ (S ,E), איידער ‚פֿאַר דער אויסבילדונג (?) פֿון סאָציאַליזם‘ (O). צו וואָס זאָגן: ‚וועלכע האָבן אַ פֿאַרשפּרייטונג‘ имеющим) распространение) (O ,E), אַז מע קען זאָגן: ‚וועלכע (וואָס) זײַנען פֿאַרשפּרייט‘ (S), (פֿאַרגלײַך אוקראַיִניש: що поширині). באַזונדערס עקשנותדיק טרעפֿן מיר דאָס זאַכוואָרט אין O.[3] אַנשטאָט איבערצוזעצן практика национализации земли, ‚די פּראַקטיק פֿון נאַציאָנאַליזירן די ערד‘ (E ,S), זעצט O איבער: ‚די פּראַקטיק פֿון דער ערד־נאַציאָנאַליזאַציע‘. O האָט זיך דאָ געמוזט ראַטעווען מיט אַ שווערלעכן קאָמפּאָזיט, כּדי אויסצומײַדן נאָך אַ ‚פֿון‘. נאָר וואָס טוט מען ניט צוליב ‚פּינקטלעכקייט‘?

פֿאַראַן אָבער פֿאַלן, ווען מע מוז, דאַכט זיך, אָנקומען צו דער סובסטאַנטיווירונג מיט אַ פּרעפּאָזיציע:

12 אַ וועג, וועלכער פֿירט צו דער פֿאַראייניקונג פֿון קליינפּויערישע ווירטשאַפֿטן.

איז ניט גענוי דאָס זעלבע וואָס: ‚פֿירט צו פֿאַראייניקן קליינפּויערישע ווירטשאַפֿטן‘.

[1] דער אָביעקט אויפֿן ערשטן אָרט איז אַ גאַנץ געוויינטלעכע זאַך סײַ אין דער גערעדטער שפּראַך, סײַ אין דער ליטעראַטור. אויב ווידער מע זאָל זײַן אַזוי קאָנסערוואַטיוו און מורא האָבן, אַז מע וועט דאָס נישט פֿאַרשטיין, מע וועט דאָס שלעכט אויסטײַטשן ‚אין ערשטן פֿלוג‘, – איז פֿאַר וואָס זשע זאָל מען זײַן אַזוי דרייסט־אײַנשטעלעריש מיט דער פּאַסיווער קאָנסטרוקציע, – אַ זאַך, וואָס איז יעדן פֿאַל[ס] אַ סך נײַער און שווערער דעם מאַסן־לייענער, איידער די אומדירעקטע וואָרטשטעלונג? ריכטיק איז דאָ, אַז פּאַסיקער וואָלט געווען צו בויען די איבעריקע צוויי זאַצן אויך אַקטיוו (‚מע פּאָפּולאַריזירט זיי נישט‘ אאַז״וו), אויב מע האָט שוין אָנגעהויבן מיטן אַקטיוו דעם ערשטן זאַץ (אָדער פֿאַרקערט). בכלל, וועגן דער ‚רעוויזיע‘, וואָס דער אַווטער איז דאָ, ניכּר, אומדירעקט אויסן מיטן רעהאַביליטירן געוויסע פּאַסיווע זאַצן, – דאַרף מען זאָגן: לערנען אונדזערע צײַטונגען מאַכן פּאַסיוון, – דאָס איז איבעריקע מי; זיי קענען דאָס! אַ פֿאַקט איז אָבער, אַז אונדזער צײַטונגשפּראַך גייט איצט צוריק, – פֿון פּאַסיוו צו אַקטיוו (אָדער, לאָמיר זאָגן: מע איז איצט געהיטער מיטן פּאַסיוו איידער פֿריִער); מוז דאָך דאָ עפּעס שטעקן! אַ רעוויזיע ווידער איז אַ רעוויזיע; – מע דאַרף זי מאַכן אין גאָרן פֿאַרנעם פֿונעם פּאַסיוו; לאַחדים טוט זיך דאָס נישט: סע דיסאָריענטירט און ס׳איז ניט איבערצײַגעוודיק! {רעד׳}

[2] זע: נ. שטיף. „זאַכווערטער אַנשטאָט צײַטווערטער“. „ייִדישע שפּראַך“, 1927, № 5, 6, 7.

[3] און דעם פּאַסיוו אויך. {רעד׳}

אין ערשטן פֿאַל מיינט מען, אַז דער וועג פֿירט אָביעקטיוו צו דעם, אַז די ווירטשאַפֿטן זאָלן זיך אַליין פֿאַראייניקן,[1] אין צווייטן פֿאַל קען מען מיינען: עמעצער זאָל זיי פֿאַר־אייניקן.

צוליב סימעטריע: דער פֿאַראַלעליזם איז זייער אַ באַקאַנטע פֿיגור אין דער רעטאָרי־שער שפּראַך. די ענלעכקייט פֿון גראַמאַטישע {? – רעד} פֿאָרמעס פֿאַרשטאַרקט די עמאָ־ציאָנעלקייט פֿון דער פֿיגור. גוט איז איבערגעזעצט:

13 ... ווײַל בײַ אונדז איז ניטאָ קיין פּריוואַט־אייגנטום אויף ערד, ... ווײַל בײַ אונדז איז פֿאַראַן נאַציאָנאַליזאַציע פֿון (דער) ערד (S ,E).

ערגער איז:

a13 בײַ אונדז איז נאַציאָנאַליזירט די ערד (O).

די סימעטריע איז דאָ צעשטערט.[2]

מיטשטימונג

14 Ряд основных положений марксистско-ленинской политэкономии, являющихся ...

a14 די גרונט־הנחות פֿון דער ... פּאָליט־עקאָנאָמיע, וואָס איז ... (O).

דער בײַזאַץ ציט דאָ צו ,גרונט־הנחות׳ ניט צו ,פּאָליט־עקאָנאָמיע׳, דאַרף זײַן: ,וואָס זײַנען׳ (S). אין S קען מען אָבער אַ מאָל טרעפֿן ,צו פֿיל׳ מיטשטימונג:

15 אונדזער פּראַקטיק, אונדזערווירקלעכקייט שאַפֿן ...

גענוג, אַז דער פּרעדיקאַט וועט שטיין אין איינצאָל (,שאַפֿט׳). אַגבֿ, אין רוסישן טעקסט איז דער פּרעדיקאַט אויך אין איינצאָל: дает.

וואָרטשטעלונג

אין פּרט וואָרטשטעלונג איז אויך דאָ וואָס אָפּצוּווענדן. די גרעסטע אָפּגעלאָזטקייט איז ווידער צו באַמערקן אין O.

[1] דאָס וואָלט געווען ריכטיק, אויב ,פֿאַראייניקונג׳ זאָל שוין דאָ געמיינט זײַן אַ פֿולער סובסטאַנטיוו (בערך: Союз, ניט Объединение), ס׳זאָל שוין דאָ נישט בלײַבן קיין ווערבאַלישקייט, קיין שפּור פֿון ,פֿאַר־אייניקונג׳. {רעד׳}

[2] פֿאַר עמאָציאָנעלן פֿאַראַלעליזם איז נאָך ניט גענוג ריין גראַמאַטישע פֿאָרמעס. בפֿרט איז דאָס דאָ אָפּגעפֿרעגט, וואָס די פֿאָרמע ,נאַציאָנאַליזאַציע׳ קען דאָ נישט אָפּשאַפֿן די סעמאַנטישקייט פֿונעם וואָרט: – אין ,נאַציאָנאַליזאַציע׳ שטעקט דאָ ווערבאַלישקייט, אַקציע (זאָל זײַן אַן אָפּגעטאָנענע; ,די ערד איז נאַ־ציאָנאַליזירט׳), נישט קיין ריין אַבסטראַקטער סאָציאַל־יורידישער באַגריף, אַזוי ווי אין ריינעם סובסטאַנטיוו: ,פּריוואַט־אייגנטום׳. פֿאַר ,פֿאַראַלעליזם׳ וואָלט מען יעדן פֿאַל[ס] באַדאַרפֿט האָבן, אַז אין צווייטן פֿאַל זאָל שטיין די זעלבע פּרעפּאָזיציע אויך (,אויף׳, נישט ,פֿון׳). {רעד׳}

a16 דער פּויער, כּדי צו פּראָדוצירן ברויט, נייטיקט זיך ... (O).

אין ייִדיש קומט דער פּרעדיקאַט נאָרמאַל אויפֿן 2טן אָרט. דער פֿעלער שטאַמט ווידער פֿון ,געטריַי' איבערזעצן דעם רוסישן זאַץ:

16 Крестьянин, чтобы производить …

בעסער איז:

b16 כּדי צו ..., נייטיקט זיך דער פּויער (S ,E).

שווער לייענט זיך: ,די בעלי־גופֿים האָבן פּראָדוצירט דעמאָלט ...' (O) – רוסיש: кулаки производили тогда. בעסער: האָבן דעמאָלט פּראָדוצירט.

17 זייַנען מיר אַרויסגעגאַנגען אַגבֿ פֿון די טעאָריעס (O).

בעסער: זייַנען מיר אַגבֿ ... (S ,E).

18 אין די קאָלווירטן איז אַוועק אין זייַן מאַסע אויך דער מיטל־פּויער (E ,O).

,אויך' ציט דאָ צו ,מיטל־פּויער' ניט צו ,מאַסע'. דאַרף זייַן: ,דער מיטל־פּויער אויך'. פֿאַלש איז דאָ געשטעלט: ,זייַן'. פּשוט: ,אין דער מאַסע', אָדער: ,מאַסנווייַז'.

19 די באַוווּסטע לענינס אַגראַרע אַרבעט (O).

צווישן סובסטאַנטיוו און אַדיעקטיוו קען ניט שטיין קיין פּאָסעסיוו אויך. בעסער: ,די באַוווּסטע אַגראַרע ווערק לענינס' (E), אָדער: ,לענינס באַוווּסטע ...' (S). ,הייבן אָן צו פֿאַר־געסן ווערן' (O), – דאָס הייסט: ,פֿאַרגעסן צו ווערן'.

פּרעפּאָזיציעס

אין פּרט פּרעפּאָזיציעס איז נאָך בייַ אונדז ביז הייַנט לערך ווייניק פֿעסט נאָרמירט. דער גרעסטער טייל פּרעפּאָזיציעס איז נאָך ניט גענוג אויסגעפֿאָרשט,[1] ס'איז נאָך ניט קלאָר זייער פֿונקציע. אַ גרעסערע ,זכיה' האָט געהאַט דער ,פֿון', לאָמיר פֿון אים אָנהייבן.

,פֿון' איז ,איבעריק'

,אַ טיפֿ פֿון ווירטשאַפֿט', ,גרופּן פֿון (דער) אָרעמקייט' (O). אין דער ערשטער וואָרט־גרופּע האָבן מיר אַ סיסטעם, אין דער צווייטער – אַ טייל פֿון אַ קאָלעקטיוו, פֿון אַ מאַסע; איז ריכטיקער: ,אַ טיפּ ווירטשאַפֿט' (E) (אַגבֿ, בעסער ווי אַ ,ווירטשאַפֿטטיפּ' (S)), ,גרופּן אָרעמקייט' (S ,E).

בייַ באַלעבטע זאַכן איז בעסער אַ פּאָסעסיוו. אַנשטאָט ,פּאָרזיכטיקייט פֿון ענגעלסן' (O), איז בעסער ,ענגעלסעס פֿאָרזיכטיקייט' (E ,S). די וואָרטשטעלונג שפּילט דאָ אין טעקסט קיין

[1] פּרווון זייַנען פֿאַראַן בייַ זאַרעצקין אין „גרייַזן און ספֿקות".

שום ראָלע ניט... שרײַבן אין אַ קעפּל ‚די רעדע פֿון ח׳ סטאַלין׳ (O) אַנשטאָט ‚ח׳ סטאַלינס רעדע׳ (S, E) מאַכט אפֿשר ניט אויס. דאָ איז מער באַטאָנט {? – מיט וואָס? פֿאַר וואָס גראָד אין דעם פֿאַל? – רעד׳} ‚ח׳ סטאַלין׳, און דאָס איז וויכטיקער. מע דאַרף אָבער ניט זײַן צו פּלײַסיק און שרײַבן ‚וועגן דער פּ אַ ר ט ײ ס פּאָליטיק׳ (E). דער פּאָסעסיוו בײַ אומבאַלעבטע זאַכן דינט אַ מאָל צוליב פּערסאָניפֿיצירונג. אַהער קער זיך דאָס ניט אָן.[1] שוין בעסער {? – רעד׳}: ‚וועגן דער פּאַרטיי־פּאָליטיק׳, אָדער אַפֿילו: ‚פּאָליטיק פֿון פּאַרטיי׳ (O, S).

אַנשטאָט ‚פֿון׳ – אַנדערע פּרעפּאָזיציעס

‚דערפֿאָלג פֿון דער סאָציאַליסטישער בויונג׳ (O, S, E). קען זײַן: ‚אין דער ...׳. מע זאָגט ניט ‚מאַנגל פֿון ערד׳ (O); מע זאָגט: ‚אין ערד׳. די קאָלווירטן זײַנען ‚אַ באַזע און אַ נעסט פֿון סאָציאַליסטישער בויונג׳ (O, S, E). ‚סאָציאַליסטישע בויונג׳ איז דאָ אַ צוועק, וואָלט בעסער געווען ‚פֿאַר׳. אַנשטאָט ‚ניט וויניקער פֿון ...׳ (E, O) קען זײַן: ‚ניט וויניקער ווי׳ (S). אין אַן אַנדער אָרט שרײַבט דווקא O: ‚ניט וויניקער ווי די פֿעווראַל־רעוואָלוציע׳.

‚אַ צונויפֿפֿלי פֿון ‚פֿונען׳:

20 פֿון דער פּאָליטיק פֿון באַגרענעצן די עקספּלואַטאַטאָרישע טענדענצן פֿון בעלי־גופֿימטום (O, S).

פֿון צווייטן ‚פֿון׳ וואָלט מען געקענט פּטור ווערן: מע וואָלט געקענט שרײַבן: ‚צו באַגרענעצן׳. ס׳איז שווער צו זאָגן, צי דאַרף מען שרײַבן: ‚די טעאָריע פֿון׳, אָדער: ‚די טעאָריע וועגן׳. פֿאַרדריסלעך איז, ווען מע טרעפֿט אין איין פֿראַזע ‚טעאָריע פֿון רעפּראָ־דוקציע׳ און ‚טעאָריע וועגן גלײַכגעוויכט׳ (O, E). איז אָדער ‚פֿון׳, אָדער ‚וועגן׳. פֿאַר קיין איבערחזרונג איז דאָ ניטאָ וואָס מורא צו האָבן.

אַנדערע פּרעפּאָזיציעס

‚אין קאַמף קעגן׳ (E, S, O) איז בעסער ווי ‚מיט׳. ‚מיט׳ ברענגט אַ מאָל צו צווייִדײַטי־קייט. שרײַבן אַזוי אין איין אָרט אַלע דרײַ צײַטונגען. קומט O און שרײַבט אַ ביסל ווײַטער:

21 ... וועגן דער שטאַנדהאַפֿטיקייט פֿון דער קליין־פּויערישער ווירטשאַפֿט אין קאַמף מיט דער גרויסער ווירטשאַפֿט.

וואָס זשע מיינט מען: אין קאַמף קעגן, אָדער צוזאַמען קעגן אַ דריטער זאַך? דווקא S שרײַבט כּסדר ‚אויף מערבֿ׳, O און E – ‚אין מערבֿ׳. מע זאָגט: האָבן אַ שײַכות צו, האָבן געמיינזאַמס מיט. פֿלאָנטערט מען: O שרײַבט כּסדר ‚שײַכות מיט׳. אַקעגן אין S קען מען געפֿינען: ‚קיין שום געמיינזאַמס ניט צום לעניניזם׳.

[1] דאָס שטימט לחלוטין נישט מיט דער טענדענץ (זי לאָזט זיך לעצט[נס] קלאָר מאַכן!), ווי ווײַט מעגלעך צו נוצן דעם פּאָסעסיוו אַפֿילו בײַ די אומבאַלעבטע זאַכן; בפֿרט אַז ס׳רעדט זיך פֿון אַזאַ מעכטיקן פּאָליטישן פֿאַקטאָר, ווי ‚די פּאַרטיי׳. {רעד׳}

בעסער: ‚אויב מיר האַלטן זיך בײַם נעפּ׳ (E), אײדער: ‚אויב מיר האַלטן זיך אָן נעפּ׳ (O).

‚האַלטן זיך אָן עפּעס׳ ניצט מע[ן] אין זינען פֿון פֿיזיש האַלטן זיך בײַ עפּעס, אָבער ניט אין זינען פֿון עקסיסטירן. אַזוי צי אַנדערש, קען זי אין דעם פֿאַל ברענגען צו צווײדײַטיקייט: מע קען אָננעמען ‚אָן׳ פֿאַר אַ נעגאַציע.

מע קען אויסקומען אָן פּרעפּאָזיציעס

22 {די טעאָריעס} פֿאַרמיסטיקן די קעפּ בײַ (פֿון) אונדזערע פּראַקטיקער (E, S, O).

קען זײַן: ‚פֿאַרמיסטיקן די קעפּ אונדזערע פּראַקטיקער׳, – אַ דאַטיוו אָן אַ פּרעפּאָזיציע.

23 אַנטוויקלען זיך ... פֿאַר (אין) דער לעצטער צײַט (E, S, O).

קען זײַן: ‚די לעצטע צײַט׳.

24 ס׳זאָל אים זײַן באַקוועמער צום לעבן (O).

‚צו׳ איז דאָ אַ פּאַרטיקל, ניט קײן פּרעפּאָזיציע, – קען ער דעריבער ניט קומען מיט פֿאַרקירצטן באַשטימיקן אַרטיקל. ס׳דאַרף זײַן: ‚צו לעבן׳.

בײגפֿאַלן

25 צי קען מען באַזירן די ראַטנמאַכט אויף צוויי יסודות (E, O).

‚באַזירן׳ טרעפֿט מען אָפֿטער אין ייִדיש מיט ‚זיך׳, ממילא אָן אַן אַקוזאַטיוו. איז אפֿשר בעסער: ‚צי קען די ראַטנמאַכט זיך באַזירן׳ (S).

26 פֿאַרגרעסערן די לאַנדווירטשאַפֿט און מאַכן איר פֿעיִק (O).
27 אַרויסנעמען די טעאָריע פֿון רעפּראָדוקציע און אַנטקעגנשטעלן איר דער טעאָריע וועגן גלײַכגעוויכט (O).

דאַרף זײַן: זי; אין צווייטן זאַץ: ‚זי אַנטקעגנשטעלן׳. דאָס איז כאַראַקטעריסטיש פֿאַר O; – דאָס איז די ווירקונג פֿון ווײַסרוסישן דיאַלעקט. אַ צײַטונג דאַרף אָבער אין אַזעלכע פֿאַלן אין זינען האָבן די ליטעראַרישע שפּראַך.

האָבן – פֿלעגן

אין רוסישן טעקסט איז דאָ געגעבן די פֿילמאָליקע פֿאָר־מע: Кулаки производили тогда – עס רעדט זיך וועגן דער פּראָדוקציע פֿון די בעלי־גופֿים ביז דער רעוואָלוציע. דאַרף מען אין ייִדיש איבערזעצן: ‚די בעלי־גופֿים פֿלעגן דעמאָלט פּראָדוצירן׳ (S), – ניט ‚האָבן דעמאָלט׳ (O, E). דאָס אײגענע איז מיט годами накоплял средства – ‚פֿלעגט ער זאַמלען׳ (S), ניט ‚האָט ער׳(O, E). что привязывало крестьянина – ‚וואָס פֿלעגט צובינדן׳ (S), ניט ‚וואָס האָט צוגעבונדן׳ (O, E).

קאָנטאַמינאַציע

28 ער זאָל זיך מער אויף די פּיס ניט קאָנען אויפֿשטיין (S).

איז אָדער אָן „זיך“, אָדער „אויפֿשטעלן“.

מע קאָן אײַנשפּאָרן

„אויפֿדעקן מיט דער געהעריקער קלאָרקייט“ (O, E) – רוסיש – с должной яснос-тью; קען זײַן: „קלאָר אויפֿדעקן“ (S). T. R. גיט אויך: wyraznie wykazać.

מע קען אויסקומען אָן אַ בײַזאַץ

29 Колхозы …, которые опираются на простое сложение орудий производства.

S האָט דאָ:

a29 קאָלווירטן ... וועלכע שפּאַרן זיך אָן (?) אויף דעם, וואָס מע לייגט פּשוט צונויף צוזאַמען (טאַווטאָלאָגיע!) די פֿויערשע פּראָדוציר־מיטלען.

דער צווייטער בײַזאַץ איז דאָ סובאָרדינירט צום איבעריקן „אויף דעם“; אפֿשר בעסער „שטיצן זיך אויף אײנפֿאַכן צונויפֿלייגן“ (O, E).

צו וואָסער וואָרט איז סובאָרדינירט דער בײַזאַץ

פֿאַראַן פֿאַלן, ווען ס׳איז זיך גאָר ניט גרינג אָנצושטויסן, צו וואָסער וואָרט ס׳איז סובאָרדינירט דער בײַזאַץ. דאָס פֿאַרפֿירט דעם לייענער אין טעותן. אָפֿטער זינדיקט אין דעם פּרט S.

30 דער גרונטפֿאַקט פֿון אונדזער געזעלשאַפֿטלעך־ווירטשאַפֿטלעך לעבן אין איצטיקן מאָמענט, וועלכער ציט צו... (S).

לויט דער וואָרטשטעלונג איז דאָ דער בײַזאַצן סובאָרדינירט צו „מאָמענט“. אָבער פֿון דעם רוסישן טעקסט איז צו זען, אַז דער בײַזאַץ דאַרף זײַן סובאָרדינירט צו „פֿאַקט“. מע האָט דאָ ניט געדאַרפֿט שפּאָרן און איבערחזרן נאָך אַ מאָל דאָס וואָרט „פֿאַקט“ פֿאַרן בײַזאַץ; אַזוי האָט דאָס געטאָן E און O; אַזוי איז דאָס אין רוסיש אויך. אַן אַנדערש מאָל טוט דאָס S, – טוען דאָס שוין אָבער ניט E און O.

31 … возражения буржуазной политической экономии против известного тезиса марксизма о преимуществах крупного хозяйства перед мелкими, *имеющего* будто бы силу …

a31 אַלעמען זײַנען באַוווּסט די דערווידערונגען... קעגן דעם באַוווּסטן טעזיס פֿונעם מאַרקסיזם וועגן די מעלות פֿון דער גרויסער ווירטשאַפֿט לגבי דער קליינער, אַז דער דאָזיקער טעזיס איז כּלומרשט גילטיק ... (S).

E און O האָבן פֿון רוסישן פּאַרטיציפּ געמאַכט אַ פּשוטן בײַזאַץ:

b31 לגבי דער קלײנער, װעלכע איז כּלומרשט גילטיק ...

דער בײַזאַץ איז דאָ סובאָרדינירט צו ‚קלײנער‘, – קען הײסן, אַז די קלײנע װירטשאַפֿט איז כּלומרשט ‚גילטיק‘. אין דער אמתן איז דאָ געמײנט, אַז דער טעזיס איז כּלומרשט גילטיק. דער רוסישער פּאַרטיציפּ אין געניטיװ באַװײַזט דאָ קלאָר, אַז ער איז סובאָרדינירט צו тезиса. S האָט דאָס באַמערקט און האָט אַנשטאָט אַן אַטריבוטיװן בײַזאַץ געגעבן אַ בײַזאַץ מיט ‚אַז‘, איבערגעחזרט דאָס װאָרט ‚טעזיס‘ שױן װי סוביעקט און אַזױ אַרום באַװאָרנט דעם לײענער פֿאַר אַ טעות.

אַן אַנדערש מאָל איז גלײַכער אין ענלעכע פֿאַלן אָנצוקומען צו קאָאָרדינאַציע. אַזאַ גראָטעסקן בײַשפּיל טרעפֿן מיר אין O.

32 У нас имеется национализация земли, *облегчающая* дело перехода.

E און S גיבן דאָס איבער:

a32 בײַ אונדז איז פֿאַראַן נאַציאָנאַליזאַציע פֿון דער ערד, װעלכע פֿאַרלײַכטערט דעם ...

ס'קען אױסקומען, אַז דער בײַזאַץ איז דאָ סובאָרדינירט צו ‚ערד‘; – דעם איבערגאַנג פֿאַרלײַכטערט אָבער די נאַציאָנאַליזאַציע, ניט די ערד. אין O טרעפֿן מיר דאָ:

b32 בײַ אונדז איז נאַציאָנאַליזירט די ערד, און דאָס פֿאַרלײַכטערט ...

די קאָאָרדינאַציע דערלאָזט דאָ ניט צו קײן שום ספֿקות. אַגבֿ, איז דאָ אױסגעמיטן אַ פֿאַלשער בײַזאַץ. אַזױ איז דאָס אין T. R. אױך:

32c (...) Ziemia jest znacjonalizowana *i to* ułatwia przejście...

בינדװערטער

אין ניצן בינדװערטער בײַ קאָאָרדינאַציע און סובאָרדינאַציע איז צו באַמערקן אַ געװיסע נאָכלעסיקײט. אין אַ סך פֿאַלן זעצט מען איבער מעכאַניש פֿון רוסיש.

װאָס – װײַל

33 טאַקע דערפֿאַר, װאָס זי {די מאַרקסיסטישע טעאָריע} האָט אַזאַ ציל (O, S). װײַל זי האָט ... (E).

‚װאָס‘ איז פֿאָלקסטימלעכער; ‚װײַל‘ װײַזט אָבער בעסער די סיבה.

אָבער – נאָר

34 ... איז דער אָנגריף װאָס איר װילט, אָבער ניט קײן באָלשעװיסטישער (S, E).

בעסער: נאָר ניט (O).

איידער – ווי

E שרײַבט כּסדר ,וויניקער, איידער די פֿעווראַל־רעוואָלוציע׳, ,מער, איידער פֿריִער׳ (דאָס רוסישע чем). בעסער: וויניקער, ווי; מער, ווי (O ,S), בפֿרט אין צווייטן פֿאַל.

כּדי – אַז

35 עס וואָלט דאָך געווען גענוג גרויסע אָרגאַניזאַציעס פֿון אוצר פֿון מאַרקסיזם די טעאָריע פֿון רעפּראָדוקציע און קעגנשטעלן זי [אין O ,איר׳] קעגן דער טעאָריע וועגן גלײַכגעוויכט פֿון די סעקטאָרן, כּדי פֿון דער לעצטער טעאָריע זאָל ניט בלײַבן אַפֿילו קיין שפּור (O ,E).

,כּדי׳ איז דאָ קאָפּירט דאָס רוסישע чтобы. ,כּדי׳ באַטײַט אין ייִדיש אַ באַשטימטן געוואונטשטן צוועק. אין דער רוסישער פֿראַזע איז פֿאַראַן אַ ביטול־באַציִונג צו דער אַנטי־מאַרקסיסטישער טעאָריע. ,כּדי׳ פֿאַרווישט דאָס.

ס׳וואָלט דעריבער דאָ בעסער געווען: אַז.

סײַ – און – סײַ – סײַ

36 האָט לענין געהאַט אין זינען אַלע מינים קאָאָפּעראַציע, סײַ אירע נידעריקע פֿאָרמעס און די העכסטע (S).

אַנשטאָט ,און׳ דאַרף זײַן: סײַ.

פֿעלט דער אַרטיקל[1]

37 דער כאַראַקטעריסטישער שטריך פֿון דער איצטיקער קאָלווירט־בויונג באַשטייט אין דעם, וואָס אין קאָלווירטן טרעטן אַרײַן ... (O).

איז אפֿשר בעסער: וואָס אין די קאָלווירטן ... (E ,S).

38 די אָרגאַניזאַציעס האָבן גאָרניט געמיינזאַמס (O).

דאַרף זײַן: קיין געמיינזאַמס (E).

איבעריק דער אַרטיקל

39 רעדע אויף דער קאָנפֿערענץ פֿון די אַגראַרניקעס ... (O).

,אַגראַרניקעס׳ קען זײַן אָן ,די׳.

40 איך רעד וועגן די קאָלווירטן אָבער ניט וועגן פֿאַלשע קאָלווירטן (S).

[1] ח׳ ראָדאַקס אַרבעט „דער, די, דאָס" (ייִדישע שפּראַך № 6, (19) 1929) איז דערשינען שפּעטער, ווי די איבערזעצונג.

‚די‘ גיט דאָ גאָר ניט צו דעם קאַלאַמבור: ער איז דער עיקר אויסגערעכנט אויף דער אינטאָנאַציע. גענוג: וועגן קאָלווירטן (O ,R).

41 אָט דאָס ווערט אָנגערופֿן בײַ אונדז, בײַ די באָלשעוויקעס, אַ ווירקלעכער אָנגריף (O).

‚די‘ שאַפֿט דאָ אַ געוויסע אָפּגעזונדערטקייט צווישן ‚אונדז‘ און ‚באָלשעוויקעס‘. בע־סער: בײַ אונדז באָלשעוויקעס (E ,S), אָדער ‚בײַ באָלשעוויקעס‘, כּדי איבערצוגעבן דעם רוסישן עמאָציאָנעל פֿאַרשטאַרקטן у нас большевиков.

42 אויסרעכענונג אויף אַ דערפֿאָלג (O).

דערפֿאָלג איז אַן אַבסטראַקטער באַגריף, דאַרף מען ניט קיין ‚אַ‘.
מען איז ניט אויסגעהאַלטן אין איין און דעם זעלביקן זאַץ:

43 ס׳ווערט איצט געשטעלט די פֿראַגע וועגן {–} נעפּ, וועגן די קלאַסן, וועגן די בויונגסטעמפּן, וועגן {–} צוזאַמענשלוס, וועגן דער פּאַרטיי־פּאָליטיק (O ,E).

אַנשטאָט אַן אומבאַשטימיקן – אַ באַשטימיקער אַרטיקל

44 לענינס ווערק שטעלן פֿאָר מיט זיך אַ רײַכסטן אוצר (E).

דער סופּערלאַטיוו קומט נאָר מיטן באַשטימיקן אַרטיקל; דאַרף זײַן: דעם רײַכסטן ...

ביידע גוט

45 דער פויער קריגט פֿון שטאָט אַ מאַשין, אַ טראַקטאָר, אַן אַגראָנאָם, אַן אָרגאַניזאַ־טאָר (O ,S).

46 ... די מאַשין, דעם טראַקטאָר, דעם אָרגאַניזאַטאָר (E).

אַ – קיין

47 קאָן ניט האָבן אַ קאָלאָסאַלן ... (E).

בײַ אַ נעגאַציע קומט ‚קיין‘.

מין

פֿראַגע וועגן מין איז בײַ אַ טייל סובסטאַנטיוון אין אונדזער שפּראַכוויסן ביז איצט נאָך ניט אויסגעפֿאָרשט. אונדזער פּרעסע היט אָפּט ניט אָפּ אַפֿילו די עלעמענטאַרע נאָרמעס, וואָס זײַנען אָנגענומען אין דער ליטעראַרישער שפּראַך. ווייניקער ווי אַנדערע רעכנט מען זיך מיט די נאָרמעס אין O. שולדיק איז דאָ, זעט אויס, דער ווײַסרוסישער דיאַלעקט: ער האָט ניט דעם 3טן מין. פֿון דאַנען נעמט זיך אין O פֿעלערן אין בייגפֿאַלן. ‚די דאָזיקע נײַע געוווער‘, ‚דער יאָר‘, לויט דער געשטאַלט‘ דאַרף זײַן: ‚דאָס דאָזיקע‘, ‚דאָס‘, ‚דעם‘. ‚זײַן אייגענעם שטיקל ערד‘ דאַרף זײַן: ‚זײַן אייגן‘. ‚אָפּשאַפֿן דעם פּריוואַט־אייגנטום‘,

„ליקווידירן דעם בעל־גופֿנטום‘, – דאַרף זײַן: „דאָס‘. אַן אַנדערש מאָל שרײַבט דווקא O: „ברעכט דאָס בעל־גופֿנטום‘.

בנוגע דער אַזוי גערופֿענער „שערעלע‘, „ליקווידאַציע פֿון דער שערעלע‘ – איז פֿאַר וואָס עפּעס „שער‘ אין דימינוטיוו? און אויב שוין יאָ, – איז „דעם‘: סובסטאַנטיוון אין דימינוטיוו געהערן צום דריטן מין.

48 שטאַנדהאַפֿטיקייט פֿון דער קליין־פּויערישער ווירטשאַפֿט אין זײַן קאַמף (O).

אויב „דער‘, – איז שוין „איר‘.

וואָרטבילדונג

S איז אַ מאָל צו געהיט פֿאַר אַ נײַבילדונג. „אַגראַרניק‘ (E) איז אפֿשר בעסער ווי „אַגראָטוער‘. פֿאַר ניט־געראָטן דאַרף מען האַלטן „קאָלווירטניק‘ (O), מיטן באַטײַט: קאָלווירט־טוער. „קאָלווירטניק‘ הייסט גיכער אַ מיטגליד פֿונעם קאָלווירט. בעסער: „קאָלווירטלער‘.

אײדער דעם דרײַגאָרנדיקן קאָמפּאָזיט „מאַסן־קאָלווירט־באַוועגונג‘ (O) איז שוין גלײַכער „מאַסאָווע‘ (E), אָדער „מאַסנדיקער‘. אין דעם פּרט ווײַזט E אַרויס אַ גרעסערע דרייסטקייט, דאָס אייגענע מיטן סופֿיקס – „־יש‘: „מאַסאָווע קאָלווירטישע באַוועגונג‘, „סחוריש ברויט‘ (E).

מע קען אויסקומען אָן אַ סופֿיקס

שטאָט „די באַדײַטונג פֿון די פּראַגעס‘ (O, E) קען [זײַן] „דער באַטײַט‘ (S). „איבער־גאַנגס־פּעריאָד‘ און „בויונגסטעמפּן‘ (E) קען זײַן: „איבערגאַנג־פּעריאָד‘, „בויונגטעמפּן‘. נאָך בעסער: בויטעמפּן (S).

בעסער מיט אַ סופֿיקס

„גלענצנד‘ (E) – קלינגט דײַטשמעריש, – בעסער: גלענצנדיק (O, S).

קלאַנגענבײַט

„מאַכן אַן אָנגרײַף‘ – אַזוי שרײַבט כּסדר S. דאַרף זײַן: אָנגריף.

מערצאָל־פֿאָרמעס

S שרײַבט כּסדר מיט – „ס‘: פֿאָרמעס, גרופּעס, פּראַגעס, פּראָבלעמעס. E און O: פֿאָרמען, פּראַגן.

אַן אויסנאַם איז אין S [!]: גרופּעס.

S שרײַבט: גוטבאַזיצערס, רעדנערס. E און O: גוטבאַזיצער, רעדנער.

S איז דאָ נעענטער צו דער מאַסנשפּראַך.

לעקסיק

געפֿינען דאָס פּאַסיקע, אַדעקוואַטע וואָרט בײַ איבערזעצן איז גאָר ניט פֿון די גרינגע זאַכן, – פֿאַלט מען דאָ אַ מאָל דורך. ,זאַבאַבאָנע׳ (O) פֿאַר предрассудок איז אַ פּראָווינציעלער סלאַוויזם, – בעסער: ,פֿאָראורטייל׳ (S, E). פֿאַר שלעכט דאַרף מען האַלטן אַזאַ נײַבילדונג ווי ,זעלבסטפֿלוס׳ אויף איבערצוגעבן דאָס רוסישע самотек. שווער לייענט זיך אויך אין S דער פֿאַראַפֿראַז ,די פֿון זיך אַליין טעאָריע׳; – בעסער: די טעאָריע וועגן סטיכישקייט (E).

פֿאַר וואָס זעצט O אַ מאָל איבער поворот в политике – ,דער קער׳ און אין עטלעכע שורות אַרום: ,דער שיידוועג׳? ,שיידוועג׳ איז גאָר распутье. בוכשטעבלעך איז איבערגעזעצט распространяться – ,פֿאַרשפּרייטן זיך׳ (E). S באַשרײַבט: ,ניט מאַריך זײַן׳ – פּרינציפּיעל ריכטיק, אָבער לויט דער פֿאָרמע נאָך אַרכאַיִש, דרשהמעסיק. בעסער: ניט רעדן אויספֿירלעך (O), אָדער ,קיין סך ניט רעדן׳.

איבעריקע העברעיִזמען

אַנשטאָט: ,בנוגע׳, ,מכּוח׳ – קען מען זאָגן: וועגן; אַנשטאָט ,לגבי׳ – קעגן; אַנשטאָט ,רגילותן׳ – געוווינהייטן (־שאַפֿטן).

איבעריקע גערמאַניזמען

ווירקלעכער – אמתער; אַרטן – מינים.

דײַטשמעריש קלינגט אויך: געמיינזאַמעס, פֿאַרקנעכטעטע.

טערמינאָלאָגיע

טערמינאָלאָגיע הינקט נאָך בײַ אונדז: מער פֿעלט אונדז נאָך ווי מיר האָבן. ס׳איז דעריבער גאָר קיין חידוש ניט, ווען יעדער צײַטונג אימפּראָוויזירט אויף איר שטייגער. פּראָדוציר־מכשירים (E), פּראָדוציר־מיטלען (S, O) – פֿאַר орудия производства; מכשירים (E, O), ווערקצײַג (S) – פֿאַר орудия; ערד־אָרעמקייט (E), מאַנגל פֿון ערד (O), ערדמאַנגל (S) – פֿאַר малоземелье; דער קויף און פֿאַרקויף (E, O), דאָס קויפֿן און פֿאַרקויפֿן (S) – פֿאַר купля-продажа; קאָסטן פֿון דער פּראָדוקציע (E), ווערט... (O), פּראָדוציר־הוצאָות (S) פֿאַר стоимость производства; באַזאָרגונג און אָפּזאַץ... – (O, E), באַזאָרגעריש־פֿאַרקויפֿעריש (S) – פֿאַר снабженческо-бытовые. אַנטבעל־הגופֿעווען (E, S), אויסבעל־הגופֿווען (O) – פֿאַר раскулачивание. хлеб זעצן אַלע צײַטונגען איבער ,ברויט׳, כאָטש דאָ, אין דעם קאָנטעקסט, מיינט מען: תּבֿואה. хлеб איז דאָ אין רוסיש אַ האָמאָנים. ייִדיש האָט צוויי באַזונדערע ווערטער: ,ברויט׳ (געבאַקנס) און ,תּבֿואה׳ (קערנער). צו וואָס איבערזעצן зерновой хлеб – ,תּבֿואה־ברויטן׳ (E, S), אָדער ,קערנער־תּבֿואה׳ (O), אַז ,תּבֿואה׳ אַליין איז גענוג.

אין דעם פּרט טערמינאָלאָגיע וואָלטן אונדזערע וויסנשאַפֿטלעכע אַנשטאַלטן געדאַרפֿט וואָס גיכער קומען צו הילף דער פּרעסע, און ניט נאָר דער פּרעסע – דער אַרבעטשול, דער

פּראָפּשול, דער הויכשול אויך. מע וואָלט אויך געקענט קומען צו הילף אין פּרט פּראַזעאָ־לאָגיע, זאַצבוי אד״גל, – אַרויסלאָזן אַ הילפּסביכל פֿאַר איבערזעצער.

אי. בורגאַנסקי

אונדזערע איבערזעצונגען

(באַמערקונגען פֿון אַ קאָרעקטאָר)

צווישן דער גאַנץ רײַכער ביכער־פּראָדוקציע אין ייִדיש פֿאַר די לעצטע פּאָר יאָר פֿאַרנעמט אַן אָנגעזעען אָרט די איבערגעזעצטע ליטעראַטור. דער הויפּט געהערט דאָס צו לערנביכער, פּאָפּולער־וויסנשאַפֿטלעכער, פּאָליטישער און אַנדערער מאַסן־ליטעראַטור.

מיר באַגעגענען דעריבער אָפֿט אין דער „ייִדישער שפּראַך״, אין „ראַטנבילדונג״ רעצענזיעס אויף דער דאָזיקער איבערגעזעצטער ליטעראַטור. אין די רעצענזיעס שאַצט מען אויך אָפּ דעם סטיל, זאַצבוי, טערמינאָלאָגיע אד״גל.

דאָס בוך קומט אָבער אָן צום רעצענזענט שוין נאָך דעם, ווי דער קאָרעקטאָר האָט אויף דעם בוך היפּש געאַרבעט. זעלטן ווער סע ווייסט, אַז אויף דעם קאָרעקטאָר פֿאַלט אויס גאָר אַן אומגעריכטע פֿונקציע: אַכטונג געבן אויף דער שפּראַך, אַרויסשלעפּן אָפֿט מאָל פֿון אַ מיאוסער בלאָטע דעם פֿאַרלאַג מיט זײַן רעדאַקציע. איז כּדאַי וועגן דעם עפּעס צו דערציילן.

I דובניאַק – געאָגראַפֿיע.

לערנביכל פֿאַר 5 לערניאָר, איבערזעצונג פֿון אוקראַיִנישן אָריגינאַל (פֿאַרלאַג קולטור־ליגע)

1. עס האַנדלט זיך וועגן אַ ניוועליר – אַן אינסטרומענט צו מעסטן דערמיט ערד. דער איבערזעצער ראָט אין אַ באַשטימטן פֿאַל ‚אַרויפֿלייגן אַ בערגל אויפֿן ניוועליר‘. דאָס ‚בערגל‘ ווערט דעם קאָרעקטאָר קשה. זוכט ער אָפּ דעם אוקראַיִנישן אָריגינאַל; אין דער אַנטשפּרעכנדיקער שטעל איז געזאָגט, אַז אויפֿן ניוועליר לייגט מען אַרויף гірка, אַ געוויכטל. דער איבערזעצער, זעט אויס, האָט זיך דאָס אויסגעטײַטשט פּראָסט: אַז гора איז אַ באַרג, איז гірка אַ בערגל. אויב אַפֿילו דער איבערזעצער האָט קיין מאָל ניט געזען קיין ניוועליר, האָט ער פֿון דער צייכענונג אין ביכל געקענט באַמערקן, אַז אַ ניוועליר איז צו קליין, אַז מע זאָל אויף אים קענען אַרויפֿלייגן אַ בערגל (און ווי אַזוי קען דאָס בכלל געמאָלט זײַן אַרויפֿלייגן אויף אַן אינסטרומענט אַ בערגל?).

2. עס האַנדלט זיך וועגן שיכטן פֿונעם באָדן אין אַ באַשטימטער געגנט. דער אייבערשטער שיכט איז שוואַרצערד, דער אונטערבאָדן, – אַזוי זאָגט דער איבערזעצער, – באַשטייט פֿון געהילץ. אייניקע שורות ווײַטער: דער אונטערבאָדן, אויף אַ באַשטימטער טיף, באַשטייט ‚פֿון וואַלד‘. דעם קאָרעקטאָר ווערט עס קשה, און ווידער פֿונעם אוקראַיִנישן

פֿון: **די ייִדישע שפּראַך** (קיִעוו) 6 (25), נאָוועמבער – דעצעמבער 1930, שפּ׳ 35 – 38.

אָריגינאַל דערוויסן מיר זיך, אַז דער אונטערבאָדן באַשטייט פֿון лес, ד״ה ליאָס[1]. דער איבערזעצער, ווײַזט אויס, ווייסט אַפֿילו ניט, אַז אין אוקראַיִניש איז וואַלד – ліс, ניט лес, און ס׳איז בײַ אים רעכט, אַז טיף אין דער ערד וואַקסט אַ וואַלד, אָדער ס׳איז אָנגעלייגט געהילץ.

3. דער איבערזעצער פּלאָנטערט דעם באַגריף ,אָנהייב־מערידיאַן׳ (אָדער ס־מערי־דיאַן) מיט ,ערשטער מערידיאַן׳, און ער זעצט איבער דאָס אוקראַיִנישע початковий меридіан מיט ,ערשטער מערידיאַן׳. דאָס רוקט איבער די געאָגראַפֿישע אָרטלאַגע פֿון אַלע פּונקטן אויף אַ גאַנצן מערידיאַן.

4. אַזוי שרײַבט זיך טאַקע אין דער איבערזעצונג: ,טראָפּיק ראַקאַ׳ און ,דער טראָפּיק קאָזעראָגאַ׳, גענומען פֿונעם רוסישען געניטיוו Тропик рака, Тропик Козерога, און עס מאַכט אַן אײַנדרוק, ווי עס וואָלט זיך געהאַנדלט וועגן אייגן־נעמען ,ראַקאַ׳ און ,קאָזוראָגאַ׳.

5. דאָס לאַנד Черногория אין דרום־סלאַוויע, וואָס פֿאַר דעם איז שוין אין ייִדיש אָנגענומען דער אינטערנאַציאָנאַלער נאָמען: ,מאָנטענעגראָ׳, איז דאָ אָנגערופֿן ,שוואַרצע בערג׳.

איך מיין, אַז די געבראַכטע מוסטערן איז גענוג צו געבן אַ באַגריף, ווי אַזוי מע נעמט זיך בײַ אונדז צו איבערזעצן לערנביכלעך.

אָבער וואָס טראַכט זיך דער פֿאַרלאַג?

II נאַטור־וויסנשאַפֿט פֿאַרן 4טן לערניאָר – פֿינקלשטיין. איבערזעצונג פֿון אוקראַיִניש

1. צווישן די גאָרטן־קולטורן איז אין ביכל אָפֿט מאָל דערמאָנט ,פּיטער־קאַווענעס׳. דאָס רעקאָמענדירט מען די קאָלווירטן אויף צו פֿאַרשטאַרקן די שפּײַזבאַזע פֿאַר פֿיצוכט. דעם קאָרעקטאָר האָט אַזאַ מאכל פֿאַר פֿי אויסגעזען ניט גלאַט, האָט ער גענומען דעם אָריגינאַל. טרעפֿט ער דאָרט кормові гарбузи – ,פֿיטער־קירבעס׳. דער איבערזעצער האָט געטײַטשט דאָס אוקראַיִנישע гарбузи ווי דאָס רוסישע арбузы – קאַווענעס. (אין אוקראַיִניש איז קאַווענעס – кавуни).

2. אין קאַפּיטל וועגן לופֿט איז געוויזן מיט עקספּערימענטן, אַז לופֿט האָט וואָג און פֿאַרנעמט אָרט. אויף עטלעכע זײַטן גייען דאָרט דערקלערונגען צו די צייכענונגען, און די גלעזערנע לאַבאָראַטאָריע־כּלי ,קאָלבע׳ הייסט דאָרט בײַם איבערזעצער ,דער קאָלבן׳.

אַזוי ווי ,קאָלבן׳ איז אין טעכניק און פֿיזיק דער טערמין פֿאַר поршень, האָט דער קאָרעקטאָר געהאַט אַן אַרבעט אומעטום אויספֿאַרריכטן ,קאָלבן׳ אויף ,קאָלבע׳ מיט ,די׳ אַנשטאָט ,דער׳. אין דעם נאָענטסטן קאַפּיטל איז באַשריבן די פּאָמפּע, באַצייכנט שוין דער איבערזעצער מיטן זעלבן ,קאָלבן׳ דעם поршень, און ער גיט זיך דערבײַ ניט די מי נאָכצוקלערן, אַז מיטן זעלבן וואָרט קען מען אַזוינע צוויי גרונט־פֿאַרשיידענע זאַכן ניט באַצייכענען.

[1] גאָט געל־גרויער אָפּזעץ.

3. דער מין פֿון ,וואַסער' איז אין גאַנצן ביכל, אָפֿט מאָל אויף דעם זעלבן זײַטל – גע־פלאָנטערט: אַ מאָל ,די וואַסער', אַ מאָל ,דאָס וואַסער'.

III יסודות פֿון אינדוסטריִאַליזאַציע, אַרבעטביכל. איבערזעצונג פֿון אוקראַיִניש

דער רעדאַקטאָר פֿון דער איבערזעצונג אָשרי־יודעלעוויטש פֿאַרריכט אומעטום דעם איבערזעצער. אַנשטאָט ,שמידעוודיקער אײַזן' שטעלט ער: שמידבאַרער, שמידבאַר־קייט; אַנשטאָט ,אַגיטיר־מיטלען' שרײַבט ער: אַגיטאַציאָנס־מיטלען; אַנשטאָט ,דאָס אויספילן דעם 3־יאָריקן פּלאַן' – די אויספּילונג פֿונעם... אאַז״וו. דאָס חזרט זיך איבער אין גאַנצן ביכל. איז קלאָר, אַז דאָ האָבן מיר אַ סיסטעם בײַם רעדאַקטאָר. אָבער דער פֿאַרלאַג דאַרף דאָך אויך האָבן אַ סיסטעם, אַ גאַנג! אויב אין אַנדערע לערנביכער אאַז״וו האַלט זיך דער פֿאַרלאַג בײַ די אָנגענומענע סטילנאָרמעס (וועגן דעם סופֿיקס ,באַר', וועגן ווערבאַלישע זאַכווערטער און צײַטווערטער אאַז״וו – זע „ייִדישע שפּראַך"), איז קען מען דאָך ניט מפֿקיר זײַן איין לערנביכל פֿאַר ,אַגיטאַציאָנס־מיטלען'.

עס פֿעלט דאָרט אויך ניט קיין קוריאָזן. ס'לוינט אָבער נישט צו פֿאַרנעמען דערמיט אָרט. איך וויל נאָר באַמערקן, אַז דער רעדאַקטאָר פֿאַרריכט אין גאַנצן ביכל: ,טשוגון' אַנ־שטאָט ,טשוהון'.

IV „אוקרײַנסקי ראָביסניק" – דער אוקראַיִנישער פֿאַרלאַג פֿון אַלוקראַיִנישן פּראָפֿראַט, – האָט באַשטימט אַרויסצולאָזן זײַן אויסגאַבע „פּ. בלאַזשיעוויטש: וואָס דאַרף וויסן אַן אָנ־פֿאַנגער אַ באַרג־אַרבעטער" אין ייִדיש אויך. איז קען מען דאָס, פֿאַרשטייט זיך, נאָר באַגריסן. מיר האָבן ערשט געהאַט די קאַמפּאַניע אַרײַנצוציִען די ייִדישע שטעטלדיקע יוגנט אין די קוילנגרובן; איז אַזאַ אויסגאַבע אַוודאי צו דער צײַט.

געפֿינט זיך אָבער דער פֿאַרלאַג אין כאַרקאָוו און געפֿינט ניט, זעט אויס, קיין פּאַסיקן ייִדישן איבערזעצער, פֿרעגט אויך ניט אָן בײַ די ייִדישע אַנשטאַלטן און אָרגאַניזאַציעס, וואָס וואָלטן אים געקענט ראָטן. זוכט ער זיך אויס אַ היימישן מענטשן, איינעם ש. פֿײַן, און יענער נעמט זיך אונטער.

דעם פֿאַרלאַג האָט עס געקאָסט שווער רבי־געלט: ער האָט נאָך דעם (שוין נאָכן אויס־זעצן) געדאַרפֿט צאָלן פֿאַר אַ גרינטלעכער קאָרעקטור, פֿאַר איבעראַרבעטן דעם סטיל. ער האָט געמוזט באַצאָלן דער דרוקערײַ פֿאַרן אויספֿאַרריכטן און ענדערן דעם זאַץ.

ס'איז אוממעגלעך איבערצוגעבן די גאַנצע פּראַכט פֿון דער דאָזיקער איבערזעצונג. מיר וועלן דאָ ברענגען נאָר אייניקע פּראַזעס און ווײַזן, ווי אַזוי דער קאָרעקטאָר האָט עס געמוזט פֿאַרריכטן.

1 די אינדוסטריע פֿון פֿסר״ר האָט פֿאַר די לעצטע יאָרן באַקומען אַ באַדײַטנ־דיקע אַנטוויקלונג (ז' 3).

a1 די אינדוסטריע פֿון פֿסר״ר האָט זיך פֿאַר די לעצטע יאָרן שטאַרק אַנטוויקלט.

2 ...בויען נײַע אינדוסטריעלע אונטערנעמונגען, איבערבויען די אַלטע אויפֿן לעצטן וואָרט פֿון דער וויסנשאַפֿט... (ז׳ 3).

a2 ...איבערבויען די אַלטע, אויסנוצנדיק די לעצטע דערגרייכונגען אין דער וויסנשאַפֿט...

3 די איבערפּראָדוצירונג (אין די קאַפּיטאַליסטישע לענדער) פֿירט צו זוכן נײַע מערק פֿאַרן אָפּזעצן די סחורות דורך דער הילף פֿון מלחמות און גוואַלדטאַטן (ז׳ 6).

a3 די איבערפּראָדוצירונג צווינגט די קאַפּיטאַליסטן צו פֿירן מלחמות, כּדי צו געפֿינען נײַע מערק פֿאַרן אָפּזעצן די סחורות.

4 דער פֿינפֿיאָרפּלאַן [...]: גרונט פֿאַר די מעגלעכקייט פֿון אונדזער ווירטשאַפֿטלעכן איבערבוי און אויפֿשטײַג אויף אַ נײַער מער העכערער טעכנישער מדרגה מיט דער הילף פֿון דער קאַפּיטאַלער בויונג, עלעקטריפֿיקאַציע, ראַציאָנאַליזאַציע, קאָאָפּערירונג אאַז״וו (ז׳ 6).

a4 דער פֿינפֿיאָרפּלאַן שאַפֿט אַ מעגלעכקייט, מיט דער הילף פֿון דער קאַפּיטאַלער בויונג, עלעקטריפֿיקאַציע..., איבערצובויען אונדזער ווירטשאַפֿט און אויפֿהייבן זי אויף אַ העכערע[ר] טעכנישע[ר] מדרגה.

5 בנוגע די גאַזן צעקלאַפּן זיך די רודניקעס אויף דרײַ קאַטעגאָריעס (ז׳ 74).

a5 בנוגע די גאַזן טיילן זיך די קוילן־גרובנס אויף דרײַ קאַטעגאָריעס.

6 די ווענטילירונג פֿון קליינע שאַכטן, וועלכע פֿאַרמאָגן אויף דער אייבערפֿלאַך צוויי אַרויסגאַנגען, קען אַ מאָל אין געוויסע באַדינגונגען זיך באַגנוגענען מיט דער נאַטירלעכער לופֿט... (ז׳ 74).

a6 קליינע שאַכטעס, וואָס פֿאַרמאָגן אויפֿן אייבערפֿלאַך צוויי אַרויסגאַנגען, קען מען אַ מאָל ווענטילירן מיט דער נאַטירלעכער לופֿט...

7 די דירעקטע פֿאַרוואַלטונג מיט דער שאַכטע פֿירט אָן די שאַכט־פֿאַרוואַלטונג (ז׳ 87).

a7 די שאַכט־פֿאַרוואַלטונג פֿירט דירעקט אָן מיט דער אַרבעט אין דער שאַכטע.

8 מע מוז איין מאָל פֿאַר אַלע מאָל געדענקען, אַז בײַ אַ גרויסער צאָל אַרבעטער אויפֿן אייבערפֿלאַך און בײַ אַ קליינער צאָל אונטערערדישע אַרבעטער, בײַ אויסנוצן קוואַליפֿיצירטע אַרבעטער אויף שוואַרצער אַרבעט, בײַ דער ברייטער פֿונאַנדערבלאָזנדיקער קאָנטאָר־אַרבעט, בײַ דער אָפּוועזנהייט פֿון סיסטעמאַטישן העכערן די קוואַליפֿיקאַציע פֿונעם אַרבעטער און בכלל בײַ אַ ניט־ריכטיקן אויסנוצן די אַרבעטקראַפֿט, קען קיין רייד ניט זײַן פֿון ראַציאָנאַליזאַציע (ז׳ 93).

a8 וועגן ראַציאָנאַליזאַציע קען קיין רייד ניט זײַן:

אויב די צאָל אַרבעטער אויפֿן אייבערפֿלאַך איז גרעסער פֿון דער צאָל אונטערערדישע אַרבעטער;

אויב מע נוצט אויס קוואַליפֿיצירטע אַרבעטער אויף שוואַרצער אַרבעט;

אויב די שטאַטן אין די קאָנטאָרן זײַנען זייער גרויס;

אויב מע העכערט ניט די אַרבעטערס קוואַליפֿיקאַציע און מע נוצט שלעכט אויס די אַרבעטקראַפֿט.

9 יעדער פֿאַראיין־מיטגליד באַנוצט זיך מיט דער פֿאַרטיידיקונג און מיטהעלפֿונג פֿון פֿאַראיין (ז׳ 97).

a9 דער פֿאַראיין שטיצט און פֿאַרטיידיקט זײַנע מיטגלידער.

איך מיין, אַז די געבראַכטע מוסטערן קענען געבן אַ גענוגנדיקע פֿאָרשטעלונג, וואָ[ס פֿאַר] אַן אַרבעט ס׳פֿאַלט אויס אויפֿן קאָרעקטאָר, כּדי צו מאַכן דרוקפֿעיִק די שוין אויסגעזעצטע עם־הארצישע איבערזעצונג.

מע דאַרף געדענקען, אַז אונדזערע דרוק־מעגלעכקייטן זײַנען הײַנט צו טאָג הינטערשטעליק אַקעגן דעם באַדאַרף. דער ייִדישער קוואַליפֿיצירטער זעצער איז געוואָרן אַ דעפֿיציט־אַרטיקל, און דעם לימיט פֿאַר די פֿאַרלעגערישע פּלענער פֿון צענטרפֿאַרלאַג, קולטור־ליגע א״אַ – דאָס שטעלט איצט נאָר די דרוקערײַ, אָדער בעסער געזאָגט, – די ייִדישע זעצערײַ. ס׳איז באמת אַ שאָד יעדע שעה, וואָס מיר רײַסן אָפּ ביים קוואַליפֿיצירטן זעצער אויף אויסצופֿאַרריכטן און איבערצואַרבעטן עם־הארצישע אָריגינאַלן; און דאָס קומט אויס צו טאָן דערפֿאַר, וואָס די פֿאַרלאַגן גיבן איבער די איבערזעצונגען צו ,היימישע מענטשן׳, און די רעדאַקציעס פֿון די פֿאַרלאַגן לייענען די אָריגינאַלן... – פֿאַרן שלאָף סײַדן...[1]

[1] ♉ דער אַרטיקל איז אונטערגעשריבן „קיִעוו 1931“ – מסתּמא איז דער נומער צוליב טעכנישע אָדער פֿינאַנציעלע סיבות אַרויס שפּעטער.

נחום שטיף

איבערזעצונגען

אין ייִדיש – ווי אין יעדער שפּראַך פֿון אַ נאַצמינדערהייט, – קומט אויס אַ סך איבער[צו]זעצן, דירעקט (פֿון אַנדערע קוואַלן), אָדער אומדירעקט (פֿונעם גדאַנק, – איבער דער צווייִשפּראַכיקייט, וואָס איז פֿאַקטיש פֿאַראַן בײַ אַ גרויסן טייל). איבערזעצן איז בכלל אַ גרויסע, אַ שווערע קונץ, בפֿרט אין אַזאַ ליטעראַריש לערך יונגער שפּראַך ווי אין ייִדיש. ס׳איז נאָך שווער דאָ אָנצוגעבן גענויע כּללים, וואָס זאָלן באַוואָרענען פֿאַר אַלע מעגלעכ[ע] שטרויכלונגען. בלויז דאָס אַלגעמיינע: מע דאַרף אין זינען האָבן:

דער אידעאַל איז איבערצוזעצן אַזוי ווי דער אַווטער וואָלט דאָס געשריבן אין אָריגינאַל אויף ייִדיש, ס׳זאָל זיך וואָס ווינציקער הערן דער ריח פֿון איבערזעצונג. דאָס הייסט צום אַלעם ערשטן: מע דאַרף היטן אין דער איבערזעצונג די נאָרמעס פֿונעם ייִדישן זאַצבוי, פֿון דער ייִדישער וואָרטשטעלונג, פֿון דער ייִדישער וואָרטבילדונג.

מע דאַרף נישט זײַן צו געטרײַ צו דער איבערזעצונג־שפּראַך, צוגעבונ[דן] צום טעקסט: דערמיט דערלאַנגט מען צום מיינסטנס אַ פֿאַרקערטן רעזולטאַט: [די] זאַך ווערט שווער פֿאַרשטענדלעך, ס׳גרילצט אָפּט. מע דאַרף אָבער זײַן שטאַ[רק] געהיט נישט צו פֿאַרייִדישלעכן דעם אָריגינאַל. דאָס איז שייך דער הוי[פּט] בײַם איבערגעבן די פֿרעמדע פֿראַזעאָלאָגיע, צום טייל די לעקסיק. דאָרטן, ו[וו] דאָס לאָזט זיך נישט גענוי איבערזעצן (ווײַל ס׳וואָלט געקלונגען פֿרעמד אָדער שלעכט אין ייִדיש), דאָרט דאַרף מען זען צו געבן דאָס מאַקסימאַל נאָענטע. מע דאַרף נישט דווקא איבערזעצן דאָס וואָרט, – מע דאַרף איבערגע[בן] דעם געדאַנק, דעם אינהאַלט, אָבער ווי ווײַט מעגלעך, וואָס גענויער. מע דאַרף נישט נאָכגיין דעם וואָרט, דעם זאַצגליד, מע דאַרף איבערזעצן די פֿראַזע, גאַנצערהייט גענומען. ס׳איז נישט קיין מוז נאָכצומאַכן דעם אַווטערס שווערע קאָמפּליצירטע פֿראַזעס: מע קען די פֿראַזע צעהאַקן אויף 2–3 איינפֿאַכערע פֿראַזעס. מע דאַרף זיך אָבער נישט פּשוט גרינגער מאַכן: מע דאַרף היטן דעם אַווטערס באַטאָנונג. ס׳איז נישט נייטיק איבערצוגעבן די פּאַסיווע קאָנסטרוקציע, בפֿרט דעם פֿולן פּאַסיוו; די קאָנסטרוקציע מיט ווערבאַלישע זאַכווערטער אַנשטאָט צײַטווערטער: דאָס איז נישט דאָס בעסטע אין אַנדערע שפּראַכן אויך, מע קען זיך אָפּט מאָל אויסהעלפֿן מיט איבערגרופּירן געוויסע טיילן אין דער פֿראַזע (אָבער פֿאַרהיט[ן] די באַטאָנונג), נאָענט שטייענדיקע פֿראַזעס.

פֿון: YIVO Institute for Jewish Research, RG 57, folder 17, 106476. קיִעוו, דער 9טער יאַנואַר 1931. צום באַדויערן האָבן מיר ביז איצט ניט באַוויזן אויסצוגעפֿינען אין וואָסער גערעם שטיף האָט געשריבן דעם דאָזיקן פֿראַגמענט. וועגן זײַנע אייגענע איבערזעץ־מעטאָדן דערציילט שטיף אין דער אויטאָביאָגראַפֿיע, וואָס איז פּובליקירט געוואָרן נאָך זײַן פּטירה אין **ייִוואָ־בלעטער** (ווילנע) 5, יאַנואַר–מײַ 1933: ז״ז 195–225, זע ז״ז 215–216.

מאיר ווינער

וועגן איבערזעצן די ווערק פֿון די מאַרקסיסטישע קלאַסיקער

באַמערקונגען צו די פּרינציפּן פֿון דער איבערזעץ־אַרבעט[1]

יעדער, וואָס נעמט זיך איבערזעצן די קלאַסישע ווערק פֿון מאַרקסיזם, שטויסט זיך אָן אין אַ ריי איבערזעץ־פּראָבלעמען, וואָס זײַנען ביז איצט בײַ אונדז זייער ווינציק באַהאַנדלט. אַזאַ איבערזעץ־אַרבעט ווערט איצט פֿירגענומען אויף אַ ברייטן אופֿן. עס וואָלט דעריבער בכלל זייער אַקטועל געווען אויספֿירלעך צו באַהאַנדלען און אויסצוקלאָרן לפּחות די וויכטיקסטע פּרינציפּן, וואָס יעדער איבערזעצער פֿון די קלאַסישע ווערק פֿון מאַרקסיזם דאַרף זיך בײַ זיי האַלטן. דאָס איז אַ וויכטיקע פֿראַגע, און אונדזערע פֿילאָלאָגן און איבערזעצער דאַרפֿן זיך דערמיט אָפּגעבן. דאָ וועלן מיר מאַכן וועגן דעם בלויז אייניקע באַמערקונגען.

אַחוץ די געוויינטלעכע שוועריקייטן בײַם איבערזעצן אין יעדער שפּראַך, קומען נאָך צו אין אַ ייִדישער איבערזעצונג די פֿאַרשידענע ספּעציפֿישע שוועריקייטן פֿון אַ שפּראַך, וואָס פֿאַרמאָגט נאָך אַ קליינעם ,סטאַזש׳ אין סאָציאַל־עקאָנאָמישע וויסנשאַפֿטן און פֿילאָסאָפֿיע[2]. אין דער ייִדישער שפּראַך איז נאָך אויפֿן הײַנטיקן טאָג ניט פֿאַראַן ניט קיין אָנגעזאַמלטער פֿאַרמעג אין געביט פֿון סאָציאַל־עקאָנאָמיע און פֿילאָסאָפֿיע, ניט קיין געהעריק אויסגעאַרבעטע שפּראַכלעכע מיטלען און געוווינטקייטן. ס׳זײַנען דאָ נאָך ניט פֿאַראַן קיין וועלכע ס׳ניט איז ערנסטע פֿילאָסאָפֿישע טראַדיציעס. אַחוץ עטלעכע ווייניק באַפֿריד[יק]נדיקע פּרוּוון, זײַנען נאָך די ווערק פֿון מאַרקס/ענגעלס און לענין ניט איבערגעזעצט אויף ייִדיש אין אַ געהעריקער מאָס און מיט דער געהעריקער וויסנשאַפֿטלעכקייט. צו דער דאָזיקער ביז גאָר וויכטיקער אויפֿגאַבע זײַנען אונדזערע פֿאַרלאַגן צוגעטראָטן ערשט די לעצטע יאָרן.

די אַמעריקאַנער ייִדישע איבערזעצונגען פֿון אַ טייל ווערק פֿון מאַרקס און ענגעלס, – פּונקט אַזוי ווי נאַטאַנזאָנס שפּינאָזע־איבערזעצונגען (אָפּגערעדט פֿון די רעאַקציאָנער־באַלעבעסלדיקע צעטומלטע פֿילאָסאָפֿירערײַען פֿונעם ציוניסטיש־ייִדישיסטישן זשיטלאָווסקי) – האָבן פֿאַר דער אָנזאַמלונג פֿון אויסדרוק־מיטלען אין ייִדיש אויפֿן געביט פֿון סאָציאַל־עקאָנאָמיע און פֿילאָסאָפֿיע גאָר ווייניק געגעבן. די דאָזיקע איבערזעצער האָבן, בכלל גענרמען, די שוועריקייטן, וואָס זײַנען פֿאַר זיי געשטאַנען, ניט געלייזט, נאָר אויסגעמיטן. אַזוי,

[1] פֿון דער פֿאָררעדע צו דער איבערזעצונג פֿון ענגעלסעס ווערק **די אַנטוויקלונג פֿונעם סאָציאַליזם פֿון אוטאָפּיע צו וויסנשאַפֿט** (ייִדיש: נ. שטיף; רעדאַקציע: מ. ווינער).

[2] דער מחבר ניצט אין גאַנצן טעקסט אויסגעהאַלטן די פֿאָרעם מיט ,ז׳: פֿילאָזאָפֿיע, פֿילאָזאָפֿיש אאַז״וו.

פֿון: **אפֿן שפּראַכפֿראָנט** (קיִעוו) 5–6 (32–33), סעפּטעמבער–דעצעמבער 1932, שפּ׳ 89–94.

למשל, האָבן זיי אין אַלגעמיין פּשוט מער אָדער ווייניקער מעכאַניש איבערגענומען די דײַטשע טערמינאָלאָגיע און דעם דײַטשן פֿילאָסאָפֿישן זאַצבוי (אויך נאַטאַנזאָן אין זײַן איבערזעצונג פֿון לאַטײַניש). דער ייִדישיסט זשיטלאָווסקי ווידער האָט זיך געהאַלטן אין זײַן געשיכטע פֿון פֿילאָסאָפֿיע בײַם פּרינציפּ פֿון פֿאַרייִדישן די טערמינעס, וויפֿל ס'זאָל ניט קאָסטן, – האָבן זיך באַקומען פּאַראַדיעס.[1] מיר האָבן, הייסט עס, פֿון דער דאָזיקער איבערזעץ־אַרבעט אָדער גאָר ‚אָריגינעלער פֿילאָסאָפֿיע' אין ייִדיש ווינציק וואָס צו ירשענען.

בײַם איבערזעצן אַ ווערק פֿון מאַרקס און ענגעלס אין ייִדיש שטויסט מען זיך דעריבער אָן ניט בלויז אָן די געוויינטלעכע שוועריקייטן, וואָס בײַם איבערגיסן אַ געניאַלן גדאַנקען־אינהאַלט אויף אַ פּינקטלעכן און פּאַסיקן אופֿן, מיט אַלע ניואַנסן און סטיליסטישע גענג פֿון דער אָריגינאַל־שפּראַך, אין אַן אַנדערער, נאָר, אַחוץ דעם, נאָך אָן ספּעציפֿישע שוועריקייטן, ווײַל דאָ קלעקט ניט סתּם שעפּן פֿון גרייטן שפּראַך־אוצר, – ס'איז אויך נייטיק שעפֿעריש אָנטייל צו נעמען אין דער פּיאָנערישער אַרבעט איבער פֿילאָסאָפֿישע שפּראַך־מיטלען.

אַזעלכע איבערזעצונגען אין אַ שפּראַך, וואָס פֿאַרמאָגט גאָר ווייניק פֿילאָסאָפֿישע טראַדיציעס, שטעלן באַשטימטע פֿאָדערונגען ניט בלויז צום איבערזעצער, נאָר, ווי גע־ראָטן און פֿולקום דער איבערזעצער זאָל זײַן אויפֿגאַבע ניט לייזן, – צום לייענער אויך. ניט דווקא דערפֿאַר, ווײַל ס'ווערט אים אָפֿט ניט דערלאַנגט אַלץ, וואָס איז נייטיק אויף אויפֿצונעמען דעם אָריגינאַל־גדאַנק מיט דער געהעריקער פּינקטלעכקייט, נאָר זייער אָפֿט אויך דערפֿאַר, ווײַל דער לייענער באַגעגנט זיך און מוז זיך אָפֿט באַגעגענען אין דער איבערזעצונג מיט זאַץ־תּנועות, סטיליסטישע ווענדונגען, זאַצגעבײַען, טערמינעס, אאַז"וו, וואָס זײַנען ביז איצט ניט געווען אין דער איבערזעץ־שפּראַך, וואָס האָבן ביז איצט אין איר ניט קורסירט. זיי קלינגען דאָ דעריבער אין אָנהייב ניט געוויינטלעך, פֿרעמדלעך, האַרב, זיי זײַנען ביז איצט ניט געווען ניט דערפֿאַר, ווײַל זיי ווידערשפּרעכן עפּעס אַ מיסטישן ‚אָרגאַנישן, אורטימלעכן גײַסט פֿון דער שפּראַך', נאָר ווײַל מע האָט אַזעלכע גדאַנקען נאָך ניט אויסגעדריקט, אָדער ניט ווי געהעריק און אָפֿט אויסגעדריקט אין דער דאָזיקער שפּראַך. דאָ אָבער ווערן זיי נייטיק, – און במילא אין אַ גיכער צײַט אויך היימיש, נאַטירלעך, געוווינט און ‚גלאַטיק'. זיי פֿאַרברייטערן די שפּראַך, מאַכן זי רײַכער, בייגעוודיקער, טויגלעכער, אויסדרוק־פֿעיִקער, פֿולער, – אויב די דאָזיקע נײַע זאַץ־תּנועות, סטיליסטישע ווענדונגען, זאַצגעבײַען, טערמינעס ווערן געראָטן געמאַכט און דינען דעם אָריגינאַל־גדאַנק אין זײַן אָריגינעלער פֿאָרמע.[2]

[1] וועגן אינטערנאַציאָנאַלע טערמינעס – זע ענגעלסעס פֿאָררעדע צום בוך **די אַנטוויקלונג פֿונעם סאָציאַליזם פֿון אוטאָפּיע צו וויסנשאַפֿט**.

[2] מע דאַרף געדענקען, אַז מאַרקס און ענגעלס זײַנען געווען גרויסע מײַסטערס אין דער דײַטשער שפּראַך. וועגן מאַרקס' שפּראַך זאָגט מערינג: „ער (מאַרקס) איז אַזאַ מײַסטער פֿון דער דײַטשער שפּראַך, אַז ער קען ניט אָ[ן] שווערן שאָדן (ohne schwere Einbußen) איבערגעזעצט ווערן". „יעדער פֿון זיי ביידע (מאַרקס און ענגעלס) – זאָגט מערינג – איז אויף זײַן שטייגער געווען אַ מײַסטער פֿון שפּראַך, און יעדער אויך אַ שפּראַכגעניע."

און דאָס איז טאַקע דאָ איינע פֿון די קריטעריעס פֿון גערעאָטנקייט: געראָטן הייסט – אויב די דאָזיקע נײַבילדונגען, וואָס קלינגען אין אָנהייב האַרבלעך, ווערן גיך אָנגענומען אַלס לײַכט און זעלבסט־פֿאַרשטענדלעך, ווײַל זיי האָבן דערצו שוין אין פֿאָרויס געהאַט אַלע מעגלעכקייטן און נייטיקע פֿאָרבאַדינגונגען. דאָס איז דאַן דער חילוק צווישן אַן אומ־געלומפּערטן אָפּגעלאָזענעם ניט־נייטיקן, ניט־טויגלעכן דײַטשמעריזם, אָדער אַ פּאַראָ־דיסטישער ,פֿאַרייִדישונג׳ – און אַ ריכטיקן, מיט געניטקייט איבערגעגאָסענעם זאַצבוי, אַ ריכטיק און געניט איבערגעזעצטן טערמין, אַפֿילו ווען דער איבערזעצער גייט, ווו נייטיק, נאָך דעם דײַטשן זאַצבוי, אַפֿילו ווען ער זעצט איבער, ווו נייטיק, אַ טערמין אויף ייִדיש.

ניט שטענדיק איז מעגלעך איבערצוגעבן אָדער גאָר איבערצוזעצן אַ קאָמפּליצירטן, פֿינקטלעך ניואַנסירטן געדאַנק אין אַ לײַכט איבערזיכטלעכן ,פּראָסטן׳ ניט־קאָמפּליצירטן זאַץ. *ניט שטענדיק* איז דאָ מעגלעך און נייטיק און ריכטיק אויסצומײַדן אַ באַשטימטע קאָמפּליצירטקייט פֿון זאַצבוי, וואָס איז אָבער אין אמתן, און באַזונדערס אין אַ שפּראַך מיט פֿילאָסאָפֿישע געוווינטקייטן, גאָרניט קאָמפּליצירט. די ,קאָמפּליצירטקייט׳ אַנט־שפּרעכט דאָ בלויז אויף אַ פּאַסיקן און נייטיקן אופֿן דער דיאַלעקטיק פֿונעם אַרויסגעזאָגטן געדאַנק, און ווערט גראָד אויף אַזאַ אופֿן צום קלאָרסטן, פּראָסטן און איבערזיכטלעכסטן אויסגעדריקט. אין געראָטענע פֿאַלן, למשל, אין די ווערק פֿון מאַרקס און ענגעלס, זײַנען אַזעלכע זאַץ־קאָמפּליצירטקייטן בלויז כּלומרשט קאָמפּליצירט. דער אײַנדרוק פֿון קאָמ־פּליצירטקייט נעמט זיך בײַם לייענער בלויז פֿון ניט־געוווינטקייט צום געדאַנק אָדער צו זײַן אויסדרוק אין דער געגעבענער פֿאָרמע, אָדער – בײַ אַן איבערזעצונג – אין דער געגעבענער שפּראַך.

רעדנדיק וועגן דער בילדערישקייט און וועגן דער רײַכקייט פֿון פֿאַרגלײַכענישן אין מאַרקס׳ סטיל, זאָגט מערינג: „מאַרקס האָט די פּראַגעס, וואָס ער האָט באַהאַנדלט, שטענ־דיק נאָר אויף אַזוי פֿיל אויסגעשעפּט, אַז ס׳זאָל פֿאָרט נאָך איבערבלײַבן פֿאַרן לייענער אַ פּרוכטבאַר נאָכדענקען. זײַנע רייד זײַנען אַ שפּיל פֿון כוואַליעס איבער דער פּורפּורענער טיפֿקייט פֿון ים.“

און ווידער איז פֿאַראַן, אַז אין אַ שפּראַך, וואָס פֿאַרמאָגט ניט קיין פֿילאָסאָפֿישע טראַדי־ציעס, באַקומען זיך באַשטימטע איבערגעזעצטע זאַצן פּראָסטער און ווייניקער ,קאָמפּליצירט׳ איידער זיי זײַנען אין דער אמתן און איידער ס׳איז דער געדאַנק, וואָס זיי דריקן אויס. פּשוט דערפֿאַר, ווײַל די טיילן פֿון דעם דאָזיקן טאַקע אמת פֿינקטלעך איבערגעזעצטן ,פּראָסטן׳ זאַץ פֿאַרמאָגן אין דער אָריגינאַל־שפּראַך (מיט איר רײַכער אָנגעזעטיקטער פֿילאָסאָפֿישער טראַדיציע) אַן אָנגעזאַמלטן און פֿון לאַנג ,קאָנווענציאָנעלן׳, ,צונויפֿגערעדטן׳ באַטײַט. און וויפֿל ס׳זאָל ניט זײַן דערלויבט און נייטיק, אַז אַן איבערזעצונג זאָל זײַן צו גלײַך אויך אַ קאָמענ־טאַר, מוז זי אָבער דערבײַ אויך אומבאַדינגט פֿאָרט בלײַבן אַן איבערזעצונג. ווי געראָטן די איבערזעצונג זאָל ניט זײַן, בלײַבט דאַן אין אַזעלכע פֿאַלן פֿונדעסטוועגן פֿאָרט אַ באַשטימטע רעשט אינהאַלט, וואָס קומט אַרויס אויף דער אייבערפֿלאַך נאָר דורך אַ פֿאַרגרעסערטער אָנשטרענגונג און אויפֿמערקזאַמקייט פֿונעם לייענער. אַגבֿ איז אויך קלאָר, וואָס שייך דער

אויסאַרבעטונג און אויפֿשטעלונג פֿון טערמינאָלאָגישע נײַבילדונגען, אַז ווי גערעכטן זײ זאָלן אָביעקטיוו ניט זײַן, נייטיקן זײ זיך אין אָנהייב אין אַ באַשטימטער גענייגטקייט, כאָטש טאַקע קריטישער גענייגטקייט, פֿונעם לייענער. דאָס זײַנען אַלץ פֿאָדערונגען, וואָס שייך דער מיטאַרבעט פֿונעם לייענער.

מיט אַזעלכע פֿאָדערונגען צום לייענער קען מען אָבער נאָר דאַן קומען, ווען דער איבערזעצער האָט פֿאַר אים געשאַפֿן אַלע פֿאָרהנחות אויפֿצונעמען זײַנע שעפֿערישע איבערזעץ־אויפֿטוען און זײ וואָס גיכער אָנצואייגענען, אויב זײַנע אויפֿטוען שטייען ניט אין ווידער־שפּרוך צו דער ריכטיקער אַנטוויקלונג פֿון דער שפּראַך, אויב זײַן איבערזעץ־אַרבעט גופֿא איז אַ טריט פֿאָרויס אין דער דאָזיקער אַנטוויקלונג.

אין וואָס דאַרף באַשטיין דער הויפּטפּרינציפּ?

בײַם איבערזעצן די גרונטלייגער פֿון מאַרקסיזם פֿאָדערט זיך אַ באַזונדערס וואַכזאַמע פּינקטלעכקייט. גראָד מיט דער הילף פֿון כּלומרשט קליינע פֿרײַקייטן אינעם קאָמענטירן אָדער איבערזעצן האָבן זייער אָפֿט מענשעוויקעס, קליינבירגער, כּלערליי סאָציאַל־רעאַקציאָנערן זיך באַמיט דורכצושמוגלען אָדער צו אַרגומענטירן זייער רעאַקציאָנערע קאָנטראַבאַנדע. ס׳וואָלט אָבער געווען פֿאַלש צו פֿאַרשטיין דעם פּרינציפּ פֿון פּינקטלעכקייט אַלס ,גראַמאַטישע׳ פּינקטלעכקייט, וואָס גייט שקלאַפֿיש־פּעדאַנטיש נאָך די אייגנטימלעכקייטן פֿון דער אָריגינאַל־שפּראַך דורכויס ביז אין אַלע סינטאַק[ט]ישע און סטיליסטישע זײַטיקסטע דעטאַלן, וואָס ברענגט אַלס קרבן דער אַבסטראַקטער פֿעטישיזירטער פּינקטלעכקייט – דעם אמתן באַטײַט און אינהאַלט – קורץ, וואָס באַמיט זיך צו זײַן ,וואָרטלעך געטרײַ׳, ,אות נאָך אות׳. אַזאַ ,געטרײַקייט׳ איז מער ווי פּראָבלעמאַטיש; וועגן איר האָט שוין לאַנג אַ ווערטל ריכטיק געזאָגט, אַז ,די איבערזעצער זײַנען פֿאַררעטער׳. אַזאַ מין פֿאָרמעלע פּינקטלעכקייט, ביוראָקראַטישע פּינקטלעכקייט איז אין אמתן די סאַמע אומפֿאַראַנטוואָרטלעכסטע געוויסנלאָזע אומפּינקטלעכקייט. די דאָזיקע מעכאַניש־פּעדאַנטישע ,פּינקטלעכקייט׳ פֿאַרדרייט דעם באַטײַט פֿונעם טעקסט, אין בעסטן פֿאַל מאַכט זי אים טויט, ניט לייענבאַר, אומפֿאַרשטענדלעך, אָפֿט מאָל אָבער פֿאַרקריפּלט [זי] אים צום היפּוך פֿון דעם, וואָס דער אָריגינאַל איז אויסן. אַן אַנדער באַוווּסט ווערטל זאָגט ריכטיק וועגן דער דאָזיקער וואָרט־פֿעטישיזירנדיקער פּינקטלעכקייט, אַז דער, וואָס האַלט זיך אין איר, איז אַ ליגנער.

פּונקט אַזוי פֿאַלש און שעדלעך איז אָבער אויך, אויב מע שטעלט דאָ אויף אַלס הויפּט־פּרינציפּ די שפּראַכשיינקייט, גלאַטקייט, גרינגע לייענבאַרקייט פֿון דער איבערזעצונג. אין אַזאַ פּרינציפּ דאָמינירט ,די שפּראַך׳ – איבערן אינהאַלט. געוויינטלעך איז דאָס אַ נאַציאָנאַליסטישער צוגאַנג, – אין ייִדיש – אַ ייִדישיסטישער צוגאַנג. דער מעכאַנישער פּינקטלעכקייטס־פּעדאַנט נעמט דער עיקר בלויז אין אַכט די שפּראַך פֿון אָריגינאַל־טעקסט און איגנאָרירט דעם פֿאַקט, אַז אָן אַ ריכטיקער איבערזעץ־שפּראַך קאָן מען דעם אָריגינאַל־אינהאַלט ניט איבערגעבן. דער נאַציאָנאַליסטישער שפּראַכפּוריסט האָט דער עיקר בלויז אין אויג די איבערזעץ־שפּראַך אַלס שפּראַך און ניט אַלס מיטל צום צוועק, אַלס פֿאָרמע

פֿאַרן איבערגעזעצטן אינהאַלט. בײדע זעען דער עיקר נאָר דאָס וואָרט. בײדע איבערזעץ־אופֿנים זײַנען פֿאָרמאַליסטישע, אַלץ אײנס שעדלעכע, אַלץ אײנס אומוויסנשאַפֿטלעכע. כאָטש דער וואָרטלעכקייט־פּעדאַנט איז כּלומרשט אינהאַלטס־פֿאַנאַטיש, איז ער אין אמתן ניט ווייניקער פֿאָרמאַליסטיש ווי דער נאַציאָנאַליסטישער פֿאַנאַטיקער, ניט ווייניקער שעדלעך און פֿעלשעריש.

דער הויפּטפּרינציפּ פֿאַר אַ ריכטיקער איבערזעצונג פֿון די קלאַסיקער פֿון מאַרקסיזם דרינגט אַרויס פֿון דער אויפֿגאַבע: איבערגעבן פּינקטלעך דעם אָריגינאַל־געדאַנק, איבערזעצנדיק (און ניט ,באַשרײַבנדיק׳ אָדער ,אַרומשרײַבנדיק׳ כּדי אײַנצוהיטן דעם ,גײַסט פֿון דער איבערזעץ־שפּראַך׳) פּינקטלעך און ווי ווײַט מעגלעך אַדעקוואַט, פּאַסיק, צוטריטלעך און גלאַט לייענבאַר דעם אַווטערס זאַצן לויט זייער אינהאַלט. דער הויפּטפּרינציפּ דאַרף, הייסט דאָס, זײַן: דערגרייכן פּינקטלעך דעם אָריגינאַל־אינהאַלט דורך פּינקטלעכע צוטריטלעכע און, ווי ווײַט מעגלעך, גרינג פֿאַרשטענדלעכע איבערזעץ־זאַצן. די שיינקייט, גלאַטקייט פֿון סטיל אאַז״וו קענען ניט זײַן דער הויפּטפּרינציפּ, ווײַל ניט זיי זײַנען דער ציל פֿון דער איבערזעצונג. זיי דאַרפֿן אונטערגעוואָרפֿן ווערן און דינען אויפֿן פּאַסיקסטן אופֿן דעם אינהאַלט. און דערין טאַקע, אין דעם, ווי ווײַט דאָס איז דערגרייכט, באַשטייט די שיינקייט, גלאַטקייט פֿון סטיל. דאָרט ווו שיינקייט און גלאַטקייט קומען אין קאָנפֿליקט מיט פּינקטלעכקייט, קענען זיי נאָר דעמאָלט ריכטיק געלייזט ווערן, – ווען סע בלײַבט בײַ דער לייזונג די דאָמינירנדיקע געווענדטקייט אויף אינהאַלטלעכער פּינקטלעכקייט. דעמאָלט ווערט דאָס ,שיין׳, גלאַטיק, לייענבאַר, אַפֿילו ווען סע דוכט זיך אין אָנהייב, – איבער ניט־געוווינטקייט, – אַז ס׳איז האַרבלעך. האַרבקייט – דאָס דוכט זיך בלויז אַזוי אין אָנהייב, ווײַל מיר זײַנען נאָך ניט געוווינט צו הערן אין דער איבערזעץ־שפּראַך די איבערגעזעצטע געדאַנקען אין דער באַזונדערער אינהאַלטלעכער ניואַנסירונג, וואָס זיי האָבן באַקומען אין דער אָריגינאַל־פֿאָרמע. אויב די איבערזעצונג גייט מיט דעם דאָזיקן ריכטיקן פּרינציפּ, באַטײַט זי אין אמתן אַן אויסברייטונג און ווײַטעראַנטוויקלונג פֿון דער שפּראַך.

ס׳וואָלט ניט ריכטיק געווען סתּם צו פֿאָרמולירן, אַז די אָריענטאַציע פֿונעם איבערזעצער דאַרף זײַן: רעקאָנסטרויִרן אין דער איבערזעץ־שפּראַך דעם געדאַנק אויף אַזאַ אופֿן, ווי דער אַווטער וואָלט אים אויסגעדריקט, ווען ער וואָלט אַליין געשריבן אין דער איבערזעץ־שפּראַך, אין אונדזער פֿאַל – אין ייִדיש. דאָס וואָלט, אין בעסטן פֿאַל, געווען אַ מער אָדער ווייניקער געראָטענע פּאַראַפֿראַזע אָדער איבערדערציילונג פֿונעם אַווטערס געדאַנק, בעת ס׳גייט וועגן גאָר עפּעס אַנדערש, וועגן אַן אַווטענטישער[1] איבערזעצונג. אַזאַ אָריענטאַציע וואָלט געגעבן דעם איבערזעצער אַזעלכע דערלויבענישן און פֿרײַקייטן, וואָס גאַראַנטירן ניט בײַ יעדן באַזונדערן געדאַנק יענע אָריגינאַל־פּינקטלעכקייט און פֿאַרלאָזלעכקייט, וואָס מיר זוכן און דאַרפֿן האָבן אין אַן איבערזעצונג. איבערדערציילונגען האָבן אַוודאי זייער באַרעכטיקונג און גרויסע וויכטיקייט, קיין מאָל אָבער קאָנען זיי ניט פֿאַרבײַטן

[1] אַ אויטענטישער.

אַן אָריגינאַל־איבערזעצונג. די אָריענטאַציע דאַרף זײַן: ווי וואָלט דער אַווטער אַרויסגעזאָגט דעם געדאַנק, דעם אינהאַלט פֿון אַ זאַץ אין דער דאָזיקער (אָריגינאַלער) פֿאָרמע, – בפֿירוש אין דער דאָזיקער פֿאָרמע – ווען ער וואָלט געשריבן אויף ייִדיש, דאָס הייסט אַחוץ אַלעם, אַז ניט בלויז דער *אינהאַלט*, נאָר אויך די *פֿאָרמע* דאַרף *אַנטשפּרעכנדיק* און דערבײַ פּינקטלעך איבערגעזעצט ווערן. מערינג דערציילט: „ווען ענגעלס האָט געלייענט אַ קאַפּיטל פֿון זײַן פֿרײַנדס (מאַרקס׳) ווערק אין אַ פֿראַנצ[יי]זישער איבערזעצונג, וואָס מאַרקס אַליין האָט זי מיט אַ סך מי אַרומגעפּײַלט, האָט ער (ענגעלס) פֿונדעסטוועגן געהאַלטן, אַז אין דער דאָזיקער איבערזעצונג האָט דעם כּוח, דעם זאַפּט און די לעבעדיקייט (פֿונעם אָריגינאַל) דער רוח אַוועקגעטראָגן."

פֿאַרשטייט זיך, אַז מע דאַרף דאָס ניט אַזוי בוכשטעבלעך אויפֿנעמען, ווײַל ס׳איז ניט אַזוי אין גאַנצן בוכשטעבלעך געמיינט געוואָרן. מיר קענען אָבער פֿון די ווערטער ענגעלס באַקומען אַ פֿאָרשטעלונג, ווי וויכטיק ענגעלס האָט געהאַלטן אויך מאַרקס׳ *סטיל*, מאַרקס׳ שפּראַכלעכע און בילדערישע *פֿאָרמע* טאַקע אַפֿילו *בײַם איבערזעצן*. מיר קענען פֿון דעם לערנען, ווי ערנסט ענגעלס האָט באַטראַכט די שוועריקייטן בײַם איבערזעצן מאַרקסן, וועלכע פֿאָדערונגען ס׳שטעלן זיך דאָ צום איבערזעצער ניט נאָר וואָס שייך איבערזעצן דעם *אינהאַלט*, נאָר טאַקע אויך וואָס שייך *איבערזעצן* די פֿאָרמע. (ניט מעכאַניש ,אַריבערטראָגן׳!) אין דעם פּרט זײַנען אויך זייער באַלערנדיק די ביז גאָר זאָרגעוודיקע און פּינקטלעכע אָנווײַזונגען, וואָס ענגעלס האָט געגעבן עד[וואַרד] בערנשטיינען פֿאַר איבערזעצן פֿון פֿראַנצ[יי]זיש אין דײַטש מאַרקס׳ „אָרעמקייט פֿון פֿילאָסאָפֿיע". דער אָריגינאַל איז דאָ גראָד געווען פֿראַנצ[יי]זיש, הייסט דאָס, ניט די שפּראַך, אין וועלכער מאַרקס האָט געוויינטלעך געשריבן זײַנע הויפּטווערק, און ענגעלס גיט גענויע אָנצוהערענישן וועגן מאַרקס׳ דײַטשן סטיל און אַפֿילו וועגן גראַמאַטישע דעטאַלן, ד"ה וועגן דעם, ווי מאַרקס וואָלט אין דעם אָדער יענעם פֿאַל סטיליסטיש אָדער גראַמאַטיש געבויט דעם זאַץ אויף דײַטש. ענגעלס רעקאָמענדירט דאָס האָבן אין זינען בײַ דער איבערזעצונג. עס איז אָבער טאַקע דערפֿאַר באַזונדערס באַלערנדיק צו זען, ווי שטאַרק ענגעלס באַטאָנט גלײַכצײַטיק די וויכטיקייט ניט נאָר פֿון *איבערזעצן* דעם אינהאַלט, נאָר אויך – לויטן אינהאַלט די פֿאָרמע.

דאָס דאַרף זײַן די אָריענטאַציע בײַם איבערזעצן, באַזונדערס אַזעלכע געניאַלע און טיף דורכגעטראַכטע ווערק ווי די ווערק פֿון מאַרקס און ענגעלס, וווּ יעדע פֿאָרמולירונג איז מיט דער גרעסטער פֿאַראַנטוואָרטלעכקייט, באַטראַכטקייט און מיט וויסנשאַפֿטלעכער פּינקטלעכקייט אָפּגעוויגן און געפֿורעמט געוואָרן. מע דאַרף געדענקען, ווי אַזוי די מענשעוויקעס און כּלערליי רעאַקציאָנערע סאָציאַל־רעפֿאָרמיסטן און פֿאַרפֿירערס האָבן – ניט געקוקט אויף דער דאָזיקער פּינקטלעכקייט, זיך אַזוי פֿיל באַמיט צו פֿעלשן דעם באַטײַט, וווּ זיי האָבן עס געדאַרפֿט האָבן, דעם באַטײַט אַפֿילו אינעם אָריגינאַל גופֿא. איז דאָ דעריבער באַזונדערס וויכטיק איבערצוגעבן פּינקטלעך די אינהאַלטן פֿון די קלאַסיקער פֿונעם פּראָלעטאַריאַטס וועלט־אָנשויונג אין דער פּינקטלעך איבערגעזעצטער פֿאָרמע.

מ. מאַי [משה מייַדאַנסקי]

קרילאָוו אין ייִדיש

(אי.א. קרילאָוו. געקליבענע מעשאָלים. ייִדיש ב. גוטיאַנסקי. מעלוכע־פאַרלאַג פאַר די נאַציאָנאַלע מינדערהייַטן אינ אוסרר"ר. 1936)

פֿאַר דער לעצטער צייַט האָבן מיר אין דער ייִדישער סאָוועטישער ליטעראַטור, סייַ אין באַזונדערע ביכער, סייַ אין די זשורנאַלן (באַזונדערס אין „פֿאַרמעסט"), אַ גאַנצע רייִ ווערק – איבערזעצונגען פֿון דער קלאַסישער ליטעראַטור פֿון פֿאַרשיידענע שפּראַכן. צווישן אָט די ווערק האָבן מיר אַ היפּשע צאָל גלענצנדיקע פּראַכטפֿולע איבערזעצונגען, וואָס באַרייַכערן די ייִדישע סאָוועטישע ליטעראַטור. צום בייַשפּיל, הייַנע און מאַיאַקאָווסקי אין כאַשטשעוואַצקיס איבערזעצונג, באַלזאַק אין אַבטשוקס איבערזעצונג, אָרלאַנדס איבערזעצונג פֿון פּושקינס פּראָזע, האָפֿשטיינס און פֿינינבערגס איבערזעצונגען פֿון פּושקינען, האָפֿשטיינס אויסגעצייכנטע באַזונדערע איבערזעצונג פֿון שעווטשענקאָן, „פֿאַוסט" אין פֿינינבערגס גלענצנדיקער איבערזעצונג, ליפּע רעזניקס איבערזעצונגען פֿון „קאַלעוואַלע", „באָריס גאָדונאָוו" און אַ סך אַנדערע.

צו אָט די אַלע קינסטלערישע איבערזעצונגען דאַרף מען פֿאַררעכענען קרילאָווס „משלים" אין ב. גוטיאַנסקיס איבערזעצונג.

פֿריִער פֿון אַלץ האָט דאָ גוטיאַנסקי פֿאַרפֿילט אַ וויכטיקן בלויז אין אונדזער איבערזעצונג־ליטעראַטור, ווייַל ביז איצט האָבן מיר אין דער ייִדישער סאָוועטישער ליטעראַטור כּמעט ניט געהאַט קיין איבערזעצונגען פֿון קרילאָווס משלים. און גוטיאַנסקי האָט גענומען אויף זיך אַ וויכטיקע און ביז גאָר פֿאַראַנטוואָרטלעכע אויפֿגאַבע.

קרילאָוו אין זייַנע „משלים" איז זייער אייגנאַרטיק און קלאַסיש געניאַל סייַ לויטן סטיל זייַנעם, סייַ לויטן גאַנג און סייַ לויט דער מאַניר פֿון שרייַבן. און אָט די קרילאָווס אייגנאַרטיקייט האָט מען געדאַרפֿט אייַנהיטן אין דער איבערזעצונג, כאָטש דאָס איז געווען גאָר ניט פֿון די גרינגע זאַכן.

וואָס איז כאַראַקטעריסטיש פֿאַר קרילאָווס „משלים"?

פֿריִער פֿאַר אַלץ לויטערע פֿאָלקסשפּראַך, דאָס שאַרפֿזיניקע טרעפֿלעכע וואָרט, די שאַרפֿע בייַסנדיקע סאַטירע, די קורצקייט און אָפּגעשליפֿנקייט פֿון דער פֿראַזע.

קרילאָוו באַנוצט זיך אין זייַנע „משלים" אָפֿט מאָל מיט שפּריכווערטער, מיט פֿאָלקסוויצן, מיט פֿאָלקס־אויסדרוקן. פֿון דער צווייטער זייַט, זייַנען אַ גאַנצע רייִ אויסדרוקן זייַנע אַרייַן אין דער רוסישער אומגאַנגשפּראַך און ליטעראַטור און ווערן ברייט באַנוצט ביז הייַנטיקן טאָג. און אָט די שפּריכווערטלעך און אַפֿאָריזמען, וואָס קרילאָוו האָט געגעבן אין זייַנע משלים און וואָס גייען שוין אַרום אַ הונדערט יאָר אין דער רוסישער שפּראַך, אָט די

פֿון: **פאַרמעסט** (קיִעוו) 6, יוני 1936, ז"ז 110–114.

אייגנאַרטיקייט זײַנע און די שפּע פֿון דער שפּראַך האָט געדאַרפֿט אײַנהיטן גוטיאַנסקי, ווען ער האָט זיך גענומען צו איבערזעצן די „משלים“.

גוטיאַנסקי האָט געטאָן ריכטיק, וואָס ער האָט בײַם איבערזעצן די משלים זיך באַנוצט מיט דער ברייטער האַנט מיט דער ייִדישער פֿאָלקסשפּראַך און מאָביליזירט דאָ דעם גרויסן און רײַכן מאַטעריאַל פֿון דער פֿאָלקסלעקסיק. מע קען זיך אַ סך לערנען בײַ גוטיאַנסקין, ווען מע לייענט אָט די משלים.

קרילאָווס משלים צייכענען זיך אויס מיט זייער לײַכטקייט. און אָט די לײַכטקייט איז דערגרייכט געוואָרן אויך אין דער איבערזעצונג.

לאָמיר נעמען דעם משל „דער אייזל און דער סאָלאָוויי“. דער משל פֿאַרמאָגט אַ סך דיאַלאָג, איינציײַטיק האָבן מיר דאָ אַ גאַנצע ריי רײַכע נאַטורבילדער. פֿאַר אונדזערע אויגן זעען מיר דעם אייזל, ווי ער „שטייט און קלערט, דעם שטערן אָנגעצילעוועט צו דער ערד“. מיר האָבן דאָ אויך דאָס זינגען פֿונעם סאָלאָוויי, וואָס ווערט דורך קרילאָוון איבערגעגעבן אַזוי, אַז עס דוכט זיך, דו הערסט, ווי ער זינגט. און דאָס זינגען פֿונעם סאָלאָוויי און די טרעלן זײַנע הערן מיר אויך אין דער איבערזעצונג.

> דער סאָלאָוויי נעמט ווײַזן, וואָס ער קען:
> געטאָן אַ קנאַק, אַ פֿײַף, אַ קאַטשע זיך אַפֿריִער,
> דערנאָך אַ קאַפּעלע גענומען ציִען,
> צעטיאָכקעט זיך אויף הונדערטער מאַנירן,
> דערנאָכדעם פּלוצעם האַקט ער אָפּ
> און טוט זיך מיט אַ מאָל אַ לאָז אַראָפּ,
> און ווי אַ דודעלע ער נעמט עס ווײַטער פֿירן.
> ער ציט עס אויסעט איידל און גראָטן
> און ווידער זיך, ווי שרויט, אין וועלדעלע צעשאָטן.

דאָ איז אַלץ איבערגעגעבן מיט אַ קינסטלערישן געשמאַק, מיט אַ קלאָרער פּשוטער פֿאָלקסשפּראַך און אָפּגעהיט דאָס גאַנצע קרילאָווס. דאָ דאַרף מען אויך באַצייכענען, אַז ער האָט זייער גוט איבערגעגעבן אויך קרילאָווס אויספֿיר, די אַזוי גערופֿענע „מאָראַל“, וואָס קרילאָוו האָט געגעבן אין סוף פֿון משל. קרילאָווס „איזבאַווי, באָג, אי נאַס אָט עטאַקיך סודיי“ איז געוואָרן אַן אַפֿאָריזם, איז אַרײַן אינעם אוצר פֿון דער רוסישער שפּראַך, און זייער געלונגען האָט אים איבערגעגעבן גוטיאַנסקי: „באַהיט אונדז, גאָט, פֿון אָט אַזוינע אָ מבֿינים!“ פּשוט און ריכטיק.

צי לאָמיר נעמען דעם משל „דער קאָטער און דער קעכער“. די איבערזעצונג איז אַ ביסל שוואַכער, אמת, זי איז שווערער. גוטיאַנסקי האָט דאָ אַ ביסעלע דעם משל פֿאַר־קירצט, ער האָט דורכגעלאָזט עטלעכע שורות קרילאָווס, וואָס האָבן אַ שײַכות צום קע־כערס כאַראַקטעריסטיק, אָבער ער האָט עס, ווײַזט אויס, געטאָן דערפֿאַר, ווײַל אייניקע רוסישע שטייגערשטריכן זײַנען אַבסאָלוט פֿרעמד דעם ייִדישן לייענער, באַזונדערס דעם שילער. ער האָט אָבער אָפּגעהיט דעם גאַנצן אמת דראַמאַטיזירטן מאָנאָלאָג, וואָס דער

קעבער האַלט, רעדנדיק צום קאָטער. דערבײַ האָט ער אויך דאָ אַרײַנגעבראַכט אַ גאַנצע ריי פֿאָלקאויסדרוקן און ריידאַרטן, ווי, אַ שטייגער:

מע דאַרף אים, ווי דער שוואַרצער פֿעפֿער וואַקסט, פֿאַריאָגן,
מיר וואָלטן בעסער אים אין גאַנצן ניט געקענט,
ס׳איז דען אַ קאָטער?
דאָס איז דאָך עפּעס אַ געשוויר, אַ בלאָטער,
אַן עקטיקע[1], אַ כ׳ווייס אַליין ניט וואָס, אַ פּעסט!
(און וואַסקע הערט עס אויס און עסט.)

אונדז דוכט אָבער, אַז אומזיסט האָט גוטיאַנסקי דורכגעלאָזט קרילאָווס אויספֿיר, די „מאָראַל׳ זײַנע, וואָס ער גיט אין דעם סוף פֿון אַט דעם משל. גראַדע אין דעם פֿאַל איז עס נייטיק געווען און מע האָט עס געדאַרפֿט איבערזעצן.

מיר וואָלטן אויך געקענט ברענגען אַ סך בײַשפּילן, ווו עס ווערט זייער געלונגען געגעבן דער דיאַלאָג. צום בײַשפּיל, „די קראָ און דער פֿוקס", „דער שפּיגל און די מאַלפּע", „דער וואָלף און דער בושל", „דער קוואַרטעט" (אָט דער משל איז בכלל איינער פֿון די אַמבעסטן איבערגעזעצטע), „דער וואָלף און דאָס שעפּעלע" א״אַ. מיר ווילן זיך דאָ אָפּשטעלן אויף אַ פּאָר בײַשפּילן, וו[ו], נאָך אונדזער מיינונג, איז ניט איבעריק געלונגען איבערגעגעבן געוואָרן דער דיאַלאָג, און עס האָט זיך ניט אין גאַנצן אײַנגעגעבן אָפּצוהיטן קרילאָווס גאַנג. לאָמיר נעמען דעם משל „דעמיאַנס פֿישזופּ" (אַגבֿ, פֿאַר וואָס ניט „פֿישיויך׳?). דאָס איז איינער פֿון די בעסטע קרילאָווס משלים, וואָס איז בײַ קרילאָוון געבויט אויף אַ גלענצנדיקן דיאַלאָג. דו זעסט פֿאַר זיך די צוויי שכנים דעמיאַנען און פֿאָקען ווי לעבעדיקע. מע קען ניט זאָגן, אַז אין דער איבערזעצונג איז אויך אַזוי. דאָ איז עס שוואַכער און בלאַסער.

צי לאָמיר נעמען דעם משל „צוויי הינט". בכלל, איז די איבערזעצונג אַ גלענצנדיקע. מיר האָבן דאָ געוויינטלעכע זאַפֿטיקע פֿאָלקשפּראַך, ווי אין דעם גרעסטן טייל איבער[גע]זעצטע משלים, אַ שטייגער, „מע האָט אַרײַנגענומען דיך אין די פּאַלייען", „איך באָד זיך דאָ אין פּוטער און אין מילך", „דו ביסט געווען דאָך אַזוי דאַר און קוואַר". אָבער צום סוף פֿונעם משל איז דער דיאַלאָג איבערגעגעבן ניט געלונגען. בײַ קרילאָוון לייענען מיר:

«Чем служишь ты?» – «Чем служишь! Вот прекрасно!»
С насмешкой отвечал Жужу:
«На задних лапках я хожу».

און בײַ גוטיאַנסקין לייענען מיר:

„אַ וואָסער שטעלע האָסטו, וואָלט איך וועלן וויסן?"
„אַ שטעלע גאָר!" האָט אָפּגעענטפֿערט זשוזשע
און זיך מיט חוזק שנעל
אויף בײדע פֿיס די הינטערשטע געטאָן אַ שטעל:
„אָט דאָס אָ טו איך, זעסט? איך סלוזשע!"

1 עקטיקע, העקטיקע – טשאַכאָטקע.

דאָ איז ניט געלונגען דער סוף, ווײַל אין דער שורה „נאַ זאַדניך לאַפּקאַך יאַ כאָזשו" האָט קרילאָוו אַרײַנגעלייגט אַ טיפֿן אינהאַלט, און ס'איז געוואָרן אַן אַפֿאָריזם, וואָס ווערט אָפֿט און אָפֿט באַנוצט אין דער רוסישער שפּראַך. און גוטיאַנסקיס „אָט דאָס אָ טו איך, זעסט? איך סלוזשע" קען שוין אָט די פֿונקציע ניט אויספֿילן. ווײַזט אויס, אַז גוטיאַנסקי האָט דאָ ניט געפֿונען דעם געהעריקן אויסדרוק.

אויסגעצייכנט איז געמאַכט „דער מאַגנאַט", „דער קוואַרטעט", „דער פֿוקס", „דאָס קעסטעלע", „טרישקעס קאַפּטן", „דער חזיר אונטערן דעמב", „דער בער בײַ די בינען". מיר ווילן דאָ ניט ברענגען קיין סך ציטאַטן אויף צו באַשטעטיקן, ווײַל ס'איז גענוג צו פֿאַרגלײַכן דעם רוסישן טעקסט מיטן ייִדישן אויף צו זען אַ מין ריזיקע אַרבעט גוטיאַנסקי האָט אויפֿגעטאָן, פֿון דער ערשטער שורה ביז דער לעצטער איז אין די אויבן אָנגערופֿענע משלים אַלץ געמאַכט, איבערגעדיכ[ט] הויך קינסטלעריש. מיר'ן בלויז ברענגען אַ פּאָר קורצינקע בײַשפּילן פֿון גלענצנדיקער פֿאָלקסשפּראַך און פֿון ריכטיקן איבערגעבן קרילאָווס סטיל. צום בײַשפּיל:

דער וואָלף האָט זייער חשק
זיך מיטן שעפֿעלע צו מאַכן פֿליישיק,
בפֿרט דאָס שעפֿעלע ז'געווען אַ פֿעטס (זײַט 19).

...„מסתּמא עמעצער פֿון דײַנע ברידער!"
„איר האָט אַ טעות, האַר, איך בין אַ בת־יחידה" (זײַט 20).

געכאַפּט אַ נאָדל־פֿאָדעם, שער־און־אײַזן –
מײַן טרישקע נעמט זיך שנײַדערײַ באַווײַזן (זײַט 41).

און בערטשיק איז די שטראָף גאַנץ ערלעך אָפּגעקומען,
זיך אויפֿן ווינטער אין בערלאָגע גוט פֿאַרשטעקט,
ניט אָנגעקוקט האָט מען זײַן פּנים –
נאָר האָניק
האָט ער שוין דווקא יאָ געלעקט (זײַט 60).

און כאָטש עס זעט דאָס אויג, נאָר צו די ציין איז ווײַט (זײַט 64).

דאָס אַלץ אויבן געבראַכטע איז גאַנץ גענוג אויף צו באַשטעטיקן דאָס געזאָגטע וועגן גוטיאַנסקיס איבערזעצונגען.

מיר ווילן דאָ צום שלוס מאַכן אַ פּאָר אַלגעמיינע באַמערקונגען וועגן אָפּקלײַב פֿון די משלים.

קרילאָוו האָט פֿאַר זײַן לעבן אָנגעשריבן אַ פּאָר הונדערט משלים. אין גוטיאַנסקיס איבערזעצונגען האָבן מיר בײַ פֿופֿציק, נאָר אין אַלגעמיין זײַנען דאָ אויסגעקליבן די בעסטע, די סאַמע כאַראַקטערישע און די פּאָפּולערסטע קרילאָווס משלים, חוץ אייניקע אויסנאַמען, ווי צום בײַשפּיל דער משל „אָראַקול".

און צום שלוס וועגן דעם משל „דער האָן און די פּערל". דאָס איז איינער פֿון די געלונגענסטע קרילאָווס משלים, אַ קורצער און אַ טרעפֿלעכער. אין גוטיאַנסקיס זאַמלונג איז דאָס דער ניט־געלונגענסטער. מיר וועלן דאָ קיין ציטאַט[ן] ניט ברענגען, ווײַל פֿון דער ערשטער ביז דער לעצטער שורה האָט זיך דאָ, לויט אונדזער מיינונג, גוטיאַנסקין ניט אײַנגעגעבן.

מיר ווילן דאָ דערמאָנען וועגן אייניקע משלים קרילאָווס, וואָס וואָלטן יאָ באַדאַרפֿט אַרײַן אין אָט דער זאַמלונג. דאָס איז „דער פּויער אין אומגליק" („קרעסטיאַנין וו בעדיע"). אַ כאַראַקטעריסטישער פּויערישער משל, וואָס באַווײַזט די אומבאַהאָלפֿנקייט פֿונעם אַמאָליקן פּויער, און איז אַפֿילו טיילווײַז סאָציאַל פֿאַרשאַרפֿט; „דער מילנער", וואָס האָט די זעלבע אייגנשאַפֿטן און איז, חוץ דעם, איינער פֿון די שאַרפֿזיניקסטע קרילאָווס משלים. און, באַזונדערס, ווילן מיר דאָ דערמאָנען איינעם פֿון די פּאָפּולערסטע קרילאָווס משלים „סטרעקאָזאַ אי מוראַוויי"[1] א"אַ.

דאָס איז די ערשטע זאַמלונג פֿון קרילאָווס משלים אין ייִדיש בײַ אונדז אין דער סאָוועטישער ליטעראַטור. דער פֿאַקט אַליין זאָגט שוין וועגן דעם, אַז מע וואָלט געדאַרפֿט דעם יונגן סאָוועטישן לייענער געבן אַ פֿאָררעדע וועגן קרילאָווס משלים, וועגן זייער באַדײַטונג, וועגן זייער אָרט אין דער ליטעראַטור בכלל, און וועגן קרילאָוון גופֿא.

צום שלוס דאַרף מען מאַכן אַ פּאָר באַמערקונגען וועגן דער אויפֿלאַגע גופֿא. אין אַלגעמיין איז זי אַ געלונגענע – דײַטלעכער שריפֿט, גוט פּאַפּיר, אָבער די אילוסטראַציעס האָבן זיך, צום באַדויערן, מערסטן טייל שלעכט באַקומען („דער פֿראָש און דער אָקס", „דער וואָלף אינעם הינטהויף", „דער פֿוקס און די ווײַנטרויבן", „דער לייב אויף געיעג", „דער דעמב און דער טשערעט"). בײַ די ווײַטערדיקע אויפֿלאַגעס איז נייטיק צו געבן קלאָרערע אילוסטראַציעס און אין אַ גרעסערער צאָל.

קרילאָווס משלים אין ב. גוטיאַנסקיס איבערזעצונג איז אַ געווינס פֿאַר דער ייִדישער סאָוועטישער ליטעראַטור, אַ הויך קינסטלערישע אַרבעט און אַ גוטע מתּנה פֿאַרן יונגן סאָוועטישן ייִדישן לייענער.

[1] אַ „די ליבעלע און די מוראַשקע".

בער סלוצקי

גאָרקי אין ייִדיש

גאָרקי דער שפּראַכמײַסטער און קעמפֿער פֿאַר אַ קולטורעלן רוסיש

ווי ליב און אייגן גאָרקי איז די ייִדישע אַרבעטנדיקע, איז צו זען פֿון דער גרויסער צאָל איבערזעצונגען, וואָס זײַנען געמאַכט געוואָרן פֿון גאָרקיס ווערק (זע ח׳ נאַדלס ביבליאָגראַפֿיע פֿון גאָרקיס ווערק, איבערגעזעצט אין ייִדיש, „פֿאַרמעסט", נ׳ 7). מע קאָן אויף זיכער זאָגן, אַז קיין איינער פֿון די רוסישע שרײַבער און אויך פֿון די ניט־רוסישע איז בײַ אונדז אין פֿאַרבאַנד ניט איבערגעזעצט געוואָרן אַזוי פֿיל אין ייִדיש, ווי גאָרקי. אייניקע גאָרקיס ווערק אין ייִדיש זײַנען אַרויסגעגאַנגען אין עטלעכע אויפֿלאַגעס („די מוטער", „מײַנע קינדער־יאָרן", אַ רײ קליינע דערציילונגען). איך וויל זיך דאָ אָפּשטעלן (איבער מאַנגל אין אָרט) בלויז אויף די גרעסערע איבערזעצונגען פֿון גאָרקיס ווערק אין ייִדיש, איבערזעצונגען, וואָס זײַנען געמאַכט געוואָרן פֿון די בעסטע שרײַבער און דיכטער אונדזערע און וואָס זײַנען דערשינען די לעצטע יאָרן. דאָס איז:

1. „ארטאמאָנאָווס געשעפט" – ייִדיש – ע. פינינבערג, אוקרנאצמינדפארלאג, 1932. (איך באַצייכן עס מיט דער קירצונג „אַרט׳".)

2. „א מענטש בא לײַטנ" – ייִדיש – נ. לוריע. אוקרנאצמינדפארלאג, 1936. קירצונג „בײַ לײַטן".

3. „דרײַענ" – ייִדיש – ד. וו. אוקרנאצמינדפארלאג, 1936. קירצונג – „דרײַ".

און אויך די קליינע ערשטע גאָרקיס דערציילונג:

4. „מאקאר טשודרא" – ייִדיש – ה. אָרלאַנד, „פֿאַרמעסט" 7, 1936.

איבערזעצן גאָרקין איז גלײַכצײַטיק גרינג און שווער. דאָס נעמט זיך פֿון דער אייגנאַרטיקייט פֿון זײַן שפּראַך, פֿון זײַן סטיל. גאָרקי איז געווען דער גרעסטער קענער פֿון דער רוסישער שפּראַך אין אונדזער צײַט. פֿון קינדווײַז אָן איז גאָרקי דערצויגן געוואָרן אין אַ סבֿיבֿה פֿון אַ זעלטענעם פֿײַנעם און רײַכן פֿאָלקסטימלעכן רוסיש; ער האָט אויך גרינטלעך געקענט די רוסישע ליטעראַטור; ער האָט אײַנגעזאַפּט אין זיך דעם גאַנצן וווּנדערלעכן געקלאַנג פֿון דער רוסישער שפּראַך, פֿון דער ריידשפּראַך און פֿון דער ליטעראַרישער. גאָרקי איז אָבער געווען ניט בלויז אַ קינסטלער; ער איז געווען אויך אַ קעמפֿער, אַ פֿאָלקסטריבון, אַ גלענצנדיקער פּובליציסט. אין זײַנע קינסטלערישע ווערק זײַנען פֿאַראַן אַ סך עלעמענטן פֿון רעטאָריק און פּובליציסטיק. דאָס האָט זייער אייגנאַרטיק באַפֿאַרבט זײַן שפּראַך, זײַן סטיל, וואָס איז געדיכט אָנגעזעטיקט מיט אַלע עלעמענטן פֿון דער פֿאָלקשפּראַך אויך. גאָרקיס פֿאָלקסטימלעכע שפּראַך־עלעמענטן זײַנען אָבער ניט קיין בכּיוון אויסטערלישע,

פֿון: **פֿאַרמעסט** (קיִעוו, כאַרקאָוו) 9, סעפּטעמבער 1936, ז"ז 109–128.

סטיליזירטע, פֿון ערגעץ אַ באַהעלטעניש אַרויסגעגראָבענע. זיי זײַנען נאַטירלעכע, קלאָרע, פֿאַרשטענדלעכע רוסישע אידיאָמען, ריידאַרטן, וואָס לאָזן זיך באַנעמען און אויב ניט געניי איבערגעזעצט, איז אויסגעטײַטשט צו ווערן אויף אַן אַנדער שפּראַך. גאָרקי אין זײַן שאַפֿן איז קאָנקרעט און רעאַליסטיש, ווי קאָנקרעט און רעאַליסטיש ס׳איז די פֿאָלקשפּראַך.

אָט די אייגנשאַפֿטן פֿון גאָרקיס שפּראַך, פֿון זײַן סטיל און פֿון זײַן שאַפֿן מאַכן אים לײַכט און שווער אין איין און דער זעלבער צײַט איבערגעזעצט צו ווערן. לײַכט – איבער זײַן קלאָרקייט, איינפֿאַכקייט און רעאַליסטישקייט. שווער – ווײַל עס פֿאָדערט זיך דערצו טאַקע פּונקט אַזאַ קלאָרע, איינפֿאַכע און רעאַליסטישע שפּראַך, וואָס ניט יעדער איבער־זעצער פֿאַרמאָגט זי.

גאָרקי האָט זייער אַ סך געאַרבעט אויף זײַן שפּראַך. בײַ אים איז ניטאָ קיין צופֿע־ליקייטן. אַלץ איז געמאָסטן און געוווויגן. זעלטן ווער פֿון די רוסישע שרײַבער האָט אַזוי לײַדנשאַפֿטלעך געקעמפֿט פֿאַר אַ קולטורעלן נאַטירלעך שיינעם רוסיש, ווי גאָרקי. גאָרקי האָט ניט געקאָנט פֿאַרלײַדן קיין גלײַכגילטיקע אָדער הפֿקרדיקע באַציִונג צו דער שפּראַך, באַזונדערס צו דער קינסטלערישער. ער האָט שאַרף קריטיקירט יונגע און אַלטע שרײַבער פֿאַר זייער פֿאַרמיסטיקן די רוסישע שפּראַך מיט לאָקאַליזמען, מיט צווייפֿלהאַפֿטע פּראָ־ווינציאַליזמען, מיט פּסעוודאָפֿאָלקסטימלעכקייטן, מיט ווולגאַריזמען, מיט שלעכטן ניט־גראַמאַטנעם בוי פֿון דער פֿראַזע. ער האָט שרעקלעך פֿײַנט געהאַט די געמלאָכהטע, געמאַכטע, אומגעלומפּערטע מעטאַפֿאָרן, וואָס איבער זייערע דריידלעך און קונצן ווערט פֿאַרטונקלט דאָס קלאָרע געשטאַלט, דער ריינער געדאַנק, און ער האָט שאַרף געקעמפֿט קעגן דעם, ווי ער האָט בכלל שאַרף געקעמפֿט קעגן דער פּוסטער, אויסגעדראָשענער, טומלדיקער מליצה. אין איינעם פֿון זײַנע אַרטיקלען האָט גאָרקי געשריבן:

> די עכטע שיינקייט פֿון דער שפּראַך, וואָס ווירקט, ווי אַ קראַפֿט, ווערט געשאַפֿן דורך דער פּינקטלעכקייט, קלאָרקייט, דורך דער קלינגעוודיקייט פֿון די ווערטער, וואָס פֿורעמען אויס די בילדער, די כאַראַקטערס, די אידעען פֿונעם בוך. פֿאַר אַ שרײַבער אַ ,קינסטלער׳ איז נייטיק צו זײַן ברייט באַקאַנט מיטן גאַנצן ווערטער־רעזערוו פֿון אונדזער רײַכסטן ווערטערבוך, און עס איז נייטיק צו קענען אויסקלײַבן פֿון אים די סאַמע פּינקטלעכסטע, קלאָרע און שטאַרקע ווערטער.
>
> ...אויסער דער נייטיקייט, זאָרגזאַם צו דערלערנען די שפּראַך, אויסער דעם אַנטוויק־לען דאָס קענען אָפּקלײַבן פֿון איר די סאַמע איינפֿאַכע דײַטלעכע און פֿאַרביקע ווערטער פֿון דער ליטעראַרישער שפּראַך, וועלכע איז אויסגעצייכנט פֿונאַנדערגעאַרבעט, נאָר וועלכע ווערט גאַנץ פֿלײַסיק פֿאַרמיסטיקט מיט פּוסטע און פֿאַרקריפּלטע ווערטער, – אויסער דעם דאַרף דער שרײַבער גוט קענען די געשיכטע פֿון דער פֿאַרגאַנגענהייט און די סאָציאַלע דערשײַנונגען פֿון איצטיקער צײַט.

גאָרקי האָט געקעמפֿט קעגן „די פּאַראַזיטישע ווערטער, וואָס האָבן קיין שום זינען ניט אין דער שפּראַך“. ער האָט אָנגעוויזן, אַז „די פֿאַרמיסטיקונג פֿון דער שפּראַך מיט זינלאָזי־קייטן שטעלט מיט זיך פֿאָר אַן אָפּשפּיגלונג פֿון קלאַסן־פֿײַנטשאַפֿט“.

> ... צווישן די גראַנדיעזע אויפֿגאַבעס – שרײַבט גאָרקי – צו שאַפֿן אַ נײַע סאָציאַליסטישע קולטור איז פֿאַר אונדז אַוועקגעשטעלט אויך די אויפֿגאַבע צו אָרגאַניזירן די שפּראַך, אָפּצורייניקן זי פֿונעם פּאַראַזיטישן כלאַם.

דער איבערזעצער, וואָס גייט איבערזעצן גאָרקין, מוז נעמען אין אַכט אָט די דאָזיקע גאָרקיס באַציִונג צו דער שפּראַך. דאָס וועט אים זײַן אַ וועגווײַזער אין זײַן אַרבעט. צי האָבן דאָס גענומען אין אַכט אויך די ייִדישע איבערזעצער פֿון גאָרקין? צי האָבן זיך די ייִדישע איבערזעצער [גע]ספּראַוועט מיט דער אויפֿגאַבע צו געבן אונדז אַ פֿולווערטיקע קינסטלערישע איבערזעצונג פֿון גאָרקין אין ייִדיש?

איינע פֿון די וויכטיקסטע פֿאָדערונגען, וואָס ווערן געשטעלט דעם איבערזעצער, איז – פֿריִער פֿאַר אַלץ קענען פֿולקום ביידע שפּראַכן, וואָס דער איבערזעצער אָפּערירט מיט זיי. קענען אָבער די דאָזיקע שפּראַכן בלויז פֿאָרמעל, זײַן בלויז אַ גראַמאָטנע איז נאָך ווייניק. דער איבערזעצער דאַרף זײַן גרינטלעך באַהאַוונט אין אַלע אייגנשאַפֿטן פֿון די ביידע שפּראַכן, דאַרף פֿאַרמאָגן זייער גאַנצן ווערטער־אַרסענאַל, כּדי צו קענען מאַנעווירן, אויסקלײַבן דאָס סאַמע פּאַסנדיקע וואָרט, דעם סאַמע פּאַסנדיקן אויסדרוק. יעדער געדאַנק, יעדער קינסטלעריש בילד קאָן אַרויסגעבראַכט ווערן דורך פֿאַרשיידענע שפּראַכמיטלען – דער איבערזעצער דאַרף אָט די אַלע מיטלען האָבן. צו דעם דאַרף מען צוגעבן, אַז באַזונדערס דער איבערזעצער פֿון אַ קינסטלעריש ווערק דאַרף אויך זײַן ליטעראַריש געבילדעט, האָבן אַ פֿײַנעם שפּראַכגעשמאַק, פֿילן דאָס קינסטלערישע וואָרט, די ניואַנסן פֿונעם וואָרט.

קענען אָבער בלויז ביידע שפּראַכן איז דאָך נאָך אַלץ ניט גענוג. דער איבערזעצער מוז אויך קענען דעם אַווטער, זײַנע ווערק, קענען די עפּאָכע, די סבֿיבֿה, וואָס אין איר האָט דער אַווטער געלעבט און איז געווען טעטיק, דער איבערזעצער דאַרף וויסן אויך די אומשטענדן, אין וועלכע דאָס ווערק איז געווען געשריבן. דער איבערזעצער דאַרף אויסשטודירן די אייגנשאַפֿטן פֿונעם אַווטער, דאַרף אויספֿאָרשן די צײַט און די געשיכטע פֿון דער שעפֿערישער אַנטוויקלונג פֿונעם אַווטער. דאָס איז, ווי גאָרקי זאָגט: „אַ פֿאָדערונג – אַ שווערע, דאָך – אַ נויטווענדיקע“.

אַפֿילו איין און דעם זעלבן שרײַבערס ווערק קאָן אַ מאָל פֿאָדערן אין פֿאַרשיידענע צײַטן אַ פֿאַרשיידענעם צוגאַנג בײַם איבערזעצן עס. עס איז באַוווּסט, אַז גאָרקי האָט זיך אויף דער עלטער אָפּגעזאָגט פֿון אייניקע זײַנע קינסטלערישע פֿאָרמעס, וואָס ער האָט גענוצט אין דער יוגנט. גאָרקי האָט אין ערשטן ‚ראָמאַנטישן‘ פּעריאָד פֿון זײַן שאַפֿן ליב געהאַט צו נוצן ‚ריטמישע‘ פּראָזע. דערויף האָט אים, אַ שטייגער, אָנגעוויזן קאָראָלענקאָ[1]. קאָראָלענקאָ האָט זייער געלויבט גאָרקיס דערציילונג „דער זײַדע אַרכיפּ“; ער האָט אָבער אויפֿמערקזאַם געמאַכט גאָרקין אויף דעם, וואָס ער האָט צוגעריכט די דאָזיקע דערציילונג „מיט עפּעס ענלעכס אויף לידער“ און וואָס איז לויט קאָראָלענקאָס מיינונג געווען לחלוטין

1 וולאַדימיר קאָראָלענקאָ (1853 – 1921) האָט געשריבן אויף רוסיש, איז געווען אַ באַוווּסטער פּובליציסט און אַ פֿאַרטרעטער פֿון דער רעאַליסטישער שול.

איבעריק. גאָרקי האָט זיך נאָך דעם אַליין איבערצייַגט, אַז אייניקע זייַטלעך פֿון דער דאָזיקער דערציילונג זייַנען געווען אָנגעשריבן, ווי ער זאָגט „טאַקע מיט אָט דער פֿאַרשאָלטענער ,ריטמישער׳ פּראָזע“. גאָרקי דערציילט ווייַטער:

> „דער ים האָט געלאַכט“ – האָב איך געשריבן און האָב אַ לאַנגע צייַט געגלייבט, אַז דאָס איז גוט. יאָגנדיק זיך נאָך שיינקייט, האָב איך שטענדיק געזינדיקט קעגן דער פּינקטלעכקייט פֿון דעם באַשרייַבן, האָב ניט ריכטיק צעשטעלט זאַכן, ניט ריכטיק באַלויכטן מענטשן. (געבראַכט בייַ טשוקאָווסקין אין זייַן בוך „די קונסט פֿון איבערזעצונג“[1]).

דער איבערזעצער, וואָס ווייסט גאָרקיס באַציִונג צו דער מאַניר שרייַבן פֿון זייַנע יונגע יאָרן, וואָס ווייסט גאָרקיס באַציִונג צו דער ,פֿאַרשאָלטענער ריטמישקייט׳ אין פּראָזע, דער דאָזיקער איבערזעצער וועט געוויס ניט איבערזעצן איצט גאָרקיס „דער זיידע אַרכיפּ“ מיט אַ ריטמישער פּראָזע. ער וועט זי אויפֿהיטן נאָר דעמאָלט, ווען ער וועט וועלן ווייַזן דעם אַנטוויקלונג־וועג פֿון גאָרקיס פּראָזע.

אָט די אַלע פֿאָדערונגען, וואָס ווערן געשטעלט דעם איבערזעצער, באַזונדערס דעם איבערזעצער פֿון גאָרקין, קאָנען די פֿיר איבערזעצערס פֿון גאָרקיס ווערק פֿולקום באַפֿרידיקן.

פּינקטלעכקייט און אַדעקוואַטקייט אין דער איבערזעצונג

די פֿראַגע פֿון פּינקטלעכקייט און אַדעקוואַטקייט[2] אין אַן איבערזעצונג איז דער עיקר די פֿראַגע פֿון דער באַציִונג פֿונעם איבערזעצער צום אַווטער. צי דאַרף דער איבערזעצער זייַן אַ קנעכט צום אָריגינאַל, צי דאַרף ער זיך אָפּזאָגן אין גאַנצן פֿון זיך אַליין, פֿאַרטושן זיך און איבערגעבן וואָרט אין וואָרט דעם אָריגינאַל, זיך ניט רעכענענדיק אַפֿילו מיט די אייגנשאַפֿטן פֿון דער איבערזעצונג־שפּראַך? צי דאַרף, פֿאַרקערט, דער איבערזעצער זייַן אין גאַנצן פֿרייַ בנוגע צום אַווטער און דער עיקר זיך רעכענען דווקא מיט דער איבערזעצונג־שפּראַך און מיט אירע אייגנשאַפֿטן, און ניט מיט די באַזונדערקייטן פֿון דער שפּראַך אינעם איבערגעזעצטן ווערק?

גאָרקיס איבערזעצער אויף ייִדיש זייַנען געגאַנגען אויפֿן וועג פֿון דערנעענטערן זיך צום גייַסט און פֿאָרעם פֿונעם אַווטער, ווערן דעם אַווטערס אַ ,מיטפֿילנדיקער׳ ,מיטדענקער׳, ווי דאָבראָליובאָוו[3] דריקט זיך אויס. זיי האָבן זיך געפֿלייַסט צו זייַן פּינקטלעך, זייַן טרייַ דעם אָריגינאַל, זיך באַמיט, די איבערזעצונג זאָל זייַן אַדעקוואַט צום רוסישן טעקסט. דאָס האָט זיך זיי אייַנגעגעבן, מע דאַרף אָבער זאָגן, אַז ניט אין דער פֿולער מאָס און ניט אומעטום.

1 ❧ די אָפּהאַנדלונג Искусство перевода [די קונסט פֿון איבערזעצונג] איז אַרויס דאָס ערשטע מאָל אין 1930, אין פֿאַרלאַג *Academia*, צוזאַמען מיט נאָך אַן אַרטיקל פֿון אַנדריי פֿיאָדאָראָוו, אַ טעאָרעטיקער פֿון איבערזעצונג. אין 1936 איז אינעם זעלביקן פֿאַרלאַג דערשינען די צווייטע אויפֿלאַגע, דאָס מאָל בלויז מיט דעם טעקסט פֿון טשוקאָווסקין.

2 ❧ וועגן דעם באַגריף זע דעם אַרטיקל פֿון ד. וואַכרושאָוואַ אין דעם דאָזיקן באַנד.

3 ❧ דער קריטיקער ניקאָלאַי דאָבראָליובאָוו (1836 – 1861) האָט צווישן אַנדערע מחבר געווען עטלעכע אַרטיקלען געווידמעטע איבערזעצונג אויף רוסיש.

אַ פּאָר בײַשפּילן:

1 Иногда он говорил час и два, все спрашивая: слушают ли дети? Сидит на печи, свеся ноги, разбирая пальцами колечки бороды, и не торопясь кует звено за звеном цепи слов. В большой, чистой кухне теплая темнота, за окном посвистывает вьюга, шелково гладит стекло, или трещит в синем холоде мороз (Собр. соч. XX, с. 18).[1]

1 ער פֿלעגט אַ מאָל אָפּרעדן אַ שעה און צוויי, אַלע מאָל אַ פֿרעג געבן, צי הערן די קינדער? ער זיצט אויפֿן אויוון, די פֿיס אַראָפּגעהאַנגען, צעפֿלעכט מיט די פֿינגער די רינגעלעך פֿון דער באָרד און שמידט, ניט אײַלנדיק, אַ רינג נאָך אַ רינג, די קייטן פֿון די ווערטער. אין דער גרויסער ריינער קיך הערשט וואַרעמער טונקל, אויף יענער זײַט פֿענצטער פֿײַפֿט דער שטורעם, גלעט מיט זײַדענער האַנט דאָס גלאָז. אָדער ס׳קנאַקט מיט בלאָער קעלט דער פֿראָסט (אַרט׳, 15).

2 Ярко светит солнце, белыми птицами плывут в небе облака, мы идем по мосткам через Волгу, гудит, вздувается лед, хлюпает вода под тесинами мостков, на мясисто-красном соборе ярмарки горят золотые кресты (Собр. соч. XVII, с. 23).

2 די זון שײַנט העל, ווי ווײַסע פֿויגלען, שווימען וואָלקנס אין הימל, מיר גייען מיט די בריקלעך איבער דער וואָלגע, דאָס אײַז הודעט, בלאָזט זיך אויף. וואַסער פּליוכעט אונטער די ברעטער פֿון די בריקלעך, אויף דעם פֿלייש־רויטן קלויסטער פֿונעם יריד־פּלאַץ גליִען די גאָלדענע צלמער (בײַ לײַטן, 24).

3 – Господь – мне, я – тебе, ты – ему, а он – опять господу, так оно у нас колесом и завертится... И никто никому не должен будет... Ми-ила-й! Э-э-эх, брат ты мой! Жил я, жил, глядел, глядел, – ничего, окромя бога, не вижу. Все его, все ему, все от него да для него!.. (Собр. соч. IV, с. 43)

3 גאָט וועט מיר, איך וועל דיר, דו – אים, און ער ווידער גאָט, אַזוי וועט זיך בײַ אונדז דרייען די ראָד... און קיינער וועט קיינעם ניט זײַן שולדיק... לי־בער! עך דו, ברודער מײַנער! איך לעב און לעב, און קוק און קוק – און גאָרניט זע איך ניט, אַחוץ גאָט – אַלץ איז זײַנס, אַלץ איז אים, אַלץ קומט פֿון אים און פֿאַר אים! (דרײַ, 16).

4 Был на свете Зобар, молодой цыган, Лойко Зобар. Вся Венгрия, и Чехия, и Славония, и все, что кругом моря, знало его, – удалый был малый! Не было по тем краям деревни, в которой бы пяток-другой жителей не давал богу клятвы убить Лойко, а он себе жил, и уж коли ему понравился конь, так хоть полк солдат поставь сторожить того коня – все равно Зобар на нем гарцевать станет! (Собр. соч. I, с. 25)

[1] די רוסישע טעקסטן זײַנען גענומען פֿון גאָרקיס געזאַמלטע ווערק, באַנד I און IV, אויסגאַבע „מעלר־כע־פאַרלאַג״ (ГИЗ) 1930; באַנד XVII און XX, אויסגאַבע ГИХЛ 1933. איך באַצייכן זיי מיט דער פֿאַרקירצונג Собр. соч. מיט רוימישע ציפֿערן ווערט באַצייכנט דער באַנד, מיט אַראַבישע – דאָס זײַטל.

4 געלעבט אויף דער וועלט האָט זאָבאַר, אַ יונגער ציגײַנער, לויקאָ זאָבאַר. גאַנץ אונ־גאַרן און טשעכיע און סלאָוואַקיע, און אַלץ, וואָס אַרום ים, האָט אים געקענט, – אַ געראָטענער איז ער געווען, דער יונג! ניט געווען אין יענע קאַנטן קיין איין דאָרף, וווּ אַ פֿינף־צען מענטשן זאָלן זיך ניט האָבן געשווירן בײַ גאָט הרגענען לויקאָן, און ער האָט זיך געלעבט, און ווען עס איז אים געפֿעלן געוואָרן אַ פֿערד, איז כאָטש אַ פּאָלק סאָלדאַטן שטעל היטן דאָס פֿערד – אַלץ איינס וועט שוין זאָבאַר אויף דעם פֿאָרן רײַטנדיק (פּאַרמעסט 7, 1936, ז׳ 42).

די בײַשפּילן זײַנען טיפּישע, כאַראַקטעריסטישע. זיי ווײַזן, אַז די איבערזעצונגען זײַנען אין אַלגעמיין געמאַכט געוואָרן קאָרעקט, טרײַ. די איבערזעצונגען לייענען זיך לײַכט, און אינעם גרעסטן טייל פֿילט זיך אין זיי גאָרקי. זײַענדיק טרײַ דעם אָריגינאַל, זײַנען אָבער די איבערזעצער געבליבן טרײַ די באַזונדערקייטן פֿון דער ייִדישער שפּראַך אויך, זיי האָבן מיט ייִדישע שפּראַכמיטלען געשטרעבט צו געבן אַ פֿולווערטיקן ייִדישן עקוויוואַלענט פֿר־נעם רוסישן גאָרקי.

לײדער, האָט זיך דאָס ניט אַלע מאָל אײַנגעגעבן. ניט אומעטום גלײַך איז אויסגעהאַלטן די אַדעקוואַטקייט, די קינסטלערישע פֿינקטלעכקייט, די ייִדישע שפּראַכפֿאָרמעס.

די פֿינקטלעכקייט און די אַדעקוואַטקייט קאָן דערגרייכט ווערן דורך פֿאַרשיידענע מיטלען. דאָרט, ווו עס לאָזט זיך, דאַרף מען זיך האַלטן נאָענט צום אָריגינאַל, אויפֿהיטן זײַן זאַץ־קאָנסטרוקציע אאַז״וו. אַ שטייגער אַזוי, ווי עס זײַנען געמאַכט די פֿיר געבראַכטע בײַשפּילן. ניט אַלע מאָל איז עס אָבער מעגלעך. דעמאָלט מוז מען אָנקומען צו אַנדערע מיטלען: ענדערן דעם זאַץ, די וואָרטשטעלונג, מע מוז צוזוכן אַ וואָרט, אַן אויסדרוק, וואָס מעג זײַן אַנדערש לויט דער אויסערלעכער פֿאָרעם, זאָל אָבער זײַן אַדעקוואַט לויט זײַן אינהאַלט. אַזוי קומט אַ מאָל אויס, אַ שטייגער, צו פֿאַרבײַטן איין פֿיגוראַלן אויסדרוק מיט אַ צווייטן:

5 Солнце тает на земле золотом (Собр. соч. XVII, с. 41).

5 די זון שמעלצט צו דער ערד איר גאָלד (בײַ לײַטן, 46).

דער ייִדישער טעקסט איז איבערגעאַנדערשט אין אָט דעם זאַץ, מע וואָלט, אַ שטייגער, געקאָנט זאָגן:

*5 די זון צעשמעלצט זיך (צעגייט) אין גאָלד אויף דער ערד.

דאָס וואָלט געווען אפֿשר פֿינקטלעך, דאָך וואָלט דאָ עפּעס געפֿעלט. דער איבערזע־צער האָט מקריבֿ געווען מיט דער פֿינקטלעכקייט, האָט געגעבן אַ ביסל אַן אַנדער בילד, עס איז אָבער לויט זײַן אינהאַלט אַדעקוואַט צו גאָרקיס. דאָס בילד האָט אין זיך עפּעס פֿון גאָרקין. עס איז אין זײַן סטיל: קלאָר און אויסדריקלעך.

6 … а жизнь раздражала, показывая мне свою неказистую, лживую изнанку (Собр. соч. XVII, с. 11).

6 און דאָס לעבן האָט מיך אויפֿגערעגט, אויסשטעלנדיק מיר די מיאוסע, דורכגעפֿוילטע לינקע זײַט זײַנע (בײַ לײַטן, 8).

דאָ זײַנען ווידער ניט פּינקטלעך איבערגעזעצט די ווערטער неказистую, лживую. דאָך האָט די אַדעקוואַטקייט ניט פֿאַרלוירן פֿון דעם. מיט אַנדערע ווערטער איז דאָ דערגרייכט געוואָרן די זעלבע אָפּשאַצונג פֿונעם לעבן, ווי אינעם אָריגינאַל.

7 Горы-то Жигули, зеленые по-вешнему, в небо взмахнули (Собр. соч. XVII, с. 41).

7 די בערג, די זשיגולן[1], גרינע, פֿרילינגדיקע, פֿליִען אין הימל אַרויף (בײַ לײַטן, 46).

דאָ איז אויך אַרײַנגעטראָגן געוואָרן אַן ענדערונג, ס׳איז אָבער אָפּגעהיט געוואָרן דער אינהאַלט, די פֿראַזע איז גאַנץ אַדעקוואַט צו דער רוסישער.

8 … зачем этот богатый, почетный человек торчит целый день в грязной лавке (Собр. соч. IV, с. 79).

8 נאָך וואָס נודיעט זיך אָט דער רײַכער בכּבֿודיקער מענטש אַ גאַנצן טאָג אין דער שמוציקער קלייט (דרײַ, 62–63).

דאָ איז דאָס רוסישע וואָרט торчит איבערגעגעבן מיט ,נודיעט זיך׳, און זייער גוט – טאַקע אַן אַנדער וואָרט, מיט אַן אַנדער טײַטש, אָבער ביז גאָר אַן אַדעקוואַטס מיטן אינהאַלט.

9 Хоть бы глазом одним (Собр. соч. IV, с. 44).

9 כאָטש מיט אַ שפּיץ אויג (דרײַ, 17).

דאָ האָט דער איבערזעצער פֿאַרביטן ,מיט איין אויג׳ אויף ,שפּיץ אויג׳, כּדי שאַרפֿער אונטערשטרײַכן דאָס אַ כאַפּ טאָן אַ קוק אויף גיך, פֿאַרבײַ.

10 Кроме хозяина, в магазине торговал мой брат, Саша Яковов (Собр. соч. XVII, с. 10).

10 אויסער דעם באַלעבאָס איז נאָך אין מאַגאַזין בײַם פֿאַרקויף געשטאַנען מײַן שוועסטערקינד, סאַשאַ יאַקאָוואָוו (בײַ לײַטן, 6).

דאָ איז אַנשטאָט торговал געזאָגט ,בײַם פֿאַרקויף איז געשטאַנען׳, און דאָס איז ווי צוגעטראָפֿן, זייער פּינקטלעך איבערגעגעבן דעם אינהאַלט פֿונעם וואָרט торговал. אײַבערזעצן דאָ מיט ,געהאַנדלט׳, ,פֿאַרקויפֿט׳ אד״גל קאָן מען ניט. עס וואָלט זיך באַקומען אַן אומקלאָרקייט. עס טרעפֿט אָבער ניט קיין געלונגענער פֿאַרבײַט פֿונעם פֿיגוראַלן

[1] ♁ בערג אויפֿן רעכטן וואָלגע־ברעג, לעבן סאַמאַרע.

אויסדרוק, פֿון אַזוי אַ וואָרט, וואָס דורך דעם ווערט אָפּגעשוואַכט די אַדעקוואַטקייט, די פּינקטלעכקייט, אַ שטייגער:

11 … в тишине ночи отчетливо звучали глухие и редкие удары копыт лошади по земле, тяжелыми вздохами разносилось ее фырканье, и уныло плавал непонятный дрожащий звук (Собр. соч. IV, с. 35 – 36).

11 ...אין דער שטילקייט פֿון דער נאַכט האָבן דײַטלעך אָפּגעהילכט די זעלטענע און טעמ־פּע קלעפּ פֿונעם פֿערדס טלאָען איבער דער ערד, ווי שווערע זיפֿצן האָט געקלונגען דעם פֿערדס פּאָרסקען, און טרויעריק איז אומגעשוווּמען דער אומפֿאַרשטענדלעכער ציטערדיקער קלאַנג (דרײַ, 36).

ווי שווערע זיפֿצן האָט געקלונגען' [איז] בפֿירוש ניט געלונגען. ווי אַזוי קלינגען עס, זיפֿצן און נאָך שווערע? בײַ גאָרקין שטייט טאַקע разносилось – האָט זיך פֿונאַנדערגע־טראָגן, האָט זיך געלאָזט הערן. אמת, צום סוף פּראַזע רעדט זיך וועגן ,קלאַנג'. דער דאָזי־קער קלאַנג אָבער האָט קיין שום שײַכות ניט צו ,קלינגען' – звенеть.

12 …у него бурое, стертое лицо, зеленые зубы, водянисто-грязные глаза (Собр. соч. XVII, с. 9).

12 ער האָט אַן אָפּגעריבן ברוין־ברודיק פּנים, גרינע ציין, קויטיק־וואַסערדיקע אויגן (בײַ לײַטן, 5).

דאָ איז צוגעגעבן אַזעלכעס, וואָס בײַ גאָרקין איז עס ניטאָ. דאָס ייִנגל בײַ גאָרקין דער־ציילט וועגן באַלעבאָס, זאָגט, אַז ,ער האָט אַ ברוינעם, אָפּגעריבענעם (אָדער אַ ברוין־אָפּגע־ריבענעם) פּנים, גרינע ציין, און וואַסערדיק־קויטיקע (שמוציקע) אויגן'.

בײַם איבערזעצער האָט זיך באַקומען אַ ,ברוין־ברודיק פּנים'. פֿון וואַנען? צוליב וואָס? אמת, עס איז אַ קלייניקייט, דער תּוך און דער אינהאַלט פֿון דער דערציילונג האָט זיך ניט געענדערט, עס איז אָבער פֿאָרט צוגעקומען אַ שטריך אינעם בילד, און עס איז איבעריק. און אויב איבעריק, דאַרף מען דאָס ניט, דאָס צעשטערט דעם פּרינציפּ פֿון אַדעקוואַטקייט.

13 Сначала кто-то тяжко вздохнул, всхлипнул и потом нестерпимо-жалобно заныл (Собр. соч. IV, с. 36).

13 פֿריִער האָט עמעצער שווער אָפּגעזיפֿצט, האָט אַ כליפּע געטאָן און דערנאָך אומדער־טרעגלעך־רחמנותדיק צעיאָמערט זיך (דרײַ, 8).

,יאָמערן' איז קלאָגן און וויינען אויף אַ קול און заныл איז שמערצלעך־שטיל וויינען, קרעכצן, אָכצן. דאָ איז בכלל ניט געווען נייטיק צו בײַטן דעם אויסדרוק.

ניט געראָטן איז אויך דאָס בײַטן דעם אויסדרוק אין אַזאַ פֿאַל, אַ שטייגער:

14 Мальчик вздрогнул от страха и замер (Собр. соч. IV, с. 37).

14 דאָס ייִנגל האָט אויפֿגעציטערט פֿאַר שרעק און איז געבליבן טויט (דרײַ, 8).

דאָ וואָלט באַדאַרפֿט זײַן ,געבליבן אַ טויטער׳, ,אַ פֿאַרשטיינערטער׳ אד״גל. גוט האָט אָבער דער איבערזעצער איבערגעגעבן דאָס זעלבע וואָרט замер אין אַ צווייטן זאַץ:

15 …и замер в молчаливом восхищении (Собр. соч. IV, с. 37).

15 און איז געבליבן פֿאַרגאַפֿט אין שטומער אַנטציקונג (דרײַ, 8).

אַגבֿ, ווײַזט דאָס אויך, ווי אַזוי די איבערזעצער זעצן ניט איבער מעכאַניש, נאָר רעכע־נען זיך מיטן אינהאַלט פֿונעם וואָרט, פֿון דער פֿראַזע.

דורך אַזעלכע ניט־געלונגענע ווערטער פֿאַרלירט זיך אָפֿט אין גאַנצן די אַדעקוואַט־קייט. אין אָריגינאַל איז עפּעס וועגן איין זאַך געזאָגט, און אין דער איבערזעצונג אַן אַנדערע, אַ שטייגער:

16 … в них… тлеют кости старцев, людей древнего благочестия (Собр. соч. IV, с. 33).

16 סע פֿוילן אין זיי די ביינער פֿון מאָנאַכן, מענטשן פֿון אוראַלטער פֿרומקייט (דרײַ, 3).

סתּם מאָנאַכן זײַנען ניט קיין ,סטאַרצעס׳[1]. נאָך ערגער באַקומט זיך אינעם צווייטן זאַץ:

17 … об одном из таких старцев – Антипе (Собр. соч. IV, с. 33).

17 וועגן איינעם פֿון די פֿאַרשוינען – אַנטיפּן (דרײַ, 3).

די איבערזעצער דערלויבן זיך אַ מאָל צוליב פֿאַרשיידענע טעמים צוגעבן אַ וואָרט, אַ גרופּע ווערטער צו גאָרקיס טעקסט.

18 Вскоре я тоже всеми силами стремился как можно чаще видеть хромую девочку (Собр. соч. XVII, с. 27).

18 אין גיכן איז געוואָרן אַזוי, אַז איך האָב אויך מיט אַלע כּוחות געשטרעבט צו זען דאָס הינקענדיקע מיידעלע (ביי לײַטן, 29).

דאָ איז צוגעגעבן געוואָרן די גרופּע ווערטער ,איז געוואָרן אַזוי׳ מסתּמא צוליב דײַטלעכער אונטערשטרײַכן דעם צושטאַנד פֿונעם דערציילער.

19 Он вломился в разгульную жизнь фабричных девиц, как медведь на пасеку (Собр. соч. XX, с. 118).

19 ער האָט זיך אַרײַנגעריסן אינעם צעהוליעטן לעבן פֿון די פֿאַבריקמוידן, ווי אַ בער רײַסט זיך אַרײַן אין בינשטאָק (אַרט׳, 157).

ייִדיש האָט ליב איבערחזרן אַ גליד פֿונעם זאַץ, דער הויפּט דעם פּרעדיקאַט, און עס האָט זיך דאָ באַקומען גוט, אַדעקוואַט און ייִדיש ריכטיק. עס איז בלויז ניט גוט, וואָס דער

1 старец [סטאַרעץ] – ,אַן אַלטער׳, געוויינטלעך אַ מאָנאַך אויף דער עלטער וואָס האָט אַ שם ווי אַ הייליקער; אָפֿט מאָל אויך איינער וואָס לעבט אָפּגעזונדערט.

איבערזעצער האָט „פּאַסיקע‟ פֿאַרביטן מיט בינשטאָקן. ער האָט באַדאַרפֿט שרײַבן: „ווי אַ בער רײַסט זיך אַרײַן אין אַ פּאַסיקע‟.

20 Вначале эта жизнь… поразила его задорной наготою слов и чувств (Собр. соч. XX, с. 118).

20 תּחילת האָט דאָס דאָזיקע לעבן דערשטוינט אים מיט דער היציקער עזותדיקער נאַקעטקייט פֿון ווערטער און געפֿילן (אַרט׳, 157).

דער איבערזעצער האָט דאָ געגעבן צוויי באַצייכענונגען אויף איין וואָרט задорный ווײַל בלויז איין פֿון זיי דעקט ניט אין גאַנצן דעם דאָזיקן באַגריף; האָט ער מיטן צווייטן וואָרט „עזותדיקער‟ פֿאַרשטאַרקט דאָס וואָרט „היציקע‟.

21 … приемы приказчика (Собр. соч. XVII, с. 11).

21 די גענג און שטיק פֿונעם פּריקאַשטשיק (בײַ לײַטן, 7).

צוליב דײַטלעכקייט פֿאַרבײַט דער איבערזעצער אַ מאָל אַ פּראָנאָם אויף אַ סובסטאַנטיוו, חזרט אים איבער עטלעכע מאָל אינעם זאַץ, אַ שטייגער:

22 … об этом бесстыдстве пели и плакали песни, Зинаида и подруги ее называли его – любовь, и было в нем что-то острое, горьковатое, опьяняющее сильнее вина (Собр. соч. XX, с. 118).

22 וועגן דער דאָזיקער אומפֿאַרשעמטקייט האָבן געוויינט און געזונגען די לידער, זינאַידע און אירע חבֿרטעס האָבן די דאָזיקע אומפֿאַרשעמטקייט גערופֿן – ליבע, געווען איז אין דער דאָזיקער אומפֿאַרשעמטקייט עפּעס שאַרפֿס, ביטערלעכס, עפּעס אַזוינס, וואָס פֿאַרשיכּורט שטאַרקער ווי ווײַן (אַרט׳, 157).

דער איבערזעצער האָט דאָ צוויי מאָל פֿאַרביטן די ווערטער его און в нем מיט „אומפֿאַרשעמטקייט‟. געטאָן האָט ער עס צוליב קלאָרקייט. ווען ער זאָל אַנשטאָט דעם סובסטאַנטיוו „אומפֿאַרשעמטקייט‟ געוועץ גענבן די ווערטער „זי‟, „איר‟, וואָלט דער זאַץ אין ייִדיש זיך באַקומען ניט גאָר קיין קלאָרער.

אַ מאָל אָבער מישט זיך דער איבערזעצער אַרײַן אין דעם אָריגינאַל און ענדערט זײַן אינהאַלט דאָרט, וווּ עס איז מיט גאָרנישט ניט באַרעכטיקט, צעשטערט בלויז די פּינקטלעכקייט און די אַדעקוואַטקייט, אַ שטייגער:

23 Был он страшный: иссох в посте и молитве (Собр. соч. IV, с. 33).

23 ער איז געווען מוראדיק אויסגעטריקנט פֿון פֿאַסטן און דאַוונען (דרײַ, 3).

דאָ איז געענדערט געוואָרן דאָס בילד, דער אינהאַלט. צוליב וואָס?

יעדער שפּראַך האָט אירע מיטלען אויף צו באַלעבן, פֿאַרשטאַרקן די האַנדלונג. איינע פֿון די מיטלען איז בײַטן די צײַטן, אַ שטייגער:

24 Жил я, жил, глядел, глядел – ничего, окромя бога, не вижу (Собр. соч. IV, с. 43).

דאָ איז די ערשטע העלפֿט פֿונעם זאַץ געגעבן אין דער פֿאַרגאַנגענהייט, די צווייטע – אין קעגנוואַרט, צו פֿאַרשטאַרקן די אויסדריקלעכקייט און באַשטענדיקייט. אין ייִדיש האָט דער איבערזעצער די גאַנצע פֿראַזע געגעבן אין קעגנוואַרט, און טאַקע אויך צוליב פֿאַרשטאַרקן די אויסדריקלעכקייט און באַשטענדיקייט:

24 איך לעב און לעב, קוק און קוק, און גאָרניט זע איך אַחוץ גאָט (דרײַ, 16).

דער איבערזעצער האָט דאָ ניט איבערגעזעצט וואָרט אין וואָרט, ווי אין רוסישן טעקסט. די אויסדריקלעכקייט האָט זיך בײַ אים באַקומען אין אַ געוויסער מאָס שטאַרקער, ווי זי וואָלט געווען, ווען ער וואָלט געווען איבערגעזעצט וואָרט אין וואָרט.

25 Саша пугливо мигал, стараясь спрятать выпученные глаза, я стоял у двери, незаметно почесывая руки, и следил за церемонией продажи (Собр. соч. XVII, с. 10).

25 סאַשע פּינטלט דערשראָקן, באַמיט זיך צו באַהאַלטן די אויסגעבאָלעכטע אויגן, איך שטיי בײַ דער טיר, קראַץ אומבאַמערקלעך די הענט און קוק נאָך דער פֿאַרקויף־צע־רעמאָניע (בײַ לײַטן, 6).

זאַצבוי

איינע פֿון די שווערסטע אויפֿגאַבעס אין איבערזעצונגען איז אויפֿצוהיטן דעם ריכטיקן בוי פֿונעם זאַץ פֿון דער איבערזעצונג־שפּראַך און איינצײַטיק איבערגעבן די כאַראַקטעריסטישע דערשײַנונגען פֿונעם זאַצבוי פֿון דעם אָריגינאַל. אין קינסטלערישע איבערזעצונגען אַצינד בײַ אונדז, אין איבערזעצונגען פֿון רוסיש אויף ייִדיש, באַמערקט זיך אַ גאַנץ היפּשע דערנעענטערונג צום רוסישן זאַצבוי אויך אין יענע פֿאַלן, ווען פֿריִער פֿלעג זײַן אַ געוויסער ריס צווישן זיי. קאָנקרעט אין דעם פֿאַל פֿון אונדזערע איבערזעצונגען פֿון גאָרקיס ווערק מאַכט עס אויך מער אַדעקוואַט די איבערזעצונג. גאָרקיס זאַץ איז ניט קיין פֿאַרפּלאָנטעטער, זײַן קאָנסטרוקציע איז אַן איינפֿאַכע, לאָזט זיך אַריבערטראָגן אין ייִדיש. דאָס האָט אויף אַ סך פֿאַרגרינגערט די איבערזעצער זייער אַרבעט. דאָס איז צו זען פֿון די פֿריִער געבראַכטע בײַשפּילן. דאָס איז נאָך בולטער צו זען פֿון אַזאַ זאַץ, אמת איינער פֿון די זייער ווייניקע שטאַרק צעצווײַגטע גאָרקיס זאַצן.

26 Не обращая внимания на то, что холодные волны ветра, распахнув чекмень, обнажили его волосатую грудь и безжалостно бьют ее, он полулежал в красивой, сильной позе, лицом ко мне, методически потягивал из своей громадной трубки, выпускал изо рта и носа густые клубы дыма и, неподвижно уставив глаза куда-то через мою голову в мертво молчавшую темноту степи, разговаривал со мной, не умолкая и не делая ни одного движения к защите от резких ударов ветра (Собр. соч. I, с. 23).

26 קיין אַכט ניט געלייגט אויף דעם, וואָס די קאַלטע ווינטכוואַליעס האָבן צעכראַסטעט זײַן בורנעס, אַנטבלויזט זײַן האָריקע ברוסט און אָנרחמנותדיק זי געשמיסן, איז ער האַלב געלעגן אין אַ שיינער, קרעפּטיקער פּאָזע, מיטן פּנים צו מיר, מעטאָדיש געצויגן פֿון זײַן גרויסן ציביק, אַרויסגעלאָזט פֿונעם מויל און נאָז געדיכטע קנוילן רויך, און אומבאַוועגלעך אָנשטעלנדיק די אויגן ערגעץ איבער מײַן קאָפּ אין דער טויט־שווײַגנדיקער פֿינצטערניש פֿונעם סטעפּ, האָט ער צו מיר גערעדט, ניט אָפּשטעלנדיק זיך און ניט מאַכנדיק קיין איין באַוועגונג אויף באַשיצן זיך פֿון די שאַרפֿע שטויסן פֿונעם ווינט (פאַרמעסט 7, 1936).

דאָס איז, ווי געזאָגט, איינער פֿון די ווייניקע גאָרקיס ברייט צעצווײַגטע זאַצן, באַזונדערס אין די ערשטע ווערק זײַנע. גאָרקי האָט דעם זאַץ ניט צעשפּאַלטן, ער האָט געוואָלט געבן אַ גאַנץ בילד פֿון מאַקאַרן, און גוט האָט געטאָן דער ייִדישער איבערזעצער, וואָס האָט זיך געהאַלטן בײַ גאָרקיס זאַץ־קאָנסטרוקציע. דאָ איז נאָך פֿאַראַן אַ וויכטיקער קליינער פּרט. דער לעצטער בײַזאַץ ,ניט מאַכנדיק קיין איין באַוועגונג אויף באַשיצן זיך פֿון די שאַרפֿע שטויסן פֿונעם ווינט׳, איז ענג צוזאַמענגעבונדן מיט דעם ערשטן בײַזאַץ „קיין אַכט ניט געלייגט אויף דעם, וואָס די קאַלטע ווינטכוואַליעס" אאַז"וו. ניט גוט האָט טאַקע געטאָן אַ צווייטער איבערזעצער פֿון „מאַקאַר טשודראַ" (פֿאַרלאַג עמעס, 1935), וואָס האָט דעם זאַץ צעשפּאַלטן: דאָס בילד האָט באַקומען פֿון דעם צוויי באַזונדערע פּאַוזעס, צוויי אָפּגעגרענעצטע מיט אַ גרויסער פּאַוזע מאָמענטן.

27 Летом, когда Илья приехал на каникулы, незнакомо одетый, гладко остриженный и еще более лобастый, – Артамонов острее невзлюбил Павла, видя, что сын упрямо продолжает дружиться с этим отрепышем, хиляком (Собр. соч. XX, с. 100).

27 זומער, אַז איליאַ איז געקומען צו פֿאָרן אויף קאַניקול־צײַט, נײַמאָדיש געקליידט, גלאַט אָפּגעשוירן און נאָך מיט אַ גרעסערן שטערן – האָט אַרטאַמאָנאָוו נאָך שטאַרקער פֿײַנט געקריגן פּאַװלען. ער האָט געזען, אַז דער זון חבֿרט זיך עקשנותדיק ווידער מיט דעם דאָזיקן שמאַטאָווע י[ו]נגאַטשל, מיט דעם דאָזיקן חלוש (אַרט׳, 131).

דאָ איז דאָס צעשפּאַלטן דעם זאַץ געווען נייטיק דעם איבערזעצער צוליבן אויסמײַדן אַ גערונדיום. עס טרעפֿט אויך פֿאַרקערט, אמת זעלטן, אַז דער איבערזעצער פֿאַראייניקט צוויי זעלבשטענדיקע זאַצן אין איין פֿאַרברייטערטן – פֿון אַ צעשפּאַלטענעם מאַכט ער אַ קאָמפּליצירטן, אַ שטייגער:

28 Когда входила покупательница, хозяин вынимал из кармана руку, касался усов и приклеивал на лицо свое сладостную улыбку; она, покрывая щеки его морщинами, не изменяла слепых глаз (Собр. соч. XVII, с. 10).

28 אַז אַ קונהטע גייט אַרײַן, נעמט דער באַלעבאָס אַרויס די האַנט פֿון קעשענע, רירט אָן די וואָנצעס און קלעפּט צו אויף זײַן פּנים אַ זיסן שמייכל, וואָס באַדעקט זײַנע באַקן מיט קנייטשן, נאָר פֿאַרענדערט ניט די בלינדע אויגן (בײַ לײַטן, 6).

דאָס ווײַזט, ווי פֿאַרשיידן זײַנען די מעגלעכקייטן צו מאַנעוורירן מיטן קאָמפּליצירטן און איינפֿאַכן זאַץ, און אַז אונדזערע איבערזעצער האָבן די דאָזיקע מעגלעכקייט אויסגע־נוצט אין דער פֿולער מאָס. עס טרעפֿט אָבער, אַז די איבערזעצער צעגלידערן אָן אַ שום נויטווענדיקייט אַ צונויפֿגעזעצטן זאַץ, באַזונדערס אַ סובאָרדינירטן, און צעשפּאַלטן אים, אַ שטייגער:

29 Суровый характером, богатый мужик Антипа Лунев, дожив во грехе мирском до пятидесяти лет, задумался крепко, затосковал и, бросив семью, ушел в леса (Собр. соч. IV, с. 33).

דער דאָזיקער צונויפֿגעזעצטער זאַץ באַשטייט פֿון איין פֿאַרברייטערטן הויפּטזאַץ מיט אַ פּאָר פֿאַרקירצטע אַטריבוטיווע בײַזאַצן:

Суровый характером, богатый мужик Антипа Лунев… задумался крепко, затосковал и… ушел в леса.

מיט צוויי בײַזאַצן:

…дожив во грехе мирском до пятидесяти лет און бросив семью.

דער איבערזעצער האָט דעם זאַץ צעשפּאַלטן. ער האָט אים אויך אינעווייניק איבער־קאָנסטרויִרט, און עס האָט זיך באַקומען:

29 אַ רײַכער פּויער אַנטיפּע לוניעוו, אַ האַרבער מענטש, האָט אָפּגעלעבט זײַן וועלט אין זינד ביז פֿופֿציק יאָר, האָט זיך דאַן טיף פֿאַרקלערט, אַ בענקעניש האָט אים אָנגענו־מען. האָט ער פֿאַרלאָזט די פֿאַמיליע און זיך אַוועקגעלאָזט אין וואַלד (דרײַ, 3).

דאָ איז כּמעט אין גאַנצן אויסגעניצט דער רוסישער ווערטער־אינווענטאַר פֿונעם זאַץ. עס איז בלויז צוגעקומען די ווערטער ‚זײַן‘ און ‚דאַן‘. דער איבערזעצער האָט געראָטן איבער־געגעבן אין ייִדיש דעם רוסישן אויסדרוק: дожив во грехе мирском מיט „אָפּגעלעבט זײַן וועלט אין זינד“. דעם פּרעדיקאַט затосковал האָט ער אויך געראָטן איבערגעגעבן מיטן זאַץ „אַ בענקעניש האָט אים אָנגענומען“. צי איז אָבער נייטיק געווען דעם זאַץ צע־שפּאַלטן, צי איז נייטיק געווען אַרײַנצוטראָגן אינעם זאַץ אַזוי פֿיל פּאַוזעס, וואָס פֿאַרלאַנג־זאַמען די געשעעניש, ווען בײַ גאָרקין איז דער זאַץ אַ געקייטלטער, געבונדענער, און דורך דעם איז פֿאַרגיכערט די געשעעניש? אַ מאָל טרעפֿט אויך, דער איבערזעצער צעשפּאַלט, צעגלידערט דעם זאַץ און דערבײַ ווערט פֿאַרווישט אַ נייטיקער פּרט, אַ שטייגער:

30 Голос Артамонова был густ и груб, говорил он, точно в большой барабан бил, а Баймаков всю свою жизнь ходил по земле осторожно, говорил тихо, как будто боясь разбудить кого-то страшного (Собр. соч. XX, с. 12).

30 אַרטאַמאָנאָווס קול איז געווען געדיכט און גראָב, גערעדט האָט ער, ווי ער וואָלט אין אַ גרויסער פּויק געקלאַפּט. בײַמאַקאָוו האָט דאָס גאַנצע לעבן זײַנס אַרומגעשפּאַנט

> אויף דער ערד פֿאָרזיכטיק, געֶרעדט שטיל, ווי ער וואָלט מורא געהאַט אויפֿצוּוועקן עמעצן אַ שרעקלעכן (אַרט׳, 7).

דאָ האָבן מיר צוויי אין גאַנצן זעלבשטענדיקע אָפּגעטיילטע זאַצן, כאַראַקטעריסטיקעס פֿון אַרטאַמאָנאָוון און בײַמאַקאָוון. בײַ גאָרקין ווערן זיי קעגנגעשטעלט איינער דעם אַנ־דערן. דערמיט אָבער, וואָס דער איבערזעצער האָט אַרויסגעלאָזט די גראַמאַטישע פֿאַרבינ־דונג צווישן זיי, דאָס בינדוואָרט a (וואָס אין ייִדיש וואָלט מען געקענט איבערגעבן מיט ,אַקעגן זשע׳), האָט ער די שאַרפֿע קעגנשטעלונג פֿון די צוויי כאַראַקטערס אָפּגעשוואַכט.

די וואָרטשטעלונג שפּילט אַ גרויסע ראָלע אינעם בוי פֿונעם זאַץ. אין דער ייִדישער איבערזעצונג איז אַ מאָל דערנעענטערט זי זיך צום רוסישן, אַ מאָל דערווײַטערט זי זיך פֿון אים. עס איז אָנגענומען, אַז ייִדיש פֿאַרלײַדט ניט קיין שטאַרקע דערווײַטערונג צווישן דעם סוביעקט און דעם פּרעדיקאַט. מ׳האָט דאָס פֿריִער געהאַלטן פֿאַר אַ ,רוסישער פֿאָרמע׳, פֿאַר אַ ,רוסיציזם׳, און מע פֿלעג שטאַרק קעמפֿן קעגן דעם. די דאָזיקע פֿאָרמע הייבט אָבער, ווײַזט אויס, אָן זיך אײַנבירגערן אין דער ייִדישער קינסטלערישער ליטעראַטור אויך. בײַ בערגעלסאָנען, אַ שטייגער, געפֿינען מיר אַזוינע דערווײַטערונגען צווישן דעם סוביעקט און פּרעדיקאַט:

> מאַגידאָוויטש, בײַ אַלע זײַנע ערנסטע קענטענישן, האַלט פֿונדעסטוועגן, אַז כראָניק איז אַ וואַזשנע זאַך („באַמ דניעפּער״, סאָוועטיש 2, ז׳ 7).
>
> פֿאָלטאַראַק, אויף וויפֿל מ׳האָט אים אויף דער גרעקאָווקע געקענט, האָט ליב געהאַט אַ חזן (דאָרט, ז׳ 5).

ייִדיש דערלאָזט אַפֿילו אַ דערווײַטערונג צווישן פּרעדיקאַט און סוביעקט, אָבער מיט דער הילף פֿונעם הילפֿוואָרט, וואָס איז כּמעט אַ געזעצלעכע ייִדישע פֿאָרעם, אַ שטייגער:

31 Пыльный и усталый, Петр медленно пошел в сад к белой келье брата (Собр. соч. XX, с. 132).

31 פּיאָטער האָט זיך, אַ פֿאַרשטויבטער און מידער, פּאַמעלעך געלאָזט גיין אין גאָרטן אַרײַן צו דעם ברודערס ווײַסער קעליע (אַרט׳, 176).

דאָס איז אַ גאַנץ געזעצלעכע ייִדישע פֿאָרמע. אַנדערש אָבער איז, ווען עס ווערט גענוצט אַ קאָמפּליצירטער זאַץ און די גראַמאַטישע פֿאַרבינדונג צווישן די הויפּטגלידער פֿונעם זאַץ, צווישן דעם סוביעקט און פּרעדיקאַט, ווערט דערווײַטערט מיט עטלעכע בײַזאַצן, דער־צו נאָך סובאָרדינירטע, אַ שטייגער:

32 Но люди, видя старца, который, не замечая их, все молился истово и неустанно, смутились пред твердостью его души и не послушали исправника (Собр. соч. IV, с. 33).

32 נאָר זײַנע מענטשן, קוקנדיק אויף דעם אַלטן, וואָס האָט אָן אויפֿהער און פֿאַרדבֿקעט געדאַוונט, קיינעם ניט באַמערקנדיק, האָבן זיי זיך דערשראָקן פֿאַר דער פֿעסטקייט פֿון זײַן נשמה און האָבן ניט געפֿאָלגט דעם איספּראַווניק (דרײַ, 4).

דאָ איז דער סוביעקט ,מענטשן׳ שטאַרק דערווייַטערט – מיט גאַנצע דרייַ בייַזאַצן – פֿונעם פּרעדיקאַט, איז אַפֿילו ניט צוגעבונדן צו אים מיטן הילפֿוואָרט ,האָבן׳. עס העלפֿט דאָ ווייניק וואָס אַרויס דאָס איבערחזרן פֿאַרן פּרעדיקאַט דעם סוביעקט מיטן וואָרט ,זיי׳. דער סוביעקט ,מענטשן׳ בלייַבט פֿאָרט הענגען עפּעס אָפּגעריסן און איבעריק.

אַ שטרייַטיק אָרט האָט פֿאַרנומען אַ מאָל בייַ אונדז אויך דער גערונדיום. פּוריסטן האָבן געטענהט, אַז די פֿאָרמע איז ,אַ פֿרעמדע׳, אַ רוסישע, אין ריידשפּראַך איז זי ניטאָ, דאַרף זי אויך אין דער ליטעראַטור ניט ווערן געברויכט. די דאָזיקע פֿאָרמע איז אָבער אין דער ייִדישער ליטעראַטור כּלל ניט קיין ,פֿרעמדע׳. מענדעלעס שפּראַך, אַ שטייגער, איז אָנגעזעטיקט מיט איר. אונדזערע איבערזעצער נוצן זי אויך גאַנץ אָפֿט. מע דאַרף אָבער זאָגן, אַז דאָך נוצן זיי אָפֿטער אַ געוויינטלעכן זאַץ אַנשטאָט דעם גערונדיום, דאָס איז דאָרט, ווו עס פֿאָדערט זיך מער קלאָרקייט, אַ מאָל צוליב דעם ווילקלאַנג, אַ מאָל צוליב אַנדערע צוועקן, אַ שטייגער:

33 Алексей, идя последним, нырнул (Собр. соч. XX, с. 17).

33 אַלעקסיי, וואָס איז געגאַנגען דער לעצטער, האָט זיך אייַנגעטונקען (אַרט׳, 13).

34 … а через месяц, воротясь домой, увидала (Собр. соч. XX, с. 21).

34 אין אַ חודש אַרום, אַז זי האָט זיך אומגעקערט אַהיים, האָט זי דערזען (אַרט׳, 20).

35 Град, наполнив лес ледяным шумом, посыпался быстро, но его сменил густой ливень, дробно охлестывая листву миллионами тяжелых капель, наполняя тьму сердитым воем (Собр. соч. XX, с. 113).

35 דער האָגל, וואָס האָט אָנגעפֿילט דעם וואַלד מיט אייַזרויש, האָט שנעל אויסגעשאָטן, נאָר אַנשטאָט אים איז אָנגעקומען אַ געדיכטער שלאַקסרעגן, האָט געפּאַטשט די בלעטער מיט מיליאָנען שווערע טראָפּנס, אָנגעפֿילט די פֿינצטערניש מיט בייזער וויעניש (אַרט׳, 149).

פֿאַרבייַטנדיק דאָ די גערונדיווישע בייַזאַצן מיט אייַנפֿאַכע בייַזאַצן אָדער מיט גלייַכאַרטיקע פּרעדיקאַטן (,האָט געפּאַטשט׳, ,אָנגעפֿילט׳), האָט דער איבערזעצער אַראָפּגענומען די איבערלאָדונג פֿון איייניקע זאַצגלידער, געמאַכט דעם זאַץ לייַכטער און פֿרייַער. אין אַ קאָנסטרוקציע מיט גערונדיומס וואָלט דער זאַץ אין ייִדיש געווען אַ שווערער און ניט גלאַטער.

דאָס הייסט אָבער ניט, אַז די איבערזעצערס נוצן ניט דעם גערונדיום. גאַנץ אָפֿט, דאָך זעלטענער ווי דעם אייַנפֿאַכן זאַץ, נוצן זיי דעם גערונדיום אויך, אַ מאָל אַפֿילו בפֿירוש ניט געראָטן. אַ שטייגער אינעם בייַשפּיל 32: „נאָר זייַנע מענטשן, קוקנדיק אויף דעם אַלטן, וואָס האָט אָן אויפֿהער און פֿאַרדבֿקעט גערעדט, קיינעם ניט באַמערקנדיק, האָבן זיי זיך דערשראָקן.“ דאָ איז אינעם גערונדיווישן בייַזאַץ ,קיינעם ניט באַמערקנדיק׳ ניט קלאָר עפּעס. אין רוסישן קומען די גערונדיומס видя старца און не замечая их איינס נאָכן אַנדערן

און ציִען אײנער צום אַנדערן. דעריבער איז גאַנץ קלאָר, וועןר] דאָ איז געמײנט. אינעם ייִדישן טעקסט באַקומט זיך אַ ביסל אַנדערש. צווישן בײדע גערונדיוויִשע זאַצן ,קוקנדיק אויפֿן אַלטן׳, ,קײנעם ניט באַמערקנדיק׳ – שטײט דער בײַזאַץ, ,וואָס האָט אָן אויפֿהער און פֿאַרדבֿקעט געדאַוונט׳. ,קײנעם ניט באַמערקנדיק׳ ציט שוין ניט צו ,מענטשן׳, ווי אין ררסיש, נאָר בכלל צום וואָרט ,קײנעם׳. ווען, אַ שטײגער, מע זאָל אַרויסלאָזן דעם בײַזאַץ, קאָן מען אָן שום שטערעניש לײענען אַזוי: ,נאָר זײַנע מענטשן, קוקנדיק אויף דעם אַלטן, קײנעם ניט באַמערקנדיק, האָבן זײ זיך דערשראָקן׳.

דאָ איז קלאָר, אַז דער צווײטער גערונדיום שטערט, און מ׳וואָלט אים באַדאַרפֿט געבן אַלס אַ צווײטן פּרעדיקאַט צום בײַזאַץ אַזוי: ,וואָס האָט אָן אויפֿהער און פֿאַרדבֿקעט געדאַוונט, קײנעם ניט באַמערקט׳ (ריכטיקער וואָלט באַדאַרפֿט זײַן ,זײ ניט באַמערקט׳, ווי אין רוסישן טעקסט, ווײַל דאָס ,ניט באַמערקן׳ ציט זיך דאָ אויסשליסלעך צו די ,מענטשן׳, וואָס זײַנען געקומען מיטן איספּראַווניק, און ניט בכלל צו אַלע מענטשן, וואָס זײַנען געווען דערבײַ).

פֿראַזעאָלאָגיע און לעקסיק

זײער אַ וויכטיק אָרט פֿאַרנעמט אין די איבערזעצונגען די פֿראַזעאָלאָגיע און די לעקסיק. דאָס געפֿינען די נײטיקע אַדעקוואַטן פֿאַר דעם, יענעם וואָרט, פֿאַר טערמינעס, פֿאַר נאָמענקלאַטור, פֿאַר אידיאָמען, אידיאָמאַטישע אויסדרוקן, פֿאַר אײגנאַרטיקע בילדערישע אויסדרוקן איז זײער אַ שווערע און פֿאַראַנטוואָרטלעכע אַרבעט. פֿון דעם הענגט אָפּ אין גאָר אַ גרויסער מאָס די אַדעקוואַטקײט און פּינקטלעכקײט פֿון דער איבערזעצונג. בײַ גאָרקין איז זײער אַ רײַכע לעקסיק, אַ רײַכע פֿראַזעאָלאָגיע – איז געשטאַנען אַ האַרבע אויפֿגאַבע זײ באַהערשן. מע דאַרף זאָגן, אַז אונדזערע איבערזעצער האָבן אין גרונט זיך [גע]ספּראַוועט מיט דער אויפֿגאַבע, זײ האָבן ס׳רובֿ געגעבן געהעריקע ייִדישע אַדעקוואַטן פֿאַר דער לעקסיק, אין דער פֿראַזעאָלאָגיע האָבן זײ זיך באַמיט איבערגעבן גענוי דעם אינהאַלט דאָרטן, ווו עס האָט זיך ניט געלאָזט איבערזעצן, צו מאָל גיבן זײ אַפֿילו צו דעם אַ געהעריקן גראַם. און אײנע פֿון די בעסטע פֿאַרדינסטן זײערע איז אין דעם, וואָס זײ האָבן גאַנץ ברײט אויך גענוצט די פֿאָלקשפּראַך.

אײניקע בײַשפּילן:

36 … так оно у нас колесом и завертится (Собр. соч. VI, с. 43).

36 אַזוי וועט זיך בײַ אונדז דרײען די ראָד (דרײַ, 16).

37 И рот широк, да не мне пирог (Собр. соч. IV, с. 59).

37 וואָס קומט אַרויס, אַז דער חשק איז גרויס (דרײַ, 37).

38 Хорош нож, да горлу невтерпеж (Собр. соч. XX, с. 121).

38 ס׳איז גוט אַ מעסער, אָבער דערפֿון איז דעם האַלדז ניט בעסער (אַרט׳, 160).

39 … ах, господи (Собр. соч. IV, с. 44).

39 אַך טי, גאָטעניו (דרײַ, 18).

40 Вот тебе и прощай (Собр. соч. IV, с. 76).

40 אָט האָסטו דיר אַ זײַ־געזונט (דרײַ, 58).

41 Да я, когда большой вырасту (Собр. соч. IV, с. 42).

41 איך, אַז איך וועל אויסוואַקסן (דרײַ, 15).

42 … вилки в затылке (Собр. соч. XVII, с. 57).

42 גאָפּלען אין די נאָפּלען (בײַ לײַטן, 67).

43 Относясь ко всем пренебрежительно и сердито, она и мне ни в чем не мирволила (Собр. соч. XVII, с. 15).

43 בײַ איר ביטולדיקער און בייזער באַציִונג צו אַלעמען האָב איך אויך פֿון איר קיין האָניק ניט געלעקט (בײַ לײַטן, 13).

דער לעצטער בײַשפּיל – דאָס איז איינער פֿון די ווייניקע זאַצן, וואָס די איבערזעצער האָבן זיי „פֿרײַ“ איבערגעזעצט, אויסגענוצט דערבײַ עלעמענטן פֿון פֿאָלקשפּראַך און זייער גוט איבערגעגעבן דעם אינהאַלט פֿונעם רוסישן זאַץ. מ׳וואָלט בלויז באַדאַרפֿט אַנשטאָט „פֿון איר“ זאָגן „בײַ איר“.

44 – Ты смотри, собачонка, не пугай мово внучонка (Собр. соч. XVII, с. 26).

44 דו הינטעלע, שרעק ניט מײַן הינדעלע (בײַ לײַטן, 27).

45 Черномазая чумичка (Собр. соч. IV, с. 73).

45 שוואַרצער פּאָלאָניק (דרײַ, 55).

46 – Дура, дурья голова (Собр. соч. XVII, с. 14).

46 בהמה, נאַרישער קאָפּ (בײַ לײַטן, 12).

47 … чтоб вас дождем размочило (Собр. соч. IV, с. 92).

47 דער רעגן זאָל אײַך פֿאַרנעצן (דרײַ, 79).

48 Но кухарка так заливчато хохотала (Собр. соч. XVII, с. 21).

48 נאָר די קעכין איז זיך פֿאַרגאַנגען אין אַזאַ פֿריילעכן געלעכטער (בײַ לײַטן, 20).

49 … живет у всех на смеху (Собр. соч. IV, с. 61).

49 לעבט צו אַלעמענס שפּאָט און געלעכטער (דרײַ, 40).

דאָ איז זייער גוט אויסגענוצט אַ פֿאָלקסטימלעכער ייִדישער אויסדרוק, „זײַן צו שפּאָט און געלעכטער“ איבערצוגעבן דאָ דעם רוסישן זאַץ.

עס זײַנען אָבער פֿאַראַן אויך בפֿירוש שלעכטע איבערזעצונגען פֿון דער רוסישער פֿראַזעאָלאָגיע, אַ שטייגער:

50 Скуластый черт (Собр. соч. IV, с. 73).

50 טײַוול מיט די גרויסע באַקן (דרײַ, 55).

51 Н-да, старались, учили, как веревочку сучили (Собр. соч. IV, с. 92).

51 יאָ, יאָ, מע האָט זיך געסטאַרעט, געלערנט, ווי אַ שטריק געדרייט (דרײַ, 80).

וואָס געדרייט, ווען געדרייט? און אַז געדרייט, איז וואָס?

52 … не любил, не слушал и разговаривал с ними зуб за зуб (Собр. соч. XVII, с. 51).

52 האָב זיי ניט ליב געהאַט, ניט געפֿאָלגט און זיך מיט זיי אויסגעטענהט צאָן אויף צאָן. (בײַ לײַטן, 60).

זייער אַ שלעכטע קאַלקע. зуб за зуб הייסט – ניט נאָכגעבנדיק, קריגעריש, זיך שעל־טנדיק, וואָס אָבער באַטײַט אין ייִדיש: ‚זיך אויסטענהן צאָן אויף צאָן‘?

זעלטן טרעפֿט זיך אַ ניט־געלונגענע איבערזעצונג פֿון אַ בילדערישן אויסדרוק, אַ שטייגער:

53 Они были и красивее в золотом блеске (Собр. соч. IV, с. 50).

53 זיי זײַנען געווען שענער פֿונעם גאָלדענעם גלאַנץ (דרײַ, 25).

אינעם ייִדישן טעקסט באַקומט זיך אַ צווייִדײַטיקייט. מ׳קאָן מיינען, אַז זיי זײַנען געווען אַזוי שיין, אַפֿילו שענער פֿונעם גאָלדענעם גלאַנץ. עס קאָן אויך געמיינט ווערן (און אַזוי דאַרף עס טאַקע געמיינט ווערן), אַז פֿונעם גאָלדענעם גלאַנץ זײַנען זיי געוואָרן נאָך שענער. אינעם רוסישן טעקסט איז עס קלאָר און דײַטלעך.

54 А сам он весь в дырьях, рваный (Собр. соч. I, с. 21).

54 און ער אַליין איז אין הוילע לעכער, אַן אָפּגעשליסענער (פּאַרמעסט 7, 41).

אויך ניט קיין געראָטענע קאַלקע. אינעם ייִדיש איז עס ניט קלאָר: פֿון וואָס רעדט זיך, צי וועגן דעם מענטשן גופֿא, צי פֿון די קליידער. אין רוסיש в дырьях איז אַ געוויינטלעכער אויסדרוק. אין ייִדיש איז ער ניט באַקאַנט. דאָ וואָלט מען עפּעס געדאַרפֿט צוגעבן, ווען מע זאָל וועלן אײַנהיטן דעם רוסישן אויסדרוק, און זאָגן אַ שטייגער אַזוי: ‚דער הילוך זײַנער – הוילע לעכער‘. נאָר בעסער וואָלט אפֿשר געווען צו פֿאַראייניקן עס מיטן ווײַטערדיקן וואָרט рваный און שרײַבן: ‚און אַליין איז ער – אַן אָפּגעריסענער, אָפּגעשליסענער‘.

ניט געראָטן איז אויך די איבערזעצונג, אַ שטייגער, פֿון אַזאַ אויסדרוק:

55 … совсем старая, а как путается с парнями-то (Собр. соч. XVII, с. 29).

55 איז שוין גאָר אַן אַלטע, און דרייט זיך מיט בחורים – נאָך ווי! (בײַ לײַטן, 30)

путается איז ניט ‚דרייט זיך׳, יעדן פֿאַלס וואָלט געדאַרפֿט זײַן ‚דרייט זיך אַרום׳. דאָ וואָלט געווען בעסער ‚שלעפּט זיך אַרום׳ אד״גל. זייער גוט איז דאָ צום סוף געגעבן דער ‚נאָך ווי׳, וואָס גיט אויסגעצייכנט איבער דעם רוסישן а как.

אַ גרויס אָרט פֿאַרנעמט אין דער איבערזעצונג די טערמינאָלאָגיע און נאָמענקלאַטור: טעכנישע און אַנדערע טערמינעס, נעמען פֿון פֿויגלען, פֿון געוויקסן אאַז״וו. די איבערזעצער האָבן זייער פֿיל אויפֿגעטאָן אין דעם פּרט. זיי האָבן געגעבן אָן אַ שיעור נעמען און טערמינעס, פֿון זיי נײַע און באַנײַטע.

דאָ מוז איך איבערחזרן דאָס, וואָס איז שוין פֿיל מאָל געזאָגט געווען. יאָר־אײַן, יאָר־אויס שאַפֿן אונדזערע בעסטע איבערזעצער – ס׳רובֿ זײַנען זיי טאַקע אונדזערע בעסטע שרײַבער און דיכטער – אָן אַ שיעור טערמינעס און נעמען, און זיי גייען פֿאַרלוירן אַפֿילו פֿאַרן אַורטער פֿון די דאָזיקע טערמינעס און נעמען אַליין, – אַ צווייט מאָל וועט דער אַווטער פֿונעם וואָרט עס ניט קאָנען נוצן. דאָס איז דערפֿאַר, וואָס עס ווערן ניט געגעבן קיין רשימות פֿון די נײַ־געשאַפֿענע אָדער ווייניק באַקאַנטע טערמינעס און נעמען אינעם בוך. עס ווערט אַפֿילו ניט געגעבן אין טעקסט דער רוסישער אַדעקוואַט, אַ שטייגער:

אין דער איבערזעצונג „בײַ לײַטן“ טרעפֿן זיך אַזוינע נעמען פֿון פֿויגלען און געוויקסן: קרייצשנאָבל, שטשער א״אַ, אין „אַרטאַמאָנאָווס געשעפֿט“: קאָרנקראָ, ווײַדע אאַז״וו. איז אָט טרעפֿט, וואָס איז דאָ געמיינט? כּדי זיך דאָס [צו] דערוויסן, מוזט איר אויפֿזוכן דעם אָריגינאַל. דעמאָלט וועט אײַך קלאָר ווערן, אַז „קרייצשנאָבל“ איז клест, „שטשער“ איז щур אאַז״וו. נאַטירלעך, אַז ניט יעדער לייענער קאָן דאָס אויספֿירן. הייסט עס, אַז די דאָזיקע נעמען בלײַבן פֿאַרן גרעסטן טייל לייענער אויסגעהוילט, ניט קיין לעבעדיקע. אין ייִדיש זײַנען זיי אומבאַקאַנטע. דער רוסישער נאָמען זייערער איז ניט באַוווּסט. דאָס פֿאַרמינערט דעם ווערט פֿון די דאָזיקע טערמינעס.

סײַ דער לייענער, סײַ דער פֿאַרלאַג און אויך די איבערזעצער גופֿא זײַנען פֿאַראינטערעסירט צו האָבן בײַ יעדן נײַעם אָדער באַנײַטן טערמין און נאָמען זײַן רוסישע טײַטש.

דער גרעסטער טייל טערמינעס און נאָמענקלאַטור זײַנען באַפֿרידיקנדיקע, אייניקע אַפֿילו גוטע אויך, אָבער פֿאַראַן אויך ניט קיין געראָטענע, אַ שטייגער:

דער פֿויגל щур ווערט איבערגעגעבן מיט ‚שטשער׳. קלאַנגלעך איז עס אפֿשר ניט שלעכט, די דאָזיקע קלאַנגען־ענלעכקייט אָבער וועט שטערן דעם טערמין זיך אײַנבירגערן אין ייִדיש. ער דערמאָנט אינעם ייִדישן ‚שטשור׳, וואָס אין רוסיש באַטײַט עס крыса.

אויף שאַפֿן אַ ייִדישן טערמין האָבן מיר אַ סך מיטלען: ייִדישע פֿאָלקסווערטער, רוסישע קאַלקעס, דײַטשישע טערמינעס, אייגענע שאַפֿונג. אַ רוסישן טערמין אָדער נאָמען דאַרף מען נעמען בלויז דעמאָלט, ווען ער איז אין ייִדיש באַקאַנט, פּאָפּולער. ‚קלעסט׳ און ‚שטשער׳ איז אין ייִדיש ניט באַקאַנט, זיי זאָגן גאָרניט. צו מאָל קאָן אַרויסרופֿן אַזאַ טערמין אַ צווײדײַטיקייט אויך, אַ שטייגער דער נאָמען ‚שטשער׳ – ‚שטשור׳. עס איז פֿאַראַן אויך ניט קיין ריכטיקע איבערזעצונגען פֿון ווערטער, אַ שטייגער: ледяные сосульки איז

איבערגעגעבן מיטן דײַטשן „אײַזצאַפּן“, ווען עס איז דאָ אַ ייִדישער נאָמען ‚אײַזצעפּלעך‘, ‚אײַזסטרעמפּלעך‘. ‚צאַפּן‘ אין ייִדיש איז דורכויס אַ טעכנישער טערמין. отдушники איז פֿאַרטײַטשט מיט „ווענטיליר־טירלעך“. בײַ גאָרקין איז עס אַ זאַך פֿון שטובשטייגער, בײַם איבערזעצער באַקומט זיך עס אַ טעכנישער טערמין. דאָ וואָלט מען באַדאַרפֿט отдушники פֿאַרטײַטשן מיט ‚לופֿטשיק‘ אָדער מיט ‚לופֿטטירל‘, און форточка מיט ‚פֿאָרטקעלע‘, ווי מע זאָגט אין ייִדיש, און ניט ‚לופֿטשיק‘, ווי דער איבערזעצער שרײַבט. ‚שויבן אין די שאַפּעס‘, ‚טירשויב‘ איז ניט ריכטיק. שויבן זײַנען פֿאַראַן אין פֿענצטער, אין שאַפּעס זײַנען דאָ גלעזערנע טירן, גלאָז.

צו פֿרײַ איז איבערגעזעצט крутой яр מיט ‚הויכן יאַר‘. стержень – דאָ דאַרף זײַן ‚אייטער־שטעקעלע‘ און ניט ‚אײַטער־שטעקעלע‘, ווי עס חזרט זיך איבער עטלעכע מאָל בײַם איבערזעצער.

ряска (אַ געוויקס) ווערט איבערגעגעבן מיט ‚ריאַסקע‘. דאָס איז ווידער ניט קיין פּאַסנדיקער טערמין. אַ רוסיש וואָרט, אַן אומבאַקאַנטס, וואָס דער לייענער וועט אַפֿילו ניט וויסן, צי ס׳איז אַ געוויקס, צי ס׳איז אַ גלחישע ריאַסע. шагом – ‚פֿוסטריט‘ – איז אפֿשר ניט שלעכט, דאָ אין קאָנטעקסט אָבער באַקומט זיך עס ניט גלאַט:

Лошадь шла шагом – „דאָס פֿערד איז געגאַנגען פֿוסטריט“. דאָ וואָלט באַדאַרפֿט זײַן פּשוט ‚פּאַמעלעך‘. און יעדן פֿאַלס, ‚כאָטש טריט בײַ טריט‘. גוט איז איבערגעזעצט волчий вой – „וועלפֿישער געוווי“. אמת, אַ צווייטער איבערזעצער גיט איבער דאָס וואָרט вой מיט ‚וויִיעניש‘.

געלונגען זײַנען די אויסבילדונגען פֿון אַזעלכע ווערטער: отрепыш (לומפּ) – „שמאַטאָווע יונגאַטש“, увалень (פֿויליאַק) – „פֿויל שטיק פֿלייש“; ветошничество – „אַלט־וואַרגערײַ“; полоротая – „פּיסקאַטע“ אאַז״וו.

פֿאַראַן אויך ניט־געלונגענע אויסבילדונגען, אַ שטייגער: румяный – „ראָזבאַקיקער“; разбирал – „פֿונאַנדערגעקליבן“ (אין דער פּראָזע „האָב... פֿונאַנדערגעקליבן אַ קאַסטן מיט אָקאָרשט אָנגעקומענע[ר] סחורה“). דאָ וואָלט באַדאַרפֿט זײַן: ‚צענומען‘, ‚צעפּאַקעוועט‘ אד״גל. зубами заскрипел – „אַ סקריפּע געטאָן מיט די ציין“, דאַרף זײַן ‚אַ קריץ געטאָן מיט די ציין‘ אאַז״וו.

אַ מאָל, אמת, זעלטן, ווערט בײַם איבערזעצער פֿאַרווישט אַ קלײנער פּרט, וואָס אינעם קינסטלערישן בילד איז ער וויכטיק, און דאָס נעמט זיך פֿון ניט פּינקטלעך איבערזעצן אַ וואָרט, אַ שטייגער:

56 Матушка, как у нас насчет самоварчика.

56 מאַטושקאַ, וואָס הערט זיך עפּעס וועגן סאַמאָוואַר (דרײַ, 78).

אַ צווייט מאָל שרײַבט דער איבערזעצער: „דער סאַמאָוואַר איז שוין געווען פֿאַרטיק.“ די ‚מאָלצײַטן‘, וואָס איליאַ פֿלעגט פּראַווען בײַ מאַשען, פּאַסן זיך טאַקע מיט ‚סאַמאָוואַרל‘, ווי בײַ גאָרקין, און ניט מיט ‚סאַמאָוואַר‘, ווי בײַם איבערזעצער. דאָ איז עפּעס פֿאַרלוירן געגאַנגען פֿון דער אינטימקייט, וואָס גאָרקי שטרײַכט דאָרט אונטער.

אין אַן אַנדער אָרט ווערט דערציילט:

57 איין מאָל איז אין מאַגאַזין אַריַין אַ יונגע דאַמע מיט אַ העל רויטער פֿאַרב אין די באַקן, מיט גלענצנדיקע אויגן. זי איז געווען אָנגעטאָן מיט אַ סאַמעטענער ראָטאָנדע מיט אַ קאָלנער פֿון שוואַרצן פֿוטער – איר פּנים האָט זיך דערהויבן איבערן פֿוטער, ווי אַ זעלטן בלימל (ביַי לייַטן, 8–9).

די דאָזיקע דאַמע האָט פֿאַרבלענדט אַלעמען די אויגן מיט איר גלאַנץ און שיינקייט. דעם קליינעם איליאַ האָט זי דערמאָנט די „שיינע וואַסיליסע", ער איז געווען זיכער „אַז דאָס איז די גובערנאַטערשע אַליין" – און פּלוצעם אַ פּנים – „ווי אַ זעלטן בלימל".

ביַי גאָרקין איז טאַקע ניט удивительный цветок נאָר редкий цветочек ד"ה אַ ,וווּנדערלעכע בלום', און אַזוי דאַרף עס טאַקע זיַין. цветок, אַגבֿ, איז ניט קיין פֿאַרקלענערונג־וואָרט.

דאָס זיַינען קלייניקייטן, פּרטים, זיי פֿאַרמינערן אָבער עפּעס אינעם געשטאַלט, און דער איבערזעצער וואָלט באַדאַרפֿט זיַין פֿאָרזיכטיק מיט דעם.

ניט געלונגען איז איבערגעגעבן молился истово מיט „דאַוונט פֿאַרדבֿקעט". אין רד־סיש истово איז ,מיט ברען', ,מיט היץ', ,מיט ראַשיקן עקסטאַז'. ,פֿאַרדבֿקעט' איז אויך ,עקסטאַז', אָבער אַ פֿאַרחושטער, אַ פֿאַרטיפֿטער אין זיך. горничная – „שטוב־אַרבע־טערין". שטוב־אַרבעטערין איז אַ סאָוועטישע קאַטעגאָריע מיט גאָר אַן אַנדערן אינהאַלט, וואָס горничная (,אַ שטובמיידל', ,פּאָקאָיאָוווע').

העברעיִזמען, רוסיציזמען האָבן די איבערזעצער גענוצט מיט טאַקט און מאָס. כאַראַק־טעריסטיש איז אָבער, וואָס אין „אַרטאַמאָנאָווס געשעפֿט", וואָס איז אַרויסגעגאַנגען אין 1932[סטן] יאָר, איז פֿאַראַן לערך מער העברעיִזמען, ווי אין די איבעריקע דריַי איבערזעצונ־גען, וואָס זיַינען אַרויס אין 1935–1936[סטן] יאָרן.

עס זיַינען אָבער פֿאַראַן אַזעלכע העברעיִזמען אין אַלע איבערזעצונגען, וואָס פֿאַר־ייִדישן דעם רוסישן טעקסט, אַ שטייגער: דאַוונען, דאַוונער, דאַוון־שושקעריַי, תּענית, תּענית־ציַיט, ניקאָלע־בעל־נס, פּליישיקע סקאָווראָדעס אד"גל. דאָס זיַינען ווערטער פֿון ספּעציעלן ייִדישן רעליגיִעזן שטייגער, וואָס קליידן ניט צום רוסישן רעליגיִעזן שטייגער. דאָ וואָלט מען די דאָזיקע ווערטער באַדאַרפֿט פֿאַרביַיטן מיט אַנדערע ייִדישע ווערטער. עס איז אויך אַ פֿראַגע, צי דאַרף מען נוצן דאָס וואָרט ,צווינטער'. דאָס וואָרט איז אַ פּויליש[ס], אָבער אין ייִדיש ווערט עס גענוצט פֿאַראַכטלעך: ביַי ייִדן איז אַ ,בית־עולם', ביַי זיי – אַ ,צווינטער'.

רוסיציזמען זיַינען, ווי געזאָגט, אויך געגעבן מיט אַ מאָס. די איבערזעצער נוצן אָבער אַ מאָל סתּם רוסישע ווערטער, וואָס זאָלן כּלומרשט איבערגעבן דעם רוסישן רייד־כאַראַק־טער און וואָס אין אמתן גיבן זיי גאָרניט צו און מע וואָלט זיי זייער שיין געקאָנט פֿאַרביַיטן מיט אַבסאָלוט אַדעקוואַטע ייִדישע ווערטער. אַ שטייגער: יערעטיק, סטערוואַ, מאַטושקאַ אאַז"וו.

אונדזער אויספֿיר: גאָרקיס איבערזעצונגען אין ייִדיש, וואָס וועגן זיי האָב איך דאָ גערעדט, באַווייַזן, אַז די ייִדישע סאָוועטישע איבערזעצונג איז אַרויפֿגעשטיגן אויף אַ שטופֿע העכער, אַז זי איז אַרויס פֿון דער דילעטאַנטישקייט, עם־הארצות, ווי אויך פֿונעם פּוריזם און קונצן־מאַכערייַ. די ייִדישע איבערזעצער קאָנען זיך שוין פֿאַרמעסטן צו געבן אַ קינסטלערישע איבערזעצונג, אַ פֿולווערטיקן עקוויוואַלענט פֿונעם אָריגינאַל.

צום באַדויערן, אָבער, דאַרף מען אויך קאָנסטאַטירן, אַז אונדזערע איבערזעצער האָבן נאָך ניט באַהערשט די טעכניק אויך אינעם באַאַרבעטן פּרטים, אין דעם באַפּוצן זיי. פֿון די פֿריִער געבראַכטע בייַשפּילן איז צו זען, אַז דער ,לעצט־באַאַרבעטונג׳ פֿעלט נאָך עפּעס. די איבערזעצונגען זייַנען פֿאַרבליבן מיט ניט קיין דעראַרבעטע קלייניקייטן, מיט שפּעלטעלער, מיט ריסעלעך... קלייניקייטן, אָבער קינסטלערישע, וואָס צעשטערן די האַרמאָניע, דעם עסטעטישן געפֿיל.

פֿאַרשטייט זיך, אַז דאָ גייט ניט אין די אָדער יענע פֿעלערן, מערסטנס מסתּמא פֿאַרזעענע. ניט קיין טעותן, ניט פֿאַרזעענע לאַפּסוסן באַשליסן דעם ווערט פֿון דער איבערזעצונג, עס איז אָבער אַ פֿאַרדראָס, וואָס אַזוינע וואָרטמייַסטערס, ווי די איבערזעצער פֿון גאָרקיס ווערק אין ייִדיש, האָבן ניט געקאָנט זיך דורכשלאָגן צו אַ הונדערט־פּראָצענטיקער גוטער איבערזעצונג. פֿון אַזעלכע איבערזעצער קאָן מען און מע דאַרף פֿאָדערן, זיי זאָלן געבן די העכסטע קוואַליטעט, בפֿרט, ווען זיי זעצן איבער אַזאַ לויטערן און קלאָרן שרייַבער, ווי גאָרקין. דאָ טאָר ניט זייַן קיין שום לאַפּסוס, דאָ טאָר ניט פֿעלן קיין לעצט־באַאַרבעטונג, טאָר ניט זייַן קיין ניט־גלאַטקייטן. די איבערזעצערס זייַנען געווען אין שטאַנד דאָס צו טאָן. זיי האָבן דערויף געהאַט אַלע מיטלען.

נאָכן חורבן

מרדכי ליטווין

באַטײַט און ראָל פֿון פּאָעטישע איבערזעצונגען

די אָנצאָליקע פּראָבלעמען פֿון קינסטלערישער איבערזעצונג, בפֿרט פֿון איבערזעצן פּאָע־זיע, פֿאַרנעמען כּסדר אַלץ אַ גרעסערן און וויכטיקערן אָרט אין דער אַלגעמיינער פּאָעטיק און אין דער לינגוויסטיק. דאָס איז ניט קיין צופֿאַל. מחמת איבערזעצונגען פֿון פּאָעזיע זײַנען זייער אַ גוט מיטל אויסצופֿאָרשן געוויסע פּראָבלעמען פֿונעם קינסטלערישן שאַפֿן בכלל. זיי זײַנען, אין אַ געוויסער מאָס, אַ בריק צווישן אומבאַוווּסטן און באַוווּסטן, צווישן קונסט און וויסנשאַפֿט.

די פּראָבלעמען, ווי אַזוי איבער[צו]זעצן פּאָעזיע זײַנען ממש אומדערשעפּלעך, הגם – אָדער אפֿשר טאַקע צוליב דעם – מע האָט פֿון קדמונים אָן איבערגעזעצט פּאָעזיע, און מע וועט זי אויך ווײַטער און תּמיד איבערזעצן. דער ענטפֿער אָבער אויפֿן לשם־מה, צו וואָס, אָדער נאָך בעסער געזאָגט, פֿאַר וואָס איבער[צו]זעצן, איז אַ סך אַ פּשוטערער, אַ קלאָרער און אַן אומאָפּפֿרעגלעכער: פֿאַר וואָס איבערזעצן פּאָעזיע אויף ייִדיש? ווײַל, פּונקט ווי יעדע אַנדערע ליטעראַטור דאַרף מע זאָל איבערזעצן אויף איר לשון, אַזוי דאַרף עס אויך די ייִדיש־ליטעראַטור!

זי דאַרף עס, מחמת אַן איבערזעצונג פֿון שיינער ליטעראַטור, קודם־כּל פֿון פּאָעזיע, אויב זי האָט נאָר אַ באַשטימטע קוואַליטעט, ווערט אַ קנין פֿון דער ליטעראַטור, וואָס אין איר לשון איז זי איבערגעזעצט. זי ווערט אַ טייל פֿון איר. צו מאָל אַ וויכטיקערער, צו מאָל אַ ווייניקער וויכטיקער. דאָס הענגט אָפּ פֿון דער סטאַדיע, וואָס אין איר געפֿינט זיך אָט די ליטעראַטור, און פֿון כּמה־וכּמה טעמים. עס זײַנען דאָ פֿאַר דעם גאָר מפֿורסמע בײַשפּילן. יעדע שפּראַך, וואָס לעבט, וואָס וויל לעבן, כּל־זמן זי לעבט, צווינגט ממש אויף איבער־זעצונגען, ציט שיִער ניט מיט כּוח אַרײַן אין איר שאַפֿונגרוים פֿרעמדשפּראַכיקע יצירות.

טאַקע בײַ פּאָעזיע זעט מען עס באַשײַמפּערלעך: דווקא ווײַל ס׳איז שווערער; דווקא ווײַל דער נאָכפֿרעג אויף דעם איז אַ קלענערער. מיט איין וואָרט: דווקא ווײַל אַלע אַזוי צו זאָגן אוטיליטאַרע פֿאַקטאָרן קומען דאָ מיינסטנס אויפֿן צווייטן אָרט, און ווײַל דער ערשטער, דער אוממיטלדיקער גורם איז דאָ די ריינע שאַפֿערישקייט מיט אַלע אירע פֿריידן און ליידן.

מע [זעצט איבער] פֿאַר מענטשן, וואָס קענען ניט די שפּראַך פֿונעם אָריגינאַל, אָדער קענען זי ניט גענוג? אַוודאי. מע [זעצט איבער], כּדי צו באַרײַכערן די אייגענע ליטעראַטור? אַוודאי. נײַערט קודם־כּל [זעצט מען איבער] , ווײַל דאָס איז אַ שאַפֿערישער פּראָצעס מיט אַלץ, וואָס ס׳איז כּולל.

דער טעקסט איז דערשינען אונטער דעם דאָזיקן טיטל אין **אונזער קיום** (פּאַריז) 94–95, יוני–סעפּטעמבער 1969, ז״ז 20–22. שפּעטער האָט ליטווין איבערגעאַרבעט דעם טעקסט, און ער איז אַרײַן אין דעם פֿירוואָרט צום צווייטן באַנד **פֿראַנצייזישע פּאָעזיע** (פּאַריז 1986, ז״ז I–XX, טיילן ב און ג, ז״ז VIII–XVII). מיר פֿאָלגן דעם מחברס לעצטער רעדאַקציע און דרוקן אָפּ דעם טעקסט לויטן נוסח פֿון 1986.

אָן שאַפֿערישער הנאה איז טאַקע קיין שום ליטעראַרישער, קיין שום קינסטלערישער דערגרייך בכלל ניטאָ. אָבער די דאָזיקע הנאה איז דאָך ווידליק איר כאַראַקטער גופֿא אַן ענין ניט בלויז פֿונעם שאַפֿער, אלא אויך פֿון דער שאַפֿונג, און במילא פֿון אַלעמען. וועגן דאָזיקן טאָפּעלן כאַראַקטער פֿון יעדער שאַפֿונג, וואָס עקסיסטירט פֿאַר זיך און איינצײַטיק נאָר, ווען זי עקסיסטירט אויך פֿאַר אַנדערע, איז שוין אַ סך געשריבן געוואָרן. אַזוי אָ געזען, זײַנען איבערזעצונגען פֿון פּאָעזיע וויכטיק, אומבאַדינגט נייטיק פֿאַר יעדער ליטעראַטור, טאַקע צוליב דעם, וואָס אויפֿן ערשטן בליק דערשײַנט עס גאָר ווי דער אבֿן־נגף, ווי די הויפּט־שוועריקייט: איבערזעצונגען פֿון פּאָעזיע זײַנען אַחוץ אַלע אַנדערע לײַכט פֿאַר־שטענדלעכע סיבות וויכטיק און נייטיק אויך און דווקא צוליב דער פּרינציפּיעלער פֿאַר־שידנקייט צווישן די לשונות. די מאָדערנע לינגוויסטיק האָט שוין פֿון לאַנג באַוויזן, אַז די שפּראַכן זײַנען ניט קיין פּשוטער צוזאַמענשטעל פֿון באַצייכענונגען, אַ נאָמענקלאַטור פֿאַר איין און די זעלביקע פֿענאָמענען פֿון אַן אָביעקטיווער וועלט, אלא פֿאַר יעדער שפּראַך אַ ספּעציפֿישע, פֿאַר איר אייגענע גלידערונג, אָדער סטרוקטוראַציע פֿון אָט דער וועלט. און אויף וואָסער געביט איז עס מער חל ווי אויף פּאָעזיע, ווו דאָס וואָרט מיט זײַן קאָמפּליצירטן סיסטעם פֿון סיגנאַלן, אינעם טעקסט און מחוץ פֿונעם טעקסט, מיט זײַן אַסאָציאַציע־כּוח, זײַן קלאַנגלעכער און ריטמישער וואָג, איז לכתּחילה שוין אַ נײַע סטרוקטוראַציע פֿון דער רעאַליטעט. די דיכטערישע שפּראַך איז דאָך ניט, ווי מע מיינט עס צו מאָל, ניט מער ווי אַ וואַריאַנט פֿון געוויינטלעכן לשון, מער ניט אַרײַנגעשטעלט אין אַ געוויסן מישקל און קלאַנג און באַלאָדן מיט בילדערישקייט. ניט בלויז קאָד, אלא אויך מאַגיע, ד״ה זי גיט ניט בלויז אַן אינפֿאָרמאַציע וועגן אַ באַשטימטער דערשײַנונג, נאָר דורכן אופֿן, ווי זי גיט די אינפֿאָרמאַציע, געבערט זי די דערשײַנונג גופֿא, פֿאַרוואַנדלט דעם וואָרטבאַטײַט אין וואָרטבאַשאַף.

איבערזעצן פּאָעזיע הייסט אַזוי אַרום ניט בלויז סתּם באַקענען מיט עפּעס. דאָס הייסט אַ דורכדרינג און באַווירק פֿון פֿאַרשידענע סטרוקטורן, פֿאַרשידענע וועלטן. דעריבער שטעלט עס פֿאַר אַ סיסטעמאַטישע, שטענדיקע צווײַג פֿון יעדער ליטעראַטור. זי ווײַטערט אויס דעם גאַנצן שאַפֿערישן רוים, העלפֿט דער ליטעראַטור, דער פּאָעזיע צו בלײַבן אָן אָפּע־נע, אינעם כּסדרדיקן שטרעבן אַרויסצוגיין איבער די אייגענע גרענעצן, איבער זיך אַליין!

פֿאַר אונדז ייִדן איז עס באַזונדערס וויכטיק. די איבערזעץ־קונסט איז איינע פֿון אונ־דזערע אוראַלטע טראַדיציעס, באַדינגט דורך דער געשיכטע פֿון אונדזער פֿאָלק, וועמענס גײַסטיק לעבן האָט זיך במשך פֿונעם גרעסטן טייל פֿון זײַן דווער אָפּגעוויקלט איינצײַטיק אין צוויי ספֿערעס, אין ייִדישער און אויסער־ייִדישער און אין אַ שפּראַכלעכן פּלוראַליזם, וואָס האָט סטרוקטורירט זייערע פֿאַרשידענע שטאַפּלען און שײַכותן: העברעיִש און אַראַמיש, וואָס האָבן אונדז כּמעט תּמיד און אומעטום באַגלייט; די אַרומיקע קולטורשפּראַכן מיט זייער באַווירקונג־כּוח, אַ מאָל אַ גרעסערן, אַ מאָל אַ קלענערן, אָבער תּמיד אַ פֿאַראַנענעם. און צווישן ביידע האָבן מיר אומעטום געשאַפֿן אונדזערע אייגענע נײַע לשונות, וואָס האָבן געשטאַלטיקט אונדזער פֿאָלקסלעבן, אַרײַננעמענדיק עלעמענטן פֿון ביידן; פֿאַרבינדנדיק

זיי אין אַ געוויסער מאָס; שאַפֿנדיק אַ נייַעם גייַסטיקן געוועב און דערמעגלעכנדיק דורך דעם דאָס אויפֿהאַלטן אין תּמיד נייַע גייַסטיקע אַרומען דעם אייגענעם נאַציאָנאַלן מהות און זייַן ווייַטערדיקן אַנטוויקל. אַזוי איז אויך ייִדיש געוואָרן איינער פֿון די יסודותדיקע פֿאָלק־ און קולטור־פֿאָרמירנדיקע פֿאַקטאָרן. ס'איז דעריבער פֿאַרשטענדלעך, אַז איבער־זעצונגען האָבן תּמיד געשפּילט אַ וויכטיקע ראָל אינעם דאָזיקן פּראָצעס.

די לעצטע צוויי־דרייַ דורות פֿון אונדזער עפּאָכע זייַנען געווען עדות און טרעגער פֿון אָט דער ראָל פֿון איבערזעצונגען פֿאַרן אַנטוויקל פֿון ייִדיש און ייִדיש־ליטעראַטור און פֿון דער ייִדישער קולטור בכלל. דער אויפֿבלי און פֿונאַנדערבלי פֿון דער ייִדישער שפּראַך און ליטעראַטור, ווי איינצייַטיק און ענגן פֿאַרבינד, פֿון דער מאָדערנער העברעיִשער ליטעראַטור זייַנען דאָך געווען איינער פֿון די ברייטע וועגן, איינער פֿון די גייַסטיקע הויפּט־אינסטרומענטן, וואָס האָבן סייַ אויסגעדריקט און סייַ סטימולירט די טיפֿע טראַנס־פֿאָרמאַציע פֿונעם ייִדישן לעבן, געווען איינער פֿון די מאַכטיקע באַוועגערס בייַם אויפֿ־קומען פֿון אונדזער מאָדערנער ייִדישער געזעלשאַפֿט. אינעם דאָזיקן ליכט דערשייַנט נאָך בולטער די ראָל פֿון דער איבערזעצונג, וואָס האָט געבראַכט די וועלט־ליטעראַטור און די וויסנשאַפֿט ניט אין פֿרעמדשפּראַכיקער אלא אין נאַציאָנאַלער פֿאָרעם, ד"ה אין ייִדיש צי העברעיִש. ביידע צוזאַמען האָבן זיי ווייַטער געפֿירט די אַלטע ייִדישע טראַדיציע פֿון איבערזעצן בייַ די נייַע באַדינגונגען און באַדערפֿענישן פֿונעם טראַנספֿאָרמאַציע־פּראָצעס.

מיר לאָזן איצט אין אַ זייַט די פֿראַגן: וואָסער אָרט האָט אין דער דאָזיקער איבערזע־צונג־כוואַליע פֿאַרנומען פּאָעזיע; פֿאַר וואָס אין באַשטימטע פּעריאָדן האָט זי אין עבֿרית געהאַט רעלאַטיוו אַ גרעסער געוויכט; ווי זייַנען געווען די השפּעות פֿון איבערזעצונגען אויף פֿאַרשידענע ייִדישע דיכטער און וואָסער אָרט האָבן זיי פֿאַרנומען אין זייער אייגענעם שאַפֿן; לסוף, וואָסער חלק האָט געהאַט און אויף וואָסער אופֿן האָט געווירקט די פֿראַנ־צייזישע דיכטונג.

באַרירנדיק די לעצטע פֿראַגע, מוזן מיר דערמאָנען לכל־הפּחות איין נאָמען פֿון אַ דיכטער, לייב נייַדוס, וואָס ווערדליך זייַן פֿאַרנעם, זייַן צייַט און ד[עם] אָרט, וואָס איבער־זעצונגען האָבן געהאַט פֿאַרנומען אין זייַן אייגענעם שאַפֿן, איז ער בילתּי־ספֿק געווען אַ וועגווייַזער און באַנייַערער אויפֿן דאָזיקן געביט.

דאָס אַלץ זייַנען אינטערעסאַנטע און וויכטיקע פֿראַגן, וואָס פֿאַרלאַנגען באַזונדערע און אויספֿירלעכע אַרבעטן.

הייַנט זייַנען די באַדינגונגען, פֿאַרשטייט זיך, אַנדערע, די באַדערפֿענישן ניט די זעל־ביקע. ווען מע שטעלט הייַנט די פֿראַגע וועגן איבערזעצונגען, מיינט מען כּמעט אויסשליס־לעך איבערזעצונגען פֿון ייִדיש אויף אַנדערע שפּראַכן. וועגן דער נייטיקייט און דרינ־גענדיקייט פֿון דעם איז בייַ קיינעם קיין ספֿק ניטאָ. נאָר טיפֿער באַטראַכט, איז עס וויכטיק, ניט קיין סך ווייניקער וויכטיק, ווידער אויפֿצולעבן אויך די איבערזעצונגען אויף ייִדיש.

מע הערט אָפֿט די מיינונג, אַז די איבערזעצונג פֿון ייִדיש איז נייטיק קודם־כּל פֿאַר אונדזער יוגנט אין פֿאַרשידענע לענדער. הגם מע קאָן ניט און מע דאַרף ניט רעדוצירן דעם

פּראָבלעם פֿון איבערזעצונגען פֿון ייִדיש בלויז צום דאָזיקן אַספּעקט, איז ער אָבער אָן שום ספֿק איינער פֿון די וויכטיקע און דער עיקר דרינגעוודיקע. אָבער די מחיצה צווישן די פֿאַר־שידענע דורות איז אָפֿט דאָך ניט בלויז (און אפֿשר, ווער ווייסט, אַפֿילו ניט אין ערשטער ריי) אַ שפּראַך־מחיצה. ס׳איז אויך אַ מחיצה פֿון געדאַנק און געפֿיל, פֿון שטייגער, ירושה, פֿונעם פֿאַרהעלטעניש מיט דער אַרומיקער וועלט, פֿונעם גאַנצן גייַסטיקן קלימאַט. כּדי צו קאָנען ווירקן אויף דער יוגנט, מוזן מיר אפֿשר קודם־כּל קאָנען ווירקן אויף אונדז, אויף אונדזער פֿאַרהעלטעניש צו דער יוגנט; מיר זאָלן קאָנען כאָטש אַ ביסל דורכברעכן די אומזעעוודיקע וואַנט צום נאָכקומענדיקן דור. דעריבער איז נייטיק אַז אונדזער ליטעראַ־טור, כ׳מיין אין דעם פֿאַל אונדזער מיטצייַטלערישע ייִדישע ליטעראַטור, זאָל פֿון איר זייַט אויך זייַן טאָטאַל און מאָדערן, אינעם זינען פֿון קאָנען זיך אַרייַנשליסן אינעם באַוועג, אינעם צעאָנראָד פֿון די נייַע דורות.

טאָטאַל און מאָדערן – מיט דעם איז בשום־אופֿן־ואופֿן ניט געמיינט אַן אַ״ג ,אַק־טואַליטעט׳, אַן אויבנאויפֿיקע באַשרייַבערישע ,הייַנטצייַטיקייט׳. נאָר דווקא אָט דאָס פֿאַרהוילענע, דאָס נאָך ניט אויסגעדריקטע, ניט־אויסגעקלאָרטע, דאָס אָפֿט נאָך האַלב באַוווסטע, מטושטשע אַנדערע, דאָס אַנדערע ווי מיר, וואָס יוירט נאָך ערגעץ ווו אין די טיפֿענישן פֿונעם אָנקומענדיקן.

מיר האָבן דעם בייַשפּיל פֿון איציק מאַנגערס דיכטונג, וואָס האָט זיך אַזוי אָנגענומען, דורכברעכנדיק מער ווי יעדע אַנדערע די שפּראַכלעכע מחיצה אוממיטלדיק, אָן איבער־זעצונג. צי איז עס ניט צוליב דעם, וואָס זי וואָרצלט אונטערן אייבערפֿלאַך פֿונעם אויס־דרוכט און מחוץ פֿון די גרענעצן פֿון אַן אויבנאויפֿיקער רעאַליטעט, נייַערט דאָרטן, ווו דאָס פֿאַרבאָרגענע, סודותדיקע אין דער פֿאָלקס־נשמה טרעפֿט זיך צונויף מיטן יש־מאַינדיקן כּוח פֿון דער קינסטלערישער אינדיווידואַליטעט?

באַטראַכטן מיר דעם פּראָבלעם אויפֿן דאָזיקן פֿלאַך, באַקומען אויך איבערזעצונגען אויף ייִדיש אַ טיפֿערן באַטייַט, גאָר ספּעציעל איבערזעצונגען פֿון פּאָעזיע.

פֿאַר וואָס דווקא פּאָעזיע? צוליב אַ גאַנצער ריי טעמים: די ייִדיש־פּאָעזיע איז צוליב כּמה־וכּמה סיבות הייַנט אין אַוואַנגאַרד, איינער פֿון די שפּיצן פֿון דער ייִדיש־ליטעראַ־טור. אַ רייַכע, פֿאַרשידנמיניקע, ווייַט פֿאַרויסגעגאַנגענע, באַזיצט זי אַן אַנטוויקלטן און בייגעוודיקן שפּראַך־אינסטרומענט, מסוגל אַרייַנצונעמען די דיכטערישע אוצרות פֿון אַנ־דערע לשונות.

והשנית, דווקא די פּאָעזיע איז, וועדליק איר נאַטור גופֿא, עלול אויסצודריקן דאָס נאָך ניט פֿאָרמולירטע, אויפֿנעמען דאָס פֿאַרהוילענע, באַנעמען דאָס אַרייַנוואַקסנדיקע.

דאָס אַריבערטראָגן אין ייִדיש שאַפֿונגען פֿון פֿרעמדער פּאָעזיע קאָן זי נאָר שטויסן, סטימולירן צום ווייַטערדיקן אייגענעם וואַקסן.

דאָס זעלביקע איז מיט איבערזעצן אויף ייִדיש דאָס בעסטע פֿון דער מאָדערנער ישׂראל־דיקער עבֿרית־פּאָעזיע. פֿון ייִדיש אויף עבֿרית האָט מען פֿאַרהעלטענישמעסיק אַ סך אי־בערגעזעצט און מע [זעצט איבער] אויך ווייַטער. מע קאָן גאָרניט גענוג אונטערשטרייַכן די

נאַציאָנאַלע און ליטעראַרישע וויכטיקייט פֿון אָט דער אַרבעט. אָבער אויך אומגע־קערט וואָלט עס אומבאַדינגט געהאַט אַ באַטײַט פֿאַרן אייגנגאַנג פֿון דער ייִדיש־פּאָעזיע.

בלײַבט, פֿאַרשטייט זיך, די קאַרדינאַלע, די עיקרדיקסטע פֿראַגע: צי איז מעגלעך איבער־צוזעצן דיכטונג און ווי אַזוי? דער גרעסטער טייל פֿונעם אַרײַנפֿיר צום 1טן בוך „פֿראַנ־צייזישע פּאָעזיע"[1] איז געווידמעט אָט דער פֿראַגע. דאָ קאָן מען בלויז צוגעבן, אַז וואָס שייך דעם ,ווי אַזוי' איז דער ענטפֿער אַ טאָפּלטער: עס זײַנען דאָ אַלגעמיינע באַטראַכטן, וואָס זײַנען חל אויף אַלע פּאָעטישע איבערזעצונגען און ס'קומען נאָך צו ספּעציעלע פֿראַגן בנוגע די איבערזעצונגען פֿון יעדער שפּראַך באַזונדער. מחמת אין יעדערער איז דאָך דאָ אַ באַזונ־דערע פּאָעטישע וועלט.

אַזוי ליגט דער הויפּטפּראָבלעם בײַם איבערזעצן פֿראַנצייזישע פּאָעזיע אויף ייִדיש, ניט אויפֿן געביט פֿון מישקל, ריטעם, גראַם, ניט אויפֿן געביט פֿון די רעאַליען, אַפֿילו ניט אינעם אומגלײַכמעסיקן אַנטוויקל פֿון די לעקסישע גרופּעס איןביידע לשונות. די הויפּט־שווע־ריקייט ליגט אויף אַ גאַנץ אַנדערן אינעווייניקסטן געבוי, אין דער פֿאַרשידנקייט צווישן דער פֿראַנצייזישער און דער ייִדישער פּאָעטישער וועלט.

די פֿראַנצייזישע פּאָעזיע איז אָפּט אַ קאָמפּליצירט־פֿילטײַטשיקע, אַן אינטעלעקטער־על־אַסאָציאַטיווע; די ייִדיש־פּאָעזיע גאַנץ אָפּט אַ ,זינגעוודיקע און זאָגעוודיקע'; די ערשטע סוגערירט; די צווייטע שילדערט.

דאָס איז באַדינגט דורך דער שפּראַך און דער געשיכטע: די פֿראַנצייזישע דיכטונג איז אַ סילאַבישע; די ייִדישע – אַ טאָניש־סילאַבישע. די ערשטע האָט זיך שוין זייער פֿרי, אייגנטלעך אינעם 16טן י"ה, אָפּגעריסן פֿון אירע פֿאָלקסטימלעכע און פֿאָלקס־געזאַנגע־רישע עלעמענטן; די צווייטע איז נאָך ביזן הײַנטיקן טאָג צום טייל מיט זיי פֿאַרבונדן. אויף דער פֿראַנצייזישער דיכטונג איז תּמיד געבליבן אַ חתום פֿון איר אַריסטאָקראַטישן און גע־לערנטן אָפּשטאַם. זי האָט שוין אין די עלטסטע צײַטן פֿאַרהעלדישט און פֿאַרפֿײַערלעכט די ,רויע' ערדישע דערשײַנונגען און געשטאַלטן. די ייִדיש־פּאָעזיע האָט געצויגן שטאַרקע זאַפֿטן דווקא פֿון אירע פּלעבייִישע וואָרצלען און האָט פֿאַרקרוביִשט און פֿאַרפֿאָלקישט דאָס מיטישע. אַוודאי זײַנען דאָס בלויז סומאַרישע און אפֿשר אַ ביסל סכעמאַטישע ליניעס. אָבער בײַם איבערזעצן פּאָעזיע שטויסט מען זיך טאַקע סוף־כּל־סוף אָן אויף אָט די פֿאַר־שידענע ליניעס. די הויפּט־שוועריקייט באַשטייט בכן אין דעם, אַז בײַם אַריבערטראָגן פֿון איין פּאָעטישער וועלט אין דער אַנדערער זאָל דאָס אַריבערגעטראָגענע ניט דערשײַנען ווי אַ פֿרעמדקערפּער, וואָס דער לשון, אין וועלכן מע פֿלאַנצט עס אַריבער, וואַרפֿט אָפּ, און פֿון דער אַנדער[ער] זײַט – זאָל עס ניט לחלוטין אָנווערן דאָס אייגענע פּנים!

בײַ איבערזעצונגען פֿון אַנדערע שפּראַכן קאָן די דאָזיקע שוועריקייט דערשײַנען אין אַנדערע פֿאָרמען, צוליב אַנדערע סיבות, זי איז אָבער תּמיד פֿאַראַן. ווי אַזוי זשע זי גובֿר זײַן?

1 ㉲ פּאַריז 1968.

דאָס קאָן מען ניט דערקלערן. מע קאָן עס נאָר פּרובירן צו טאָן אין דער איבערזעצונג גופא. מע קאָן עס ניט באַווייַזן, אלא בלויז ווייַזן!

נייַערט אָט די אַלע שוועריקייטן זייַנען ניט קיין מניעה, מחמת דער צד־השווה אין יעדער פּאָעזיע איז אַלע מאָל מכריע. און צוליב אים טאַקע איז איבערזעצן פּאָעזיע מעגלעך און בכן אויך נייטיק און וויכטיק: ווייַל דאָס קאָן בלויז געבן אַ נאָך גרעסערן סטימול פֿאַרן יידישן שאַפֿן בכלל.

אַוודאי איז די פֿאַרמינערונג פֿון איבערזעצונגען אויף ייִדיש בכלל און פֿון פּאָעטישע איבערזעצונגען בפֿרט, ניט די סיבה אלא בלויז איינער פֿון די סימפּטאָמען פֿאַר די פּראָ־צעסן, וואָס קומען פֿאָר אין דער ייִדיש־ליטעראַטור. מיטן איבערזעצן פּאָעזיע פֿון אַנדע־רע שפּראַכן וועט מען די דאָזיקע פּראָצעסן ניט באַשיידן. עס גייט אָבער וועגן עפּעס אַנדערש: די ייִדיש־פּאָעזיע לעבט. במילא דאַרף זי לעבן וואָס רייַכער, דאָס הייסט אויך מיטן געהעריקן דורכויס געזעצלעכן, באַרעכטיקטן און נייטיקן אָרט פֿאַר קינסטלערישע איבערזעצונגען.

דאָס איבערזעצן פּאָעזיע פֿון אַנדערע שפּראַכן אויף ייִדיש איז איינער פֿון די אַספּעקטן פֿון אַ סך אַ ברייטערן פּראָבלעם, אַ גילטיקן פֿאַר אַלעמען, נאָר אפֿשר באַזונדערס פֿאַר אונדז: דאָס נאַציאָנאַלע און דאָס אוניווערסאַלע אינעם קינסטלערישן שאַפֿן זייַנען ניט אַנטקעגנ־געשטעלט איינער דעם אַנדערן. דאָס אוניווערסאַלע קאָן זיך אַנטפּלעקן און רעאַליזירן בלויז און אויסשליסלעך אינעם און דורכן נאַציאָנאַלן. און דאָס נאַציאָנאַלע, וואָס מער עס אַנט־פּלעקט און רעאַליזירט אוניווערסאַלע ווערטן, אַלץ מער וואַקסט אויס זייַן אייגענער מהות. אַז מע וויל, איז דיכטונג פֿון יעדן פֿאָלק אַ נאַציאָנאַלע וואַריאַציע אויף איין און דער זעלביקער אוניווערסאַלער טעמע. אַז מע וויל, איז – אפֿשר אומגעקערט – וועלטדיכטונג בלויז אַ צוזאַ־מענווירק צווישן אויטאָנאָמע פֿאַרזיכיקע נאַציאָנאַלע באַנעמען פֿונעם זייַן. אָבער אַזוי צי אַזוי – אונדזער ייִדישע פּאָעזיע – און ווען כ׳זאָג ייִדישע, מיין איך אין אַלע אונדזערע ייִדישע לשונות – איז אונדזער טיפּסטער אייגענער ניגון, נאָר ס׳קלינגען אין אים אַלע טענער פֿון דער מענטשהייט. ס׳קלינגען אין אים אַלע טענער פֿון דער מענטשהייט – נאָר ס׳איז אונדזער אייגענער ניגון. אַרייַננעמענדיק די וועלט אין אונדזער נאַציאָנאַלן איך, טראָגן מיר אויך אַרייַן אונדזער נאַציאָנאַלן איך אין דער וועלט. לעולם־ועד!

ייִדיש אויסגאַבעס און פֿאָרשונג

Jiddistik Edition & Forschung
Yiddish Editions & Research

Herausgegeben von Efrat Gal-Ed,
Roland Gruschka und Simon Neuberg

Band 10

Fremde Pflanzen auf jiddischem Boden

Jiddische Reflexionen zum Übersetzen

Foreign Plants on Yiddish Soil

Yiddish Reflections on Translation

Herausgegeben von Edited by

Efrat Gal-Ed, Daria Vakhrushova

Unter Mitwirkung von With the assistance of

Astrid Blees, Marian Fritsch

d|u|p

Yidish: oysgabes un forshung
Jiddistik: Edition & Forschung
Yiddish: Editions & Research

Herausgegeben von Efrat Gal-Ed, Roland Gruschka und Simon Neuberg

Band 10

Fremde flantsungen oyf yidishn bodn. Yidishe makhshoves vegn iberzetsn
Fremde Pflanzen auf jiddischem Boden. Jiddische Reflexionen zum Übersetzen
Foreign Plants on Yiddish Soil. Yiddish Reflections on Translation

Der Sammelband wurde gefördert durch:

ANTON-BETZ-STIFTUNG DER RHEINISCHEN POST E.V.
DFG Deutsche Forschungsgemeinschaft German Research Foundation
hhu Heinrich Heine Universität Düsseldorf
LMU Ludwig-Maximilians-Universität München

1. Auflage

d|u|p düsseldorf university press ist ein Imprint der Walter de Gruyter GmbH

Library of Congress Control Number: 2024950336
Bibliografische Information der Deutschen Nationalbibliothek
Die Deutsche Nationalbibliothek verzeichnet diese Publikation in der Deutschen Nationalbibliografie; detaillierte bibliografische Daten sind im Internet über http://dnb.d-nb.de abrufbar.

ISBN 978-3-11-136004-1
e-ISBN (PDF) 978-3-11-136088-1
ISSN (Print) 2702-9425
ISSN (Online) 2702-9433

Typografie, Einband, Satz: Efrat Gal-Ed
Druck und Bindung: Memminger MedienCentrum AG
Hauptschriften: Adobe Garamond, Hadassah EF
Papier: 80 g / m2 Salzer EOS
Printed in Germany

Inhalt

Vorwort

> Die Sprache ist für den Dichter mehr als ein Gefäß,
> in dem er seinen Zaubertrank mischt;
> sie ist der Trank an sich, der Zauber selbst.
>
> *Shmuel Niger*

Wie wirksam ist der Zauber fremder Poesie, übersetzt in eine kleine Sprache? *Fremde flantsungen oyf yidishn bodn* [Fremde Pflanzen auf jiddischem Boden], der zehnte Band der Schriftenreihe *Jiddistik: Edition & Forschung*, präsentiert eine Sammlung kritisch edierter Abhandlungen zur Lage des jiddischen Übersetzungswesens, zur sprachbildenden und kulturstiftenden Kraft literarischer Übersetzung und zur Aufgabe des Übersetzers. Der Band umfasst 34 schonungslos selbstkritische Reflexionen jiddischer Übersetzer, Kritiker, Korrektoren, Pädagogen, Übersetzungsforscher und einer Linguistin, vornehmlich im polnischen und sowjetischen Kulturraum der Zwischenkriegszeit. Diese Betrachtungen waren Teil eines weitreichenden Übersetzungsprojekts, das die Verortung der kleinen, noch jungen Literatur im Kontext der Weltliteratur suchte. Kontroverse Kritik, das Hinterfragen sprachlicher und literarischer Qualität und übersetzungstheoretische Erörterungen zur Praxis literarischer Übersetzung bildeten einen korrektiven Resonanzraum zu den zahlreichen in Periodika und in Buchform publizierten Übersetzungen.

Die hier erstmals versammelten Texte werfen Licht auf ein wenig bekanntes Gelände jiddischer Übersetzungstätigkeit. Damit ergänzt die vorliegende Sammlung die im neunten Band präsentierten Beiträge der gegenwärtigen Forschung zu dem großen Thema *Kleine Sprache – Weltliteratur. Jiddisch und Übersetzung.*

Diese Reflexionen jiddischer Kulturschaffender machen die Bedeutung und Wirkung der kulturellen Mehrfachzugehörigkeit der Akteure deutlich. Ihr von Übersetzungsprozessen geprägter Alltag verlangte nach beständigem Abwägen und Gestalten des Kulturtransfers. Der Kontakt mit den umgebenden Mehrheitskulturen wirkte auf die in geographisch auseinanderliegenden Kulturinseln entstehende jiddische Literatur stimulierend und herausfordernd zugleich. Künstlerische Modelle, literarische Formen und ästhetische Begriffe, denen man in den großen Literaturen begegnete, wurden in Übersetzungen erschlossen, was den Weg zur kreativen Aneignung ebnete. Diese horizonter-

weiternden und zugleich gemeinschaftsbildenden Übersetzungs- und Aneignungsprozesse wurden zu einer treibenden Kraft in der Entwicklung und Konsolidierung des Jiddischen, der jiddisch-säkularen Kultur und ihrer Literatur.

In den meisten Abhandlungen – ob im polnischen, sowjetischen oder amerikanischen Umfeld entstanden – wird diese systemische Rolle der publizistischen und belletristischen Übersetzung für die Sprach- und Kulturentwicklung thematisiert (etwa von Yehoyesh, Mayzil, Prilutski, Roykhl, Slutski). Allen Autoren und der einen Autorin dieser Textsammlung gemeinsam ist der Wunsch nach hochwertigen Übersetzungen sowohl im Hinblick auf deren Verhältnis zu den Quelltexten als auch hinsichtlich deren Qualität in der Zielsprache. Dabei fällt die Vielfalt an auf- bzw. abwertenden Synonymen für die Tätigkeit des Übersetzens auf, darunter איבערפֿירן [*iberfirn*] (Mayzil); איבערשאַפֿן [*ibershafn*], איבערדיכטן [*iberdikhtn*], איבערגעבן [*ibergebn*] (Naydin); איבעראַנדערשן [*iberandershn*], פֿאַרטײַטשן [*fartaytshn*], דערציילן מיט אייגענע ווערטער [*dertseyln mit eygene verter*] (Finkel); איבערדערציילן [*iberdertseyln*] (Slutski). Einige Autoren verweisen auf die heikle Lage des Jiddischen, dessen Standardsprache sich noch nicht gefestigt habe, weswegen die Wirkung sprachlich fehlerhafter Übersetzungen besonders schädlich sei (so etwa Rapoport). Um dagegenzuhalten, stellt Slutski eine Sammlung gelungener Übersetzungen zusammen: Sätze bzw. Teilsätze, deren Bau und Wortstellung als Muster dienen können. Gelbman, Prilutski und Slutski analysieren mangelhafte Phrasen und Sätze aus literarischen Übersetzungen und stellen ihnen lexikalisch und grammatikalisch korrekte, stilistisch hochwertige Formulierungen gegenüber. Diese Beispiele gewähren heutigen Jiddisch-Liebhaberinnen und -Liebhabern kostbare Einblicke in jiddische Stilistik und Idiomatik, wie sie Lehrbücher nicht zu leisten vermögen.

Die Auswahl dieser Anthologie vermittelt eine Vielfalt übersetzungskritischer Ansätze und Perspektiven: Den Auftakt bildet Yehoyeshs Bericht über seine Motive und Strategien bei der Übersetzung der gesamten hebräischen Bibel ins moderne Jiddisch. Zwei Aufsätze analysieren sein Verfahren in diesem fulminanten Übersetzungsprojekt.

Eine zweite Textgruppe ist dem jiddischen Übersetzungsdiskurs in Warschau gewidmet. Sieben Autoren reflektieren das Ringen um Sprache, diskutieren Übersetzungsstrategien, kritisieren die Willkür der Verlagsprogramme und fordern deren Systematisierung. Eine Übersicht über diesen Diskurs bietet der Aufsatz von Natalia Krynicka im Band 9 dieser Schriftenreihe.

Die dritte Textgruppe bietet eine Auswahl von Rezensionen aus New York, Warschau, Wilna, Kyjiw und Minsk zu Übersetzungen von Werken Puschkins ins Jiddische. Diese wurden anlässlich seines 1937 bevorstehenden hundertsten Todestags in der Sowjetunion angefertigt, aber auch in jiddischen Kulturräumen jenseits der Grenze rezipiert.

Die vierte und umfangreichste Textgruppe dokumentiert den von der Forschung bisher kaum beachteten Diskurs der jiddisch-sowjetischen Übersetzungskritiker und Literaten, dessen linguistische und übersetzungstheoretische Dimensionen im gesamtjiddischen Kulturraum der 1920er und 1930er Jahre einzigartig sind. Für ihre Arbeit adaptierten sie methodische Ansätze der damals von russischen und ukrainischen Linguisten entwickelten Übersetzungstheorie, die wiederum zu den frühesten auf diesem Gebiet gehört.

Die vorliegenden Texte wurden im Rahmen des von der Deutschen Forschungsgemeinschaft geförderten Projekts »Der Ausbau des Jiddischen zur Nationalsprache der sowjetischen Juden (1918–1941)« ediert. Erste Teilergebnisse stellte Daria Vakhrushova in ihrem Aufsatz »Von der Übersetzung zum Original. Sowjetisches Jiddisch als Akt der Selbstermächtigung« in Band 9 dieser Schriftenreihe vor, in dem sie Aspekten der Sprachentwicklung des sowjetischen Jiddisch nachgeht.

Weitere Teilergebnisse präsentiert ihr hier vorliegender Aufsatz, der die vierte Textgruppe linguistisch und kulturhistorisch kontextualisiert. Darin rekonstruiert sie Komponenten des jiddisch-sowjetischen Übersetzungssystems, darunter die institutionellen Organisationsaspekte der Übersetzungsarbeit wie auch die theoretischen Prinzipien und Konzepte, an denen sich die Übersetzungskritik ab den späten 1920er Jahren orientiert hat. Hierzu zählte der Leitbegriff *adäquate Übersetzung*, der jiddisch-sowjetischen Literaten aus den russischen und ukrainischen Fachdiskussionen bekannt war und den sie sich für das Jiddische anverwandelt haben. Zudem beleuchtet Daria Vakhrushova die Verbindungen zwischen den Diskursen zur Übersetzungsarbeit und zur jiddisch-sowjetischen Sprachentwicklung sowie zu den existentiellen Umständen, die das Leben der jüdischen nationalen Minderheit in der Sowjetunion bestimmten. Dabei schildert sie die Auswirkung der sowjetischen Nationalitätenpolitik auf den Übersetzungsprozess ins Jiddische und eruiert das Selbstbewusstsein der Akteure dieser Minorität, das sich aus den übersetzungskritischen Reflexionen erschließt.

Den Schluss der Anthologie bildet ein Essay von Mordkhe Litvin [Mordechai Litvine]. Sein enormes Werk als Übersetzer französischer, russischer

und deutscher Poesie setzte das Übersetzungsprojekt ins Jiddische nach 1945 fort. Litvin begleitete seine beiden Bände französischer Poesie (Paris 1968, 1986) mit umfangreichen Aufsätzen zur Bedeutung des Übersetzens und zum Handwerk poetischer Übersetzung. Der hier gedruckte Essay veranschaulicht Litvins Hingabe und Engagement nach dem חורבן [*khurbn*], der Zerstörung des europäischen Judentums, und sein festes Vertrauen in das Fortleben der jiddischen Kultur.

Zur Textgestaltung

Sämtliche Texte wurden für diesen Band erstmals in standardisierter Orthographie ediert. Die Systematik unseres editorischen Verfahrens ist in Band 4 dieser Schriftenreihe ausgeführt. Bibliographische Angaben sowie Zitate, sofern inhaltlich relevant, werden in der Schreibweise der Quelle wiedergegeben. Zuvor nur in Periodika publiziert, werden die Aufsätze in dieser Edition – mit Ausnahme des Essays von Litvin – zum ersten Mal in Buchform zugänglich gemacht. Der Leittext ist jeweils in der ersten Fußnote genannt.

In den durch einen Granatapfel markierten Fußnoten finden sich jiddische Übersetzungen fremdsprachiger Stellen, Erklärungen zu Wörtern, die nicht in Lexika zu finden sind, sowie Informationen zu Personen und Werken.

Fremdsprachige Zitate, deren Bedeutung aus den Ausführungen im Haupttext nachvollziehbar ist, werden nicht zusätzlich übersetzt.

Russische Zitate wurden nach heutigem Standard ediert.

Dank

Die Editionsarbeit für diesen Band wurde mit Mitteln der Deutschen Forschungsgemeinschaft (DFG) gefördert; Herstellung und Druck wurden mit Mitteln des Dekanats der Philosophischen Fakultät der Heinrich-Heine-Universität Düsseldorf, des Historischen Seminars der Ludwig-Maximilians-Universität (München) und der Anton-Betz-Stiftung finanziert. Ihnen allen gebührt unser Dank.

Für die freundliche Überlassung der Abdruckrechte danken wir herzlich Dvora Yardeni-Maizel (Mayzil) und Amos Rapoport (Rapoport). Bei einigen Autorinnen und Autoren ließen sich die Rechtsnachfolger nicht finden. Sollten in diesen Fällen Ansprüche bestehen, bitten wir die Rechtsnachfolger, sich bei den Herausgebern zu melden.

Simon Neuberg danken wir für die sorgfältige Revision der gesamten Edition. Lawrence A. Rosenwald danken wir für die Übersetzung des Vorworts ins Englische. Christian Luckscheiter danken wir für das deutsche, Rachel Lefkowitz für das englische Lektorat. Wir danken Yitskhok Niborski für das Lektorat des jiddischen Vorworts und für seine wertvollen Ratschläge während der Arbeit an der Edition. Für Unterstützung, kritische Durchsicht und Rat danken wir Hans Rudolf Bosshard, Annelen Kranefuss, Natalia Krynicka, Jakob Liebig, Klaus Müller-Salger, Shiri Shapira, Akiñcano Marc Weber und Fin Westerkamp. Alice Meroz und Anne Sokoll, De Gruyter | düsseldorf university press, gilt unser Dank für die sorgfältige Betreuung des Bands.

Efrat Gal-Ed
Köln, im Oktober 2024

Foreword

Language for the poet is more than the vessel
in which he mixes his magic potion;
it is the potion itself, the spell itself.

Shmuel Niger

How effective is the spell of foreign poetry translated into a minority language? *Fremde flantsungen oyf yidishn bodn* [Foreign Plants on Yiddish Soil], volume 10 in the series *Yiddish: Editions & Research*, presents an anthology of critically edited essays on the situation of Yiddish translation, on the language-shaping and culture-creating powers of literary translation, and on the task of the translator. The volume contains thirty-four unsparingly self-critical reflections by Yiddish translators, critics, proofreaders, teachers, translation theorists, and linguists, coming chiefly from the Polish and Soviet cultural spaces of the period between the wars. These considerations were part of an extensive translational project that aimed at placing the small and still recent literature in the context of world literature. Contentious criticism, challenging questions of linguistic and literary quality, and theoretical discussions of the praxis of literary translation – all of these constituted a corrective space for the translations published in abundance in periodicals and books.

These texts, gathered together for the first time, cast light on a little-known territory of Yiddish translational activity. The volume thus supplements the collection of contemporary scholarly studies published in volume 9, *Minority Language – World Literature. Yiddish and Translation.*

The reflections of Yiddish culture makers presented here make clear the significance and effect of their multiple affiliations. Their daily lives, stamped as they were by ubiquitous translation processes, demanded a constant balancing and shaping of cultural transfer. Contact with the surrounding majority cultures had both stimulating and challenging effects on Yiddish literature as it developed on geographically distinct culture islands. Artistic models, literary forms, aesthetic concepts encountered in the major literatures were developed in translations – a process that smoothed the path towards creative adaptation. These processes of translation and adaptation, both expanding horizons and creating a sense of community, became a driving force in the development and consolidation of Yiddish, its literature, and its secular culture.

Most of the pieces, Polish and Soviet and American alike, thematize this systematic role of journalistic and literary translation in the development of language and culture, as in, say, the pieces by Yehoyesh, Mayzil, Prilutski, Roykhl, Slutski. What all these texts' authors have in common is a wish for high-quality translations, in both their relation to the source texts and in the target language. There is then a striking variety of synonyms both positive and negative for the translator's work, among them איבערפֿירן [*iberfirn*] (Mayzil); איבערשאַפֿן [*ibershafn*], איבערדיכטן [*iberdikhtn*], איבערגעבן [*ibergebn*] (Naydin); איבעראַנדערשן [*iberandershn*], פֿאַרטײַטשן [*fartaytshn*], דערציילן מיט אייגענע ווערטער [*dertseyln mit eygene verter*] (Finkel); איבערדערציילן [*iberdertseyln*] (Slutski). Some of the authors refer to the complicated situation of Yiddish itself, whose standard speech variety had not yet been established, and where as a result the effect of linguistically erroneous translations was especially damaging (Rapoport's essay is a good example). To hold firm against these errors, Slutski puts together a collection of successful translations: sentences or phrases whose structure and word order can serve as a model. Gelbman, Prilutski, and Slutski analyze deficient phrases and sentences from particular literary translations and contrast them with lexically and grammatically correct, stylistically excellent formulations. These examples allow today's lovers of Yiddish a precious look at Yiddish style and idiom that textbooks cannot equal.

The works selected for this anthology offer insight into the abundance of critical approaches and perspectives at work here. The collection opens with Yehoyesh's account of his motives and strategies in translating the Hebrew Bible into modern Yiddish. Two additional essays analyze his particular ways of working on that brilliant undertaking.

A second group of texts focuses on Yiddish translation discourse in Warsaw. Seven authors reflect on the search for a language, discuss translation strategies, criticize the arbitrariness of publishers' programs, and call for systematizing them. An overview of this discourse is offered in Natalia Krynicka's essay in volume 9 of the series.

The third group of texts provides a selection of reviews of some Yiddish translations of Pushkin from New York, Warsaw, Vilna, Kyiv, and Minsk. The translations were prepared in the Soviet Union in 1937 for the hundredth anniversary of his death but were received in Yiddish cultural spaces beyond the border as well.

The fourth and largest group documents, which has hitherto remained largely ignored by scholars, namely the discourse of Soviet Yiddish translation critics and writers, the linguistic and translation theory aspects of which are unique in the Yiddish context of the '20s and '30s. For their work, the critics adapted the methodological approach of the translation theory then being developed by Russian and Ukrainian linguists, which was among the earliest theories in this field.

The present texts were edited in the framework of a research project, supported by the German Research Association, called "The Construction of Yiddish as a National Language of Soviet Jews (1918–1941)." The first results of that project were presented by Daria Vakhrushova in her essay, "From Translation to Original," in volume 9 of this series; she investigates there some aspects of the linguistic development of Soviet Yiddish. She presents further results in this volume's essay, which contextualizes the fourth group of texts both linguistically and historically. She reconstructs the components of the Soviet Yiddish translation system, among them the institutional organization of translational work as well as the theoretical principles and concepts guiding translation work from the late '20s on. Among them was the key concept of 'adequate translation,' familiar to Soviet Yiddish writers who were part of Russian and Ukrainian scholarly discussions, then transformed by them for use in relation to Yiddish. Vakhrushova also illuminates the connections between discourses on translation and discourses on Soviet Yiddish language development, as well as the connection between both these discourses and the existential circumstances determining the life of the Jewish national minority in the Soviet Union. In doing so, she describes the effect of Soviet nationality policy on the process of translating into Yiddish, and she considers the self-awareness of the participants belonging to this minority as revealed in their translational reflections.

The anthology concludes with an essay by Mordkhe Litvin [Mordechai Litvine]. His vast work as a translator of French, Russian, and German poetry continued the work of translating into Yiddish after 1945. Litvin accompanied his two volumes of French poetry (Paris 1968 and 1986) with comprehensive comments on the significance of translation and on the practical work of translating poetry. The essay printed here reveals Litvin's devotion and engagement after the חורבן [*khurbn*], the destruction of European Jewry, and his strong trust in the future life of Yiddish culture.

A Note on Text Preparation

All texts in this volume are published here for the first time in standard orthography. The guidelines of our editorial practices are set out in volume 4. Only when relevant are quotations and quoted titles given in the original orthography. With the exception of Litvin's, all essays collected here had appeared previously only in periodicals and are now accessible in book form for the first time. In each case, the base text is indicated in the first footnote.

Footnotes marked with a pomegranate contain Yiddish translations of foreign-language passages, explanations of words that cannot be found in the usual dictionaries, and information about persons and works.

Foreign language quotations whose meaning can be figured out from the arguments in the body text are not translated.

Russian quotations are given in accord with present standard usage.

Acknowledgments

The editorial work on this volume was supported with funds from the German Research Association (DFG). Production and printing were supported by the Dean's Office of the Philosophical Faculty at the Heinrich Heine University Düsseldorf, the Historical Seminar at Ludwig Maximilian University of Munich, and the Anton Betz Foundation. Our thanks to all.

For their gracious granting of printing rights we heartily thank Dvora Yardeni (Mayzil) and Amos Rapoport (Rapoport). In some cases the rights-holders were not to be found. Should there be legal claims in these cases, we asks the rights-holders to contact the editors.

We thank Simon Neuberg for the careful review of the entire edition. We thank Lawrence Rosenwald for the English translation of the Foreword. We thank Christian Luckscheiter and Rachel Lefkowitz for copyediting the German and English texts. We thank Yitskhok Niborski for copyediting the Yiddish foreword and for his helpful advice during the editing process. Our thanks for support, critical insight, and good advice to Hans Rudolf Bosshard, Annelen Kranefuss, Natalia Krynicka, Jakob Liebig, Klaus Müller-Salger, Shiri Shapira, Akiñcano Marc Weber, and Fin Westerkamp. And we thank Alice Meroz and Anne Sokoll of De Gruyter | düsseldorf university press for their careful managing of the volume.

Efrat Gal-Ed
Cologne, October 2024

Translated by Lawrence A. Rosenwald

Daria Vakhrushova

Das jiddisch-sowjetische Übersetzungsprojekt

»Es wundert deswegen nicht, dass unsere Übersetzer jeder wie er will und wie er kann übersetzen, ohne sich Rechenschaft darüber abzugeben, warum man es so und nicht irgendwie anders getan hat«[1] – mit diesen Worten tadelte der auf Russisch, Ukrainisch und Jiddisch publizierende Übersetzungskritiker und Linguist Aleksander Finkel[2] seine sowjetischen Zeitgenossen, die ihre Aufgabe als Übersetzer nachlässig angehen würden, ohne sich tiefer mit den Zielen und Methoden des Übersetzens auseinanderzusetzen. Diese Kritik ließe sich erweitern: Nicht nur Übersetzer[3] handelten unreflektiert und zuweilen verantwortungslos; die gesamte Übersetzungsproduktion funktionierte Ende der 1920er Jahre, als Finkel seine Kritik veröffentlichte, größtenteils willkürlich, obwohl Übersetzungen bereits seit dem späten neunzehnten Jahrhundert aus der jiddischen Literaturlandschaft nicht wegzudenken waren. Eine Quelle für neues Wissen, vermittelten sie neue Inhalte und inspirierten zur Verwendung und Entwicklung neuer literarischen Formen. Doch die Arbeit der Verlage, Übersetzer und Vertriebe blieb aufgrund fehlender Strukturen und Institutionen nicht geregelt. Wer ist das intendierte Publikum? Wie verhält sich Übersetzungsliteratur zum gesamten jiddisch-literarischen System? Wer finanziert Übersetzungen? Wer bestimmt die Auswahl der zu übersetzenden Werke? Diese und andere komplexe Organisationsfragen, die soziale, kulturelle und wirtschaftliche Aspekte der Übersetzungstä-

Ich danke Efrat Gal-Ed und Akiñcano M. Weber für Lektüre, wertvolle Kommentare und Anregungen.

1 Finkel 1929, in diesem Band, 211.

2 Aleksander (Oleksander) Moiseevič Finkel (1899 Bachmut – 1968 Moskau) – Linguist, Übersetzer, Übersetzungskritiker und -theoretiker. 1922 erster Artikel zum Thema Übersetzung auf Russisch. 1929 Publikation einer Monographie zur Übersetzungstheorie auf Ukrainisch. Einer der ersten Forscher der Selbstübersetzung. 1962 Professur für die Arbeit zu derivativen kausalen Präpositionen im modernen Russisch. Zu seiner Tätigkeit als jiddischer Kritiker sowie zur jiddischen Vermittlung von Teilen seiner Übersetzungstheorie siehe Vakhrushova 2022, 287–297.

3 An dem weiter geschilderten Diskurs beteiligte sich nur eine Frau – Shprintse (Sonye) Rokhkind. Die in diesem Artikel gewählte männliche Form bezieht sich gleichermaßen auf weibliche, männliche wie diverse Personen.

tigkeit betrafen, waren Privatpersonen und -verlagen überlassen. Auch auf dem Gebiet der Übersetzungspraktik wurden kaum Versuche unternommen, die etablierten Übersetzungsverfahren zu hinterfragen und zu diskutieren, welche Methoden unter welchen Umständen angemessen seien. Zahlreiche Übersetzer, Lektoren, Setzer, Korrektoren und Verleger arbeiteten unter großem Zeitdruck und meistens unreflektiert in der Übersetzungsindustrie, die auf möglichst kostengünstige und gewinnbringende Produktion ausgerichtet war. Vereinzelte Stimmen bemängelten diese Verhältnisse, doch erst zu Beginn der 1920er Jahre begannen sich diese Aussagen in einer fundierten Kritik zu konsolidieren. Jiddische Rezensenten und Kritiker in Sowjetrussland, Polen und den Vereinigten Staaten führten seit der zweiten Hälfte der 1920er Jahre intensive Debatten darüber, wie man die komplexe Aufgabe der Übersetzung am besten bewältigte. Insbesondere in der Sowjetunion entfaltete sich ein beispiellos differenzierter jiddischsprachiger Diskurs zum Thema Übersetzung, welcher der Komplexität und der Vielfalt der Fragen zur institutionellen Organisation der gesamten Übersetzungsarbeit und zu Details der Übersetzungspraktik gerecht zu werden versuchte.

Im Januar 1919 wurde in Kyjiw die kritisch-bibliographische Zeitschrift ביכער־וועלט [BIKHER-VELT, Bücherwelt] lanciert, eine Publikation der jiddischen קולטור־ליגע [KULTUR-LIGE][4]. Als ein Dachverband von Kulturanstalten konzipiert, existierte die KULTUR-LIGE seit 1918 für kurze Zeit als eine unabhängige unparteiliche Organisation, die in der revolutionären Übergangs- und Umbauphase für sich die Rolle eines nationalen Kulturministeriums beanspruchte.[5] Sie strebte eine gut strukturierte, zentral koordinierte Kulturarbeit auf allen Gebieten vom Bibliothekswesen über das Theater bis hin zur wissenschaftlichen Forschung an. Dieses Bestreben zeichnete sich durch eine starke nationale Komponente aus: Man wollte die jüdische (im Fall von Literatur und Theater explizit jiddischsprachige) Kunst und Wissenschaft fördern.[6] Die Organisation wurde zum Vorbild für jiddische Intellektuelle in

4 Zur KULTUR-LIGE siehe den Band *Building Modern Jewish Culture: The Yiddish Kultur-Lige* (Murav, Estraikh und Shkandrij 2023) und die darin zitierte Literatur.

5 MIR UN DI MELUKHE 1920, Sp. 3.

6 דער ציל פֿון דער קולטור־ליגע איז העלפֿן שאַפֿן אַ נײַע ייִדישע וועלטלעכע קולטור, אויף דער ייִדישער שפּראַך, אין די ייִדישע נאַציאָנאַלע פֿאָרמען, מיט די לעבעדיקע קרעפֿטן פֿון די ברייטסטע ייִדישע מאַסן, אין גײַסט פֿון די ייִדישע אַרבעטס־מאַסן, אין האַרמאָניע מיט זייער צוקונפֿט־אידעאַל [Das Ziel der KULTUR-LIGE ist es, bei der Schöpfung einer neuen jiddischen/jüdischen weltlichen Kultur zu

ganz Europa, und obwohl die Strukturen der Kyjiwer KULTUR-LIGE bereits zu Beginn der 1920er Jahre von der kommunistischen Partei vereinnahmt und verstaatlicht wurden, lebte das Konzept der politisch unabhängigen Kulturorganisation in Hunderten Filialen der KULTUR-LIGE außerhalb der Sowjetunion fort.

Die Tätigkeit der KULTUR-LIGE war von der Überzeugung geleitet, dass man den Kontakt zwischen der jiddischen Kunst und Kultur und der Kunst und Kultur anderer Völker stärken solle. Das angestrebte Ziel war, anerkannter Teil der Weltkultur zu werden. Der erste Schritt und zugleich ein Hauptinstrument dieses Unterfangens war Übersetzung. Der erklärte Anspruch der Gründer war, »nicht nur die Weltkultur ins Jiddische zu übersetzen«, sondern »die neue Kultur auf den alten Boden umzupflanzen, eine Verbindung zwischen unserer Geschichte, die in uns lebt, und der Kultur der neuen Zeit herzustellen«.[7] Moyshe Litvakov – ehemaliger Sorbonne-Student, seit 1918 Mitbegründer und aktives Mitglied der KULTUR-LIGE, künftiger Herausgeber des kommunistischen Sprachrohrs auf Jiddisch דער עמעס [DER EMES, Die Wahrheit], tonangebender Literaturkritiker und sowjetischer Funktionär – veröffentlichte 1919 in der mit der KULTUR-LIGE assoziierten Zeitschrift BIKHER-VELT[8] einen Artikel über די סיסטעם פון איבערזעצונגען [*Di sistem fun iberzetsungen*, Die Organisation des Übersetzungswesens]. Den Schlüsselbegriff des Artikels – das Wort ›System‹ – bezog Litvakov auf die erwünschte Koordinierung der Übersetzungsarbeit zwischen Verlagen und den noch zu gründenden zentralen Kulturorganisationen. Er bestand vor allem auf der sorgfältigen Auswahl der zu übersetzenden Werke und deren planmäßiger Publikation. Nur dann, so Litvakov, könne Übersetzung ein Mittel zur Herstellung der Verbindung zwischen der zeitgenössischen jiddischen Literatur und der »Kultur der neuen Zeit« werden. Am Beispiel deutscher und russischer Literaturgeschichte veranschaulichte er die systemische Rolle der Übersetzung in der gesamten kultur-literarischen Entwicklung: Einer Phase großen Wachstums wie in der deutschen Literatur seit dem späten achtzehn-

helfen, in der jiddischen Sprache, in jüdischen nationalen [Kunst-]Formen, mit den lebendigen Kräften der breiten jüdischen Massen, im Geist jüdischer Arbeitermassen, in Einklang mit ihren Zukunftsidealen] (DI KULTUR-LIGE 2023 [1919], 290).

7 VOS IZ DI KULTUR-LIGE 2023 [1920], 293.

8 Die Zeitschrift kam lediglich in fünf Ausgaben bis August 1919 heraus, davon die Nummern 2–3 und 4–5 als Doppelausgaben; Litvakovs zweiteiliger Artikel erschien in der ersten und der letzten Nummer. Die Zeitschrift wurde 1922–1924 und 1928–1929 in Warschau fortgeführt.

ten Jahrhundert gehe immer eine intensive Übersetzungstätigkeit voraus. Übersetzung sei, Litvakov zufolge, א מין נאַציאָנאַל־קולטורעלע פונקציע [*a min natsyonal-kulturele funktsye*, eine Art national-kulturelle Funktion], und die anspruchsvolle Arbeit der Übersetzer habe nicht nur die jeweilige Literatur mit den Meisterwerken der Weltliteratur bereichert, sondern auch unmittelbar auf die Entwicklung dieser Literaturen gewirkt.[9]

Überzeugt davon, dass auch »der Rahmen der jiddischen Dichtung« erweitert werden sollte,[10] setzte sich Litvakov für eine zentral geplante, umfangreiche Arbeit an hochqualitativen Übersetzungen ins Jiddische ein: »Übersetzungen sind jetzt nicht so sehr für die Leserschaft notwendig als für die jiddische Literatur selbst.«[11] An dieser Formulierung lässt sich Litvakovs Auffassung vom Übersetzen als einer wichtigen Komponente in der jiddischen Nationwerdung erkennen: Sie leiste einen wesentlichen Beitrag zur sprachlich-literarischen Entfaltung. Eine durch Übersetzungen bereicherte und aufgewertete Sprache stifte wiederum ein Gemeinschaftsgefühl und sei essentielle Treibkraft in jeder Nationalbewegung.[12] Litvakovs Perspektive stand damit im breiteren Kontext der Aufgaben, die sich die KULTUR-LIGE stellte.

Der Artikel »Die Organisation des Übersetzungswesens« kann als Auftakt des beispiellos weiten und intensiven jiddisch-sowjetischen Übersetzungsdiskurses angesehen werden. Litvakov benannte darin bereits verschiedene Probleme und Mängel des Übersetzungswesens, wie sie später auch von Kritikern in und außerhalb der Sowjetunion ausführlich diskutiert wurden, darunter die ungenügende Qualifikation der Übersetzer. Litvakov – selbst kein Übersetzer, aber ein engagierter Kulturaktivist – forderte eine Gesamtorganisation der Übersetzungsarbeit und formulierte die notwendigen Voraussetzungen, um die Verlagsarbeit und die Auswahl der Werke zu regeln, damit Übersetzungsliteratur Teil des jiddisch-literarischen Polysystems werden und diesem dienen konnte. Die aktuelle Lage der Übersetzungsliteratur beschrieb Litvakov als »Herstellung zufälliger Köstlichkeiten« und als »eine

9 Litvakov 1919, in diesem Band, 164.

10 Ibid., 165.

11 Ibid., 167.

12 Zur Sprache in Nationalbewegungen siehe Hroch 2005, 178–189. Zur Rolle der Übersetzung bei der Nationenbildung siehe die Beiträge in Schreiber, Dizdar und Gipper 2015. Für konkrete Beispiele der Wirkung von Übersetzung auf die Ausbildung europäischer Sprachen siehe Albrecht und Plack 2018, 43–50, 53–75.

Menge banaler Zufälligkeiten«.[13] Der »Zufälligkeit«[14] sollten jiddische Kulturschaffende mit einer streng geordneten Vorgehensweise entgegenwirken, und zwar in allen Bereichen – bei der Auswahl der zu übersetzenden Werke, in der Übersetzungs- und Redaktionsarbeit sowie beim Vertrieb der Bücher.[15] In diesem Wunsch nach Ordnung und zentral organisierter Arbeit lässt sich ein Vorbote der sowjetischen Planwirtschaft erkennen.[16] 1919 war es jedoch vor allem ein Wunsch nach Konsolidierung der nationalen Kräfte.[17] Übersetzung hatte der Literatur zu dienen, die wiederum eine Stütze der jiddischen nationalen Identität werden sollte:

> Ein lebendes Volk, das eine lebende Sprache spricht und in ihr denkt, kennt in seiner Dichtung keine Grenzen. Die jiddische Literatur muss ihre nationalen Wurzeln stärken, indem sie mithilfe von Übersetzungen und Nachdichtungen die literarischen Schätze aus dem hebräischen Museum erbt; sie muss sich aber zugleich mit nicht weniger Elan und Energie mit allen Quellen der Weltdichtung verbinden und von dort das ewige ›Wasser des Lebens‹ schöpfen…[18]

Die Fragen, die sich Litvakov in seinem Artikel stellte – was übersetzt werden solle, womit man die eigene Sprache und Literatur bereichern könne und wie man die gesamte Übersetzungsarbeit mit Blick auf die Nationbildung sinnvoll organisiere –, verweisen auf das Spannungsfeld zwischen dem Nationalen und dem Universellen, das für die jiddische Moderne in und außerhalb der Sowjetunion bezeichnend war. Dem Autor schwebte dabei eine

13 Litvakov 1919, in diesem Band, 166, 167.

14 Zum Problem der Willkür im jiddisch-polnischen Übersetzungsdiskurs der späten 1920er Jahre, häufig הפקרות [*hefkeyres*, Willkür] genannt, siehe Krynicka 2024, 48–54.

15 Die Organisation gestaltete sich schwierig: Im *Bulletin* vom Juni–Juli 1920 wird ein Plan für Übersetzungen erwähnt, der nicht erfüllt und deswegen in der literarischen Sektion der KULTUR-LIGE erneut diskutiert worden sei (LITERARISHE SEKTSYE 1920, Sp. 59).

16 Zum revolutionären Ordnungsdrang bei russischen Künstlern und Übersetzern siehe Ayvazyan und Pym 2016, 223f.

17 Die Kyjiwer KULTUR-LIGE formulierte deutlich den Zusammenhang zwischen der Koordinierung der Kulturarbeit und der erstrebten national-kulturellen Autonomie: אָרגאַניזירנדיק די ייִדישע מאַסן אויפֿן באָדן פֿון זייערע קולטורעלע נויטן, שטרעבנדיק צו צענטראַליזירן די קולטור־אַרבעט און אַרומצונעמען זי מיט איין איינהייטלעכן פּלאַן, העלפֿט די קולטור־ליגע אין אַ גרויסער מאָס מיט צו שאַפֿן דעם פֿאַקט פֿון אונדזער נאַציאָנאַל־קולטורעלער זעלבסט־פֿאַרוואַלטונג [Damit, dass sie jiddische Massen hinsichtlich ihrer kulturellen Bedürfnisse organisiert und die Kulturarbeit zu zentralisieren und mit einem einheitlichen Plan zu umfassen anstrebt, trägt die KULTUR-LIGE maßgeblich dazu bei, unsere national-kulturelle Selbstverwaltung als Fakt zu schaffen] (DI KULTUR-LIGE 2023 [1919], 292).

18 Litvakov 1919, in diesem Band, 168.

»Einbürgerung« der Meisterwerke der Weltliteratur in die jiddische Literatur und umgekehrt vor[19] – zweifellos eine Vorbedingung für die ›Einbürgerung‹ des Jiddisch sprechenden jüdischen Volks in die Weltgemeinschaft.

Mit der Etablierung der kommunistischen Macht in der Ukraine wurde die überparteiliche, wenn auch sozialistisch geprägte KULTUR-LIGE allmählich von sowjetischen Strukturen vereinnahmt.[20] Die Idee einer eigenständigen jiddischen Kultur rückte in den Hintergrund und wurde 1925 von Stalins berühmter Losung »sozialistisch im Inhalt, national in der Form« endgültig verdrängt. Trotz der erzwungenen ideologischen Anpassung setzten sich jiddische Literaten jedoch weiterhin für die Verwirklichung der revolutionären Vision – authentische moderne weltliche jiddische Kultur, die in der jüdischen Kultur wurzelt und anderen Kulturen ebenbürtig ist – ein. Dabei stützten sie sich wesentlich auf die Übersetzungsarbeit.

Zwischen 1927 und 1937 entfaltete sich im jiddischsprachigen sowjetischen Milieu ein differenzierter Übersetzungsdiskurs. Einen entscheidenden Anstoß dafür lieferte die Gründung der linguistischen Zeitschrift די ייִדישע שפּראַך [DI YIDISHE SHPRAKH, Die jiddische Sprache],[21] in der unter anderem sprachwissenschaftliche Aspekte des Übersetzens beleuchtet wurden. Konkrete Fragen zur Technik der Textübersetzung verbanden sich in diesem Diskurs mit existentiellen Fragen, welche den Lebensmodus der jüdischen Minderheit in verschiedenen Zeiten und Ländern seit jeher prägten, etwa auf welcher Grundlage ein fruchtbarer Kulturkontakt stattfinde, wie man ihn steuern könne, was die Folgen für die rezipierende Kultur seien oder ob die Bereicherung um Fremderfahrung unvermeidlich das Aufgeben der eigenen Identität nach sich ziehe. In Bezug auf Übersetzung fragte man: Was muss übersetzt werden? Wer soll den Übersetzungsprozess organisieren und kontrollieren (Verlage, spezielle Kommissionen, Ausbildungsanstalten)? Wie

19 »Die Hauptwerke der Weltliteratur in unsere nationale Literatur einbürgern und damit den Prozess der Einbürgerung der jiddischen Literatur in die Weltliteratur beschleunigen« (ibid., 166).

20 Kazovsky 2010.

21 Später auch די ייִדישע שפּראַכ, ab 1931 unter dem Titel אפֿנ שפּראַכפֿראָנט [*Afn shprakhfront*, An der Sprachfront]. Der Titelwechsel hing mit der Orientierung an der linguistischen Bewegung Языкофронт [*Jazykofront*, Sprachfront, 1930–1932] zusammen, die die ›neue Sprachlehre‹ von Nikolaj Marr vom marxistischen Standpunkt aus kritisierte und die Hinwendung zu den aktuellen Problemen der angewandten Linguistik propagierte. Diese Wende wurde auf der 1. Allsowjetischen Jiddischen Sprachkonferenz in Kyjiw (8.–13. Februar 1931) beschlossen (REZOLUTSYES 1930, Sp. 21). Zu Marr und seiner Sprachlehre siehe Alpatov [2]2004; zu Jazykofront siehe ibid., 95–102; zur Rezeption im jiddischen Sprachraum siehe Gruschka 2001.

wird die jiddische Literatur und Sprache von Übersetzungen beeinflusst? Wie weit folgt man den Konventionen der Ausgangssprache und -literatur? Wie sehr darf man sich von der Vorlage im Prozess der sogenannten freien Übersetzung entfernen und sie fürs Jiddische adaptieren?

Die Teilnehmer dieses Diskurses hielten wie Litvakov die strategische Planung für eine unerlässliche Voraussetzung erfolgreicher Kulturarbeit; anders als er reflektierten sie aber nicht nur organisatorische Fragen des Übersetzungswesens, sondern setzten sich auch mit Grundthemen der Übersetzungspraxis auseinander und arbeiteten konkrete Normen und Empfehlungen für Übersetzer aus. Die Diskussion entfaltete sich in Räumen von Fachkonferenzen sowie auf den Seiten sprachwissenschaftlicher und literaturkritischer Zeitschriften wie די ייִדישע שפּראַך [DI YIDISHE SHPRAKH, Die jiddische Sprache], פֿאַרמעסט [FARMEST, Wettbewerb], שטערן [SHTERN, Stern][22], teilweise auch in der allgemeinen Presse wie der Tageszeitung DER EMES. Gegenüber dem etwa zeitgleichen intensiven Diskurs in Polen[23] zeichnete sich der jiddisch-sowjetische Übersetzungsdiskurs durch hohe Professionalität aus: Seine Hauptakteure waren primär nicht Literaturkritiker, sondern ausgebildete Übersetzer, Schriftsteller, Sprachwissenschaftler und Verlagsmitarbeiter.[24]

Die beispiellose Resonanz, die Übersetzungsfragen im jiddisch-sowjetischen Kulturdiskurs erfuhren, korrespondierte mit der Bedeutung, die der Übersetzung in der gesamten sowjetischen Kultur beigemessen wurde. Sie galt als das wirksamste Instrument der Entwicklung von Sprachen und Literaturen der nationalen Minderheiten, von denen viele vor der Oktoberrevolution noch keine Schriftlichkeit besaßen. Ein Meilenstein war der Erste Allsowjetische Schriftstellerkongress 1934, an dem etwa tatarische, baschkirische und tschuwaschische Referenten über die herausragende Entwicklung ihrer Nationalsprachen und -literaturen berichteten, die sie als Ergebnis einer intensiven Übersetzungstätigkeit (aus der zeitgenössischen russisch-sowjetischen Literatur sowie aus der russischen und westeuropäischen Klassik) darstellten.[25] Jiddisch, obwohl zu den Sprachen mit einer eigenen literarischen

22 Spätere Schreibweise: שטערן.

23 Siehe dazu Krynicka 2024.

24 Siehe etwa die Informationen zu I. Burganski, Aleksander Finkel, Lipe Reznik, Shprintse (Sonye) Rokhkind und Ber Slutski in den biographischen Notizen in diesem Band.

25 Die Vorträge erschienen in der *Pravda* (24. August 1924). Für spätere Artikel zur Bedeutung von Übersetzung im sowjetischen Kontext siehe beispielsweise Bagmut 1954 (Ukrainisch); Gagkaev 1956, 258–262 (Ossetisch); vgl. auch Vakhrushova 2022, 242.

Tradition gehörend,[26] galt wie alle Nationalsprachen als entwicklungsbedürftig. Schriftsteller und Linguisten gleichermaßen erklärten Übersetzung zur treibenden Kraft der Entfaltung der eigenen Sprache und Literatur und zugleich zum Maß, an dem deren Wachstum zu messen sei.

Am 5. August 1934 trafen sich jiddische Literaten, um im Vorfeld des Ersten Allsowjetischen Schriftstellerkongresses die spezifischen Fragen und Probleme der jiddischen Literatur zu besprechen. Übersetzung war ein wichtiges Stichwort auch in diesen Diskussionen. Der Dichter Moyshe Khashtshevatski erklärte beispielsweise: Отсутствие переводов из произведений русской и мировой классики – вот причины, задерживающие рост писательского молодняка[27] [Mangel an Übersetzungen der klassischen Werke der russischen und der Weltliteratur – das sind die Gründe, die das Wachstum eines literarischen Nachwuchses verhindern]. Auch der militant proletarische Kritiker Yashe Bronshteyn und der als Vorsitzender fungierende russische Schriftsteller Aleksandr Fadeev wiesen auf die Notwendigkeit von hochqualitativen Übersetzungen ins Jiddische und aus dem Jiddischen hin.[28]

1940 bemerkte der Sprachwissenschaftler Elye Falkovitsh in seiner umfangreichen Grammatik, dass Übersetzungen keine geringere Rolle für die Entwicklung des sowjetischen Jiddisch spielen würden als in der Epoche der altjiddischen Sprache[29]: »Adäquate« Übersetzungen[30] der grundlegenden Werke sozialistischer Ideologie und literarischer Meisterwerke sollten ihm zufolge »den Zustand und Charakter« von Jiddisch »stark und fruchtbar« beeinflussen.[31] Auffällig ist hier Falkovitshs Bemühen, eine Kontinuität zwischen dem sowjetischen Jiddisch und der gesamten vorherigen Sprachentwicklung zu postulieren.

In der Erkenntnis einer Wechselwirkung zwischen Übersetzung und Sprachentwicklung wurzelte die theoretische Verbindung zwischen der Überset-

26 In der Sowjetunion wurden Sprachen in Gruppen eingeteilt: in solche, die bereits vor der Oktoberrevolution eine ältere Tradition von Schrift und Literatur hatten (etwa Georgisch), in solche, die im Rahmen der sowjetischen Sprachplanung verschriftlicht wurden (etwa Awarisch), und in solche, für welche die Entwicklung von Schriftlichkeit etwa aufgrund der geringen Bevölkerungszahl als überflüssig galt.

27 Moyshe Khashtshevatski auf dem Treffen jüdischer Schriftsteller am 5. August 1934 (Mikrofilm; RGALI, f. 631, op. 17, ed. chr. 12).

28 Ibid.

29 Zu altjiddischen Bibelübersetzungen als Faktor der Sprachentwicklung siehe Timm 2005.

30 Zum Begriff ›adäquate Übersetzung‹ siehe weiter unten.

31 [...] דאָס מוז, פֿאַרשטייט זיך, זייער שטאַרק און פֿרוכטבאַר ווירקן אויפֿן צושטאַנד און כאַראַקטער פֿון דער שפּראַך (Falkovitsh 2024, 138).

zungs- und der Sprachwissenschaft, die den jiddisch-sowjetischen Diskurs kennzeichnete. Einen wichtigen Orientierungspunkt bot dabei die vornehmlich auf Russisch und Ukrainisch entstehende sowjetische Übersetzungstheorie, deren Ursprung in der formalen Linguistik mit ihren detaillierten Beschreibungen von Formen und Bedeutungsnuancen lag.[32]

Übersetzungsprozesse und Übersetzungsliteratur wiederum lieferten wertvolle Erkenntnisse für die theoretische und angewandte Linguistik. Die Zeitschrift DI YIDISHE SHPRAKH richtete sich unter anderem an Übersetzer[33] und zählte neben der jiddischen Wortbildung und Syntax auch die Problematik von Übersetzungen aus Fremdsprachen ins Jiddische zu ihren Hauptthemen.[34] In einem Sprachseminar für Lehrer unter der Leitung des Linguisten Nokhem Shtif[35] wurden einem Bericht zufolge sprachliche Gesetzmäßigkeiten des Jiddischen unter anderem anhand von Übersetzungen aus dem Russischen erforscht. Der Verfasser des Berichts, Avrom Abtshuk,[36] konstatierte:

> די אַרבעט האָט געשאַפן א ווילן צו רייניקן די שפּראך פון די פרעמדע עלעמענטן, וואָס מיר האָבן די לעצטע יאָרן אומקריטיש, אין איילעניש איבערגענומען פון רוסיש, דייטש, ניט איבערגעאַרבעט זיי ווי געהעריק אין גייסט פון דער יידישער שפּראך.[37]

> Der Arbeit [im Seminar] entsprang der Wille, die Sprache von fremden Elementen zu reinigen, die wir in den letzten Jahren unkritisch, hastig aus dem Russischen, dem Deutschen übernommen haben, ohne sie im Geist der jiddischen Sprache zu überarbeiten, wie es sich gehört.

Abtshuks Argumentation in dieser Passage verläuft – womöglich ohne dass es ihm bewusst war – entlang der in der Geschichte der Übersetzungsreflexion seit Jahrhunderten etablierten Linien, den zwei Extremen von Übersetzung: unkritische Übernahme des Fremden versus Anpassung an den

32 Zur Entstehung und Entwicklung der Übersetzungstheorie in der Sowjetunion siehe etwa Azov 2013 und Beiträge in Schippel und Zwischenberger 2017.

33 DI YIDISHE SHPRAKH 1927, Sp. 6.

34 Ibid., Sp. 5.

35 Shtif fungierte bis zu seinem Tod 1934 als Herausgeber von DI YIDISHE SHPRAKH.

36 Avrom Abtshuk (1897–1937) war seit 1927 Lehrer für Jiddisch und Literatur an der Kyjiwer Parteischule und seit 1928 (bis 1931) Doktorand am Kyjiwer Institut für Jüdische Proletarische Kultur. Gleichzeitig avancierte er zu einem militanten proletarischen Kritiker (siehe die Autobiographie vom 26. November 1934 in YIVO, RG 3, file 1701, 80002–80004).

37 Abtshuk 1927, Sp. 46f.

›Geist‹ der eigenen Sprache.[38] Die Verflechtung des sprachwissenschaftlichen Diskurses und der Übersetzungsdebatte führte zu einer reziproken Bezugnahme: In linguistischen Kontexten zog man nicht nur Daten aus der Übersetzungsforschung hinzu,[39] sondern griff wie Abtshuk auch auf Argumentationen aus der Übersetzungsreflexion zurück. Übersetzern wiederum standen die neuesten Erkenntnisse der theoretischen und praktischen Linguistik zur Verfügung, um ihren in der Übersetzungskritik mehrheitlich spontan formulierten und überwiegend auf eigenem Geschmack basierenden Thesen eine wissenschaftliche Grundlage zu liefern.

Im sowjetischen Vielvölkerstaat waren Übersetzungen Teil des täglichen Lebens: Übersetzt wurden staatliche Dekrete, amtliche Formulare, Schullehrbücher und wissenschaftliche Sachbücher, schöne Literatur und nicht zuletzt ideologische Werke, die eine gemeinsame ideelle Grundlage für das Zusammenleben der verschiedenen Nationalitäten liefern sollten. Übersetzungen spielten eine Schlüsselrolle in der Verbreitung von Wissen und Propaganda; entsprechend wurden Übersetzungsprozesse von zahlreichen Normen reguliert.

Neben den Forderungen der staatlichen Zensur existieren aber auch systeminhärente Normen und Konventionen, die Übersetzungen steuern und die von Gideon Toury als *initial norms* [Ausgangsnormen], *preliminary norms* [Vornormen] und *operational norms* [Operativnormen] klassifiziert und erforscht wurden.[40] Die Ausgangsnormen betreffen den jeweiligen Fokus des Übersetzers, der sich entweder stärker auf eine adäquate (*adequate*) Wiedergabe hinsichtlich des Ausgangstexts und der Ausgangssprache oder auf eine akzeptable (*acceptable*) Wiedergabe hinsichtlich der rezipierenden Sprache und Kultur richtet. Diese Normen variieren je nach Zeit und Ort: Ein wichtiger Wandel in der europäischen Übersetzungsgeschichte fand beispielsweise in der zweiten Hälfte des achtzehnten Jahrhunderts statt, als die deutschen Frühromantiker die einbürgernde Übersetzungspraxis des französischen Klassizismus (häufig als *belles infidèles* bezeichnet) herausforderten und sich

38 Diese Pole bestimmten auch die Entwicklung der jiddisch-sowjetischen Übersetzungsdebatte, siehe weiter unten.

39 Der Linguist Leyzer Vilenkin wollte bei der Zusammenstellung des akademischen Jiddisch-Wörterbuchs die Sprache von Übersetzungen (aus der Belletristik sowie von Fachpublikationen zu Kunst und Wissenschaft) mit berücksichtigen (Vilenkin 1929, 9f).

40 Zu den Begriffen ›Vornorm‹ (*preliminary norm*) und ›Operativnorm‹ (*operational norm*) siehe Toury 1995, 58–61. In der deutschen Übersetzung von Tourys Begriffen folge ich Erich Prunč ([3]2012, 244f). Für eine kritische Übersicht von Tourys Normbegriffen siehe Heller 2013, 55–76.

für eine weitgehende sprachliche, historische und kulturelle Exaktheit in Übersetzungen einsetzten.[41]

Die Vornormen legen fest, wer was und wie übersetzen sollte. Sie betreffen beispielsweise Fragen wie: Über welche Qualifikationen müssen Übersetzer verfügen? Welche Werke sollen übersetzt werden? Welche Verlage beteiligen sich? Wie wird der Übersetzungsprozess und die Arbeit der Verlage organisiert? Schließlich: Aus welchen Sprachen wird übersetzt? Ist eine vermittelte Übersetzung aus einer dritten Sprache zulässig? Diese Normen betreffen weniger die Übersetzer selbst als Instanzen wie Verlage, Kommissionen oder Berufsverbände.

Die Operativnormen hingegen schreiben den Übersetzern vor, wie eine akzeptable Übersetzung aussehen soll, welche Regeln man einhalten muss, welche Besonderheiten der Vorlage und der Zielsprache zu beachten, welche zu vernachlässigen sind.

Auf Seiten jiddisch-sowjetischer linguistischer und literarischer Fachzeitschriften wurden die verschiedenen Übersetzungsnormen von Laien und Experten verhandelt. Diese Publikationen bilden die Grundlage für den folgenden Versuch einer Rekonstruktion dieses theoretisch fundierten, aber stets praxisorientierten Diskurses.

Vornormen: Akteure, Projekte, Organisation

Die Professionalisierung des Berufs des Übersetzers begann im Gebiet des ehemaligen Zarenreichs bereits 1917 mit der Gründung des Allrussländischen Berufsverbands der Übersetzer in Petrograd.[42] Eine große Rolle in diesem Prozess spielte die 1919 in Moskau organisierte Werkstatt, die Übersetzer für das groß angelegte Verlagsprojekt Всемирная литература [VSEMIRNAJA LITERATURA, Allweltliche Literatur[43]] von Maksim Gor'kij ausbilden sollte.[44] Der Höhepunkt wurde mit der Gründung einer speziellen Übersetzersektion 1930 erreicht, die später aufgelöst und im Rahmen des Schriftstellerverbands 1934

[41] Albrecht und Plack 2018, 133f. Zum Übersetzen in der Zeit des Sturm und Drang siehe Berman 1984.

[42] Kukuškina 2014, 332.

[43] Häufig als *Weltliteratur* übersetzt. Die russische Bezeichnung unterscheidet sich jedoch von мировая литература [*mirovaja literatura*], der üblichen Entsprechung zu ›Weltliteratur‹, und betont den weltumfassenden Aspekt der Unternehmung.

[44] Zur Geschichte des Verlags und zu seinem Programm siehe Bagno und Kazanskij 2011, Sp. 2082f; Schulz 2015, 20–39; Baskina 2021, 10–18; zu den im Verlag propagierten Übersetzungsprinzipien siehe ibid., 40–76.

wieder einberufen wurde. Zu den Maßnahmen und Aufgaben der Übersetzersektion gehörten laut einer Ankündigung ein Seminar an der Literarischen Universität in Moskau, die Einrichtung eines Diplomstudiengangs für das Übersetzen von Literatur, die Organisation von Seminaren für Minderheitensprachen und die Kontrolle der Qualität von Übersetzungen, Workshops und öffentliche Präsentationen sowie Besprechungen aktueller Übersetzungen im professionellen Kreis.[45]

Dies war der Kontext, in dem sich jiddisch-sowjetische Kulturschaffende auf dem Gebiet der Übersetzung engagierten. Viele von ihnen träumten bereits in den Jahren vor der Oktoberrevolution von einer ebenbürtigen Teilhabe an der Weltkultur und -literatur und strebten eine Anerkennung der jiddischen Kultur als Hochkultur an. Das Mittel dazu war intensive Übersetzungsarbeit: Der Anteil von Übersetzungen in diversen Ressorts des jiddisch-sowjetischen Verlagswesens betrug in manchen Jahren zwischen 30 und 50%.[46] Obwohl das jiddische Übersetzungswesen trotz dieser Intensität nicht dasselbe Niveau von professioneller Organisation wie das russische erreichte[47] und es weder jiddische Ausbildungsstätten noch Institute für Qualitätskontrolle und Weiterbildung der Übersetzer gab, setzte man für die Übersetzer dieselben hohen Standards, die seit den 1920er Jahren von russischen Übersetzungstheoretikern aufgestellt wurden. In einer kritischen Betrachtung von jiddischen Übersetzungen Maksim Gor'kijs bestand Ber Slutski – einer der aktivsten Übersetzungskritiker – darauf, dass ein Literaturübersetzer nicht nur die Sprachen beherrschen, sondern auch »den Autor, seine Werke, die Epoche, die Umgebung, in der der Autor lebte und wirkte«, kennen solle; der Übersetzer müsse wissen,

> unter welchen Umständen das Werk geschrieben wurde. Der Übersetzer muss die Eigenschaften des Autors genau studieren, muss die Zeit und die Geschichte der künstlerischen Entwicklung des Autors erforschen.[48]

45 *Künstlerische Übersetzung* 1934.

46 Vakhrushova 2022, 240f.

47 Nach der ersten sowjetischen Übersetzerkonferenz 1936 (siehe weiter unten) berichtete *Literaturnaja gazeta* von der Gründung einer Übersetzersektion im Birobidschaner Schriftstellerverband. Die Birobidschaner Zeitschrift פֿאָרפּאָסט [*Forpost*, Vorposten] enthält hingegen keine Hinweise darauf (vgl. Vakhrushova 2022, 259). In Ermangelung weiterer Berichte ist es mir bis jetzt nicht gelungen, Näheres über die Tätigkeit dieser Übersetzersektion zu erfahren.

48 Slutski 1936, in diesem Band, 271.

In dieser Forderung einer umfassenden, tiefergehenden Untersuchung des zu übersetzenden Werks zitierte Slutski den russischen Sprachmeister selbst, der diese hohen Ansprüche bei der Eröffnung des Übersetzungsstudios 1919 formuliert hatte.[49]

Wer konnte in Ermangelung spezieller Ausbildungen und Studiengänge solchen Anforderungen entsprechen? An wen richteten sich diese und andere Anmerkungen, Empfehlungen und Ratschläge zahlreicher kritischer Artikel? Die beiden größten und aktivsten Gruppen von Übersetzern in der Sowjetunion bestanden zum einen aus professionellen Literaten, die auch selber auf Jiddisch veröffentlichten, und zum anderen aus Leuten, die das Übersetzen zu ihrem Beruf gemacht hatten und häufig über eine sprachwissenschaftliche Ausbildung verfügten,[50] auf die sie in ihren theoretischen Abhandlungen zurückgreifen konnten. Alle bedeutenden jiddischen Literaten beschäftigten sich mehr oder weniger intensiv mit Übersetzen.[51] Im Übersetzungsdiskurs hatten ›Übersetzer-Schriftsteller‹ meist keine besondere Stellung inne, obwohl ihnen manchmal gewisse Freiheiten zugestanden wurden.[52] Solche Zugeständnisse waren jedoch die Ausnahme; die meisten Kritiker stellten an professionelle Schriftsteller dieselben Erwartungen in Bezug auf das Verhältnis von Übersetzung und Vorlage wie an professionelle Übersetzer.[53]

Im Rahmen der sowjetischen Planwirtschaft, die auch die kulturelle Produktion betraf, wurde die Auswahl der zu übersetzenden Werke in Einklang mit den von Moyshe Litvakov aufgestellten Forderungen zentral koordiniert. 1919 richtete dieser Kritiker seine Vorschläge zur Verbesserung der Lage im Übersetzungswesen nicht an einzelne Übersetzer oder Herausgeber, sondern an Institutionen wie »prinzipienfeste« Verlage und spezielle Übersetzungskommissionen, die Listen und Pläne für die Herausgabe von Übersetzungen erstellen sollten.[54] Tatsächlich wurden wenige Jahre später in der Sowjetunion spezielle Projekte und Verlagsreihen für jiddische Übersetzungen populär-

49 Siehe dazu Vakhrushova 2022, 289 und die darin angeführten Referenzen. Vgl. Sonye (Shprintse) Rokhkinds Anmerkung über Forderungen, die an einen Übersetzer von Puškin gestellt werden (Rokhkind 1939, in diesem Band, 135).

50 Zum Beispiel Aleksander Finkel, Moyshe Maydanski und Ber Slutski.

51 Siehe Liste im Anhang.

52 Siehe weiter unten zu Ber Slutskis Kritik der Übersetzungen von Itsik Kipnis.

53 Freie Übersetzungen und Nachdichtungen galten im sowjetischen Übersetzungsdiskurs als eine niedrigere und bereits überwundene Stufe der kulturellen und literarischen Entwicklung, siehe Vakhrushova 2022, 265.

54 Litvakov 1919, in diesem Band, 169.

wissenschaftlicher und belletristischer Werke gegründet. Der Verlag KULTUR-LIGE kündigte beispielsweise 1930 die Reihe ביבליאָטעק מײַרעוו־ליטעראטור [*Bibliotek mayrev-literatur*, Bibliothek der west-(europäischen) Literatur] an, deren Ausmaß mit Maksim Gor'kijs VSEMIRNAJA LITERATURA vergleichbar ist. Die jiddische Leserschaft sollte die Meisterwerke der westeuropäischen Literatur kennenlernen – zunächst die zeitgenössischen Autoren aus dem sozialistisch-proletarischen Milieu, danach die Klassiker, insgesamt über 2000 Druckbogen. Für 1931 waren bereits 15 Bände (200–250 Bogen) deutscher, französischer und englischer Literatur geplant, die von führenden jiddischen Literaten aus der Originalsprache übersetzt werden sollten.[55]

Größere Publikationsprojekte waren nicht selten mit literarischen Jubiläen verknüpft, etwa die Übersetzung des georgischen Epos *Der Recke im Tigerfell* von Schota Rustaweli 1937[56] oder die groß angelegten Projekte aus demselben Jahr, in denen Puškins Werke[57] in alle Minderheitensprachen übersetzt werden sollten. Gelegentlich wurde die Bedeutung von Übersetzungen aus den Nachbarliteraturen unterstrichen – für Jiddisch waren es insbesondere die ukrainische und die belarussische.[58] Durch Kontakte zu ›brüderlichen‹ Literaturen sollte ein Netzwerk entstehen, das die Literaturen von nationalen Minderheiten zum Teil der »internationalen sowjetischen Literatur«[59] werden ließ.

Eine besondere Stellung in der Hierarchie sowjetischer Buchproduktion besaßen Übersetzungen von Werken der »Klassiker des Marxismus-Leninismus«[60], die wegen ihrer enormen Bedeutung für die Verbreitung und Verfestigung der sozialistischen Ideologie mit größter Sorgfalt vorbereitet und überprüft wurden. Ihnen wurden spezielle Untersuchungen und Kritiken

55 KHRONIK 1930, 126. Dies ist eine der wenigen Stellen, an denen auf den Wert einer direkten Übersetzung (gegenüber einer Übersetzung aus zweiter Hand), wenn auch implizit, hingewiesen wird. Zur vermittelten Übersetzung, also einer Übersetzung nicht aus dem Original, sondern aus einer übersetzten Version in einer dritten Sprache, siehe weiter unten.

56 Siehe die Rubrik *Chronik* in FARMEST (Kharkiv) 12, 1937, 151. 1937 wurde das 750-jährige Jubiläum des georgischen Epos gefeiert, dessen Entstehung damals zwischen 1184 und 1207 datiert wurde, siehe etwa *Pravda* 1937.

57 Zu den Feierlichkeiten anlässlich des 100. Todestags von Puškin siehe Sandler 2004, 109–116. Zu hebräischen Übersetzungen von Puškin in diesem Zusammenhang siehe Feldman 2014, 134–193, bes. 160.

58 Y. Shin berichtet, dass die Verbindung zwischen der ukrainischen und der jiddischen Literatur ein wichtiges Thema auf dem 2. Allukrainischen Kongress sowjetischer Schriftsteller war (Y. Shin 1929).

59 интернациональной советской литературы (Vortrag von M. Khashtshevatski bei der Tagung jüdischer Schriftsteller am 5. August 1934, im Vorfeld des Schriftstellerkongresses. Mikrofilm; RGALI, f. 631, op. 17, ed. chr. 12).

60 Shklyar 1934.

gewidmet.[61] Beim Verlegen dieser Werke hatten der Staat und die von ihm kontrollierten Verlage das Monopol, etwa wenn nach Lenins Tod eine Sonderkommission unter Anleitung von Moyshe Litvakov gegründet wurde, um eine jiddische Gesamtausgabe vorzubereiten.[62]

Angesichts der großen Professionalität und der intensiven Debatten über hochspezialisierte Themen der Übersetzung erscheint es paradox, dass eine der Hauptregeln professionellen Übersetzens – das Übersetzen aus dem Original – keine große Rolle im sowjetischen Umfeld spielte. Dies hatte technische wie politische Gründe: Zum einen war es bei der großen Zahl an nationalen Minderheiten in der Sowjetunion kaum möglich, Übersetzer für jedes Sprachenpaar auszubilden; zum anderen wurde durch vermittelte Übersetzungen aus dem Russischen gewährleistet, dass weitere Übersetzungen den politischen (im Sinn von Zensur), aber auch wissenschaftlichen (durch Bezug auf die bereits von russischen Übersetzern geleistete Forschungsarbeit) Anforderungen entsprachen. Die Praxis von vermittelter Übersetzung in die Sprachen nationaler Minderheiten war eine Normalität, die gelassen und unkritisch hingenommen wurde.[63] In einzelnen Fällen wurde zwar der übermäßige Gebrauch von Russizismen in vermittelten Übersetzungen aus europäischen Sprachen bemängelt, die Praxis an sich wurde jedoch nicht Gegenstand ernsthafter Auseinandersetzungen.[64] In einer Rezension von *Tom Sawyer*, den Ezre Fininberg 1927 ins Jiddische übersetzt hatte, bemerkte der Kritiker Ber Slutski nur beiläufig, dass der Übersetzer nicht mit dem amerikanischen Original, sondern mit einer russischen Vorlage gearbeitet habe. Ebenfalls kritiklos stellte derselbe Rezensent fest, dass Der Nister sowohl russische Werke als auch Werke aus anderen Sprachen – etwa Hugo und Zola – mittels russischer Übertragungen übersetze.[65]

61 Viner 1932 in diesem Band, 257–262; Shklyar 1934.

62 Zu Details und zur Rezeption dieser Ausgabe sowie zu deren Relevanz siehe Vakhrushova 2022, 244.

63 Ber Slutski bemerkt sehr routiniert über Itsik Kipnis' Arbeit: דאָס ראָוו איבערזעצונגען האָט קיפּניס געמאכט ניט פון אָריגינאַל, נאָר פון א רוסישער איבערזעצונג [...] [Die meisten Übersetzungen hat Kipnis nicht vom Original gemacht, sondern von einer russischen Übersetzung [...]](Slutski 1932, Sp. 95). Auf diese Feststellung folgten keine Schlüsse bezüglich der Qualität der vermittelten Übersetzung.

64 Slutski 1927c, in diesem Band, 195. Vgl. ibid., 181. Da das Thema vermittelter bzw. indirekter Übersetzung im jiddisch-sowjetischen Kontext irrelevant war, hatte diese Praxis auch keinen etablierten Namen. Nokhem Shtif verwendete in seiner Notiz über Übersetzung die Begriffe »direkte« und »indirekte« Übersetzung in einer anderen Bedeutung: »Direkt« war eine Übersetzung von einer Textvorlage, »indirekt« war der für die mehrsprachige Minderheit charakteristische konstante Prozess der inneren, gedanklichen Übersetzung (siehe Shtif 1931, in diesem Band, 255).

65 Slutski 1930, Sp. 75.

Nicht nur wurden indirekte Übersetzungen nicht als solche angeprangert – den Kritikern schien diese Tatsache in ihren Rezensionen und sprachlichen Analysen gar keiner Beachtung wert. Slutski wies beispielsweise auf Fininbergs fehlerhafte Übersetzung von сборная молитва mit קאָלעקטיווע תּפֿילה [kollektives Gebet] hin und erklärte, dass das gemeinte ›Sammelgebet‹ nicht etwa von einem Kollektiv gesprochen würde, sondern verschiedene Bibelpassagen und -verse vereine.[66] Dabei unterließ er es, den englischen Text aufzusuchen, in dem von *family worship* die Rede ist, – das heißt, auch die russische Übersetzung bietet nur eine ungefähre Umschreibung der gemeinten religiösen Praxis. Slutski hinterfragte die russische Vorlage nicht. Offenbar ersetzten durch die Zensur kontrollierte russische Übersetzungen im sich allmählich in eine Diktatur verwandelnden Staat die Originale – und zwar nicht nur bei politisch-ideologischen Publikationen, sondern auch in der Belletristik und sogar in der Kinderliteratur.

Diese Haltung erscheint wie ein Widerspruch zu den Grundnormen des sowjetischen Übersetzungswesens: Übersetzungsprozesse wurden in der Regel offengelegt, indem Übersetzungen immer als solche kenntlich gemacht und die Namen der Übersetzer genannt wurden;[67] zugleich aber wurde das Original in vielen Fällen stillschweigend durch eine russischsprachige Vorlage ersetzt, ohne dass im ansonsten hoch professionellen und differenzierten Diskurs je über die Spezifika der vermittelten Übersetzung[68] debattiert wurde. Diese Widersprüchlichkeit spiegelt auch das Paradox der frühen sowjetischen Nationalitäten- und Kulturpolitik schlechthin wider: Während sich der ursprünglich als eine Föderation konzipierte Sowjetstaat bald als Diktatur entlarvte, hielten die ihrem Wesen nach demokratischen Dynamiken des Übersetzens aus den Minderheitensprachen ins Russische und umgekehrt an, die bei allen Missverhältnissen und über die lebensnotwendige Kommunikation in dem Vielvölkerstaat hinaus einen authentischen Austausch und kulturellen Kontakt zwischen den zahlreichen Nationalitäten förderten.

66 Slutski 1927c, in diesem Band, 197.

67 Eine wichtige Ausnahme bildeten die Übersetzer, die Opfer von Repressionen wurden – ihre Namen wurden von Titelseiten entfernt.

68 Zum Begriff und zur Geschichte der vermittelten Übersetzung im europäischen Kulturraum siehe Kapitel 12.1 in Albrecht und Plack 2018.

Operativnormen

Moyshe Litvakov, dessen Vorwürfe sich 1919 mehrheitlich an Verlage richteten, fand kritische Worte auch für jiddische Übersetzer, die er פֿלינקע בעל־מלאָכות[69] [*flinke bal-melokhes*, flinke Handwerker] nannte: »Jeder verständige jiddische Leser wird unbedingt Schriftsteller, und jeder jiddische Schriftsteller, der noch eine Sprache außer Jiddisch beherrscht, wird unvermeidlich Übersetzer.«[70] Dieser Kritikpunkt wurde in den Folgejahren von zahlreichen Fachleuten wiederholt: Sie beklagten nicht nur die unzulängliche Qualifikation der Übersetzer, die die Ausgangs- wie die Zielsprache schlecht beherrschten, sondern auch die mangelnden Ausbildungsmöglichkeiten und Lehrmaterialien:

> ס׳איז ניטאָ אַפילע קיין האנטביכל, ספעציעל צוגעפאסט פאַר דער טעכנישער שפּראַך־אַרבעט אין אַ צייטונג, מיט איבערזעצונג־מוסטערן פון שווערע רוסישע זאצן, מיט אָנווייזן (קורצע, קלאָרע, מיט פּאָשעטע ביישפּילן) ווי אזוי צו בויען א זאץ אין יידיש א.אז.וו.[71]
>
> Es gibt nicht einmal ein Handbuch, das speziell für die technische Spracharbeit in einer Zeitung geeignet wäre, mit Mustern von Übersetzungen schwieriger russischer Sätze, mit Anleitungen (kurzen, klaren, mit einfachen Beispielen), wie man einen Satz in Jiddisch baut usw.

Die Arbeit der Zeitungsredaktionen, die ihre Informationen mehrheitlich von russischsprachigen Nachrichtenagenturen bezogen, wurde nicht selten getadelt, wie hier von Ber Slutski oder ähnlich in einem Artikel des Grammatikers und Pädagogen Aleksander Gelbman[72]. Eilig verfasste Übersetzungen enthielten oft russische Lexeme, syntaktische Strukturen und Idiome, die im Jiddischen nicht geläufig waren. Slutski gehörte zu den produktivsten sowjetisch-jiddischen Übersetzungskritikern, die sich bemühten, der Flut von

[69] Litvakov 1919, in diesem Band, 167.

[70] Ibid., 166f.

[71] Slutski 1927d, Sp. 39.

[72] Gelbman 1930, in diesem Band, 229. Der Vorwurf, dass Journalisten und Publizisten Berichte aus fremden Sprachen ›kopierten‹ und damit die Regeln der jiddischen Morphologie und Syntax verletzten, war ein wiederkehrendes Motiv in der jiddischen Kritik. Bereits 1907 bemerkte beispielsweise ein anonymer Leser des Petersburger דער פְרײנְד [*Der fraynd*, Der Freund]: און לייְענט איר די אַרטיקלען אפילו פון אונזערע בעסטע פּובליציסטען, אַזוי פּיהלט איהר זעהר אָפט, אַז איהר האָט דאָ צו טהון מיט אַ שלעכטער איבערזעצונג פון רוסיש, דייַטש, אָבער ניט מיט אונזער עכטען יודישען מאַמע־לָשון [Und lest ihr die Artikel, sogar unserer besten Publizisten, so fühlt ihr sehr oft, dass ihr es da mit einer schlechten Übersetzung aus dem Russischen oder Deutschen zu tun habt, aber nicht mit unserer echten jiddischen Muttersprache] (Kh. Shtumer 1907).

unzulänglichen Übersetzungen mit zahlreichen Artikeln entgegenzutreten. Häufig nahmen diese Artikel die Form eines Katalogs von Übersetzungsfehlern mit schlüssigen Erklärungen und Korrekturvorschlägen an, umrahmt von umfassenden theoretischen Kommentaren.[73]

Die theoretische Basis für die praktischen Regeln bildete der Begriff der *adäquaten*[74] Übersetzung. Dieser neue Begriff, der das bis dahin gängigste Qualitätskriterium der ›Genauigkeit‹ abgelöst hatte und bis heute eine Schlüsselrolle in der russischsprachigen Übersetzungstheorie spielt,[75] erlaubt es, die Dichotomie *frei* vs. *wörtlich* zu überwinden. Er postuliert eine prinzipielle Übersetzbarkeit, ohne das Unübersetzbare zu leugnen, indem er die Unmöglichkeit einer absoluten Äquivalenz anerkennt und stattdessen nach adäquaten Entsprechungen sucht, die je nach Kontext, Zeit, Ort, Zielpublikum und Zweck der Übersetzung variieren können.[76] Es ist dieser Begriff, der es der jiddischen Linguistin und Kritikerin Shprintse Rokhkind erlaubte, »nicht ganz genau[e]«[77] Übersetzungen von Ezre Fininberg als »gelungen« zu loben.

Jiddische Kritiker mussten den Begriff *adäquate Übersetzung* nicht definieren, vielmehr konnten sie auf einen von russisch- und ukrainischsprachigen Kollegen bereits etablierten Terminus zurückgreifen, um die eigene

73 Für eine Beschreibung der von Slutski ausgearbeiteten Übersetzungsregeln und linguistischen Transformationen (etwa bezogen auf die Verwendung von Komposita und des Passivs oder den Gebrauch von hebräisch-aramäischstämmigen Wörtern in Übersetzungen auf Jiddisch) siehe Vakhrushova 2022, 268–280.

74 Die Bezeichnung адекватный перевод [*adekvatnyj perevod*, adäquate Übersetzung], die sich im Laufe der 1920–1930er Jahre als das Ideal von Übersetzung in der Sowjetunion etablierte (siehe etwa den Eintrag in der Literarischen Enzyklopädie, Smirnov und Alekseev 1934), entstand wahrscheinlich als eine Abkürzung von Phrasen wie ›Übersetzung soll in ihrer Wirkung auf den Leser dem Original adäquat sein‹, vgl. beispielsweise Gumilëv 1919, 28. Solche Formulierungen wie auch der Begriff ›adäquat‹ in Bezug auf Übersetzung waren in der Kritik auch vor der Revolution gängig (Azov 2013, 33, Anm. 17).

75 Die Begriffe ›adäquate Übersetzung‹ bzw. ›Adäquatheit‹ sind seit der zweiten Hälfte des zwanzigsten Jahrhunderts auch in der modernen westeuropäischen Translationswissenschaft gebräuchlich. In der Skopostheorie von Hans J. Vermeer und Katharina Reiß wird ›Adäquatheit‹ als Angemessenheit hinsichtlich des Zwecks der Übersetzung verstanden (also in ausschließlicher Orientierung auf die Zielsprache, den Zieltext und das Zielpublikum hin); in der kultursemiotischen Theorie von Gideon Toury ist ›Adäquatheit‹ (*adequacy*) eine der Ausgangsnormen (*initial norms*), die eine primäre Orientierung der Übersetzung am Ausgangstext voraussetzt (Siever 2010, 150–155, 241–244). Der aus der sowjetischen Übersetzungstheorie stammende Begriff адекватность [*adekvatnost'*] wird hier als ›Adäquanz‹ übersetzt, um ihn von dem Leitbegriff der Skopostheorie zu unterscheiden.

76 Zu der ›Entdeckung‹ der russischen Übersetzungstheorie in der westeuropäischen Akademie siehe den persönlichen Bericht von Anthony Pym and Nune Ayvazyan (2014).

77 Rokhkind 1939, in diesem Band, 149.

Kritik zu untermauern. 1920 lieferte Fëdor Batjuškov in seinem Artikel *Задачи художественных переводов* [Aufgaben künstlerischer Übersetzungen] die erste theoretische Begründung einer ›adäquaten Übersetzung‹.[78] Diese sollte die folgenden Bedingungen erfüllen:

> 1) Точная передача смысла. 2) Наивозможно близкое воспроизведение стиля. 3) Сохранение особенностей языка автора, но без галлицизмов в переводе, без воспроизведения идиотизмов языка, без нарушения строя и элементарных грамматических правил родного языка. 4) Последним, не столько требованием, как desiderata, является соблюдение внешней эмоциональности художественной речи [...][79]

> 1) Genaue Wiedergabe des Sinns. 2) Möglichst nahe Nachbildung des Stils. 3) Bewahrung der sprachlichen Besonderheiten des Autors, jedoch ohne Gallizismen[80], ohne die Idiotismen der Sprache zu rekonstruieren, ohne gegen die Struktur und die elementaren Grammatikregeln der eigenen Sprache zu verstoßen. 4) Die letzte Forderung, oder vielmehr ein Desideratum, ist die Einhaltung der äußeren Emotionalität der künstlerischen Sprache[81] [...]

In dieser Aufzählung zeichnen sich bereits die unauflösbaren Widersprüche ab, die für die Reflexionen jiddischer Übersetzungskritiker charakteristisch sind. Auf der Erkenntnis, dass jeder Versuch, Sinn und Form gleichermaßen genau wiederzugeben, nur scheitern kann, basiert die herkömmliche Gegenüberstellung von wörtlicher und freier Übersetzung, die von zahlreichen Übersetzern und Literaten auf unterschiedliche Weise formuliert wurde.[82] Batjuškovs Definition liegt eine Prioritätenliste zugrunde, die diese

78 Fëdor Batjuškov (1857–1920) – Philologe, Literaturwissenschaftler, Übersetzungskritiker und Publizist. Der erwähnte Artikel erschien in der zweiten Auflage der Broschüre *Принципы художественного перевода* [Prinzipien der künstlerischen Übersetzung, 1920] des Verlags VSEMIRNAJA LITERATURA, die als erste theoretische Abhandlung über Übersetzung in Russland und als Vorläufer der sowjetischen Übersetzungstheorie gilt. Zur Kritik und zu alternativen (nicht abgeschlossenen) Projekten der Normierung der Übersetzungstätigkeit siehe Čečnëv 2022.

79 Batjuškov ²1920, 11f.

80 Batjuškov illustrierte seinen Artikel vornehmlich mit Übersetzungsbeispielen aus dem Französischen.

81 Darunter versteht Batjuškov die spracheigenen Rhythmen und Intonationen, welche die besondere Musikalität einer Sprache ausmachen und damit die spezifische Gefühlstönung erzeugen, die in einer anderen Sprache nur bedingt angedeutet werden kann.

82 Um nur wenige Beispiele zu nennen: »non verbum e verbo, sed sensum exprimere de sensu« [nicht ein Wort durch das andere, sondern einen Sinn durch den anderen ausdrücken] (Hieronymus, Brief an Pammachius, deutsche Übersetzung in Störig 1963, 1); »Es gibt zwei Übersetzungsmaximen: die eine verlangt, daß der Autor einer fremden Nation zu uns herüber gebracht werde, dergestalt, daß wir ihn als den Unsrigen ansehen können; die andere hingegen macht an uns die Forderung, daß wir uns zu dem Fremden hinüber begeben und uns in seine Zustände, seine

Schwierigkeit zu umgehen scheint: Die Genauigkeit der Inhaltswiedergabe habe die höchste Priorität – dieser Grundsatz wurde in die spätere sowjetische Übersetzungstheorie integriert, die freien Übersetzungen äußerst kritisch gegenüberstand.[83] In der Forderung, den Stil »möglichst nah« am Original nachzubilden, verweist das Adverb auf die Grenzen des Möglichen in der Übersetzung und auf die zweitrangige Stellung des Stils gegenüber dem Inhalt. Das dritte Prinzip verlangt, stilistische Eigentümlichkeiten mit den Mitteln der Zielsprache nachzubilden, jedoch nur in dem Maße, wie ihre Struktur und Regeln dies erlauben. Der letzte Punkt – die Wiedergabe der Musikalität der Ausgangssprache mit Mitteln der Zielsprache – ist, Batjuškov zufolge, zwar wünschenswert, jedoch kaum erfüllbar.

Batjuškovs Definition kann als eine tentative Antwort auf die Frage gelesen werden, wie die anspruchsvolle Aufgabe des Übersetzers adäquat erfüllt werden kann. Er erkannte, dass eine gleichrangige Berücksichtigung inhaltlicher und formeller Details nicht zu leisten ist; aber statt Unübersetzbarkeit zum allgemeinen Prinzip zu erklären, entwickelte er klare Kriterien, um die Relevanz verschiedener Textaspekte für die Übersetzung einschätzen zu können. Damit konnte ein Übersetzer diese Aspekte abwägen und die Aufgabe der Übersetzung wenn nicht in absoluter Perfektion, so doch annähernd und adäquat lösen.

Sprachweise, seine Eigenheiten finden sollen« (Johann Wolfgang von Goethe, *Zu brüderlichem Andenken Wielands*, zitiert nach Störig 1963, 35); »Entweder der Uebersezer läßt den Schriftsteller möglichst in Ruhe, und bewegt den Leser ihm entgegen; oder er läßt den Leser möglichst in Ruhe und bewegt den Schriftsteller ihm entgegen« (Friedrich Schleiermacher, *Ueber die verschiedenen Methoden des Uebersezens*, zitiert nach Störig 1963, 47); vgl. auch die auf Schleiermachers Unterscheidung basierende Terminologie von Lawrence Venuti – *foreignizing* vs. *domesticating translation* (Venuti 1995, 20), die in der modernen Übersetzungswissenschaft grundlegend geworden ist. In der frühen Phase der sowjetischen Übersetzungstheorie schlug der ukrainische Theoretiker Volodymyr Deržavyn die Begriffe ›homologische‹ (stärker auf die Ausgangssprache orientierte) und ›analogische‹ (stärker auf die Zielsprache orientierte) Übersetzung vor (Kalnychenko 2021; ibid., 2023, 38–43). Der russische Forscher Andrej Fëdorov, der zusammen mit Deržavyn den frühen Übersetzungsdiskurs prägte, sprach von der »Ausrichtung auf die Zielsprache« (установка на родной язык; Fëdorov 1930, 115; auch метод аналогий, »analoge Vorgehensweise«, genannt, ibid., 117) und von der Ausrichtung auf »Fremdheit und Fremdsprachigkeit« (установка на чужеземность и иноязычность, ibid., 119). Der hier als »Ausrichtung« übersetzte formalistische Begriff установка ist in der deutschen Literaturwissenschaft auch als »Einstellung« bekannt.

83 Siehe beispielsweise im Artikel von Aleksandr Smirnov und Michail Alekseev für die *Literarische Enzyklopädie*, in dem sich die Autoren auf Goethes zwei Methoden (den Autor »hinüberbringen« bzw. sich selber zu dem Fremden »hinüber begeben«) beziehen: Из этих двух путей несомненно правилен второй, поскольку, избирая первый, мы отнимаем у переводного произведения значительную часть его познавательной ценности [Von diesen zwei Methoden ist die zweite zweifellos die richtige, denn, sollten wir die erste auswählen, würden wir das übersetzte Werk eines bedeutenden Teils seines Erkenntniswerts berauben] (Smirnov und Alekseev 1934, Sp. 529).

Ein wichtiger Protagonist unter den am jiddisch-sowjetischen Übersetzungsdiskurs Beteiligten war der Theoretiker Aleksander Finkel, dessen Hauptwerk – die erste Monographie über Übersetzung in der Sowjetunion (und womöglich weltweit), *Теорія й практика перекладу* [Theorie und Praxis des Übersetzens] – 1929 in Charkiw auf Ukrainisch erschien.[84] Auf Jiddisch präsentierte er daraus nur eine Auswahl seiner Grundthesen über poetische Übersetzung, begleitet von jiddischsprachigen Beispielen.[85] In diesem Artikel definierte er das Problem der Übersetzung als »das Problem ihrer Adäquanz zum Original«,[86] ohne jedoch den Begriff ›Adäquanz‹ theoretisch zu untersuchen.

Wie zahlreiche Literaten und Kritiker verschiedener Epochen und Länder vor ihm und bis heute sah Finkel das Verfahren des Übersetzens als eine Bewegung auf der Skala zwischen freier und wörtlicher Übersetzung. Als studierter Linguist fasste er diese Dichotomie in sprachwissenschaftliche Termini: Sprache sei ein »Kommunikationsmittel«, um Informationen über die reale, extralinguistische Welt wiederzugeben, und alle Sprachen seien gleich in ihrem Vermögen, der Kommunikation zu dienen. Literarische Werke seien aber nur dann künstlerisch, wenn sie außer der rein kommunikativen Funktion noch weitere erfüllen.[87] Die zwei Extreme, zwischen denen sich eine literarische Übersetzung bewegt, bezeichnet Finkel als »Nacherzählung« (eine freie Übersetzung, die den Gedanken ohne Rücksicht auf die Form wiedergibt) und »Stilisierung« (eine Übersetzung, welche die formalen Aspekte des Texts, etwa den Klang, nachbildet).

Die Dichotomie ›freie‹ vs. ›wörtliche Übersetzung‹ lag auch der Reflexion von Slutski zugrunde, die er seiner Untersuchung jiddischer Übersetzungen von Gor'kij voranschickte. Anders als Finkel griff er allerdings nicht auf sprach-

84 Siehe die biobibliographische Skizze sowie Editionen von Finkels Monographie und Artikeln in Černovatij und Karaban 2007 sowie eine Einschätzung seines Beitrags zum ukrainischen Übersetzungsdiskurs in Kalnychenko 2023, 49–53. Zur Geschichte der ukrainischen Übersetzungstheorie siehe Šmiher 2009, darin zu Finkel 105–116.

85 Finkel 1929, in diesem Band, 211–228.

86 Ibid., 212.

87 Der Zusammenhang zwischen der Textsorte und der Übersetzungsmethode wurde in den 1920er Jahren vom ukrainischen Übersetzungsforscher Volodymyr Deržavyn etabliert: »A natural language simultaneously performs – in every case to a variable extent, though – three functions: communicative, cognitive, and artistic, which lend themselves to translation to a varying degree… This means that there are three types of translation […]« (englische Übersetzung zitiert nach Kalnychenko 2023, 39). Finkel und Deržavyn standen im engen Austausch und waren wichtige Opponenten.

wissenschaftliche Terminologie zurück, sondern bediente sich der allgemeinen, in der Literatur- und Übersetzungskritik gängigen Bilder und Begriffe:

> Die Frage nach Genauigkeit und Adäquanz in einer Übersetzung ist hauptsächlich die Frage nach der Beziehung des Übersetzers zum Autor. Muss der Übersetzer ein Sklave des Originals sein, muss er auf sich selbst ganz verzichten, sich selbst verbergen und das Original Wort für Wort wiedergeben, ohne sogar auf die Eigenschaften der Übersetzungssprache Rücksicht zu nehmen? Oder umgekehrt – muss der Übersetzer in Bezug auf den Autor gänzlich frei sein und hauptsächlich eben die Übersetzungssprache und ihre Eigenschaften berücksichtigen statt der sprachlichen Besonderheiten des zu übersetzenden Werks?[88]

Laut Slutski sind die von ihm rezensierten jiddisch-sowjetischen Übersetzer den Weg der Annäherung an das Original gegangen: »Dem Original treu, blieben die Übersetzer auch den Besonderheiten der jiddischen Sprache treu. Sie strebten an, ein vollwertiges jiddisches Äquivalent von Gor'kij mit jiddischen Sprachmitteln zu geben.«[89] Die Begriffe ›Genauigkeit‹, ›Adäquanz‹, ›Äquivalenz‹, ›vollwertig‹ scheinen für den Kritiker austauschbar zu sein.[90] ›Adäquanz‹ war jedoch unter diesen Lexemen zweifellos das Leitsynonym.

In Ermangelung einer klar umrissenen jiddischen Definition von ›Adäquanz‹ lässt sich das jiddisch-sowjetische Verständnis des Begriffs vor allem anhand der zahlreichen Beschreibungen unzulänglicher Übersetzungen in den Artikeln von Finkel, Slutski und anderen Literaten *ex negativo* rekonstruieren. Wie eine solche Abgrenzung von ›adäquater‹ Übersetzung gegenüber freier bzw. wörtlicher Wiedergabe vollzogen wurde, veranschaulicht eine Formulierung des Linguisten und Lexikographen Hersh Shklyar:

> פארן איבערזעצער שטייט אַן אופגאַבע: וואָס פּינקטלעכער און וואָס אַדעקוואַטער איבער־געבן דעם אינהאַלט פון טעקסט און גלייכצייטיק איינהאַלטן די קלאָרקייט, שאַרפקייט און ציל־געווענדטקייט פונעם אָריגינאַל, אויסמיידנדיק פאַרעלטערטע ,עבט־יידישע' ווערטער און אויסדרוקן, פון איין זייט, און מעכאַנישע קאָפּירונג פונעם דייטשישן אָריגינאַל, דאָס אריינברענגען ריין דייטשישע ווערטער, פאָרמעס און קאָנסטרוקציעס, וואָס זיינען ניט איינגעבירגערט אין יידיש, פון דער צווייטער זייט.[91]

[88] Slutski 1936b, in diesem Band, 272.

[89] Ibid., 274.

[90] An einer Stelle verwendet Slutski auch den Begriff קינסטלערישע פּינקטלעכקייט [*kinstlerishe pinktlekhkayt*, künstlerische Genauigkeit] (ibid.). Aus Slutskis Formulierung wird aber nicht klar, ob er »künstlerische Genauigkeit« als Synonym zu »Adäquanz« versteht.

[91] Shklyar 1934, 146. In der Rezension behandelt Shklyar jiddische Übersetzungen von Marx und Engels aus dem Deutschen.

Vor dem Übersetzer steht eine Aufgabe: Den Inhalt des Texts möglichst genau und möglichst adäquat wiederzugeben und zugleich die Klarheit, Schärfe und Zweckmäßigkeit des Originals beizubehalten, dabei einerseits veraltete ›echt jiddische‹ Wörter und Ausdrücke und andererseits das mechanische Kopieren des deutschen Originals zu meiden, ebenso das Einbringen rein deutscher Wörter, Formen und Konstruktionen, die im Jiddischen nicht eingebürgert sind.

»Echt jiddische« Wörter als Merkmal freier, einbürgernder, ›nationalisierender‹ Übersetzungen und »mechanisches« Kopieren als Zeichen wortgetreuer, den Sinn des Ausgangstexts entstellender und gegen die Regeln der Zielsprache verstoßender Wiedergaben waren häufige Leitmotive in der jiddisch-sowjetischen Übersetzungskritik. Nur eine erfolgreiche Abwehr dieser beiden Gefahren versprach die Möglichkeit einer adäquaten Übersetzung.

Freie Übersetzungen und Adaptionen

1932 widmete der Kritiker Meyer Viner den Übersetzungen von Werken »marxistischer Klassiker«, welche eine »besonders wachsame Genauigkeit«[92] erfordern würden, einen ausführlichen Aufsatz, der neben sprachlich-terminologischen auch philosophische und rezeptionskritische Aspekte des Übersetzens beleuchtete. Darin definierte er das Hauptprinzip der Übersetzung wie folgt:

> Den Gedanken des Originals genau wiedergeben, dabei die Sätze des Autors genau und möglichst adäquat, passend, zugänglich und gut lesbar gemäß ihrem Inhalt übersetzen (und nicht ›beschreiben‹ oder ›umschreiben‹, um den ›Geist der Übersetzungssprache‹ zu bewahren).[93]

Viner bemerkte zwar beiläufig, dass auch »Nacherzählungen« [איבערדער־ציילונגען, *iberdertseylungen*][94] ihre Berechtigung hätten,[95] doch würden sie eine אָריגינאַל־איבערזעצונג [*original-iberzetsung*, (genaue) Übersetzung des Originals][96] nicht ersetzen können. Viner vertrat die im sowjetischen Diskurs

92 Viner 1932, in diesem Band, 260.

93 Ibid., 261.

94 Ibid.

95 Ibid.

96 Ibid. Der bemerkenswerte Begriff *original-iberzetsung*, für den sich keine weiteren Belege finden lassen, zeugt von Viners Bemühung, eine Terminologie für die entstehende Übersetzungswissenschaft zu prägen.

etablierte Haltung zu freien Übersetzungen: Sie galten im Allgemeinen als überholt[97] und in neuen, von Prinzipien wissenschaftlicher Präzision geleiteten Übersetzungen als nicht mehr akzeptabel.

Der sowjetische Artikel über Übersetzungen der marxistischen Grundwerke war nicht die erste Beschäftigung Viners mit der Problematik des Übersetzens. Bevor er sich in der Sowjetunion niedergelassen hatte, war er als Herausgeber in Berlin tätig gewesen, wo er eigene Übersetzungen der hebräischen liturgischen Lyrik ins Deutsche im Band *Die Lyrik der Kabbalah* publiziert hatte. Im Vorwort zu seinen »Nachdichtungen« äußerte er seine damaligen Überzeugungen:

> Dem ›Grammatiker‹ […], der im philologischen Treiben der Weisheit höchsten Gipfel sieht, sei gesagt, daß es bei einer Übertragung weit wichtiger und auch mühsamer ist, das dichterisch richtige Wort zu finden als das philologisch entsprechende.[98]

Bei seiner Übersetzung der hebräischen Lyrik ins Deutsche konzentrierte sich Viner auf die Wiedergabe der »Gefühlswelt«.[99] Überzeugt, dass die »philologischen Zwangsvorstellungen bei der Erfassung dichterischer Intentionen [störend] wirken können«[100], beanspruchte er reichlich »die Freiheiten der Nachdichtung«.[101] Seine Niederlassung in der Sowjetunion 1926 und die Teilnahme am sozialistischen Projekt verwandelten diese in der Phase seiner intensiven Beschäftigung mit der jüdischen Mystik formulierten Ansichten in ihr Gegenteil: Erklärte Viner im Vorwort zu *Die Lyrik der Kabbalah* noch selbstbewusst, dass seine Übersetzungen »Nachdichtungen« seien, so war bei der Übersetzung der ›heiligen‹ Texte des Marxismus *Genauigkeit* das höchste Gebot.

97 Zu der These, dass in einer bestimmten Entwicklungsphase einer Kultur und Literatur entweder freie oder genaue Übersetzungen dominieren, siehe Schleiermacher (in Störig, 1963, 49f), im russischsprachigen Raum Dobroljubov 1962 [1858], 192.

98 Viner 1920, 54.

99 Ibid., 53.

100 Ibid., 54.

101 Ibid., 52. Gershom Scholem unterzog diese Herangehensweise Viners strenger Kritik; zu dieser Auseinandersetzung und den zugrunde liegenden philosophischen Differenzen siehe Krutikov 2011, 75–87. In Viners Aufforderung an den Leser und Kritiker, er möge zunächst die Übersetzung auf sich wirken lassen und erst dann die Vorlage lesen, um zu prüfen, »ob in der Übersetzung nicht ein Abglanz vom *Leben* des Urtextes zu finden« sei, ist paradoxerweise und bei aller Differenz zwischen den philosophischen und übersetzungstechnischen Ansichten der beiden Autoren eine Ähnlichkeit zu Walter Benjamins 1923 in *Die Aufgabe des Übersetzers* formulierten Idee von Übersetzung als »Fortleben« des Originals (siehe etwa Benjamin 1972, 11) hörbar.

Ferner meinte Viner Adaptionen als Ausdruck des »nationalistischen Jiddischismus«[102] zu entlarven, da sie die Zielsprache auf Kosten des Inhalts des Originals bevorzugen würden. Eine derart pauschale Unterstellung politischer Absichten bei frei verfahrenden Übersetzern, die häufig willkürlich oder unreflektiert handelten, ist fragwürdig. In der von Argwohn und Angst geprägten sowjetischen Umgebung waren solche Verknüpfungen von kleinen konkreten Handlungen mit komplexen politischen Intentionen allerdings nicht unüblich.

Die Zahl verschiedener Begriffe für ›freie Übersetzung‹ im jiddisch-sowjetischen Diskurs spricht für die Dringlichkeit der kategorischen Unterscheidung zwischen freier und genauer Übersetzung. Finkel behauptete beispielsweise, dass »Übersetzen und Verändern zwei absolut verschiedene Sachen« seien.[103] Mit dieser Formulierung betonte er die Abgrenzung zwischen der ›eigentlichen‹ (»übersetzen«) und der freien (»verändern«) Übersetzung. Für freie Übersetzungsverfahren finden sich in seinen Kritiken Bezeichnungen wie »verändern« [איבעראנדערשן, *iberandershn*], »nacherzählen« [איבערדערציילן, *iberdertseyln*], »interpretieren« [פארטייטשן, *fartaytshn*] oder »in eigenen Worten erzählen« [דערציילן מיט אייגענע ווערטער, *dertseyln mit eygene verter*].[104]

Der Dichter und Kritiker Avrom Velednitski griff in seiner Kritik freier Übersetzungen zu der herablassenden russischen Bezeichnung отсебятина [*otsebjatina*, etwa: selbst Erdachtes, abgeleitet von *ot sebja*, von/aus sich selbst].[105] In einer Rezension von Ezre Fininbergs Puškin-Übersetzungen insistierte er auf der Bezeichnung איבערדיכטונגען [*iberdikhtungen*, Nachdichtungen] im Unterschied zu אייגנטלעכע איבערזעצונגען [*eygntlekhe iberzetsungen*, eigentliche Übersetzungen], obwohl er Fininbergs Übersetzungen »interessant« fand.[106]

Ihre Urteile begründeten Finkel, Velednitski und andere Kritiker mit genauen Textanalysen. Konkrete Veranschaulichungen der in Adaptionen üblichen Vorgänge bildeten das Fundament für einen Theorieentwurf mit Begriffen wie ›Auslassung‹ oder ›Einschub‹, die ein präziseres analytisches Werkzeug für künftige Kritiken und Übersetzungsreflexionen bereitstellten.

102 Viner 1932, in diesem Band, 260.

103 Finkel 1930, 152.

104 Ibid., 152, 153.

105 Velednitski 1937, 186.

106 Ibid., 189.

Die einhellige Kritik von Nachdichtungen und Nacherzählungen[107] nahm anerkannte Literaten mit etabliertem Stil allerdings aus, wie der Aufsatz von Ber Slutski über die Übersetzungen von Itsik Kipnis veranschaulicht. Der Rezensent machte auf Kipnis' Neigung zum Nacherzählen aufmerksam; dessen Übersetzungsverfahren bezeichnete er abwechselnd als דערציילן, איבֿערדערציילן, דערציילן בעסער אליינ[108] [*dertseyln, iberdertseyln, dertseyln beser aleyn*; erzählen, nacherzählen, lieber selbst erzählen]. Mit Beispielen aus vier Übersetzungen von vier Autoren mit verschiedenen Ausgangssprachen belegte Slutski: אלע פיר געבֿראכטע שטעלן לייענען זיכ בא קיפּניסן מיט דערזעלבער לײַכטקײַט. עס פילט זיכ אָבער ניט די סטיל־אייגנשאפט פונ יעדנ איינציקן שרײַבער באזונדער[109] [Alle vier zitierten Stellen lesen sich bei Kipnis mit derselben Leichtigkeit. Die stilistische Eigenart jedes einzelnen Autors lässt sich aber in ihnen nicht fühlen]. Dies sei jedoch, Slutski zufolge, keine Willkür des Übersetzers, sondern der באזונדערנ מעטאָד איבערצוזעצנ[110] [*bazundern metod ibertsuzetsn*, besonderen Übersetzungsmethode] geschuldet. Mit dieser Formulierung erkannte Slutski dem Übersetzer die Freiheit zu, vom Original in stilistischer Hinsicht abzuweichen. Die Freiheit, die einem anerkannten Prosameister zustand, der seinen »stark ausgeprägten künstlerischen Stil«[111] nicht aufgeben konnte oder sollte, erstreckte sich jedoch nicht auf inhaltliche Aspekte, wie Slutski unterstrich:

> ער דערציילט איבער יעדנ שרײַבער מיט זײַנע, קיפּניסעס, מאנירנ. דאָס הייסט ניט, אז ער דיכט זיי אינגאנצנ איבער, אז ער גייט אינגאנצנ אוועק פונעמ אוטער. קיפּניס באמיט זיכ איבערצוגעבנ דעמ אווטערס אלע קנייטשנ און טנועס, – ניט מער, ער גיט אימ א מאָל צו אביסל אייגנס פונ זײַנע, קיפּניסעס, אייגענע שפּראכ־קנייטשלעכ און כיינדלעכ.[112]

Er übersetzt nacherzählend jeden Schriftsteller in seiner, Kipnis', Manier. Das heißt nicht, dass er sie gänzlich neu erzählte, dass er sich gänzlich vom Autor wegbewegte. Kipnis bemüht sich, Mimik und Gestik des Autors wiederzugeben – allerdings fügt er manchmal ein bisschen Eigenes hinzu, von seiner, Kipnis', eigener Sprachmimik und seinen eigenen charmanten Manierismen.

107 Zu diesem Thema im jiddisch-polnischen Diskurs siehe Krynicka 2024, 43f.

108 Slutski 1932, Sp. 97, 98.

109 Ibid., Sp. 96.

110 Ibid.

111 Ibid., Sp. 97. Hier bezog sich Slutski auch auf die Übersetzungen von Der Nister.

112 Ibid.

Slutski war offenbar darum bemüht zu zeigen, dass Kipnis' Verfahren bei allen Abweichungen den allgemeinen Richtlinien und Forderungen nach Genauigkeit entspreche. Im ganzen Artikel manövrierte er zwischen Kritik und Lob, und selbst das Fazit blieb ambivalent: Einerseits sei Kipnis kein »Knecht« des Originals, andererseits verwische er »die Eigentümlichkeit der Form«.[113] Die Kritik betraf dabei nicht so sehr die freie Methode des Übersetzens als vielmehr die konkreten Eigenschaften von Kipnis' Stil – »der Konservatismus, das sich an das volkstümliche, alte Sprachinventar Halten«.[114] Kipnis und andere als Übersetzer tätige Literaten genossen im Allgemeinen eine Ausnahmestellung und durften als anerkannte Meister des Stils das Gebot der Genauigkeit vernachlässigen. Als Vorbild diente wohl Mendele, dessen Verfahren als Übersetzer Slutski in einem Artikel 1927 behandelte:

> [...] Mendeles Hauptanliegen war es, den Gedanken genau zu übersetzen, nicht die Worte, den Stil des Autors usw. Ganz oft gibt Mendele ein Bild, eine Gestalt des Autors so wieder, dass es ein ganz glattes, reines Jiddisch wird, mal kürzer, mal etwas ausführlicher, aber immer richtig wiedergegeben.[115]

Seinen Zeitgenossen gestand Slutski dieselbe Freiheit zu. Er verließ sich auf den künstlerischen Geschmack der professionellen Literaten und vertrat darüber hinaus die Meinung, dass Übersetzungen unter einer zu weit getriebenen Genauigkeit leiden – so etwa seine Kritik an Ezre Fininbergs Übersetzung von *Tom Sawyer*.[116] Die Rezension von Kipnis' freien Übersetzungen beendete Slutski eindeutig positiv: »[...] seine Übersetzungen lesen sich leicht

[113] Ibid., Sp. 102. Eine ähnliche Dynamik charakterisiert den Artikel von Khayim Loytsker über jiddische Puškin-Übersetzungen: Das Unterkapitel »Freie Übersetzungen« beginnt mit Beispielen, bei welchen »die freie Übersetzung eines Worts oder Ausdrucks aus dem Original produktiv und nützlich« [די פרײַע איבערזעצונג פון א וואָרט אָדער אנ אויסדרוק אינ אָריגינאל [איז] פּראָדוקטיוו און נוצלעכ] sei, da sie den »künstlerischen Charakter des ganzen Verses« wiedergebe (Loytsker 1939a, 30); bald geht der Rezensent jedoch zu Gegenbeispielen über: »Aber ganz oft ist die Änderung im Inhalt des übersetzten Worts gegenüber dem Original nicht richtig, willkürlich und mindert die Adäquanz der Übersetzung, schwächt das Bild ab oder entstellt den Inhalt des ganzen Verses, manchmal sogar der ganzen Strophe« [אָבער גאנצ אָפט איז אזא ענדערונג אינעם אינהאלט פונעם איבערגעזעצטנ וואָרט לעגאַבע דעמ אָריגינאל ניט ריכטיק, ווילקירלעכ, און זעצט אראָפּ די אדעקוואטקייַט פונ דער איבערזעצונג, שוואַכט אָפּ דאָס בילד אָדער פארקריפּלט דעמ אינהאלט פונעמ גאנצנ פערז, אמאָל אפילו פונ דער גאנצער סטראָפע] (ibid., 32).

[114] Slutski 1932, Sp. 102. Ob Kipnis genauso kritisiert würde, wenn sein Stil nicht so sehr von »volkstümlichen« Elementen geprägt wäre, bleibt unklar.

[115] Slutski 1927e, in diesem Band, 202.

[116] Slutski 1927c, in diesem Band, 195.

und glatt«[117] – wohl weil sie den neben der Präzision wichtigsten Anspruch sowjetischer Autoren und Übersetzer erfüllten: nämlich für das Publikum verständlich und zugänglich zu sein.

Wörtlichkeit (Buchstäblichkeit)

Das entgegengesetzte Extrem, von welchem sich eine adäquate Übersetzung distanzieren sollte, war die wortwörtliche Übersetzung. Die angestrebte Adäquanz wurde der formellen Genauigkeit entgegengestellt, die Meyer Viner an verschiedenen Stellen als גראמאטישע, אבסטראקטע פעטישיזירטע, פאָרמעלע, ביוראָקראטישע, מעכאניש־פעדאנטישע, וואָרט־פעטישיזירנדיקע פינקטלעכקייט [*gramatishe, abstrakte fetishizirte, formele, byurokratishe, mekhanish-pedantishe, vort-fetishizirndike pinktlekhkayt*; grammatische, abstrakt-fetischisierte, formale, bürokratische, mechanisch-pedantische, das (einzelne) Wort zum Fetisch erhebende Genauigkeit] beschrieb.[118] Er wies auf den Schaden solcher dem Original in Stil und Form genau folgenden Übersetzungen hin:

> Solche formale Genauigkeit, bürokratische Genauigkeit, ist in der Wirklichkeit die verantwortungsloseste gewissenlose Ungenauigkeit. Diese mechanisch-pedantische ›Genauigkeit‹ verdreht die Aussage des Texts, im besten Fall macht sie ihn […] nicht lesbar, unverständlich, oftmals aber entstellt sie ihn zum Gegensatz davon, was das Original beabsichtigte.[119]

Die Wucht dieser Kritik war teilweise dem Gegenstand von Viners Untersuchung – Übersetzungen ideologischer Werke – geschuldet, denn diese wurden mit besonderer Aufmerksamkeit und Sorgfalt überprüft. Doch die Argumente und Begriffe waren im jiddisch-sowjetischen Diskurs bereits früher gängig: Das ›mechanische‹ Übersetzen wurde beispielsweise schon 1927 in verschiedenen Artikeln in DI YIDISHE SHPRAKH angeprangert.[120] Nokhem Shtif zielte mit dieser Bezeichnung vor allem auf unbedachte Lehnübersetzungen aus dem Russischen, wie beispielsweise פאנאנדערגעגאַנגענע פרייזן [*fanandergegangene prayzn*, »auseinandergehende« Preise], wenn ניט־גלייכע פרייזן [*nit-glaykhe prayzn*, ungleiche Preise] gemeint waren.[121] Buchstabengetreue

[117] Slutski 1932, Sp. 102.

[118] Viner 1932, in diesem Band, 260.

[119] Ibid.

[120] Im Programm der Zeitschrift DI YIDISHE SHPRAKH (1927, Sp. 3) oder in Nokhem Shtifs Artikel über den Stil jiddischer Zeitschriften (1927, Sp. 64).

[121] Ibid. Entsprechend der russischen Redewendung расходиться [wörtlich und übertragen: auseinandergehen].

Übersetzungen bargen zudem eine Gefahr für die allgemeine Entwicklung der jiddisch-sowjetischen Sprache:

> [...] man bemüht sich noch nicht einmal, an der Übersetzung ernsthaft zu arbeiten, und man findet sich damit ab, den russischen Satzbau, die russische Wortbildung automatisch zu kopieren. Daraus folgt das Handwerkeln (häufig das Schusseln) in Übersetzungen. Die Folge davon ist, dass die Sprache immer weiter verdorben, verunstaltet wird.[122]

Ber Slutski sprach speziell über den Einfluss der russischen Sprache, da diese als die Hauptsprache, aus der auch im Alltag am meisten übersetzt wurde, die größte Gefahr darstellte. Jiddisch – das in den 1930er Jahren immer noch als eine verhältnismäßig junge, noch nicht fest geformte literarische Sprache galt[123] – wurde in der Sowjetunion vor eine große Herausforderung gestellt: Neben den germanischen, hebräisch-aramäischen, romanischen und allgemein slawischen Komponenten, aus denen sich Jiddisch seit Jahrhunderten zusammensetzte, erschien eine neue, stark wirkende Kraft – das Sowjetisch-Russische (das sich in einigen Aspekten von dem vorrevolutionären Russisch wesentlich abhob[124]) –, die das etablierte Gleichgewicht der jiddischen Sprachfusion zu zerstören drohte. Daher musste jedes neue Wort und Idiom, das aus der dominierenden Umgebungssprache ins Jiddische lehnübersetzt oder direkt übernommen wurde, genau betrachtet und überprüft werden. Der Umgang mit Russisch in Übersetzungen erlangte außerdem schnell politische Bedeutung: Die Bemühung, den Stil, den Satzbau und morphologische Eigenschaften der russischen Vorlage auf Kosten des jiddischen Leseflusses möglichst genau zu reproduzieren, konnte als Unterwerfung unter den ›großrussischen nationalen Chauvinismus‹ gedeutet werden. Ähnlich wie

122 Slutski 1927b, in diesem Band, 181.

123 Auch in Warschau schrieb der Kritiker Yehoyshue Rapoport 1928 über den Entwicklungsstand der jiddischen Sprache, der ihm zufolge Schwierigkeiten beim Übersetzen verursachte: »Die jiddische Sprache ist noch nicht ausgeformt, es gibt keine Wörterbücher, alles hängt vom guten Geschmack des Übersetzers ab, von seinen literarischen Fähigkeiten, seiner Gewissenhaftigkeit« (Rapoport 1929, in diesem Band, 69). Ein Übersetzer hatte laut Rapoport nicht genügend Mittel wie Wörterbücher, Grammatiken oder Handbücher zur Verfügung, die ihn in der Auseinandersetzung mit fremder Satzstellung, Lexik und Idiomatik hätten anleiten können. Zutreffend ist auch die umgekehrte Behauptung: Schlechte Übersetzungen wurden unter anderem deswegen kritisiert, weil sie für die Leserschaft unverständliche und der jiddischen Sprache nicht eigene Formen und Ausdrücke verwendeten und daher den Zustand des Nicht-Geformt-Seins verfestigten.

124 Davon zeugt die bereits in den 1920er Jahren entstehende Forschung, etwa Sergej Karcevskijs Buch *Язык, война и революция* [Sprache, Krieg und Revolution, Berlin 1923] (und die darin angeführten Bücher und Aufsätze) oder Afanasij Seliščevs *Язык революционной эпохи* [Die Sprache der revolutionären Epoche, Moskau 1928].

die Sprachplaner zwischen annehmbaren oder sogar erwünschten und inakzeptablen Entlehnungen und Lehnübersetzungen mithilfe von nuancierten Begriffsbezeichnungen zu unterscheiden suchten,[125] bemühten sich die Übersetzungskritiker um eine Klassifizierung von Arten der Genauigkeit. Sie stellten fest, dass eine genaue Übersetzung nicht wörtlich sein könne, und waren davon überzeugt, dass man die »buchstäbliche Genauigkeit« gelegentlich für »eine höhere [Stufe von] Genauigkeit opfern« müsse, wie beispielsweise Dovid Hofshteyn es in seinen Puškin-Übersetzungen getan habe.[126] In heutiger Terminologie ausgedrückt: Der Dichter Dovid Hofshteyn unterließ die Äquivalenz der Sprachzeichen zugunsten der Äquivalenz des Kommunikationsziels oder gab die formale Äquivalenz auf, um die textintendierte Äquivalenz zu erreichen. Diese Differenzierung, die jiddische Übersetzungskritiker dem Diskurs in den dominierenden Sprachen entnahmen, war der Vorbote einer wichtigen konzeptuellen Entwicklung in der modernen Übersetzungswissenschaft, nämlich der Differenzierung und Präzisierung des Äquivalenzbegriffs.[127]

Die Teilnehmer des jiddisch-sowjetischen Übersetzungsdiskurses hatten hohe theoretische Ansprüche. Mit den Reflexionen über Übersetzung aus verschiedenen Epochen und Ländern vertraut, machten sie sich einzelne Thesen aus diesen Reflexionen mithilfe von rhetorischen und bildlichen Mitteln zu eigen. Ein Echo der berühmten Maxime von Hieronymus, »Non verbum e verbo, sed sensum exprimere de sensu«, die zu einem Grundprinzip der sowjetischen Übersetzungen wurde, lässt sich etwa in einer kritischen Anmerkung von Ber Slutski vernehmen:

> Der Übersetzer ist ein kanaanitischer Sklave des russischen Texts, des russischen Worts. Er beherrscht nicht das Abc der Übersetzungsarbeit: dass man nur den Gedanken des Anderen, nicht dessen Worte, in der fremden Sprache wiedergeben kann.[128]

Das erste Bild, עבֿד־כּנעני [*eved-knayni*, kanaanitischer Sklave], das der

[125] Mehr zum Thema Lehnübersetzungen im Kontext der jiddisch-sowjetischen Sprache und der sowjetischen Nationalitätenpolitik siehe in Vakhrushova 2024.

[126] Velednitski 1937, 188. Vgl. Sonye Rokhkind, die Fininbergs Puškin-Übersetzungen lobte: »Genosse Fininberg hat ihn [den Vers] treffend übersetzt, wenngleich nicht ganz genau« (Rokhkind 1939, in diesem Band, 149).

[127] Zum Begriff Äquivalenz in der Übersetzungswissenschaft siehe Koller 2004; zur Differenzierung des Begriffs siehe ibid., 351f.

[128] Slutski 1927a, in diesem Band, 171f.

Veranschaulichung des Problems dient, geht auf Gen. 9: 25 zurück und ist im Jiddischen als Idiom mit der Bedeutung ›gemeiner Sklave‹ etabliert. Im zweiten Satz formulierte Slutski den Gedanken in abstrakter Sprache um, verwendete dabei Bilder und Begriffe, die im auf praktische Arbeit ausgerichteten sowjetischen Diskurs verständlich waren, wie das Idiom »das Abc«, das im Kontext der Bekämpfung des Analphabetismus in der Sowjetunion der 1920er Jahre eine besondere Resonanz erhalten hatte. Diesen Argumentationsstrang beendete der Kritiker mit einem weiteren Bild, das in einem ironischen, wenn auch wohl unbewussten Gegensatz zu Walter Benjamins berühmter Idee im etwa zeitgleich veröffentlichten Aufsatz »Die Aufgabe des Übersetzers« steht: Während Benjamin postulierte, dass die wahre Übersetzung das Original durchscheinen lasse,[129] kritisierte Slutski den rezensierten Übersetzer, der so buchstabengetreu übersetzt habe, »als hätte er gewollt, dass man durch den jiddischen Text den russischen sehen könne«.[130]

Am Beispiel der Diskussion um die Wörtlichkeit von Übersetzungen lässt sich die größte Leistung des jiddisch-sowjetischen Übersetzungsdiskurses erkennen: seine analytische Tiefe. Die meisten Aufsätze sind als kritische Rezensionen konzipiert und enthalten umfangreiche Sammlungen von Beispielen. Die Autoren beschrieben die Phänomene der Übersetzung mit der ihnen zugänglichen, noch wenig differenzierten Begrifflichkeit, wie im oben zitierten Beispiel, in dem man argumentierte, dass größere Genauigkeit manchmal geradezu durch abweichende Übersetzung erzielt werden könnte.[131] Dabei bemühten sich die Rezensenten um eine stichhaltige Begründung ihrer Kritik und schickten konkreten Textbeispielen allgemein-theoretische Überlegungen voraus. Khayim Loytsker, der in seinem Aufsatz über jiddische Puškin-Übertragungen den »buchstäblichen« Übersetzungen ein Unterkapitel widmete, beschränkte sich nicht auf die Feststellung der Unzulänglichkeit formell getreuer Übersetzungen, sondern lieferte dazu auch eine ausführliche Erläuterung:

> [...] קעדיי איבערגעבֿנ אינ איינ שפּראַכ [...] גענוי, אַדעקוואַט וועלכנ ס׳ניט איז טעקסט פֿונ אַנ אַנדער שפּראַכ [...] איז ניט נייטיק איבערצוזעצנ יעדער וואָרט באַזונדער. דער איבער־זעצער דאַרפֿ, אינ דער ערשטער ריי, אינ זינענ האָבֿנ די פֿאַרהעלטעניש פֿונעמ וואָרט מיט זייַנ גאַנצער לעקסישער אַרומרינגלונג. ער דאַרפֿ ניט אַרויסלאָזנ פֿונ אויג די ספּעציפֿישע באַטייַטנ

129 Benjamin 1972, 18.

130 Slutski 1927a, in diesem Band, 172.

131 Siehe Slutski 1936b, in diesem Band, 274.

און פאָרמעס פון דער איבערזעצונג־שפּראַך; ער דאַרף אין זינען האָבן [...], אַז ניט שטענדיק ווערט דאָס געגעבענע וואָרט גענוצט אין ביידע שפּראַכן אי אין אייגנטלעכן, אי אין איבער־געטראָגענעם באַטייַט. מע דאַרף ניט פֿאַרגעסן, אַז ווען דאָס וואָרט פֿאַלט אַמאָל אַרייַן אין אַזאַ לעקסיש־סעמאַנטישער פֿאַרבינדונג, ווו דער זעלבשטענדיקער אייגנטלעכער באַטייט פֿונעם וואָרט ווערט ניוועלירט, – באַקומט עס, ווי אַ טייל פֿונעם גאַנצן אויסדרוק, גאָר אַן אַנדער באַטייַט (אידיאָם).[132]

[…] um in einer Sprache […] irgendeinen Text aus einer anderen Sprache genau, adäquat wiederzugeben[…], braucht man nicht jedes Wort einzeln zu übersetzen. Der Übersetzer muss in erster Linie das Verhältnis zwischen dem Wort und seiner ganzen lexikalischen Umgebung im Sinn haben. Er darf die spezifischen Bedeutungen und Formen der Übersetzungssprache nicht aus den Augen verlieren; er soll im Sinn haben […], dass das gegebene Wort nicht immer in beiden Sprachen in der eigentlichen Bedeutung wie im übertragenen Sinn gebraucht wird. Man darf nicht vergessen, dass ein Wort gelegentlich als Teil einer lexikalisch-semantischen Verbindung seine eigentliche, selbständige Bedeutung verliert und als Teil des ganzen Ausdrucks (Idioms) eine vollkommen andere Bedeutung erhält.

Loytsker benennt hier die Phänomene, die Übersetzer vor große Herausforderungen stellen: Wortfelder und semantische Netze, die in verschiedenen Sprachen nicht deckungsgleich sind, metaphorischer Gebrauch von Wörtern oder idiomatische Ausdrücke, deren Bedeutung sich nicht von den Bedeutungen einzelner Wörter ableiten lässt. Diese Schwierigkeiten und Lösungsansätze sind auch heute fester Bestandteil der Ausbildung von Übersetzern. Über die Analyse der Textbeispiele hinaus leistete Loytsker einen theoretischen Beitrag für die Entwicklung der jiddischsprachigen Übersetzungswissenschaft und hob damit die jiddisch-sowjetische Kritik auf ein im jiddischen Sprachraum beispiellos hohes Niveau.

Exotismus

Neben den Problemen der freien und der wörtlichen Übersetzung wurde in Rezensionen vor einer dritten Schwierigkeit und potentiellen Gefahr gewarnt: vor Exotismus oder übermäßiger Stilisierung. Dieses Verfahren gehört in die Kategorie ›buchstabengetreue Übersetzung‹, allerdings handelt es sich hier nicht um einzelne Wörter und morphologisch-syntaktische Strukturen, sondern um der Ausgangskultur eigentümliche Bilder, die das Zeit- und

132 Loytsker 1939a, 37f.

Ortskolorit sowie darstellungsrelevante Realien vermitteln. Im jiddischsprachigen Diskurs widmete man der Wiedergabe religiöser russisch-orthodoxer Begriffe besonders viel Aufmerksamkeit, weil Übersetzungen aus dem Russischen quantitativ dominierten.

Aleksander Finkel ging auf dieses Problem 1929 in seinem einzigen jiddischen theoretischen Artikel zum Thema Übersetzung nur kurz ein:

> […] da können die für das Original ganz gewöhnlichen und normalen Erscheinungen in der Umgebung der Übersetzung[ssprache] seltsam und exotisch daherkommen: zum Beispiel Esenins zuweilen christlich-kirchliche Phraseologie in der jiddischen Sprache. Der Übersetzer hat dann zwei Wege: entweder diese Erscheinungen zu ändern, sie an die in seiner Sprache üblichen Ausdrucksmittel anzupassen, oder sie beizubehalten, wie künstlich und seltsam es auch aussehen mag. Für die Beibehaltung der stilistischen Besonderheiten des Originals ist der zweite Weg selbstverständlich wünschenswerter. Man kann ihn aber nicht bedingungslos empfehlen. Es gibt Fälle, wo der erste – vereinfachte – Weg nützlich ist, weil Poesie keine Ethnographie ist […].[133]

Die möglichen Lösungsansätze dieses Übersetzungsproblems entsprechen der allgemeinen Dichotomie von verfremdender bzw. einbürgernder Übersetzung. Dabei muss sich eine adäquate Übersetzung einerseits von der allzu glättenden Wiedergabe und andererseits von der übertriebenen ›ethnographischen‹ Genauigkeit abgrenzen. In seiner formalistischen Art verwies Finkel auf verschiedene Techniken und die Bedingungen ihrer Anwendung und überließ die jeweilige konkrete Entscheidung dem Übersetzer, wenn auch seine Präferenz für eine genauere Wiedergabe des Originalkolorits deutlich wird. Diese formuliert er in einer anderen Rezension noch viel offener: נאָך ערגער איז, ווען אנשטאָט געוויסע קולטורעל־עטנאָגראַפישע טערמינען גיט מען איבער נאָר זייער מער אָדער ווייניקער נאָענטן באטייט[134] [Noch schlimmer ist es, wenn man anstelle spezifischer kulturell-ethnographischer Begriffe nur ihre Bedeutung mehr oder weniger genau wiedergibt]. Das Beispiel, mit dem Finkel diesen Punkt veranschaulichte, betrifft den ukrainischen Begriff ›Schutzgebet‹, das im Jiddischen mit געשעפּטשעט און געשפּראכנ [geflüstert und beschworen] übersetzt wurde. Die denotative Äquivalenz werde hier eingehalten, aber »das spezifische Kolorit ukrainischer Bräuche«[135] sei nicht wiedergegeben, bemängelte Finkel.

133 Finkel 1929, in diesem Band, 223.

134 Finkel 1930, 152.

135 Ibid.

Khayim Loytsker widmete 1939 einen umfassenden Artikel den »Fragen der Stilisierung (in jiddischen Übersetzungen von Puškins Werk)«.[136] Zu Beginn dieses Aufsatzes thematisierte er erneut das Problem der ›ungenauen Genauigkeit‹:

> מע קען אמאָל אין אן איבערזעצונג איבערגעבן גאנץ גענוי דעם אינהאלט פונעם אָריגינאל, זייַן גאנצן לעקסיש־סעמאנטישן טאָכ, אפילע די סטרוקטור פונעם אָריגינאל־פערז, – און די גאנצע רייד־מאניר זאָל דאָך בלייַבן ווייַט פונעם אָריגינאל. באזונדערס אָפט טרעפט עס, ווען דאָס געגעבענע ווערק פארמאָגט אַ ספעציִעלן אראָמאט, א ספּעציִעלן ,געווירץ׳, וואָס דער שרייַבער האָט אינעם ווערק ,ארייַנגעטאָן׳ צוליב באשטימטע קינסטלערישע טייַמים: ווען דאָס ווערק איז סטיליזירט.[137]

> In der Übersetzung kann man manchmal ganz genau den Inhalt des Originals wiedergeben, den ganzen lexikalisch-semantischen Kern, sogar die Struktur des originalen Verses – und doch bleibt die ganze Sprechmanier vom Original weit entfernt. Besonders oft geschieht das, wenn das gegebene Werk ein spezifisches Aroma hat, ein spezifisches ›Gewürz‹, das der Schriftsteller aus gewissen künstlerischen Gründen dem Werk ›beigegeben‹ hat: wenn das Werk *stilisiert* ist.

Solche Stilisierungen finden sich häufig in Puškins Werken, die alle Sprachregister, von der Umgangssprache über volkstümliche Archaismen bis hin zu kirchenslawischen Elementen, umfassen.[138] Loytsker untersuchte in seinem Aufsatz jiddische Übersetzungen, die anlässlich des Puškin-Jubiläums 1937 zahlreich entstanden waren, darunter *Boris Godunov* (Jiddisch – Lipe Reznik), einige Märchen (Jiddisch – Ezre Fininberg) und *Die Meerjungfrau* (Jiddisch – Dovid Hofshteyn). Seine Kritik stützte Loytsker auf die zeitgenössische philologische Sachliteratur zu Puškins Stil[139] sowie auf die Reflexionen der Übersetzer selbst.[140] Er bemühte sich um eine klare und nachvollziehbare Gliederung: Jedem Übersetzer wurde ein Unterkapitel gewidmet, in welchem verschiedene Techniken und Mittel der Stilisierung im Original betrachtet wurden, etwa archaische Lexik, idiomatische Ausdrücke und Sprichwörter oder umgangssprachlicher Duktus. Ferner untersuchte Loytsker morphologi-

136 Loytsker 1939b.

137 Ibid., 77.

138 Diese Stileigenschaft von Puškins Werken wurde in den 1930er Jahren Gegenstand philologischer Untersuchung, etwa Vinogradov 1935; Vinokur 1959 [1936].

139 Siehe die Anmerkungen in Loytsker 1939b, 83, 84.

140 Loytsker nahm Lipe Rezniks Artikel über seine Arbeit an der Übersetzung von *Boris Godunov* (Loytsker 1939b, 79, Anm. 1; siehe Rezniks Aufsatz in diesem Band, 129–134) zur Kenntnis. Zu Rezniks Reflexion siehe auch Vakhrushova 2022, 281–287.

sche Besonderheiten wie die Verwendung von Diminutiva oder rhythmische Charakteristiken der übersetzten Werke. Seine Bewertungen bekamen durch diese genaue Sprach- und Stilanalyse solide, stichhaltige Begründungen, wie in diesem Lob, das er Dovid Hofshteyn zollte:

> דאָ איבעראשט קוידעמקאָל די מאקסימאלע לעקסישע און סינטאקסישע נאָענטקייַט צום אָריגינאל. ס'איז דאָך דאָ אפילו פארהיט דער א.ג. אנזשאמבאמאן פונעם אָריגינאל. די גענויקייַט און נאטירלעכקייַט פון דעם דאָזיקן איבערגעזעצטן פראגמענט הויזט דאָ אינגאנצן מיט דער סטיליזאציע. דאָ האָבן מיר דעם רייד־קאָלאָריט פונעם פאָלקס־מענטש, דעם מילנער: א ריי לעקסיש־סעמאנטישע קאטעגאָריעס – מאסנטימלעכע ווערטער און אידיאָמען (‚אָנצו־הערעניש', ‚אריַינווארפן א וואָרט', ‚זיך הענגען אפן האלדז', ‚בלייַבן בא גאָרנישט' א.ד.גל.) און אייניקע עמאָציאָנעלע סינטאקסיש־סטיליסטישע מאנירן (אויסרוף, ריטאָרישע פראגע, בא א גאנץ רויִקן מאָנאָלאָג).[141]

Da überrascht vor allem die maximale lexikalische und syntaktische Nähe zum Original. Sogar das sogenannte Enjambement des Originals wurde hier bewahrt. Die Genauigkeit und Natürlichkeit dieses übersetzten Fragments geht mit der Stilisierung einher. Wir haben hier das Sprechkolorit eines Menschen aus dem Volk, des Müllers: eine Reihe lexikalisch-semantischer Kategorien – massensprachliche[142] Wörter und Idiome (*ontsuherenish, araynvarfn a vort, zikh hengen afn haldz, blaybn ba gornisht* usw.) und einige emotionale syntaktisch-stilistische Kunstgriffe (Ausrufe, rhetorische Frage in einem ganz ruhigen Monolog).

Diese Passage veranschaulicht Loytskers Vorgehensweise im ganzen Artikel: Er nimmt sich konkrete Phänomene vor (etwa lexikalische und syntaktische Archaismen), analysiert die gesamte Bandbreite von Lösungsansätzen in verschiedenen Übersetzungen (die Verwendung veralteter Lexik und spezifischer syntaktischer Strukturen, um den kirchenslawischen Duktus wiederzugeben[143]) und bewertet diese Lösungen hinsichtlich ihrer Adäquanz zu inhaltlichen und stilistischen Aspekten des Originals.

Am deutlichsten lassen sich die Schwierigkeiten der Stilisierung bei der Übersetzung religionsspezifischer Begriffe veranschaulichen. Konkrete Bezeichnungen von Gegenständen oder Ritualen, die zum Leben des orthodoxen Klerus gehören und daher keine Äquivalente in der jiddischen Sprache

141 Loytsker 1939b, 94.

142 Begriff aus dem jiddisch-sowjetischen linguistischen Diskurs, eine ideologisch bedingte Abwandlung des in den 1920er Jahren breit verwendeten Begriffs *folkstimlekhe shprakh* [volkstümliche Sprache] (Peltz und Kiel 1985, 286f).

143 Loytsker 1939b, 80f.

haben können, wurden nicht selten in Transkription übernommen.[144] Loytsker interessierte sich besonders für Kriterien, wann solche Begriffe unbedingt übersetzt werden müssen und wann sie ausgelassen werden können. In den meisten Fällen bestand er auf der Notwendigkeit einer Übersetzung; eine Abweichung tolerierte er nur dann, wenn ein seiner Herkunft nach religiöser Ausdruck in der Sprache idiomatisch gebraucht wird, etwa die russische Wendung бог с тобою [wörtlich: Gott sei mit dir, gebraucht als Verabschiedungsformel], die Fininberg passend als גיי געזונטערהייט [wörtlich: gehe fort und bleib gesund] wiedergab.[145]

Bei aller schonungslosen Kritik[146] drückten die Rezensenten immer wieder ihre Bewunderung für die großen Errungenschaften jiddisch-sowjetischer Übersetzungen aus. Sie erkannten und würdigten nicht nur die literarische Leistung der Übersetzer, sondern auch ihren Beitrag für die Entfaltung der jiddisch-sowjetischen Sprache. Die Übersetzer, deren Arbeit er zunächst einer so präzisen und teilweise scharfen Kritik unterzog, lobte Loytsker anschließend in den höchsten Tönen:

> זיי האָבן צוליב דעמ ארויסגעהייבן [!] אלע פּאָטענצן פון דער ייִדישער שפּראַך. זיי האָבן אין א געוויסער מאָס אויך באַפרוכפּערט די ייִדישע שפּראַך מיט נײַע אויסדריק־מיטלען, וואָס וועלן, אזוי ארום, באַקומען בירגער־רעכט אין דער ליטעראַטור. פעלערן און בלאָנדזשעניש זײַנען דאָ אומפאַרמײַדלעך – צו שווער איז די אויפגאַבע! – אָבער אויך דאָס איז פּראָדוקטיוו, אויב עס העלפט מיט אויסצוקלאָרן דאָס ריכטיקע, דאָס פּאַסיקע אינעם ארסענאַל שפּראַך־ און סטיל־מיטלען, וואָס מיט זייער הילף וועלן אַרײַנגעבראַכט אין דער ייִדישער ליטעראַטור די גרויסע אַלמענטשלעכע קולטור־ווערטן.[147]

Sie haben dafür alle Potenzen der jiddischen Sprache eingesetzt. Sie haben in einem gewissen Maß die jiddische Sprache auch mit neuen Ausdrucksmitteln befruchtet, welche auf diese Weise Bürgerrechte in der Literatur erlangen werden. Fehler und Irrwege sind dabei unvermeidlich – zu schwer ist die Aufgabe! –, aber auch das ist produktiv, wenn es hilft, das Richtige, das Passende aus dem Arsenal von Sprach- und Stilmitteln ans Licht zu bringen, das [wiederum] helfen wird, die großen universellen Kulturwerte in die jiddische Literatur zu übertragen.

[144] Ibid., 81.

[145] Ibid., 90.

[146] Beispielsweise hielt Loytsker die Übersetzungen von Ezre Fininberg trotz einzelner guter Lösungen für misslungen (ibid., 93). Die Rezensenten konzentrierten sich in der Regel bewusst auf Mängel. Nicht selten erklärten sie, dass sie nicht näher auf die Vorzüge einer Übersetzung eingehen, sondern auf die Fehler hinweisen wollen, damit diese verbessert werden können, siehe beispielsweise Slutski 1927c, in diesem Band 195; Finkel 1929, in diesem Band, 211; Rokhkind 1939, in diesem Band, 138; Loytsker 1939a, 70.

[147] Loytsker 1939b, 96.

In der Übersetzungsarbeit entsteht eine reziproke Verbindung zwischen Literatur und Sprache: Mit neuen Sprachmitteln wächst das literarische Potential; durch dieses Wachstum wird wiederum die Sprache zu einem vollwertigen Kommunikationsmittel. Übersetzung fördert zugleich die Zielsprache und die Zielliteratur, und Loytsker zollt denjenigen Übersetzern tiefsten Respekt, die das Wachstum der eigenen (literarischen) Sprache möglich machen.

Jiddisch-sowjetische Forscher leisteten eine hervorragende Arbeit, indem sie verschiedene Übersetzungstechniken sorgfältig verzeichneten, genau analysierten und bewerteten. Das vielleicht wichtigste Ergebnis dieser Arbeit war die Erkenntnis, dass eine Übersetzungsstrategie von zahlreichen sprachlichen und stilistischen Faktoren abhängt; ihre Anwendung sei daher auf einzelne Übersetzungssituationen mit bestimmten Voraussetzungen beschränkt und könne nicht bedingungslos auf andere Fälle ausgeweitet werden. Die Rezensenten hüteten sich deswegen vor pauschalen Empfehlungen einer bestimmten Übersetzungsmethode, denn der beste Lösungsansatz ist fehl am Platz, wenn die Bedingungen seiner Anwendung nicht gegeben sind. In seiner ukrainischen Monographie konstatierte Finkel: кожне з теоретичних міркувань має своїм наслідком декілька практичних висновків технічного, тобто стилістичного характеру[148] [jede theoretische Betrachtung zieht einige praktische Folgerungen technischer, d. h. stilistischer Art nach sich]. Wie auch in den größeren russisch- und ukrainischsprachigen Übersetzungsdiskursen erscheint im jiddisch-sowjetischen Theorieentwurf die angestrebte adäquate Übersetzung als das Ergebnis einer genauen Untersuchung aller Texteigenschaften und einer übersetzungsrelevanten Analyse dieser Eigenschaften. Der Entwurf postuliert nicht eine für alle Fälle gültige Übersetzungsmethode – diese müsse vielmehr je nach Sprache, Autor, Genre, Zielpublikum und Zweck der Übersetzung variieren. Eine solche Übersetzung ist ein Manövrieren zwischen verschiedenen Möglichkeiten, von denen nach sorgfältigem Abwägen die für den konkreten Fall passendste gewählt wird.[149]

148 Finkel ²2007 [1929], 76.

149 Vgl. Andrej Fëdorovs Fazit im Kapitel über den Umgang mit dem Fremden in Übersetzungen: Действительно художественный перевод в целом представляет всегда подвижное равновесие этих трех [установка на родной язык, установка на иноязычность, сглаживающий перевод] тенденций и никогда не дает последовательного, до крайности доведенного осуществления одной из них. [...] Роль каждой из этих установок – *относительна*: она может быть законной и незаконной, уместной и неуместной – *в связи с теми условиями, в которых ее применяют.* И задачей переводчика является определить характер этих условий и соответственно с ними воспользоваться той или иной из представляющихся ему возможностей [Eine wirklich künstlerische Übersetzung ist im Allgemeinen immer ein dynamisches Gleichgewicht dieser drei [Orien-

Der jiddisch-sowjetische Übersetzungsdiskurs: ein Blick von außen und von innen

Außerhalb der Sowjetunion wurde die jiddisch-sowjetische Übersetzungstätigkeit nur selten zur Kenntnis genommen. Die offenkundige große Bedeutung, die der Übersetzung in der Konstituierung der jiddisch-sowjetischen Kultur zukam, wurde überwiegend mit Tadel registriert. Shmuel Niger behauptete auch noch nach dem Zweiten Weltkrieg, dass die jiddischen Literaten in der Sowjetunion sich die meiste Zeit damit beschäftigt hätten, [...] איבערצוזעצן, איבערצוחזרן, אָדער איבערצוקײַען אויף ייִדיש דאָס אַלגעמיין־סאָוועטישע וואָרט [...][150] [[…] das allgemein-sowjetische Wort auf Jiddisch zu übersetzen, zu wiederholen oder wiederzukäuen […]]. Niger erkannte zwar richtig, dass das Übersetzen von Wörtern und Satzstrukturen, Begriffen und Sinnbildern, Denkmodellen und Diskursen eine konstituierende Kraft in der sich formierenden jiddisch-sowjetischen Kultur war. Er weigerte sich jedoch, in ihr eine Bereicherung zu sehen, und stellte darin lediglich das Aufgeben der jüdisch-nationalen Partikularität fest. Weder die theoretischen Erkenntnisse noch die praktischen Leistungen jiddisch-sowjetischer Übersetzer und Übersetzungsforscher wurden außerhalb der Sowjetunion gewürdigt.[151]

Nur selten überschnitten sich die jiddischen Übersetzungsdiskurse innerhalb und außerhalb der Sowjetunion. Zu einer solchen Überschneidung kam es jedoch etwa 1937, als das Puškin-Jubiläum weltweit neue Übersetzungsprojekte sowie Reflexionen über die Arten und Weisen der Übersetzung inspirierte.[152] Daraus entwickelte sich zwischen den sowjetischen und nicht-sowjetischen Kulturaktivisten eine Konkurrenzdynamik, da jede Seite

tierung an der Ziel- oder an der Fremdsprache oder neutralisierende Übersetzung] Tendenzen und erlaubt niemals eine konsequente, bis ins Äußerste getriebene Verwirklichung nur einer davon. […] Die Rolle von jeder dieser Orientierungen ist *relativ*: Sie kann gültig und ungültig, angemessen und unangemessen sein – *je nach den Bedingungen, in denen sie angewendet wird*. Es ist die Aufgabe des Übersetzers, den Charakter dieser Bedingungen zu bestimmen und die eine oder andere ihm zur Verfügung stehende Möglichkeit dementsprechend anzuwenden] (Fëdorov 1930, 129).

150 Zitiert in Pomerants 1962, 278. Das »allgemein-sowjetische Wort« ist hier die sowjetische, hauptsächlich in der russischen Sprache geschriebene Literatur. Zur Kritik nicht-sowjetischer Jiddischisten am ›Übersetzungscharakter‹ der jiddisch-sowjetischen Kultur siehe Vakhrushova 2024, 70f.

151 Der in Polen tätige Dovid Roykhel verwendete in seiner Forschung den Begriff *adäquate Übersetzung* (in diesem Band, 97, 100, 103, 104), es ist jedoch unwahrscheinlich, dass er ihn durch seine jiddischsprachigen Kollegen rezipiert hat.

152 Siehe das Unterkapitel zu Puškin-Übersetzungen in diesem Band – darin sind Aufsätze aus den sowjetischen Städten Kyjiw und Minsk, aber auch aus New York, Warschau und Wilna vertreten.

ihre Überlegenheit und ihre Leistungen gegenüber dem Gegner hervorheben wollte. 1936 beispielsweise publizierte Ber Slutski einen Artikel in der Warschauer Wochenschrift ליטעראַרישע בלעטער [LITERARISHE BLETER, Literarische Blätter], in dem er das Verdienst von jiddischen Puškin-Übersetzungen beinah ausschließlich sowjetischen Literaten zuschrieb. Vor 1917 seien ihm zufolge nur vereinzelt Werke von Puškin übersetzt worden, meistens recht frei, sodass diese Übersetzungen auch keinen wesentlichen Einfluss auf die Entwicklung der jiddischen Dichtung gehabt hätten. Die ersten Übersetzungen, die Puškins Stil auf Jiddisch adäquat reproduziert hätten, seien in der Sowjetunion erschienen. Solche Vergleiche zwischen sowjetischen und nicht- oder vorsowjetischen Übersetzungen von Belletristik oder ideologischen Werken waren im jiddisch-sowjetischen Diskurs nicht selten und fielen meistens zugunsten der sowjetischen Übertragungen aus. Bemerkenswert ist Slutskis Versuch, sowjetische Übersetzungen in der Warschauer Wochenschrift LITERARISHE BLETER als den nicht-sowjetischen Übertragungen überlegen zu präsentieren.[153] Auf den ersten Blick war der Versuch gelungen: Den jiddischen Artikel ließ Slutski auch auf Russisch drucken,[154] und die russische Publikation wurde zwei Wochen später in einer New Yorker Emigrantenzeitung wiedergegeben.[155] Im russischsprachigen Diskurs war damit die Überlegenheit der jiddisch-sowjetischen Übersetzungen etabliert. Nicht berücksichtigt blieb dort der Widerspruch, der in LITERARISHE BLETER auf Jiddisch folgte: Ein anonymer Autor listete fünf weitere Puškin-Übersetzungen auf, die in Polen nach 1917 erschienen waren und von Slutski nicht erwähnt wurden.[156] Diese stille Korrektur – der Autor brachte die Liste kommentarlos – stellte Slutski als einen unzuverlässigen Berichterstatter dar und weckte Zweifel an der Vorrangstellung der jiddisch-sowjetischen Übersetzungsschule.

In der Sowjetunion hingegen war die große Leistung jiddischer Übersetzer keinem Zweifel ausgesetzt. Anfang Januar 1936 fand in Moskau die erste Konferenz sowjetischer Übersetzer statt, auf der die jiddische Literatur- und Übersetzungsbranche von dem Dichter Perets Markish repräsentiert wurde. In seiner Rede am 5. Januar sprach er von Übersetzungen sowohl aus dem Jiddischen als auch ins Jiddische und zog eine traurige Bilanz. Die jiddische

153 Slutski 1936a.

154 Slutski 1936c.

155 *Novoe russkoe slovo* 1937.

156 M. Ts. 1936.

Literatur sei noch immer die »stummste« und die unbekannteste; zu wenig sei aus dem Jiddischen in die Sprachen anderer sowjetischer Völker übersetzt, und wenn, dann nur mangelhaft. Mit großer Begeisterung sprach Markish hingegen von der Arbeit jiddischer Übersetzer, die den »Schlüssel« zu der »schwierigsten schöpferischen Aufgabe« gefunden hätten, nämlich »die Nationalliteraturen von den Sprachfesseln zu lösen«.[157] Markish ehrte den Dichter Ezre Fininberg, der zwölf Jahre an seiner *Faust*-Übersetzung gearbeitet hatte, Shmuel Halkin, der Shakespeare ins Jiddische übertrug, und weitere, nicht genannte Dichter, die Homer und die größten Meisterwerke der Weltliteratur sowie knapp 80 Prozent der zeitgenössischen russisch-sowjetischen Prosa der jiddischen Leserschaft zugänglich gemacht hatten.

Zwischen den Tönen der Enttäuschung über die russischen Übersetzer und der Bewunderung für die jiddischen ist Trauer und Sorge hörbar. Markish appelliert eindringlich, mehr und besser aus der jiddischen Literatur zu übersetzen, damit [...] אנדערע זאָלנ זיכ דערוויסנ, אז מיר דענקענ, אז מיר שילדערנ, אז מיר קענענ קנעטנ געשטאלטנ אונ, צולעצט, אז מיר זיינענ קינסטלער[158] [[...] andere erfahren, dass wir denken, dass wir schildern, dass wir Gestalten kneten können und schließlich – dass wir Künstler sind]. Der Wunsch, die eigene Stimme hörbar zu machen, begleitete die jiddisch-sowjetische Kultur seit ihren Anfängen. Ihre Aktivisten gerieten in die schwierige Lage, sich einerseits vor ausländischen Freunden und Kollegen für die unausweichliche Kooperation mit dem Sowjetstaat rechtfertigen, andererseits in der Sowjetunion der undurchsichtigen Minderheitenpolitik fügen zu müssen, die anfangs auf Förderung, doch bald immer mehr auf Unterdrückung ausgerichtet war. Das große Versprechen der Revolution – autonome nationale Entfaltung und internationale Zugehörigkeit –, das zur Gründung der KULTUR-LIGE in der unabhängigen Ukraine führte, wurde nicht eingelöst. Dennoch gewährte der sowjetische Vielvölkerstaat der jiddischen Sprache und Kultur erstmals eine offizielle Förderung, wenngleich diese ideologiebedingt und von kurzer Dauer war.

Dank dieser Förderung und der sowjetischen Planwirtschaft verwandelte sich auch das jiddische Übersetzungswesen in der Sowjetunion von einem Privatgeschäft in eine beachtliche Industrie. Ein Vorläufer dieser Entwick-

157 דאָ האָט מענ פיל גערעדט וועגנ דעמ, וואָס מע דארפ טאָנ, קעדיי אראָפּצונעמענ די שפּראכ־פּענטעס פונ די נאציאָנאלע ליטעראטורנ [...] אלע, וואָס זיינענ דאָ ארויסגעטראטנ, האָבנ געזוכט א שליסל צו לייזנ די דאָזיקע קאָמפּליצירטעסטע שעפערישע אופגאבע. מיר דוכט, אז די יידישע פּאָעטנ האָבנ דעמ דאָזיקנ געגארטנ שליסל אינ א געוויסער מאָס געפונענ (Markish 1936).

158 Ibid.

lung war Moyshe Litvakov, der sich in seinem Aufsatz von 1919 für die strenge Organisation des jiddischen Übersetzungswesens einsetzte, damit Übersetzungen einen »historischen Wert für die [jiddische] national-kulturelle Entwicklung«[159] gewinnen konnten. Wenige Jahre später waren bereits zahlreiche Übersetzer, Lektoren, Redakteure, Korrektoren, Setzer, Verleger, Kritiker und zweifellos auch Zensoren im jiddisch-sowjetischen Übersetzungsprojekt tätig. Der Übersetzungsprozess begann mit der Planung der Verlagsarbeit: Spezielle Kommissionen stellten Listen der zu übersetzenden Werke zusammen, Übersetzer übernahmen Aufträge, Lektoren und verantwortliche Redakteure kontrollierten die Qualität der Übersetzungen, und Korrektoren verbesserten selbst noch in den fertigen Fahnen manchmal mehr als nur Druckfehler.[160] Verlage vertrieben die Bücher nach einem zuvor gefassten Plan an Schulen, Bibliotheken und anderen öffentlichen Einrichtungen, wo diese der Leserschaft zugänglich wurden; Rezensenten kommentierten kritisch den Inhalt, die Sprache (inklusive Übersetzungsfehler) und die Illustrationen, gelegentlich sogar die Papierqualität. Die ideologisierte Kritik richtete sich oft gegen vermeintlichen politischen Dissens; sie enthielt jedoch darüber hinaus viele wertvolle Korrekturen und Vorschläge und beruhte auf solidem Wissen über das Handwerk des Übersetzens und über die jiddische Sprache.

Die große Maschinerie des sowjetischen Übersetzungswesens ermöglichte eine verhältnismäßig hohe Qualität der Übersetzungen, allerdings auf Kosten der freien Wahl der Werke wie der Arbeitsmethoden. Die zu übersetzenden Werke und die Übersetzungsverfahren mussten reglementiert, ihr Nutzen und potentieller Schaden für das kulturelle Wachstum genau bedacht werden. Doch die Fragen selbst – was und wie soll übersetzt werden? – resonierten mit jenen Fragen, die sich jiddische Literaten seit jeher stellten. Mit den Praktiken der Kulturübersetzung aus dem Alltag vertraut, hofften sie, durch die anspruchsvolle Arbeit des Übersetzens eine gleichberechtigte Zugehörigkeit zur Weltkultur zu erreichen. Ihre Sprache war das beste Zeugnis dafür, wie das Eigene im Kontakt mit dem Fremden wächst. In der Sowjetunion erhielt dieses Wachstum durch die aufgezwungene Verbindung mit der sozialistischen Ideologie eine neue Ausrichtung; vor allem der Einfluss des Russischen wurde für die jiddisch-sowjetische Varietät prägend. Über die Sprache hinaus wurden auch verschiedene Fachdiskurse, darunter der Übersetzungs-

159 Litvakov 1919, in diesem Band, 169.

160 Siehe den Artikel von I. Burganski in diesem Band.

diskurs, von den Diskussionen in der Mehrheitsgesellschaft beeinflusst. So umstritten diese sprachlichen, konzeptuellen und ideologischen Einflüsse auch waren, erlaubten sie eine kreative Aneignung. Kulturaktivisten, die über manche der neuen Tendenzen heftig stritten, übernahmen davon bereitwillig das, was ihrer eigenen Vision dienen konnte. Und so fanden jiddisch-sowjetische Akteure in der entstehenden sowjetischen Übersetzungswissenschaft das konzeptuelle Werkzeug, um über die ihnen gut bekannten Phänomene differenzierter sprechen zu können. Dank diesem angeeigneten Wissen erlangte ihre praktische Arbeit wie ihre theoretische Reflexion des Übersetzens ein im jiddischen Sprachraum unvergleichliches Niveau.

Zitierte Literatur

Abtshuk, A[vrom], 1927 אבטשוק, אַ[בֿרהם]: דער סעמינאַר פאַר יידיש אין קיעוו. אין: **די יידישע שפּראַך** (קיִעוו) 1, מאַרט–אַפּריל 1927: שפּ׳ 46–47.

Albrecht, Jörn, und Iris Plack, 2018: *Europäische Übersetzungsgeschichte*. Tübingen: Narr Francke Attempto Verlag.

Alpatov, V[ladimir] M., ²2004: Алпатов, В[ладимир] М.: *История одного мифа: Марр и марризм*. Москва: УРСС.

Ayvazyan, Nune, und Anthony Pym, 2016: West Enters East: A Strange Case of Unequal Equivalences in Soviet Translation Theory. In: Larisa Schippel und Cornelia Zwischenberger, Hg., *Going East: Discovering New and Alternative Traditions in Translation Studies*. Berlin: Frank & Timme, 309–338.

Azov, Andrej, 2013: Азов, Андрей: *Поверженные буквалисты. Из истории художественного перевода в СССР в 1920–1960-е годы*. Москва: Издательский дом Высшей школы экономики.

Bagmut, I[van] A., 1954: Багмут, И[ван] А.: Роль переводов произведений классиков марксизма-ленинизма в обогащении украинского литературного языка // *Известия Академии Наук СССР. Отделение литературы и языка* XIII (4): 330–338.

Bagno, Vsevolod und Nikolaj Kazanskij, 2011: Die zeitgenössische russische Übersetzung, ihre Rolle in Russlands internationaler Verortung und bei der russischen Aneignung der Weltkultur. In: Harald Kittel, Armin Paul Frank, Norbert Greiner, Theo Hermans, Werner Koller, José Lambert und Fritz Paul, Hg., *Übersetzung/Translation/Traduction. Ein internationales Handbuch zur Übersetzungsforschung*. 3 Bde. Bd. 3. Berlin, Boston: Walter de Gruyter, Sp. 2082–2090.

Baskina, M. Ė., 2021: Баскина, М. Э.: Филологический точный перевод 1920–

1930-х годов: люди и институции // Баскина, М. Э., сост., *Художественно-филологический перевод 1920–1930-х годов*. Санкт-Петербург: Нестор-История, 5–80.

Batjuškov, F[ëdor], [2]1920: Батюшков, Ф[ёдор]: Задачи художественных переводов // *Принципы художественного перевода*. Петербург: Государственное издательство, 7–15.

Benjamin, Walter, 1972: Die Aufgabe des Übersetzers. In: *Gesammelte Werke*, hg. von Tillman Rexroth, Bd. IV.1. Frankfurt a. M.: Suhrkamp: 9–21.

Berman, Antoine, 1984: *L'épreuve de l'étranger. Culture et traduction dans l'Allemagne romantique*. Paris: Gallimard.

Čečnëv, Ja. D., 2022: Чечнёв, Я. Д.: По ту сторону «Принципов художественного перевода» : альтернативы постулатам Гумилева-Чуковского-Батюшкова внутри издательства «Всемирная литература» // *Ученые записки Новгородского государственного университета* 6 (45): 731–736.

Černovatij, L. M., und V. I. Karaban, Hg., 2007: Черноватий, Л. М. та В. І. Карабан, ред.: *Олександр Фінкель. Забутий теоретик українського перекладознавства*. Вінниця: Нова книга.

di kultur-lige, 2023 [1919] די קולטור־ליגע. אין: אפֿרת גל־עד, דאַריע וואַכרושאָוואַ, שמעון נויבערג, רעד׳, **אין שכנות מיט דער גאָרער וועלט. אַנטאָלאָגיע פֿון ייִדישע עסייען**. Berlin, Boston: De Gruyter | düsseldorf university press, 289–292.

di yidishe shprakh, 1927 „די יידישע שפראך“. אין: **די יידישע שפראך** (קיִעוו) 1, מאַרט–אפריל 1927: שפּ׳ 1–6.

Dobroljubov, Nikolaj, 1962 [1858]: Добролюбов, Николай: Шиллер в переводе русских писателей, изданный под редакциею Н. В. Гербеля. Том IV, СПб., 1858 // *Собрание сочинений: в 9 т*. Т. 3. Под ред. Б. И. Бурсова. Москва, Ленинград: Государственное издательство художественной литературы, 192–193.

Falkovitsh, Elye, 2024 [1940] פֿאַלקאָוויטש, עליע: **ייִדיש. פֿאָנעטיק, גראַפֿיק, לעקסיק און גראַמאַטיק. נײַע עדיציע**. אַרויסגעגעבן פֿון אפֿרת גל־עד, דאַריע וואַכרושאָוואַ, שמעון נויבערג און וואַלענטינאַ פֿעדטשענקאָ. Berlin, Boston: De Gruyter | düsseldorf university press.

Feldman, Sara Miriam, 2014: *Fine Lines: Hebrew and Yiddish Translations of Alexander Pushkin's Verse Novel* Eugene Onegin, *1899–1937*. University of Michigan.

Fëdorov, Andrej, 1930: Фёдоров, Андрей: Приемы и задачи художественного перевода // К. Чуковский и А. Фёдоров, *Искусство перевода*. Ленинград: Academia, 87–228.

Finkel, Oleksander, [2]2007 [1929]: Фінкель, Олександер: Теорія й практика перекладу. Харків: Державне видавництво України // Черноватий, Л. М. та В. І. Карабан, ред.: *Олександр Фінкель. Забутий теоретик українського перекладознавства*. Вінниця: Нова книга, 49–182.

Ders., 1929 פֿינקעל, אַלעקסאַנדער: ווי אַזוי מע דאַרף איבערזעצן לידער. אין: **די רויטע וועלט** (כאַרקאָוו) 2–3, פֿעברואַר–מאַרץ 1929, ז״ז 175–182. אין דעם דאָזיקן באַנד, ז״ז 211–228.

Ders., 1930 אַלפֿין [פֿינקעל, אַלעקסאַנדער]: אָ. סלוסאַרענקאָ, „דער שוואַרצער מאַלעכ“. פֿון אוקראַיִניש – ד. פעלדמאַנ. אין: **די רויטע וועלט** (כאַרקאָוו) 6, ז״ז 150–154.

Gagkaev, K. E., 1956: Гагкаев, К. Е.: *Синтаксис осетинского языка.* Орджоникидзе: Северо-Осетинское книжное издательство.

Gelbman, Aleksander, 1930 געלבמאַן, אַלעקסאַנדער: איבערזעצונגען. אין: **די יידישע שפראך** (קיִעוו) 2–3 (21–22), מאַרט–יוני 1930, שפּ׳ 51–66. אין דעם דאָזיקן באַנד, ז״ז 229–248.

Gruschka, Roland, 2001: On Marrism and Soviet Yiddish Linguistics. In: *Slavic Almanach* 7 (10): 165–190.

Gumilëv, Nikolaj, 1919: Гумилев, Николай: Переводы стихотворные // *Принципы художественного перевода.* Петербург: Издательство «Всемирная литература» при Народном Комиссариате по Просвещению, 25–30.

Heller, Lavinia, 2013: *Translationswissenschaftliche Begriffsbildung und das Problem der performativen Unauffälligkeit von Translation.* Berlin: Frank & Timme.

Hroch, Miroslav, 2015: *Das Europa der Nationen. Die Moderne Nationsbildung im europäischen Vergleich.* Göttingen: Vandenhoeck & Ruprecht.

Kalnychenko, Oleksander, 2021: Кальниченко, А[лександр] А.: Дискуссия о (г)омологическом (стилизационном) и аналогическом переводе в Украине в конце 1920-х годов (В. Н. Державин и А. М. Финкель) // Баскина, М. Э., сост., *Художественно-филологический перевод 1920–1930-х годов.* Санкт-Петербург: Нестор-История, 449–511.

Ders., 2023: Discovering Erased Discussion on Translation Method in Ukraine in 1927–1931. In: Martin Djovčoš, Ivana Hostová, Mária Kusá und Emília Perez, Hg., *Translation Studies in Ukraine as an Integral Part of the European Context.* Bratislava: VEDA, 36–62.

Kazovsky, Hillel, 2010: Kultur-lige. In: *YIVO Encyclopedia of Jews in Eastern Europe*, <https://yivoencyclopedia.org/article.aspx/Kultur-lige>, 30. August 2024.

Kh. Shtumer, 1907 ח. שטומער: װעגען דער יודישער גראַמאַטיק (אַ בריעף אין רעדאַקציע). אין: **דער פֿריינד** (פּעטערבורג) 195, דער 3טער (16טער) סעפּטעמבער 1907, ז׳ 2.

khronik, 1930 כראָניק. אין: **שטערן** (מינסק) 7–8, יולי–אויגוסט 1930, ז״ז 126–128.

Koller, Werner, 2004: Der Begriff der Äquivalenz in der Übersetzungswissenschaft. In: Harald Kittel, Armin Paul Frank, Norbert Greiner, Theo Hermans, Werner Koller, José Lambert und Fritz Paul, Hg., *Übersetzung. Ein internationales Handbuch zur Übersetzungsforschung.* 1. Teilband. Berlin, New York: Walter de Gruyter, 343–354.

Krutikov, Mikhail, 2011: *From Kabbalah to Class Struggle: Expressionism, Marxism, and Yiddish Literature in the Life and Work of Meir Wiener.* Stanford, Calif.: Stanford University Press.

Krynicka, Natalia, 2024 קריניצקאַ, נאַטאַליע: „ווי מען זעצט בײַ אונדז איבער“: דיסקוסיע וועגן איבערזעצונגען אין דער ייִדיש־פּרעסע אין פּוילן אין די 1920ער יאָרן (אַן איבערבליק). אין: Efrat Gal-Ed und Daria Vakhrushova, Hg., *Kleine Sprache – Weltliteratur.*

Jiddisch und Übersetzung. Berlin, Boston: De Gruyter | düsseldorf university press, 39–66.

Kukuškina, T. A., 2014: Кукушкина, Т. А.: К истории секции ленинградских переводчиков (1924–1932) // Маликова, Мария, ред., *Конец институции культуры двадцатых годов в Ленинграде: по архивным материалам*. Москва: Новое литературное обозрение, 332–417.

Künstlerische Übersetzung, 1934: Мастерство художественного перевода // *Литературная газета* (Москва) 169 (485), 18 декабря 1934: 4.

literarishe sektsye, 1920 ליטעראַרישע סעקציע. אין: **קולטור־ליגע. ביולעטען נומ. 2.** קיִעוו, יוני–יולי 1920, שפּ׳ 58–59.

Litvakov, Moyshe, 1919 ליטוואַקאָוו, משה: די סיסטעם פֿון איבערזעצונגען. אין: **ביכער־וועלט** (קיִעוו) 1, יאַנואַר 1919, שפּ׳ 9–12; 4–5, אויגוסט 1919, שפּ׳ 37–44. אין דעם דאָזיקן באַנד, ז״ז 161–169.

Loytsker, Kh[ayim], 1939a לויצקער, כ. [חיים]: פּראַגעס פון דיכטערישער איבערזעצונג (פּושקין אין יִדיש). אין: **אפן שפּראַכפראָנט** (קיִעוו) 3, ז״ז 21–70.

Ders., 1939b לויצקער, כ. [חיים]: פראגן פון סטיליזאציע (אין די יִדישע איבערזעצונגען פון פּושקינס ווערק). אין: **שטערן** (מינסק) 6: 77–96.

Markish, Perets, 1936 מאַרקיש, פערעצ: פאר שעפערישער באהעפטונג פון דער פילנאציאָ־נאלער פּאָעטישער קולטור! (רעדע, געהאלטנ אפ דער בעראטונג פון איבערזעצער דעמ 5 יאנוואר 1936). אין: **דער עמעס** (מאָסקווע), דער 28סטער יאַנואַר 1936, ז׳ 3.

mir un di melukhe, 1920 מיר און די מלוכה. אין: **קולטור־ליגע. ביולעטען נומ. 2.** קיִעוו, יוני–יולי 1920, שפּ׳ 1–6.

M. Ts., 1936 מ. צ.: פּושקין אין יידיש. אין: **ליטעראַרישע בלעטער** (וואַרשע) 37 (644), דער 11טער סעפּטעמבער 1936, ז׳ 588.

Murav, Harriet L., Gennady Estraikh und Myroslav Shkandrij, 2023: *Building Modern Jewish Culture. The Yiddish Kultur-Lige*. Cambridge: Legenda.

Novoe russkoe slovo, 1937: Произведения Пушкина на еврейском языке // *Новое русское слово* (Нью-Йорк) 8749, 16 января 1937: 4.

Peltz, Rakhmiel und Mark W. Kiel, 1985: Di yidish-imperye: The Dashed Hopes for a Yiddish Cultural Empire in the Soviet Union. In: Isabelle T. Kreindler, Hg., *Sociolinguistic Perspectives on Soviet National Languages: Their Past, Present and Future*. Berlin, Boston: Walter de Gruyter, 277–309.

Pomerants, Aleksander, 1962 פּאָמעראַנץ, אַלעקסאַנדער: **די סאָוועטישע הרוגי־מלכות (צו זייער 10טן יאָרצייט)**. בוענאָס־איירעס: יידישער וויסנשאַפטלעכער אינסטיטוט – ייוואָ.

Pravda, 1937: Великий праздник советской культуры // *Правда* (Москва) 354 (7320), 26 декабря 1937: 1.

Prunč, Erich, [3]2012: *Entwicklungslinien der Translationswissenschaft. Von den Asymmetrien der Sprachen zu den Asymmetrien der Macht*. Berlin: Frank & Timme.

Pym, Anthony, und Nune Ayvazyan, 2014: The Case of the Missing Russian Translation Theories. In: *Translation Studies* 8 (3): 321–341.

Rapoport, Yehoyshue, 1928 ראַפּאָפּאָרט, יהושע: פֿאַרלאַגן, איבערזעצער, איבערזעצונגען. אין: **ביכֿער־וועלט** (וואַרשע) 2, מײַ 1928, ז״ז 32–36. אין דעם דאָזיקן באַנד, ז״ז 65–70.

Rezolutsyes, 1930 רעזאָליוציעס אָנגענומענ אפ דער ערשטער אלפארבֿ. ייִדישער שפּראכ־קאָנפערענצ אין קיִעוו. אין: **די יידישע שפראכ** (קיִעוו) 6 (25), נאָוועמבער–דעצעמבער 1930, שפּ' 15–24.

Rokhkind, Sonye [Shprintse], 1939 ראָכקינד, סאָניע [שפּרינצע]: צו דער פּראָבלעם פֿון איבערזעצן פּושקינען אין ייִדיש. אין: **דער שטערנ** (מינסק) 3, 1939, ז"ז 93–112. אין דעם דאָזיקן באַנד, ז"ז 135–155.

Sandler, Stephanie, 2004: *Commemorating Pushkin: Russia's Myth of a National Poet*. Stanford, Calif.: Stanford University Press.

Schippel, Larisa, und Cornelia Zwischenberger, 2017: *Going East: Discovering New and Alternative Traditions in Translation Studies*. Berlin: Frank & Timme.

Schreiber, Micael, Dilek Dizdar und Andreas Gipper, Hg., 2015: *Nationenbildung und Übersetzung*. Berlin: Frank & Timme.

Schulz, Maxim, 2015: Die Wiege der sowjetischen Übersetzungskultur: Der Verlag Vsemirnaja literatura (1918–1924). In: Tatiana Bedson und Maxim Schulz, *Sowjetische Übersetzungskultur in den 1920er und 1930er Jahren. Die Verlage Vsemirnaja literatura und Academia*. Berlin: Frank & Timme, 11–79.

Shin, Y. [Shkarovski, Shaye], 1929 שין, י. [שקאַראָווסקי, שײַע]: 2־טער אַלאוקראַינישער צוזאַמענפֿאָר פון פּראָלעטאַרישע שרײַבער. אין: **פּראַליט** (כאַרקאָוו) 6, יוני 1929: 87–91.

Shklyar, H[irsh], 1934 שקליאר, ה[ירש]: וועגנ די ייִדישע איבערזעצונגענ פונ די קלאסיקער פונ מארקסיזמ־לעניניזמ (די איבערזעצונגענ פונ „קאָמוניסטישנ מאניפעסט" אינ ייִדיש). אין: **אפנ וויסנשאפטלעכנ פראָנט** (מינסק) 5–6, ז"ז 139–149.

Shtif, Nokhem, 1927 N. S. [נחום שטיף]: אונזער סקארבאָווער נוסעך. אין: **די יידישע שפראך** (קיִעוו) 3–4: שפּ' 63–68.

Ders., 1931 שטיף, נחום: איבערזעצונגען. אין דעם דאָזיקן באַנד, ז' 255. YIVO Institute for Jewish Research, RG 57, folder 17, 106476.

Siever, Holger, 2010: *Übersetzen und Interpretation*. Frankfurt a. M.: Peter Lang.

Slutski, Ber, 1927a סלוצקי, בֿ[ער]: אַ מוסטער, ווי אַזוי מ'טאָר ניט שרײַבן קיין ייִדיש. אין: **די יידישע שפראך** (קיִעוו) 1, 1927, שפּ' 31–38. אין דעם דאָזיקן באַנד, ז"דז 171–180.

Ders., 1927b סלוצקי, בֿ[ער]: מוסטערן פֿון געראָטענע איבערזעצונגען. אין: **די יידישע שפראך** (קיִעוו) 3–4, 1927, שפּ' 47–62. אין דעם דאָזיקן באַנד, ז"ז 181–193.

Ders., 1927c סלוצקי, בֿ[ער]: מאַרק טוועין – טאָם סאָיער. אין: **די יידישע שפראך** (קיִעוו) 5–6, סעפטעמבער–אָקטאָבער 1927, שפּ' 65–68. אין דעם דאָזיקן באַנד, ז"ז 195–199.

Ders., 1927d סלוצקי, בֿ[ער]: אַ נומער „שטערן". אין: **די יידישע שפראך** (קיִעוו) 5–6, סעפטעמבער–אָקטאָבער 1927: שפּ' 39–48.

Ders., 1927e סלוצקי, בֿ[ער]: וועגן מענדעלע דעם איבערזעצער. אין: **די יידישע שפראך** (קיִעוו) 7, נאָוועמבער–דעצעמבער 1927, שפּ' 45–54. אין דעם דאָזיקן באַנד, ז"ז 201–209.

Ders., 1930 סלוצקי, בֿ[ער]: ב. פּילניאַק – דערציילונגען [„איבערן טיפּטאָל" א. אנד.]. ייִדיש – דער ניסטער. אין: **די יידישע שפראכ** (קיִעוו) 2–3 (21–22): שפּ' 75–78.

Ders., 1932 סלוצקי, בֿ[ער]: וועגנ אי. קיפּניסעס איבערזעצונגענ. אין: **אפנ שפראכפראָנט** (קיִעוו) 5–6: שפּ' 95–102.

Ders., 1936a סלוצקי, בֿ[ער]: פּושקין אין יידיש. אין: **ליטעראַרישע בלעטער** (וואַרשע) 35, דער 28סטער אויגוסט 1936, ז' 557.

Ders., 1936b סלוצקי, ב[ער]: גאָרקי אין ייִדיש. אין: **פֿארמעסט** (קיִעוו, כאַרקאָוו) 9, סעפּטעמבער 1936, ז"ז 109–128. אין דעם דאָזיקן באַנד, ז"ז 269–290.

Ders., 1936c: Б[ер] Слуцкий: Пушкин и еврейская поэзия // *Литературный Ленинград* 59, 23 декабря 1936: 3.

Smirnov, A[leksandr], und M[ichail] Alekseev, 1934: Смирнов, А[лександр] и М[ихаил] Алексеев: Перевод // *Литературная энциклопедия*: в 11 т. Т. 8. Москва: ОГИЗ РСФСР, стб. 512–532.

Störig, Hans Joachim, Hg., 1963: *Das Problem des Übersetzens*. Darmstadt: Wissenschaftliche Buchgesellschaft.

Šmiher, Taras, 2009: Шмігер, Тарас: *Історія українського перекладознавства XX сторіччя*. Київ: Смолоскип.

Timm, Erika, 2005: *Historische jiddische Semantik*. Tübingen: Niemeyer.

Toury, Gideon, 1995: *Descriptive Translation Studies – and Beyond*. Amsterdam u. a.: Benjamins.

Vakhrushova, Daria, 2022: *Rote Juden. Der jiddisch-sowjetische Kulturentwurf 1917–1934*. Dissertation. Heinrich-Heine-Universität Düsseldorf.

Dies., 2024: Von der Übersetzung zum Original. Sowjetisches Jiddisch als Akt der Selbstermächtigung. In: Efrat Gal-Ed und Daria Vakhrushova, Hg., *Kleine Sprache – Weltliteratur. Jiddisch und Übersetzung*. Berlin, Boston: De Gruyter | düsseldorf university press, 69–106.

Velednitski, A[vrom], 1937 װעלעדניצקי, א[בֿרהם]: פּושקינ אינ ייִדיש. אין: **פֿארמעסט** (קיִעוו) 1, ז"ז 170–194.

Venuti, Lawrence, 1995: *Translator's Invisibility*. London: Routledge.

Vilenkin, L[eyzer], 1929 װילענקין, ל[ייזער]: **דער ייִדישער אקאדעמישער װערטערבוך און דער ייִדישער שפּראכאטלעס (פּראָיעקט)**. מינסק: װײַסרוסישע װיסנשאפט־אקאדעמיִע.

Viner, Meyer, 1920: Wiener, Meïr: Zur Einführung. In: *Die Lyrik der Kabbalah*. Wien, Leipzig: R. Löwit Verlag, 11–54.

Ders., 1932 װינער, מאיר: װעגן איבעזעצן די װערק פֿון די מאַרקסיסטישע קלאַסיקער. אין: **אפּנ שפּראכפראָנט** (קיִעוו) 5–6 (32–33), סעפּטעמבער–דעצעמבער 1932, שפּ' 89–94. אין דעם דאָזיקן באַנד, ז"ז 257–262.

Vinogradov, Viktor, 1935: Виноградов, Виктор: *Язык Пушкина: Пушкин и история русского литературного языка*. Москва, Ленинград: Academia.

Vinokur, Grigorij, 1959 [1936]: Винокур, Григорий: Язык «Бориса Годунова» // *Избранные работы по русскому языку*. Москва: Учпедгиз, 301–327.

Vos iz di kultur-lige, 2023 [1920] װאָס איז די קולטור־ליגע? אין: אפֿרת גל־עד, דאַריע װאַכרושאָװאַ, שמעון נויבערג, רעד', **אין שכנות מיט דער גאָרער װעלט. אַנטאָלאָגיע פֿון ייִדישע עסייען**. Berlin, Boston: De Gruyter | düsseldorf university press, 293–298.

Anhang

Jiddisch-sowjetische Schriftsteller und die von ihnen übersetzten Autoren[1]

Zelik Akselrod Andrėj Aleksandrovič, Pjatrus' Broŭka, Janka Kupala, Nikolaj Nekrasov, Aleksandr Puškin

Dovid Bergelson Boris Pil'njak

Der Nister (Pinkhes Kahanovitsh) Hans Christian Andersen, Aleksandr Arosev, Nikolaj Grigor'ev, Victor Hugo, Jack London, Boris Pil'njak, Aleksandr Razumovskij, Aleksej Tolstoj, Lev Tolstoj, Ivan Turgenev, Konstantin Vysokovskij und Aleksej Uglov, Émile Zola

Yekhezkl Dobrushin Anatole France, Hugo von Hofmannsthal, Victor Hugo, Christian Morgenstern, Émile Verhaeren

Itsik Fefer Andrėj Aleksandrovič, Mykola Bažan, Mečislav Hasko, Vasyl' Čumak, Vasyl' Ellan-Blakytnyj, Ivan Kulik, Ivan Krylov, Ivan Mykytenko, Leonid Pervomajs'kyj, Valer'jan Poliščuk, Maksym Ryl's'kyj, Jakiw Savčenko, Taras Ševčenko, Anton Šmygel's'kyj, Volodymyr Sosjura, Sulejman Stal'skij, Mykola Tereščenko, Pavlo Tyčyna, Pavlo Usenko, Natalja Zabila

Ezre Fininberg Aleksandr Avdeenko, Henri Barbusse, Johannes R. Becher, Il'ja Ėrenburg, Aleksandr Fadeev, Johann Wolfgang von Goethe, Maksim Gor'kij, Victor Hugo, Mychajlo Kocjubins'kyj, Leonid Leonov, Michail Lermontov, Vladimir Majakovskij, Aleksandr Neverov, Michail Novorusskij, Konstantin Paustovskij, Aleksandr Puškin, Larisa Rejsner, Schota Rustaweli, Schambyl Schabajuly, Upton Sinclair, Taras Ševčenko, Mykola Trublaïni, Pavlo Tyčyna, Mark Twain

Shmuel Godiner Aleksandr Fadeev, Fëdor Gladkov, Maksim Gor'kij, Jurij Oleša, Michail Rozanov [Pseudonym – Nikolaj Ognev], Lidija Sejfullina, Vladimir Stavskij

Shmuel Halkin Aleksandr Bezymenskij, Evgenij Byvalov, Kornej Čukovskij, Dmitrij Furmanov, Maksim Gor'kij, Aleksandr Jakovlev, Vladimir Kiršon, Ol'ga Perovskaja, Aleksandr Puškin, Stepan Ščipačjov, William Shakespeare

Dovid Hofshteyn Rafael Alberti, Petro Al'tman, Leonid Andreev, Ivan Andrienko, Henri Barbusse, Pierre Augustin Caron de Beaumarchais, George Gordon Byron, Grazia Deledda, Sofie Dubnow-Ehrlich, Sergej Esenin, Ivan Franko, Dmitrij Furmanov, Johann Wolfgang von Goethe, Andrij Holov-

[1] Die Liste basiert vornehmlich auf den Informationen aus dem לעקסיקאָן פון דער נייער יידישער ליטעראַטור [*Leksikon fun der nayer yidisher literatur* (in 8 Bänden, New York 1956–1981)], dem Katalog der Russischen Nationalbibliothek (Sankt Petersburg), dem Katalog der Israelischen Nationalbibliothek (Jerusalem), dem Katalog des Center for Jewish History (New York) sowie dem Index to Yiddish Periodicals und erhebt keinen Anspruch auf Vollständigkeit.

ko, Oles' Hončar, Henrik Ibsen, Oleksandr Kornijčuk, Volodymyr Kuz'mič, Arkadij Ljubčenko, Vladimir Majakovskij, Andrij Malyško, Jean Molière, Christian Morgenstern, Ivan Nechoda, Leonid Pervomajs'kyj, Aleksandr Puškin, Schota Rustaweli, Maksym Ryl's'kij, Schambyl Schabajuly, Ludwig Scharf, Friedrich Schiller, Anna Seghers, Taras Ševčenko, William Shakespeare, Upton Sinclair, Mykola Tereščenko, N. Tokunaga, Hovhannes Tumanyan, Naum Tychyj, Pavlo Tyčyna, Lesja Ukrainka, Pavlo Usenko, Ethel Lilian Voynich, Volodymyr Vynnyčenko

Izi Kharik Andrėj Aleksandrovič, Michas' Čarot, Jakub Kolas, Z. Rimashevski[2]

Moyshe Khashtshevatski Ėduard Bagrickij, Aleksandr Bezymenskij, Valerij Brjusov, Robert Burns, George Gordon Byron, Heinrich Heine, Ivan Kulik, Michail Lermontov, Vladimir Lugovskoj, Vladimir Majakovskij, Nikolaj Nekrasov, Aleksandr Prokof'ev, Aleksandr Puškin, Schota Rustaweli, Schambyl Schabajuly, Taras Ševčenko, Alia Shashashvili,[3] Nikolaj Tichonov

Itsik Kipnis russische Märchen, Hans Christian Andersen, Vitalij Bianki, Arturo Carotti, Anton Čechov, Miguel de Cervantes, Michail Chazan, Kornej Čukovskij, Daniel Defoe, Charles Dickens, Valentina Dmitrieva, Semjon Gecht, Kuz'ma Gorbunov, Dmitrij Grigorovič, M. Il'in [Il'ja Maršak], Evgenij Jachontov, Jakiv Kal'nic'kij, Feliks Kon, Oleksandr Kopylenko, Aleksandr Kuprin, Aleksej Lebedev, Jack London, Fridtjof Nansen, Nikolaj Olejnikov, V. Petrov, Michail Pokrovskij, François Rabelais, A. Samochvalov, Aleksandr Serafimovič, Ernest Thompson Seton, N. Sher, Émile Souvestre, Mark Twain, Ljudmila Veprickaja, Jules Verne, Volodymyr Vynnyčenko, Ostap Vyšnja, Émile Zola, Konstantin Zolotovskij

Moyshe Kulbak Andrėj Aleksandrovič, Nikolaj Gogol', Jakub Kolas, Nikolaj Ostrovskij

Arn Kushnirov *Das Igorlied*, Aleksandr Bezymenskij, Maksim Gor'kij, Aleksandr Jakovlev, Ben Jonson, Valentin Kataev, Michail Lermontov, Jurij Libedinskij, Nikolaj Nekrasov, Boris Pil'njak, Ernest Thompson Seton, Konstantin Simonov, Lev Slavin, Lope de Vega

Leyb Kvitko Samuil Maršak, Grigorij Petnikov, Valer'jan Poliščuk, Pavlo Tyčyna, Natalja Zabila

Note Lurye Maksim Gor'kij, Vladimir Korolenko, Jean-Baptiste Molière

Noyekh Lurye Hans Christian Andersen, Ivan Bunin, Maksim Gor'kij, Wilhelm Hauff, Jean Molière, Aleksandr Pečerskij

Perets Markish Raffaello Giovagnoli, Maksim Gor'kij, Schambyl Schabajuly

Shmuel Persov Boris Gromov

2 Der Name ist hier in Transkription aus dem Jiddischen gegeben, eine mögliche polnische Schreibweise ist Rymaszewski. Eine Identifizierung dieses Autors ist leider nicht möglich gewesen.

3 Der Name ist hier in Transkription aus dem Jiddischen gegeben, eine Identifizierung dieser Autorin ist leider nicht möglich gewesen.

Lipe Reznik Charles Dickens, Schlomo Ibn Gabirol, Maksim Gor'kij, Jehuda ha-Levi, Avraham Ibn-Ezra, Mosche Ibn-Ezra, Immanuel ha-Romi, E. T. A. Hoffmann, *Kalevala*, Vladimir Korolenko, Jack London, Multatuli [Eduard Douwes Dekker], Aleksej Novikov-Priboj, Aleksandr Puškin, Mariėtta Šaginjan, Taras Ševčenko, Nikolaj Tichonov, Lev Trockij, Pavlo Tyčyna, Giovanni Verga, H. G. Wells
Motl Talalayevski Andrij Malyško, Maksym Ryl's'kyj, Pavlo Tyčyna
Moyshe Teyf Issak Babel', Charles De Coster, Aleksandr Puškin, Schota Rustaweli, Friedrich Schiller, Walter Scott
Avrom Velednitski Sergej Abramovič-Blėk, Michail Saltykov-Ščedrin
Avrom Vevyorke Johannes R. Becher, Upton Sinclair

Biographische Notizen

Für zusätzliche Informationen siehe Sherman, Joseph, 2007: *Writers in Yiddish*.Detroit: Thomson Gale; *The YIVO Encyclopedia of Jews in Eastern Europe*. <https//yivoencyclopedia.org/; auf Jiddisch: *Leksikon fun der nayer yidisher literatur*. 1956–1981. 8 Bände. New York: Alveltlekher yidisher kultur-kongres. Personennamen werden aus dem Jiddischen gemäß den YIVO-Regeln transliteriert; wenn vorhanden, werden weitere Schreibweisen in Klammern angeführt.

Ortsnamen werden in der historischen Schreibweise gegeben, ggf. mit Hinweis auf den heutigen Namen. Für im Deutschen eingebürgerte Ortsnamen (etwa Moskau) werden diese verwendet; weitere Ortsnamen werden in der Originalsprache (in lateinischer Schrift) angeführt bzw. aus den kyrillischen Schreibungen nach der wissenschaftlichen Umschrift für moderne slawische Sprachen transliteriert.

I. Burganski (?–?), Mitarbeiter des *Melukhe farlag far di natsyonale minderhaytn in USRR* [Staatsverlag für die nationalen Minderheiten in der Ukrainischen Sozialistischen Sowjetrepublik] sowie des *Melukhisher natsmindfarlag bam prezidyum fun vutsik* [Staatlicher Verlag der nationalen Minderheiten beim Präsidium des VUTsIK (Allukrainisches Zentrales Exekutivkomitee)] in Kyjiw bzw. Charkiw. War beispielsweise 1933 an Veröffentlichungen wie *Di komedyes fun der Berliner ufklerung* [Die Komödien der Berliner Aufklärung], Avrom Velednitskis *Literarishe khrestomatye farn 6tn lern-yor* [Literarische Anthologie für das 6. Schuljahr] oder 1935 an Leonid Savel'evs *Di nakht fun dem ratn-tsuzamenfor* [Die Nacht des Sowjetkongresses] beteiligt.

Shmuel-Yitskhok Feygin (Samuel I. Feigin) (1893 Krichev–1950 Chicago), Orientalist, Bibelwissenschaftler; 1912 Auswanderung nach Eretz Israel, Studium am Ezra-Lehrerseminar in Jerusalem. 1920 Emigration in die USA und Studium der Semitistik an der Yale University; 1923–1930 Hebräischdozent am Hebrew Teachers' Seminary Pittsburgh, 1934 Professor für Semitistik am Jewish Theological Seminary in Chicago. Nach Veröffentlichungen in hebräisch- und englischsprachigen Zeitschriften debütierte Feygin 1930 auf Jiddisch mit einer Rezension in *Di tsukunft* [Die Zukunft, New York]; dort, wie auch in *Der moment* [Der Moment, Warschau] sowie in *Shikage* [Chicago] erschienen zahlreiche weitere Artikel, beispielsweise zu Simon Dubnows *Weltgeschichte des jüdischen Volkes*. Für seine 1943 publizierte Studie *Mi-sitrei*

he-ʿavar. Mekhkarim be-mikra uve-historyah ʿatikah [Von den Geheimnissen der Vergangenheit. Studien zur Bibel und antiken Geschichte] erhielt er 1944 den Louis-Lamed-Preis.

Aleksander Finkel (1899 Bachmut – 1968 Charkiw), Übersetzer, Linguist; studierte nach dem Besuch einer Realschule ab 1917 am Charkiwer Agrarinstitut sowie an der historisch-philologischen Fakultät der Universität Charkiw. 1922 trat er mit einer Übersetzung jiddischer Gedichte ins Russische in Erscheinung und publizierte zum Thema Übersetzung auf Russisch; 1929 folgte die erste Monographie zur Übersetzungstheorie in der Sowjetunion (auf Ukrainisch). Ab 1934 Lehrtätigkeit an verschiedenen Universitäten, 1939 Abschluss seiner Dissertation zum Thema Selbstübersetzung. Während des Zweiten Weltkriegs zunächst nach Kasachstan evakuiert, wo er an der Universität lehrte, bevor er 1943 an die Front geschickt wurde. Finkel publizierte auf Russisch, Ukrainisch und Jiddisch, u. a. in *Di royte velt* [Die rote Welt, Charkiw]; daneben verfasste er Lehrbücher. Posthum erschien 1977 seine Übersetzung sämtlicher Sonette von Shakespeare ins Russische.

Aleksander Gelbman (? – ?), aus der Ukraine stammender Pädagoge und Schriftsteller; Verfasser von Lehrbüchern und Grammatiken, wie beispielsweise 1932 *Shprakh, lernbukh farn V yor* [Sprache, Lehrbuch für das 5. Schuljahr] oder *Gramatik* [Grammatik]. Daneben publizierte er in den 1920er und 1930er Jahren Rezensionen zu pädagogischen Veröffentlichungen, Artikel zu Fragen der jiddischen Sprache und Literatur u. a. in *Di yidishe shprakh* [Die jiddische Sprache, Kyjiw], *Der emes* [Die Wahrheit, Moskau] und *Der shtern* [Der Stern, Minsk]. Im Zuge der stalinistischen Säuberungen (1948 – 1953) umgekommen (hat sich vermutlich das Leben genommen).

Falk Halperin (Haylperin) (1876 Njaswisch – 1945 Tel Aviv), Pädagoge, Schriftsteller, Herausgeber, Übersetzer; erhielt eine traditionell jüdische Bildung, wandte sich jedoch zunehmend säkularen Fächern zu; nach dem Lehrerexamen in verschiedenen Städten als Jiddisch- und Hebräischlehrer tätig. Erste Veröffentlichungen in der hebräischen und russischen Presse; 1906 debütierte er auf Jiddisch mit der Erzählung *Tsukunftike mentshn* [Zukünftige Menschen] in *Dos yudishe folk* [Das jüdische Volk, Wilna]; zahlreiche Veröffentlichungen in den verschiedensten jiddischen Periodika; Herausgeber von Kinderliteratur und der ersten jiddischen Kinderzeitschrift *Grininke beymelekh* [Grüne Bäumchen, Wilna], Verfasser jiddischer und hebräischer Schulbücher; in Buchform erschienen u. a. *Ertseylungen* [Erzählungen], *Ba opgruntn* [An Abgründen]; Zusammenarbeit mit *Yung-vilne* [Junges Wilna], zeitweise Präsident des jiddischen PEN-Clubs. Daneben trat Halperin auch

als Übersetzer in Erscheinung; seit 1938 in Eretz Israel, wo er seine pädagogische und schriftstellerische Tätigkeit fortsetzte.

Lazar Kahan (1885 Kuldīga – 1946 Shanghai), Schriftsteller, Journalist, Herausgeber; erhielt eine traditionell jüdische Bildung; politisches Engagement u. a. in der *Folkspartey* [Volkspartei]. Debütierte 1906 mit Artikeln in der Warschauer Tageszeitung *Der veg* [Der Weg], 1908 Teilnahme an der Czernowitzer Sprachkonferenz; schrieb zahlreiche Artikel für die jiddische Presse, darunter für *Der moment* [Der Moment, Warschau], *Haynt* [Heute, Warschau] und *Fraynd* [Freund, Warschau]. (Mit-)Herausgeber u. a. von *Lodzsher nakhrikhten* [Łódźer Nachrichten], *Varshever tageblat* [Warschauer Tageblatt], *Unzer ekspres* [Unser Express, Warschau], *Teater un kunst* [Theater und Kunst, Łódź]; 1918 Gründung eines Verlags, in dem er den Sammelband *Oyfgang* [Aufgang] herausgegeben hat. Während des Zweiten Weltkriegs gelangte er über Litauen, Sowjetrussland und Japan nach Shanghai, wo er die Wochenzeitung *Unzer velt* [Unsere Welt] herausgab.

Alter-Sholem Katsizne (Kacyzne) (1885 Wilna – 1941 Tarnopol), Schriftsteller und Photograph; besuchte neben dem Cheder eine russischsprachige Volksschule; las als Autodidakt Literatur in mehreren Sprachen, bevor er sich in Ekaterinoslav (heute Dnipro, Ukraine) als Photograph ausbilden ließ. Nach zwei russischen Erzählungen veröffentlichte er 1915 anlässlich des Todes von Y. L. Perets Erinnerungen an seinen literarischen Mentor auf Jiddisch. Im Zusammenhang mit einem Auftrag, das polnische Judentum photographisch zu dokumentieren, unternahm Katsizne zahlreiche Reisen. Nach Ausbruch des Zweiten Weltkriegs floh er nach Tarnopol (heute Ternopil, Ukraine), wo er am 7. Juli 1941 ermordet wurde.

Moyshe Litvakov (1879 Tscherkassy – 1937 Minsk), Literaturtheoretiker und -kritiker, Herausgeber; erhielt neben einer traditionell jüdischen auch eine säkulare Bildung; 1902 – 1905 Studium der Philosophie, Geschichte und Literatur in Paris. Nach seiner Rückkehr veröffentlichte er 1906 seinen ersten jiddischen Artikel »*Vegn oytonomizm*« [Über Autonomismus] in *Der nayer veg* [Der neue Weg, Wilna]; er publizierte zahlreiche Beiträge für die verschiedensten jiddischen Periodika, auch in der russisch- und hebräischsprachigen Presse. Mitgründer der Kyjiwer *Kultur-lige* [Kultur-Liga], Herausgeber u. a. von *Baginen* [Tagesanbruch, Kyjiw]. 1920 nach Moskau, seit 1921 Herausgeber von *Der emes* [Die Wahrheit, Moskau], wo er sich in einer Vielzahl von Artikeln den Problemen der jiddisch-sowjetischen Literatur widmete; eine Auswahl erschien in den Sammelbänden *In umru* [In [Zeiten der] Unruhe] und *Af tsvey frontn* [An zwei Fronten]; 1924 veröffentlichte er *Finf*

yor melukhisher yidisher kamer-teater [Fünf Jahre Staatliches Jüdisches Kammertheater]. Nach zahlreichen Konflikten wurde Litvakov als Herausgeber abgesetzt und beschuldigt, eine anti-sowjetische Terrorgruppe anzuführen, und in Minsk hingerichtet.

Mordkhe Litvin (Mordechai Litvine) (1906 Šiauliai – 1993 Paris), Übersetzer, Schriftsteller, Herausgeber; erhielt eine säkulare jüdische Schulbildung, studierte in Kaunas und Berlin. Nach dem Studium für einige Jahre in Deutschland lebend, gelangte er 1939 nach Paris, schloss sich der Résistance an. 1946 begann er, u. a. in *Parizer shriftn* [Pariser Schriften], *Oyfsnay* [Von Neuem] und *Parizer tsaytshrift* [Pariser Zeitschrift], literarische Essays, Übersetzungen sowie eigene Lyrik zu veröffentlichen, später vor allem in *Di goldene keyt* [Die goldene Kette, Tel Aviv]. Für *Parizer tsaytshrift* und *Oyfsnay* fungierte er zeitweise auch als (Mit)Herausgeber. Litvin trat insbesondere als Übersetzer französischer Poesie in Erscheinung, 1968 und 1986 publizierte er zwei Übersetzungsbände *Frantseyzishe poezye. Iberzetsungen un komentarn* [Französische Poesie. Übersetzungen und Kommentare].

Moyshe Maydanski (1900 Polonne – 1973 Kyjiw), Linguist, Pädagoge, Literaturwissenschaftler; erhielt eine traditionell jüdische Bildung, debütierte 1920 mit »*Der novi*« [Der Prophet] in *Tsum yortsayt fun Taras Shevtshenko* [Zum Todestag von Taras Schewtschenko]; Ende der 1920er Jahre Mitarbeiter der Ukrainischen Akademie der Wissenschaften, wo er sich insbesondere linguistisch-literarischen Forschungen sowie der Methodologie des Sprachunterrichts widmete, verbunden mit dem Entwurf von Schulcurricula und der Erstellung von Lehrbüchern; daneben beschäftigte er sich auch mit Übersetzungsproblemen. Zahlreiche Artikel in *Afn shprakhfront* [An der Sprachfont], Mitarbeit an *Etyudn vegn der yidisher literarisher shprakh, ir geshikhte un haynttsaytikn tsushtand* [Studien zur jiddischen literarischen Sprache, ihrer Geschichte und ihrem heutigen Zustand]. Nach dem in der Evakuierung verbrachten Zweiten Weltkrieg an der Sammlung von folkloristischem Material in der Ukraine beteiligt, Veröffentlichungen in *Sovetish heymland* [Sowjetische Heimat].

Nakhmen Mayzil (Nachman Meisel) (1887 bei Kyjiw – 1966 New York), Herausgeber, Literarturkritiker und Kulturaktivist; erhielt eine traditionell jüdische Bildung. 1905 veröffentlichte er seine erste hebräische Erzählung, 1909 den ersten jiddischen Artikel »*Bamerkungen fun a lezer*« [Bemerkungen eines Lesers] in *Der idisher almanakh* [Der jüdische Almanach, Kyjiw]; Leiter des Verlags *Kunst farlag* [Kunstverlag] in Kyjiw, Mitherausgeber der Zeitschrift *Bikher-velt* [Bücherwelt, Kyjiw und später Warschau], Mitgrün-

der und Herausgeber der *Literarishe bleter* [Literarische Blätter] in Warschau; daneben verfasste er u. a. Beiträge für *Haynt* [Heute, Warschau] und *Forverts* [Vorwärts, New York]. 1936 Palästinareise, 1937 Teilnahme am *Alveltlekher yidisher kultur-kongres* [Internationaler jiddischer Kulturkongress] in Paris und Emigration nach New York; engagierte sich dort beim *Yidisher kultur farband* [Jiddischer Kulturverband], gab die Monatsschrift *Yidishe kultur* [Jiddische Kultur] heraus und veröffentlichte zahlreiche weitere Schriften. 1964 immigrierte Mayzil nach Israel.

Mordkhe Naydin (1896 Lubartów – 1941 Brest), Setzer, Übersetzer; 1925 Ausbildung als Setzer, arbeitete als solcher in Puławy, später in Brest. Begann Werke der russischen Literatur ins Jiddische zu übersetzen; 1928 debütierte er in *Naye folkstsaytung* [Neue Volkszeitung, Warschau] mit »*A milkhome vegn der iberzetsung fun ,milkhome un sholem'*« [Ein Krieg wegen der Übersetzung von *Krieg und Frieden*]. Seit 1929 in Warschau, 1931 Rückkehr nach Puławy, veröffentlichte zahlreiche Übersetzungen vom Russischen ins Jiddische, darunter Werke von Gorki und Tschechow; 1941 in Brest erschossen.

Shmuel Niger (Charney) (1883 Dukora – 1955 New York), Literaturkritiker, Herausgeber; erhielt eine traditionell jüdische Bildung, begann sich jedoch zunehmend für säkulares Wissen zu interessieren, schrieb zunächst auf Hebräisch und Russisch; sein erster jiddischer Text erschien 1906 in *Der nayer veg* [Der neue Weg, Wilna]. Aufgrund politischer Aktivitäten mehrfach verhaftet, seit 1908 in Wilna für *Literarishe monatsshriftn* [Literarische Monatsschriften] tätig; nach einem kurzen Aufenthalt in Berlin zum Studium nach Bern, 1913 Rückkehr nach Wilna. Herausgeber von *Di yudishe velt* [Die jüdische Welt, Wilna]; während des Ersten Weltkriegs in St. Petersburg und Moskau, 1919 Emigration nach New York. Veröffentlichte wöchentliche Literaturkritiken in *Der tog* [Der Tag, New York] sowie zahlreiche weitere Artikel in der jiddischen Presse; daneben beteiligte sich Niger an der Arbeit des YIVO und jüdischer Kulturorganisationen.

Pan siehe unter **Sh. Pan**

Noyekh Prilutski (Priłucki) (1882 Berdytschiw – 1941 Wilna), Wissenschaftler, Journalist, Herausgeber, politischer Aktivist; erhielt neben einer jüdischen auch eine säkulare Bildung, begann bereits als Jugendlicher für die hebräische, jiddische und russische Presse zu schreiben; Jurastudium in Warschau und St. Petersburg, zwischenzeitliche Festnahmen aufgrund seiner politischen Aktivitäten. 1908 Teilnahme an der Czernowitzer Sprachkonferenz, Veröffentlichung seines Gedichtbands *Farn mizbeyekh* [Vor dem Altar]; seit

1909 als Rechtsanwalt in Warschau, rege journalistische Tätigkeit. Eine Auswahl seiner Artikel erschien in den Bänden *Natsyonalizm un demokratizm* [Nationalismus und Demokratismus], *Barg aroyf* [Bergauf], *In Poyln* [In Polen]; Mitgründer der Tageszeitung *Der moment* [Der Moment, Warschau]. 1919 als Abgeordneter der *Folkspartey* [Volkspartei] Mitglied des Sejm, 1921 USA-Reise, Herausgeber der Zeitschrift *Yidish far ale* [Jiddisch für alle, Wilna]; 1940 auf den Lehrstuhl für jiddische Sprache und Kultur der Universität Wilna berufen, 1941 vor seiner Festnahme und Ermordung kurzzeitig Leiter des YIVO.

Yehoyshue Rapoport (1895 Białystok – 1971 Melbourne), Literaturkritiker, Journalist, Übersetzer; erhielt neben der traditionell jüdischen auch eine säkulare Bildung, verfügte über breite Literaturkenntnisse. Nach ersten Beiträgen für die Zeitung der zionistischen Jugendbewegung *Bafrayung* [Befreiung] debütierte er 1921 in der Białystoker Tageszeitung *Dos naye lebn* [Das neue Leben]; 1922 – 1924 zum Studium nach Berlin, anschließend nach Warschau. Literaturkritiker für eine Reihe jiddischer Zeitungen und Zeitschriften, darunter *Bikher-velt* [Bücherwelt, Warschau], *Di tsukunft* [Die Zukunft, New York], *Vokhnshrift* [Wochenschrift, Warschau] und *Literarishe bleter* [Literarische Blätter, Warschau]; in den 1930er Jahren erschienen die Sammelbände *Af di vegn fun der nayer eyropeisher literarur* [Auf den Wegen der neuen europäischen Literatur] sowie *Tsvishn yo! un neyn!* [Zwischen Ja! und Nein!]. Daneben trat er mit Übersetzungen aus dem Englischen, Französischen, Russischen und Deutschen in Erscheinung; 1939 Flucht aus Warschau nach Shanghai, 1946 nach Melbourne, wo er für die dortige jiddische Presse tätig war.

Lipe Reznik (1890 Chernobyl – 1944 Qostanai), Schriftsteller, Pädagoge, Übersetzer; erhielt eine traditionell jüdische Bildung; Besuch einer Kunstschule in Kyjiw sowie pädagogischer Kurse in Grodno, bis 1917 als Lehrer tätig, anschließend naturwissenschaftliches Studium in Kyjiw. Debütierte 1914 mit der Bearbeitung des Kinderbuchs *Der alter seyfer, a mayse* [Die alte Schrift, eine Geschichte]; Herausgeber des *Pedagogisher byuletin* [Pädagogisches Bulletin], in Moskau und Kyjiw weiterhin im pädagogischen Bereich tätig. 1919 erste Gedichtveröffentlichungen in *Oyfgang* [Aufgang, Kyjiw], es folgten zahlreiche Publikationen von Gedichten, Erzählungen und Theaterstücken sowie Artikeln zur jiddischen Sprache und Pädagogik, u.a. in *Di royte velt* [Die rote Welt, Charkiw], *Farmest* [Wettbewerb, Kyjiw], *Sovetishe literatur* [Sowjetische Literatur, Kyjiw], *Shtern* [Stern, Minsk]. Reznik trat daneben auch als Übersetzer russischer Literatur und mittelalterlicher hebräischer

Poesie in Erscheinung; während des Zweiten Weltkriegs nach Kasachstan evakuiert.

Sonye (Shprintse) Rokhkind (1903 Talachyn – 2000 Minsk), Linguistin; erhielt neben einer säkularen auch eine jüdische Bildung; Besuch des *Institut far yidishe kentenishn* [Institut für jüdisches Wissen] in Petrograd, anschließend zum Studium nach Moskau an die neu gegründete Jiddisch-Abteilung der Zweiten Moskauer Universität. Nach ihrem Abschluss 1928 als Lehrerin tätig, 1930 nach Minsk, 1932 Mitarbeiterin der Belarussischen Akademie der Wissenschaften, wo sie 1936 ihre Dissertation abschloss. Mitherausgeberin von *Di haynttsaytike proletarishe yidishe dikhtung in amerike* [Die zeitgenössische proletarische jiddische Dichtung in Amerika]; Wörterbucharbeit, darunter 1940 das *Yidish-rusisher verterbukh* [Jiddisch-Russisches Wörterbuch]. Nach dem Zweiten Weltkrieg Dozentin am Minsker Pädagogischen Institut, Artikel u. a. für *Sovetish heymland* [Sowjetische Heimat].

Dovid Roykhl (1890 Kremenez – 1941 / 1942 Ural), Übersetzer; schloss sich in seiner Jugend der jiddischistischen Bewegung an; 1913 als Angestellter des Kletskin-Verlages nach Wilna; trat mit der Überarbeitung von Kinderliteratur auf Jiddisch in Erscheinung; 1916 publizierte er beispielsweise das auf einem russischen Volksmärchen basierende *Dos kikhele* [Das Küchlein], es folgte eine ganze Reihe Hefte unter dem Titel *Roykhels ilustrirte kinder-biblyotek* [Roykhls illustrierte Kinderbibliothek], 1918 nach Kyjiw, anschließend nach Odesa, 1923 Rückkehr nach Kremenez. Neben zahlreichen weiteren Schriften übersetzte Roykhl auch Werke von Puschkin und Gogol, schrieb literarische Essays für *Literarishe bleter* [Literarische Blätter, Warschau], *Foroys* [Vorwärts, New York] und *Shriftn* [Schriften, Warschau]. Seine Spur verliert sich während des Zweiten Weltkriegs im Ural.

Yude Rozental (1904 Maków – 1976 Jerusalem), Gelehrter und Kulturforscher; besuchte ein Gymnasium in Mława sowie das Lehrerseminar in Warschau; Studium in Warschau, Berlin und Leipzig. Emigrierte 1939 in die USA, 1942 Promotion am Dropsie College, 1944 Professor am Jewish Theological Seminary in Chicago. Seit 1969 in Jerusalem lebend, veröffentlichte er Forschungsarbeiten in verschiedenen Sprachen zu jiddischer Literatur und jüdischer Geschichte, insbesondere zu den Beziehungen zwischen Juden und Christen. Auf Jiddisch erschienen Essays und Rezensionen u. a. in *YIVO-bleter* [YIVO-Blätter, New York], *Di tsukunft* [Die Zukunft, New York], *Goldene keyt* [Goldene Kette, Tel Aviv]; in seinem Werk *Pinkes Mlave* [Chronik von Mława] beschäftigte er sich mit der Geschichte der Juden in Mława.

Sh. Pan (Yehude-Hirsh Shayak) (1892 Włocławek – 1958 Sydney), Journalist, Schriftsteller, Übersetzer; erhielt neben einer traditionell jüdischen auch eine säkulare Bildung, war als Jiddisch- und Polnischlehrer tätig; debütierte 1912 in *Di idishe vokh* [Die jüdische Woche, Warschau] mit einem Gedicht. Lebte in Warschau, Paris, London, Stockholm, Kopenhagen, Berlin und Danzig; 1916 Mitherausgeber der Anthologie *Dos naye lebn. Zamelbukh far literatur, kunst un kritik* [Das neue Leben. Sammelband für Literatur, Kunst und Kritik]; intensive journalistische Tätigkeit, teilweise unter dem Pseudonym Sh. Pan; 1928 Herausgeber der Londoner Tageszeitung *Di post* [Die Post]. Zu seinen Werken zählen außerdem *Tsvey dertseylungen* [Zwei Erzählungen] sowie die beiden Theaterstücke *Der redaktor* [Der Herausgeber] und *Ven der friling ervakht* [Wenn der Frühling erwacht]. Daneben arbeitete er als Übersetzer skandinavischer Autoren wie Knut Hamsun und Peter Nansen. Seit 1939 in Sydney, dort für die australische jüdische Presse tätig.

Nokhem Shtif (1879 Riwne – 1933 Kyjiw), Linguist, Literaturhistoriker, Herausgeber, politischer Aktivist; erhielt neben einer traditionell jüdischen auch eine säkulare Bildung; ab 1899 Studium in Kyjiw, St. Petersburg und Jaroslawl, 1903 aufgrund seiner politischen Aktivitäten der Universität verwiesen, 1904 – 1906 in Bern. Begann 1904 auf Jiddisch zu veröffentlichen, u. a. in *Di folks-shtime* [Die Volksstimme, Wilna], daneben auch in der russischen Presse. 1914 Angestellter des Kletskin-Verlags in Wilna; Herausgeber von *Di vokh* [Die Woche, Wilna], Mitgründer der *Folkspartey* [Volkspartei]; 1918 wieder nach Kyjiw. 1919 erschien seine Schrift *Yidn un yidish* [Juden und Jiddisch]; 1920 nach Minsk, anschließend nach Kaunas, Berlin und Wilna, 1925 publizierte er *Di organizatsye fun der yidisher visnshaft* [Die Organisation der jiddischen Wissenschaft], Mitgründer des YIVO; ab 1926 in verschiedenen Funktionen in Kyjiw tätig, u. a. als Herausgeber von *Di yidishe shprakh* [Die jiddische Sprache] und *Afn shprakhfront* [An der Sprachfront]; daneben trat Shtif auch als Übersetzer in Erscheinung.

Dov-Ber Slutski (1877 Horodyschtsche – 1955 Gefängnis in Aleksandrovskoe), Philologe, Journalist, Übersetzer; erhielt eine traditionell jüdische Bildung, erwarb autodidaktisch weitere Kenntnisse; nach ersten Veröffentlichungen in der hebräischen Presse debütierte er 1904 auf Jiddisch in der Zeitung *Der fraynd* [Der Freund, St. Petersburg] mit dem Artikel »*Nokhn shturem*« [Nach dem Sturm]. In Kyjiw lebend, als Journalist u. a. für *Haynt* [Heute, Warschau], *Shtern* [Stern, Minsk], *Der emes* [Die Wahrheit, Moskau] und *Di yidishe shprakh* [Die jiddische Sprache, Kyjiw] tätig; erstellte Terminologien für die Uhrmacherei sowie *Der leksikon fun mener-shnayderay* [Lexikon der Herrenschneiderei]; in *Afn shprakhfront* [An der Sprachfront,

Kyjiw] veröffentlichte er seinen Essay »*Tsu der geshikhte fun der terminologisher arbet inem sovetishn yidish*« [Zur Geschichte der terminologischen Arbeit im sowjetischen Jiddisch]. Zahlreiche Übersetzungen europäischer und hebräischer Schriftsteller; 1941 nach Kasachstan evakuiert; seit 1946 in Birobidschan, Mitarbeiter des örtlichen Museums; nach seiner Festnahme 1949 ins Straflager nach Sibirien verbracht.

Meyer Viner (Meir Wiener) (1893 Krakau – 1941 Wjasma), jiddisch- und deutschsprachiger Schriftsteller, Literaturwissenschaftler und -kritiker; wuchs polnisch-, jiddisch- und deutschsprachig auf, besuchte ein deutsches Gymnasium und erhielt privat eine jüdische Bildung; Philosophiestudium in Basel und Zürich. Nach ersten Veröffentlichungen in der deutschen Presse erschien 1920 sein Gedichtband *Messias: Drei Dichtungen*. 1923 – 1925 in Berlin Mitarbeiter des Klal-Verlags; 1926 nach Kyjiw, debütierte auf Jiddisch mit der Erzählung »*Eynyerik-frayviliker*« [Freiwilliger für ein Jahr] in *Di royte velt* [Die rote Welt, Charkiw]; zahlreiche Veröffentlichungen in der sowjetisch-jiddischen Presse, 1927 Herausgeber von *Di royte velt*. Leiter der Literatur- und Folkloreabteilung des Instituts für Jüdische Proletarische Kultur in Kyjiw, 1935 – 1938 Leiter der Jiddisch-Abteilung des Staatlichen Pädagogischen Instituts in Moskau; kurz nach Kriegsbeginn gefallen. 1945 erschien posthum sein zweibändiges Werk *Tsu der geshikhte fun der yidisher literatur in 19tn yorhundert* [Zur Geschichte der jiddischen Literatur im 19. Jahrhundert].

Yehoyesh (Yehoyesh-Shloyme Blumgartn/Solomon Bloomgarten) (1872 Virbalis – 1927 New York), Schriftsteller, Journalist, Übersetzer; erhielt eine traditionell jüdische Bildung, erwarb autodidaktisch weitere Sprach- und Literaturkenntnisse; als Hebräischlehrer tätig, begann er hebräische Gedichte zu schreiben; 1889 nach Warschau, wandte sich dem Jiddischen zu. 1890 Emigration in die USA, debütierte 1891 mit Gedichten in *Di yudishe bibliotek* [Die jüdische Bibliothek, Warschau]. Mangels schriftstellerischen Erfolgs bestritt er seinen Lebensunterhalt u.a. als Handelsreisender und Buchhalter, bevor er wieder zu schreiben begann. 1914 Aufenthalt in Eretz Israel, wo er klassisches Arabisch sowie den Koran studierte; 1915 Rückkehr nach New York. Neben Poesie veröffentlichte Yehoyesh Erzählungen, Übersetzungen sowie zahlreiche Essays u. a. in *Di tsukunft* [Die Zukunft, New York], *Der tog* [Der Tag, New York], *Forverts* [Vorwärts, New York], *Der idisher kemfer* [Der jüdische Kämpfer, New York] und *Literarishe bleter* [Literarische Blätter, Warschau]. Bereits 1907 begann er mit der sukzessiven Übersetzung des Tanach, seinem Opus magnum.

Yisroel-Yehoyshue Zinger (Israel Joshua Singer) (1893 Biłgoraj – 1944 New York), Prosaschriftsteller, Journalist. Der Bruder von Ester Kreytman und Yitskhok Bashevis Zinger erhielt eine traditionell jüdische Bildung, erwarb jedoch durch heimliche Lektüre auch säkulare Literaturkenntnisse. 1918 Veröffentlichung seiner ersten Erzählung in einem orthodoxen Wochenblatt, seit 1921 Mitglied der expressionistischen Gruppe *Khalyastre* [Bande] in Warschau, Korrespondent des *Forverts* [Vorwärts, New York]. 1934 emigrierte Zinger in die USA, wo er sich nicht nur als Romanautor (*Di brider Ashkenazi* [Die Brüder Aschkenasi], *Di mishpokhe Karnovski* [Die Familie Karnovski]), sondern auch als Essayist einen Namen machte.

Astrid Blees